NATURA

Biologie

bearbeitet von

Claus Reinhardt

Fachhochschulreife

Ernst Klett Verlag
Stuttgart Leipzig
Bildungsverlag EINS GmbH
Troisdorf

Gefahren und Experimente im Unterricht

Eine Naturwissenschaft wie Biologie ist ohne Experimente nicht denkbar. Auch in Natura Fachhochschulreife findet sich eine Reihe von Versuchen.

Experimentieren mit Chemikalien ist jedoch nie völlig gefahrlos. Deswegen ist es wichtig, vor jedem Versuch mit dem Lehrer die möglichen Gefahrenquellen zu besprechen. Insbesondere müssen immer wieder die im Labor selbstverständlichen Verhaltensregeln beachtet werden. Die Vorsichtsmaßnahmen richten sich nach der Gefahr durch die jeweils verwendeten Stoffe.

Die geltenden Richtlinien zur Vermeidung von Unfällen beim Experimentieren sind zu beachten.

Da Experimentieren grundsätzlich umsichtig erfolgen muss, wird auf die üblichen Verhaltensregeln und die Regeln für die Sicherheit und den Gesundheitsschutz beim Umgang mit Gefahrstoffen im Unterricht nicht bei jedem Versuch gesondert hingewiesen.

Beim Experimentieren muss immer eine Schutzbrille getragen werden.

1. Auflage 1 11 10 9 8 | 2020 19 18 17

Alle Drucke dieser Auflage sind unverändert und können im Unterricht nebeneinander verwendet werden.
Die letzte Zahl bezeichnet das Jahr des Druckes.

Autor: Dr. Claus Reinhardt, Ludwig-Erhard-Berufskolleg Bonn, Studienseminar Köln
unter Mitarbeit von: Dr. Irmtraud Beyer, Dr. Horst Bickel, Roman Claus, Claudia Dreher, Dr. Jürgen Christner, Roland Frank, Prof. Dr. Harald Gropengießer, Gert Haala, Bernhard Knauer, Dr. Inge Kronberg, Hans-Peter Krull, Hans-Dieter Lichtner, Uschi Loth, Dr. Horst Schneeweiß, Dr. Jürgen Schweizer, Ulrich Sommermann, Gerhard Ströhla, Dr. Wolfgang Tischer, Günther Wichert

Redaktion: Detlef Eckebrecht
Herstellung: Marlene Klenk-Boock

Gestaltung: Prof. Jürgen Wirth; Visuelle Kommunikation, Dreieich
unter Mitarbeit von Matthias Balonier, Evelyn Junqueira, Nora Wirth
Umschlaggestaltung: normaldesign GbR, Schwäbisch Gmünd
Illustrationen: Prof. Jürgen Wirth; Visuelle Kommunikation, Dreieich unter Mitarbeit von Matthias Balonier, Evelyn Junqueira, Nora Wirth; Wolfgang Herzig, grafik-design · illustration, Essen;
Reproduktion: Meyle + Müller, Medien-Management, Pforzheim
Druck: PASSAVIA Druckservice GmbH & Co. KG, Passau

Printed in Germany
ISBN 978-3-12-045313-0

9 783120 453130

Was steht in diesem Buch?

Biologie ist ein Fach, das sich mit der Vielfalt der Erscheinungen des Lebendigen in der Natur beschäftigt. Entsprechend vielfältig sind die Themen und Beispiele, die hier dargestellt sind.

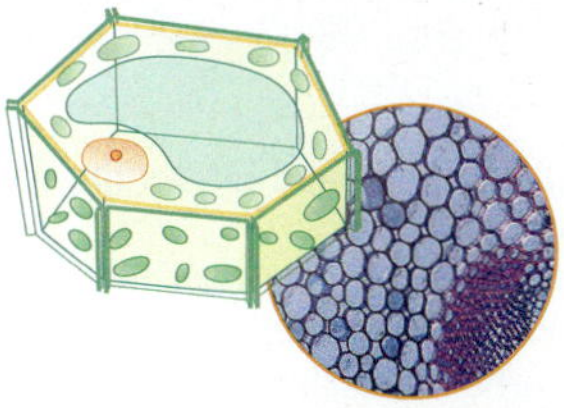

Der Wissenschaft ist es gelungen, viele Phänomene bis in den molekularen Bereich hinein zu erforschen und Lebensvorgänge auch auf der Ebene der Moleküle zu beschreiben und zu verstehen. Mit diesem Buch ist es möglich, sich auch diesen Bereich der Biologie zu erschließen, der nicht mehr der direkten Anschauung zugänglich ist. Mithilfe mikroskopischer und elektronenmikroskopischer Fotos sowie zahlreicher Abbildungen, die das Wesentliche hervorheben, ist es möglich, eine eigene Vorstellung des Nichtsichtbaren zu entwickeln. Wenn dabei in der eigenen Gedankenwelt Modelle entstehen, die benutzt, übertragen, überprüft und korrigiert werden, so ist das Eintauchen in die Welt der Naturwissenschaft gelungen.

Um diesen Prozess zu erleichtern, enthält dieses Buch viele Seiten, die nicht nur der Vermittlung von Wissen dienen, sondern zur vielfältigen Auseinandersetzung mit den biologischen Themen anregen.

Informationsseiten
Hier wird die grundlegende Information zu einem Thema geliefert. Durch zahlreiche Abbildungen werden schwierige Sachverhalte durchschaubar. Mit kurzen Aufgaben zum Text können Sie Ihr Wissen und Ihr Verständnis überprüfen.

Zettelkasten

Zettelkästen enthalten interessante Beispiele, Methoden, Ausnahmen, etc.

Praktikumseiten
Sie finden hier Anleitungen zu Versuchen, die Sie selbst durchführen können. Für gute Auswertungen sind sauberes Arbeiten und sorgfältig erstellte Protokolle unerlässlich.

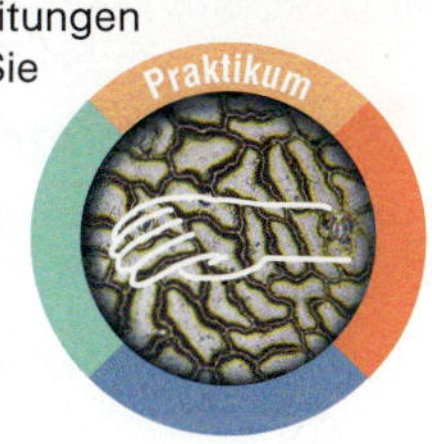

Materialseiten
Auf ihnen befinden sich umfangreiche Informationen zu einem Thema und dazugehörige Aufgaben. Sie sind an den Anforderungen der gymnasialen Oberstufe orientiert und deshalb umfangreicher als die Aufgaben der Informationsseiten. Weiterhin erfordern sie eine intensive Auseinandersetzung mit dem dargebotenen Material und den dazugehörigen Informationsseiten.

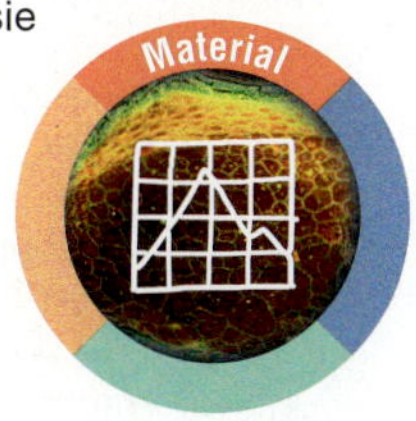

Lexikonseiten
Diese Seiten bieten eine Fülle zusätzlicher Informationen, die das bisher Gelernte in einen größeren Zusammenhang stellen und damit überschaubarer machen.
Es werden Bereiche angeschnitten, die nicht direkt im Lehrplan vorgesehen sind. Diese Seiten regen zum Weiterlesen an.

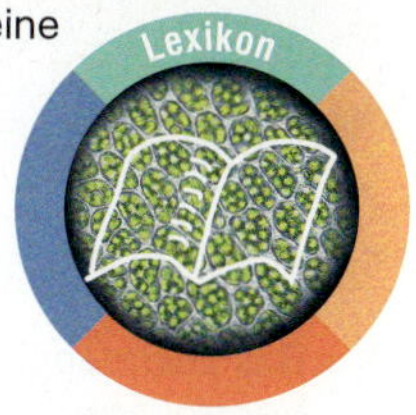

Impulseseiten
Biologische Fragestellungen gehen häufig über das Fach Biologie hinaus. Auf diesen Seiten finden Sie fächerübergreifende Materialien und Impulse zur selbstständigen Bearbeitung. Auch Bezüge zur Alltagswelt sind Thema dieser Seiten.

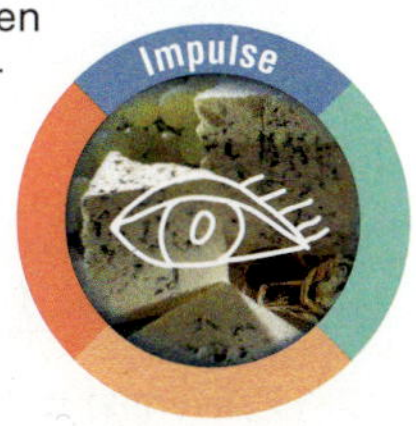

Lernsituationen
Biologie lernen zu müssen, nur weil es im Lehrplan steht – das war uns zu wenig. Daher haben wir für Sie Lernsituationen geschaffen, die Ihnen zeigen, dass Biologie für Ihr persönliches Leben von Bedeutung ist. So hoffen wir, dass der Biologieunterricht für Sie sinnvoller wird, mehr Spaß macht und Sie für Ihre persönlichen biolgoischen Entscheidungen befähigt.

Leiftragen
Die Lernsituation ist konzipiert, um Sie zur Erarbeitung eines gesamten Kapitels zu motivieren. Damit dies nicht zu lang wird, sind die Kapitel weiter in Unterkapitel gegliedert. Fast jedes Unterkapitel beginnt mit einer eigenen Leitfrage; so soll immer klar sein, was das konkrete Unterkapitel zur die Erschließung der Lernsituation beiträgt und was für Sie persönlich wichtig ist.

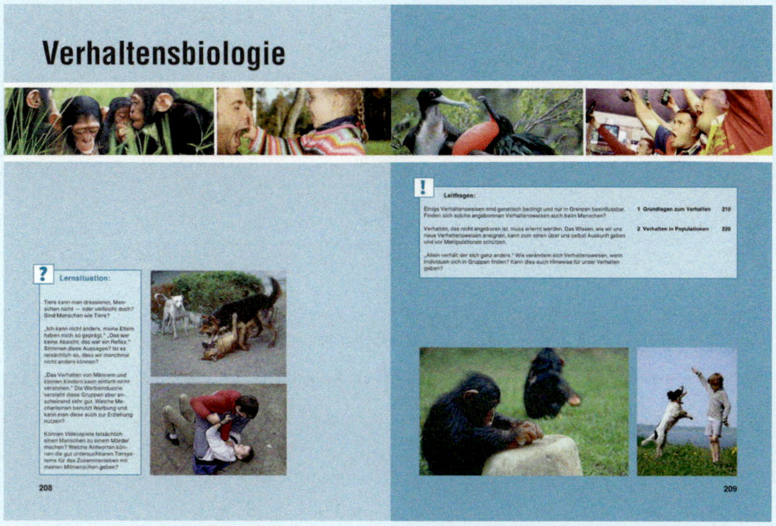

Inhaltsverzeichnis

Cytologie

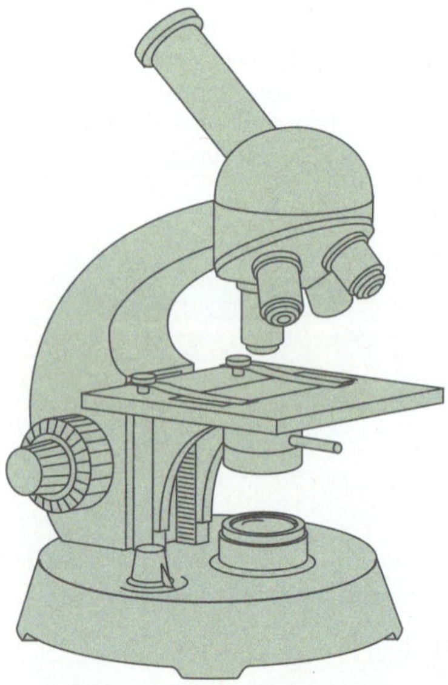

Transportprozesse

Enzyme

Ernährung der Pflanzen

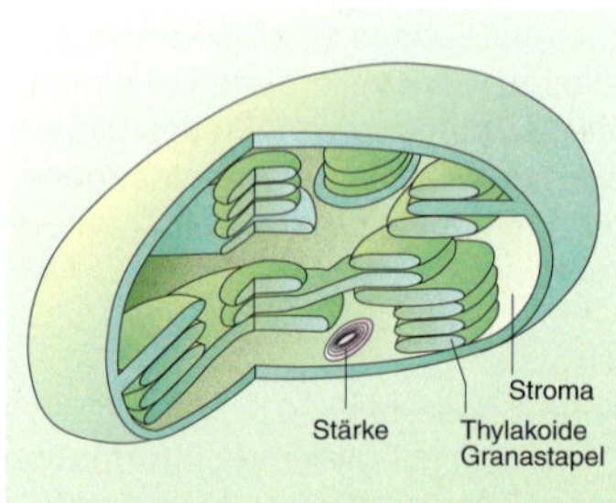

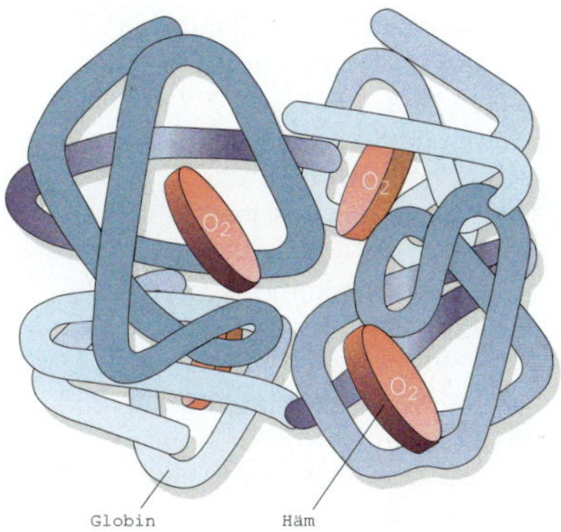

O_2
O_2
O_2
Globin
Häm

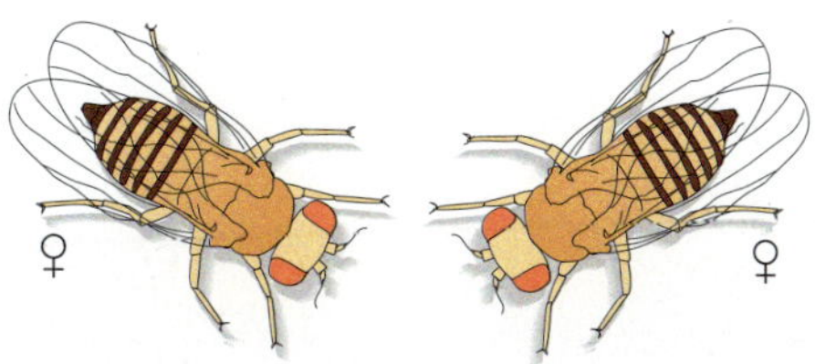

♀
♀

Inhaltsverzeichnis

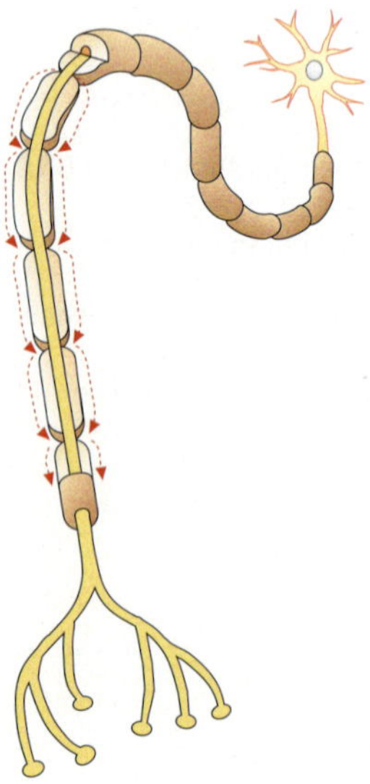

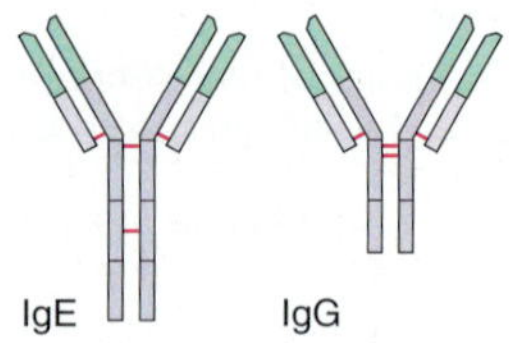

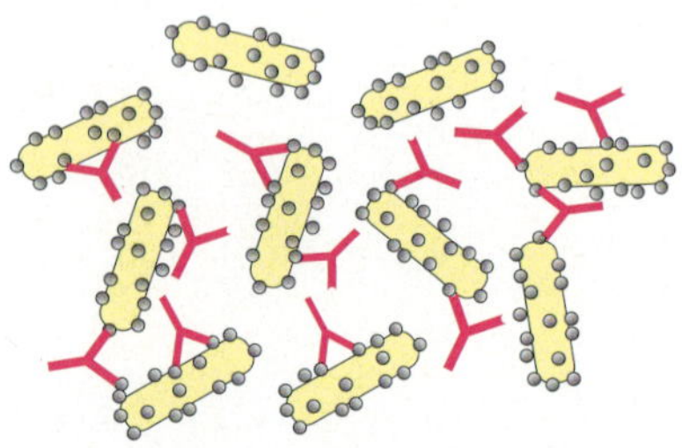

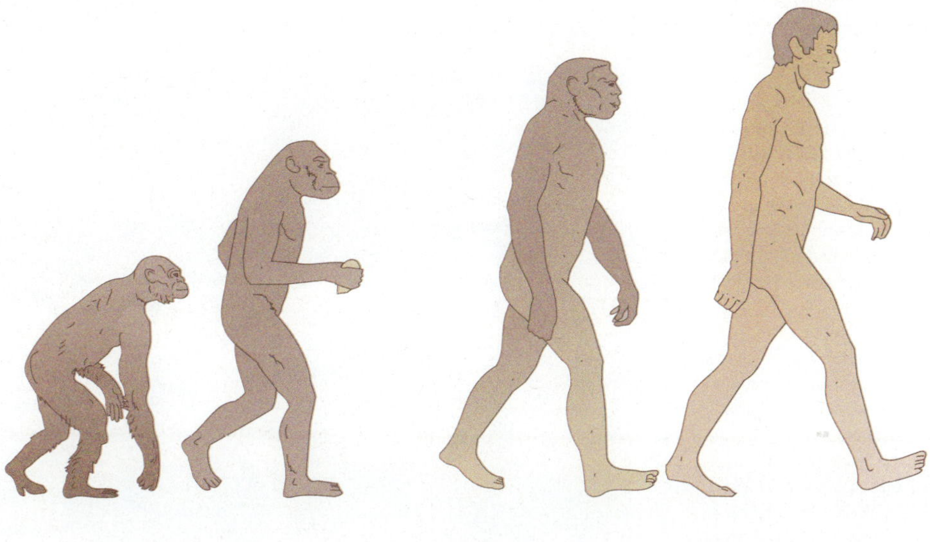

Cytologie

Lernsituation

In Zukunft soll es möglich sein, aus einer Schleimhautzelle von mir eine identische Kopie herstellen zu können. Dann müsste ja der ganze Mensch irgendwie in jeder Zelle drin sein.

Früher sagte man: „Zum Kinderkriegen braucht man zwei." Was ist eigentlich der Unterschied, wenn Kinder auf natürlichem Weg gezeugt oder im Reagenzglas hergestellt bzw. geklont werden? Bin ich eigentlich ein Klon meiner Eltern?

Wenn eine identische Kopie von mir hergestellt werden kann, dann könnte ich meine Schleimhautzellen nutzen, um „Ersatzorgane" für Erkrankte herzustellen. Aber wie soll das funktionieren? Meine Schleimhautzelle aus dem Mund ist doch keine Leberzelle und eine Gehirnzelle ist ja noch einmal etwas Anderes.

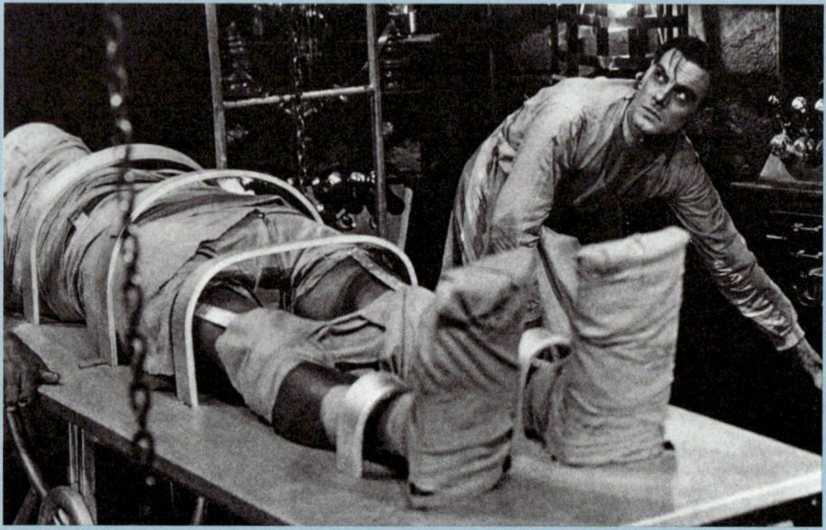

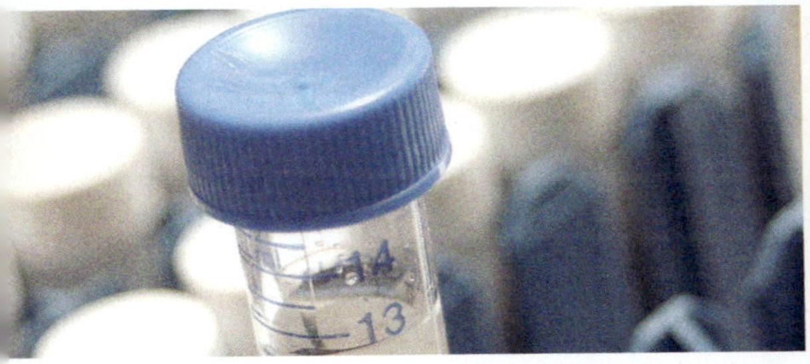

Leitfragen

Wenn eine Zelle ausreichen soll, um mich zu klonen, wie sieht denn dann so eine Zelle aus?

Einzeller bestehen wie der Name sagt aus einer Zelle. Heißt das, dass die Punkte, Striche und andere Strukturen, die im Mikroskop sichtbar sind, so etwas wie (Mini-) Organe sind?

Es gibt auch ein „natürliches" Klonen, wenn ein Gewebedefekt nach einer Abschürfung durch identische Zellteilung heilt.
Auf natürlichem Wege entstandene Keimzellen können künstlich befruchtet werden, dies ist noch kein Klonen. Was ist denn dann Klonen?

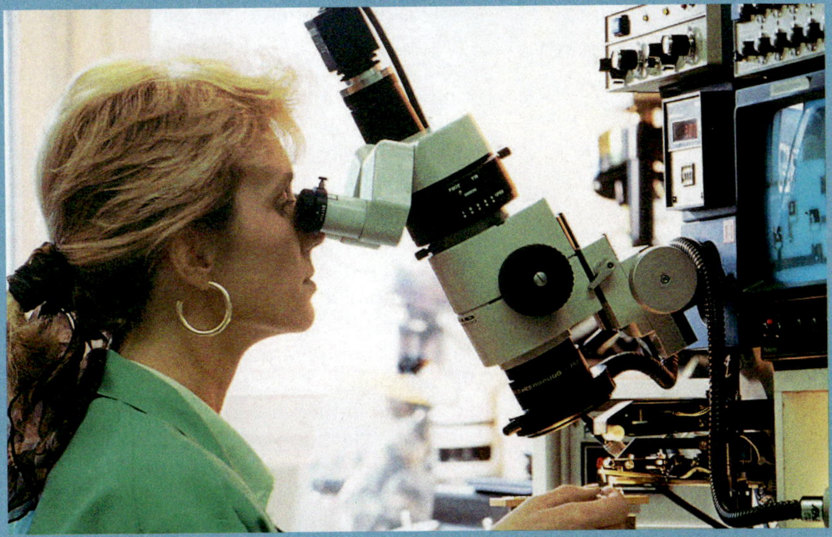

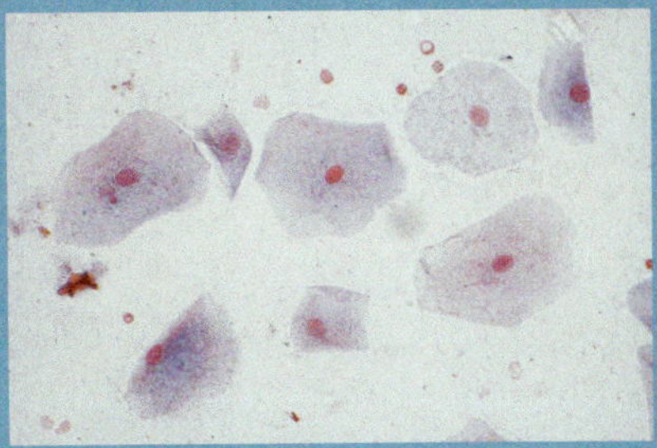

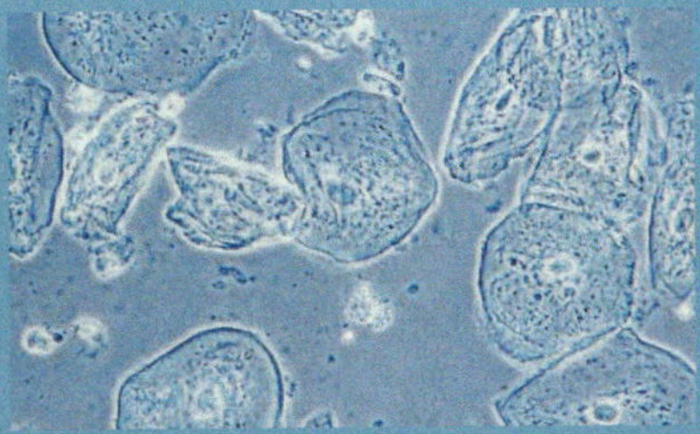

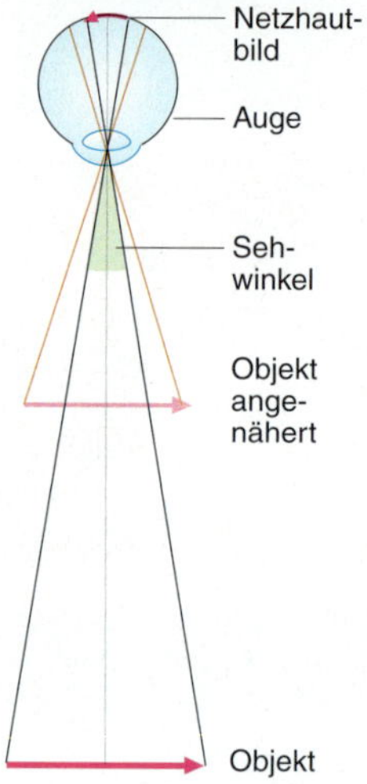

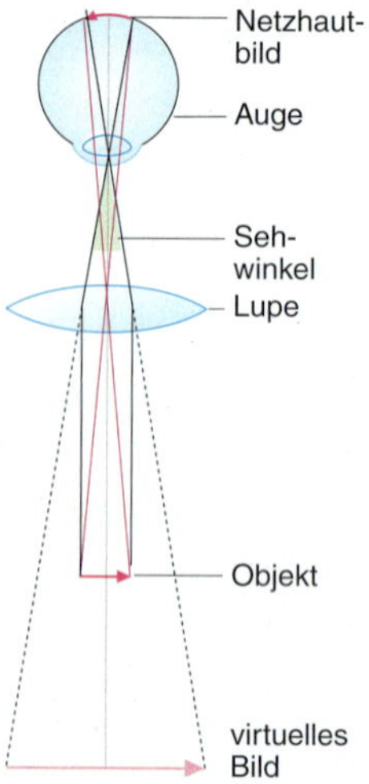

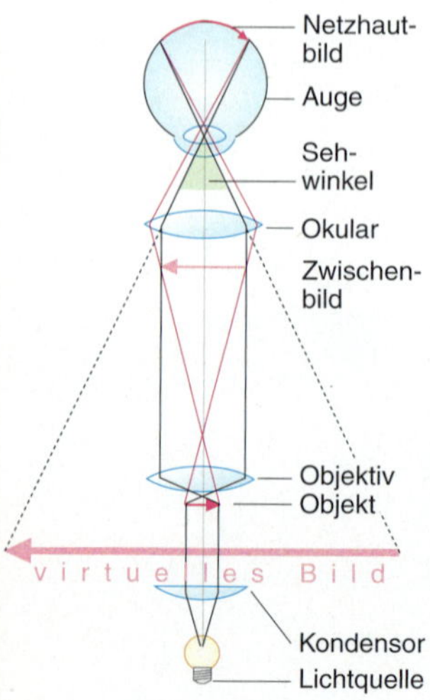

1 Moospolster – Auge

2 Moosblättchen – Lupe

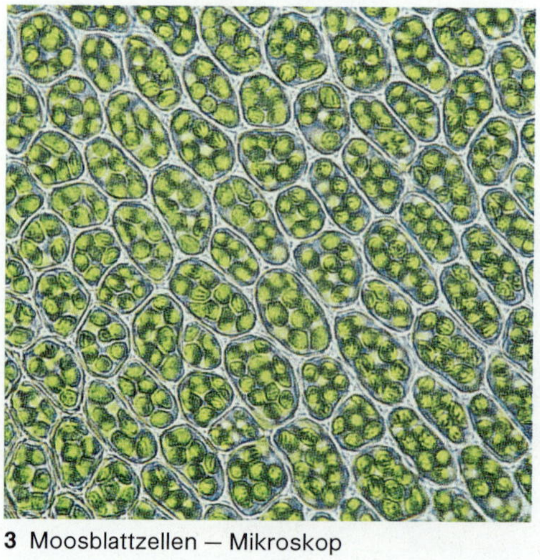
3 Moosblattzellen – Mikroskop

Vergrößerungstechniken

Die meisten Zellen sind kleiner als 0,1 mm. Bei diesem Wert liegt das *Auflösungsvermögen* des menschlichen Auges. Darunter versteht man die Mindestentfernung, die zwei Bildpunkte haben müssen, damit sie noch getrennt voneinander wahrgenommen werden. Ist der Abstand kleiner, verschmelzen sie zu einem Punkt.

Lupe

Mithilfe der Sammellinse einer Lupe wird der Sehwinkel vergrößert, der Gegenstand wird auf der Netzhaut größer dargestellt, als er in Wirklichkeit ist. Das *virtuelle Bild* ist größer als das *reelle Bild*. Die beiden Bildpunkte mit 0,1mm Abstand liegen nun scheinbar weiter auseinander und sind als zwei einzelne Punkte wahrnehmbar. Je kleiner die Brennweite der Linse ist, umso näher kann man den Gegenstand betrachten und umso größer ist der Sehwinkel, also auch das virtuelle Bild.

Mikroskop

Will man noch kleinere Strukturen, z. B. Zellen, scharf sehen, ist ein Mikroskop notwendig. Dieses besteht aus mindestens zwei Linsen, einer im Objektiv und einer im Okular. Die Linse im Objektiv hat eine geringe Brennweite, damit man das zu beobachtende Objekt sehr nahe an das Objektiv heranbringen kann. Diese Linse erzeugt ein Zwischenbild, das durch die zweite Linse im Okular wie mit einer Lupe vergrößert wird. Okular und Objektiv bestehen heute aus Linsensystemen. Bedingt durch die physikalischen Eigenschaften der Linsen und des Lichtes liegt die Auflösungsgrenze bei 0,2 µm. Bei noch stärkeren Vergrößerungen erkennt man jedoch nicht mehr Einzelheiten. Die förderliche Vergrößerung wird überschritten und somit zur *leeren Vergrößerung*. Viele kennen diesen Effekt vom Vergrößern digitaler Bilder auf dem Bildschirm. Ab einer bestimmten Vergrößerung sieht man nur unscharfe Pixel.

Das Auflösungsvermögen ist auch von der Wellenlänge des Lichts abhängig. Je kürzer die Wellenlänge, desto geringer kann die Mindestentfernung zweier Bildpunkte sein, die noch getrennt erkannt werden. Daher verwendet man beim Mikroskopieren häufig das kurzwelligere blaue Licht.

Neue Techniken

Bei der *Fluoreszenzmikroskopie* wird das Präparat mit kurzwelligem grünem, blauem oder UV-Licht beleuchtet. Die kurzwellige Strahlung führt zu einem Aufleuchten bestimmter Moleküle. So können Stoffe, wie z. B. Chlorophyll, Antikörper, die zusätzlich mit fluoreszierenden Farbstoffen verbunden sind, oder DNA-Abschnitte mit fluoreszierenden Farbstoffen *(Markern)* zum Fluoreszieren angeregt und so sichtbar gemacht werden (Abb. 1).

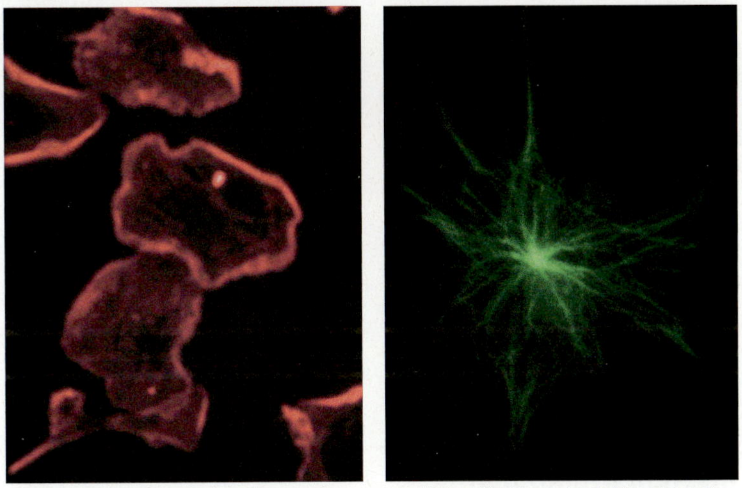

1 Fluoreszenzaufnahmen vom Cytoskelett (links Aktin, rechts Mikrotubuli)

Durchlicht-Hellfeldmikroskopie

Das allgemein übliche Verfahren, bei dem das Objekt von sichtbarem Licht durchstrahlt wird *(Durchlicht-Hellfeldmikroskopie,* Abb. 2), hat ebenfalls zahlreiche Ergänzungen und Abwandlungen erfahren, die das Anfärben von Präparaten in ihrer Wirkung übertreffen können. Mit den modifizierten Verfahren und oftmals nur einfachen Zusatzeinrichtungen zum routinemäßig genutzten Lichtmikroskop gelingt es, homogene Objekte konstrastreich zu machen oder farbig darzustellen.

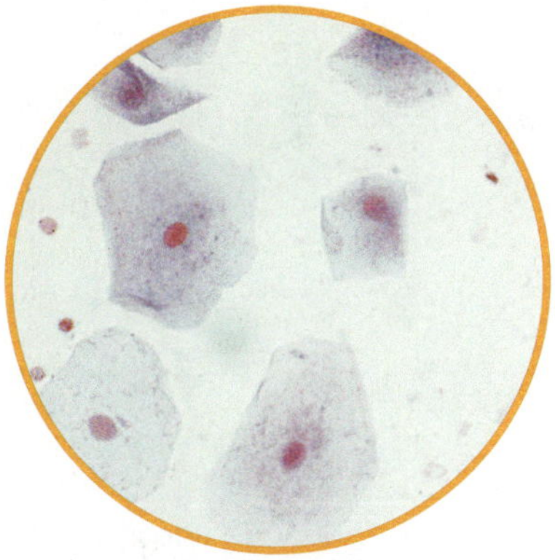

2 Mundschleimhautzellen (Hellfeld, gefärbt)

Durchlicht-Dunkelfeld

Im *Durchlicht-Dunkelfeld* erscheint das Sehfeld zunächst dunkel, da durch den Dunkelfeldkondensor das Licht an den Linsensystemen des Mikroskops vorbeigeführt wird. Auf diesem dunklen Hintergrund leuchten die Strukturen von Objekten hell auf, da nur das an ihnen gebrochene, gebeugte oder reflektierte Licht in das Objektiv tritt (Abb. 3). Feine Strukturen ohne Eigenfärbung und geringer Dichte werden damit erst sichtbar.

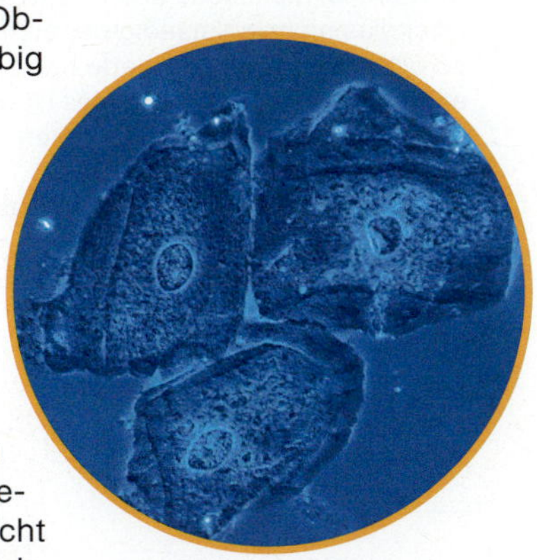

3 Mundschleimhautzellen (Dunkelfeld)

Phasenkontrastverfahren

Beim *Phasenkontrastverfahren* werden durch Interferenz zwischen direktem und gebeugtem Licht Phasenunterschiede in für das Auge wahrnehmbare Helligkeitsunterschiede umgewandelt. Dadurch treten ansonsten verborgene Konturen im Objekt plastisch hervor (Abb. 4).

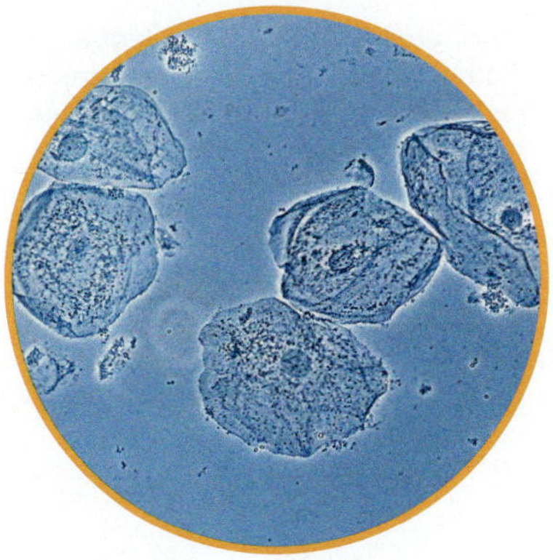

4 Mundschleimhautzellen (Phasenkontrast)

Im *Polarisationsmikroskop* wird das Präparat mit linear-polarisiertem Licht, also Lichtwellen einer ganz bestimmten Schwingungsrichtung, beleuchtet (Abb. 5). Strukturdetails können in verschiedenen Farben mit dieser Methode differenziert dargestellt werden.

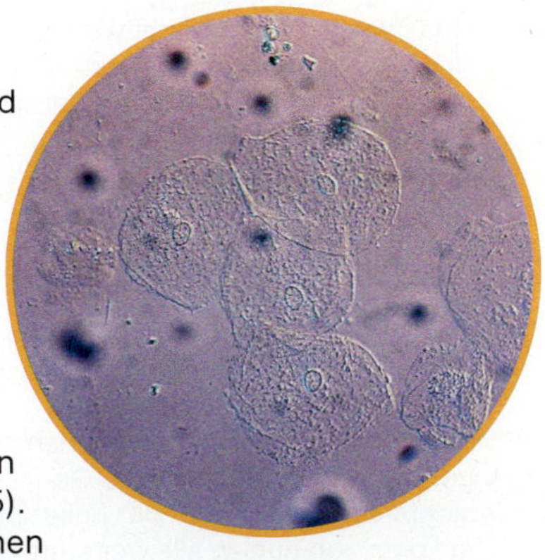

5 Mundschleimhautzellen (Polarisation)

Herstellung von mikroskopischen Präparaten

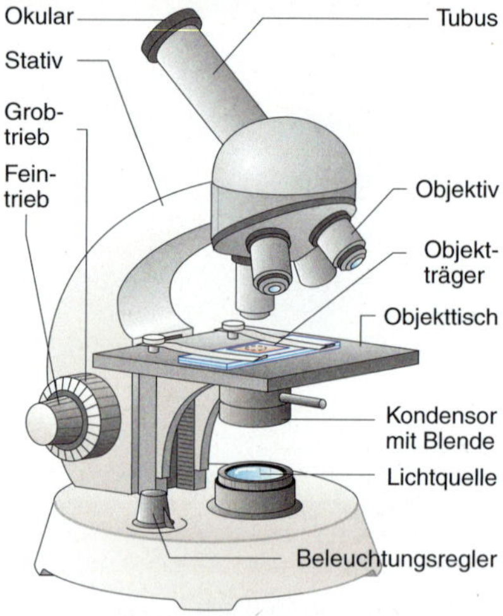

Die innere Zwiebelschuppenepidermis (Zwiebelschuppenhaut) soll mikroskopisch untersucht werden.

Benötigte Materialien und Geräte:
Küchenzwiebel, Messer, Objektträger, Deckgläschen, Pipette mit Gummihütchen, Präpariernadel, Rasierklinge, Pinzette, Glasgefäß mit Wasser

Herstellen des Präparates

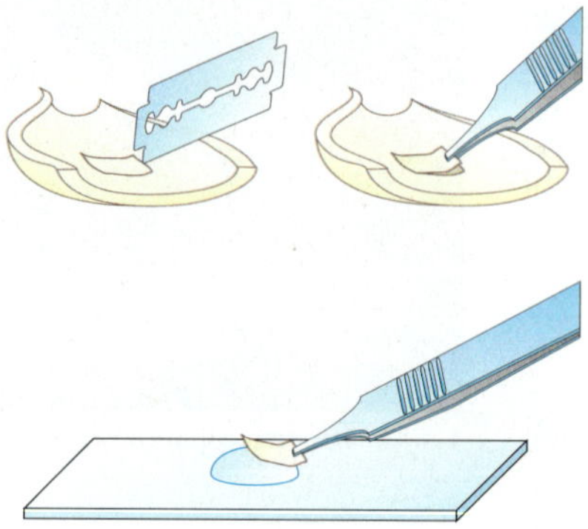

① Mit einer Rasierklinge wird ein kleines Quadrat in die Innenseite der Zwiebelschuppe geritzt, anschließend mit der Pinzette das Zwiebelhäutchen vorsichtig abgezogen und in einen Wassertropfen auf einen Objektträger gelegt.

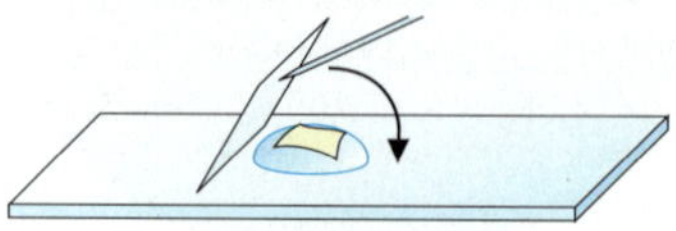

② Das Deckgläschen wird nun langsam mithilfe der Präpariernadel auf das Objekt abgesenkt. Dabei sollten keine Luftblasen mit eingeschlossen werden. Ist die Fläche unter dem Deckglas nicht vollständig benetzt, so gibt man mit einer Pipette noch etwas Wasser an der Seite des Deckglases zu. War der Wassertropfen zu groß, schwimmt das Deckglas. Mit der Pipette oder mit Filterpapier wird etwas Wasser abgesogen. Auf dem Deckglas darf sich kein Wasser befinden!

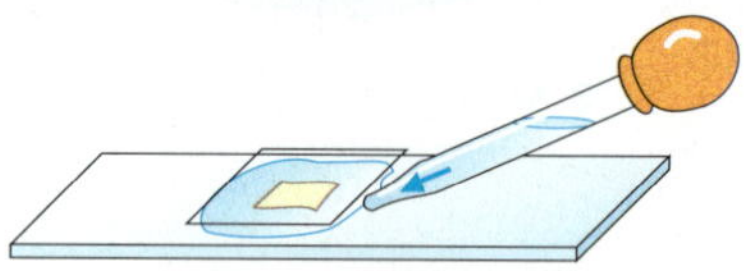

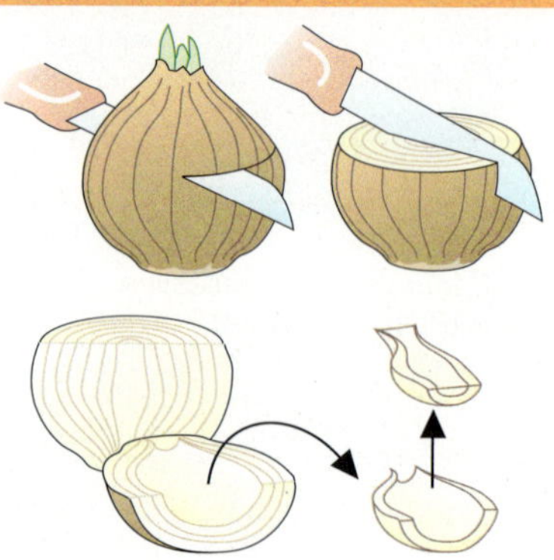

③ Das Zwiebelhautpräparat wird auf den Objekttisch gebracht und wenn möglich mit den Klammern über der Kondensormitte fixiert.

Der Weg zu einem guten Bild

④ Zunächst wird das kleinste Objektiv (Maßstabszahl) in den Strahlengang geschwenkt, das Bild der Zwiebelhaut mit dem Grobtrieb scharf gestellt und in die Mitte des Gesichtsfeldes gebracht. Der Feintrieb, mit dem von nun an alle weiteren Einstellungen erfolgen, ermöglicht das genaue Scharfstellen.

⑤ Nun wird das jeweils nächstgrößere Objektiv (z. B. 10 x) über das Präparat geschwenkt, ohne an der Scharfeinstellung etwas zu ändern. Die Schärfe wird in der Regel nur noch mit dem Feintrieb geringfügig nachgestellt. Durch vorsichtiges Verschieben des Objektträgers wird dabei jeweils die Zellgruppe bzw. die Zelle in die Bildmitte gebracht, die man genauer untersuchen möchte.

⑥ Überprüfen Sie, welche Auswirkung das Öffnen und Schließen der Kondensorblende bei den einzelnen Objektiven hat und stellen Sie jeweils ein kontrastreiches und scharfes Bild ein. Die Kondensorblende dient der Regelung des Bildkontrastes. Die Bildhelligkeit sollte über den Beleuchtungsregler eingestellt werden.

⑦ Um das Objekt vertikal zu durchmustern, dreht man den Objekttisch mit dem Feintrieb langsam nach oben und unten. Dies ist aufgrund der geringen Schärfentiefe notwendig. Sie ist umso kleiner, je größer die Objektivvergrößerung ist.

Weitere geeignete Objekte für mikroskopische Untersuchungen sind: Blattzellen der Wasserpest *(Elodea)*, von Laubmoosen bzw. Epidermiszellen der Dreimasterblume *(Tradescantia pallida)*.

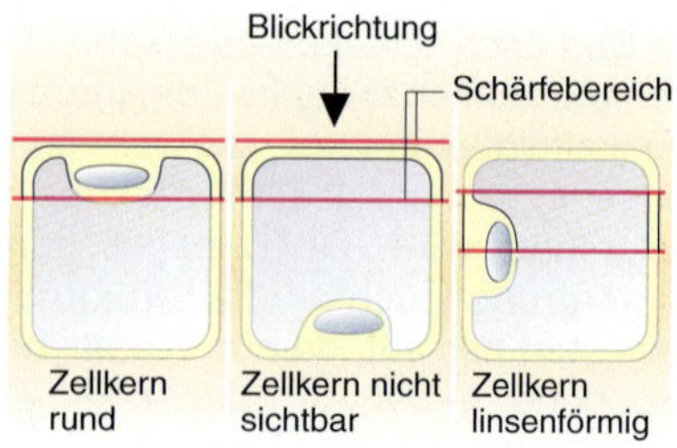

Protokollieren der Beobachtungen

⑧ Mikroskopieren Sie bei mittlerer Vergrößerung das Zwiebelhäutchen. Verschaffen Sie sich einen Überblick über die Gestalt und die Lage der Zellen. Fertigen Sie eine Umrissskizze von 4 bis 5 aneinander liegenden Zellen an.

⑨ Bringen Sie eine in Details gut erkennbare Zelle in die Gesichtsfeldmitte und untersuchen Sie diese mit dem nächstgrößeren Objektiv (40 x). Welche Einzelheiten sind zu erkennen? Fertigen Sie von dieser Zelle eine möglichst genaue Skizze an (Größe auf dem Papier mindestens 10 cm). Achten Sie auf die richtigen Größenverhältnisse von Zelle und Zellbestandteilen.

Fehler beim Mikroskopieren

Das Bild ist kontrastarm bzw. unklar:
Die Blende ist zu weit offen, die Linse ist verschmutzt (mit Linsenpapier reinigen) oder es befindet sich Wasser auf dem Deckgläschen.

Linien im Objekt erscheinen doppelt bei meist dunklem Bild.
Die Blende ist zu weit geschlossen.

Kreisförmige, schwarze und in der Mitte etwas hellere Flecken verdecken das Objekt.
Das Objekt enthält eingeschlossene Luftblasen.

Anfärben kontrastarmer Präparate

⑩ Mit einem Holzspatel oder einem Teelöffel schabt man vorsichtig aus der Mundhöhle etwas Schleim ab, der Mundschleimhautzellen enthält, und bringt diesen in einen Wassertropfen auf den Objektträger. Bei der mikroskopischen Untersuchung werden die einzelnen Zellen nur schwer zu erkennen sein. Das liegt an der Kontrastarmut des Objekts, d.h. es ist überall fast gleich hell. In solchen Fällen färbt man das Präparat an, um es besser sichtbar zu machen. Dazu wird entsprechend der Abbildung eine Methylenblaulösung unter dem Deckgläschen hindurchgesaugt.

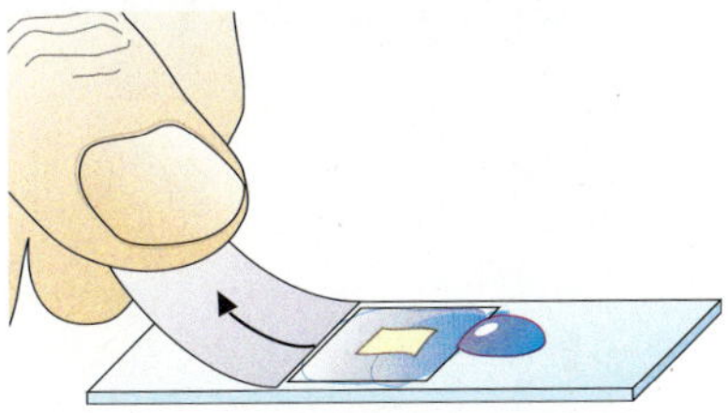

Mikroskopieren Sie das ungefärbte und das gefärbte Präparat und vergleichen Sie. Fertigen Sie anschließend vom gefärbten Präparat eine Skizze an. Welche Details sind besonders gut angefärbt? Warum zeigen die Schleimhautzellen eine Art Faltenbildung? Welche Unterschiede bestehen im Vergleich zur Zwiebelzelle?

Die Farbstoffe Eosin und Neutralrot färben in wässriger Lösung verschiedene Zellstrukturen an. Mit Eosin färben sich das Cytoplasma und der Zellkern gut an, während Neutralrot sich vorzugsweise in der Vakuole (Zellsaftraum) ansammelt.

Schneiden von Objekten

Von dicken Objekten müssen Dünnschnitte hergestellt werden. Das betrifft z.B. Wurzeln, Stängel und Blätter von Pflanzen.

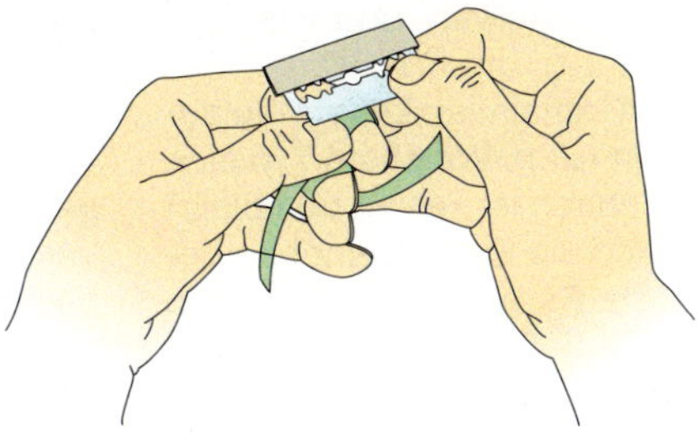

Flächenschnitt
Diese Technik wird angewandt, wenn man einzelne Zellen eines dickeren Blattes, z.B. Zellen von der Sumpfschraube *(Vallisneria)*, einer Wasserpflanze, untersuchen will. Die Abbildung zeigt die Schneidetechnik. (Vorsicht: Klinge ganz flach halten!)

Querschnitt
Häufiger jedoch werden Querschnitte benötigt. Viele Objekte sind relativ weich und lassen sich ohne Hilfsmittel nur schlecht schneiden. Deshalb klemmt man das Objekt wie in der Abbildung zwischen zwei Hälften aus Holundermark oder Styropor und schneidet entsprechend der Abbildung ein dünnes Scheibchen ab, indem man eine scharfe Rasierklinge bei nur leichtem Druck durch das Objekt zieht. Der erste Schnitt wird verworfen, da bei diesem die Zellen meist stark beschädigt sind. Die folgenden, möglichst dünnen Schnitte werden mikroskopiert.

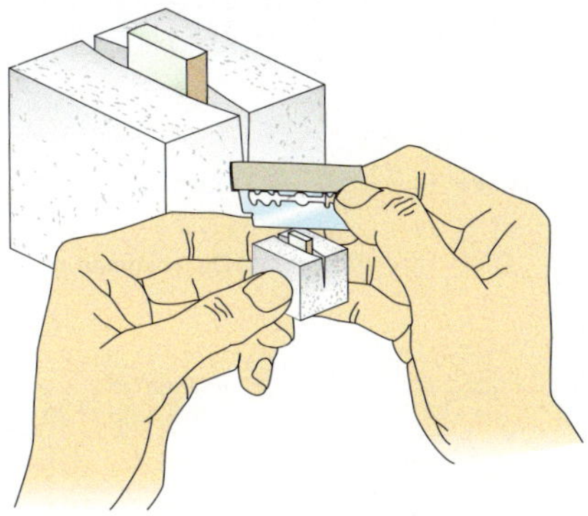

Messen und Zählen

Will man die tatsächliche Größe eines mikroskopischen Objektes oder seiner Teile ermitteln, benötigt man als Hilfsmittel ein Okularmikrometer. Dieses ist für jede gewählte Vergrößerung mit dem Objektmikrometer zu eichen.

⑪ Bestimmen Sie den Mikrometerwert, d.h. die tatsächliche Länge eines Skalenteils des Okularmikrometers, indem Sie die Skala des Okularmikrometers mit der des Objektmikrometers zur Deckung bringen (s. Abb.) und die sich entsprechenden Skalenteile ins Verhältnis setzen:
Mikrometerwert (m_w) = Skalenteile des Objektmikrometers / Skalenteile des Okularmikrometers

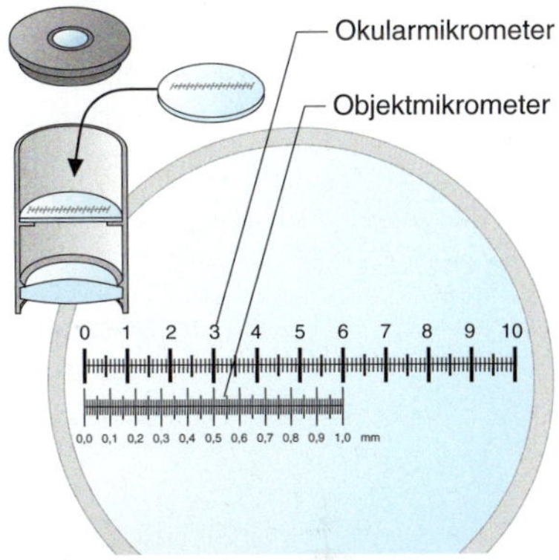

Für die Abbildung ergibt sich:
$m_w = 1{,}0\,\text{mm}/60 = 0{,}016\,\text{mm} = 16\,\mu\text{m}$

Ein Skalenteil des Okularmikrometers besitzt bei der gewählten Vergrößerung eine tatsächliche Länge von 16 µm, folglich hat eine Zelle, die sich über fünf Skalenteile erstreckt, eine Länge von 80 µm. Stehen kein Okular- und Objektmikrometer zur Verfügung, kann man transparentes Millimeterpapier oder eine entsprechende Folienkopie davon zur Größenbestimmung verwenden.

Soll der Durchmesser des Gesichtsfeldes bestimmt werden, legt man das Millimeterpapier anstelle des Objektes auf den Objektträger. Nun bestimmt man für jede Vergrößerungsstufe den Durchmesser in Millimetern:
Vergr. Objektiv x Vergr. Okular = Gesamtvergrößerung;
dazu bestimmt man durch Auszählen den Sehfelddurchmesser in mm.

Zum Auszählen von Zellen in einem bestimmten Flüssigkeitsvolumen benutzt man eine Zählkammer. In die Vertiefung dieser Glasplatte ist ein Zählnetz eingeätzt. Die Quadrate des Netzes haben definierte, auf der Zählkammer angegebene Abmessungen, die die Berechnung des Volumens erlauben. Routinemäßig werden solche Zählkammern in medizinischen Laboratorien zur Ermittlung der Anzahl von Blutzellen verwendet. In der Schule empfiehlt es sich, Zellen der Backhefe *(Saccharomyces cerevisiae)* in einer Suspension auszuzählen.

Das lichtmikroskopische Bild der Zelle

Eucyte (auch *Eucyt*) Zelle eukaryotischer Organismen (Pflanzen, Tiere, Protisten, Pilze)

Zellen begegnen uns in einer beachtlichen Vielfalt. Das betrifft ihre Größe und Gestalt ebenso wie die verschiedenen Funktionen. Eine Zelle des Assimilationsgewebes in einem Laubblatt, eine Nerven- und eine Epithelzelle scheinen bei oberflächlicher Betrachtung kaum Gemeinsamkeiten aufzuweisen. Der Schein trügt: Welchem Typ eine Zelle auch zuzurechnen ist, sie ist und bleibt die kleinste funktionelle Einheit eines Lebewesens. Mehr noch: Bei allen Unterschieden in Gestalt und Funktion zeigen Zellen eine grundsätzlich gleichartige Ausstattung.

Bereits das Lichtmikroskop gewährt einen detaillierten Einblick in das Zellinnere. Je besser das Auflösungsvermögen und je stärker die Vergrößerung, desto mehr Einzelheiten werden sichtbar. Was wir im Lichtmikroskop als flächige Bilder sehen, sind in Wirklichkeit räumliche Gebilde.

Protoplast

Alle Merkmale des Lebens spiegeln sich auch in einer lebenden Zelle wider. Der eigentliche Träger aller Lebensfunktionen ist der Zellleib *(Protoplast)*. Er besteht aus dem Zellplasma *(Cytoplasma)* mit den darin eingeschlossenen Zellstrukturen. Sie werden als *Organellen* (gr. *organon* = Werkzeug) bezeichnet, weil sie in der Zelle – wie ein Organ in einem Organismus – bestimmte Funktionen erfüllen. Das Cytoplasma ist nicht strukturlos. Es enthält Wasser mit darin gelösten Substanzen und Proteine.

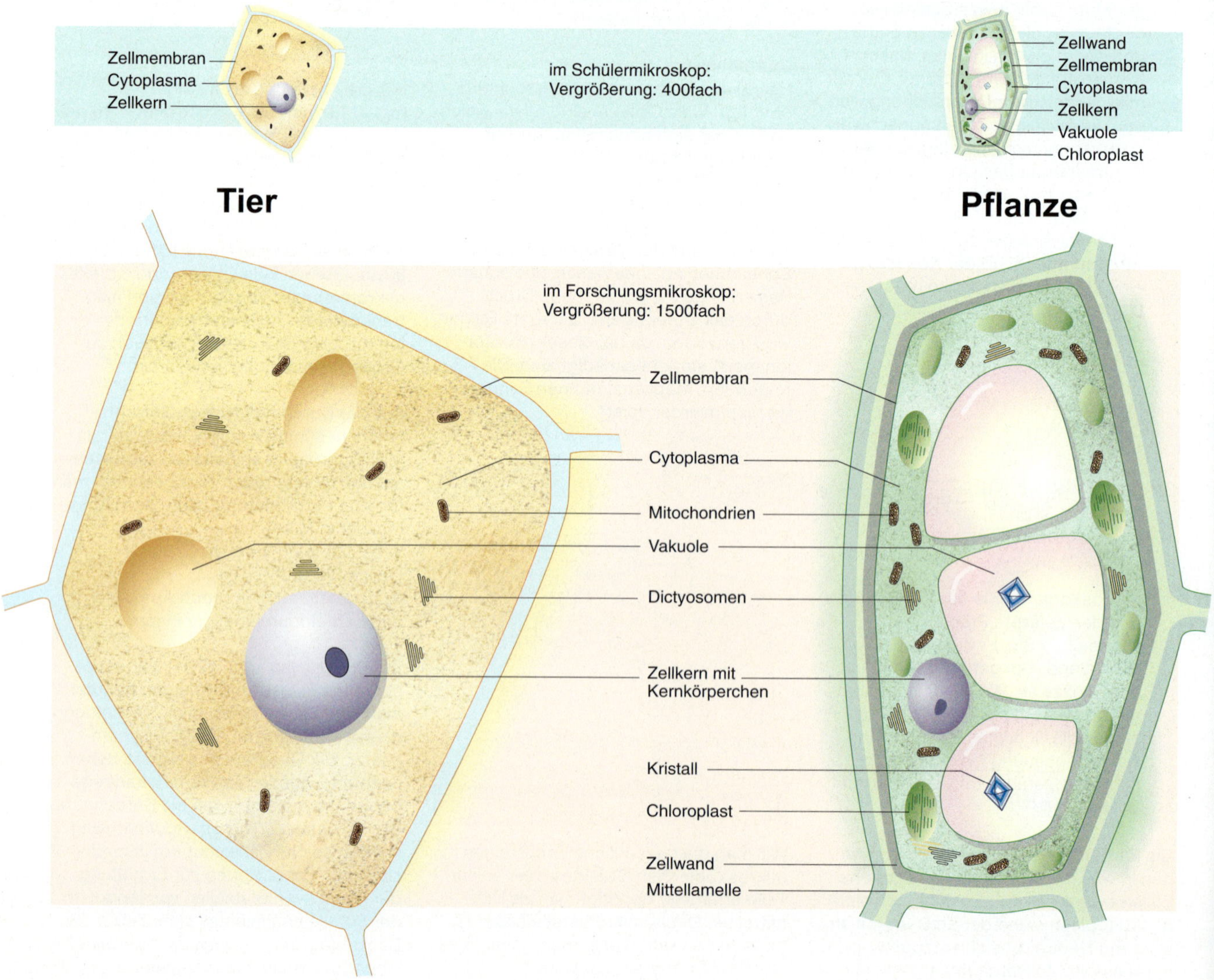

Zettelkasten

Räumliche Bilder mit dem konfokalen Laser-Scanning-Mikroskop

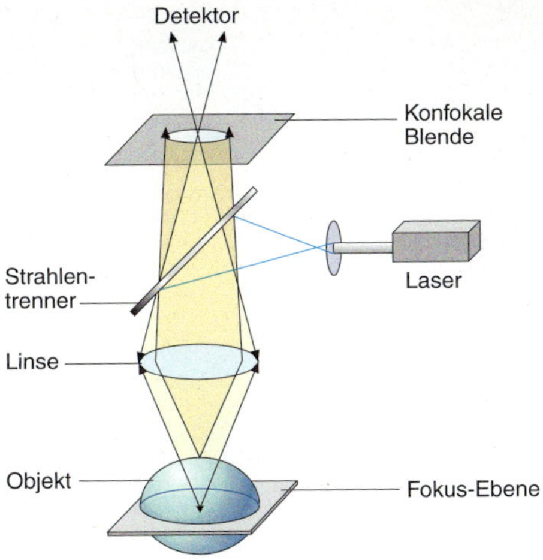

Das allgemein übliche Verfahren der *Durchlicht-Hellfeldmikroskopie* hat zahlreiche Ergänzungen und Abwandlungen erfahren. Mit den modifizierten Verfahren und neuesten technischen Entwicklungen gelingt es, homogene Objekte kontrastreich zu machen, sie farbig darzustellen und räumlich wirkende Bilder zu erlangen.

Dreidimensional wirkende Bilder erhält man durch die *konfokale Laser-Scanning-Mikroskopie*, eine Weiterentwicklung der *Fluoreszenzmikroskopie*. Das Scanning-Mikroskop arbeitet auf der Grundlage eines Abtastverfahrens. Eine dünne Schicht des Präparates wird mit einem Laserstrahl abgetastet und das Fluoreszenzlicht aufgefangen. So erhält man die Bildinformation aus dieser Schicht. Nacheinander werden verschiedene Schichten des manchmal dicken Präparates abgetastet: Es wird „optisch geschnitten“. Aus der Bildinformation mehrerer Schnittebenen errechnet der Computer ein räumlich wirkendes Bild.

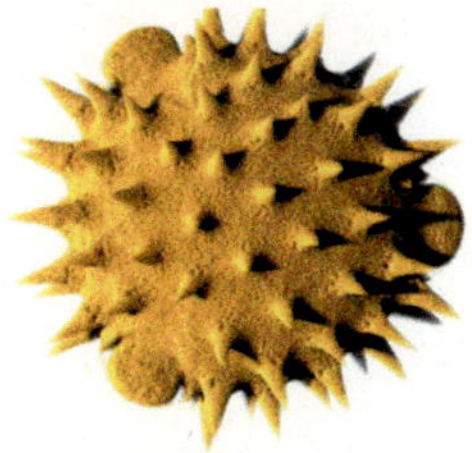

Zellkern

Der Zellkern *(Nucleus)* mit einem Durchmesser von durchschnittlich 3 – 10 µm ist gewöhnlich das größte Organell. In seinem Inneren befinden sich ein oder mehrere *Kernkörperchen*, die *Nucleoli*. Das Plasma des Kerns, das *Karyoplasma*, wird durch die Kernhülle gegen das übrige Cytoplasma abgegrenzt. Es enthält vor allem Nucleinsäure, die *Desoxyribonucleinsäure (DNA)*. Der Zellkern steuert die Stoffwechselprozesse innerhalb der Zelle und enthält die Erbinformation.

Mitochondrien

Gerade noch sichtbar im Lichtmikroskop sind die 2 – 8 µm langen *Mitochondrien*. Sie sind von einer Doppelmembran umgeben und in ihrem Inneren reich gegliedert.

Endoplasmatisches Retikulum

Das lichtmikroskopisch kaum in Erscheinung tretende *Endoplasmatische Retikulum* (ER) gliedert das Zellplasma gleichsam in Reaktionsräume, die *Kompartimente*. Nach außen wird das Plasma durch die äußere Zellmembran abgegrenzt.

Golgi-Apparat

Flache Stapel von Membranen, an deren Ende sich Vesikel abschnüren, nennt man *Dictyosomen*. Alle Dictyosomen einer Zelle fasst man als *Golgi-Apparat* zusammen.

Plastiden

Typische pflanzliche Zellbestandteile sind die *Plastiden*. Plastiden treten in drei verschiedenen Typen auf: als fotosynthetisch aktive *Chloroplasten*, als *Chromoplasten* mit roten und gelben Farbstoffen und als farblose *Leukoplasten*. Während Leukoplasten als Speicherorganellen dienen und Chromoplasten Blüten und Früchten lebhafte Farben verleihen, sind die chlorophyllhaltigen Chloroplasten die Orte der Fotosynthese.

Zellwand

Ein typisch pflanzliches Merkmal ist auch die Ausbildung einer zellulosehaltigen Zellwand. Nach der Zellteilung bildet sich die *Mittellamelle* aus. Ihr lagern sich Zellulosefasern ein und auf. So entsteht eine zum Teil mächtige und starre Wand mit Aussparungen, den *Tüpfeln*. Durch feine Plasmaverbindungen *(Plasmodesmen)* in den Tüpfeln stehen die Zellen untereinander in Verbindung.

Vakuolen

Vakuolen als bläschenförmige, von einer Membran *(Tonoplast)* umgebene Flüssigkeitsräume kommen in Zellen sehr verschiedener Lebewesen vor. Als Nahrungs- und pulsierende Vakuolen sind sie bei Einzellern, als Fett- und Eiweißvakuolen bei Tier- und Pflanzenzellen sowie Pilzen zu finden. Vakuolen, die mit Zellsaft, Kristallen und Farbstoffen gefüllt sind, sind charakteristisch für Pflanzenzellen.

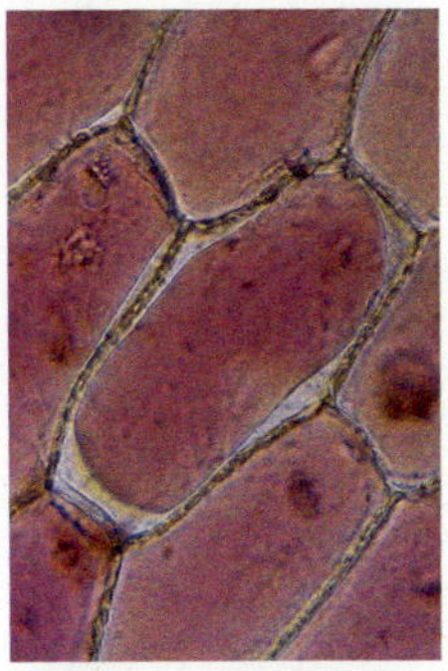

Zelle mit Vakuole (Zwiebelhäutchen)

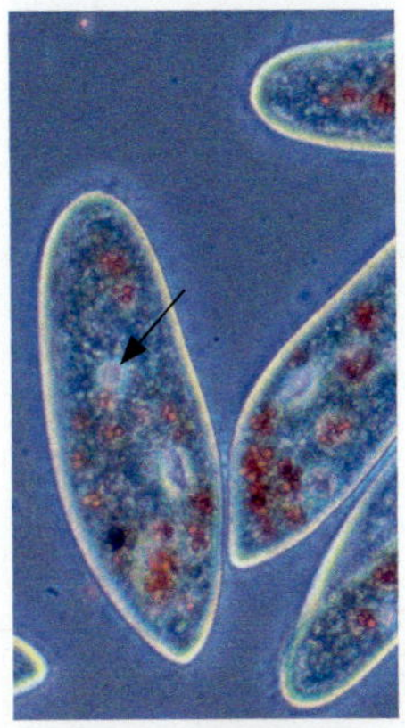

Pantoffeltierchen (Einzeller) mit pulsierender Vakuole (→)

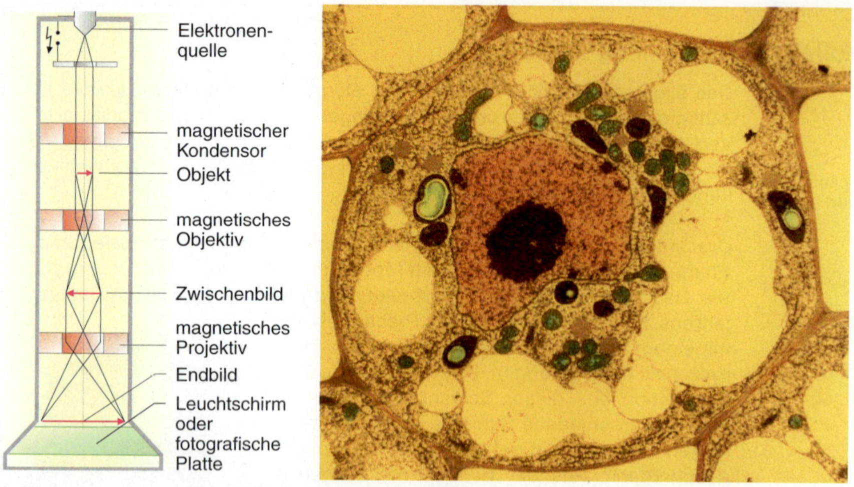

1 Elektronenmikroskop (TEM), Schema und koloriertes Bild einer Pflanzenzelle

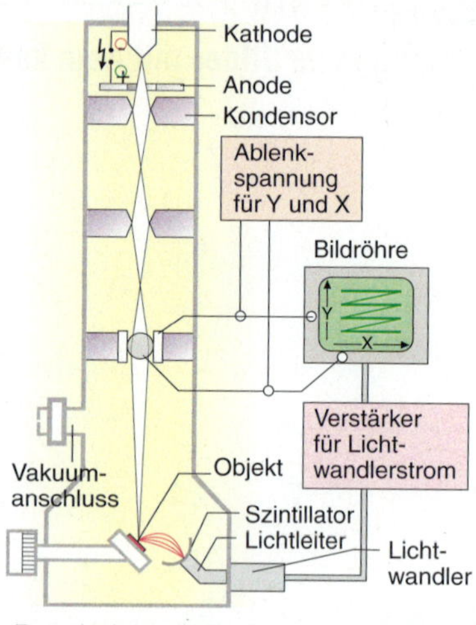

2 Rasterelektronenmikroskop, Schema

Die Zelle im Elektronenmikroskop

Sind die Grenzen des Auflösungsvermögens des Lichtmikroskops erreicht, können bei der weiteren Untersuchung und Strukturaufklärung der Zelle und ihrer Organellen nur Elektronenmikroskope weiterhelfen. Mit dem *Transmissionselektronenmikroskop* (TEM), das gegenüber einem guten Lichtmikroskop die nahezu 1000fache Leistung erbringt, gelingt es, ausreichend dünne Präparate der Zelle zu durchdringen und Strukturen bis zu 0,1 nm Abstand aufzulösen. In der zellbiologischen Forschung findet das Transmissionselektronenmikroskop weitreichend Einsatz. Das *Rasterelektronenmikroskop* (REM) ermöglicht das Abtasten von Oberflächen und liefert so räumlich erscheinende Bilder (Abb. 3).

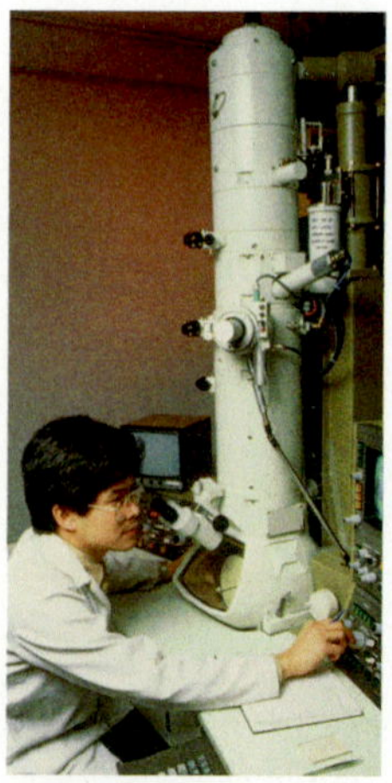

Transmissionselektronenmikroskop

Beide Typen des Elektronenmikroskops nutzen zur optischen Darstellung der Objekte Elektronen. Da die Elektronen von Luftteilchen abgebremst werden und auch Glas nicht durchdringen können, muss das Elektronenmikroskop luftleer gepumpt werden. In dem entstehenden Vakuum lassen sich die Elektronenstrahlen mithilfe elektromagnetischer Felder, deren Wirkung den Linsen im Lichtmikroskop entsprechen, ablenken und bündeln. Das Bild kann dann auf einem Bildschirm betrachtet werden.

Bei einem Rasterelektronenmikroskop trifft ein eng gebündelter Elektronenstrahl *(Primärelektronen)* auf die zu untersuchende Oberfläche. Die reflektierten oder aus der Oberfläche herausgeschleuderten Elektronen *(Sekundärelektronen)* werden gemessen und von einem Rechner in Helligkeitswerte umgesetzt. Rastert dieser Elektronenstrahl das Objekt zeilenweise ab, so erhält man ein Bild, das einen guten räumlichen Eindruck vermittelt.

Elektronenmikroskopische Präparationsverfahren

Für den Einsatz im Elektronenmikroskop müssen die Objekte in besonderer Weise vorbereitet werden. Lebendbeobachtungen sind nicht möglich, da die Zellen fixiert werden müssen. Das kann mittels chemischer Agenzien (Osmiumtetroxid, Formaldehyd) oder durch Gefrieren geschehen. Wichtig

3 REM-Aufnahme der pflanzlichen Zellwand

Artefakt
künstlich hervorgerufene Veränderung oder künstlich erzeugte Struktur

dass die Zellstrukturen nicht zerstört werden dürfen. Trotzdem kommt es häufiger zu *Artefakten*. Anstelle des in der Lichtmikroskopie üblichen Objektträgers benutzt man im Elektronenmikroskop kleinmaschige Metallnetze zur Aufnahme der Objekte.

Ultradünnschnitttechnik

Bei der *Ultradünnschnitttechnik* wird das Präparat nach dem Fixieren und Entwässern in Kunstharz eingebettet und dann mit einem Ultramikrotom geschnitten. Dieses Gerät ermöglicht es, Schichten in einer Dicke von 50 nm abzuschaben, d. h. eine Zelle von 0,1 mm Durchmesser wird in 2000 Scheiben geschnitten. Eine Seite dieses Buches ist 1000-mal dicker als ein solches Präparat.

1 Ultramikrotom

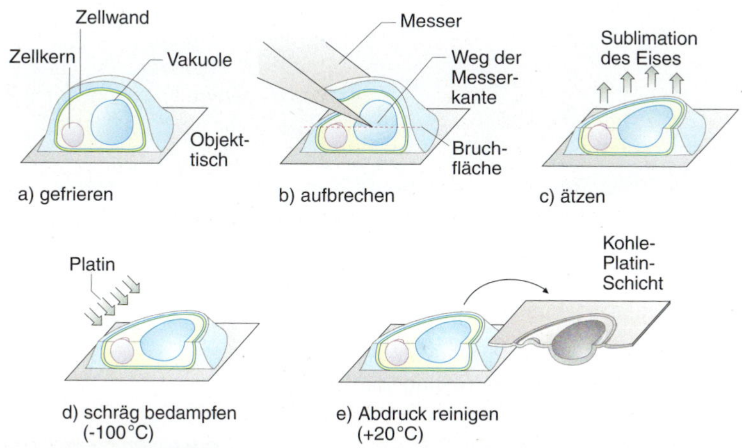

2 Schritte bei der Gefrierbruch- und Gefrierätztechnik

3 EM-Bild einer Hefezelle nach Gefrierbruch und Gefrierätzung

Beim Schneiden wird das Präparat auf einem Wassertropfen aufgefangen und von dort mit einem feinen Metallnetz, einem sogenannten *Trägernetz*, abgefischt.

Zum Teil sind biologische Strukturen schon im Lichtmikroskop sehr kontrastarm. Dies gilt noch mehr für das Elektronenmikroskop. Deshalb muss das Präparat *kontrastiert* werden. Das geschieht z. B. durch Osmiumtetraoxid oder andere Schwermetallionen. Auf dem Bildschirm des Elektronenmikroskops sieht man vor allem dieses elektronendichte Kontrastmittel, das sich selektiv an die biologischen Strukturen anlagert.

Gefrierätztechnik

Eine andere Methode, Präparate für das Elektronenmikroskop herzustellen, ist die *Gefrierätztechnik* (Abb. 2). Bei diesem Verfahren fixiert man die Zellen physikalisch, indem sie auf −150 °C abgekühlt und dadurch eingefroren werden. Bei dieser sogenannten *Kryofixierung* bleiben die Zellstrukturen weitgehend erhalten.

Aufgaben

① Deuten Sie die elektronenmikroskopischen Bilder der Pflanzen- (Abb. 16.1) und der Hefezelle (Abb. 3).

② Stellen Sie Vor- und Nachteile der Elektronenmikroskopie im Vergleich zur Lichtmikroskopie dar.

③ Bei der Elektronenmikroskopie untersucht man das gleiche biologische Objekt meist mit verschiedenartigen Verfahren. Begründen Sie dieses Vorgehen.

Der Zellkern

Das elektronenmikroskopische Bild eines Zellkerns (Nucleus), das durch Schneiden von kontrastierten Zellen gewonnen wurde (Abb. 1 oben), lässt eine zweischichtige Kernhülle erkennen. Zwei *Membranen* verlaufen dicht nebeneinander und schließen einen *Membranzwischenraum* ein. Diese Hülle ist an einigen Stellen durchbrochen; hier stehen Cytoplasma und Kernplasma miteinander in Verbindung. Ob es sich dabei um Poren, Schlitze oder aufgrund der Fixierung und Kontrastierung entstandene künstliche Veränderungen *(Artefakte)* handelt, lässt sich anhand eines solchen Bildes nicht entscheiden. Erst durch Anwendung anderer Präparationstechniken kann eine Artefaktbildung ausgeschlossen werden.

Durch Herstellung eines Präparates mit Gefrierätztechnik (Abb. 1 unten) sind räumliche Strukturen am Kern zu erkennen. Es wird durch diese Präparationstechnik deutlich, dass er durch eine aus zwei Membranen bestehende Hülle begrenzt wird und diese durch *Kernporen* durchbrochen ist.

Besonders auffällige Einschlüsse im Inneren des Zellkernes sind die Kernkörperchen: (*Nucleoli,* Einzahl *Nucleolus*). Sie treten in Ein- oder Mehrzahl auf und beteiligen sich an der Bildung von Ribosomen, den Orten der Proteinsynthese. Im Kernplasma befindet sich eine gut anfärbbare Struktur, das *Chromatin.* In ihm liegt mit Proteinen vergesellschaftet die DNA. Bei einer jeden Zellteilung bilden sich aus dem Chromatin die *Chromosomen* heraus (s. Seite 27).

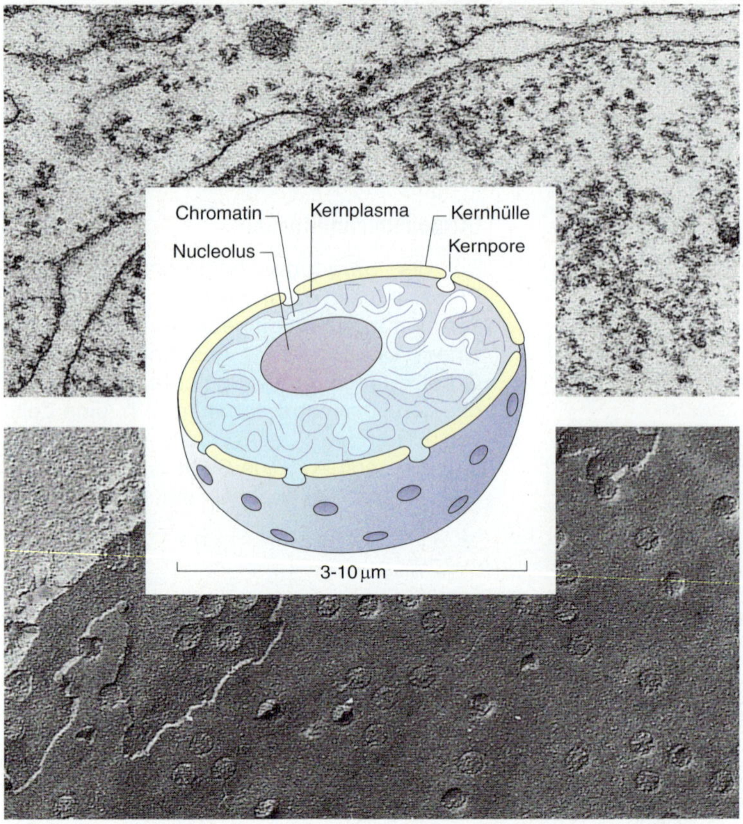

1 Darstellung des Zellkerns mit elektronenmikroskopischen Verfahren

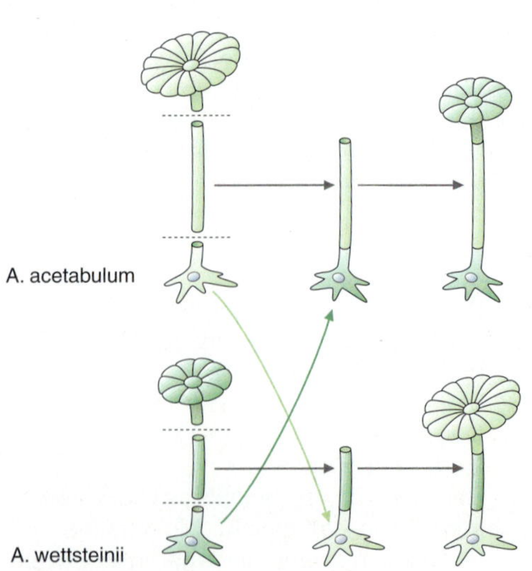

2 Stückaustausch bei Acetabularia

Pfropfungsexperimente mit Algen

Der Kern ist die wichtigste Kommandozentrale der Zelle und gleichzeitig das funktionelle Zentrum in ihr. Welche Bedeutung der Kern für die Entwicklung einer Zelle und des gesamten Lebewesens hat, zeigen Experimente zur Kerntransplantation der jüngsten Zeit ebenso wie die klassischen Pfropfungsversuche von JOACHIM HÄMMERLING mit der Meeresalge *Acetabularia.* Die Algen dieser Gattung bestehen aus einer riesigen Zelle, die sich in ein wurzelähnliches *Rhizoid*, ein Stielchen und einen Hut an dessen oberem Ende gliedert. Im Rhizoid liegt der Zellkern. Schneidet man das Rhizoid von *Acetabularia acetabulum* ab und pfropft darauf ein Stielstück von *A. wettsteinii,* so bildet sich der für A. acetabulum typische Hut aus. Ein A. wettsteinii-Hut entsteht, wenn das kernhaltige Rhizoid von A. wettsteinii und der Stiel von A. acetabulum stammen. Diese Experimente zeigen, dass die Hutform vom Zellkern bestimmt wird. Da aber auch ein abgeschnittener kernloser Stiel einen Hut ausbilden kann, müssen zusätzlich Faktoren im Cytoplasma vorhanden sein, die die Gestaltbildung beeinflussen können.

Acetabularia

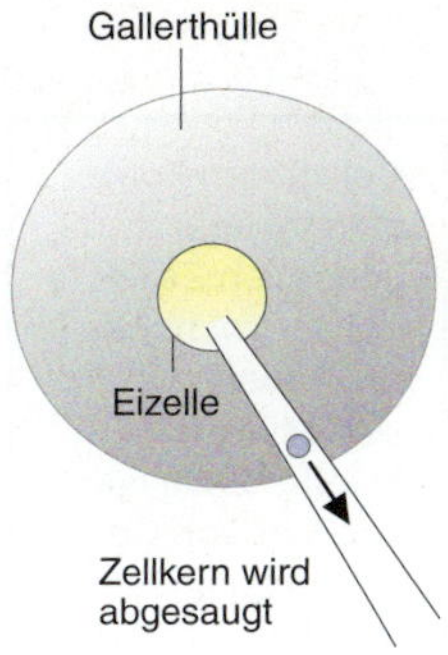

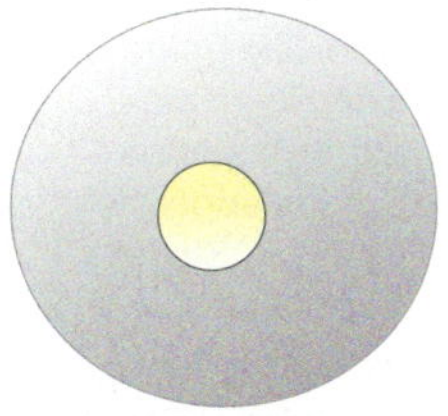

kernlose Eizelle

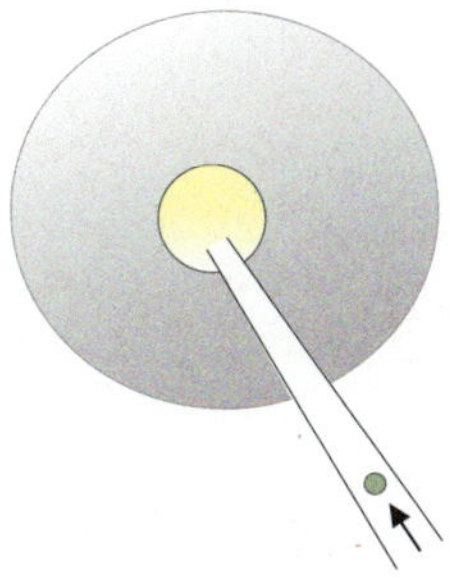

Zellkern einer Albinokaulquappe wird transplantiert

Transplantation von Zellkernen

Die Bedeutung des Zellkerns verdeutlichen auch Experimente, bei denen Kerne transplantiert werden. Im Jahr 1961 gelang dem britischen Biologen JOHN GURDON ein Aufsehen erregendes Experiment mit dem afrikanischen *Krallenfrosch (Xenopus laevis)*. Er saugte mit einer feinen Glaspipette den Zellkern aus einer unbefruchteten Eizelle eines normal gefärbten Frosches. In die kernlose Eizelle brachte er anschließend einen Zellkern aus der Darmzelle einer *Albinokaulquappe* (s. Randspalte). Einige der manipulierten Eizellen entwickeln sich zu einem *Albinofrosch*. Dieser Versuch zeigt, dass die *Erbinformationen* des Frosches im Zellkern der Zelle enthalten sind und bestätigt Beobachtungen, die seit Beginn des 20. Jahrhunderts bei anderen Lebewesen gemacht werden.

Das erste geklonte Säugetier, das legendäre Schaf *Dolly*, wurde am 5. Juli 1996 geboren. Schottische Forscher hatten den Kern aus Euterzellen des einen Elterntieres in die entkernte, unbefruchtete Eizelle eines anderen Tieres eingebracht. Der sich daraus entwickelnde Embryo war von einem dritten Tier ausgetragen worden. Dolly war mit der Kernspenderin genetisch identisch. Für die Erzeugung des Klonschafes hatten die Wissenschaftler in Edinburgh in 277 Eizellen Kerne transplantiert. Nur 29 von ihnen entwickelten sich so, dass sie einem Mutterschaf eingepflanzt werden konnten. Ein einziger Embryo überstand die Schwangerschaft bis zur Geburtsreife. Das war Dolly. Im Alter von sechs Jahren wurde das Klonschlaf eingeschläfert. Es litt an Symptomen vorzeitigen Alterns. Im Durchschnitt erreichen Schafe ein Alter von 12 Jahren.

1 Krallenfrosch (Albino)

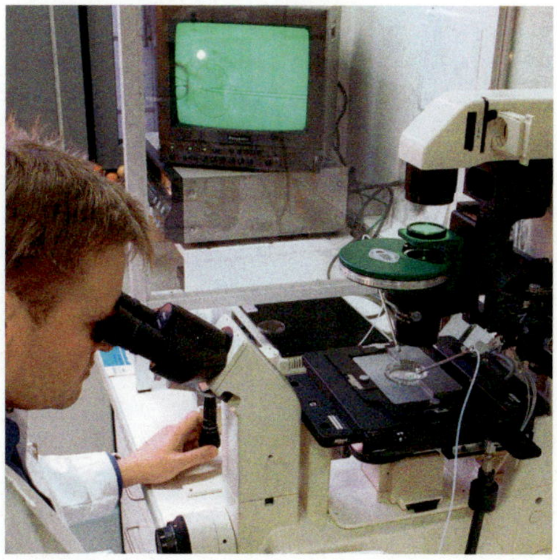

2 Entkernung einer Zelle

Dolly

Aufgaben

① Erläutern Sie die elektronenmikroskopischen Verfahren, mit denen die beiden Bilder in Abbildung 18.1 gewonnen worden sind.

② Berechnen Sie unter Zugrundelegen der Tatsache, dass ein Zellkern in einer Säugetierzelle etwa einen Durchmesser von 5 µm hat, die etwaige Vergrößerung des schematisch dargestellten Kerns in Abbildung 18.1 und in den elektronenmikroskopischen Bildern.

③ Erklären Sie, welche grundsätzlichen biologischen Erkenntnisse mit den beiden zur Kerntransplantation beschriebenen Experimenten (Randspalte und Abbildung 3) gewonnen werden konnten.

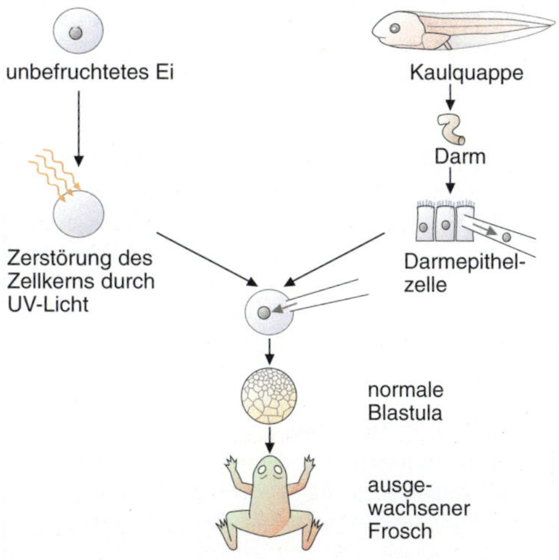

3 Kerntransplantation

Bau und Funktion von Zellorganellen

Jahrzehntelange Forschungsarbeit hat neben einer genauen Vorstellung über die Struktur der Zellorganellen auch zur vertieften Kenntnis über die Funktion der Zellorganellen geführt. In der Zelle tritt als wiederkehrendes Bauelement die Membran auf. Das Zellinnere wird durch Membranen in eine Vielzahl abgegrenzter Räume, so genannte *Kompartimente*, unterteilt. Oft bewirken Membranen durch Faltung oder Stapelung eine starke Vergrößerung der inneren Oberflächen, an denen membrangebundene biochemische Prozesse ablaufen. Immer aber trennen sie eine plasmatische von einer nicht plasmatischen Phase *(Kompartimentierungsregel)*.

Mikrotubuli sind röhrenförmige Strukturen mit einem Durchmesser von 25 nm. Ihre Länge ist sehr unterschiedlich und kann zum Teil über einen Millimeter hinausgehen. Sie sind aus kugeligen Proteinbausteinen (*Tubulin*) zusammengesetzt. Wie die Ribosomen besitzen sie keine Membran und entstehen durch Selbstaufbau.

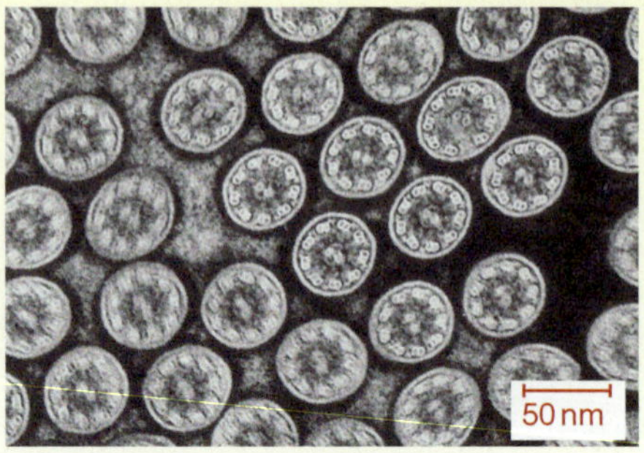

Den Mikrotubuli werden verschiedene Aufgaben zugeschrieben. So sind sie zum Beispiel Bestandteil des intrazellulären Stützsystems, des *Cytoskeletts*. In großer Zahl treten Mikrotubuli bei der Zellteilung auf. Sie sind an den Bewegungen der Chromosomen bei der Kernteilung beteiligt.

Centriolen kommen fast nur in tierischen Zellen vor. Ihr wichtigstes Bauelement sind Mikrotubuli. In jeder Zelle ist ein Paar von Centriolen zu finden, und zwar in einem Bereich, der Centrosom genannt wird. Die beiden Centriolen sind am Aufbau des Spindelapparates beteiligt. Sie verdoppeln sich vor der Zellteilung.

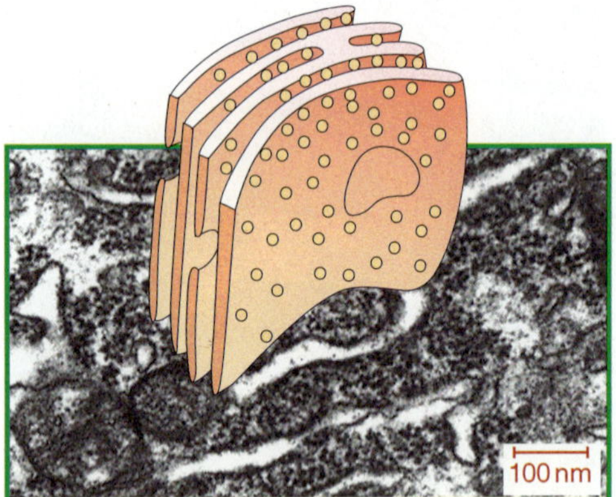

Endoplasmatisches Retikulum

Das **endoplasmatische Retikulum** (ER) ist ein Membransystem. Es durchzieht als flächiges Netzwerk das gesamte Cytoplasma. Die Membranen umschließen lamellen- oder röhrenförmige Innenräume, die *Zisternen*. Das ER kann mit anderen Membranen in Verbindung stehen, z. B. mit der Kernhülle. Es ist der Syntheseort von Membran- und Reservelipiden. An den Membranflächen befinden sich zum Teil dicht nebeneinander *Ribosomen*, wodurch das ER ein raues Aussehen erhält. Andere Bereiche sind frei von Ribosomen. Deshalb unterscheidet man zwischen *rauem* und *glattem ER*. Weitere Funktionen des ER sind die membrangebundene Proteinsynthese und der Stofftransport innerhalb der Zelle. Manchmal schnüren sich von den Membranen Bläschen *(Vesikel)* ab, in denen Stoffe transportiert werden. Drüsenzellen sind besonders stark vom ER durchzogen. In den Zisternen werden viele Stoffe gebildet, umgewandelt oder gespeichert.

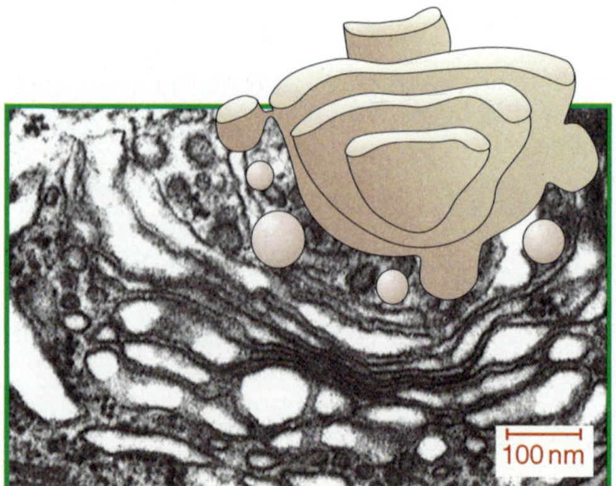

Dictyosomen (Golgi-Apparat)

Dictyosomen sind flache Membranzisternen, die in Drüsenzellen in großer Zahl vorkommen. Nach ihrem Entdecker wird die Gesamtheit der Dictyosomen in einer Zelle auch *Golgi-Apparat* genannt. Im Inneren der Membranzisternen befinden sich vor allem Proteine, bei pflanzlichen Zellen auch Baustoffe für die Zellwand. Sie werden zwar im ER gebildet, aber hier konzentriert und gelagert oder weitertransportiert. Am Rande der Membranstapel können sich – ähnlich dem ER – Bläschen *(Golgi-Vesikel)* abschnüren.

Chloroplast

Chloroplasten sind von zwei Membranen umhüllt und besitzen so zwei Kompartimente. Die innere Membran umschließt einen Matrixraum, das *Stroma*. Darin befinden sich flächige, lamellenförmige Einstülpungen der inneren Membran, die *Thylakoide*. Diese sind zum Teil wie Geldrollen sehr dicht gestapelt. Ein Stapel heißt *Granum* (Mehrzahl: *Grana*). Wie die Mitochondrien besitzen die Chloroplasten eine eigene DNA sowie 70-S-Ribosomen. Die Thylakoidmembran enthält u.a. Chlorophylle und Carotinoide. Die Chloroplasten sind die Organellen der Fotosynthese. Sie entstehen nur durch Teilung vorhandener Chloroplasten.

Mikrofilamente kommen als fadenförmige Strukturen in Zellen vor. Sie bestehen vorwiegend oder ausschließlich aus Proteinen. In Eucyten sind Aktin- und Myosinfilamente allgemein verbreitet. In Muskelzellen wirken diese Filamente bei der Kontraktion zusammen.

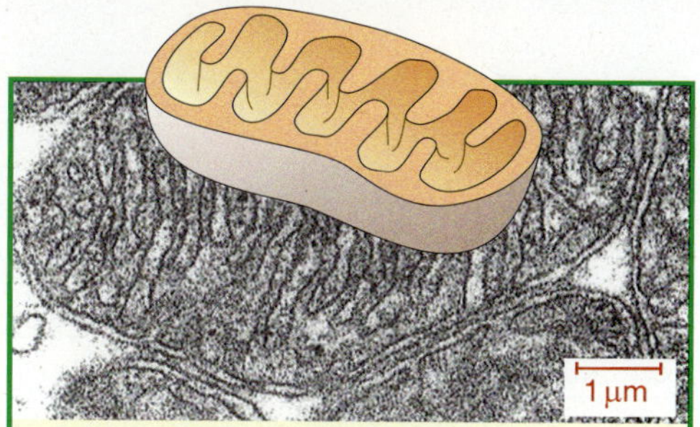

Mitochondrium, Cristae-Typ

Mitochondrien sind von einer Hülle aus zwei Membranen umgeben. Sie bilden zwei Kompartimente: Eines liegt zwischen der äußeren und der inneren Hüllmembran, das andere, die plasmatische Matrix, wird von der inneren, stark gefalteten Membran umgeben. Durch die lamellenförmigen Einstülpungen, die *Cristae*, entstehen große Oberflächen. In der Matrix befinden sich u.a. eine eigene DNA sowie 70-S-Ribosomen. Neben dem *Cristae-Typ* gibt es den *Tubuli-Typ* mit röhrenförmiger und den *sacculären Typ* mit säckchenförmiger Innenstruktur.

Mitochondrien kommen gehäuft in Zellen mit hohem Energiebedarf vor, z.B. in Muskelzellen. Die Mitochondrien sind die Orte der Zellatmung. Bei Oxidationsprozessen wird Energie aus Nährstoffen zum ATP-Aufbau eingesetzt. Mitochondrien kann man als „Kraftwerke" der Zelle bezeichnen. Mitochondrien vermehren sich durch Teilung.

Lysosomen besitzen, wie der Golgi-Apparat und das ER, eine einfache Membran. Die bläschenförmigen Lysosomen haben unterschiedliche Größe, häufig werden sie mitochondriengroß. Sie enthalten vor allem Verdauungsenzyme, die überflüssiges Zellmaterial abbauen.

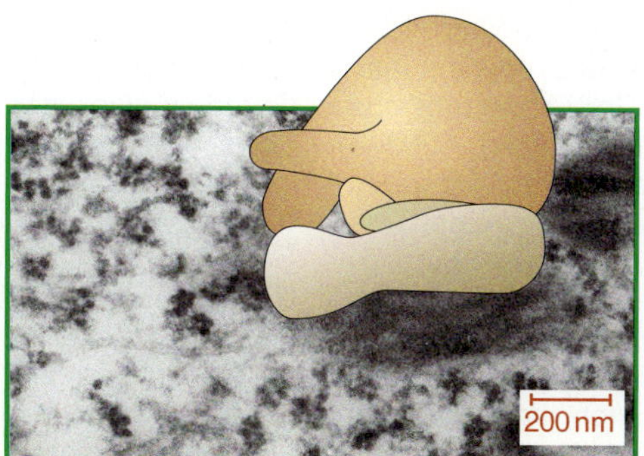

Ribosomen

Ribosomen besitzen keine Membran. Diese kleinen Organellen (Größe 15 – 30 nm) werden aus zwei Untereinheiten gebildet, die zu 40 % aus Nucleinsäuren *(Ribonucleinsäuren, r-RNA)* und zu 60 % aus Proteinen bestehen. Ribosomen sind die Bildungsstätten der Proteine. Sie können zu mehreren perlschnurartig im Cytoplasma liegen *(Polysomen)* oder auch an Membranen angelagert sein.

Es gibt zwei Typen von Ribosomen, die sich in ihrer Größe und im Sedimentationsverhalten unterscheiden. Für große Ribosomen, die nur im Cytoplasma und am rauen ER von Eucyten auftreten, ist der Sedimentationskoeffizient 80 *Svedberg* (= S), für kleine, in Bakterien vorkommende 70 S.

Die **Zellwand** aus Zellulose ist eine typische Struktur der Pflanzenzelle. Ihr Aussehen ändert sich mit dem Differenzierungsgrad der Zelle. Nach einer Zellteilung entsteht zunächst zwischen den Zellmembranen der Tochterzellen eine *Mittellamelle* aus vorwiegend pektinhaltigem Material. *Pektin* ist eine gelartige Substanz von kohlenhydratähnlichem Bau. Darauf bildet sich beim Wachstum eine *Primärwand*, die zusätzlich etwa 10 % Zellulosemikrofibrillen enthält. Diese sind unregelmäßig angeordnet *(Streutextur)*. Stellt die Zelle ihr Wachstum ein, so wird eine *Sekundärwand* aufgelagert, die zu mehr als 90 % aus Zellulose besteht. Die Mikrofibrillen liegen dabei parallel in mehreren Schichten übereinander *(Paralleltextur)*. Aussparungen in der Zellwand *(Tüpfel)* ermöglichen die Verbindung des Plasmas von Zelle zu Zelle.

Formgebende Zellwände umhüllen auch Pilz- und Bakterienzellen. Bei Pilzen bestehen sie vorwiegend aus Chitin, bei Bakterien aus einem Netzwerk von Peptidoglykan (Polymer aus Zuckerabkömmlingen und Peptiden).

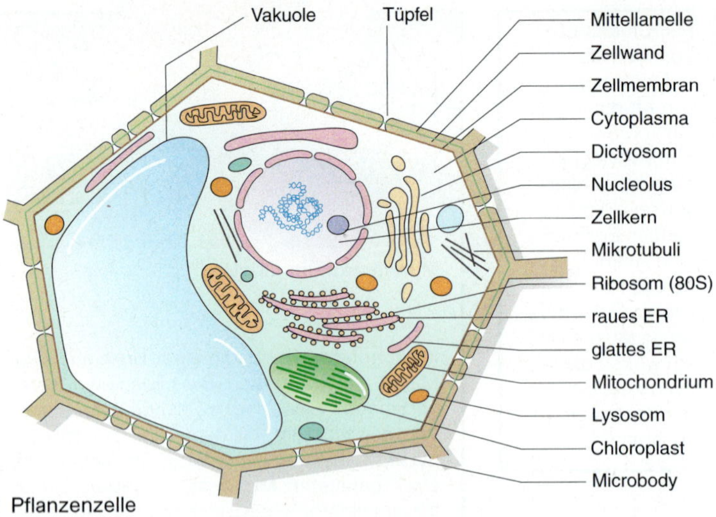

1 Pflanzenzelle

Zellen

Differenzierung
Auseinanderentwicklung und Spezialisierung

Determination
Festlegung der Entwicklungsrichtung

totipotent
zur allseitigen Entwicklung befähigt

Alle Lebewesen bestehen aus Zellen, deren Gestalt zwar sehr unterschiedlich sein kann, deren grundsätzlicher Aufbau dennoch immer gleich ist.

Pflanzenzellen

Betrachtet man lichtmikroskopisch den Querschnitt eines Laubblattes, so sieht man verschiedene Gewebe. Jedes besteht aus einem Verband gleichartiger Zellen. Auf diese Gewebe sind die komplexen Aufgaben des Blattes, Fotosynthese zu betreiben und den Gasaustausch mit der Atmosphäre zu regeln, verteilt. Entsprechend ihrer Aufgabe zeigen die Zelltypen Spezialisierungen. Die Zellen der oberen *Epidermis* verhindern unkontrollierte Transpiration, schützen das Blatt vor Austrocknung und mechanischen Beschädigungen. Man erkennt sie an ihren dicken Zellwänden, die an der Oberseite von einer wasserundurchlässigen Schicht *(Kutikula)* bedeckt sind. Die darunter liegenden *Palisadenzellen* erhalten viel Licht. Sie erbringen die größte Fotosyntheseleistung und enthalten besonders viele Chloroplasten. So kann man bei Zellen häufig schon anhand ihrer Struktur auf ihre Funktion schließen. Zellen, die in einem mehrzelligen Organismus eine bestimmte Funktion haben, bezeichnet man als *differenziert*. Sie sind in der Regel nicht mehr teilungsfähig. Dagegen sind *undifferenzierte* Zellen teilungsfähig und zeigen keine besonderen strukturellen Ausprägungen.

Schon in einem sehr frühen Stadium werden neu gebildete Zellen auf ihre zukünftige Aufgabe festgelegt. Die fortschreitende Einengung der Entwicklungsmöglichkeiten *totipotenter* Zellen bezeichnet man als *Determination*. Sie wird bestimmt durch cytoplasmatische Faktoren, die Lage der Zellen im Organismus und ihre physiologischen Beziehungen zueinander.

Der Determination folgt die *Zelldifferenzierung*. Während der Differenzierungsphase wird die Zelle durch strukturelle und funktionelle Spezialisierung auf ihre zukünftigen Aufgaben vorbereitet und mit den dafür erforderlichen Strukturen ausgestattet. Der Grundbauplan der eukaryotischen Zelle bleibt dabei natürlich erhalten.

Tierzellen

Bei Geweben von Tieren ist es häufig nicht einfach, einzelne Zellen zu erkennen, da tierische Zellen keine gut sichtbare Zellwand haben. Form und Größe der Zellen sind deshalb häufig erst nach Anfärben zu erkennen. Bei Tieren fällt auf, dass sie, entsprechend

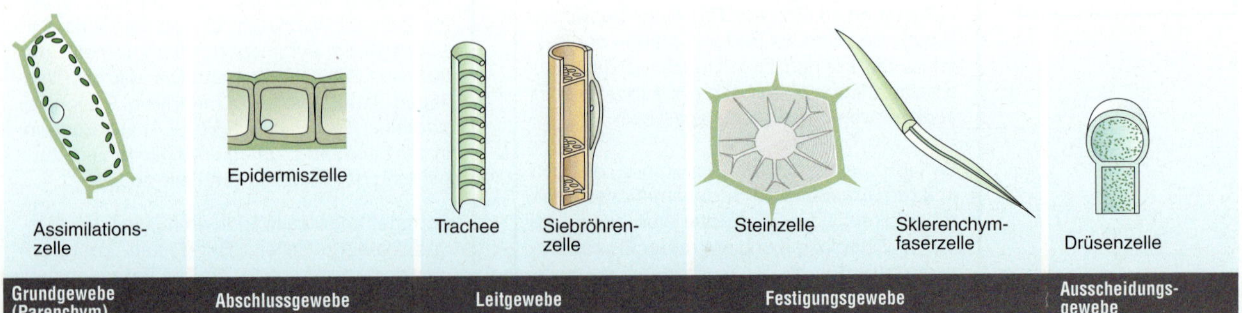

2 Beispiele für die Differenzierung pflanzlicher Zellen

den vielfältigen Leistungen ihrer Organe, eine größere Anzahl von unterschiedlich differenzierten Zelltypen besitzen als Pflanzen. Aber auch in diesen differenzierten Zellen ist der Grundbauplan der Eucyte erkennbar (siehe Abb. 1). Im menschlichen Körper gibt es mehr als 100 Zelltypen. Beispielsweise besitzen Nervenzellen viele Fortsätze, die der Informationsübertragung dienen, Knorpel- und Knochenzellen scheiden Substanzen zur Festigung ab, Deckzellen der Haut, die *Epithelzellen*, haben eine unterschiedliche Form (z. B. Epithelzellen der äußeren Haut oder Flimmerepithel der Luftröhre).

Einige hoch differenzierte Zellen verlieren ihre Teilungsfähigkeit, wie z. B. die Nervenzellen, d. h. untergegangenes, differenziertes Gewebe kann nicht mehr ersetzt werden. Andere Gewebe bleiben zeitlebens teilungsfähig. Sterben differenzierte Zellen ab, so entstehen in diesen Bildungsgeweben durch Teilung neue Zellen. Diese Zellen differenzieren sich und ersetzen die abgestorbenen Zellen. Aus Stammzellen des roten Knochenmarks können sich z. B. zeitlebens alle Blutzelltypen differenzieren. Auf diese Weise kann die Vielzahl an kurzlebigen Blutzellen auch ständig nachgeliefert werden.

Bakterienzellen

Die Bakterien haben eine andere Grundstruktur als die Eucyte (siehe Abb. 2). Den Zelltyp der Bakterien nennt man *Protocyte* oder *Procyte* (s. Seite 230). Bei der Procyte liegt die DNA frei im Cytoplasma, d. h. sie hat keinen Zellkern, sondern nur ein Kernäquivalent und teilweise ringförmige DNA-Ringe, die Plasmide. Die Procyte hat ausschließlich 70-S-Ribosomen und enthält weniger Zellorganellen. So fehlen die Mitochondrien, die Plastiden und die Dictyosomen.

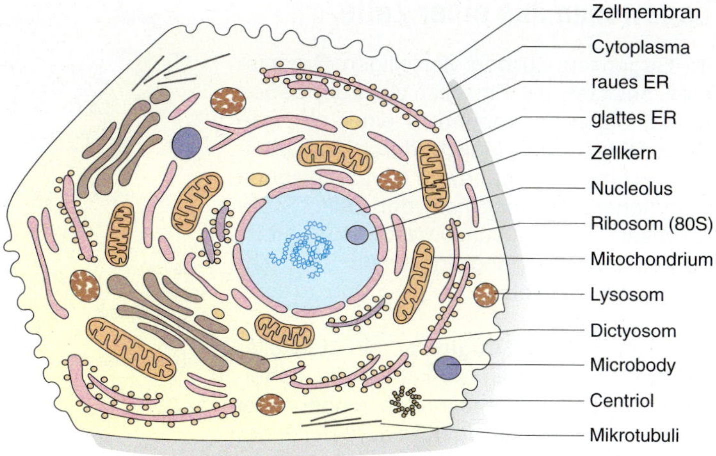

1 Tierzelle

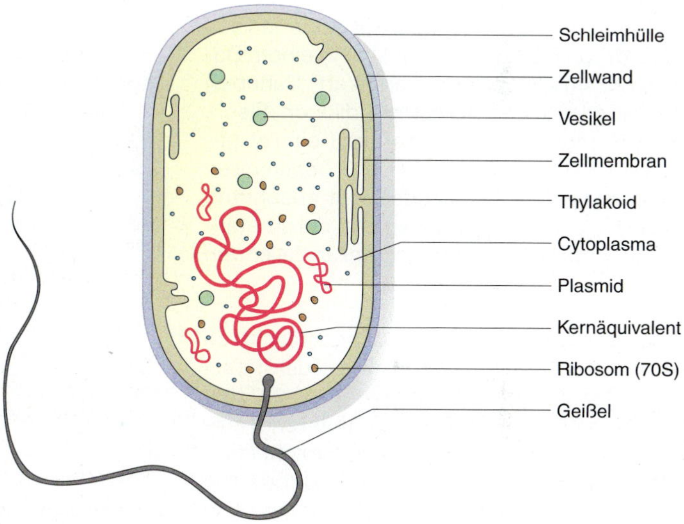

2 Bakterienzelle

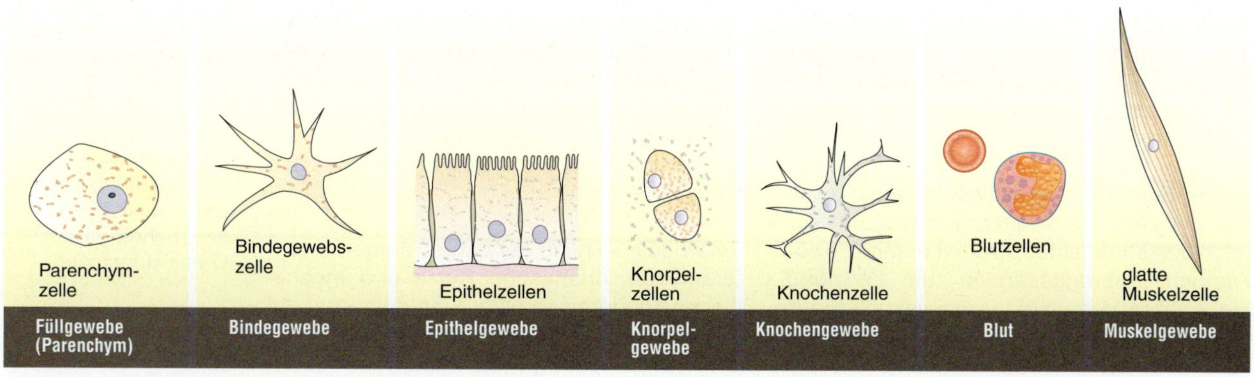

3 Beispiele für die Differenzierung tierischer Zellen

Lebewesen aus einer Zelle

Im Gegensatz zu den vielzelligen Organismen besitzen die Einzeller alle zum Leben notwendigen Funktionen in einer einzigen Zelle. Dies wird ermöglicht durch die Aufteilung *(Kompartimentierung)* in verschiedene Funktionsräume innerhalb der Zelle. Stoffwechsel, Fortpflanzung, Wachstum, Reizbarkeit und Bewegung sind mit nur einer einzigen Zelle möglich.

Ein Beispiel ist **Euglena**, ein Einzeller (Abb. 1), der nicht in die klassische Aufteilung Tier- oder Pflanzenreich eingeordnet werden kann. Euglena gehört zum Reich der *Protisten*. Im Licht bildet sich eine autotrophe, grüne Form aus, die Fotosynthese betreibt, im Dunkeln hingegen eine farblose heterotrophe Form ohne Chloroplasten. Euglena hat eine lange und eine kurze Geißel, die miteinander verschmelzen. Sie bestehen aus *Mikrotubuli*. Beide Geißeln sind in einem Basalkorn im Cytoplasma verankert. Daneben findet man einen lichtempfindlichen Fleck, den *Fotorezeptor*. Darüber liegt ein rot gefärbter *„Augenfleck“*, der bei bestimmten Stellungen das einfallende Licht abschirmt. Auf diese Weise kann Euglena durch ständiges Rotieren die Richtung der einfallenden Lichtstrahlen orten.

Die Vermehrung findet ungeschlechtlich durch eine Längsteilung statt. Zuerst teilt sich der Zellkern, danach verdoppeln sich die Organellen. Finden bei höheren Temperaturen viele Längsteilungen nacheinander statt, erhalten nicht alle neu gebildeten Zellen auch Chloroplasten. Diese sind dann nicht mehr in der Lage, sich autotroph mithilfe der Fotosynthese zu ernähren.

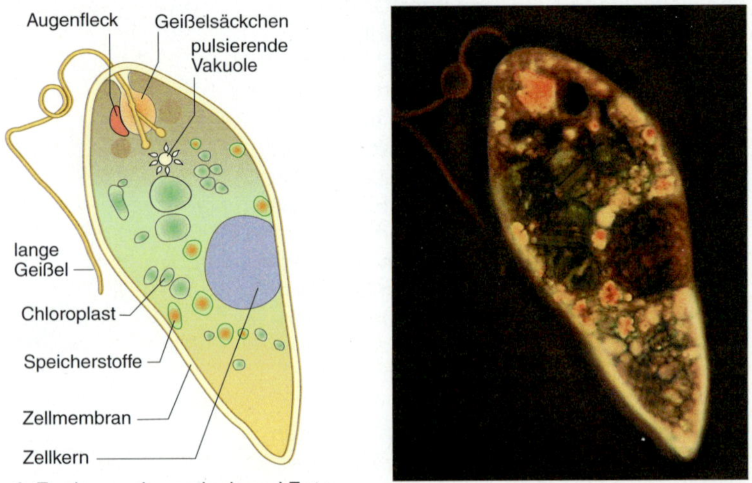

1 Euglena schematisch und Foto

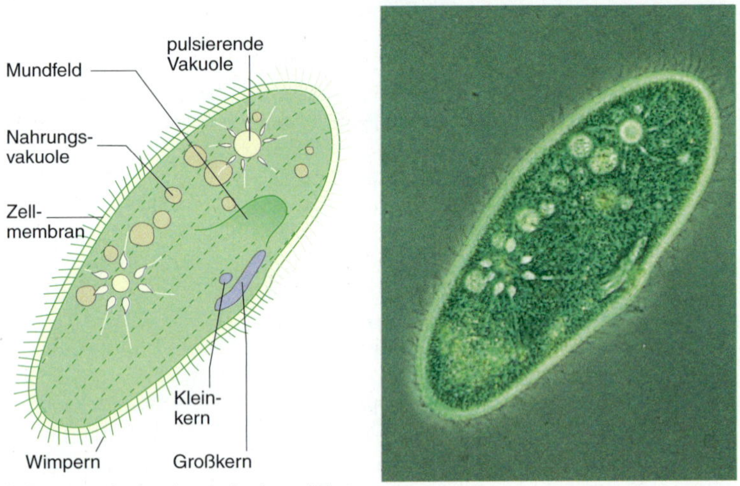

2 Paramecium schematisch und Foto

Pantoffeltierchen *(Paramecien)* leben in Tümpelwasser oder an teilweise zersetzten Pflanzenteilen im Heu oder Laub. Sie sind etwa 0,3 mm lang. Die Oberfläche, eine elastische Zellhaut, ist mit mehr als 10 000 Wimpern bestückt. Diese Wimpern schlagen rhythmisch und treiben die Einzeller durch das Wasser. Dabei drehen sie sich um die eigene Längsachse.

Dieser Einzeller besitzt zwei ungleich große Kerne *(Mikro-* und *Makronucleus)*. Im Bereich des Mundfeldes strudelt er mithilfe von Wimpern Nahrungspartikel zum *Zellmund*. Sie werden dort in Nahrungsvakuolen aufgenommen, die auf festgelegten Bahnen durch das Cytoplasma wandern. Dabei wird die Nahrung innerhalb dieser Vakuolen verdaut. Die Nährstoffe werden in das Cytoplasma abgegeben. Die Ausscheidung von unverdaulichen Nahrungsbestandteilen erfolgt über einen *Zellafter*. Sowohl Euglena als auch das Pantoffeltierchen besitzen außerdem *pulsierende Vakuolen*, die ebenfalls der Ausscheidung dienen. Um diese Vakuolen sind sternförmig Kanäle gelagert, die Wasser mit darin gelösten Abfallstoffen oder Salzen aufnehmen und sich rhythmisch nach außen entleeren.

Paramecien sind in der Lage, Temperaturunterschiede, chemische Reize und mechanische Hindernisse wahrzunehmen und auf solche Reize zu reagieren, indem sie sich durch Veränderung des Wimpernschlages in eine andere Richtung fortbewegen.

autotrophe Organismen
müssen keine energiereichen Substanzen zum Leben aufnehmen; haben eine anorganische Kohlenstoffquelle, z. B. CO_2

heterotrophe Organismen
müssen energiereiche organische Substanzen (Nahrung) zum Leben aufnehmen

Vom Einzeller zum Vielzeller – ein Denkmodell

Einzeller besitzen alle zum Leben notwendigen Fähigkeiten. Dagegen kommt es bei *vielzelligen Organismen* im Laufe ihrer Individualentwicklung zu einer Differenzierung der Zellen und zur *Arbeitsteilung.* Die einzelne Zelle hat dann die Fähigkeit verloren, allein zu existieren. Da Einzeller erdgeschichtlich älter sind, geht man davon aus, dass eine Entwicklung vom Einzeller zum Vielzeller hin stattgefunden hat. Die Betrachtung heute lebender Organismen gibt Hinweise darauf, wie man sich diesen Vorgang modellhaft vorstellen kann.

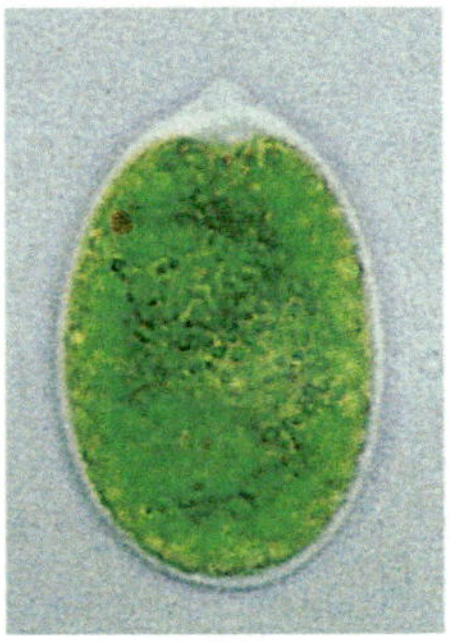

Die Grünalge *Chlamydomonas* besitzt ähnliche Organellen wie Euglena. Zusätzlich ist ihre Zellwand von einer Gallertschicht umgeben. Bei der ungeschlechtlichen Vermehrung entstehen in zwei Teilungsschritten vier Tochterzellen, die noch kurzfristig beieinander bleiben, bevor die Gallerte sie freigibt und sie sich trennen.

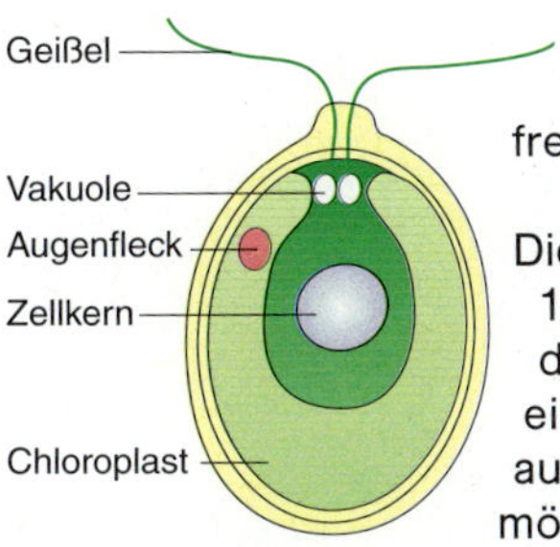

Chlamydomonas

Die *Mosaikgrünalge (Gonium)* besteht aus 16 Zellen, von denen jede wie eine Chlamydomonaszelle aussieht. Die Zellen liegen in einer Gallertplatte zusammen, ein Stoffaustausch zwischen ihnen ist dadurch möglich. Die einzelnen Zellen zeigen keine Differenzierung, sie sind jedoch zu gemeinsamen Leistungen fähig, z.B. zum Schwimmen in eine Richtung. Einen derartigen Zusammenschluss gleich gestalteter Zellen bezeichnet man als *Zellkolonie.* Werden diese Zellen voneinander getrennt, so ist jede Einzelzelle für sich lebensfähig. Sie kann sich teilen und wieder eine neue Kolonie bilden.

Bei der Zellkolonie *Eudorina* ist die Gallerthülle kugelförmig und enthält 32 Zellen. Geringfügige Unterschiede in der Größe des Augenflecks innerhalb der Einzelzellen deuten auf eine erste Spezialisierung der Zellen in der Zellkolonie hin.

Eine weitere Stufe der Entwicklung stellt die Kugelalge *Volvox* dar. Mehrere tausend chlamydomonasähnliche Zellen bilden eine Hohlkugel, bei der die Einzelzellen durch Plasmabrücken miteinander verbunden sind.

Zwischen den Zellen kommt es zu einer Arbeitsteilung. Die meisten Zellen dienen der Fortbewegung und der Ernährung; sie sind nicht teilungsfähig. Eine zweite Zellsorte ist deutlich größer und auf die Fortpflanzung spezialisiert. Sie allein können sich teilen und auf *ungeschlechtlichem* Weg im Inneren der Mutterkugel kleinere Tochterkugeln bilden. Diese wachsen heran und gelangen erst dann ins freie Wasser, wenn die Mutterkugel aufplatzt. Letztere geht dabei zugrunde. Der Tod der Mutterkugel ist die konsequente Folge dieser Arbeitsteilung. Volvox ist auch zur *geschlechtlichen Fortpflanzung* fähig, da sich aus den Fortpflanzungszellen auch *Eizellen* und *Spermien* entwickeln können. Aus der befruchteten Eizelle, der Zygote, entsteht eine neue Volvoxkugel.

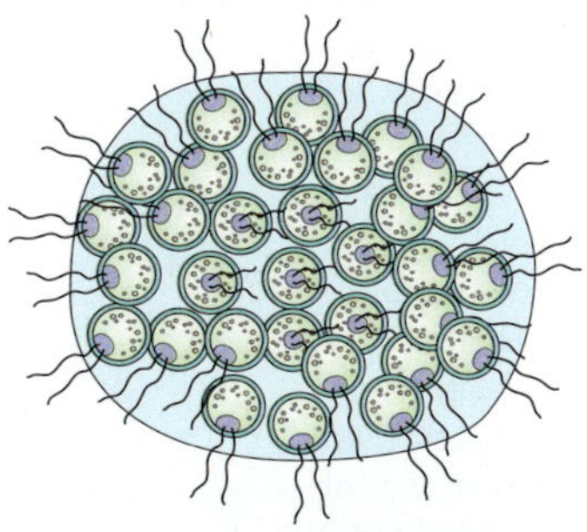

Eudorina

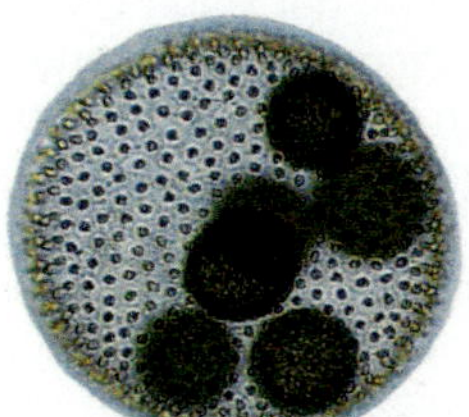

Volvox

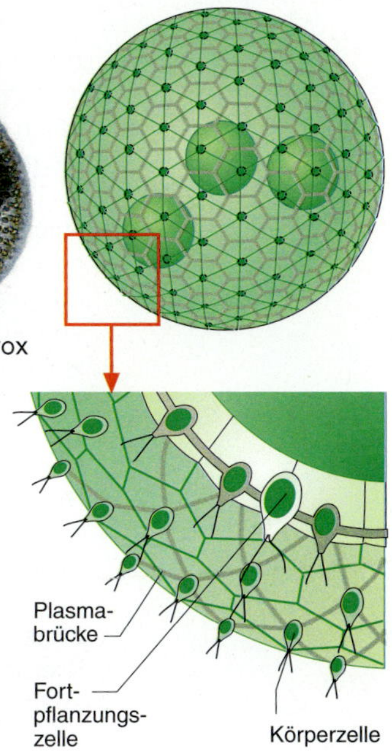

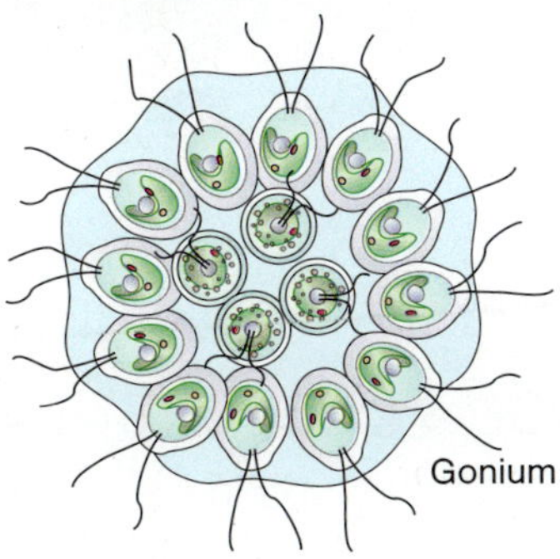

Gonium

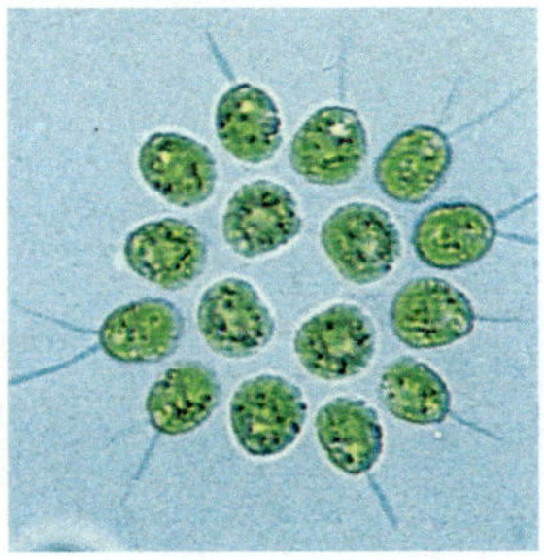

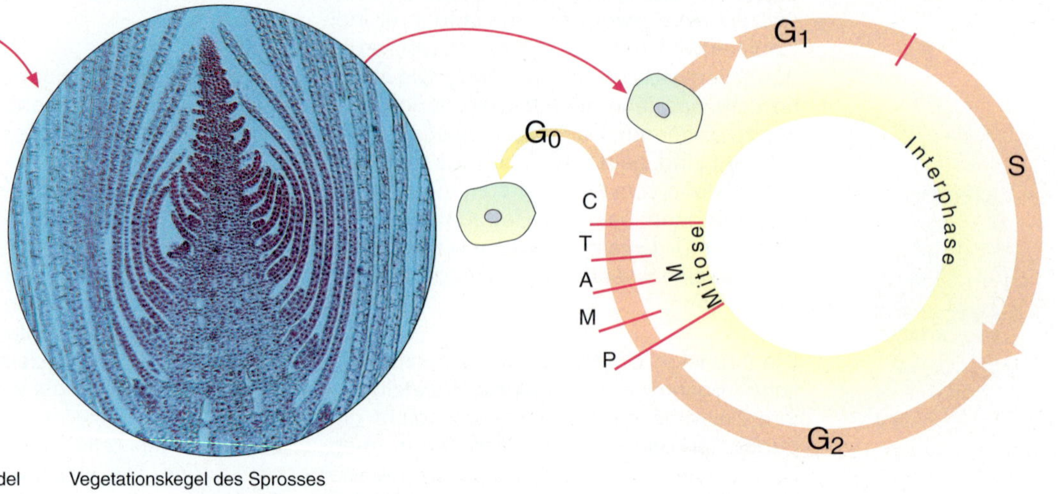

G_1 – Zellwachstum mit intensivem Stoffwechsel und Organellenvermehrung

G_2 – weiteres Wachstum und Vorbereitung auf die Mitose

M – Mitose mit den Abschnitten Pro- (P), Meta-(M), Ana- (A), Telophase (T)
C – Cytokinese
S – Synthese neuer DNA (Replikation)
G_0 – Weg der Differenzierung zu einer Dauerzelle

1 Vermehrungszyklus bei Zellen

Zellzyklus und Mitose

Solange ein Organismus wächst oder zumindest einen Teil seiner Zellen erneuert, findet Zellvermehrung statt. Aus einer Ausgangszelle gehen durch Teilung zwei Tochterzellen hervor. Teilungs- und damit vermehrungsfähige Zellen finden sich massenhaft in pflanzli-chen Bildungsgeweben (Abb. 1), Embryonen, der Haut, Darmepithelien und dem Knochenmark. Beim erwachsenen Menschen teilen sich schätzungsweise 100 Millionen Zellen pro Minute.

Nach einer Teilung entsprechen die entstandenen Zellen in ihrer Ausstattung den Ausgangszellen. Zellkern und Organellen müssen also gleichmäßig auf die Tochterzellen verteilt worden sein. Eine Zellvermehrung erfordert sowohl die Teilung des Kernes *(Mitose)* als auch die des Cytoplasmas mit seinen Organellen *(Cytokinese)*. Dies wird im Rahmen der *Interphase* sorgfältig vorbereitet. In der Interphase werden Proteine für die Teilung gebildet (G-Phasen) und außerdem wird die Chromatinmenge verdoppelt (S-Phase). In einem immer wiederkehrenden Kreislauf, dem *Zellzyklus*, wechseln Interphase und Zellteilung miteinander ab, bis die Differenzierung beginnt.

Die Vorgänge während der Interphase lassen sich nur mit molekulargenetischen Methoden erfassen und werden daher erst in der Genetik behandelt (s. Seite 134). Die Zellteilung ist dagegen bei geeigneten Objekten unter dem Lichtmikroskop gut zu beobachten (Abb. 2).

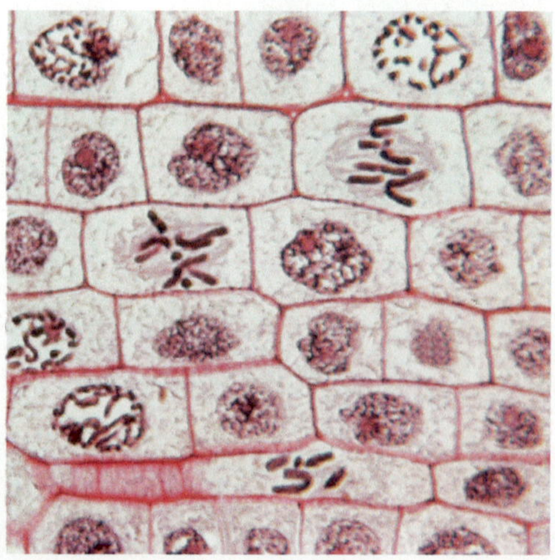

2 Mitosestadien

Die Mitose läuft kontinuierlich ab, aus Gründen der Übersicht unterteilt man sie aber in aufeinander folgende Phasen, die unterschiedlich schnell ablaufen:

Prophase

Während der Prophase wird das Chromatin zur Transportform verdichtet. Dadurch werden die Chromosomen allmählich sichtbar. Ein Spindelapparat aus zahlreichen tubulären Eiweißmolekülen bildet sich zwischen den Polen. Am Ende der Prophase zerfällt die Kernhülle und die Chromosomen wandern in einer *Prometaphase* in die Äquatorialebene.

Metaphase

Der Spindelapparat ist voll ausgeprägt. Die Chromosomen ordnen sich in der Äquatorialebene an und lassen sich jetzt gut unterscheiden. Da jede Zelle Erbmaterial von Vater und Mutter übernommen hat, gibt es zwei äußerlich übereinstimmende Sätze an Chromosomen (2n). Jedes dieser Chromosomen besteht aus zwei identischen Spalthälften (*Chromatiden* = 2C), da es bereits in der Interphase verdoppelt wurde. Am Centromer hängen die beiden Chromatiden eines Chromosoms noch zusammen.

Anaphase

Die Chromatiden eines jeden Chromosoms werden am Centromer voneinander getrennt und bewegen sich mithilfe der Spindelfasern zu den entgegengesetzten Polen. Am Ende der Anaphase befindet sich an jedem Pol eine Spalthälfte eines jeden Chromosoms.

Telophase

Der Spindelapparat löst sich auf, die Chromosomen lockern sich wieder auf, bis sie nur noch als Chromatin zu sehen sind. Kernkörperchen und Kernhülle bilden sich neu.

Auf die Mitose folgt die *Cytokinese*. Tierische Zellen schnüren sich ein (Furchung), pflanzliche Zellen bilden eine mittlere Zellplatte aus, die sich nach außen vergrößert.

Nach der Zellteilung entscheidet sich das weitere Schicksal der Zelle: Verliert sie ihre Teilungsfähigkeit, tritt sie in die G_0-Phase ein und differenziert sich zu einer Zelle des Dauergewebes, anderenfalls tritt sie in eine weitere G_1-Phase ein und durchläuft den Zellzyklus bis zur nächsten Zellteilung.

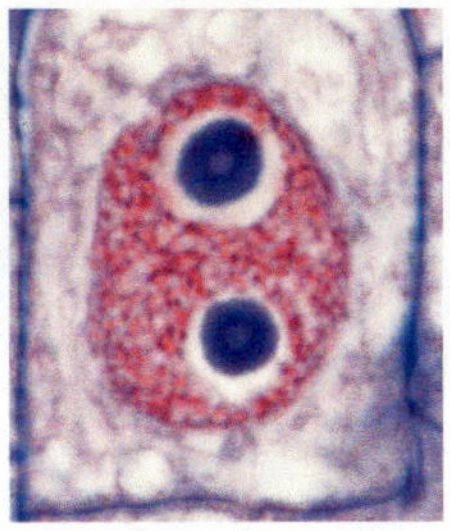
Interphase

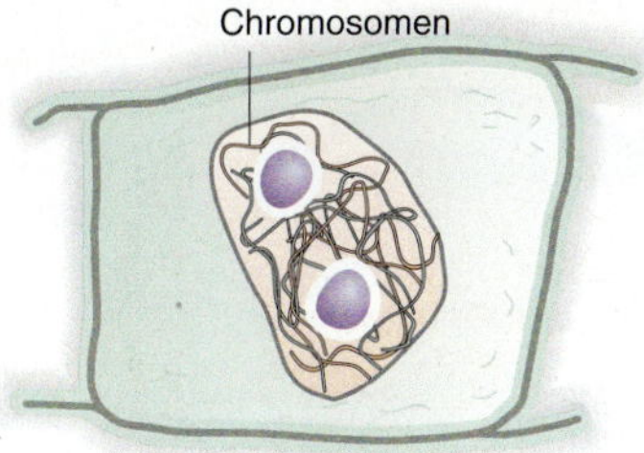

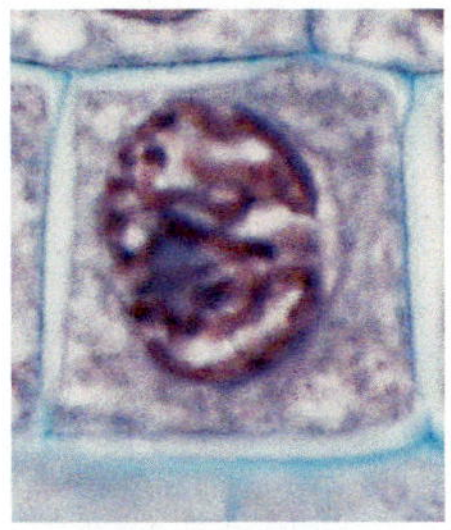
Prophase

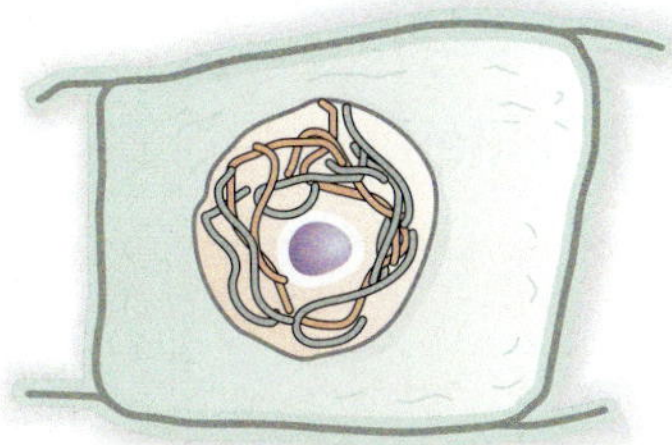

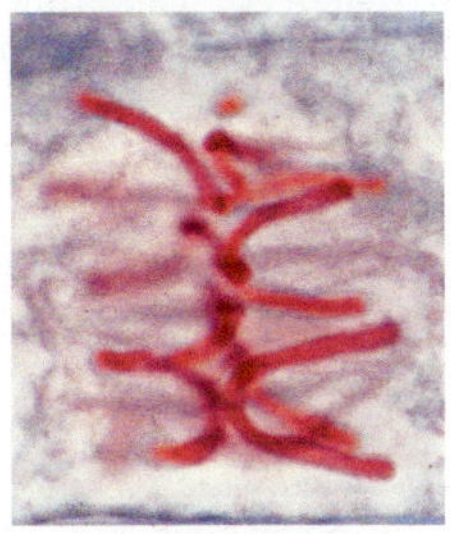
Metaphase

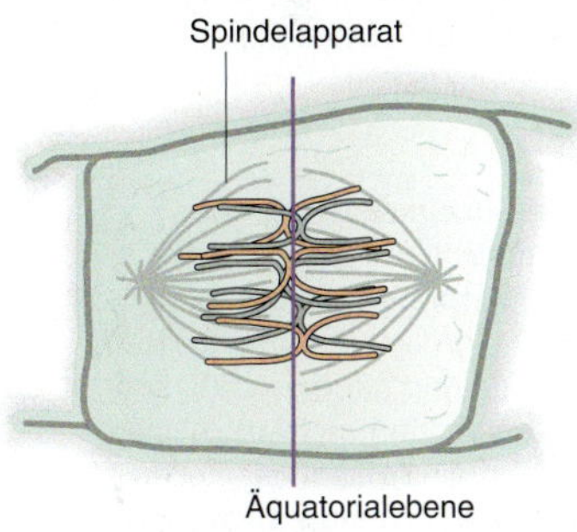

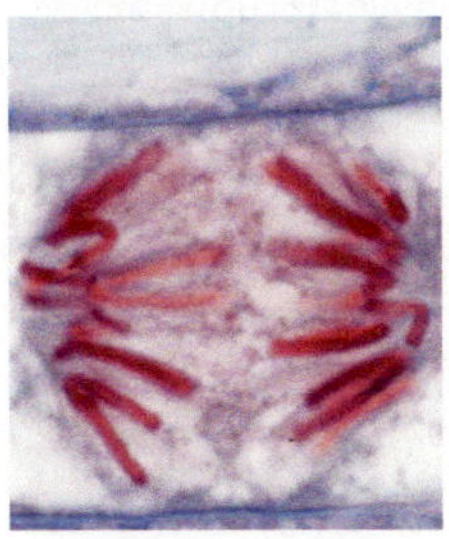
Anaphase

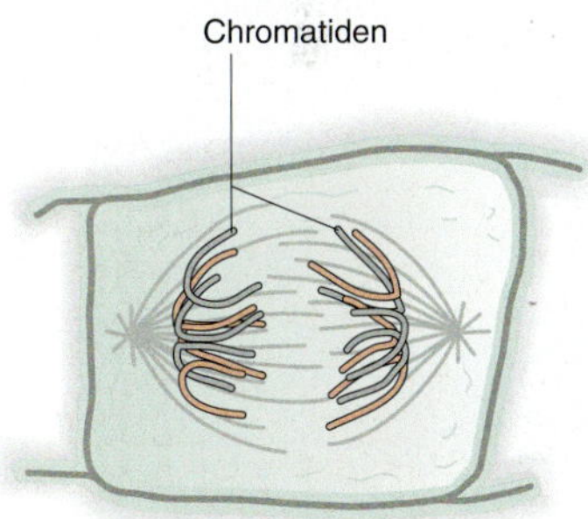

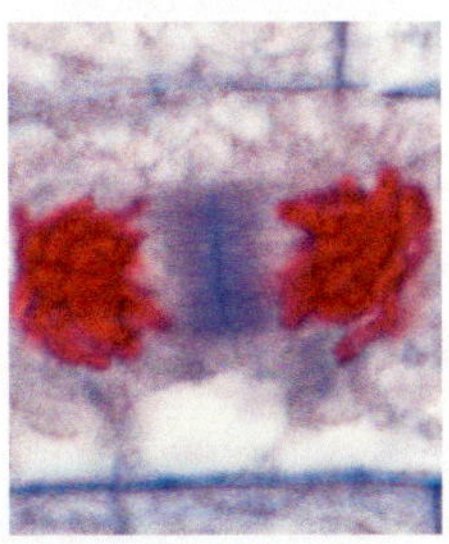
Telophase

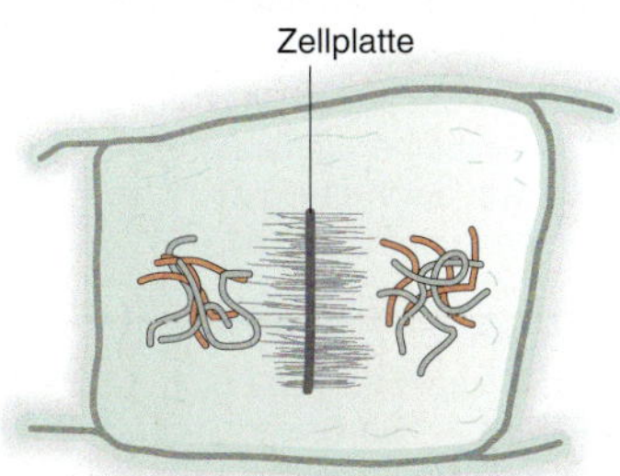

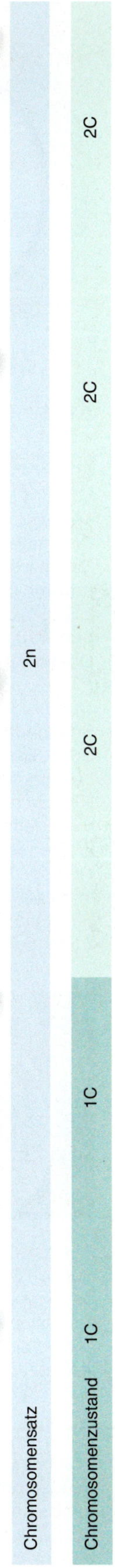

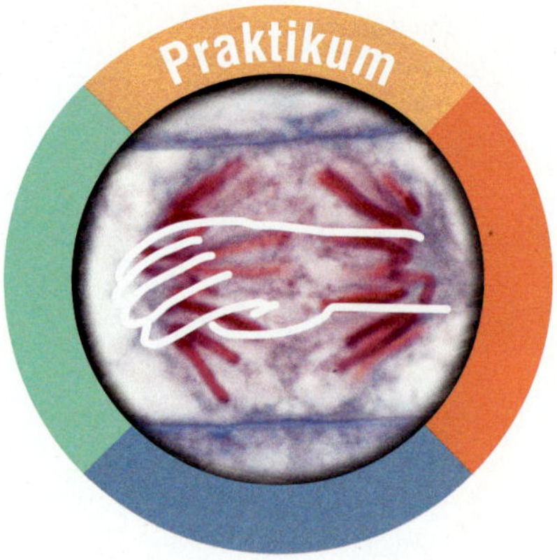

Kern- und Zellteilung

Vermehrung von Hefezellen

Material:
Backhefe *(Saccharomyces cerevisiae)*, Saccharose-Lösung (10%ig), Hefesuspension in Saccharose-Lösung etwa 2 Std. nach dem Ansatz, Erlenmeyerkolben, Saugpipette, evtl. Blutzählkammer, Objektträger, Deckgläser

Durchführung:
Suspendieren Sie ein erbsengroßes Stück Backhefe in 10 ml Saccharose-Lösung. Mikroskopieren Sie bei möglichst starker Vergrößerung unmittelbar nach dem Ansatz und nach etwa 30 min. Wählen Sie die Verdünnung der Suspension so, dass Sie die Anzahl der Zellen im Sehfeld ermitteln können. Beziehen Sie in die Untersuchungen auch die 2 Stunden alte Hefesuspension ein.

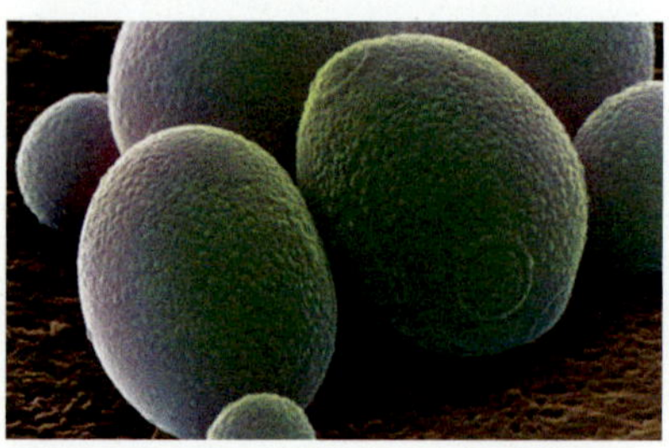

Auswertung:
Suchen Sie nach Sprossungsstadien in den Präparaten. Ermitteln Sie den prozentualen Anteil sprossender Hefezellen pro Sehfeld oder mit einer Zählkammer in Abhängigkeit von der Kulturdauer. Stellen Sie den Zusammenhang zwischen Kulturdauer und Prozentsatz sprossender Hefezellen grafisch dar. Dokumentieren Sie anhand von Zeichnungen den Ablauf der Sprossung von der beginnenden Zellausbuchtung bis hin zur fertigen Tochterzelle. Beschreiben Sie die Vorgänge in der Zelle.

Kern- und Zellteilung

Material:
Blütenknospen von Tradescantia-Arten, Pinzette, Rasierklinge oder Skalpell, 3%ige Saccharose-Lösung, Objektträger, Deckgläser

Durchführung:
Öffnen Sie die Blütenknospen und zupfen Sie mit der Pinzette die Staubbeutel von den Filamenten ab. Schneiden Sie die Filamente am Grund mit der Rasierklinge oder einem Skalpell ab und legen Sie sie in einen Tropfen Saccharose-Lösung. Suchen Sie mikroskopisch im Präparat nach den feinen Härchen an den Filamenten und beobachten Sie die Vorgänge in den Zellen über längere Zeit.

Auswertung:
Wenn Sie teilungsaktive Zellen gefunden haben, verfolgen Sie den Vorgang der Kernteilung. Vergessen Sie nicht, das Präparat vor dem Austrocknen zu bewahren. Halten Sie die Kernteilungsvorgänge und deren Zeitdauer in einem Protokoll fest.

Kernfärbung

Material:
Küchenzwiebel *(Allium cepa)*, Karmin-Essigsäure, Rasierklinge, Objektträger, Deckgläser, Gasbrenner

Durchführung:
Stellen Sie ein Abzugspräparat der Epidermis von Zwiebelschuppen (s. Seite 12) her. Geben Sie die Gewebestückchen in Karmin-Essigsäure auf einen Objektträger und erhitzen Sie über einer Brennerflamme kurzzeitig (Vorsicht: Schutzbrille tragen!). Legen Sie ein Deckglas auf und saugen Sie mehrfach Wasser durch das Präparat, um den überschüssigen Farbstoff zu entfernen. Suchen Sie nach Zellen mit deutlich angefärbten Kernen.

Auswertung:
Fertigen Sie eine mikroskopische Zeichnung an. Achten Sie besonders auf die Lage der Kerne in den Zellen und die Größenverhältnisse.

Kern-Plasma-Relation

Material:
Präparate von Zwiebelschuppenepidermen (frisch oder gefärbt), Präparierbesteck, Okularmikrometer

Durchführung:
Mikroskopieren Sie Epidermiszellen der Küchenzwiebel, die Sie (a) als Abzugspräparat und (b) als Querschnitte gewonnen haben. Erfassen Sie unter Zuhilfenahme eines Okularmikrometers von jeweils 5 ausgewählten Zellen mit gut sichtbaren Kernen die Breite, Länge und Tiefe einer jeden Zelle und des dazugehörigen Kernes in Skalenteilen.

Auswertung:
Berechnen Sie von jeder Zelle und deren Kern das Volumen und bestimmen Sie die Kern-Plasma-Relation als Verhältnis 1 : X. Legen Sie der Volumenberechnung eine jeweils geeignete geometrische Figur zugrunde.
Bestimmen Sie die durchschnittliche Kern-Plasma-Relation aus den Messungen an den 5 Zellen. Nehmen Sie unter Berücksichtigung Ihrer Ergebnisse Stellung zu den folgenden Aussagen:
- Bei jungen Zellen besteht eine enge, bei ausgewachsenen Zellen eine weite Kern-Plasma-Relation.
- Bei der ermittelten Relation wird das Plasma mit dem Zelllumen gleichgesetzt.
- Die Kern-Plasma-Relation ist artspezifisch.

Mitosedauer

Material:
Dauerpräparate von Wurzelspitzen der Küchenzwiebel oder eines anderen Objektes mit einer größeren Anzahl von Mitosestadien.

Durchführung:
Mikroskopieren Sie das Präparat und ordnen Sie 100 beliebig ausgewählte Zellen jenen Phasen des Zellzyklus zu, in denen sie sich gerade befinden.

Auswertung:
Gestalten Sie eine Tabelle wie folgt:

	Anzahl	Anteil %
Interphase		
Mitose (gesamt)		
Prophase		
Metaphase		
Anaphase		
Telophase		

Welche Rückschlüsse auf die zeitlichen Abläufe während der Mitose lassen sich aufgrund der Häufigkeit der einzelnen Phasen ziehen, wenn keine Synchronisation zwischen den Zellen vorliegt?

Stammzellen: Alleskönner und Vielkönner

Wie einem Bauplan folgend, entstehen aus den zunächst gleichartigen Zellen eines Mehrzellerkeims spezialisierte Zellen, z. B. Muskel-, Nerven-, Darmzellen. *Entwicklung* bedeutet eigentlich nichts anderes als die zeit- und ortsgerechte *Differenzierung* von Zellen. Die Entwicklungsmöglichkeiten der Zelle werden dabei schrittweise eingeschränkt *(Determination)*.

Aus der befruchteten Eizelle eines Mehrzellers kann ein vollständiger Organismus hervorgehen, die Zygote ist eine *omnipotente Stammzelle*. Zu den omnipotenten Stammzellen des Menschen zählen auch die Zellen der ersten Zellteilungen, denn aus ihnen können noch eineiige Zwillinge entstehen. Bei den ersten Zellteilungen erhalten die Tochterzellen zwar die gleiche genetische Information, übernehmen aber unterschiedliche Bereiche des mütterlichen Zellplasmas. Konzentrationsunterschiede an m-RNA und Proteinen führen zu einer spezifischen Genexpression in den einzelnen Zellen, auch Nachbarzellen beeinflussen die weitere Entwicklung (s. Seite 146).

Beim Menschen können Zellen aus dem Inneren der *frühen Gastrula* alle Zelltypen, aber keinen kompletten Organismus bilden. Diese *embryonalen Stammzellen* sind *pluripotent* und bringen vermutlich auch die *adulten Stammzellen* hervor. Das sind teilungsfähige Zellen, die im ausgewachsenen Organismus für die Gewebeerneuerung sorgen. Adulte Stammzellen sind *multipotent*, bei ihnen legt die zelluläre Umgebung fest, welche Zelltypen erzeugt werden: Adulte Stammzellen der Haut bilden nur Hautzellen, solche aus dem roten Knochenmark nur Blutzellen usw. Werden adulte Stammzellen aber aus dem Gewebeverband herausgelöst, können sie im Reagenzglas mithilfe verschiedener Wachstumshormone umprogrammiert werden. Stammzellen aus dem Nervensystem entwickeln sich dann z. B. zu Muskelzellen. Bei der Determinierung geht die genetische Gesamtinformation der Zelle also nicht verloren, sie wird nur nicht mehr abgerufen.

Einen Sonderweg schlagen die Keimzellen ein. Sie entstehen meiotisch aus Urkeimzellen und bilden nach einer Befruchtung ein neues Individuum, in dem wiederum auf gleiche Weise Keimzellen entstehen. Zellen dieser *Keimbahn* werden von den Körperzellen *(somatischen Zellen)* unterschieden (Abb. 1).

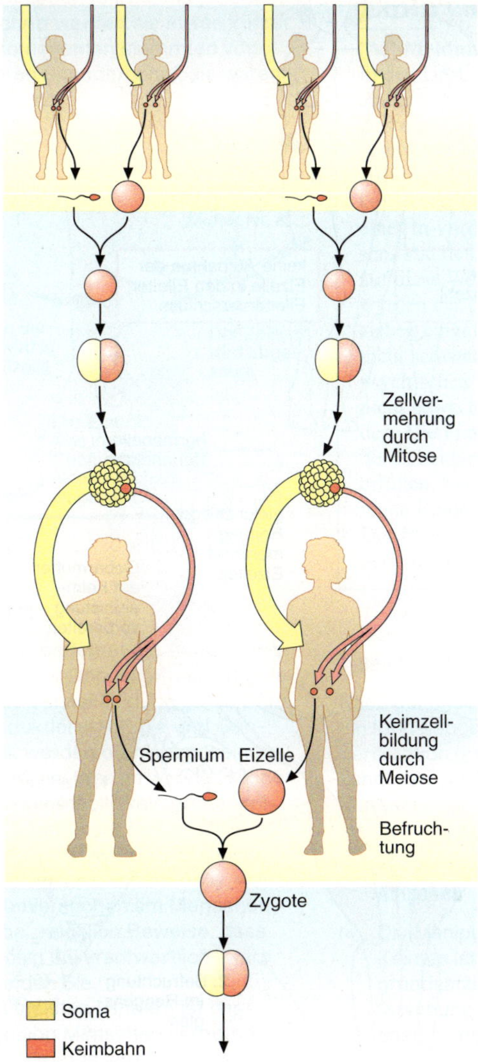

1 Keimbahn

Aufgabe

① Das *Embryonenschutzgesetz* (ESchG) vom 13.12.1990 verbietet künstliche Veränderungen der Keimbahnzellen, § 8 lautet: „Keimbahnzellen im Sinne dieses Gesetzes sind alle Zellen, die in einer Zell-Linie von der befruchteten Eizelle bis zu den Ei- und Samenzellen des aus ihr hervorgegangenen Menschen führen, ferner die Eizelle vom Einbringen oder Eindringen der Samenzelle an bis zu der mit der Kernverschmelzung abgeschlossenen Befruchtung."
Bezieht sich dieses Gesetz auch auf Stammzellen und wenn ja, auf welche Sorte?

Determinierung
Einschränkung der Entwicklungsmöglichkeiten einer Zelle

Differenzierung
Erreichen der endgültigen Gestalt und Funktion

omnipotente Stammzellen
(„zu allem fähig")
können einen vollständigen Organismus hervorbringen

pluripotente Stammzellen
können alle Zelltypen, aber keinen vollständigen Organismus hervorbringen

multipotente Stammzellen
können den Zelltyp des umgebenden Gewebes hervorbringen

Stammzelltypen des Menschen
embryonale Stammzellen: pluripotent,
adulte Stammzellen: multipotent

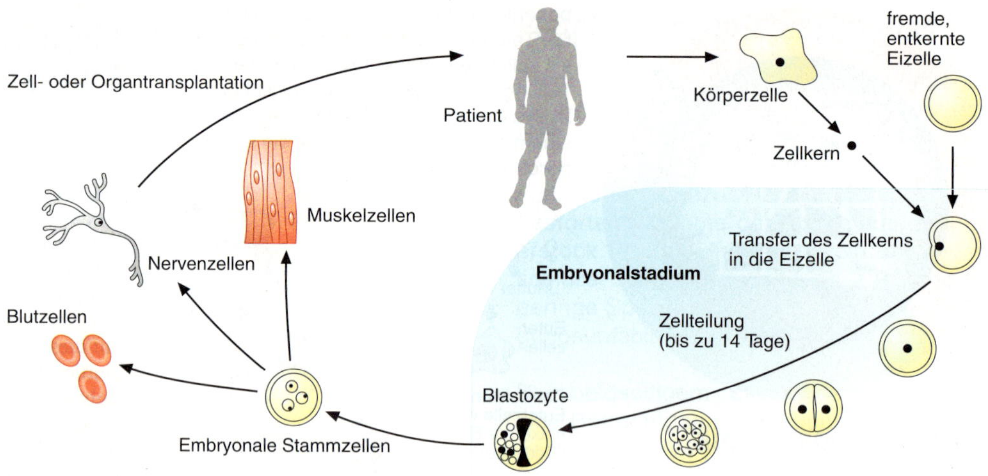

1 Prinzip des therapeutischen Klonens

Klonierungstechniken – Segen oder Fluch?

Bis auf Bakterien findet sich bei allen Lebewesen die Möglichkeit, sich geschlechtlich *(sexuell)* fortzupflanzen. Säugetiere nutzen, abgesehen von eineiiger Zwillingsbildung, nur diese Art der Fortpflanzung. Bei den meisten Pflanzen und niederen Tieren ist eine Fortpflanzung auch ohne Geschlechtspartner, also *asexuell,* möglich. Man kennt dies z. B. von der Stecklingsvermehrung von Zierpflanzen. Durch Sprossung können sich auch Tiere, wie z. B. der Regenwurm, vermehren.

Seit einiger Zeit stehen nun Verfahren zur Verfügung, die die gezielte asexuelle Vermehrung von Säugetieren und damit auch dem Menschen erlauben. Im Unterschied zur sexuellen Vermehrung entstehen bei der asexuellen identische Kopien eines Lebewesens.

Klonen durch Embryosplitting

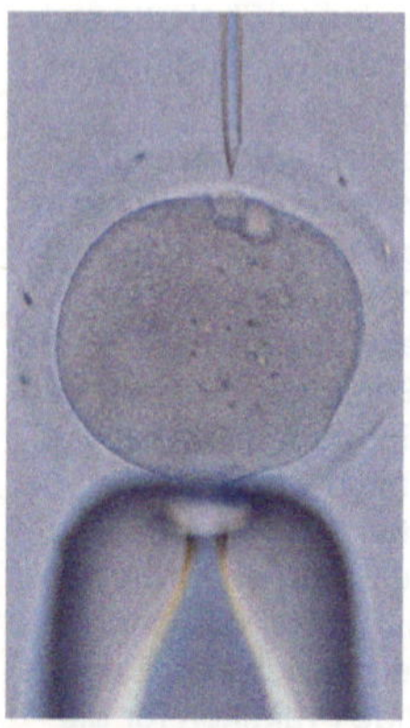

2 Austausch des Zellkerns

Dieses Verfahren imitiert die eineiige Zwillingsbildung. Dafür wird eine befruchtete Eizelle in einem sehr frühen Teilungsstadium im Labor durch einen mikrochirurgischen Eingriff getrennt. Dieses Verfahren ist bereits medizinische Routine und findet in der *Präimplantationsdiagnostik* (s. Seite 129) seine Anwendung. Einer der so erzeugten Klone kann anschließend auf bekannte Erbkrankheiten untersucht werden. Wurden keine Erbkrankheiten gefunden, wird der Embryo in die Gebärmutter der Frau eingesetzt. Weitere Klone können tiefgefroren gelagert werden, falls sich der in die Gebärmutter eingesetzte Embryo nicht einnistet. Die rechtliche Beurteilung dieses Verfahrens ist europaweit unterschiedlich. In Deutschland ist die Präimplantationsdiagnostik verboten, in einigen europäischen Nachbarstaaten jedoch erlaubt, was zu erheblichen ethischen Problemen führt (s. Seite 129).

Klonen durch Zellkerntransfer

Bei diesem Verfahren wird einer Spendereizelle der Zellkern entfernt und mikrochirurgisch der Zellkern des zu klonenden Organismus eingesetzt (siehe Randspalte). Die so erzeugten Klone sind zu etwa 99 % mit dem zu klonenden Organismus identisch. Das eine Prozent Unterschied ergibt sich dadurch, dass die entkernte Spendereizelle im Plasma noch Mitochondrien-DNA enthält.

Eines der großen Probleme dieses Verfahrens ist, dass eine große Anzahl Eizellen notwendig ist, um einen lebensfähigen Klon erzeugen zu können. Um das berühmt gewordene „Klon-Schaf" Dolly (siehe Seite 31) zu erzeugen, wurden 1997 277 Eizellen verbraucht. In der Zwischenzeit konnte die Anzahl der verbrauchten Eizellen zwar reduziert werden, liegt aber je nach Art immer noch bei über 100. Die Gewinnung der Spendereizellen ist für den weiblichen Organismus sehr belastend, da diese mit einer starken Hormonbehandlung verbunden ist. Diese Hormonbehandlung ist notwendig, um gleichzeitig mehrere Eizellen heranreifen zu lassen. Vom Zweck der Anwendung her unterscheidet man zwei Verfahren, die in der Durchführung über weite Strecken allerdings identisch sind.

Eizellenverbrauch bei Klonversuchen

Reproduktives Klonen

Reproduktives Klonen zielt auf die identische Kopie eines gesamten Organismus ab. Das „Klon-Schaf" Dolly (s. Seite 31) war ein Beispiel für dieses Verfahren.

In der Versuchs- und Nutztierzucht wird dieses Verfahren bereits im Anwendungsmaßstab verwendet. Geklonte Versuchstiere haben ein annähernd identisches Genom, das über Generationen weitgehend erhalten werden kann. Dadurch ergibt sich die Möglichkeit, schneller und sicherer zu Erkenntnissen zu gelangen, da eine individuelle Unterschiedlichkeit der Versuchstiere weitgehend ausgeschlossen werden kann.

In der Nutztierzucht werden besonders ertragsstarke Tiere geklont. Dadurch erreicht man, dass die vorteilhaften Merkmale des Zuchttiers identisch reproduziert werden können, und außerdem eine Beschleunigung des Zuchtverfahrens. In den USA gibt es Firmen, die nun auch das Klonen von Haustieren anbieten.

In Zoologischen Gärten sind erste erfolgreiche Versuche durchgeführt worden, vom Aussterben bedrohte Arten durch reproduktives Klonen zu erhalten. Das reproduktive Klonen von Menschen ist weltweit geächtet. Trotzdem wird die grundsätzliche Frage diskutiert, ob man diese Möglichkeit der Fortpflanzung für ungewollt kinderlose Paare eröffnen sollte. Bis jetzt ist noch kein „gelungener" reproduktiver Klonversuch von Menschen bekannt geworden.

Therapeutisches Klonen

Das Verfahren für das *therapeutische Klonen* ist bis zum Blastocytenstadium identisch mit dem des reproduktiven Klonens. Ziel des therapeutischen Klonens ist aber nicht die identische Kopie eines ganzen Organismus, sondern die Herstellung eines kompatiblen Gewebes oder Organs eines Patienten (Abb. 1). Die Entwicklung des Embryos wird nach einem definierten Zeitpunkt nach dem Blastocytenstadium abgebrochen, um *embryonale Stammzellen* zu gewinnen. Diese Stammzellen werden mit entsprechenden *Zytokinen* behandelt und so Gewebe für therapeutische Zwecke gewonnen. Daher erfolgt die Namensgebung „therapeutisches Klonen". Dieser Begriff ist allerdings nicht unumstritten, da für diese zurzeit noch nicht reelle Therapie Embryonen zerstört und potenzielles Leben vernichtet wird.

Befürworter des therapeutischen Klonens erhoffen sich, dass durch dieses Verfahren Organabstoßungen, wie man sie von *Organtransplantationen* kennt, zukünftig vermieden werden können. Durch das therapeutische Klonen ergeben sich auch grundsätzlich Möglichkeiten, bis jetzt unzureichend behandelbare Krankheiten wie Querschnittslähmung und Parkinson heilen zu können. Der Einsatz des therapeutischen Klonens ist aufgrund des Embryonenverbrauchs umstritten und in Deutschland verboten. Die „Maximalvariante", einen Menschen reproduktiv zu klonen und die Klone als Organersatzteillager zu nutzen, ist zurzeit weder möglich noch finden sich Befürworter dafür.

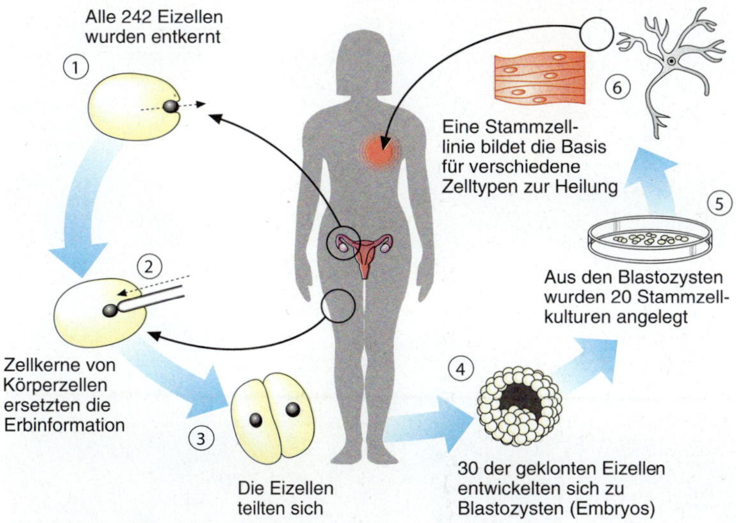

1 Eizellenverbrauch beim Klonen

Aufgaben

① Gegner des therapeutischen Klonens wenden neben den oben genannten ethischen Problemen auch ein, dass die Weiterentwicklung des therapeutischen Klonens letztlich auch das reproduktive Klonen fördert. Erklären Sie diesen Einwand.

② Führen Sie eine Pro-Contra-Diskussion. Was spricht für die oben genannten Verfahren, was dagegen? Beachten Sie für Ihre ethische Diskussion auch das zurzeit gültige Abtreibungsrecht und das Selbstbestimmungsrecht der Frauen, die die Eizellen spenden.

③ Informieren Sie sich über alternative Möglichkeiten zur Stammzellerzeugung (s. auch Seite 29).

④ Welche Vor- und Nachteile hat PID und welche ethischen Probleme können sich ergeben?

Transportprozesse

Lernsituation

Arsen – geruchs- und geschmacklos, hochgiftig schon im Milligrammbereich. Daher ist Arsen für Mörder interessant.

Leider kann im Zusammenhang mit Arsen auch Unwissen tödlich sein. In der Absicht, ihnen zu helfen, wurden für die Menschen in Bangladesh neue, tiefe Brunnen gebohrt und durch Unwissenheit das Wasser für Millionen von Menschen mit Arsen vergiftet.

Aber Arsen wird auch bei uns häufig verwandt: in der Gewinnung von Metallen, in der Glasverhüttung und in der Halbleiterindustrie, d.h. Unwissen, was dieses Gift bewirkt, könnte auch für uns gefährlich sein.

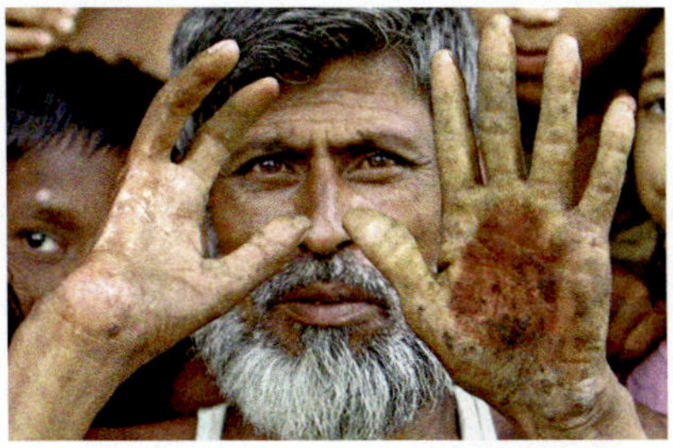

Leitfragen

Ein Giftstoff kann sich auch bei Windstille und im stehenden Wasser verteilen. Wie ist das möglich und kann man diese Verteilung auf irgendeine Art beeinflussen?

Nicht alles kann ungehindert in die Zelle hinein, nicht alles kann ungehindert hinaus. Hier setzt Arsen an.

Trüffelschwein bei der Suche

1 Kaliumpermanganat verteilt sich in Wasser

Diffusion und Osmose

Thomas hat heute ein intensiv riechendes Duschgel verwendet. Zuerst riecht es sein Nachbar, dann die Mitschüler in der Reihe davor und schließlich sogar die Mitschülerin in der ersten Reihe. Wie kommt der Geruch des Duschgels in die erste Reihe, denn Thomas ist die ganze Stunde über auf seinem Platz sitzen geblieben? Wie findeteinTrüffelschweindieTrüffel, die 60 cm unter der Erde liegen?

Diffusion

Alle Teilchen (auch die Parfümteilchen) aus dem oben genannten Beispiel) sind ständig in Bewegung; man spricht von der *Brown'schen Molekularbewegung*. Diese leichte Zitterbewegung der Moleküle kann sichtbar gemacht werden, wenn man Tusche unter dem Mikroskop betrachtet. Die Wassermoleküle in der Tusche stoßen ständig an die Tuscheteilchen und verursachen so die beobachtbare Zitterbewegung der Tuscheteilchen.

Zu dieser ständigen Bewegung der Moleküle kommt ein zweites Phänomen, nämlich, dass sich Moleküle statistisch gesehen häufiger vom Ort der höheren Konzentration zum Ort der niedrigeren Konzentration bewegen als umgekehrt. Anders ausgedrückt, die Moleküle bewegen sich entlang dem Konzentrationsgefälle, bis es zu einem *Konzentrationsausgleich* gekommen ist.

Im oben genannten Fall mit Thomas bedeutet dies, dass sich die Parfümmoleküle vom Ort der hohen Konzentration (Thomas) auf einer zufälligen Zickzack-Bahn in Richtung der niedrigen Konzentration bewegen (erste Reihe). Diesen Vorgang des selbstständigen (passiven) Ausgleichs eines Konzentrationsgefälles nennt man *Diffusion*. Diffusion kann in Gasen und in Lösungen stattfinden. Das Phänomen der Diffusion kann man sichtbar machen, wenn man Kaliumpermanganat in Wasser auflöst (Abb. 2). Die Geschwindigkeit der Diffusion hängt von der Art des Stoffes, der Temperatur und vom Konzentrationsgefälle ab.

Osmose

Osmose ist ein Sonderfall der Diffusion, bei der die Diffusion durch eine selektiv durchlässige Membran, eine sogenannte *semipermeable Membran* abläuft. Diese semipermeable Membran verhält sich wie ein Sieb: Kleine Moleküle, wie z. B. Wassermoleküle, können passieren, größere Moleküle, wie Zuckermoleküle, können nicht passieren.

Hinsichtlich der Osmose kann man ein interessantes Phänomen beobachten. Gibt man in ein U-Rohr, dessen zwei Hälften durch eine semipermeable Membran getrennt sind, auf die eine Seite eine Zuckerlösung und auf die andere Seite reines Wasser, steigt der Flüssigkeitsspiegel auf der Zuckerlösungsseite an, während der auf der Wasserseite entsprechend sinkt (Abb. 37.1). Dieses Phänomen erklärt sich, wenn man bedenkt, dass auf der Wasserseite des U-Rohres eine höhere Wasserkonzentration, in der anderen Hälfte eine höhere Zuckermolekülkonzentration herrscht. Bei der Osmose können sich nun aufgrund der semipermeablen Membran nur die kleineren Wasserteilchen auf die andere Seite bewegen. Den größeren Zuckerteilchen versperrt die semipermeable Membran den Weg. Entsprechend der verschiedenen Wahrscheinlichkeit des Auftreffens auf eine Membranpore gelangen mehr Wasserteilchen auf die Seite der semimpermeablen Membran mit der Lösung. Dies führt so lange zum Ansteigen des Flüssigkeitsspiegels, bis der Druck der Flüssigkeitssäule bewirkt, dass gleich viel Wassermoleküle ein- wie ausströmen. Der hydrostatische Druck der Flüssigkeitssäule entspricht dem *osmotischen Druck* der Zuckerlösung.

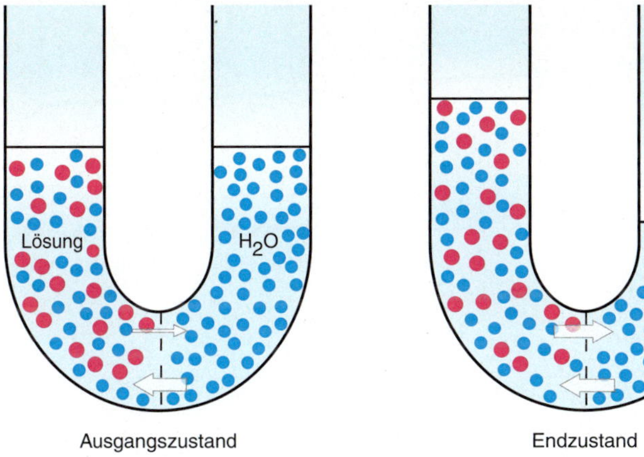

1 Osmose: Ausgangszustand und Endzustand

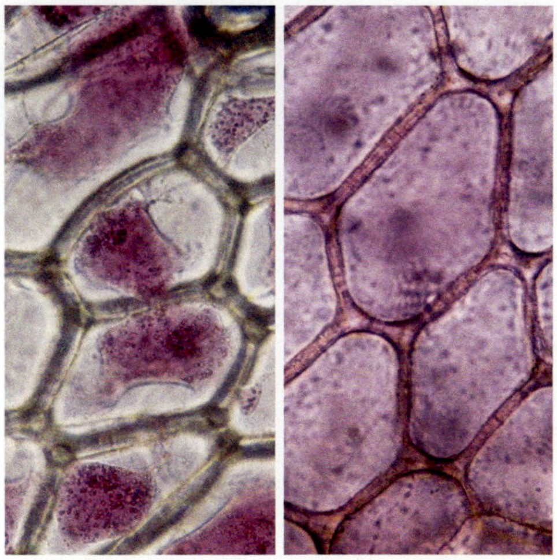

2 Plasmolyse, Deplasmolyse bei Rotkohlzellen

Plasmolyse – Deplasmolyse

Die Vorgänge der Osmose findet man auch in Lebewesen. Die Zellmembran stellt hierbei die semipermeable Membran dar. Jeder kennt das Phänomen bei frisch zubereitetem Salat. Nach kurzer Zeit sehen die Blätter welk und zusammengefallen aus, während die nicht verwendeten Blätter sich nicht verändert haben. Ursache sind Zucker und Salz in der Salatsoße. Außerhalb der Zellen der Salatblätter ist die Zuckerkonzentration höher als in den Blattzellen. Die Lösung ist *hypertonisch* gegenüber dem Zellsaft. Da die Salz- und Zuckerteilchen zwar die Zellwand, aber nicht die semipermeable Zellmembran passieren können, findet ein Wasserausstrom aus den Zellen statt. Untersucht man unter dem Mikroskop Zellen des Rotkohls, bei dem die Vakuolen intensiv rot gefärbt sind, kann man den Vorgang des Wasserverlustes beobachten (Abb. 2). Umgibt die Zellen eine konzentrierte Zucker- oder Salzlösung, schrumpft die Vakuole und die Zellmembran löst sich leicht von der Zellwand. Die Vakuole wird immer kleiner, die Zellmembran löst sich schließlich vollständig von der Zellwand. Diesen Vorgang nennt man *Plasmolyse*. Der Wasserverlust führt beim Rotkohl zur Intensivierung der Rotfärbung des Zellsaftes.

Ersetzt man die Zuckerlösung ausschließlich durch destilliertes Wasser, läuft der Vorgang bei intakten Zellen wieder in die andere Richtung. Das Außenmedium ist jetzt *hypotonisch*. Wasser diffundiert in die Zelle, der Protoplast vergrößert sich und legt sich wieder an die Zellwand an *(Deplasmolyse)*. Auch die Vakuole schwillt an. Lösungen mit gleicher osmotisch wirksamer Konzentration nennt man *isotonisch*.

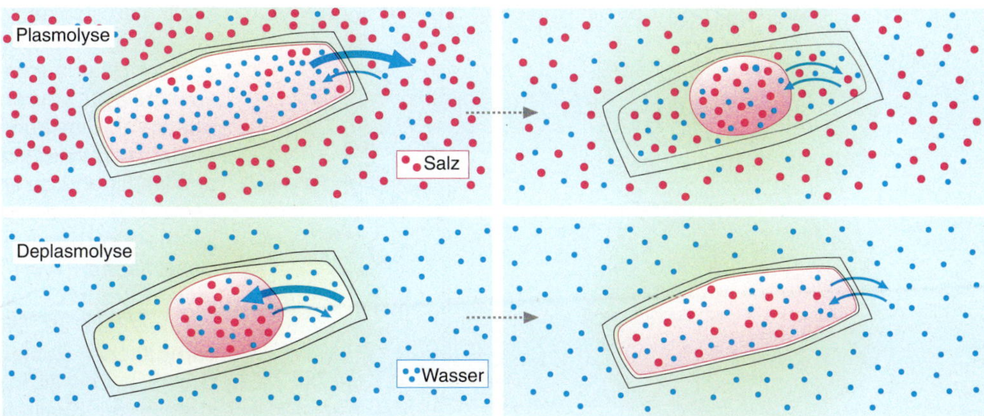

3 Plasmolyse und Deplasmolyse (Schema)

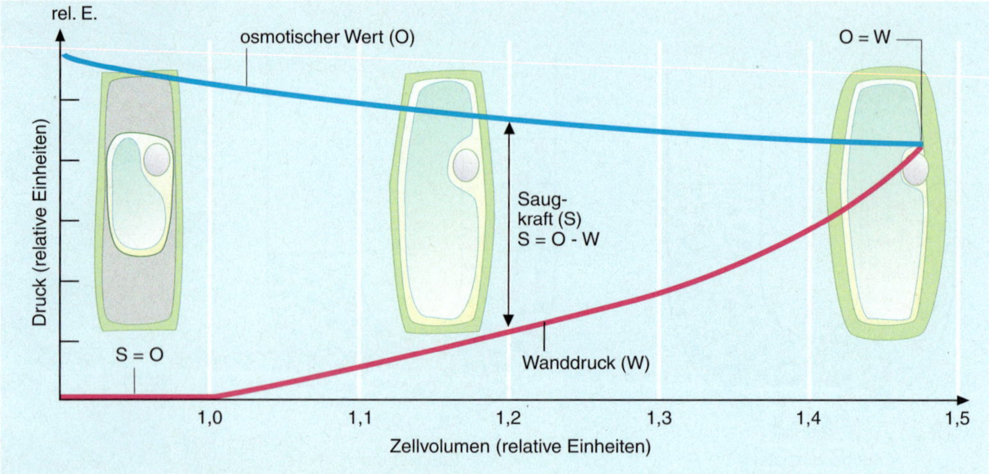

1 Osmotisches Zustandsdiagramm der Pflanzenzelle

Die osmotische Zustandsgleichung

Eine Zelle ist darauf angewiesen, sich ständig mit Wasser zu versorgen und ihren Wassergehalt trotz aller Verluste einigermaßen konstant zu halten. Wasseraufnahmevermögen und Druckverhältnisse in der Zelle stehen bei dem osmotischen Aufnahmevorgang in engem Zusammenhang und lassen sich an Pflanzenzellen besonders gut verdeutlichen.

Als Modell für diese osmotischen Vorgänge dient das *Osmometer* (Abb. 2). Durch den Konzentrationsunterschied bezüglich der gelösten Zuckerteilchen auf beiden Seiten der semipermeablen Membran entsteht ein osmotischer Druck. In einem offenen System wie dem Osmometer strömt Wasser in den Tonzylinder. Durch die Höhe der Wassersäule entsteht ein Gegendruck, der *hydrostatische Druck*.

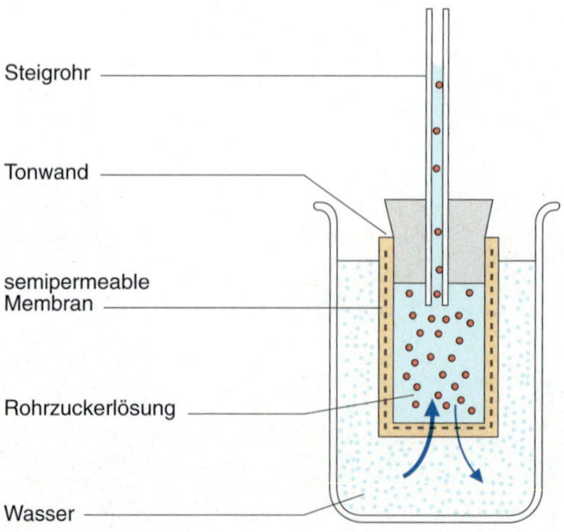

2 Osmometer

Die Wasseraufnahme und damit das Steigen der Wassersäule kommen zum Stillstand, wenn der hydrostatische Druck gleich dem Druck des Wassereinstroms ist. Dieser hydrostatische Druck entspricht dann dem osmotischen Wert der Lösung.

In einer lebenden Zelle wird durch das einströmende Wasser die Zellmembran gegen die Zellwand gepresst. Den entstehenden Innendruck bezeichnet man als *Turgor*. Er nimmt so lange zu, bis der Gegendruck der gedehnten Zellwand ebenso groß ist (Abb. 1); die Pflanze ist *turgeszent*. Weiteres Wasser kann sie nicht aufnehmen, ihre Saugkraft ist null.

Stellt man sich demgegenüber eine vollkommen entspannte Zelle vor, deren Wanddruck vernachlässigbar ist, dann wird die Saugkraft ausschließlich durch den osmotischen Druck bestimmt. Eine zunehmende Wasseraufnahme führt zu einer Volumenzunahme der Zelle und lässt dadurch einerseits den *Wanddruck* (W) steigen und andererseits aufgrund einer leichten Verdünnung des Cytoplasmas den *osmotischen Wert* (O) etwas abfallen. Von diesen beiden Größen hängt die *Saugkraft* (S) der Zelle ab. Diese lässt sich durch die osmotische Zustandsgleichung beschreiben: $S = O - W$. In einem Zellverband muss zudem der Einfluss der Nachbarzellen berücksichtigt werden.

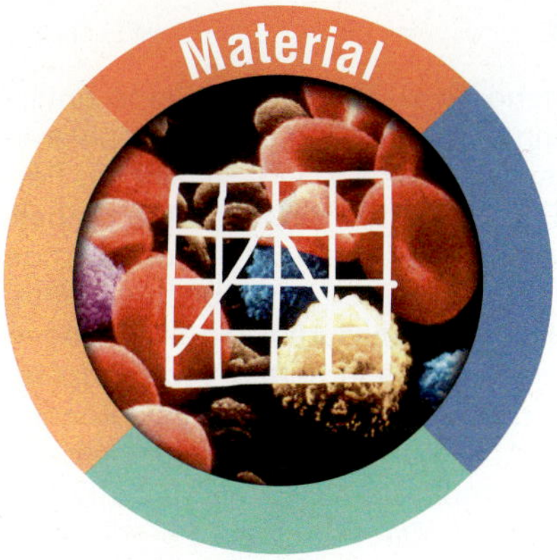

Osmoregulation

Erythrocyten im Blut

Die Salzkonzentration unseres Blutes wird durch die Funktion der Niere auf einem gleichbleibenden Niveau gehalten. Eine Erhöhung oder Senkung der Salzkonzentration würde zu Formveränderungen der roten Blutzellen *(Erythrocyten)* führen. Diese können dann nicht ungehindert durch die Kapillaren transportiert werden. Als Folge können Durchblutungsstörungen und Fehlfunktionen einzelner Organe auftreten.

Bei Blutverlusten ist es daher wichtig, eine sogenannte physiologische Lösung zuzuführen, deren osmotischer Wert dem des Blutes entspricht.

Aufgabe

① Ordnen Sie die Erythrocyten in Abb. 2 (a, b, c) den verschiedenen Salzkonzentrationen zu und begründen Sie Ihre Entscheidung unter Verwendung der Fachbegriffe hypotonisch, hypertonisch und isotonisch.

Salzwiesen

Salzwiesen sind die Grünlandflächen am Meer vor dem Deich, die von Salzwasser überspült werden. Die Pflanzen auf diesen Flächen besitzen Schutzmechanismen, die verhindern, dass sie vertrocknen und absterben.

Auf der Blattoberfläche der *Salzmelde*, einer charakteristischen Salzwiesenpflanze, befinden sich kleine gestielte Blasenhaare, in die Pflanzen aktiv Salz aus ihren Zellen ausscheiden. Die Blasenhaare sterben bei hoher Salzkonzentration ab und werden vom Regen oder Wind abgetragen.

Aufgabe

② Beschreiben Sie die Funktion der Blasenhaare und erläutern Sie, inwiefern es sich hierbei um Osmoregulation handelt.

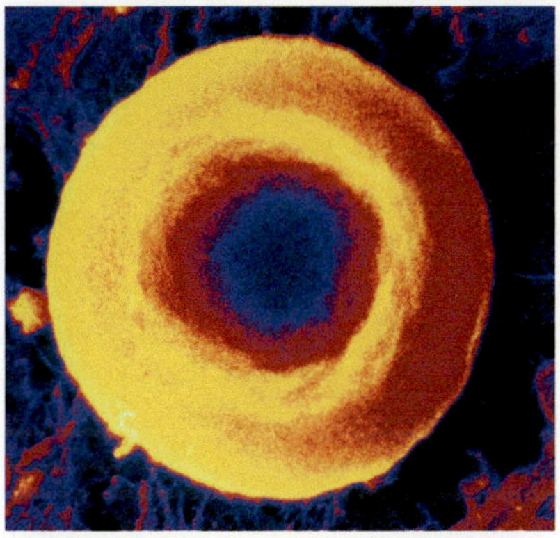

a

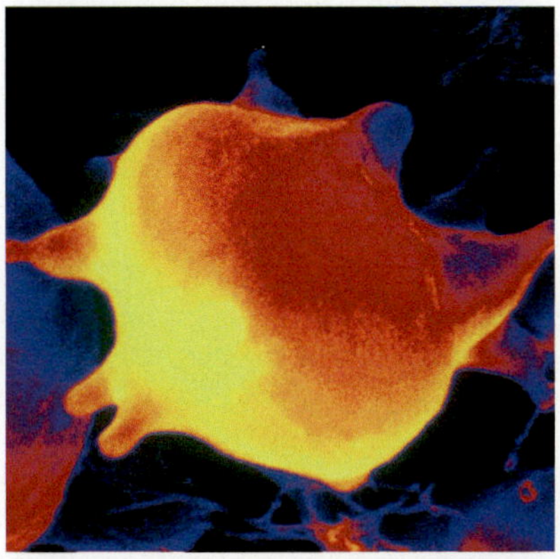

b

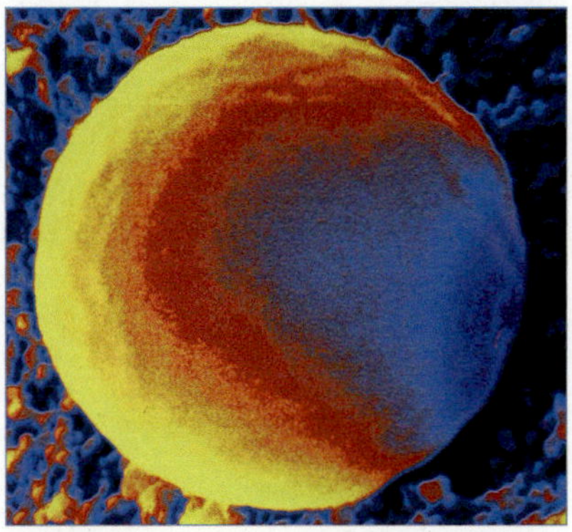

2 c Erythrocyten in unterschiedlichen Lösungen

1 Salzwiese

3 Salzmelde

Pantoffeltierchen (Paramecium)

Ist die *pulsierende Vakuole* der Einzeller ein *osmoregulatorisches Organ*? Um diese Frage zu klären, wurden Pantoffeltierchen bei verschiedenen Salzkonzentrationen gehalten. Die Förderleistung der Vakuole hat man in µl pro Minute gemessen. Bei einer Salzkonzentration von 20 mOsm betrug die Fördermenge 2,2 µl; bei 40 mOsm 1,8 µl; bei 50 mOsm 1,0 µl; bei 100 mOsm 0,8 µl. (Osm = Osmolarität: Je niedriger der Wert, desto geringer die Salzkonzentration). Die abgegebene Flüssigkeit besteht fast nur aus Wasser, das kaum gelöste Ionen enthält.

Aufgaben

③ Beschreiben Sie die Funktion der pulsierenden Vakuole (Abb. 4).

④ Übertragen Sie die Messwerte (s. o.) in ein Koordinatensystem.

⑤ Erläutern Sie das Ergebnis und begründen Sie, warum die pulsierende Vakuole eine osmoregulatorische Funktion hat.

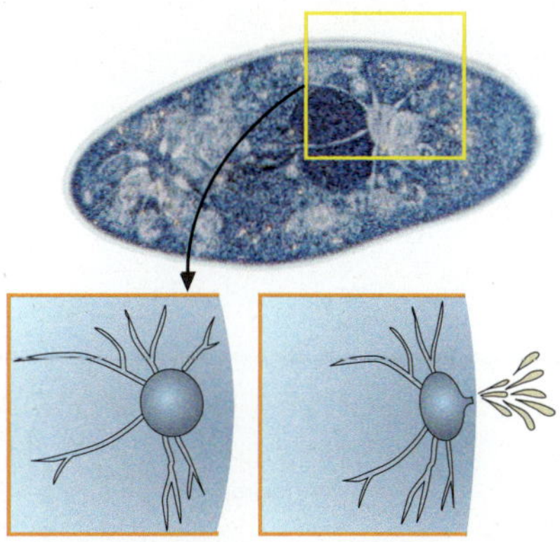

4 pulsierende Vakuole

Bildung eines Fettmoleküls aus einem Glycerinmolekül und drei Fettsäuremolekülen unter Abspaltung von drei Wassermolekülen

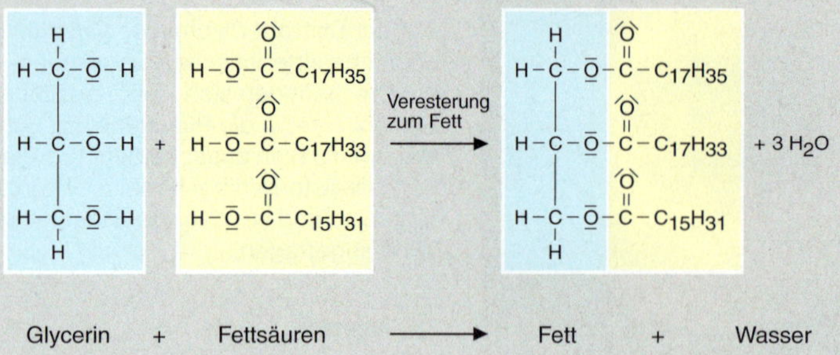

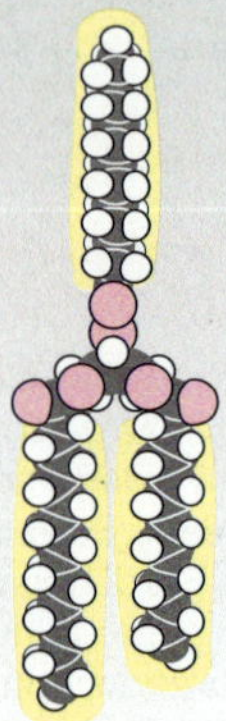

Kalottenmodell eines Fettmoleküls

Gesättigte Fettsäuren

Name	Summenformel	Schmelztemp.
Palmitinsäure	$C_{15}H_{31}COOH$	+ 63 °C
Stearinsäure	$C_{17}H_{35}COOH$	+ 71 °C

Ungesättigte Fettsäuren

Name	Summenformel	Schmelztemp.
Ölsäure	$C_{17}H_{33}COOH$	+ 16 °C
Linolsäure	$C_{17}H_{31}COOH$	– 05 °C
Linolensäure	$C_{17}H_{29}COOH$	– 11 °C

Struktur des Phospholipids Lecithin

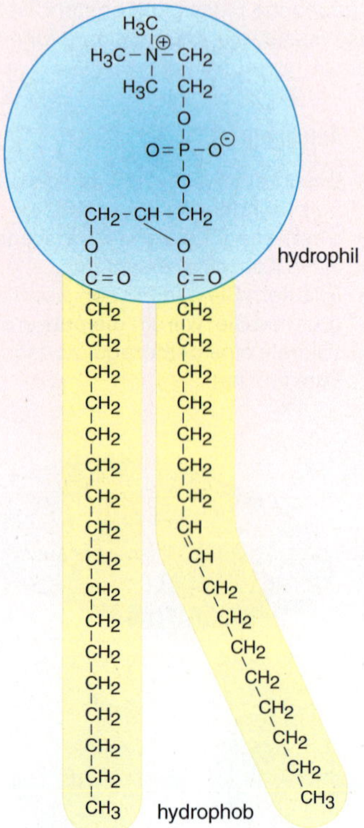

Orientierung von Phospholipiden an Grenzflächen und im Wasser

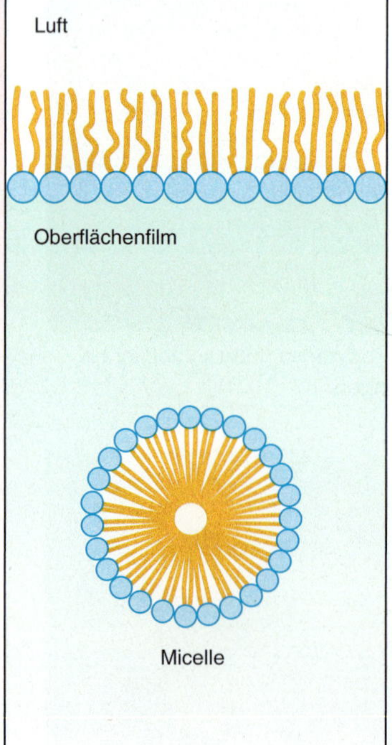

Lipide

Lipide gehören zu einer Stoffgruppe unterschiedlicher Substanzen, die in unpolaren Lösungsmitteln löslich sind. Sie sind als Fette bei Pflanzen und Tieren die Hauptenergiereserve. Ein Baustein ist der dreiwertige Alkohol *Glycerin*. Dazu kommen bestimmte, langkettige Carbonsäuren, die man wegen ihres Vorkommens in Fetten auch *Fettsäuren* nennt. Mit ihrer Carboxylgruppe können sie unter Abspaltung von Wasser jeweils mit einer OH-Gruppe des Glycerins eine Esterbindung bilden. Dabei können drei verschiedene Fettsäuren an der Bildung eines Fettes beteiligt sein. Unter Wasseraufnahme sind die Esterbindungen wieder spaltbar.

Häufig vorkommende Fettsäuren sind z. B. Stearin- und Palmitinsäure. Sie besitzen, wie andere in Organismen vorkommende Fettsäuren auch, eine gerade Anzahl von Kohlenstoffatomen. Stearin- und Palmitinsäure gehören zu den *gesättigten Fettsäuren*, da sie keine C-C-Doppelbindungen besitzen. *Ungesättigte Fettsäuren*, z. B. Ölsäure und Linolsäure, zeichnen sich durch das Vorhandensein einer oder mehrerer C-C-Doppelbindungen aus. Mehrfach ungesättigte Fettsäuren sind für den Menschen meist *essenziell*, sie müssen mit der Nahrung aufgenommen werden. Gesättigte und ungesättigte Fettsäuren unterscheiden sich in ihrem Schmelzpunkt. Fette mit einem hohen Anteil an mehrfach ungesättigten Fettsäuren sind flüssig, wie z. B. Sonnenblumenöl. Fette, die fast nur gesättigte Fettsäuren enthalten, sind dagegen fest, wie z. B. Butter.

Fette sind unpolare Moleküle. Lediglich im Bereich der Esterbindungen sind sie sehr schwach hydrophil, während sich die langen Kohlenwasserstoffketten hydrophob verhalten. Die in den Zellmembranen enthaltenen *Phospholipide* weisen ein polares und ein unpolares Ende auf. Eine der drei Fettsäuren ist in diesen fettähnlichen Lipiden (z. B. *Lecithin)* durch eine polare Phosphatgruppe mit daran gebundenem Rest ersetzt. Die hydrophilen Eigenschaften werden dadurch verstärkt. Solche Moleküle richten sich gegenüber Wassermolekülen aus. Ihr polarer Teil orientiert sich zum Wasser hin, sodass sich die unpolaren, langen Kohlenwasserstoffketten nebeneinander anordnen. Deshalb kann sich auf einer Wasseroberfläche ein dünner Phospholipidfilm ausbilden. Durch Schütteln entstehen in Wasser fein verteilte Phospholipidtröpfchen (*Micellen)*. Es bildet sich eine *Emulsion*.

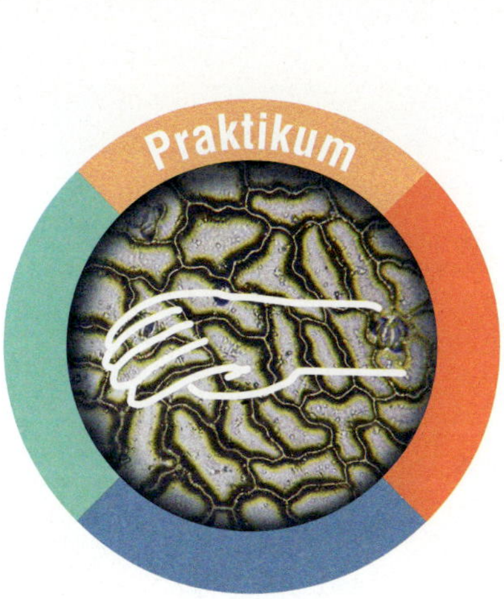

Lipide

Eigenschaften von Lipiden

Diese Versuche zeigen im Haushalt beobachtbare Eigenschaften von Fettten.

Material:
3 Reagenzgläser, Wasser, Speiseöl, Eigelb, Spülmittellösung

Durchführung:
Geben Sie in 3 Reagenzgläser jeweils einige Tropfen Speiseöl.

Füllen Sie die 3 Reagenzgläser zur Hälfte mit Wasser.

a) Füllen Sie das Reagenzglas Nr. 1 zur Hälfte mit Wasser auf.
b) Füllen Sie das Reagenzglas Nr. 2 zur Hälfte mit einem Gemisch aus Wasser und etwas Eigelb auf.
c) Füllen Sie das Reagenzglas Nr. 3 zur Hälfte mit der Spülmittellösung auf.

Schütteln Sie die Proben kräftig und lassen Sie sie anschließend eine Minute stehen. Notieren Sie die Beobachtungen und versuchen Sie anschließend die Beobachtungen zu erklären.

Material:
Glasplatte, Butter

Durchführung:
Bestreichen Sie die Glasplatte mit Butter und legen diese an einen warmen Ort. Prüfen Sie am nächsten Tag den Geruch der Butter. Halten Sie Ihre Beobachtungen fest und erstellen Sie die entsprechende Folgerung.

Hinweis zur Lösung:
Bei dem Experiment tritt ein typischer Geruch auf. Er stammt von der frei gewordenen Buttersäure.

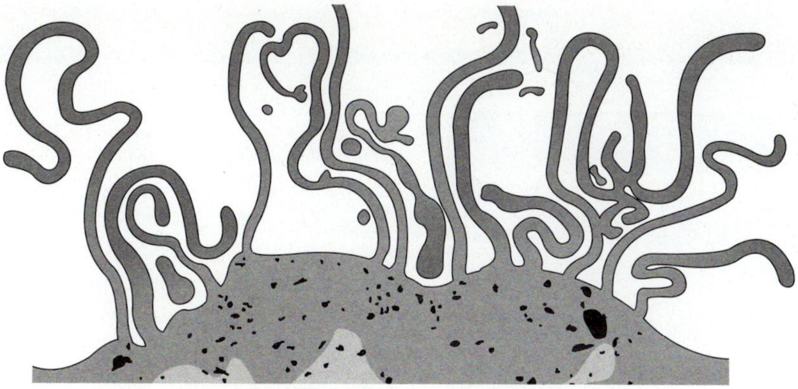

1 Myelinfiguren

Lipidversuch

Material:
2 Reagenzgläser, Bunsenbrenner, Reagenzglasklammer, Schutzbrille, Wasser, KOH-Plätzchen [C], etwa 5 g Butter

Durchführung:
Geben Sie 5 g Butter und zwei KOH-Plätzchen in ein Reagenzglas und erhitzen Sie es etwa 3 Minuten über dem Bunsenbrenner, bis die Butter und die KOH-Plätzchen vollständig geschmolzen sind und das Gemisch eine bräunliche Farbe hat. Nach dem Abkühlen gibt man etwa einen Milliliter des Reaktionsgemisches in ein neues Reagenzglas und füllt dieses mit etwa 5 Milliliter Wasser auf. Anschließend schüttelt man das Gemisch.

Hinweis:
Den oben genannten Versuch nennt man „Verseifung“. Seifen sind Natrium- oder Kaliumsalze höherer Fettsäuren (s. Abb. 2). Durch die „Verseifung“ entsteht ein hydrophiler und ein lipophiler Rest an der Fettsäure.

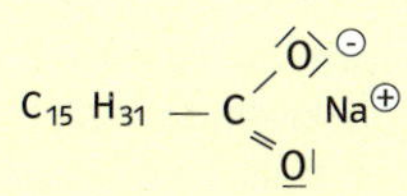

2 Chemische Formel der Kernseife

Aufgaben

① Erklären Sie die veränderten Eigenschaften der „verseiften“ Fettsäuren im Vergleich zu Fettsäuren.
② Machen Sie mithilfe von Seite 40 Vorhersagen, wie sich die „verseiften“ Fettsäuren anordnen.

Grenzflächeneffekte bei Lipiden

Untersucht man fettähnliche Substanzen wie das Phospholipid Lecithin unter dem Mikroskop, kann man mit Wasser (falls keine verseifenden Reagenzien vorliegen) sogenannte *Myelinfiguren* beobachten. Myelinfiguren sind fettähnliche Lamellensysteme, die sich selbst organisieren und eine sehr regelhafte Ausrichtung der Moleküle aufweisen (Abb. 1). Dies bedingt den doppelbrechenden Charakter und die Darstellungsmöglichkeit im polarisierten Licht.

Material:
Mikroskop, Deckgläser, Objektträger, Reagenzgläser, Tropfpipette, Präpariernadel, evtl. Polarisationsfilter, Lecithinkapsel, Ätznatron [C]

Hinweis:
Vorsicht: Ätznatron nicht in die Augen bringen und auf den Arbeitsabstand des Mikroskopierobjektivs achten!

Durchführung:
Ein Tropfen eines lecithinhaltigen Präparates wird auf einen Objektträger gegeben. Entnimmt man das Lecithin aus Kapseln, kann man diese anstechen und den Inhalt so tropfenweise aufbringen. Mittels eines Plätzchens Ätznatron und 10 ml destilliertem Wasser wird eine Natronlauge hergestellt. Ein Tropfen der Natronlauge wird neben den Tropfen Lecithin aufgebracht. Sofort danach ist bereits mit bloßem Auge eine starke Reaktion an der Grenzschicht zu beobachten. Dei mikroskopische Untersuchung erfolgt mit geringer Vergrößerung ohne Deckglas und wenn möglich mit einem Polarisationsfilter.

Aufgabe

③ Interpretieren Sie die Ergebnisse mithilfe der Seite 40.

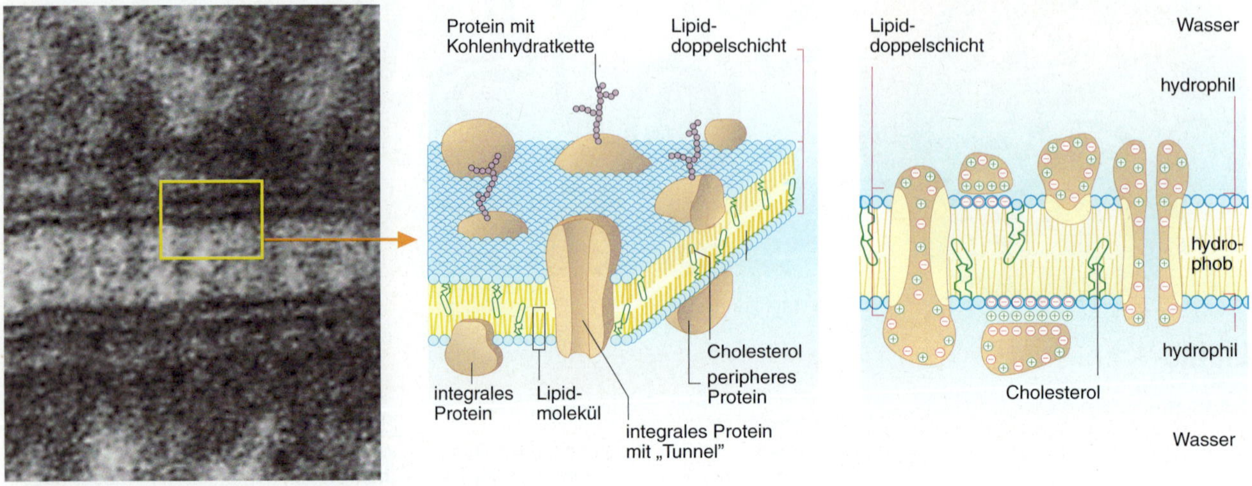

1 Elektronenmikroskopisches Bild und Schema der Biomembran

Biomembran
Grundtyp der biologischen Membran (= Elementarmembran)

Zellmembran
Biomembran, die das Zellplasma gegen die Umgebung abgrenzt

Aufbau der Biomembranen

Das Elektronenmikroskop gibt einen ersten Eindruck vom Aufbau der Biomembran. Bei starker Vergrößerung sind drei Schichten sichtbar: Eine mittlere helle Schicht (ca. 3 nm) wird von zwei dunkleren Schichten (jeweils 2,5 nm) umgeben. Alle Membranen besitzen diese Grundstruktur. Deshalb spricht man auch von der *Elementarmembran*.

Membranen bestehen zu einem großen Teil aus Lipidmolekülen, vor allem *Phospholipiden,* wie z.B. *Lecithin.* Diese Moleküle haben sowohl einen hydrophoben Bereich, verursacht durch die beiden Fettsäuren, als auch einen hydrophilen Bereich, bedingt durch die Phosphatgruppe (s. Seite 40). *Glykolipide*, in denen statt der Phosphatgruppe Zuckermoleküle gebunden sind, und Cholesterol sind weitere Bestandteile. Die hydrophoben Enden der Lipide befinden sich im mittleren Teil, der im Bild hell erscheint. Die Lipidmoleküle sind in zwei Lagen parallel angeordnet. In dieser *Lipiddoppelschicht* zeigen die hydrophilen Anteile zur wässrigen Phase, also zum Cytoplasma und zur Zellumgebung. Unter dem Mikroskop erscheinen sie aufgrund des hydrophilen Kontrastmittels dunkel (s. Seite 17). Die hydrophoben Anteile sind zur Membranmitte gerichtet. Die Lipiddoppelschicht bildet die Grundstruktur der Membran und bestimmt Eigenschaften wie Stabilität, Flexibilität und Undurchlässigkeit für große hydrophile Teilchen.

Neben Lipiden sind globuläre Proteinmoleküle mit hydrophoben und hydrophilen Abschnitten am Membranaufbau beteiligt. Sie sind unregelmäßig verteilt, lagern der Lipidschicht auf oder durchdringen sie teilweise oder ganz. Mit ihren hydrophoben Abschnitten sind sie in der Lipidschicht verankert.

Die Membran befindet sich in ständigem Auf- und Umbau. So sind Wachstum und Formänderungen der Zelle möglich. Die Lipidmoleküle tauschen ständig infolge der Wärmebewegung ihre Plätze mit Nachbarmolekülen. Die-ses dynamische Modell der Membran wird als *„fluid-mosaic-Modell"* bezeichnet. Die Proteine verhalten sich in der Lipidschicht wie schwimmende Eisberge. Die integralen Membranproteine ermöglichen einen kontrollierten Stoffaustausch.

Die intrazellulären Membranen der Zellorganellen dienen der Abgrenzung verschiedener Reaktionsräume *(Kompartimente)* mit unterschiedlichen Reaktionsbedingungen. Nur so ist ein geordneter Ablauf unterschiedlicher Stoffwechselvorgänge zur gleichen Zeit in einer Zelle möglich. Je nach Aufgabe zeigen Membranen charakteristische Eigenschaften. Entsprechend findet man bei verschiedenen Membrantypen erhebliche Unterschiede im Anteil und der Zusammensetzung der Membranproteine und anderer Makromoleküle.

Ein Modell entwickelt sich

Die Anordnung der verschiedenen Membrankomponenten wurde zu unterschiedlichen Zeiten erforscht und führte zu immer genaueren Modellvorstellungen.

1917: Langmuir
Langmuir vermutete aufgrund von Experimenten, dass die Lipide als Einzelschicht auf der Wasseroberfläche schwimmen, wobei sie sich so anordnen, dass sich die polaren Lipidenden in der wässrigen Phase befinden und die unpolaren Kohlenwasserstoffketten, die Fettsäuren, vertikal aus dem Wasser herausragen.

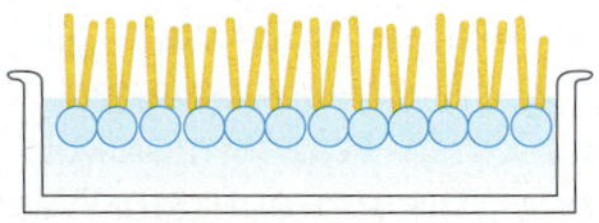

1 Lipideinzelschicht ohne Proteine

1925: Gorter und Grendel
Die beiden extrahierten mit unpolaren Lösungsmitteln die Lipide aus der Zellmembran von Erythrocyten und brachten diese auf eine Wasseroberfläche auf. Sie wiesen nach, dass diese Lipidfläche doppelt so groß war wie die errechnete Oberfläche aller Erythrocytenmembranen. Messwert: 0,92 μm^2, berechneter Wert: 0,47 μm^2. Daraus folgerten sie, dass es sich nicht um eine Einzelschicht, sondern um eine *Lipiddoppelschicht* handeln muss. Spätere Untersuchungen am Elektronenmikroskop bestätigten diese Vermutung: zwei dunkle, elektronendichte Linien, die einen hellen Zwischenraum einschließen.

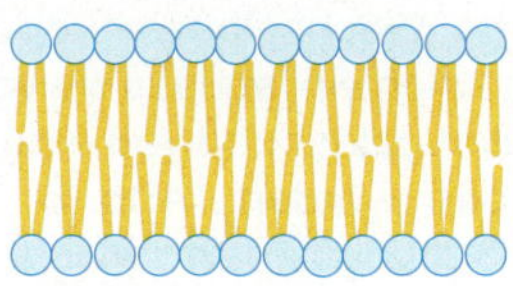

2 Lipiddoppelschicht

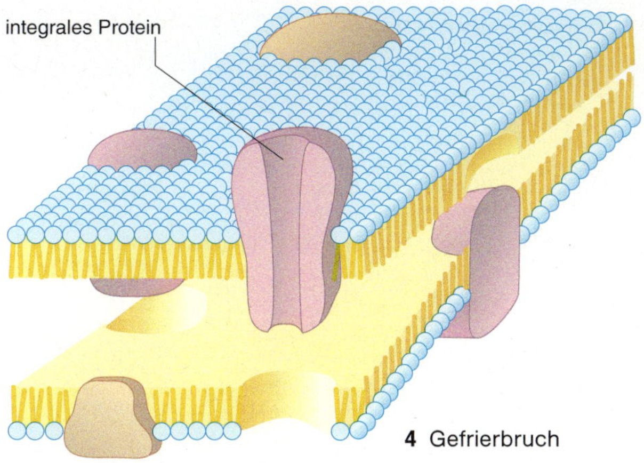

4 Gefrierbruch

1935: Danielli und Davson
Sie veröffentlichten das erste allgemein anerkannte Membranmodell. Sie fanden heraus, dass aus Membranen isolierte Lipide Proteine adsorbieren können. Daraus folgerten sie, dass die Lipiddoppelschicht beidseitig mit Proteinen bedeckt ist.

1972: Singer und Nicolson
Aufgrund verfeinerter elektronenmikroskopischer Methoden (z. B. Gefrierätztechnik) konnte ein in Grundzügen heute noch gültiges Membranmodell entworfen werden. Tiefgefrorene Biomembranen trennen sich entlang den

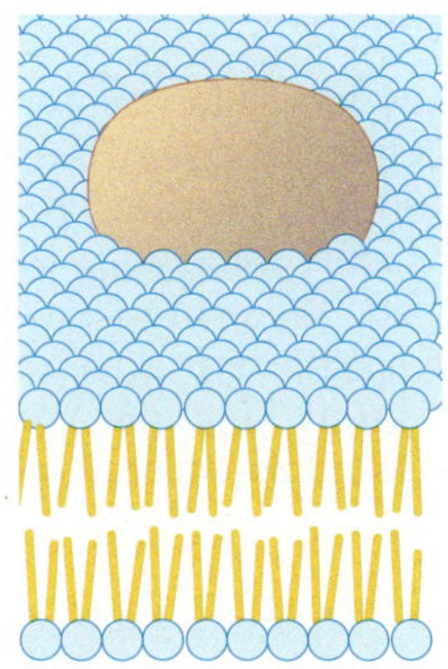

3 Doppelmembran mit Proteinen darauf

Lipidschichten besonders leicht voneinander. Die beiden komplementären Lipidschichten waren jedoch nicht glatt, sondern strukturiert. Auf der einen Hälfte waren Erhebungen zu erkennen, auf der komplementären Hälfte Vertiefungen. Diese Abbildungen wurden so gedeutet, dass der Bruch um ein Proteinmolekül herumläuft. Dies bedeutet aber, dass die Proteinmoleküle durch die Membran hindurchgehen *(integrale Proteine)*.
Zusätzliche chemische Untersuchungen zeigten, dass 20 % der Proteine sich leicht von der Membran ablösen lassen, die restlichen fest in der Membran verankert sind. Hieraus folgerte man, dass die leicht ablösbaren Proteine auf der Membran liegen, die anderen durch sie hindurchgehen.

1972: Frye und Edidin
Zur gleichen Zeit wurden Versuche mit Proteinen durchgeführt, die mit Farbstoffen markiert waren. Auf zwei Zellen wurden mit farbigen Antikörpern jeweils bestimmte Membranproteine markiert. Die beiden verschiedenfarbig markierten Zellen wurden vereinigt. Die zunächst getrennt vorliegenden Farbbereiche vermischten sich. Hieraus folgerten Frye und Edidin, dass die Membran nicht statisch sein kann, sondern ständig in Bewegung ist. Die Proteine schwimmen „wie Eisberge in der See" *(fluid-mosaic-Modell)*.

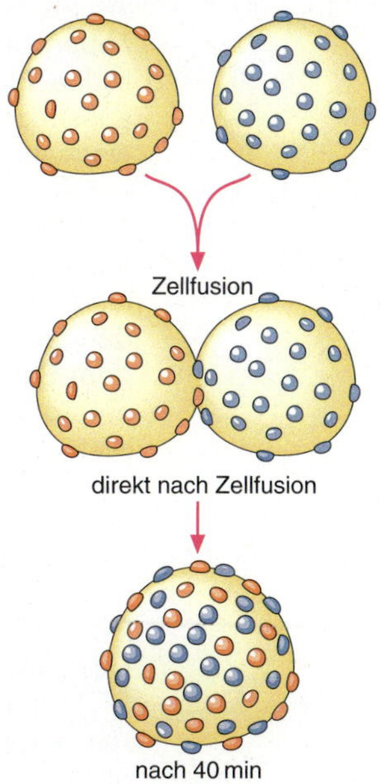

5 Zellfusion

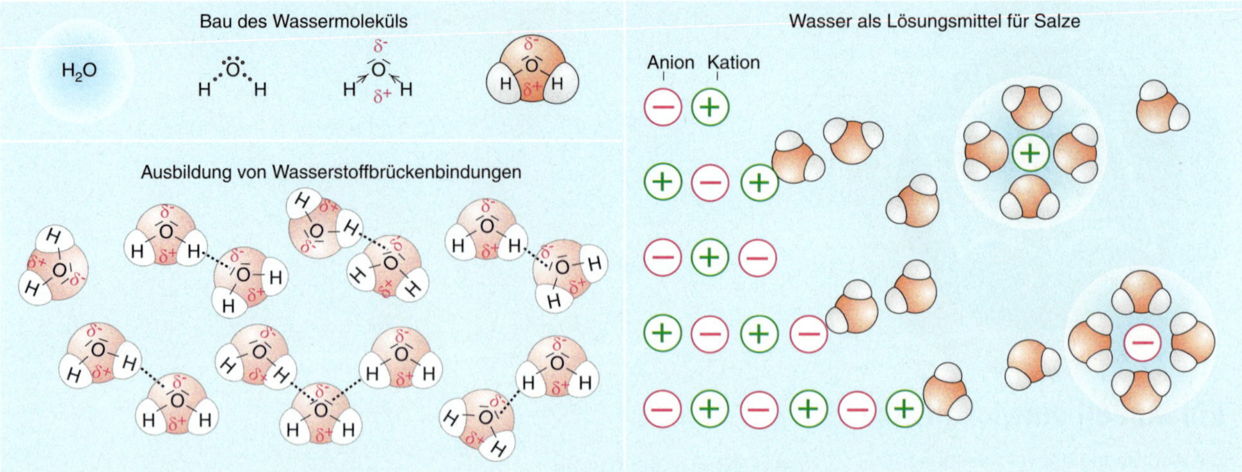

1 Wassermoleküle und ihre Eigenschaften

Chemische Eigenschaften der Zellinhaltsstoffe

Bei der chemischen Untersuchung von Zellen findet man als Bestandteile Wasser, organische Verbindungen und Salze. Zu den organischen Stoffen gehören Proteine (Eiweiße), Kohlenhydrate, Lipide (Fette und fettähnliche Substanzen) sowie die Nucleinsäuren (Kernsäuren).

Wasser

Wassergehalt in % des Frischgewichtes

Mensch	60
Schaf	57
Frosch	77
Käfer	65
Ohrenqualle	98
Gras	67
Holz	50
Gurke	95
Apfel	83

Der größte Teil der lebenden Zellen besteht aus Wasser. Wasser ist ein wichtiges Transportmedium und Lösungsmittel für Salze und andere wasserlösliche Moleküle, die im Stoffwechsel anfallen. Wassermoleküle haben besondere chemische und physikalische Eigenschaften, deren Kenntnis Voraussetzung für ein Verständnis vieler Stoffwechselvorgänge ist.

Die Eigenschaften des Wassers beruhen auf dem Aufbau und der Ladungsverteilung des Wassermoleküls (H_2O). Die bindenden Elektronenpaare bilden zwischen dem Sauerstoffatom und den beiden Wasserstoffatomen einen Winkel von 105°, das Wassermolekül hat eine gewinkelte Struktur (Abb. 1). Die Ladungen sind im Wassermolekül ungleichmäßig verteilt. Der Sauerstoff zieht aufgrund seiner höheren Elektronegativität die bindenden Elektronenpaare stärker zu sich hin, als es die beiden Wasserstoffatome vermögen.

Hierdurch ergibt sich eine ungleiche Ladungsverteilung und damit ein polares Molekül: Der Sauerstoff ist leicht negativ geladen, der Wasserstoff leicht positiv. Der Sauerstoff trägt eine negative Teilladung (δ^-), der Wasserstoff eine positive ($\delta+$). Das Wassermolekül hat zwei Pole, es ist ein *Dipol.* Verstärkt wird die negative Teilladung des Sauerstoffes durch seine beiden freien Elektronenpaare.

Zwischen den Wassermolekülen gibt es elektrostatische Wechselwirkungen. Der Sauerstoff des einen Wassermoleküls übt eine anziehende Wirkung auf den Wasserstoff eines benachbarten Wassermoleküls aus. Diese im Vergleich zur Elektronenpaarbindung schwächere Bindung nennt man *Wasserstoffbrückenbindung.* Dadurch entstehen größere H_2O-Molekülverbände, sogenannte *Cluster* (Abb. 1). Das Aufbrechen dieser Bindungen erfordert den Einsatz einer beträchtlichen Energiemenge, weshalb Wasser erst bei 100 °C siedet, Methan (CH_4) (kein Dipol) dagegen schon bei −161 °C. Wasserstoffbrückenbindungen findet man auch bei anderen polaren Verbindungen, wie Alkoholen oder Säuren.

Die Dipoleigenschaft macht das Wasser zu einem sehr guten *Lösungsmittel* für polare Verbindungen und Salze. Salze bestehen aus positiv und negativ geladenen Ionen. Die Wassermoleküle gehen aufgrund elektrostatischer Kräfte Wechselbeziehungen mit den geladenen Ionen ein, sodass sie von den Wassermolekülen gelöst und von einer Hydrathülle umgeben werden (Abb. 1). Dabei werden die Anziehungskräfte zwischen den Ionen *(Ionenbindung)* überwunden.

Organische Verbindungen

Organische Verbindungen enthalten hauptsächlich Kohlenstoff und Wasserstoff *(Kohlenwasserstoffverbindungen)*. Sie können jedoch auch Sauerstoff, Stickstoff, Schwefel oder Phosphor enthalten. Jedes Kohlenstoffatom geht dabei vier Bindungen ein. Weist es nur Einfachbindungen zu Kohlenstoff auf, so spricht man von *gesättigten Kohlenstoffverbindungen*. Kohlenstoffatome können jedoch auch Doppel- oder Dreifachbindungen untereinander eingehen. Diese Verbindungen nennt man *ungesättigt*. Solche ungesättigten Verbindungen sind sehr reaktionsfreudig.

Im Gegensatz zum Wasser sind Kohlenwasserstoffe unpolar, da die Ladungsverteilung im Molekül ausgeglichen ist. Sie lösen sich daher gut in unpolaren Substanzen. Mit dem polaren Wasser können jedoch keine Wechselwirkungen entstehen, Kohlenwasserstoffverbindungen sind in Wasser nicht löslich. Stoffe, die sich in unpolaren Stoffen wie Fetten lösen, nennt man *lipophil*, jene Stoffe, die wasserlöslich sind, *hydrophil*.

Auch in organischen Molekülen gibt es hydrophile Gruppen. Diese enthalten neben der Kohlenwasserstoffkette zusätzlich Sauerstoff- oder Stickstoffatome. Sie sind in charakteristischen Atomgruppen zu finden, welche die Eigenschaft oder die Funktion des Moleküls beeinflussen. Man nennt sie deshalb *funktionelle Gruppen*.

Alkohole (Alkanole)
Die funktionelle Gruppe der Alkohole ist die *Hydroxylgruppe* (Abb. 1). Beispiele sind Ethanol oder Glycerin. Durch das Sauerstoffatom sind diese Gruppen polarisiert, also hydrophil, der Rest jedoch bleibt unpolar *(lipophil)*. Je länger die unpolare Kette ist, desto mehr tritt der lipophile Charakter beim Gesamtmolekül in Erscheinung.

Carbonylverbindungen
Zu ihnen zählen die Aldehyde *(Alkanale)* und *Ketone* (Abb. 1). Die Carbonylgruppe ist polar und reaktiv.

Carbonsäuren
Die funktionelle Gruppe der Carbonsäuren ist die Carboxylgruppe. Zu diesen relativ schwachen Säuren gehören z. B. Essigsäure, Buttersäure und Citronensäure. Carbonsäuren mit langen Kohlenwasserstoffketten (z. B. Palmitinsäure) sind als Fettsäuren Bestandteile der Fette. Die Carboxylgruppe ist polar, daher sind kurzkettige Carbonsäuren hydrophil. Mit zunehmender Länge der Kohlenwasserstoffkette sind sie jedoch immer lipophiler.

Amine

Auch die Aminogruppe ($-NH_2$) ist polar. Im Gegensatz zu den Carbonsäuren kann sie als Base reagieren. Sie ist Bestandteil aller Aminosäuren.

Aminosäuren

Verbindungen mit einer Amino- und einer Carboxylgruppe (am ersten C-Atom) heißen *Aminosäuren*. Sie sind die Bausteine der Proteine.

hydro
gr. = das Wasser

philo
gr. = liebend

phobos
gr. = die Furcht

lipos
gr. = das Fett

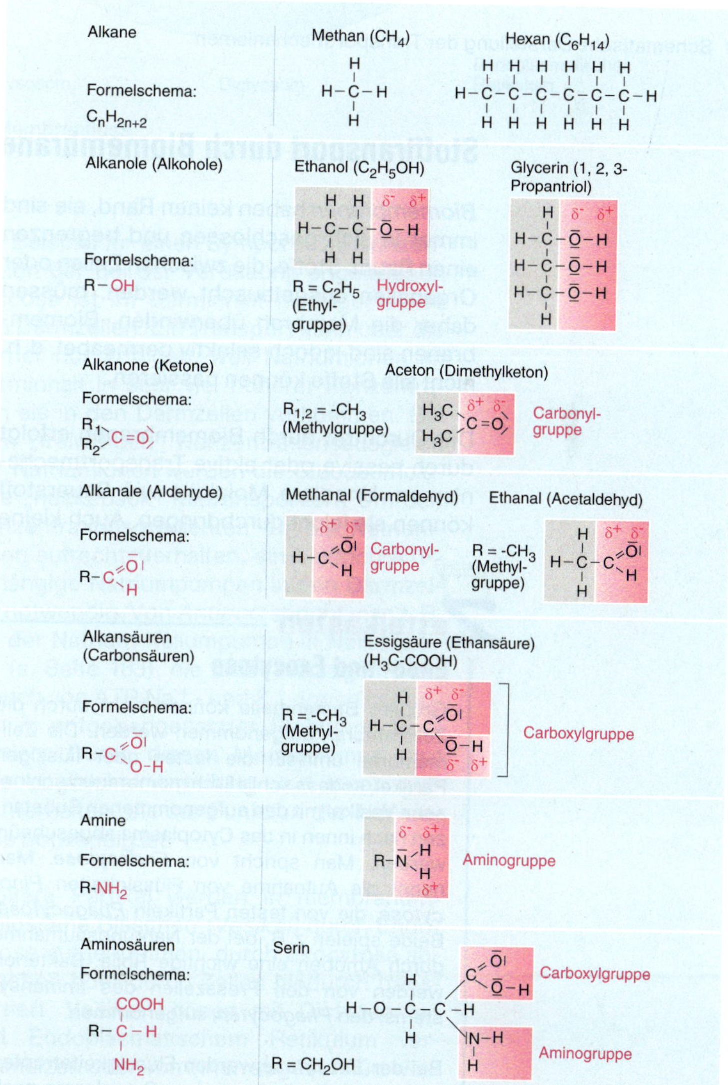

1 Organische Verbindungen

Enzyme

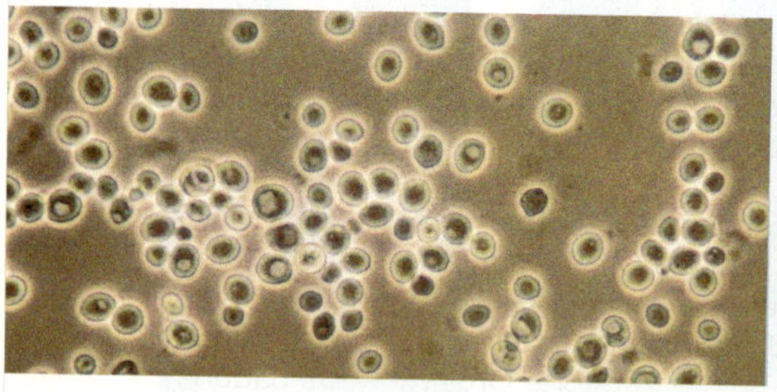

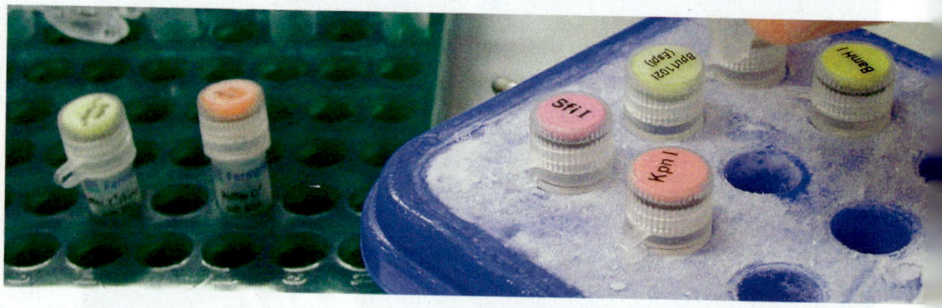

Lernsituation

Wie kommt es, dass manche Menschen viel Alkohol „vertragen“ und andere, z. B. viele Menschen asiatischer Abstammung, nach geringem Alkoholkonsum häufig starke Kopfschmerzen und Übelkeit verspüren?

Alkohol und auch viele andere Stoffe im Körper werden mithilfe bestimmter Eiweiße, sogenannter *Enzyme*, schneller abgebaut. Gibt es Möglichkeiten die Geschwindigkeit dieser Enzyme im Körper zu erhöhen, z. B. um nach stärkerem Alkoholkonsum wieder Autofahren zu dürfen oder um Alkoholkranken zu helfen?

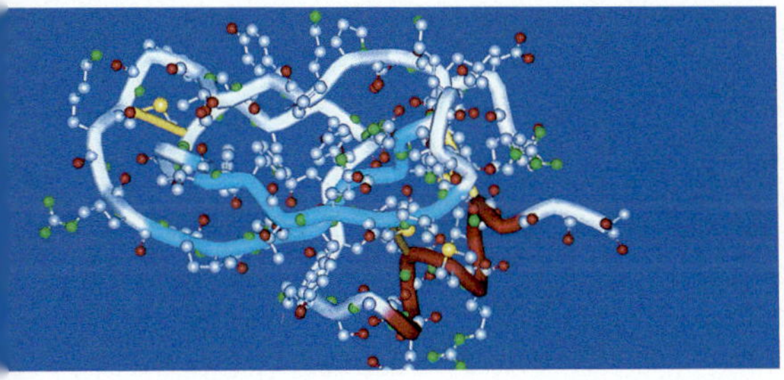

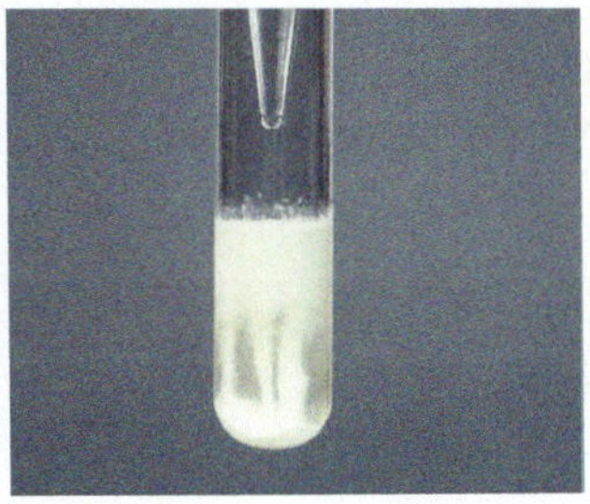

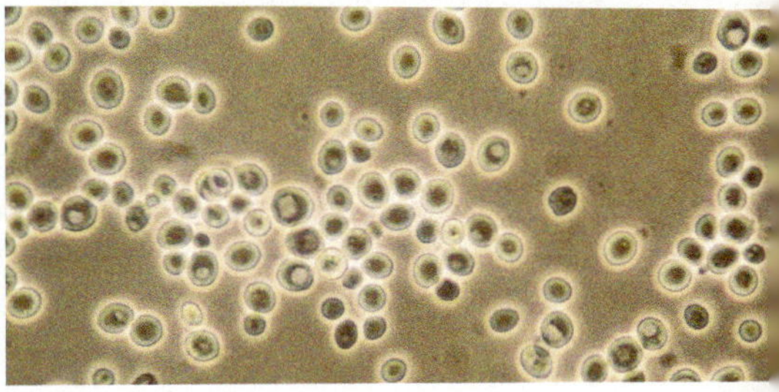

Leitfragen

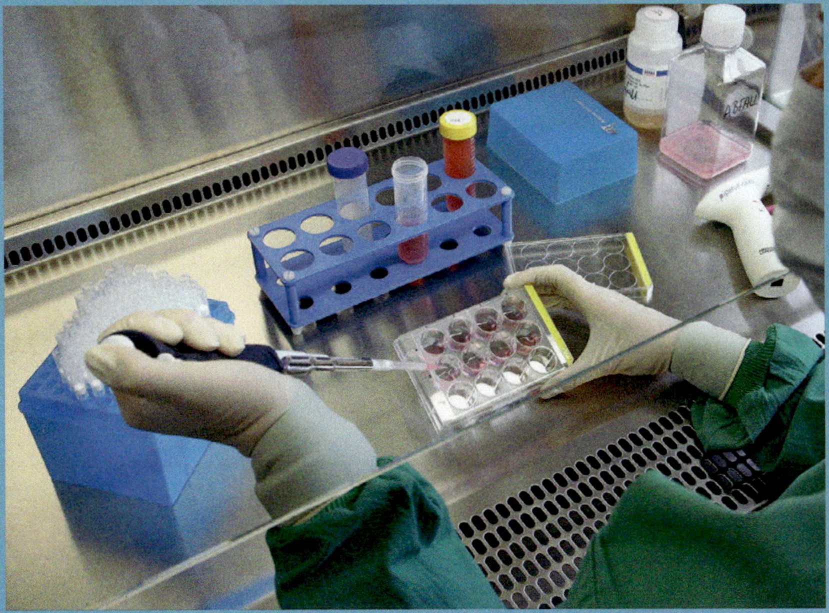

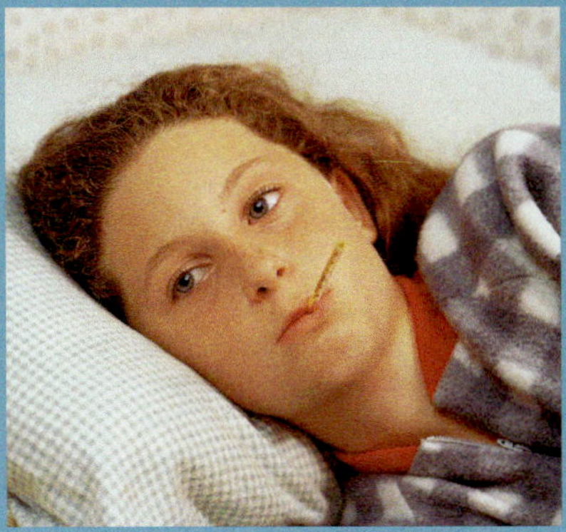

Enzyme sind Biokatalysatoren

Stärke ist ein wichtiger Bestandteil unserer Nahrung. Sie ist zum Beispiel in Getreideprodukten enthalten. Die schwer löslichen Makromoleküle der Stärke können von unserem Körper nur dann genutzt werden, wenn sie durch Spaltung in leicht lösliche Di- und Monosaccharide zerlegt werden. Denn der Dünndarm kann in der Regel nur gelöste Stoffe in die Blutbahn abgeben.

Obwohl Stärke eine energiereiche Verbindung ist, zerfällt sie von alleine nur sehr langsam in ihre Bausteine. Stärke wäre deshalb also kaum verwertbar, wenn in den Verdauungssäften nicht Substanzen enthalten wären, welche die Spaltung von energiereichen Verbindungen unterstützen würden. Gibt man zu einer mit Iod-Kaliumiodid blau angefärbten Stärkeaufschwemmung etwas Speichel, so entfärbt sich das Gemisch schon nach kurzer Zeit. Das lässt die Schlussfolgerung zu, dass der Speichel einen Stoff enthält, der die Stärkespaltung fördert.

Die Wirkung von Biokatalysatoren

Durch die Analyse von Speichel, z.B. mithilfe der *Elektrophorese,* kann man ein Protein identifizieren, das für die enorme Reaktionsbeschleunigung verantwortlich ist: die *Amylase.* Proteine, die im Organismus wie die Amylase als Reaktionsbeschleuniger fungieren, nennt man allgemein *Enzyme.* Sie wirken als *Biokatalysatoren.* Zur Aktivierung der Stärkespaltung – ohne Katalysator – muss zunächst ein bestimmter Energiebetrag aufgewendet werden (Abb. 2), die *Aktivierungsenergie* (E_A). Erst dann kann die Reaktion ablaufen, die bei der Stärkespaltung die Reaktionsenergie freisetzt. Das hängt damit zusammen, dass zunächst einmal unter Energiezufuhr Bindungen aufgebrochen werden müssen, bevor an den entstehenden Enden neue Bindungen unter Freisetzung von Energie gebildet werden. Die Freisetzung von Reaktionsenergie wird in einem Energiediagramm (Abb. 2) dadurch veranschaulicht, dass der Ausgangsstoff Stärke einen größeren Energiegehalt zugeordnet bekommt als die Spaltprodukte *(Ordinate).* Die Verbindung zwischen dem Energiegehalt von *Edukten* (Ausgangsstoffen) und *Produkten* (Endstoffen) stellt den Reaktionsverlauf dar *(Abszisse).*

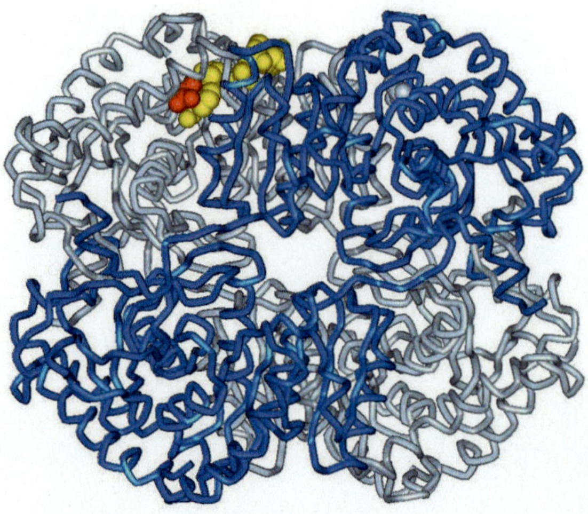

1 Strukturmodell eines Enzyms

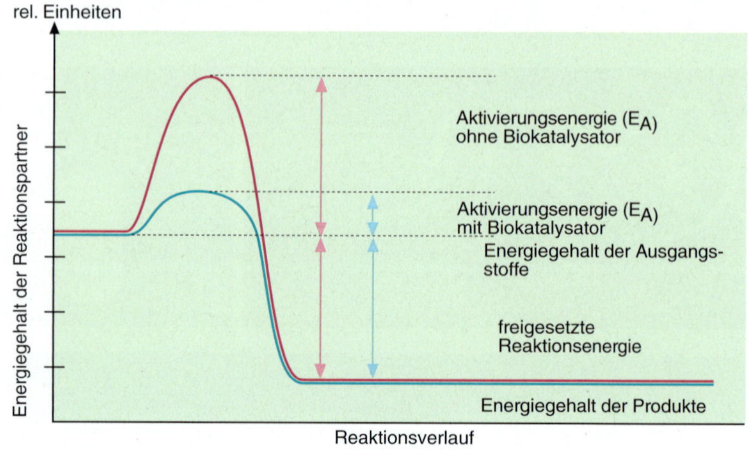

2 Ablauf einer enzymkatalysierten Reaktion

Enzyme wie die Amylase sind in der Lage, die Aktivierungsenergie so weit zu senken, dass oft schon bei Körperwärme genügend Teilchen darüber verfügen und dann die Reaktion schnell genug abläuft. Die Herabsetzung der Aktivierungsenergie ist auf eine Wechselwirkung zwischen dem Enzym und dem umzusetzenden Stoff *(Substrat)* zurückzuführen. Dadurch kommt es zu einer Lockerung der zu spaltenden Bindungen.

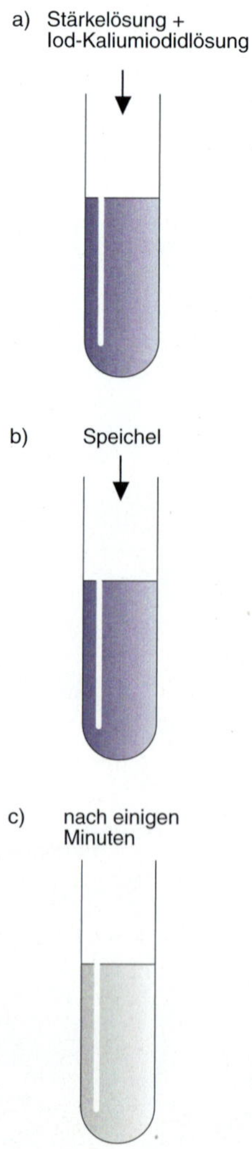

Substrat- und Wirkungsspezifität

Der Bau des Enzymmoleküls ist Voraussetzung für die Wechselwirkung zwischen Enzym und Substrat. Am Beispiel des *Chymotrypsins,* eines proteinspaltenden Enzyms des Bauchspeichelsaftes, soll dies erläutert werden. Chymotrypsin besteht, wie alle Enzyme, aus einem Proteinmolekül und besitzt aufgrund seiner Eiweißnatur eine ganz bestimmte räumliche Gestalt *(Tertiärstruktur)*. Die Moleküloberfläche besitzt in einem Bereich eine Oberflächenstruktur, in die das Substrat ganz genau wie ein Schlüssel ins Schloss hineinpasst *(Schlüssel-Schloss-Prinzip)*. Enzymmoleküle sind in der Regel wesentlich größer als ihre Substratmoleküle. Das Substrat besteht in diesem Fall aus einem Eiweißbruchstück. Die wie eine Passform konstruierte Bindungsstelle im Enzymmolekül *(Bindungszentrum)* enthält das *aktive* oder *katalytische Zentrum*. Das ist der eigentliche Ort für die katalysierte Reaktion. Andere Moleküle können in der Regel nicht gebunden und in der entsprechenden Weise umgesetzt werden. Nach der Umsetzung wird das Enzym wieder frei und steht erneut für eine Reaktion zur Verfügung.

Enzyme für die Umsetzung anderer Stoffe reagieren in gleicher Weise wie das Chymotrypsin. Enzyme sind also spezifisch für ein ganz bestimmtes Substrat *(Substratspezifität)*. Aufgrund der Eigenschaften des aktiven Zentrums katalysiert ein Enzym zudem nur eine von mehreren möglichen Reaktionen des Substrats, d. h. es entstehen nur ganz bestimmte Produkte. Enzyme besitzen also außerdem die Eigenschaft der *Wirkungsspezifität*. Eine Enzymreaktion kann mit folgendem Schema beschrieben werden:

$$E + S \rightarrow [ES] \rightarrow E + P$$

E	= Enzym, S = Substrat
[ES]	= Enzym-Substrat-Komplex
P	= Produkt(e)

Von der Art der chemischen Reaktion hängt es unter anderem ab, mit welcher Geschwindigkeit Enzyme ihre Substrate umsetzen. Die *Wechselzahl* ist ein Maß dafür. Mit der Wechselzahl gibt man die Anzahl an Substratmolekülen an, die pro Sekunde von einem Enzymmolekül umgesetzt werden. Sie liegt etwa zwischen 1000 und 1 000 000 pro Sekunde. Ein besonders schnell arbeitendes Enzym ist z. B. die *Peroxidase* (Wechselzahl ca. 10^6/s), welche die Spaltung von Wasserstoffperoxid in Sauerstoff und Wasser katalysiert. Das bei bestimmten Stoffwechselprozessen entstehende, für die Zelle aber giftige Wasserstoffperoxid wird auf diese Weise unschädlich gemacht.

Systematik von Enzymen

Die meisten Enzyme sind reine Proteine, andere bestehen aus einem Komplex von Protein und einer besonderen Wirkgruppe. Das Protein wird dann als *Apoenzym* bezeichnet. Zusammen bilden Apoenzym und Wirkgruppe das *Holoenzym*. Man unterscheidet zwei Typen von Holoenzymen. Ist die Wirkgruppe fest mit dem Apoenzym verbunden, so wird die Wirkgruppe als *prosthetische Gruppe* bezeichnet. Kann sich die Wirkgruppe vom Apoenzym lösen und in einer weiteren Reaktion mit einem anderen Apoenzym binden, nennt man die Wirkgruppe *Coenzym* oder aber *Cosubstrat*, da es durch die Enzymreaktion selbst verändert wird.

Die Benennung von Enzymen erfolgt in der Regel so, dass der erste Teil des Namens aus dem jeweils umgesetzten Substrat besteht. Der zweite Teil des Namens gibt über die Wirkung des Enzyms Auskunft. Die Bezeichnung kann sich auf eine Enzymgruppe oder auch ein bestimmtes Enzym beziehen. Vielfach sind auch noch Trivialnamen in Gebrauch. So bezeichnet *Ptyalin* die Mundspeichelamylase und *Chymotrypsin* eine Proteinhydrolase des Bauchspeichels. Der Name Proteinhydrolase bedeutet, dass erstens ein Protein umgesetzt wird und zweitens das Protein unter Wasseranlagerung gespalten wird *(Hydrolyse)*. Bezieht man sich nur auf das Substrat, so nennt man es *Protease*. Außer den Hydrolasen gibt es u. a. *Oxidoreduktasen*, die Redoxreaktionen katalysieren. Die Katalyse der Spaltung von Wasserstoffperoxid durch Katalase (H_2O_2-Oxidoreduktase) ist eine solche Reaktion.

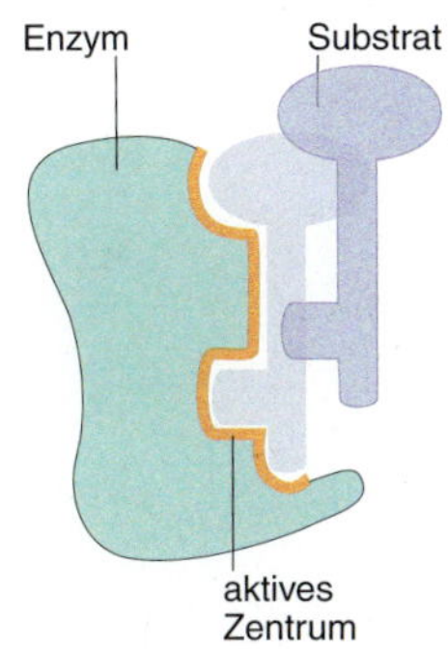

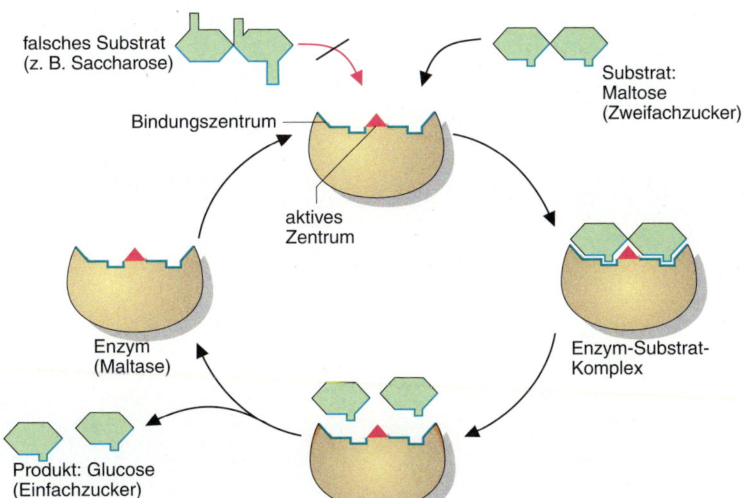

1 Schema zur Substrat- und Wirkungsspezifität

Die Reaktionsbedingungen bestimmen die Enzymaktivität

Substratkonzentration

Bei niedrigen Substratkonzentrationen ist die Geschwindigkeit der Substratumsetzung gering. Diese lässt sich durch Erhöhung der Konzentration steigern, bis schließlich weitere Erhöhungen der Substratkonzentration zu keiner weiteren Steigerung der Geschwindigkeit führen (Abb. 1). Jedes Enzym hat daher einen Maximalwert (v_{max}) bei der Geschwindigkeit der Substratumsetzung. Da sich die Sättigungskonzentration des Substrates zur Maximalgeschwindigkeit aus der Kurve schlecht ablesen lässt, ermittelt man, bei welcher Substratkonzentration die halbmaximale Geschwindigkeit ($^1/_2\, v_{max}$) erreicht wird. Die Substratkonzentration bei halbmaximaler Reaktionsgeschwindigkeit bezeichnet man als *Michaelis-Menten-Konstante* (K_m).

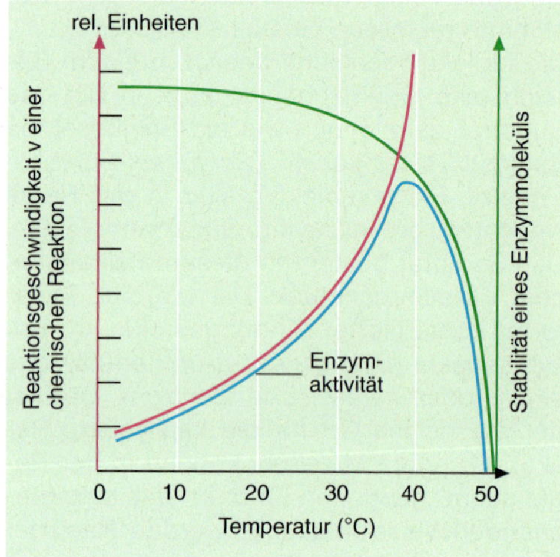

2 RGT-Regel und Enzymaktivität

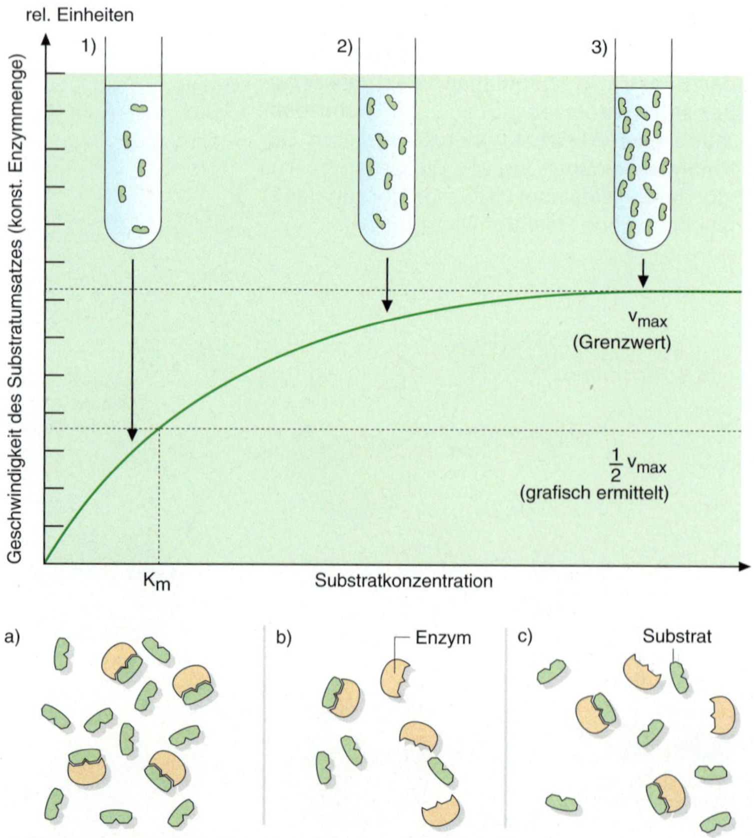

1 Reaktionsgeschwindigkeit und Substratkonzentration

Bei niedrigen Substratkonzentrationen sind nicht alle Enzyme mit einem Substratteilchen beladen, weil die Wahrscheinlichkeit, dass Enzym und Substrat sich treffen, gering ist. Mit zunehmender Anzahl der Substratteilchen steigt die Wahrscheinlichkeit, auf das Enzym zu treffen; daher steigt die Reaktionsgeschwindigkeit. Bei hohen Konzentrationen ist die Wahrscheinlichkeit des Zusammentreffens zwar sehr hoch, jedoch können die Substratmoleküle das aktive Zentrum nicht besetzen, da sich dort das Produkt der vorigen Reaktion erst langsam vom Enzym trennt. In lebenden Zellen wird der Maximalwert nie erreicht, da andere Stoffe die Reaktion behindern.

Der Einfluss der Temperatur

Gleichwarme Tierarten haben eine konstante Körpertemperatur, egal ob sie in der Wüste oder der Antarktis leben. Wechselwarme Tiere, wie Amphibien oder Insekten, bewegen sich bei tiefen Temperaturen in der Regel träge bzw. fallen in eine Kältestarre. Erst bei höheren Temperaturen werden sie wieder aktiv. Die chemischen Reaktionen des Stoffwechsels in einem Organismus sind temperaturabhängig.

Untersucht man die Aktivität eines Enzyms experimentell, so stellt man zunächst bei steigenden Temperaturen eine starke Erhöhung der Reaktionsgeschwindigkeit fest (Abb. 2). Bei einer bestimmten Temperatur

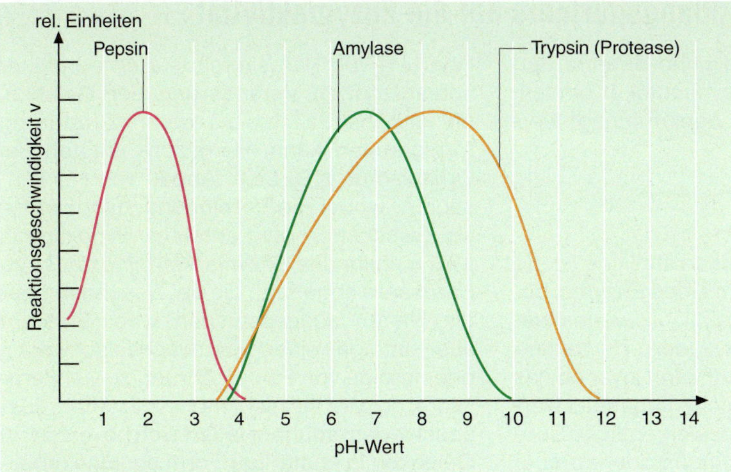

1 Abhängigkeit der Enzymaktivität vom pH-Wert

wird schließlich ein Maximum erreicht. Dieses liegt bei vielen Enzymen zwischen 30 °C und 50 °C. Danach nimmt die Geschwindigkeit der enzymkatalysierten Reaktion sehr schnell ab, bis schließlich überhaupt keine Wirkung des Enzyms mehr erkennbar ist. Höhere Temperaturen bewirken eine stärkere Teilchenbewegung, sodass Enzym und Substrat mit einer größeren Wahrscheinlichkeit aufeinander treffen. Zudem werden die Bindungen zwischen Atomen reaktiver. Die Folge ist ein höherer Stoffumsatz. Bei enzymkatalysierten Reaktionen erhöht sich die Reaktionsgeschwindigkeit bei einer Tem -peraturerhöhung um 10 °C exponentiell um das 2- bis 4fache. Dieser Zusammenhang wird als ***R**eaktions**g**eschwindigkeits-**T**emperatur-Regel,* kurz *RGT-Regel,* bezeichnet.

Bei Eiweißen, und damit auch bei Enzymen, haben hohe Temperaturen noch eine andere Wirkung: Sie verändern und zerstören schließlich die *Tertiärstruktur,* d. h. die räumliche Anordnung der Aminosäurekette wird irreversibel verändert. Diesen Vorgang bezeichnet man als *Denaturierung.* Da die Funktion des Enzyms von der Tertiärstruktur abhängt – sie ist verantwortlich für die Passform – wird die Abnahme der Enzymaktivität ab einer bestimmten Temperatur verständlich. Enzyme sind meist nur bis zu Temperaturen zwischen 50 °C und 60 °C stabil (Abb. 54.2). Höhere Temperaturen liefern so viel Energie, dass die meist geringen Bindungskräfte, welche die räumliche Faltung des Proteinmoleküls aufrechterhalten, überwunden werden. Die Passform des Enzymmoleküls für das Substrat geht verloren, das Enzym ist inaktiv. Nur wenige Enzyme werden erst bei höheren Temperaturen denaturiert. Zu diesen gehören die Enzyme von Bakterien, die in heißen Quellen mit Temperaturen um 90 °C und mehr leben. Deren Enzyme sind an diese extremen Lebensbedingungen angepasst, indem bei ihnen die Passform im Wesentlichen durch Disulfidbrücken aufrechterhalten wird, die stabiler sind als Wasserstoffbrückenbindungen und ionische Anziehungskräfte.

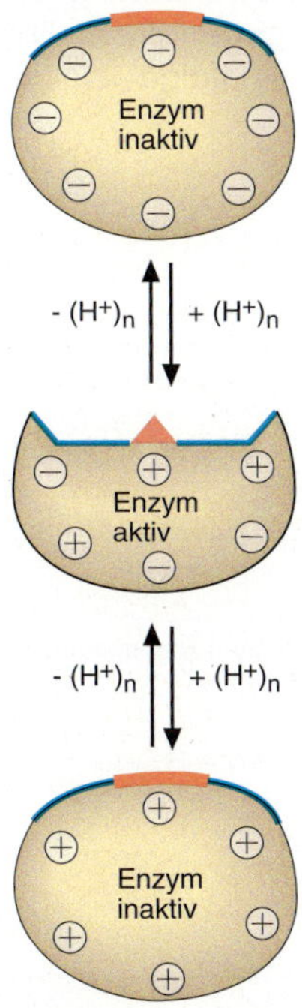

Einfluss des pH-Wertes auf die Enzymaktivität

Der Einfluss des pH-Wertes

Am Beispiel der Verdauungsenzyme des Menschen wird der Einfluss eines weiteren Faktors, des *pH-Wertes,* auf die Enzymaktivität sichtbar. Der Mundspeichel hat einen fast neutralen pH-Wert. Die in ihm enthaltene Amylase spaltet Stärke und entfaltet unter diesen Bedingungen ihre größte Aktivität. Gelangt der eingespeichelte Nahrungsbrocken mit dem Schluckvorgang in den Magen, wird die Stärkespaltung infolge Inaktivierung der Speichelamylase eingestellt. Ursache hierfür ist der saure Magensaft, dessen pH-Wert aufgrund der Salzsäure zwischen 1,5 und 2,5 liegt. In diesem sauren Milieu ist statt dessen ein anderes Enzym, das *Pepsin,* aktiv. Es katalysiert die Spaltung von Proteinen in größere Peptidabschnitte. Gelangt der Speisebrei weiter in den Zwölffinger- und dann in den Dünndarm, dessen Verdauungssaft leicht alkalisch ist, stellt das Pepsin seine Funktion ein und andere Enzyme sorgen dann für die weitere und vollständige Verdauung.

Untersucht man die Enzymaktivität in Abhängigkeit vom pH-Wert experimentell, so ergibt sich eine Optimumkurve (Abb. 1). Jedes Enzym hat sein spezifisches pH-Optimum. Bei vielen Enzymen liegt es im mittleren pH-Bereich. Bei deutlich höheren oder niedrigeren Werten sinkt die Aktivität stark ab, bis schließlich der Nullwert erreicht wird. Ursache ist, wie bei hohen Temperaturen, eine Denaturierung des Enzyms, da durch Säuren bzw. Basen an bestimmte Reste der einzelnen Aminosäurebausteine H^+-Ionen angelagert oder von ihnen abgespalten werden können. So wird die für die Passform wichtige Ladungsverteilung im Enzymmolekül verändert, sodass die spezifische Molekülfaltung verloren geht (Abb. Mittelspalte).

Aufgabe

① Erklären Sie anhand der Eigenschaften der Enzyme, warum Fieber von 42 °C lebensgefährlich ist.

Der Einfluss des Bindungspartners auf die Enzymaktivität

Wenn außer dem eigentlichen Substrat andere Stoffe an das Enzymmolekül binden, kann die Enzymaktivität beeinträchtigt werden.

Kompetitive Hemmung

Konkurrieren zwei chemisch ähnliche Stoffe um das Bindungszentrum eines Enzyms, beeinflusst dies die Enzymaktivität, wenn einer das Substrat ist und der andere als Hemmstoff wirkt. Der Hemmstoff kann zwar an das Enzym gebunden, aber nicht umgesetzt werden. Er verdrängt somit das eigentliche Substrat *(Verdrängungshemmung* oder *kompetitive Hemmung,* Abb. 1). Die Wirkung solcher Hemmstoffe ist umso größer, je höher die Konzentration im Vergleich zum eigentlichen Substrat ist.

Ein Beispiel dafür ist die Anwendung des Medikaments *Allopurinol* gegen *Gicht.* Diese Krankheit äußert sich – infolge der Einlagerung von Harnsäurekristallen – in einer schmerzhaften Veränderung der Gelenke, die unbehandelt bis zu deren Zerstörung fortschreiten kann. Harnsäure entsteht im Organismus z. B. beim Abbau von Nucleinsäuren, wobei die Verbindung *Hypoxanthin* als Zwischenprodukt entsteht. Hypoxanthin wird mithilfe des Enzyms *Xanthinoxidase* zu Harnsäure abgebaut, die bei Gesunden über die Nieren ausgeschieden wird. Entsteht aber infolge einer Stoffwechselschwäche oder infolge von Fehlernährung zu viel Harnsäure, so wird sie nicht mehr vollständig ausgeschieden, sondern lagert sich bevorzugt in Gelenken in kristalliner Form ab. Eine mögliche medikamentöse Behandlung ist die Verabreichung von Allopurinol, das dem Hypoxanthin chemisch sehr ähnlich ist, aber von der Xanthinoxidase nicht umgesetzt werden kann. Die dadurch bedingte Hemmung des Enzyms, die zur Verminderung der Harnsäureeinlagerung in die Gelenke führt, ist abhängig von der Menge des eingenommenen Medikaments. Diese Hemmung endet nach dem Absetzen des Medikaments. Sie ist reversibel.

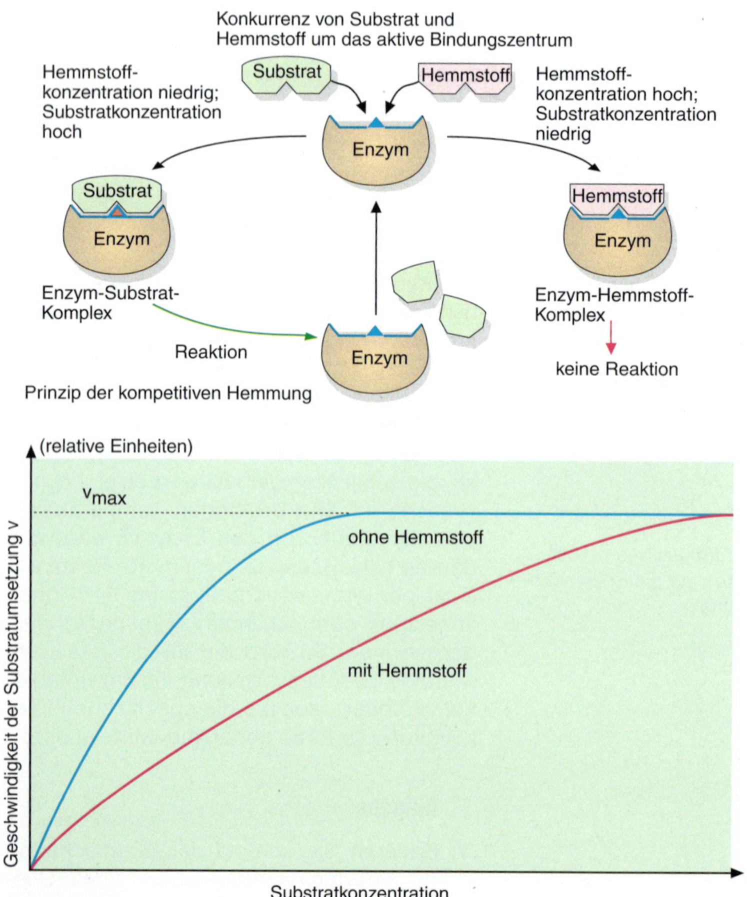

1 Kompetitive Hemmung

Allosterische Effekte

Bestimmte Enzyme haben nicht nur eine Bindungsstelle für das umzusetzende Substrat, sondern eine weitere Bindungsstelle, an der ein ganz anders aufgebautes Molekül binden kann. Die Passform eines solchen Enzyms hängt davon ab, ob an dieser Stelle ein Hemmstoff gebunden ist oder nicht. Dadurch kann das Enzym zwei verschiedene räumliche Strukturen annehmen. In der einen Form kann es das Substrat binden und umsetzen. In der anderen Form, also mit Hemmstoff, ist das Bindungszentrum für das Substrat so verändert, dass es nicht mehr gebunden werden kann. Diese durch die Veränderung der räumlichen Struktur bedingte Hemmung nennt man *allosterische Hemmung* (nichtkompetitive Hemmung, Abb. 57. 1). Sie spielt bei der Regulation vieler Stoffwechselprozesse eine wichtige Rolle.

Allosterische Effekte sind aber nicht in jedem Fall hemmend. Manche Enzyme erreichen erst durch allosterische Veränderungen ihre volle katalytische Wirkung, sie werden *allosterisch aktiviert.* Bei zu hohem Blutzuckerspiegel z. B. wird durch aktivierte Glucose ein Enzym allosterisch aktiviert, das den Aufbau des Speicherstoffs Glykogen aus Glucose bewirkt.

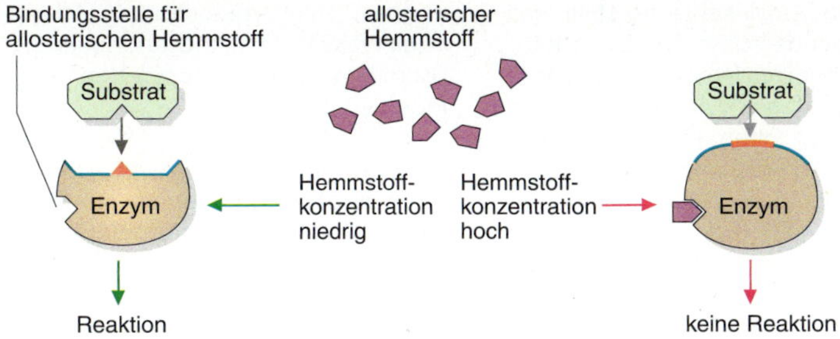

Prinzip der allosterischen Hemmung

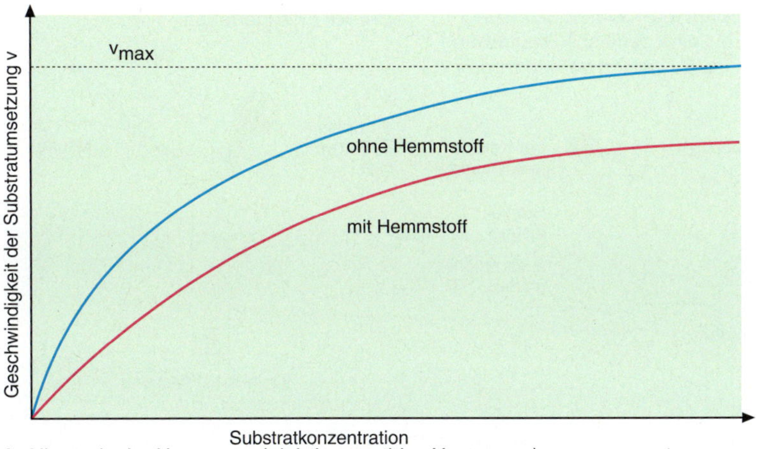

1 Allosterische Hemmung (nichtkompetitive Hemmung)

Irreversible Hemmung

Die Giftigkeit bestimmter Metalle beruht darauf, dass sie bei Enzymen Veränderungen ihrer Passform bewirken, die nicht rückgängig zu machen sind. Die Hemmung ist irreversibel. Besonders giftig für den Menschen sind die *Schwermetalle* Quecksilber und Blei. Sie zerstören die Disulfidbrücken von Enzymen, da sie mit Schwefel eine äußerst stabile Verbindung bilden.

Einige Organismen lassen sich als Bioindikatoren einsetzen, da sie Enzyme besitzen, die auf Schwermetalle sehr empfindlich reagieren. So wird die Gäraktivität von Hefezellen bereits von geringen Schwermetallmengen deutlich gehemmt. Hefezellen vergären Zucker u. a. zu Kohlenstoffdioxid. Bringt man in eine Versuchsapparatur eine bestimmte Menge der Probe, z. B. von belastetem Boden zusammen mit Zucker und Hefeaufschwemmung, so kann die Kohlenstoffdioxidentwicklung im Vergleich zu einer Kontrollprobe ohne Schwermetalle bestimmt werden. Je geringer die Gasentwicklung, desto belasteter ist die Probe. Nach einem solchen Vortest gibt eine chemische Analyse genauen Aufschluss über Art und Menge der Schwermetalle.

Zettelkasten

Vitamine: Cofaktoren von Enzymen

Zahlreiche Enzyme bestehen aus einem Proteinanteil und aus einem *Cofaktor*. Dabei handelt es sich um ein Hilfsmolekül, das für sich alleine keine Katalysatorfunktion hat. Der Cofaktor kann aus bestimmten Metallionen, wie Fe^{2+}, Mn^{2+} bestehen oder aus größeren Molekülen. Die Cofaktoren verleihen den Enzymen besondere katalytische Fähigkeiten und können leicht von ihnen getrennt werden. Ein besonders wichtiger Cofaktor ist das NAD^+ *(Nicotinamid-Adenin-Dinucleotid)*, das bei der enzymatischen Elektronenübertragung von einer Substanz auf eine andere eine entscheidende Rolle spielt. Viele Cofaktoren können vom Körper des Menschen nicht selbst synthetisiert werden. Sie müssen vollständig oder als halbfertige Vorstufe mit der Nahrung aufgenommen werden und sind als Vitamine von großer Bedeutung.

Thiamin (Vitamin B_1)
Thiamin ist eine Vorstufe von Thiaminpyrophosphat, das für den Körper als Cofaktor wichtig ist. Es bindet und aktiviert kleine Molekülbausteine, sodass diese von Enzymen übertragen oder verändert werden können (Abb. 1).

Pantothensäure
Pantothensäure ist Bestandteil und damit gleichzeitig Vorstufe von Coenzym A. Dieses wiederum besitzt eine wichtige Funktion bei der Zellatmung und den Reaktionen des Fettstoffwechsels (Abb. 2).

Pyridoxin (Vitamin B_6)
Pyridoxin bindet und aktiviert Aminosäuren. Es ist ein wichtiger Cofaktor von Enzymen des Aminosäurestoffwechsels und an vielen biochemischen Reaktionen beteiligt (Abb. 3).

Biotin (Vitamin H)
Biotin dient in vielen Enzymen als Überträger von Carboxylgruppen. Es ist über eine Atombindung fest mit dem Enzym verbunden (Abb. 4).

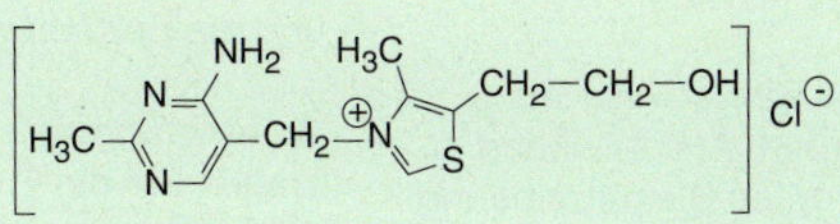

1 Thiamin

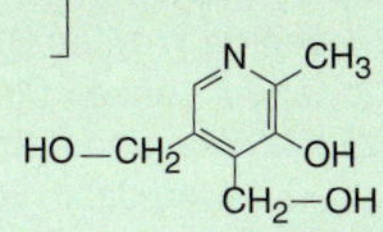

3 Pyridoxin

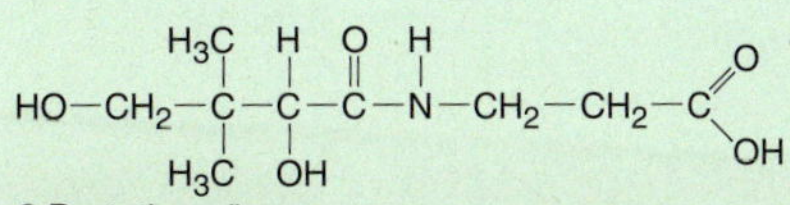

2 Pantothensäure

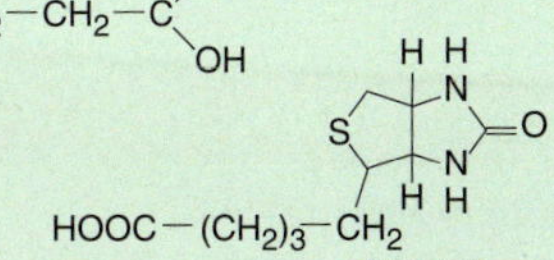

4 Biotin

Enzyme

Eigenschaften von Enzymen

Benötigte Materialien:
Reagenzgläser mit Ständer, Sand, Reibschale mit Pistill, Kartoffel oder Leber, H_2O_2-Lösung (3 %), [C], Braunsteinpulver (MnO_2) [Xn], verd. Salzsäure [C], verd. Natronlauge [Xi], Bleinitratlösung [Xn], Holzspan, Schutzbrille

Zu Beginn wird die Kartoffel bzw. die Leber in der Reibschale mit etwas Sand zerrieben. Das Homogenat stellt das Katalasepräparat für die Versuche dar.

1. Versuch
In drei Reagenzgläser werden je 2 ml H_2O_2-Lösung gegeben. Geben Sie dann in das erste etwas Sand, in das zweite etwas Braunstein und in das dritte etwas Katalasepräparat. Halten Sie einen glimmenden Holzspan in die Reagenzgläser.

2. Versuch
In zwei Reagenzgläser wird etwas Katalasepräparat gegeben. In das erste wird anschließend 1 ml Salzsäure gegeben, in das zweite 1 ml Natronlauge. Lassen Sie die Lösungen 5 min einwirken und geben Sie dann je 2 ml H_2O_2-Lösung hinzu.

3. Versuch
In ein Reagenzglas wird etwas Katalasepräparat gegeben. Anschließend werden wenige Tropfen Bleinitratlösung hinzugegeben. Lassen Sie das Reagenzglas 5 min stehen und geben Sie dann 2 ml H_2O_2-Lösung dazu. Deuten Sie die Ergebnisse der Versuche.

Versuche mit Amylase

Benötigte Materialien:
Reagenzgläser, Ständer, Wasserbäder, Reibschale, Gerstenkörner, Stärkelösung, Iod-Kaliumiodidlösung.

Die benötigte Amylaselösung stellt man sich auf folgende Weise her: Etwa 100 Gerstenkörner werden zwei Tage vor dem Versuchstag in einer Petrischale auf einem feuchten Filterpapier ausgebreitet. Am Tag des Versuchs werden die Gerstenkörner in der Reibschale mit etwas Sand und 50 ml Wasser zerrieben. Der erhaltene Extrakt wird 10 min zentrifugiert. Der Überstand wird 1 : 20 verdünnt und stellt die Amylaselösung dar. (kühl aufbewahren!)

Die Stärkelösung wird vorsichtig mit so vielen Tropfen Iod-Kaliumiodidlösung versetzt, bis eine deutliche Blaufärbung zu sehen ist. Zu viel Iod behindert den Versuch!

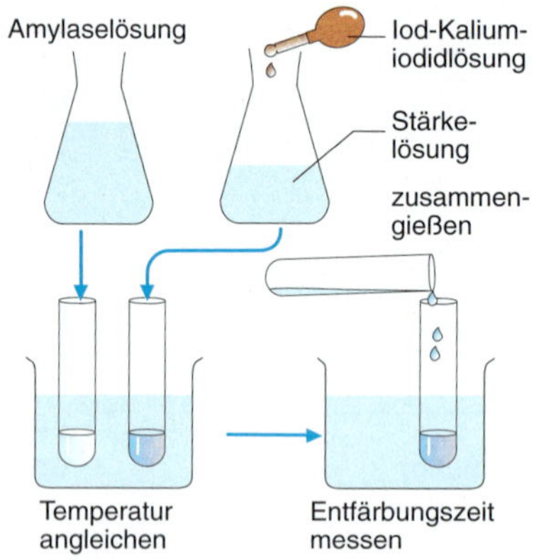

Versuchsablauf:
In den Versuchen wird die Zeit (t) bis zur Entfärbung bei verschiedenen Temperaturen (T) bestimmt.
Die vorhandenen Wasserbäder werden auf verschiedene Temperaturen im Bereich von 10 °C bis 60 °C eingestellt. In jedes Wasserbad werden zur Temperaturangleichung zwei Reagenzgläser mit folgendem Inhalt gestellt:
1) 2 ml (blaue) Stärkelösung
2) 1 ml Amylaselösung
Nach Angleichung der Temperaturen (ca. 5 min) wird der Versuch gestartet und die Entfärbungszeit ermittelt.

Auswertung:
Tragen Sie die Entfärbungszeit (t) gegen die Temperatur (T) auf. Erklären Sie, wie man aus der Entfärbungszeit (t) auf die Reaktionsgeschwindigkeit (v) schließen könnte.

Versuche mit Urease

Benötigte Materialien:
Reagenzgläser mit Ständer, Tropfpipetten, Ureaselösung (10 mg in 10 ml Wasser), Harnstofflösung (20 mg in 100 ml Wasser), Thioharnstofflösung (1 mg in 10 ml Wasser) [Xn], Indikatorlösung Bromthymolblau, Messpipetten und Pipettierhilfe.

Achtung: Nie mit dem Mund pipettieren! Stets mit einer Pipettierhilfe arbeiten. Ohne Pipettierhilfe besteht Verätzungs- und Vergiftungsgefahr!

1. Versuch

Zu 5 ml Harnstofflösung wird 1 Tropfen Indikator gegeben. Dann wird 1 ml Urease hinzugegeben.

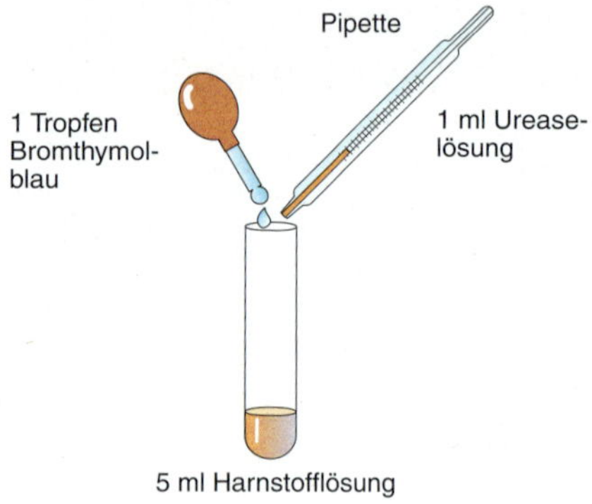

2. Versuch

Vier Reagenzgläser werden wie folgt gefüllt:

Stoff (ml)	Reagenzglas Nr.			
	1	2	3	4
Harnstoff	5,0	1,0	0,5	0,1
Wasser	0,0	4,0	4,5	4,9

Anschließend werden die vier Versuchsansätze möglichst gleichzeitig durch Hinzugabe von je 1 ml Ureaselösung gestartet.

3. Versuch

Drei Reagenzgläser werden wie folgt gefüllt:

Stoff (ml)	Reagenzglas-Nr.		
	1	2	3
Harnstoff	4,0	4,0	4,0
Thioharnstoff	0,0	0,1	1,0
Wasser	1,0	0,9	0,0

Nach Zugabe von 2 Tropfen Indikatorlösung und Schütteln werden die Versuchsansätze möglichst gleichzeitig mit je 1 ml Ureaselösung gestartet. Protokollieren Sie die Ergebnisse und deuten Sie sie.

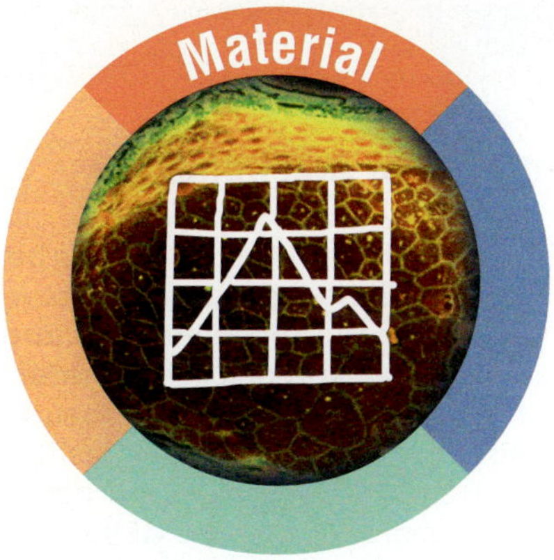

Aufbau von Enzymen

Enzyme sind unabhängig von der Zelle funktionsfähig: Bereits 1892 hatten Experimente ergeben, dass Hefeextrakte Glucose zu Kohlenstoffdioxid und Ethanol umwandeln. Auf dieser Grundlage führten HARDEN und YOUNG im Jahre 1905 folgende Experimente durch:

a) Hefezellen wurden zermörsert und
b) die größeren Zellbestandteile vom Zellsaft durch Filtration getrennt (Filtrat 0).
c) Ein Teil des so gewonnenen Filtrates wurde 24 Stunden dialysiert, d. h. es wurde in einen Schlauch mit einer Membran gegeben, die für kleinere Moleküle durchlässig ist, aber nicht für größere.
d) Danach wurden aus dem Außenmedium (1) und dem Dialyseschlauch (2) Proben entnommen. Diese wurden wie das Filtrat (0) nach Zugabe von Glucoselösung auf Kohlenstoffdioxidentwicklung untersucht (Versuchsreihe 1) oder wie in Versuchsreihe 2 weiterbehandelt.

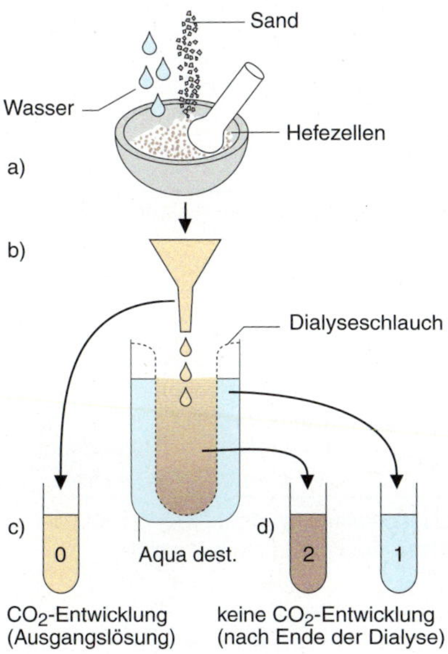

Versuchsreihe 1

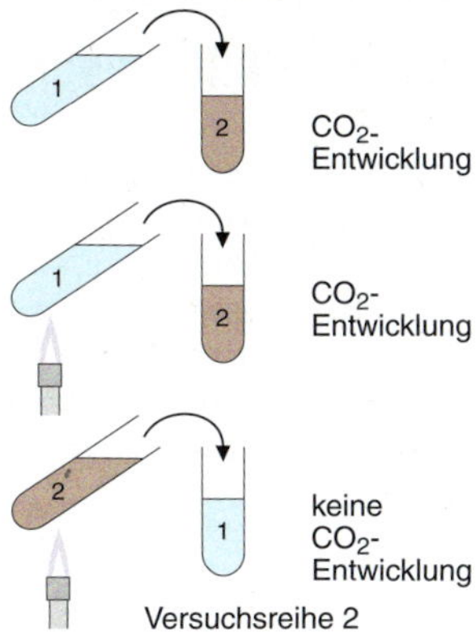

Versuchsreihe 2

Aufgabe

① Welche Rückschlüsse sind auf den Aufbau und die Wirkung des hier eine Rolle spielenden Enzyms möglich? Begründen Sie Ihre Schlussfolgerungen konkret anhand der einzelnen Experimente.

Die Wirkung der Katalase

Katalase ist ein Enzym, welches Wasserstoffperoxid (H_2O_2) zu O_2 und H_2O zersetzt. Man hat die Aktivität der Katalase in Abhängigkeit von der H_2O_2-Konzentration untersucht und dabei die nachfolgenden Ergebnisse erhalten:

g H_2O_2 pro 100 ml Reaktionslsg.	ml O_2-Entwicklung in 5 min
1	3,1
2	4,9
3	6,0
4	6,8
5	7,3
6	7,8
7	8,1
8	8,2
9	8,2

Aufgaben

② Setzen Sie die Werte der Tabelle in eine Grafik um. Achten Sie dabei auf eine sinnvolle Achsenwahl und die Beschriftung.

③ Erläutern Sie den Kurvenverlauf. Welche verallgemeinerbaren Rückschlüsse sind auf die Wirkungsweise von Enzymen möglich? Gehen Sie dabei auch auf die einzuhaltenden Versuchsbedingungen ein.

Temperatur und Ureasewirkung

Urease spaltet Harnstoff hydrolytisch in Kohlenstoffdioxid und Ammoniak. CO_2 und NH_3 reagieren mit Wasser in einer Säure-Base-Reaktion, bei der Ionen entstehen. In einer wässrigen Lösung leiten sie im Gegensatz zum ungeladenen Harnstoff den elektrischen Strom. Setzt man Harnstofflösung mit Urease um, so kann man die Änderung der Leitfähigkeit pro Zeiteinheit als relatives Maß für die Aktivität der Urease benutzen. Für eine solche Messung benutzt man die in der Abbildung dargestellte Apparatur. Nacheinander werden bei verschiedenen Temperaturen (5°, 15°, 35°, 50° und 75 °C) jeweils 40 ml Harnstofflösung und 10 ml Enzymlösung zusammengegeben und die Änderung der Leitfähigkeit über einen Zeitraum von 10 Minuten gemessen. Dabei werden in Abständen von 20 Sekunden die Leitfähigkeitswerte abgelesen. Das Ergebnis dieses Versuchs zeigt die untere Grafik.

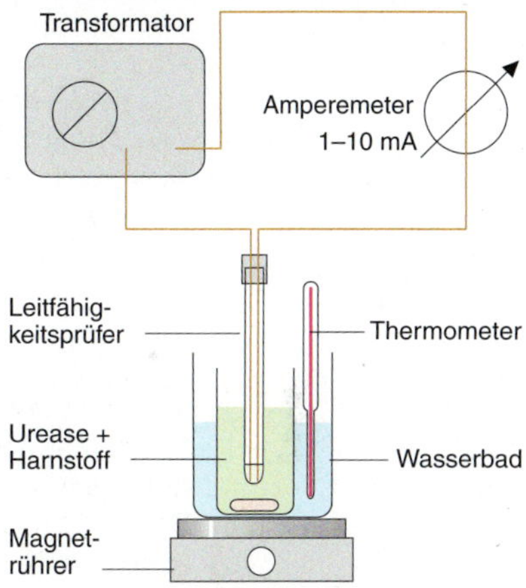

Abhängigkeit der Enzymaktivität von der Temperatur

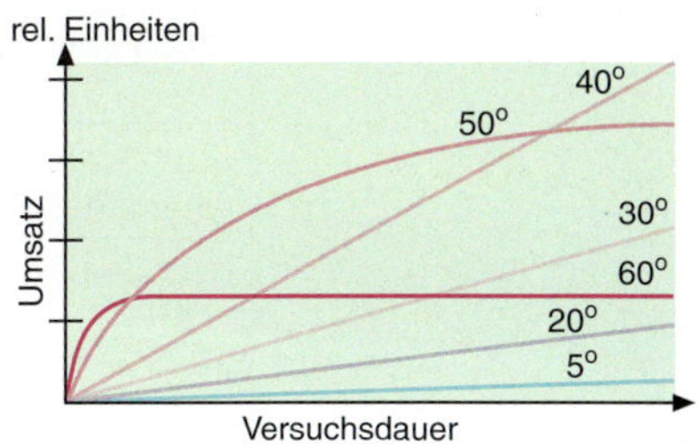

Aufgaben

④ Begründen Sie, weshalb bei allen Versuchen mit jeweils derselben Menge Harnstoff- und Ureaselösung gearbeitet wird.

⑤ Erläutern Sie anhand der Grafik die Ergebnisse der Versuche einzeln und im Vergleich.

„Kater“ und Enzyme – Einfluss von Enzymen auf den Alkoholabbau

Alkohol ist eine der am häufigsten eingenommenen Drogen in Deutschland. Durchschnittlich nimmt jeder Bundesbürger über 15 Jahren im Jahr etwa 10 l reinen Alkohol (entspricht etwa 25 l Wodka) zu sich. Alkohol wird hier vereinfachend mit Ethanol gleichgesetzt, da dieser für die Rauschwirkung der alkoholischen Getränke verantwortlich ist.

Wirkung des Alkohols

Etwa 1 Stunde nach dem Alkoholkonsum findet sich Alkohol in fast allen Geweben des Körpers. Wirkungen und Nebenwirkungen des Alkohols sind daher nicht auf das Gehirn oder die Leber beschränkt, sondern betreffen so unterschiedliche Organe wie den Herzmuskel oder das Knochenmark.

Man unterscheidet die akute und die chronische Wirkung des Alkohols. Die akute Wirkung des Alkohols ist dosisabhängig. Das Auftreten von Rauschsymptomen (s. u.) kann variieren. Die Tabelle kann einen Überblick geben.

Besonders das schnelle Trinken hochprozentigen Alkohols ist gefährlich, da so sehr schnell sehr hohe Alkoholkonzentrationen im Blut entstehen und Atemstillstand vor den typischen Symptomen des schweren Rausches, wie Übelkeit und Erbrechen, auftreten kann.

Chronischer Alkoholkonsum über 40 g bei Männern (etwa 0,5 Liter Bier am Tag) bzw. wegen der geringeren Abbaurate etwa 20 g bei Frauen, führt zu körperlichen Schäden. Besonders betroffen ist das Hauptabbauorgan des Alkohols, die Leber, sowie das Gehirn. Chronische Alkoholzufuhr führt zum irreparablen Leberumbau sowie Abbau der weißen und der grauen Hirnsubstanz. Zusätzlich steigt in fast allen Geweben des Körpers, vor allem jedoch in der Leber, das Krebsrisiko.

Das Aufhören oder Vermindern des Alkoholkonsums gestaltet sich nach chronischer Einnahme besonders schwierig, da Alkohol sowohl zu körperlicher als auch geistiger Abhängigkeit führt.

Aufnahme des Alkohols

Die Aufnahme des Alkohols geschieht über den gesamten Verdauungstrakt. Sie erfolgt durch Diffusion.

Ein wesentlicher Aufnahmefaktor ist die Durchblutung der Schleimhaut des Verdauungstrakts. Wird die Durchblutung durch Wärme (z. B. Grog), Zucker (z. B. Likör) oder Kohlensäure (z. B. in Sekt) erhöht, bedingt dies ein schnelleres Ansteigen der Blutalkoholkonzentration, ein gefüllter Magen ein langsameres.

Alkoholkonzentration	Wirkung
< 0,2 ‰ (entspricht etwa einem Glas Bier, 0,3 Liter)	Gefühl der Entspanntheit, vermehrte Redseligkeit und Geselligkeit, enthemmende Wirkung
0,5 ‰ (etwa 1 Liter Bier)	Zunahme der Risikobereitschaft und des Geschlechtstriebes, Abnahme der Reaktionsbereitschaft, Orgasmusminderung, beim Mann zusätzlich eine verminderte Erektionsfähigkeit
1,5 ‰ (2,5 Liter Bier bzw. 1,5 Liter Wein)	verstärkte Zunahme der Risikobereitschaft, weitere Abnahme der Reaktionsbereitschaft und der Bewegungskoordination, häufig Abnahme der Orgasmusfähigkeit, beim Mann zusätzlich häufig eine Erektionsunfähigkeit
2,5 ‰ (ca. 5 Liter Bier)	erhebliche Beeinträchtigung des Herzkreislaufsystems, Herz- und vor allem Atemstillstände sowie Bewusstseinsverluste häufen sich
ab 3 ‰ bis 5 ‰ (ab 1 Liter Wodka)	akute Todesfälle

1 Auswirkungen von unterschiedlichen Alkoholkonzentrationen

1 Alkohol-Polizeikontrolle

2 Manchmal in Diskotheken: „Koma-Saufen“

Die aufgenommene Alkoholmenge geht nicht vollständig ins Blut über. Man sprich daher von einem *Resorptionsdefizit*, das individuell zwischen 10 % und 30 % der aufgenommen Alkoholmenge liegt. Die Entstehung dieses individuellen Resorptionsdefizits ist noch nicht vollständig geklärt.

Abbau des Alkohols im Körper

Etwa 10 % des aufgenommenen Alkohols werden unverändert über die Nieren, die Haut und die Lungen ausgeschieden und können im Fall der Lunge z. B. durch einen Atemtest nachgewiesen werden. Der überwiegende Teil wird in der Leber abgebaut. Alkohol wird durch die Alkoholdehydrogenase (bei Alkoholikern zusätzlich zum Teil über das mikrosomale Ethanol oxidierende System (MEOS) in den giftigen Stoff *Azetaldehyd* abgebaut. Acetaldehyd bewirkt die hauptsächlichen Schäden im Körper und auch den Kater am Tag danach. Die Geschwindigkeit des Abbaus von Acetaldehyd kann nicht beeinflusst werden, da diese durch hohe $NADH + H^+$-Mengen begrenzt wird.

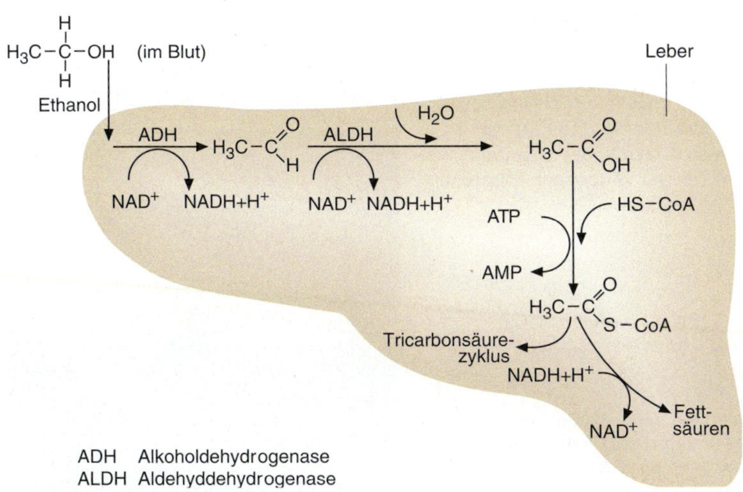

3 Alkoholstoffwechsel in der Leber

Unterschiedliche „Verträglichkeit“

Teile der ostasiatischen Bevölkerung besitzen eine genetisch bedingte Variante der Acetaldehyddehydrogenase, die das giftige Acetaldehyd langsamer abbaut. Daher verspüren sie eine intensive „Katersymptomatik“. „Trinkfeste“ Menschen können durch den Einsatz des MEOS zum Teil Alkohol schneller zu Acetaldehyd abbauen, vor allem aber verspüren diese trotz hohen Alkoholspiegels weniger Symptome des Rausches.

Aufgaben

① Erklären Sie, warum hochprozentige alkoholische Getränke besonders schnell ins Blut übergehen.

② Erklären Sie, warum Trinker, die zusätzlich das MEOS rekrutieren können, schneller unter katerähnlichen Symptomen wie Müdigkeit und Gereiztheit leiden.

③ Erklären Sie, warum „trinkfeste“ Menschen besonders häufig ihren Führerschein verlieren und warum bei diesen in vielen Fällen besonders starke Schädigungen der Leber und des Gehirns beobachtet werden.

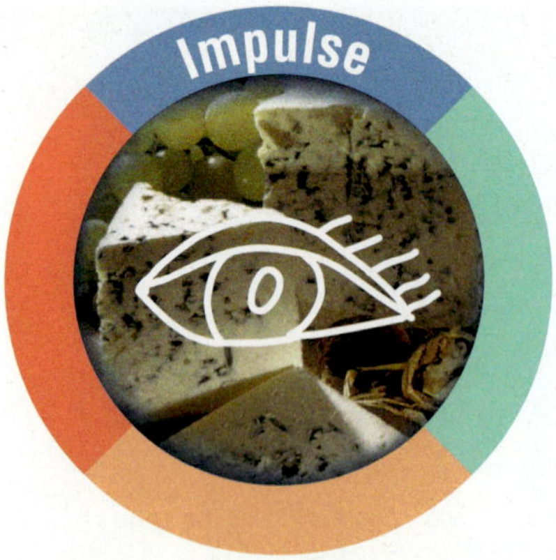

Enzyme in Haushalt, Industrie und Medizin

Man kennt heute über 2000 verschiedene Enzyme. Ein Teil von ihnen wird großtechnisch hergestellt und findet im Haushalt, in Industrie und Medizin Verwendung. In den letzten Jahrzehnten hat sich die Enzymproduktion zu einem wichtigen Zweig der Biotechnologie entwickelt.

Saubere Wäsche

Die Qualität von Waschmitteln wird am schonenden Umgang mit den Textilien, dem Reinigungseffekt und der Belastung des Wassers gemessen. Heute sind nur noch wenige Waschmittel auf dem Markt, die keine Enzyme enthalten. Enzymhaltige Waschmittel lösen auch hartnäckigen Schmutz.

Möglich wurde die Herstellung dieser Waschmittel erst, als es gelang, ausreichende Mengen Proteasen großtechnisch zu gewinnen. Im Forschungslabor der dänischen Carlsberg-Brauerei fanden Wissenschaftler heraus, dass Bakterien der Gattung *Bacillus* Proteasen in das Kulturmedium ausscheiden. Heute werden pro Jahr ca. 500 Tonnen dieser Proteasen für die Waschmittelherstellung benötigt.

Unter welchen Reaktionsbedingungen müssen die Waschmittel-Proteasen wirksam sein?
Mit welchem Experiment könnte man die Reinigungswirkung eines Waschmittels mit Protease gegenüber einem enzymfreien Mittel überprüfen?

Von der Stärke zum Flüssigzucker

Wohl in keinem Haushalt darf Zucker fehlen. Als weißer oder brauner Kristallzucker, als Würfel- oder Kandiszucker gehört er einfach zu unserem Alltag. Der im Haushalt verwendete Zucker, die *Saccharose*, ist ein Disaccharid. Er wird aus Zuckerrüben oder Zuckerrohr gewonnen. Verglichen mit anderen Zuckern hat Saccharose eine starke Süßkraft.

Saccharose	100
Fructose	173
Glucose	74
Invertzucker	130
Maltose (Malzzucker)	32
Lactose (Milchzucker)	16

Relative Süßkraft verschiedener Zucker

Und dennoch – die *Fructose* übertrifft die Saccharose an Süßkraft deutlich. Verschiedene Zweige der Lebensmittelindustrie, vor allem die Getränke-, Back- und Süßwarenherstellung, benötigen große Mengen an Zucker. In flüssiger Form lässt er sich dabei in der Regel besser verarbeiten als in kristalliner und süßer ist Flüssigzucker auch.

Flüssigzucker erhält man durch Stärkeverzuckerung unter Verwendung der Enzyme *Amylase* und *Glucoamylase*. Durch Amylase wird das Polysaccharid Stärke zunächst in Bruchstücke, nachfolgend durch Glucoamylase in das Monosaccharid Glucose zerlegt. Um die Süßkraft des so erhaltenen Sirups noch zu steigern, kann durch den Einsatz eines weiteren Enzyms, der *Glucoisomerase,* ein Teil der Glucose in Fructose umgewandelt werden.

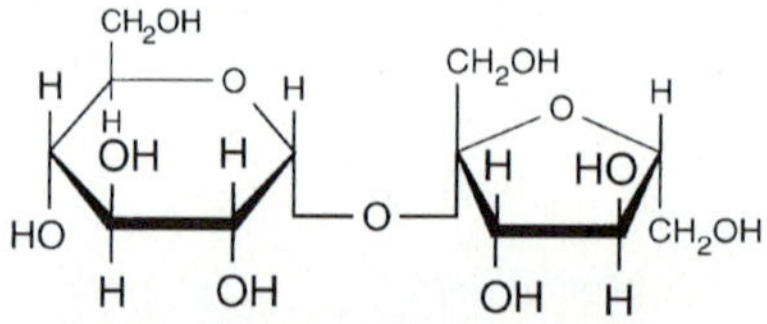

In den USA ist die Verwendung von Flüssigzucker weit verbreitet. In der Bundesrepublik macht er nur einen sehr kleinen Anteil am Zuckerverbrauch aus. Welche Gründe könnten dafür verantwortlich sein?

Zuckerrübenernte

Mais ist der Hauptlieferant für Stärke zur Verzuckerung.

Biosensoren

Messgeräte sind oftmals mit Fühlern ausgestattet. Sie nehmen Signale auf und leiten sie an den *Transduktor* weiter. Dieser wandelt das Signal in eine messbare, physikalische Größe wie Strom, Wärme oder Licht um. Techniker konstruieren Messfühler mit Enzymen als biologische Komponente. Man bezeichnet sie als *Biosensoren* bzw. *Enzymelektroden.* Derart ausgestattete Messgeräte werden zur Kontrolle biotechnologischer Verfahrensabläufe eingesetzt. So kann der pH-Wert in einem Kulturmedium mithilfe des Enzyms Penicillin-Acylase im Biosensor bestimmt werden.

Welche Vorteile besitzen Biosensoren gegenüber traditionellen Messfühlern?

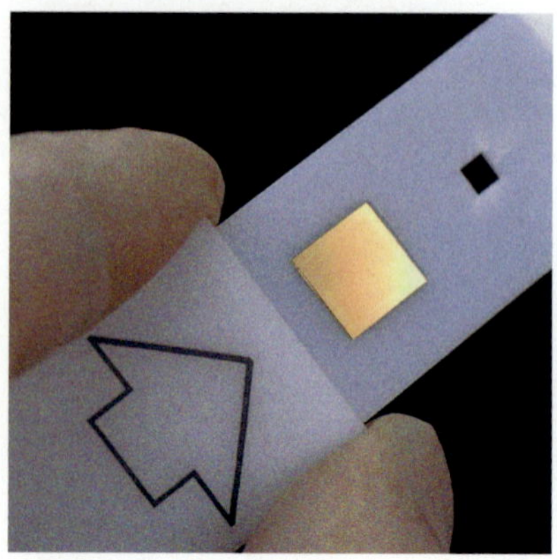

Damit der Käse gelingt

Ein Blick in die Käsetheke einer Verkaufsstelle offenbart die Produktvielfalt. Was der Käufer meist nicht weiß: Bei der Käseherstellung ist der Einsatz von Enzymen zur Gerinnung der Milch unverzichtbar. Traditionell wird dazu das *Labferment* aus Kälbermägen als Schlachtnebenprodukt genutzt. Hinzugekommen sind in den letzten Jahrzehnten biotechnologisch erzeugte Enzyme aus Mikroorganismen. Nur mit deren Hilfe kann der gestiegene Bedarf gedeckt werden.

Welche Zusammensetzung hat Milch? Erklären Sie die Wirkungsweise der zur Milchgerinnung eingesetzten Enzyme und die Ursache der Gerinnung.

Wenn der Magen drückt

Bei Stoffwechselstörungen können Enzyme als Medikamente eingesetzt werden. Bestimmte Magen-Darm-Erkrankungen oder eine Leistungsschwäche des *Pankreas* (Bauchspeicheldrüse) führen zu einer mangelhaften Verdauung der Nahrung. Sie können mit darmwirksamen Enzympräparaten behandelt werden (siehe nebenstehenden Auszug aus einem Beipackzettel). Manche enthalten ein Pulver aus Schweinepankreas und damit Lipasen, Proteasen und Amylasen.

Die Enzyme sind in eine magensaftresistente Hülle eingeschlossen. Warum?

Recherchieren Sie, wie viel Bauchspeichel das Pankreas eines Erwachsenen pro Tag produziert.

Welche Funktionen erfüllen die zwei wichtigsten Proteasen Trypsinogen und Chymotrypsinogen, die Amylase und die Lipase im Bauchspeichel? In welchem Teil des Verdauungstraktes wirken die Enzyme?

Kreon ® 25 000 Kapseln
Wirkstoff: Pankreatin

Der arzneilich wirksame Bestandteil ist Pankreatin. 1 Kapsel mit magensaftresistenten Mikropellets enthält 300 mg Pankreatin aus Schweinepankreas, entsprechend 25 000 Lipase-, 18 000 Amylase- und 1 000 Protease-Einheiten nach PH.Eur.

Die sonstigen Bestandteile sind:
Dibutylphthalat, Dimeticon 1000, Gelatine, Macrogol 4 000, Methylhydroxypropylcellulosephthalat, dünnflüssiges Paraffin, Farbstoffe E 171, E 172.

Stoffgruppe:
Verdauungsenzyme der Bauchspeicheldrüse (Pankreasenzyme)

Darreichungsform und Inhalt:
Kreon® 25 000 Kapseln sind in folgenden Originalverpackungen erhältlich:
- 50 Kapseln (N1)
- 100 Kapseln (N2)
- 200 Kapseln (N3)

Was ist Kreon® 25 000 und wofür wird es angewendet?
Kreon® 25 000 ist ein Arzneimittel zum Ersatz von Verdauungsenzymen.

Der Diabetes-Teststreifen

Mit einem einfachen Test kann jedermann überprüfen, ob sein *Blutzuckerspiegel* stimmt oder ob ein Verdacht auf Zuckerkrankheit *(Diabetes mellitus)* besteht. Dabei nutzt man aus, dass Personen mit zu hohem Blutzuckerspiegel Zucker mit dem Urin ausscheiden. Teststreifen, die Enzyme enthalten, machen es möglich.
Die käuflichen Streifen enthalten *Glucoseoxidase* und *Peroxidase*, dazu einen Stoff, der durch Wasserstoffperoxid von einer farblosen in die Farbform umgewandelt wird. Wird ein solcher Teststreifen in glucosehaltigen Urin der Testperson gehalten, so oxidieren die Enzyme den Zucker und bilden gleichzeitig Wasserstoffperoxid. Letzterer führt zur Färbung des Teststreifens.

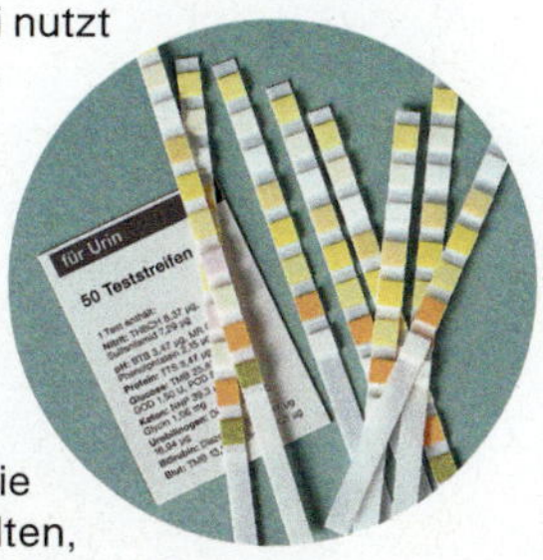

Diabetes tritt nicht nur im Alter auf. Was wissen Sie über den Typ I-Diabetes bei Kindern und Jugendlichen? Welche organischen Ursachen hat die Krankheit? Überprüfen Sie doch einmal Ihren Urin. Sicherheit beruhigt. Teststreifen gibt es in jeder Apotheke.

Von der Tierhaut zum Schuh

Seit alters nutzt der Mensch Felle und Tierhäute als Kleidung und zur Herstellung von Gebrauchsgegenständen.
Mit der Behandlung und Zubereitung des Rohmaterials entwickelte sich die Gerberei als Industriezweig. Beim Gerben kommt es darauf an, die weichen Eiweißschichten der Häute zu entfernen. Bei der Ledergerberei sollen auch die Haare verschwinden. Von Bakterien *(Bacillus-Arten)* und mikroskopischen Pilzen *(Aspergillus-Arten)* in Fermentoren produzierte Proteasen ermöglichen oder beschleunigen diese Prozesse. Inzwischen haben die biotechnologisch erzeugten Enzyme die meisten der alten Gerbzusätze, wie Extrakte aus Schlachtabfällen oder Kot, abgelöst.

Warum eignen sich Mikroorganismen besonders gut zur großtechnischen Enzymproduktion?

Ernährung der Pflanzen

> **!** **Lernsituation**
>
> Luft und Liebe reicht beim Menschen nicht zum Leben. Bei der Pflanze soll aber Licht, Luft und Wasser ausreichen?
>
> Pflanzen sorgen im Zimmer und auf der Erde für ein angenehmes Raumklima. Sie produzieren Sauerstoff und befeuchten die Raumluft. Man sagt, Pflanzen seien Selbstversorger und benötigten nur Wasser, Luft und Licht.
>
> Trotzdem können Pflanzen auf dem Fensterbrett eingehen. Braucht also eine Pflanze auch Dünger oder sollte man die Blätter mit Wasser besprühen, damit sie besser das Gießwasser aufnimmt? Und wenn ich das Gießen mal vergessen habe und die Blätter schlaff herunterhängen, hilft Gießen dann noch?

Leitfragen

Wer freut sich nicht über schöne Pflanzen? Braucht man für die Pflege der Pflanzen wirklich ein besonderes Gespür, einen „grünen Daumen“? Was ist wirklich notwendig, damit Pflanzen gedeihen?

Wie ist es den Pflanzen mithilfe der Fotosynthese möglich, mit Licht, Luft und Wasser zu überleben?

Wasserhaushalt der Pflanze

Mammutbäume haben Stammhöhen von 100m oder mehr. Das Wasser muss aus dem Boden in die Blätter in 100m Höhe gelangen. Haupttriebkraft der enormen Transportleistung ist die Verdunstung der Wassermoleküle an der Blattoberfläche, die *Transpiration*. Die Wärmestrahlung der Sonne senkt die relative Luftfeuchte und vergrößert so das Konzentrationsgefälle des Wassers zwischen der Luft und dem Blattinnern, die Transpiration nimmt zu. In den Blättern entsteht ein Wasserdefizit, das durch Wasser aus den Blattzellen und den feinen Blattadern ausgeglichen wird. Dies bewirkt einen *Transpirationssog*.

Aufgrund der Dipoleigenschaften des Wassers halten Wasserfäden von den Blattadern über die Blattstiele und die *Leitungsbahnen* bis in die Wurzelspitzen fest zusammen. In den Leitungsbahnen der Laubbäume strömt das Wasser mit Geschwindigkeiten von 4 bis 44 m/h, in Lianen sogar mit 150 m/h. Misst man bei großen Bäumen die Wasserbewegung, so ist sie nachts nicht nachweisbar. Am Morgen beginnt die Wasserbewegung in der Krone und setzt sich über den Stamm bis zur Wurzel fort. In der Mittagszeit kann der Transpirationssog so groß werden, dass nicht genügend Wasser nachgeliefert werden kann und im Baumstamm ein Unterdruck entsteht. Daher sind einige Baumstämme zur Mittagszeit messbar schlanker als nachts. Durch spiralige Leisten sind die Zellwände der Leitungsbahnen ähnlich wie bei einem Staubsaugerschlauch versteift, sodass diese nicht durch den Unterdruck kollabieren können.

An Wurzelstümpfen frisch gefällter Bäume oder verletzten Baumstämmen tritt Flüssigkeit aus. Dies ist eine Folge des *Wurzeldruckes*. Er ist mit 5000 hPa im Vergleich zum Transpirationssog von 930000 hPa minimal und würde nicht für die Baumhöhe reichen. Er scheint dadurch zustande zu kommen, dass aus dem Cytoplasma stoffwechselaktiver Zellen osmotisch wirksame Substanzen ausgeschieden werden, denen das Wasser folgen muss. Das herausdiffundierende Wasser erzeugt den Wurzeldruck. Dieser erfordert den Aufwand von Stoffwechselenergie. Die biologische Bedeutung des Wurzeldrucks liegt darin, dass er selbst bei einer Luftfeuchtigkeit von fast 100 % einen Wassertransport gewährleisten kann. Im tropischen Regenwald ist er besonders entscheidend.

1 Blatt mit Leitbündeln

Im Gewebe des Blattes verlaufen Leitbündel. Äußerlich sind sie als Blattadern erkennbar. Sie dienen der Festigkeit und Stabilität der Blätter und ihrer Versorgung mit Wasser und Mineralien. Die Wassermoleküle haben nur noch eine geringe Diffusionsstrecke zu den fotosynthetisch aktiven Zellen zurückzulegen. Außerdem gelangt der Wasserdampf auch leicht zu den Spaltöffnungen und kann dort verdunsten.

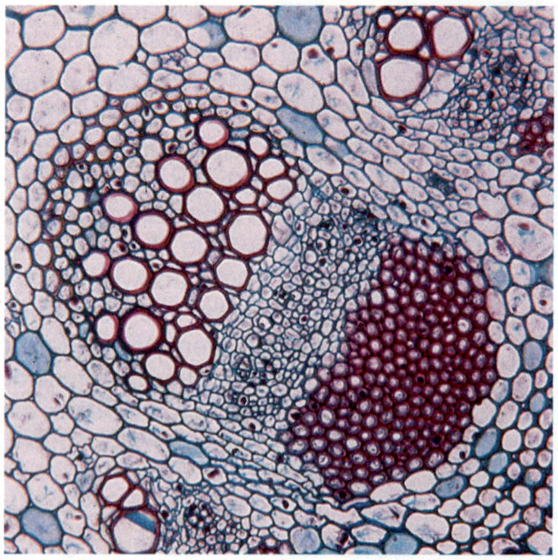

2 Leitgewebe

Im Spross der Pflanze befinden sich die Leitgefäße. Sie bestehen aus zwei Teilen. Im *Xylem* strömt das Wasser von der Wurzel in die Sprossachse und die Blätter. Das *Phloem* transportiert die Fotosyntheseprodukte aus den Blättern und verteilt sie in der Pflanze. Die Röhrensysteme des Xylems sind aus Zellen entstanden, die abgestorben und deren Querwände aufgelöst sind. Die Röhren erreichen eine Länge bis zu 10 m.

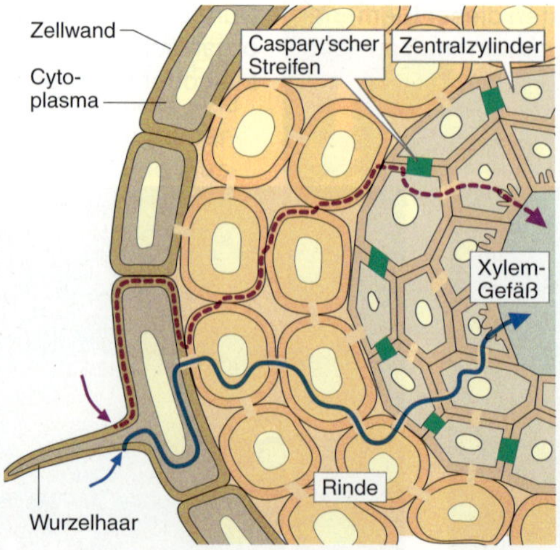

3 Weg des Wassers in der Wurzel

Die Wurzeln dringen mit ihren Wurzelhaaren in die mit Wasser gefüllten Hohlräume des Bodens. Wasser wird auf osmotischem Wege direkt in das Cytoplasma der Zellen aufgenommen oder es diffundiert in die Zellwände der Wurzelhaare. Auf dem Weg des Wassers von der Rinde in den Zentralzylinder liegt der *Caspary'sche Streifen*, eine wasserundurchlässige Einlagerung in den Zellwänden. Hier gelangt das Wasser aktiv aus den Zellwänden ins Cytoplasma.

Transpiration

Blätter verdunsten Wasser

Material: Beblätterte Zweige von Flieder, Bohnenpflanzen o. Ä., 6 Messzylinder (100ml), Vaseline und Paraffinöl

Durchführung: Schneiden Sie 5 gleich große Zweige mit jeweils derselben Anzahl von etwa gleich großen Blättern ab. Stellen Sie die Zweige in die mit Wasser gleich hoch gefüllten Gefäße:

Gefäß-Nr.
1 Kontrollprobe ohne Zweig
2 Zweig, von dem die Blätter abgetrennt wurden
3 Zweig mit Blättern (unbehandelt)
4 Zweig mit Blättern, deren Unterseiten dünn mit Vaseline bestrichen wurden
5 Zweig mit Blättern, deren Oberseiten dünn mit Vaseline bestrichen wurden
6 Zweig mit Blättern, deren Ober- und Unterseiten dünn mit Vaseline bestrichen wurden.

Gießen Sie zum Schluss auf die Wasseroberfläche eine dünne Schicht Paraffinöl (Abb. unten). Messen Sie alle 24 Stunden die Wasserstandshöhe in den Gefäßen. Bilden Sie die Differenzen zum jeweiligen Ausgangswert.

Aufgaben

① Stellen Sie diese Ergebnisse grafisch dar und deuten Sie die Befunde.

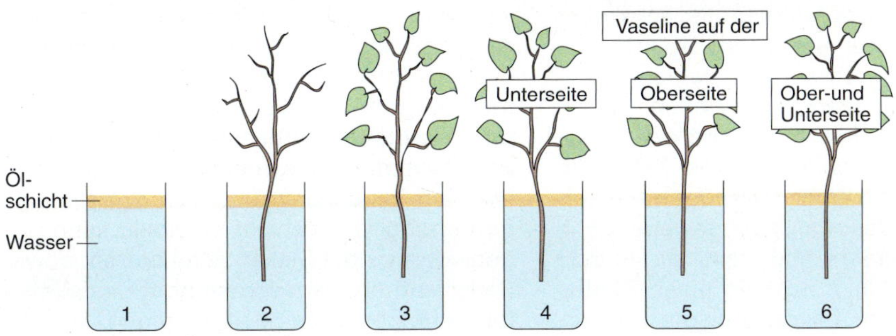

Blattoberseite und -unterseite

Material: Blätter einer Tulpe oder von Tradescantia, Mikroskop, Objektträger, Deckgläschen, Wasser, Pipette, Pinzette, Rasierklinge, 10%ige Natriumchloridlösung

Durchführung: Legen Sie ein Blatt mit der Unter- bzw. Oberseite nach oben über einen Bleistift und ritzen Sie es mit der Rasierklinge etwas ein (s. Abb.). Erfassen Sie mit der Pinzette die Schnittkante und ziehen Sie ein Stück der äußeren Gewebeschicht (Epidermis) vorsichtig ab.

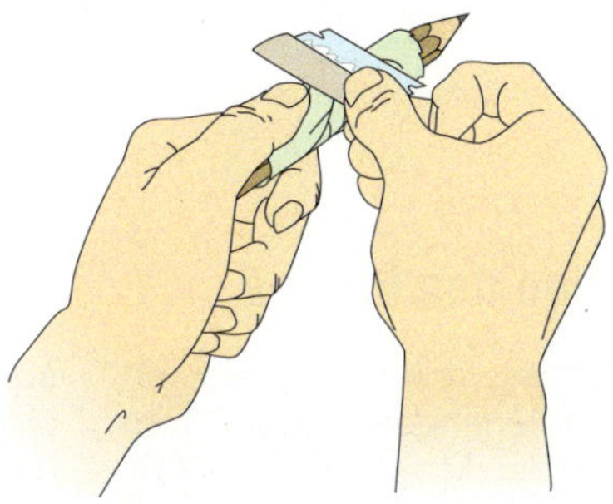

② Mikroskopieren Sie je ein kleines Gewebestück der Ober- und Unterseite des Blattes. Fertigen Sie Ausschnittsskizzen an. Zeichnen Sie insbesondere die Strukturen genau, über die eine Wasserabgabe erfolgen könnte.
Ermitteln Sie die Anzahl der Epidermiszellen im Sehfeld. Wie groß ist der prozentuale Anteil der Zellen, die die Spaltöffnungen umschließen?

③ Geben Sie anschließend zu dem Gewebestück der Blattunterseite einige Tropfen Natriumchloridlösung. Beobachten Sie unter dem Mikroskop und deuten Sie.

Anfärben einer Schließzelle

Material: Tradescantia-Blatt, dickwandiges Glas mit durchbohrtem Stopfen und Schlauchanschluss, wässrige Neutralrotlösung 1 : 10 000, Wasserstrahlpumpe

Durchführung: Legen Sie das Blatt in die Neutralrotlösung und infiltrieren Sie die Farblösung einige Minuten im Vakuum. Ziehen Sie Stückchen der oberen und der unteren Epidermis ab und vergleichen Sie.

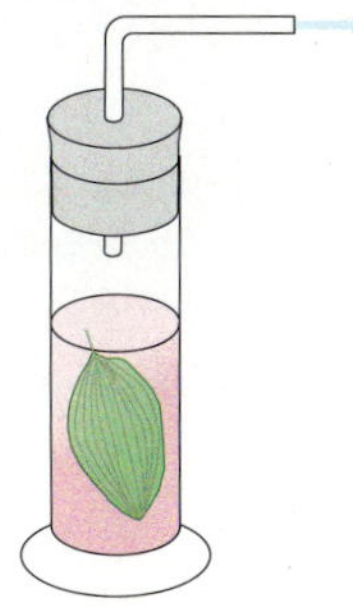

Porusgröße und Blattfläche

Material: Blätter einer Tulpe, Iris oder Tradescantia, Mikroskop, Objektträger, Deckgläschen, Wasser, Pipette, Pinzette, Rasierklinge, Okularmikrometer und Objektmikrometer.

Durchführung: Präparieren Sie wie oben angegeben ein Gewebestück der Blattunterseite. Eichen Sie das Okularmikrometer (s. Seite 13).

④ Zählen Sie die Spaltöffnungen auf 1 mm². Messen Sie mithilfe des Okularmikrometers die Länge und Breite von 10 Spaltöffnungen und bestimmen Sie die Mittelwerte. Nehmen Sie stark vereinfacht an, dass Spaltöffnungen rechteckig seien. Berechnen Sie die Fläche eines Porus, die Fläche aller Pori pro mm² Blattfläche und ihren prozentualen Anteil.

Der Randeffekt

Material: 5 Petrischalen, Filterpapier, Korkbohrer (siehe Tab.), Stecknadel, Wasser, Pipette, Waage (10-mg-Skala).

Durchführung: Legen Sie die Böden der Petrischalen mit zwei Lagen Filterpapier aus. Pipettieren Sie 6 ml Wasser darauf. Stanzen Sie, den Angaben in der Tabelle entsprechend, Löcher in die Alufolie, mit der Sie die Petrischalen abdecken.

Petrischale	Durchmesser	Anzahl
1	ganz geschlossen	
2	14 mm	1
3	7 mm	4
4	5 mm	8
5	0,5 mm	784

Wiegen Sie die Petrischalen sofort und nach jeweils 30 min.

⑤ Berechnen Sie jeweils die Gesamtfläche und den Umfang der Löcher sowie die Gewichtsdifferenzen. Deuten Sie das Ergebnis und beziehen Sie Ihre Ergebnisse auf die Transpiration bei Pflanzen.

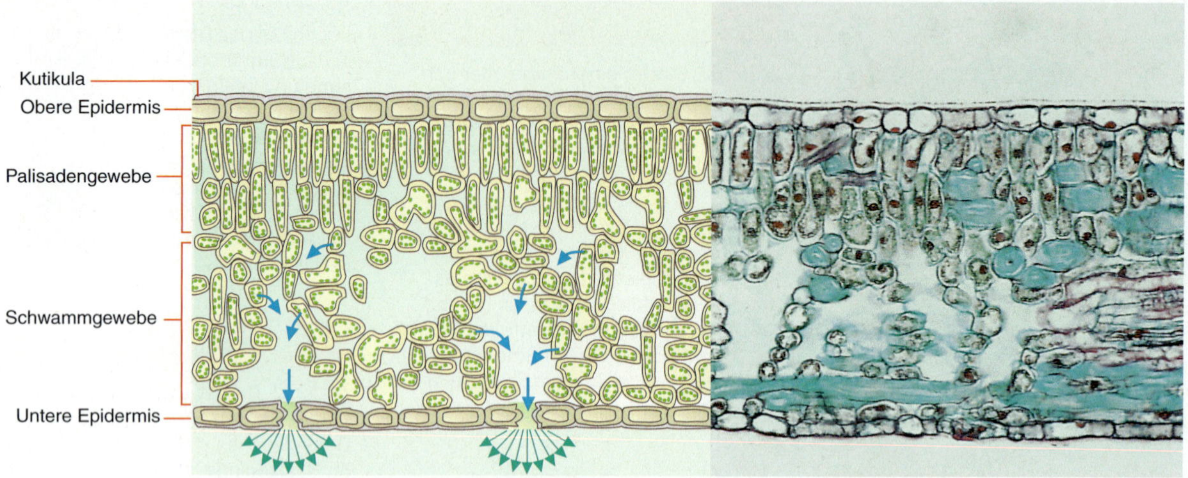

1 Zeichnung und mikroskopische Aufnahme eines Blattquerschnittes

Bau und Funktion des Blattes

Die Form der Blätter variiert von kleinen Schuppen bis zu meterlangen Wedeln, vom Laubblatt bis zur Nadel. Meist sind die Blätter grün, haben eine große Oberfläche, ihre Lage ist exponiert und sie stehen senkrecht zum Lichteinfall. Die Blätter haben vor allem zwei Funktionen zu erfüllen: *Transpiration* und *Fotosynthese*. Für den Vorgang der *Fotosynthese* sind Kohlenstoffdioxid, Wasser und Licht notwendig.

Die Blätter werden von einer einlagigen Zellschicht, der *Epidermis*, nach außen abgegrenzt. Sie ist frei von *Chloroplasten* und enthält somit auch kein *Chlorophyll*. Die äußeren Zellwände der Epidermis sind verdickt und schließen lückenlos aneinander. Auf die Zellen aufgelagert ist die *Kutikula*, eine für Wasser und Gase schwer durchlässige Wachsschicht. In der Regel erkennt man auf der Blattunterseite die *Spaltöffnungen (Stomata)*. Sind sie geöffnet, so können Gase wie Sauerstoff, Kohlenstoffdioxid und Wasserdampf durch sie diffundieren.

Im mikroskopischen Bild eines Blattquerschnittes fallen besonders große, senkrecht zur Blattoberseite stehende, zylindrische Zellen auf. Sie stehen dicht gedrängt. Lediglich feine Spalten durchziehen dieses Gewebe. Diese Zellschicht wird als *Palisadengewebe* bezeichnet, da die Zellen im Schnitt wie Pfähle einer *Palisadenwand* aufgereiht sind. Das Palisadengewebe kann ein- oder mehrschichtig sein, es enthält etwa 80 % der Chloroplasten eines Blattes und erscheint im mikroskopischen Querschnittsbild daher meist intensiv grün gefärbt. Die Palisadenzellen sind der Hauptort der Fotosynthese.

Unter der Palisadenschicht liegt ein lockerer Gewebebereich, dessen Zellen sehr unterschiedliche und unregelmäßige Formen besitzen. Man erkennt zahlreiche Zwischenräume, die sogenannten *Interzellularen*, die untereinander in Verbindung stehen und mit den in der unteren Epidermis liegenden Spaltöffnungen und den feinen Spalten zwischen manchen Palisadenzellen Kontakt haben. Die Zellen dieser Gewebeschicht, die man als *Schwammgewebe* bezeichnet, besitzen deutlich weniger Chloroplasten als die Zellen des Palisadengewebes.

Eingebettet in Palisaden- und Schwammgewebe liegen die *Blattleitbündel*, die wie Adern das Blatt durchziehen. Über sie werden alle Teile des Blattes mit Wasser und Nährsalzen versorgt. Fotosyntheseprodukte, die nicht im Blatt gespeichert werden, gelangen über die Blattleitbündel in Stamm und Wurzel.

Aufgrund des weit verzweigten Interzellularsystems ist die innere Zelloberfläche 100-mal so groß wie die Blattoberfläche. Dadurch wird ein intensiver Stoffaustausch zwischen den Fotosynthese treibenden Zellen, den Leitbündeln und den Spaltöffnungen ermöglicht. Kohlenstoffdioxid kann ungehindert zu den Zellen diffundieren, sowie Sauerstoff und Wasserdampf in umgekehrter Richtung zu den Spaltöffnungen.

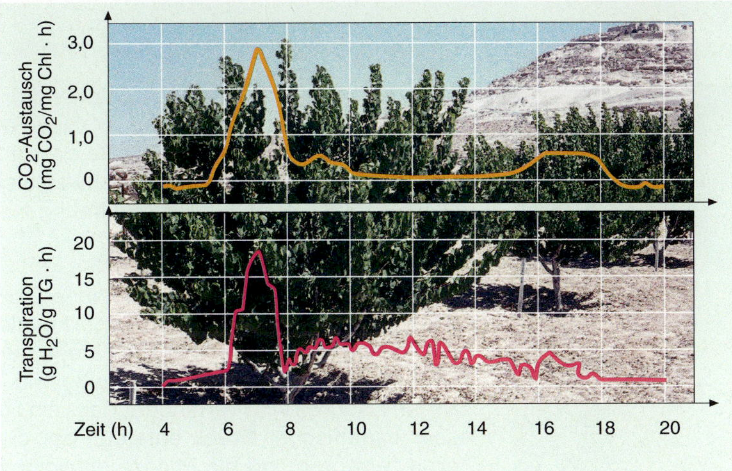

1 Transpirationsrate und Gasaustausch im Tagesverlauf

Pflanzen machen Mittagspause

Pflanzen können die Öffnungsweite ihrer *Spaltöffnungen (Stomata)* verändern. Mit zunehmender Lichtintensität im Laufe des Vormittags vergrößert sie sich, dagegen schließen sich in trockenen Lebensräumen die Spaltöffnungen zur Mittagszeit. Erst am späten Nachmittag öffnen sie sich erneut.

Parallel zu diesen Bewegungsvorgängen verändert sich die *Transpirationsrate*, was vermuten lässt, dass der Wasserdampf fast ausschließlich über die Spaltöffnungen *(stomatäre Transpiration)* entweicht. Messungen bei geschlossenen Stomata belegen, dass die Transpiration durch die Kutikula *(kutikuläre Transpiration)* sehr gering ist.

Die meisten Blätter besitzen zahlreiche Stomata. Die Summe aller Öffnungen beträgt jedoch nur 0,5 bis 2% der Blattfläche. Trotzdem verdunstet ein Blatt mittels stomatärer Transpiration bis zu 60% der Wasserdampfmenge, die eine gleich große, unbedeckte Wasseroberfläche abgibt.

Die von der offenen Fläche verdunstenden Moleküle diffundieren in die gleiche Richtung und behindern sich gegenseitig. Demgegenüber können über eine Vielzahl kleiner Poren, die zusammen die gleiche Fläche ergeben, in der gleichen Zeit wesentlich mehr Wassermoleküle austreten. Dies liegt daran, dass sich über jeder Pore eine halbkugelförmige Wasserdampfkuppe bildet und die Wassermoleküle ohne gegenseitige Störungen auch nach den Seiten diffundieren können *(Randeffekt)*.

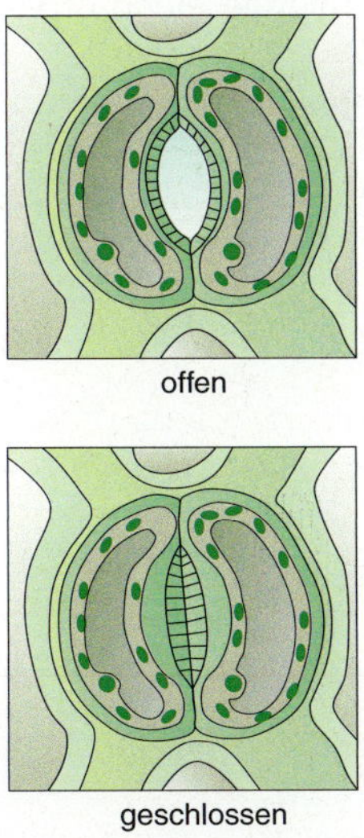

Spaltöffnung

Alle Poren sind umgeben von zwei meist bohnenförmigen *Schließzellen*, die in ihrer Mitte einen Spalt freilassen und sich an ihren Enden berühren. Ihre unmittelbaren Nachbarzellen werden als *Nebenzellen* bezeichnet. Sie gehören ebenfalls zum Spaltöffnungsapparat. Die Schließzellen enthalten als einzige Zellen der Epidermis Chloroplasten, sie können also Fotosynthese betreiben. Eine weitere Besonderheit ist die unterschiedliche Verdickung der Zellwände. Die Außen- und Innenwände sind besonders massiv gebaut. Damit sind sie relativ starr und formstabil. Demgegenüber sind die an die Nebenzellen grenzenden Zellwände unverdickt und folglich elastisch. Auch die dem Spalt zugewandte Seite der Schließzellen besitzt einen dünnen, elastischen Bereich. Erhöht sich der Innendruck *(Turgor)* der Schließzellen, so dehnen sich die elastischen Rückenwände. Die Zellen wölben sich in die Nebenzellen hinein. Da die Außen- und Innenwände relativ starr sind, wird die etwas elastische Bauchseite durch die Bewegung der Rückenseite nachgezogen. Die Gestalt der Schließzellen wird stärker bohnenförmig, der Spalt öffnet sich (siehe Randspalte).

Die Öffnungsweite des Spaltes hängt ausschließlich vom Turgor der Schließzellen ab. Da bei Wassermangel auch in diesen Zellen der Turgor abnimmt, wird verständlich, dass sich die Stomata unter diesen Bedingungen schließen. Der Spaltenschluss schränkt die Transpiration ein.

Abbildung 1 zeigt, dass die Öffnungsweite der Schließzellen indirekt von der Lichtintensität beeinflusst wird. Begast man das Interzellularsystem mit kohlenstoffdioxidfreier Luft, so öffnen sich die Spaltöffnungen auch im Dunkeln. Daraus folgt, dass die Lichtintensität die Öffnungsweite der Stomata nur indirekt über die Konzentration des Gases CO_2 steuert.

Aufgrund der unterschiedlichen wissenschaftlichen Befunde versteht man heute die Bewegung der Spaltöffnungen als ein kompliziertes physiologisches Geschehen. Die unmittelbare Ursache der Spaltöffnungsbewegung ist die Differenz zwischen dem Turgor in den Schließzellen und dem in den angrenzenden Nebenzellen. Die Turgorschwankungen aber werden von mehreren miteinander in Wechselwirkung stehenden Regelkreisen kontrolliert, bei denen Lichtintensität, Kohlenstoffdioxidkonzentration und die Umverteilung von Kaliumionen zwischen den Zellen wichtige Größen sind.

1 Lichtdurchflutete Blätter

2 Solarmobil

Die Sonne spendet Leben: Die Fotosynthese

Tiere, Pilze und die meisten Bakterien benötigen energiereiche Substanzen, aus denen in Abbauprozessen Energie freigesetzt wird, mit deren Hilfe sie energiereiches ATP synthetisieren. Auch die im *Baustoffwechsel* entstehenden körpereigenen Substanzen sind energiereich.

Dies trifft nicht für grüne Pflanzen zu. Sie nehmen in der Regel keine organischen oder anderen energiereichen Substanzen auf. Und dennoch zeigen sie die für alle Lebewesen typischen, Energie benötigenden Merkmale wie Fortpflanzung und Bewegung.

Grüne Pflanzen nutzen das riesige Energiereservoir der Sonne aus. Mithilfe der Lichtenergie werden im Prozess der *Fotosynthese* die anorganischen Stoffe Kohlenstoffdioxid und Wasser zu energiereicher Glucose und zu Sauerstoff umgebaut. Die Glucose ist der Ausgangsstoff für den Baustoffwechsel der Pflanze und auch für die Zellatmung zur Energiebereitstellung.

Die meisten Pflanzen bauen allerdings Glucose sofort oder nach dem Transport in die Speicherorgane in Stärke um, da diese nur schwer löslich und osmotisch wenig wirksam ist. Dadurch wird verhindert, dass ein zu hoher osmotischer Druck entsteht, der die Zellen zerstören und die Pflanze schädigen könnte. Vor allem nachts, wenn die Energie des Sonnenlichts fehlt, wird ein Teil der Stärke über Glykolyse, Tricarbonsäurezyklus und die Atmungskette unter Aufnahme von Sauerstoff wieder abgebaut.

Das Reaktionsschema der Fotosynthese entspricht formal der Umkehrung des Reaktionsschemas der Zellatmung:

$$6\,CO_2 + 12\,H_2O \rightarrow C_6H_{12}O_6 + 6\,O_2 + 6H_2O$$

Daher wird auch genau dieselbe Energiemenge in der Glucose gespeichert (2836 kJ/mol), die bei ihrem Abbau in der Zellatmung frei wird.

Die Nutzung energiereicher organischer Substanz, wie bei der Zellatmung oder der Gärung, stellt einen Abbauprozess *(Dissimilation)* dar. Die Fotosynthese dagegen, bei der mithilfe der Lichtenergie Glucose entsteht, ist ein Aufbauprozess *(Assimilation)*: Unter Energiezufuhr wird aus energiearmen anorganischen Stoffen energiereiche organische Substanz aufgebaut.

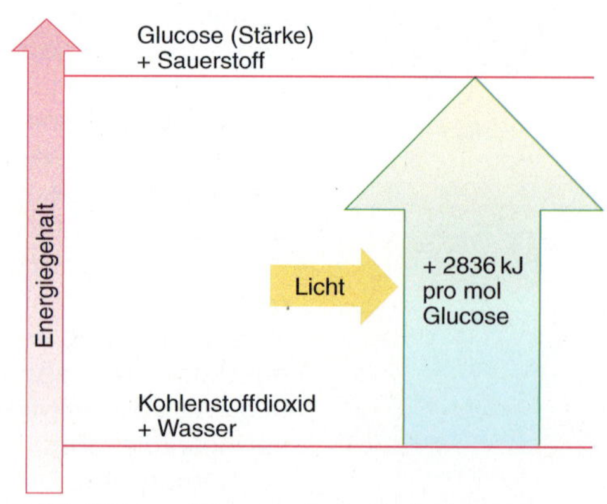

3 Die Fotosynthese – ein Assimilationsprozess

Versuche zur Fotosynthese

Bedeutung der Außenfaktoren

Geräte: großes Becherglas, Diaprojektor, verschiedene Farbfilter: violett, blau, grün, rot
Material: frische Sprosse der Wasserpest (Elodea)

Durchführung:

a) Füllen Sie das Becherglas zur Hälfte mit abgekochtem, abgekühltem Leitungswasser. Geben Sie einen Spross der Wasserpest hinein und schneiden Sie ihn unter Wasser am unteren Ende schräg an. Belichten Sie mit dem Projektor aus ca. 20 cm Abstand und bestimmen Sie über 5 Minuten die Anzahl der Gasblasen, die an der Schnittstelle austreten.
b) Füllen Sie das Becherglas mit CO_2-haltigem Mineralwasser auf (ungefähr gleiche Temperatur wie das Leitungswasser). Bestimmen Sie erneut über 5 Minuten die Zahl der Gasblasen pro Minute.
c) Schalten Sie den Diaprojektor ab und ermitteln Sie wieder über 5 Minuten die Anzahl der Gasblasen pro Minute.
d) Schalten Sie den Diaprojektor wieder an. Schieben Sie anschließend einen Farbfilter in den Diaprojektor. Messen Sie nun über 10 Minuten die Anzahl der Gasblasen. Verwenden Sie gruppenteilig verschiedene Farbfilter.

Aufgaben

① Stellen Sie zur Auswertung die Versuchsergebnisse grafisch dar (Blasenanzahl pro Minute gegen die Wellenlänge des Farbfilters). Welche Schlüsse lassen sich aus den Versuchen ziehen.
② Deuten Sie die Ergebnisse aller Versuche.

Dünnschichtchromatographie

Die Chromatographie ist eine Methode zur Trennung von gelösten Stoffgemischen. Sie wird heutzutage in fast allen Bereichen der biologischen Forschung eingesetzt. Hierzu trägt man das Gemisch auf ein Trägermaterial (z. B. Papier oder Kieselgel) auf. Anschließend lässt man ein Laufmittel durch das Trägermaterial fließen. Die einzelnen Bestandteile des Gemisches haften wegen ihrer verschiedenen Eigenschaften einerseits unterschiedlich fest am Trägermaterial und werden andererseits unterschiedlich gut mit dem Laufmittel transportiert. Dadurch legen sie unterschiedliche Strecken zurück (Laufstrecken), anhand derer sie identifiziert werden können. Als Maßzahl dient dabei der so genannte R_f-Wert. Darunter versteht man den Quotienten aus der Laufstrecke und der Frontstrecke (Startlinie bis zur Lösungsmittelfront).

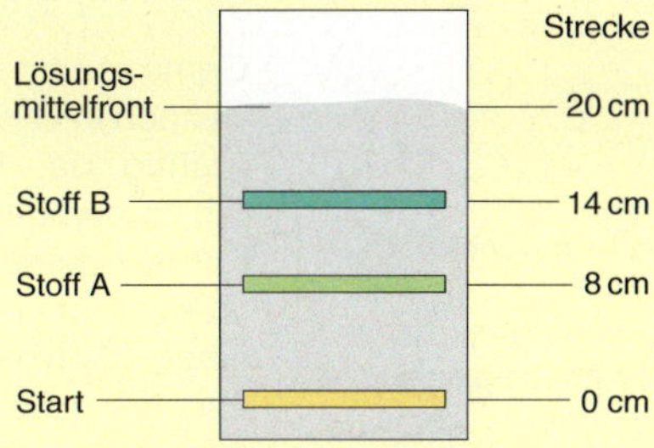

Berechnungsbeispiel: Laufstrecke A = 8 cm
Frontstrecke = 20 cm
R_f-Wert A = 8/20 = 0,4

Isolierung der Blattfarbstoffe

Geräte: Schere, Mörser mit Pistill, Becherglas, Chromatographiekammer, DC-Platten (am besten mit Kieselgel beschichtet), Pipette
Material: Petersilie, Schnittlauch, Brennnessel o. Ä., Quarzsand, $CaCO_3$, Propanon (Aceton) [F]
Laufmittel: 100 ml Petrolbenzin (Siedebereich 100 °C – 140 °C), 10 ml 2-Propanol (Isopropanol) [F], 0,25 ml dest. Wasser

a) Das Pflanzenmaterial mit der Schere zerkleinern.
b) Im Mörser mit Quarzsand, einer Spatelspitze $CaCO_3$ und ca. 10 ml Propanon zerreiben (Abzug oder offenes Fenster!).
c) Die tiefgrüne Lösung in das Becherglas abgießen.
d) Mit der Pipette in ca. 2 cm Höhe auf die DC-Platte auftragen (Punktlinie bilden, trocknen lassen, neue Punkte auf dieselbe Linie).
e) Die DC-Platte nun in die Chromatographiekammer stellen, in der sich ca. 1 cm hoch Laufmittel befindet. Die Kammer abdecken und erschütterungsfrei stehen lassen, bis das Laufmittel fast den oberen Rand erreicht hat.

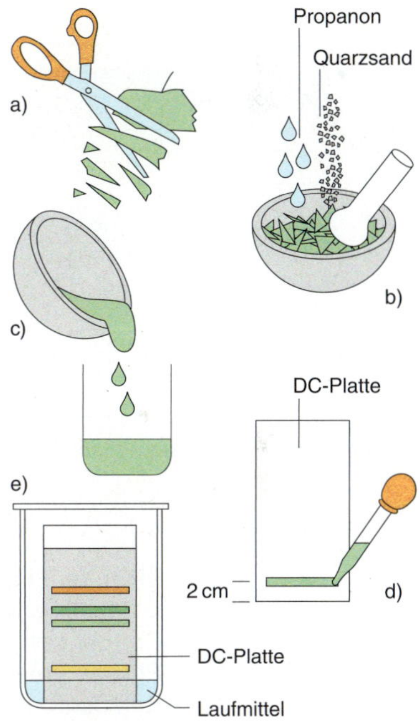

Aufgaben

③ Markieren Sie die Laufmittelfront auf der Platte und messen Sie ihre Entfernung von der Startlinie. Verfahren Sie auf gleiche Weise mit den einzelnen Farbstoffbanden und ermitteln Sie deren R_f-Werte. Bestimmen Sie die Farbstoffe (s. Tabelle).
④ Bestrahlen Sie die Blattfarbstoffe auf der entwickelten DC-Platte mit UV-Licht (360 nm). Augen schützen!

R_f-Werte für Kieselgelplatten und das angegebene Laufmittel:

Stoff	R_f-Wert
β-Carotin	0,95
Chlorophyll a	0,74
Chlorophyll b	0,64
Lutein	0,48
Violaxanthin	0,35
Neoxanthin	0,20

Die Werte können bei Schulversuchen variieren, die Reihenfolge bleibt erhalten.

Äußere Einflüsse auf die Fotosynthese

Am **Kompensationspunkt** ist die O_2-Produktion durch die Fotosynthese gleich groß wie der O_2-Verbrauch bei der Atmung.

Gemüse und andere Pflanzen werden heute vielfach in Gewächshäusern angebaut. Es ist wichtig, den Pflanzen Bedingungen zu bieten, unter denen sie optimal wachsen und Fotosynthese treiben können. Dazu misst man unter anderem die *Fotosyntheserate* einer Pflanze, indem man die Sauerstoffabgabe oder -aufnahme pro Zeit ermittelt (als Messgrößen sind auch die Aufnahme und Abgabe von Kohlenstoffdioxid möglich). Man unterscheidet dabei die durch die Fotosynthese verursachte Sauerstoffproduktion *(reelle Fotosynthese)* und die nach außen hin messbare Sauerstoffbilanz *(apparente Fotosynthese)*, die von anderen Prozessen wie der Zellatmung mitbestimmt wird.

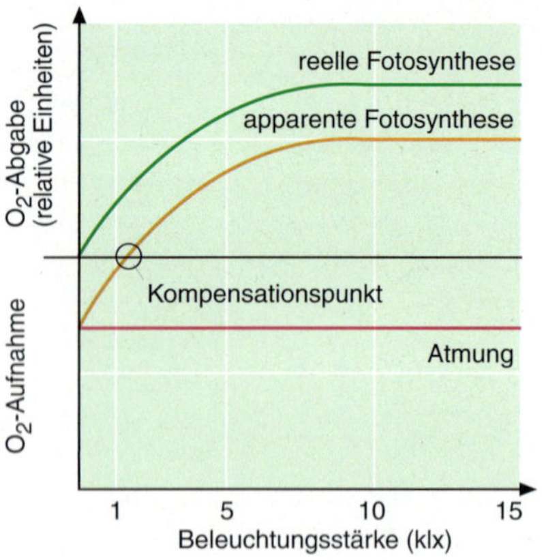

Abhängigkeit von der Beleuchtungsstärke

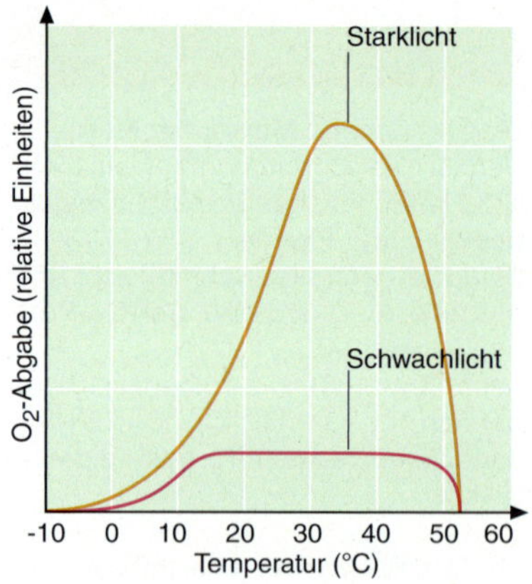

Abhängigkeit von der Temperatur

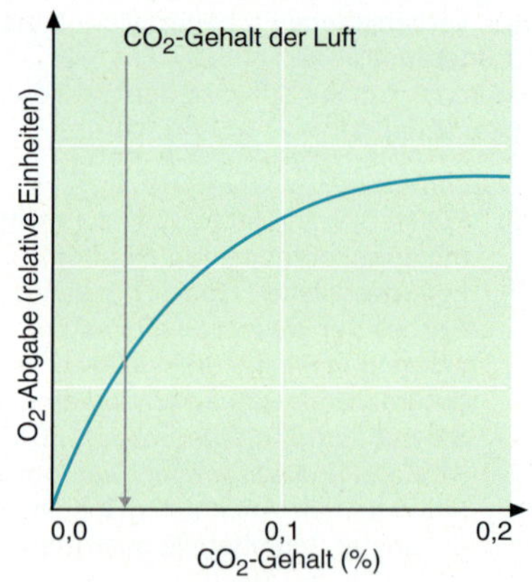

Abhängigkeit vom CO_2-Gehalt

Einer der Faktoren, die die *Fotosyntheserate* beeinflussen, ist die *Beleuchtungsstärke*. Bei der erhaltenen Kurve lassen sich zwei Phasen unterscheiden: Im Bereich niedriger Beleuchtungsstärken nimmt die Fotosyntheserate mit der Stärke der Beleuchtung zu. Sie bestimmt hier die Intensität der Fotosynthese. Bei sehr geringen Beleuchtungsstärken ist der Sauerstoffverbrauch durch die Atmung größer als die Produktion durch die Fotosynthese, die Pflanze nimmt daher Sauerstoff auf. Bei höherer Beleuchtungsstärke, am *Kompensationspunkt*, gleichen sich diese beiden Prozesse genau aus. Bei noch höherer Beleuchtungsstärke gibt die Pflanze Sauerstoff ab, da die Produktion durch die Fotosynthese den Verbrauch durch die Atmung übersteigt. Im zweiten Bereich erreicht die Sauerstoffabgabe bei einer bestimmten Beleuchtungsstärke einen Höchstwert. Dieser wird auch bei höheren Beleuchtungsstärken beibehalten. Das Aufnahmevermögen der Pflanze für Licht ist gesättigt, andere Faktoren begrenzen die Stoffproduktion. Einer dieser Faktoren ist die *Temperatur*. Bei Lichtsättigung zeigt sich eine Temperaturabhängigkeit, die für enzymatische Reaktionen typisch ist. Die Geschwindigkeit der Synthesereaktionen bestimmt dann die Geschwindigkeit der Fotosynthese. Dagegen wirkt bei Schwachlicht die Beleuchtungsstärke begrenzend. Ein weiterer Faktor ist die Menge des vorhandenen Kohlenstoffdioxids.

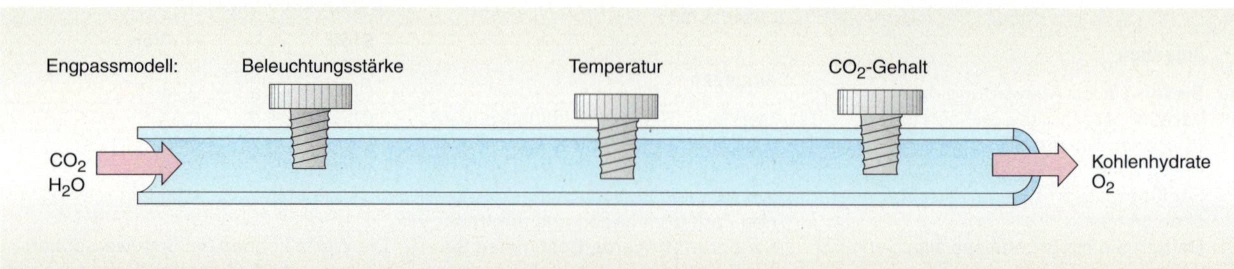

Sonnenblätter – Schattenblätter

Die Rotbuche besitzt *Sonnenblätter* und *Schattenblätter*. Diese unterscheiden sich in Fläche, Dicke und Fotosyntheserate sowie in ihrer Position in der Baumkrone. Der Kompensationspunkt der Schattenblätter liegt bei sehr geringen Beleuchtungsstärken; deshalb erbringen sie auch bei geringem Licht eine positive Stoffbilanz für die Pflanze. Sonnenblätter dagegen können höhere Beleuchtungsstärken besser ausnutzen und sind in diesem Bereich leistungsstärker.

Die unterschiedliche Anzahl von Zellschichten im Palisadengewebe lässt sich anhand eines einfachen Prinzips folgendermaßen erklären:

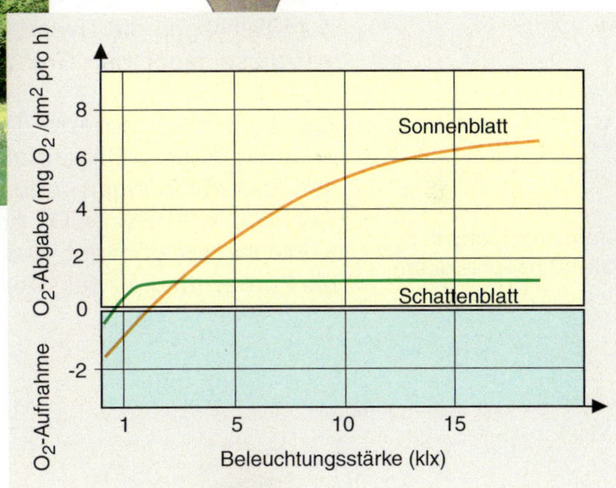

Das Licht trifft auf die Blattoberseite und wird von jeder Zellschicht teilweise absorbiert. Die tiefer liegenden Zellschichten erhalten daher weniger Licht und arbeiten auch bei starker Beleuchtung näher an ihrem Kompensationspunkt. Bei schwacher Beleuchtung wird dieser eventuell von den tiefsten Schichten nicht mehr erreicht. Die Zellen verbrauchen mehr Fotosyntheseprodukte als sie produzieren. Jede Zellschicht ist aber für die Pflanze nur dann vorteilhaft, wenn sie eine positive Stoffbilanz erzielt.

Was für das einzelne Blatt gilt, trifft auch auf die gesamte Pflanze zu. Die vom Einzelblatt oder auch dem gesamten bis zu 500 Quadratmeter großen Blätterdach einer ausgewachsenen Rotbuche produzierte Biomasse in einer bestimmten Zeit bezeichnet man als *Bruttoprimärproduktion*. Vom Bruttoprimärprodukt benötigt der Baum einen Teil zur Aufrechterhaltung seiner Lebensvorgänge. Übrig bleibt die *Nettoprimärproduktion* als echter Zugewinn in Form von Blättern, Holz und Wurzeln.

Aufgabe

① Erläutern Sie, wie im Interesse der Ertragssteigerung begrenzenden Faktoren der Fotosynthese entgegengewirkt wird.

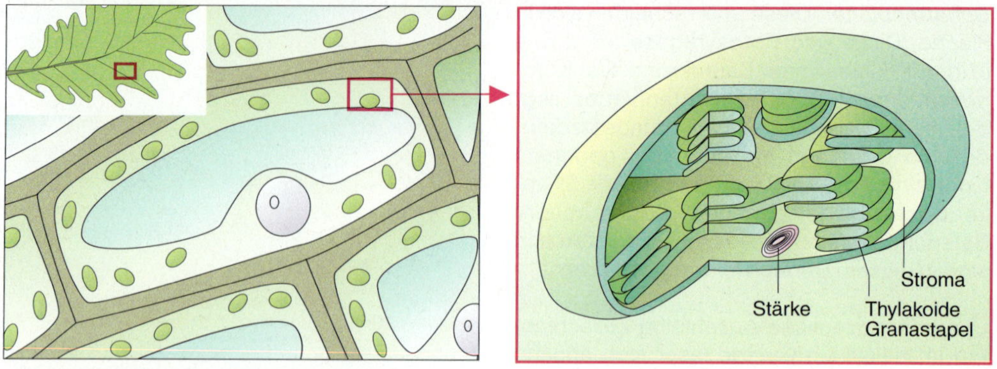

1 Lage und Aufbau von Chloroplasten

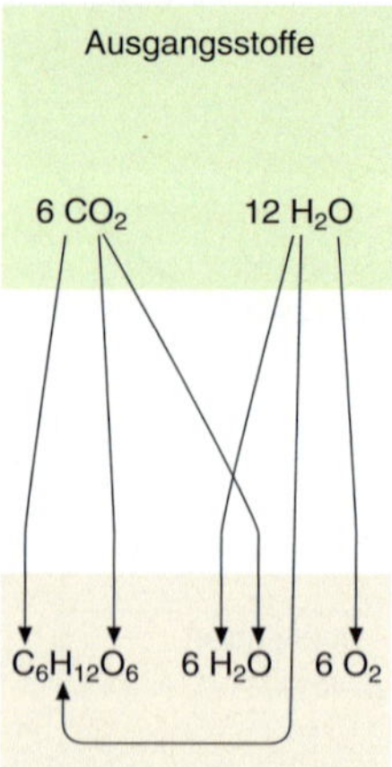

Atomzuordnung in Fotosyntheseprodukten

Orte der Fotosynthese

Die Fotosynthese findet vor allem im chlorophyllreichen Palisadengewebe des Blatts statt (s. Seite 70). Dort liegen die meisten Chloroplasten. Diese besitzen zwei Hüllmembranen (Abb. 1). Im Inneren befindet sich das Plasma, *Stroma* genannt. Im Stroma liegen Einfaltungen der inneren Hüllmembran, die *Thylakoide,* mit dem Chlorophyll. Zum Teil liegen die Thylakoide in Stapelform vor, diese nennt man *Granastapel.*

Belichtet man isolierte Thylakoidsysteme, entwickeln diese Sauerstoff und können Eisen-III-Verbindungen reduzieren. Für diese Reaktion wird kein CO_2 benötigt und kein Kohlenhydrat gebildet. Das bedeutet, dass die Fotosynthese zweigeteilt sein muss.

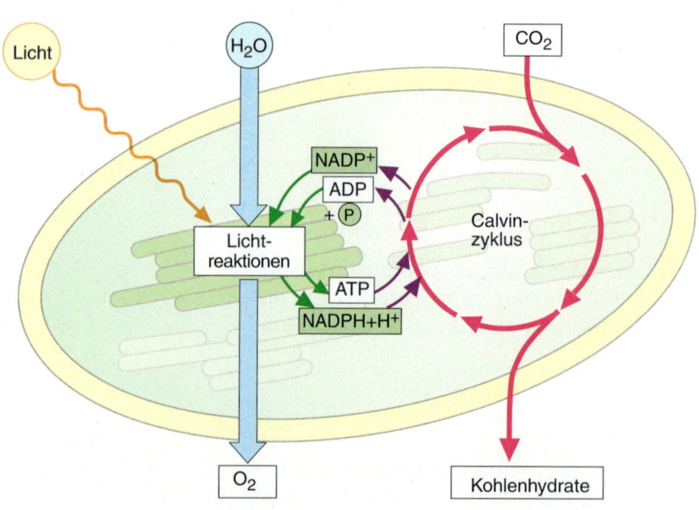

2 Übersichtsschema der lichtabhängigen und lichtunabhängigen Reaktion

Lichtabhängige Reaktion

HILLS Versuch zeigte, dass für den ersten Teil der Fotosynthese Licht notwendig ist und dabei Elektronen frei werden, die in seinem Versuch von künstlichen Elektronenakzeptoren, den Eisen-III-Verbindungen, aufgenommen wurden. Der Elektronenakzeptor in der Pflanze ist $NADP^+$. Später fand man heraus, dass in der lichtabhängigen Reaktion neben NADPH + H auch ATP gebildet wird. Weiterhin konnte HILL damit zeigen, dass der bei der Fotosynthese frei werdende Sauerstoff aus dem Wasser stammt und nicht aus dem CO_2 kommen kann.

Spätere Versuche mithilfe von Wasser, das das Sauerstoffisotop (^{18}O) enthielt, konnten dies bestätigen, denn der frei werdende Sauerstoff der Fotosynthesereaktion bestand ausschließlich aus (^{18}O) Atomen. Damit ergibt sich folgendes Reaktionsschema der Fotosynthese:

$$12\,H_2{}^{18}O + 6\,CO_2 \rightarrow C_6H_{12}O_6 + 6\,{}^{18}O_2 + 6\,H_2O$$

Der Ort der lichtabhängigen Fotosynthese in der Pflanze ist die Thylakoidmembran (Abb. 2).

Lichtunabhängige Reaktion

Im zweiten Teil der Fotosynthese werden mithilfe aufgenommener Kohlenstoffdioxid-Moleküle Kohlenhydrate gebildet. Für diese Reaktion ist kein Licht notwendig, man nennt diese daher *lichtunabhängige Reaktion.* Die lichtunabhängige Reaktion findet im Stroma der Chloroplasten statt (Abb. 2).

Die lichtabhängige Reaktion

Belichtet man eine Chlorophylllösung beobachtet man eine Fluoreszenz. In einem intakten Blatt wird die Lichtenergie nicht abgestrahlt, sondern kann in Form von chemischer Energie mittels ATP und NADPH + H^+ gespeichert werden (s. Seite 89). Diese chemische Energie wird dann in der lichtunabhängigen Reaktion gebraucht, um aus CO_2 Kohlenhydrate herzustellen.

Ablauf der lichtabhängigen Reaktion

Wird ein Blatt belichtet, wird die Lichtenergie über die Lichtsammelkomplexe aufgenommen und an das Chlorophyll-Dimer des Reaktionszentrums übertragen (s. Seite 78). An der lichtabhängigen Reaktion sind zwei Reaktionszentren beteiligt, die man in der Reihenfolge ihrer Entdeckung als *Fotosystem I* und *II* bezeichnet.

Das Reaktionszentrum des Fotosystems II hat die höchste Absorption bei 680 nm, daher wird sein Pigment P680 genannt. Absorbiert das P680 Licht, wird im Reaktionszentrum für jedes Chlorophyllmolekül des Dimers je ein Elektron an den primären Elektronenakzeptor abgeben. Die so oxidierten Chlorophyllmoleküle werden zu einem starken Oxidationsmittel, das mithilfe eines Enzymkomplexes, dem wasserspaltenden Komplex, einem Wassermolekül zwei Elektronen entzieht.

Bei dieser Reaktion wird ein Wassermolekül (rechnerisch) in 2 H^+ und $^1/_2$ O_2 verlegt (Abb. 1). Diesen Vorgang der lichtinduzierten Wasserspaltung nennt man *Fotolyse*. Die beiden Elektronen des primären Akzeptors werden an eine Elektronentransportkette (s. Seite 91) abgegeben. Die frei werdende Energie wird genutzt, um 2 H^+-Ionen gegen das Konzentrationsgefälle aus dem Stroma in den Thylakoidinnenraum zu pumpen. Zusammen mit den 2 H^+-Ionen aus der Fotolyse bildet sich so ein elektrochemischer Gradient (s. Seite 91). Die so gespeicherte Energie wird genutzt, um mittels der ATPase ADP zu ATP zu phosphorylieren (Abb. 2).

Am Ende der Elektronentransportkette werden die beiden Elektronen auf das Pigment P700 des Fotosystems I übertragen, das zuvor ebenfalls durch Lichtenergie angeregt worden war. P700 wird damit zu einem starken Oxidationsmittel, das durch die beiden Elektronen am Ende der Elektronentransportkette wieder reduziert wird.

Die beiden energiereichen Elektronen, die vom primären Akzeptor des Fotosystems I aufgenommen worden sind, werden schließlich genutzt, um NAD+ zum energiereichen NADPH + H^+ zu reduzieren (Abb. 1). So wird in der lichtabhängigen Reaktion ATP und NADPH + H^+ für die lichtunabhängige Reaktion zur Verfügung gestellt.

Aufgabe

① Finden Sie zwei grundlegende Übereinstimmungen der ATP-Gewinnung in den Chloroplasten und der in den Mitochondrien. Vergleichen Sie dazu die Abbildungen auf dieser Seite und auf Seite 91.

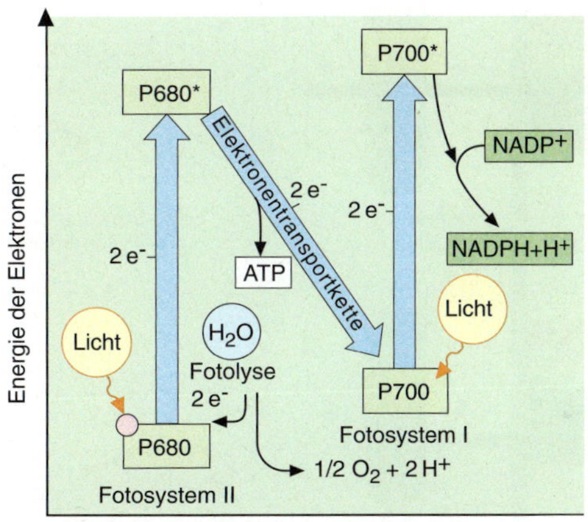

1 Übersicht der lichtabhängigen Reaktion

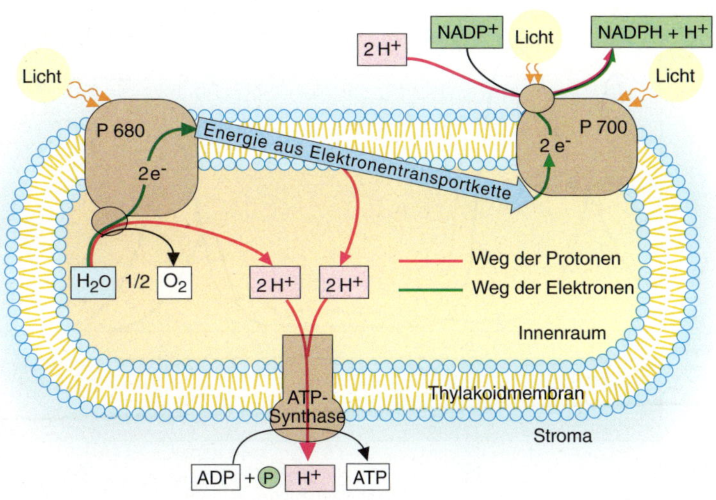

2 ATP-Gewinnung im Chloroplasten

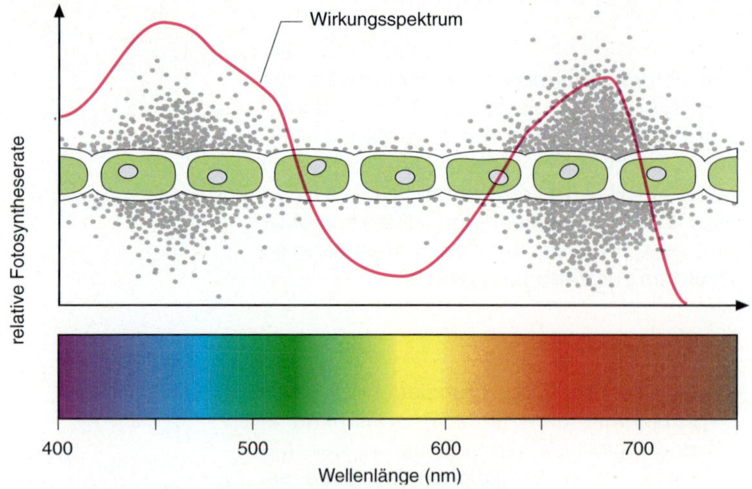

1 Fotosyntheserate bei verschiedenen Wellenlängen

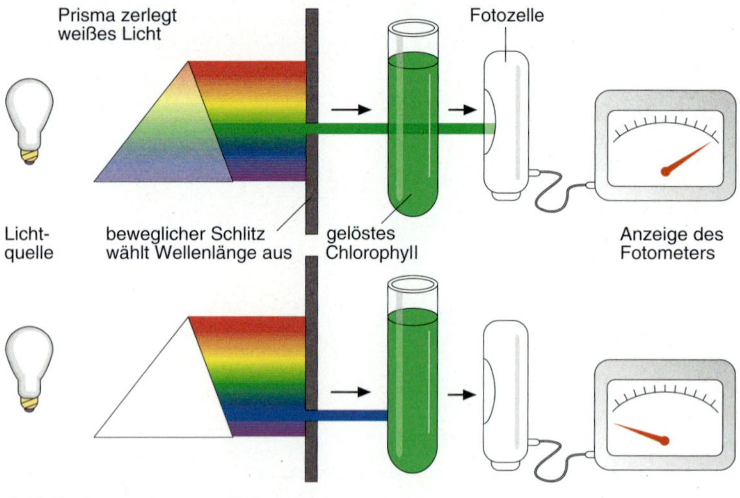

2 Lichtabsorption von Chlorophyll

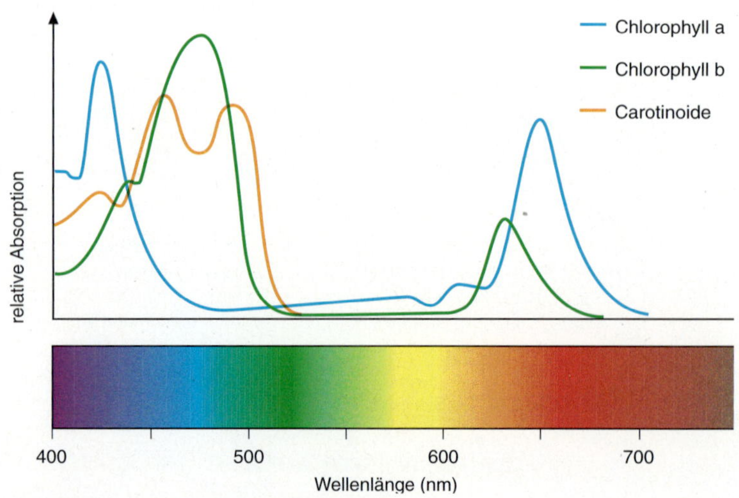

3 Absorptionsspektren der Blattfarbstoffe

Licht und Fotosynthese

Theodor Wilhelm Engelmann untersuchte 1882, welche Wellenlängen des Lichtspektrums für die Fotosynthese notwendig sind. Er bestrahlte dazu einen Algenfaden mit Licht, das durch ein Prisma in seine Spektralfarben aufgefächert worden war. Dazu gab er Sauerstoff liebende Bakterien (Abb. 1). Engelmann stellt fest, dass sich die Bakterien überwiegend an den Stellen des Algenfadens ansammelten, die mit rotem oder blauem Licht bestrahlt wurden. Daraus schloss er, dass an diesen Stellen besonders viel Sauerstoff produziert wird und daher dort auch in verstärktem Maße Fotosynthese stattfinden muss.

Spätere Untersuchungen bestätigten Engelmanns Vermutung, dass eine hohe Fotosyntheserate durch die Bestrahlung mit den Spektralfarben Rot und Blau bewirkt wird, mit Grün eine geringe. Dieses Lichtspektrum nennt man *Wirkspektrum der Fotosynthese*. Spätere fotometrische Versuche zeigten, dass Chlorophyll rotes und blaues Licht absorbiert (Abb. 2). Da das Licht absorbiert ist, findet man auf dem Fotometer keinen Ausschlag. Grünes Licht wird nicht absorbiert, entsprechend kann von dem Fotometer Licht detektiert werden; man findet daher einen hohen Ausschlag. Unsere Wahrnehmung, dass Pflanzenblätter grün erscheinen, beruht genau darauf, dass das grüne Licht nicht absorbiert wird.

Je mehr Licht absorbiert werden kann, desto größer ist das Wirkspektrum der Pflanze, d. h. um so besser kann die Lichtenergie zur Fotosynthese genutzt werden. Dies wird in der Pflanze durch mehrere Mechanismen erreicht. Zum einen, indem mehrere Licht absorbierende Farbstoffe mit unterschiedlichen Wirkspektren in den Chloroblasten vorliegen, nämlich die beiden ähnlich aufgebauten *Chlorophylle* a und b sowie *Carotinoide* (Abb. 3). Zum anderen durch sogenannte *Lichtsammelkomplexe*. Diese bestehen aus einer Vielfalt von Pigmentmolekülen, die eine große Oberfläche bilden und Licht eines breiten Wellenlängenbereiches einfangen können. Lichtsammelkomplexe wirken wie Trichter, die die Lichtenergie auf zwei zentrale Chlorophyll-a-Moleküle, das *Reaktionszentrum*, weiterleiten. Im Reaktionszentrum wird rotes Licht absorbiert. Das energiereiche blaue Licht kann aber ebenfalls genutzt werden, denn dieses wird vom Trichterrand absorbiert und dessen Energie zum Reaktionszentrum überführt.

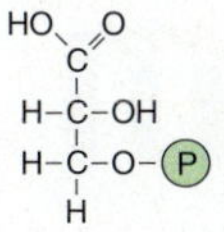
Phosphoglycerinsäure (PGS)

Ribulosebisphosphat (RubP)
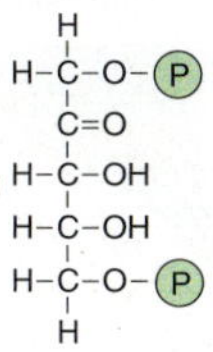

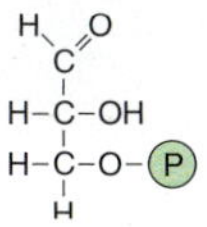
Phosphoglycerinaldehyd (PGA)

Die lichtunabhängige Reaktion

In der Lichtreaktion wird Sonnenlicht in den Thylakoiden in chemische Energie umgewandelt. Die chemischen Energieträger sind $NADPH + H^+$ und ATP. In der lichtunabhängigen Reaktion wird die in der Lichtreaktion gespeicherte chemische Energie zur Synthese von Zuckern genutzt. Dies geschieht im Stroma der Pflanze durch Fixierung von CO_2 aus der Atmosphäre an organische Moleküle der Pflanze. Die Synthesereaktionen erfolgen in einem Kreislauf, dem sogenannten *Calvinzyklus*. Dieser ist nach dem Biochemiker MELVIN CALVIN benannt, der für seine Entdeckung 1961 den Nobelpreis für Chemie erhielt. Der Calvinzyklus lässt sich in drei Schritte gliedern.

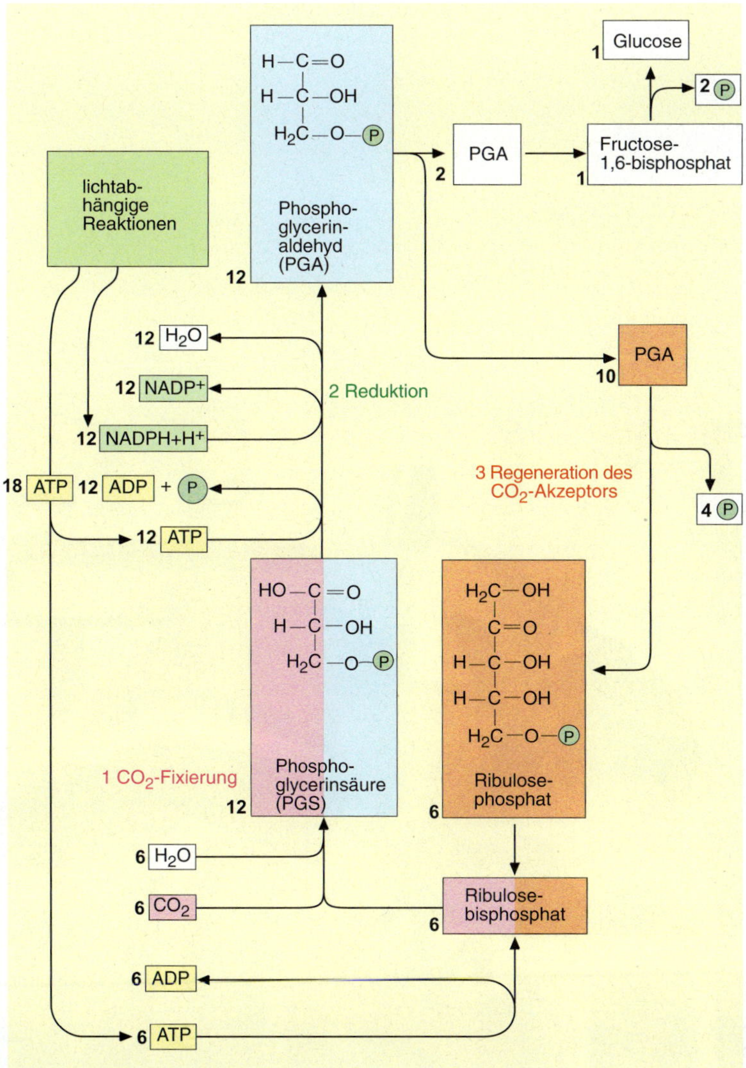

1 Lichtunabhängige Reaktionen

1. Schritt: CO_2-Fixierung

CO_2 aus der Atmosphäre wird mittels des Enzyms *Rubisco* an *Ribulosephosphat (RubP)* gebunden; es entsteht *Phosphoglycerinsäure (PGS)*. Rubisco ist das häufigste Protein in den Chloroplasten. Man vermutet, dass es das in der größten Menge vorhandene Protein überhaupt ist.

2. Schritt: Reduktion

Nach Fixierung des CO_2 und Bildung der Phosphoglycerinsäure (PGS) wird diese unter Energieverbrauch reduziert, es entsteht *Phosphoglycerinaldehyd (PGA)*. Die dafür notwendige Energie wird in Form von in der Lichtreaktion gewonnenem $NADH + H^+$ und ATP zur Verfügung gestellt. Zwei Moleküle Phosphoglycerinaldehyd (PGA) verlassen als Ertrag in Form von Glucose den Zyklus.

3. Schritt: Regeneration

Die verbliebenen Phosphoglycerinaldehydmoleküle (PGA) werden nun über mehrere Zwischenschritte und ATP-Verbrauch wieder zu Ribulosephosphat (RubP) regeneriert, das dann im nächsten Zyklus wieder CO_2 fixieren kann.

Aufgaben

① Mitgebrachte Pflanzen werden immer noch häufig vor allem nachts aus den Patientenzimmern entfernt. Die Begründung ist, dass Pflanzen nachts O_2 verbrauchen und CO_2 produzieren und der so erniedrigte O_2-Spiegel bzw. erhöhte CO_2-Spiegel die Patienten gefährden könne.
Erklären Sie mittels der Vorgänge in der lichtabhängigen Reaktion sowie den Informationen bezüglich der äußeren Einflüsse auf die Fotosynthese (s. Seite 74), ob die Begründung grundsätzlich sinnvoll ist. Schätzen Sie anschließend den nächtlichen Sauerstoffverbrauch eines Menschen und den einer mitgebrachten Pflanze im Patientenzimmer ab.

② Die lichtunabhängige Reaktion wird auch *Dunkelreaktion* genannt. Erklären Sie, warum die Syntheseleistungen der lichtunabhängigen Reaktionen trotzdem meistens bei Tageslicht ablaufen müssen und in Dunkelheit rasch zum Erliegen kommen.

Energieversorgung beim

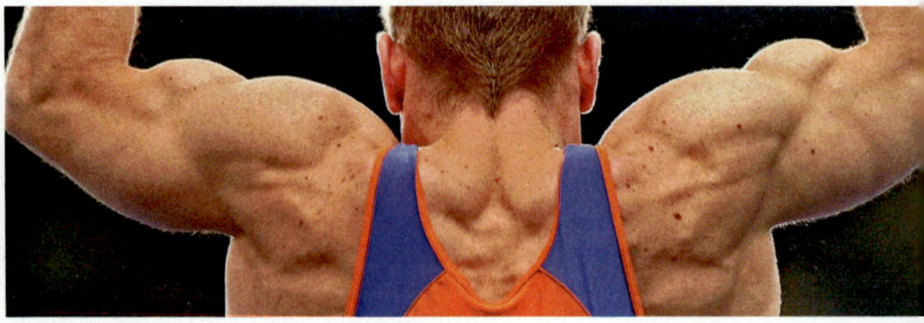

Lernsituation

Sportlich fit sein möchten viele und man hört die unterschiedlichsten Ratschläge: Ausdauer oder nur den entsprechenden Muskel an Geräten trainieren, langfristiges oder kurzfristiges intensives Training, mit hohen oder geringen Laktatspiegeln, Kohlenhydrate und oder Proteine essen, vor oder nach dem Training bzw. vielleicht auch mit einem (Doping-) „Mittelchen“.

Einmal wirklich wissen was Sache ist, einmal von Grund auf verstehen, was für (sportliche) Leistung notwendig ist, sodass man selbst entscheiden kann – willkommen beim Expertenwissen.

Expertenwissen, das nicht aus der „Muckibude“ kommt. Was muss ich essen, wie kommt die Energie in meinen Körper? Trainiere ich besser länger im Dauerlauf oder kurzfristig mit Sprinten?

Menschen

Leitfragen

Die Grundlage sportlicher Fitness bildet das Atem- und Herz-Kreislauf-System sowie das Blut als Sauerstofftransporter. Verstehen kann man Training erst, wenn man das wichtigste dieser Organe kennt.

Was haben Vorgänge in den Mitochondrien mit Sport zu tun? Sehr viel, denn jedes (wissenschaftlich fundierte) Training zielt auf Optimierung genau dieser Vorgänge, jede sportliche Betätigung im Rahmen einer Diät übrigens auch.

Von Grundlagenwissen zum Training. Was macht der Muskel mit der bereitgestellten Energie und welche Erkenntnissse liefert dies für meinen persönlichen Trainingsplan?

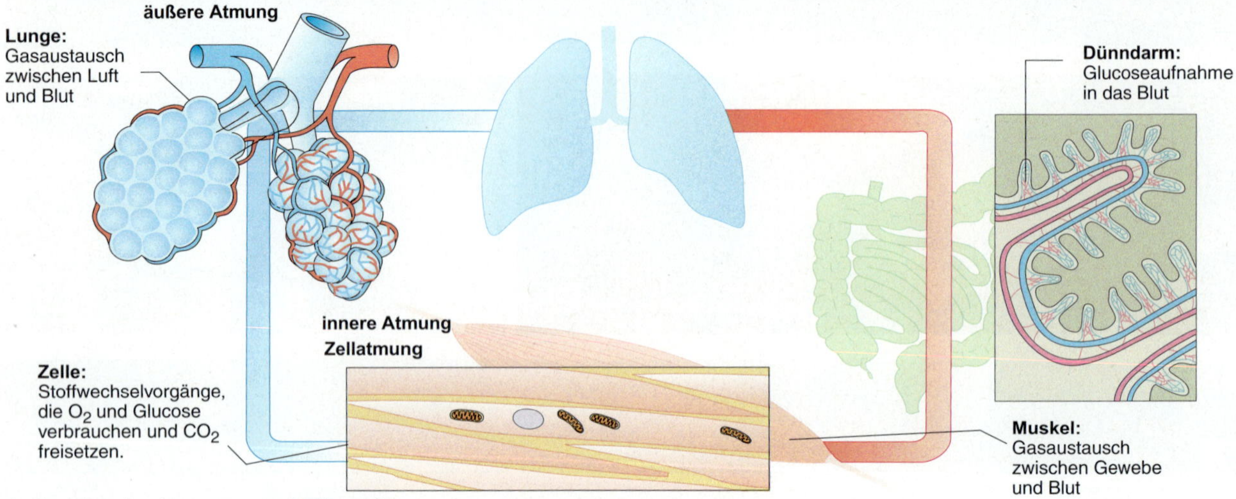

1 Der Weg der Atemgase und Nährstoffe

Atmung – eine Übersicht

Man unterscheidet die *äußere Atmung*, die der O_2-Aufnahme dient, und die *innere Atmung (Zellatmung)*, bei der unter Sauerstoffverbrauch organische Verbindungen abgebaut und Energie für den Körper generiert wird.

Prinzip der äußeren Atmung

Resorption
Transport von Substanzen durch eine Zellschicht

Während die innere Atmung im Prinzip immer gleich abläuft, kann die äußere Atmung ganz unterschiedliche Formen annehmen, je nach Größe der Organismen und nach dem Außenmedium, in dem sie leben. Allerdings lassen sich zwei Gemeinsamkeiten finden: Der Gasaustausch geschieht immer mittels der Diffusion und die Zellen des Atemtrakts *(respiratorische Zellen)* müssen wie alle lebenden Zellen zum Erhalt ihrer Plasmamembran von Wasser umgeben sein. Die respiratorische Oberfläche aller Lebewesen muss daher feucht sein.

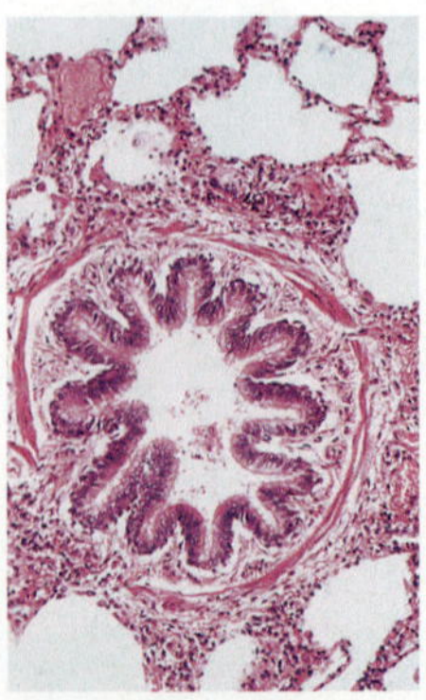

Lungengewebe mit Bronchiole

Zelloberflächen- und Hautatmung

Bei sehr einfachen Organismen, wie Einzellern und Protozoen, findet die Atmung *(Respiration)* über die gesamte Zelloberfläche bzw. bei den Würmern und vielen Amphibien über die Haut statt. Diese Organismen sind auf feuchte Lebensräume angewiesen und sind aufgrund der relativ geringen respiratorischen Oberfläche in der Regel klein.

Tracheenatmung

Bei Insekten findet sich ein nach innen gestülptes Luftröhrensystem *(Tracheen)*. Praktisch alle Körperzellen haben Kontakt zu den Tracheen, sodass die Atemgase direkt in die Zellen diffundieren können und kein Transport über das Blut notwendig ist. Diese Form des Atemgastransportes begrenzt die Körpergröße der Insekten, auch wenn durch Muskeltätigkeit bei den Tracheen passive Pumpbewegungen ausgelöst werden können.

Kiemenatmung

Fische können mittels der Kiemen den im Wasser gelösten Sauerstoff (maximal 10 ml O_2 pro Liter Wasser) aufnehmen. Vorteil des Wassers ist, dass so das respiratorische Organ stets feucht gehalten wird. Nachteilig ist der geringe O_2-Gehalt und die relativ hohe Dichte des Wassers.

Lungenatmung

Die respiratorische Oberfläche liegt dabei vielfach gefaltet und durch die Bildung von Bläschen vergrößert (beim Menschen zusammen etwa 200 m^2) in einem speziellen Organ, der *Lunge*, vor. Von der Lunge wird der Sauerstoffe mithilfe des Blutes zu den Zellen transportiert.

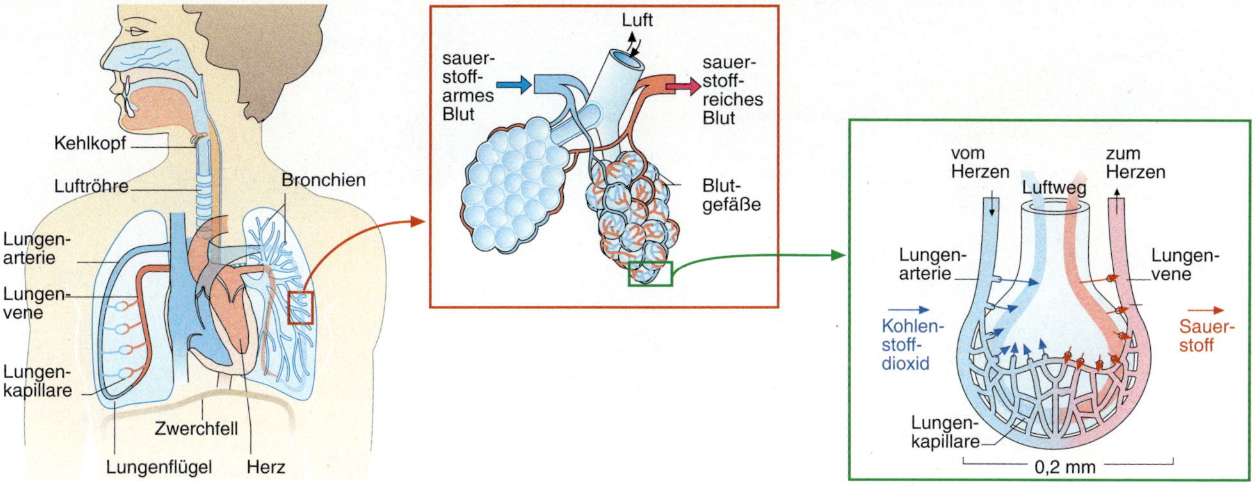

1 Schematischer Aufbau der Atmungsorgane

Äußere Atmung

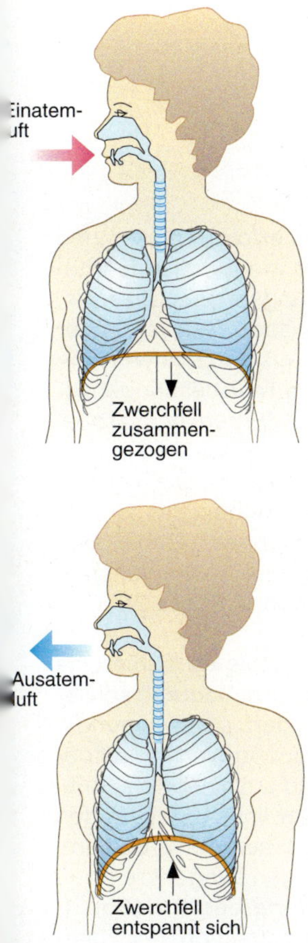

Zwerchfellatmung

Bau und Funktion der Lunge

Zum Überleben brauchen wir Sauerstoff. Dieser wird durch die Atmung aufgenommen. Beim Einatmen wird Luft mit Nase und Mund aufgenommen, passiert den *Kehlkopf* und gelangt von dort in die *Luftröhre*. Damit die Luftröhre nicht beim Einatmen kollabiert, ist sie durch hufeisenförmige Knorpelspangen stabilisiert.

Die Luftröhre teilt sich in ihrem Verlauf in die zwei Hauptbronchien. Luftröhre und *Bronchien* sind mit einer besonderen Deckschicht, dem *Flimmerepithel,* ausgekleidet. Dieses trägt feine *Flimmerhärchen*, die durch ihre Bewegung Fremdkörper aus den Atemwegen in Richtung Rachen bewegen können.

Die Bronchien verästeln sich immer mehr bis zu ganz feinen Bronchien, an deren Ende die *Lungenbläschen* stehen. Diese haben extrem dünne Wände, durch die Atemgase hindurchdiffundieren können. Aus den Lungenbläschen diffundiert O_2 in die Kapillaren der Lungenvene, CO_2 aus den Kapillaren der Lungenarterie in das Lungenbläschen.

Entsprechend den Vorgängen in den Lungenbläschen verändert sich der O_2- und CO_2-Gehalt in der Ein- und Ausatemluft. Einatemluft enthält etwa 21 % O_2 und 0,03 % CO_2, Ausatemluft 17 % O_2 und 4 % CO_2. Die übrigen Bestandteile der Luft, wie Stickstoff (78 %) und Edelgase (1 %), bleiben in ihrer Konzentration in der Ein- und Ausatemluft gleich.

Atemvorgang

Einatmen entsteht durch den Unterdruck beim Vergrößern des Brustraums, Ausatmen durch den Druck beim Verkleinern. Die beiden *Lungenflügel* selbst haben keine Muskeln, d. h. die Lungenflügel müssen indirekt bewegt werden. Dies geschieht aufgrund von folgendem Mechanismus. Die Lungen sind von einer Haut, dem *Lungenfell,* umgeben und der Brustraum ist innen von einer Haut, dem *Brustfell*, ausgekleidet. Zwischen dem Brust- und Lungenfell herrscht ein Unterdruck. Daher folgt die Lunge den Bewegungen des Brust- und Bauchraums.

Der Brustraum vergrößert sich durch Kontraktion der Zwischenrippenmuskeln, die den Brustkorb heben. Das Zwerchfell senkt sich bei Kontraktion und dehnt so die Lunge in Richtung Bauchraum.

Die Ausatmung erfolgt passiv. Dafür sind zwei Mechanismen verantwortlich: Erschlafft die Zwischenrippenmuskulatur, senkt sich der Brustkorb mit der Schwerkraft. Erschlafft das Zwerchfell, zieht sich das bei der Einatmung gedehnte elastische Lungengewebe wieder zusammen.

Durch diese beiden Mechanismen verkleinert sich das Lungenvolumen, wodurch die Atemluft aus den Lungen herausgepresst wird. Das Atemzugvolumen beträgt in Ruhe etwa 500 ml und kann bei Belastung um das 4- bis 5-fache gesteigert werden.

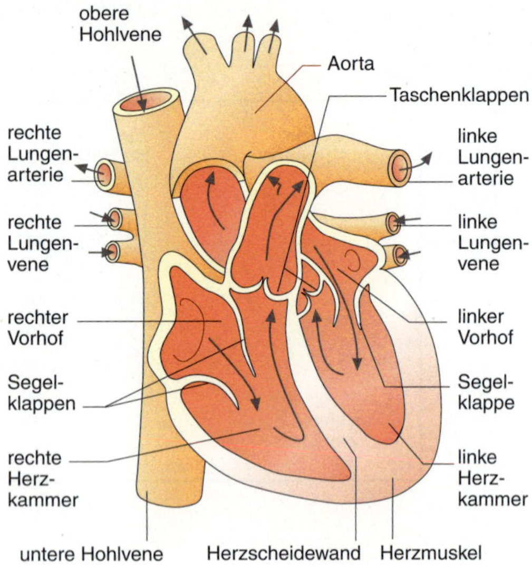

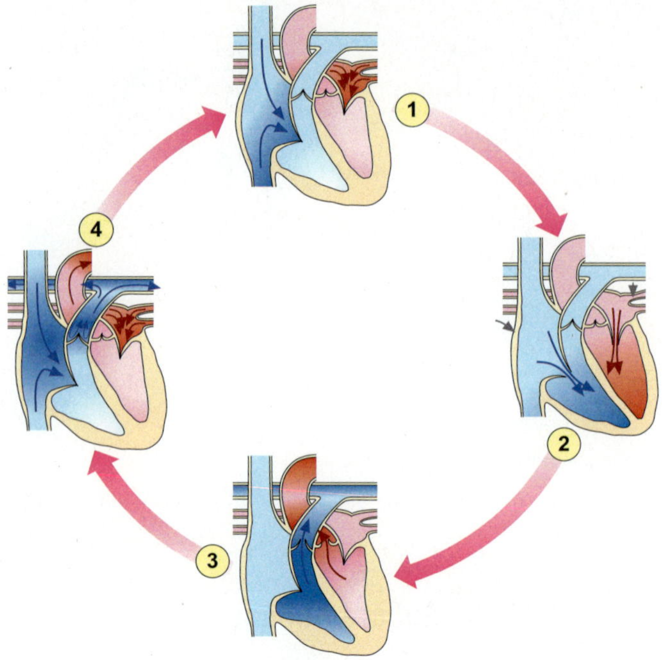

1 Bau des Herzens und die vier Phasen des Herzschlags

Das Herz

Leistung des Herzens:
70 Schläge/min = ca. 100 000 Schläge/Tag
Schlagvolumen 70 - 100 ml/Schlag
Tagesleistung ca. 10 000 bis 14 000 l

Für die körperliche Leistungsfähigkeit ist das Herz ein entscheidender Faktor, denn durch die Pumpleistung des Herzens werden der Sauerstoff und die Nährstoffe zu den Verbrauchern, z. B. den Muskelzellen, transportiert und Abfallstoffe zu den verschiedenen Ausscheidungsorganen.

Das Herz eines Erwachsenen ist ein ca. 300 g schwerer faustgroßer Hohlmuskel, der direkt unter dem Brustbein liegt. Das Herz ist mittig durch die *Herzscheidewand* in eine rechte und eine linke Herzhälfte unterteilt. Jede Herzhälfte ist durch eine *Segelklappe* noch einmal in einen *Vorhof* und eine *Kammer* unterteilt. Die Vorhöfe sind dünnwandig und dienen als Sammelkammern für das zum Herzen zurückkehrende Blut. Die Segelklappe wirkt als Ventil und lässt einen Blutstrom nur in Richtung Kammer zu.

Die Kammern sind von einer dicken Muskelschicht umgeben. Diese ist notwendig, da die Kammern das Blut in den Kreislauf austreiben, die linke besonders dickwandige Kammer in den Körperkreislauf, die rechte in den Lungenkreislauf. Die Kammern werden jeweils durch eine *Taschenklappe* begrenzt. Die Taschenklappen wirken wie die Segelklappen als Ventile und bewirken, dass Blut nur aus der Kammer heraus in die Arterie fließen kann.

Die Arbeit des Herzens erfolgt zyklisch und wird in zwei sich immer wiederholende Phasen eingeteilt, die Füllungsphase *(Diastole)* und die Kontraktionsphase *(Systole)*. In der Diastole fließt das Blut aus den beiden Hohlvenen zu dem rechten und aus der Lungenvene zu dem linken Vorhof *(Erschlaffungsphase)*. Segel- und Taschenklappen sind jeweils geschlossen (Abb. 1, Phase 1). Die Vorhöfe kontrahieren dann und treiben das Blut in die Kammern *(Füllungsphase)*. Dabei sind die Segelklappen offen, die Taschenklappen bleiben geschlossen (Abb. 1, Phase 2).

In der anschließenden Systole kontrahiert die Muskulatur in den Kammern. Dadurch schließen sich die Segelklappen *(Anspannungsphase)*, die Taschenklappen werden aufgedrückt und das Blut wird ausgeworfen *(Austreibungsphase)*; auf der linken Seite in den Körperkreislauf, der mit der *Aorta* beginnt, auf der rechten Seite in den Lungenkreislauf, der mit der *Lungenarterie* beginnt (Abb. 1, Phase 3). Wenn die Kontraktion der Kammermuskulatur abgeschlossen ist, schließen sich die Taschenklappen, die Segelklappen bleiben geschlossen (Abb. 1, Phase. 4) und die Diastole beginnt. Auf die Diastole folgt wieder eine Systole; man spricht deshalb von einem *Herzzyklus*. Die Sauerstoff- und Nährstoffversorgung des Herzmuskels erfolgt durch eigene Arterien (*Herzkranzgefäße)*.

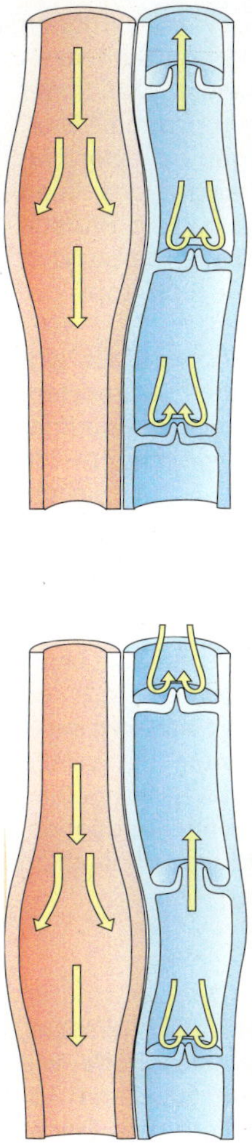

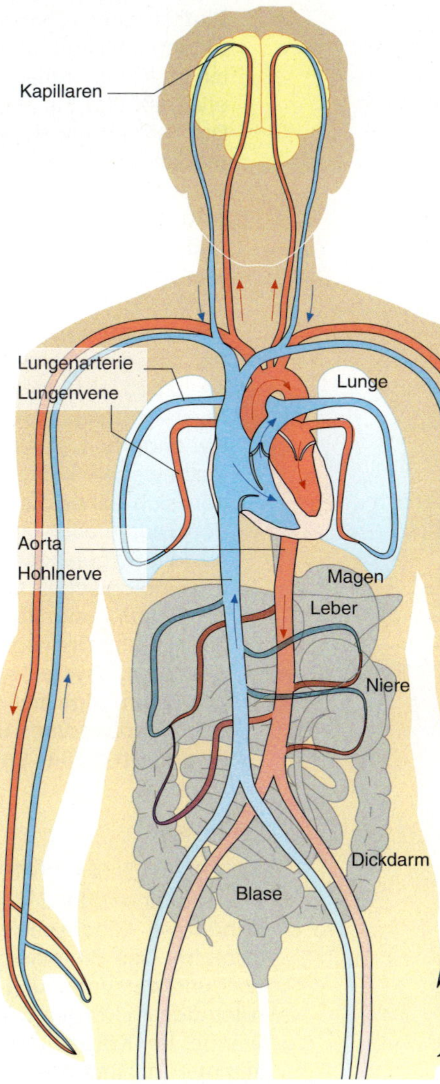

1 Schema des Blutkreislaufs

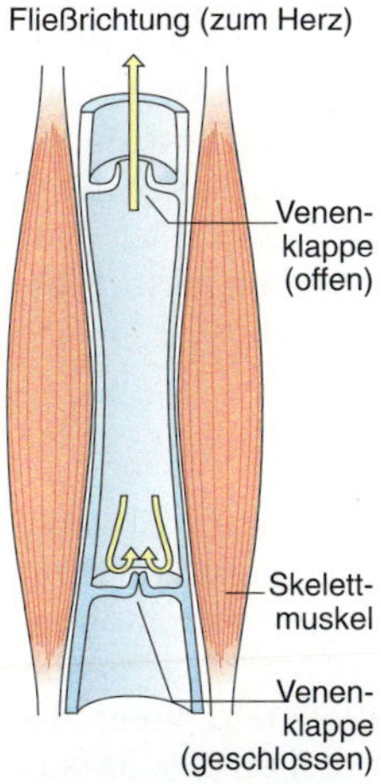

Venenmuskelpumpe

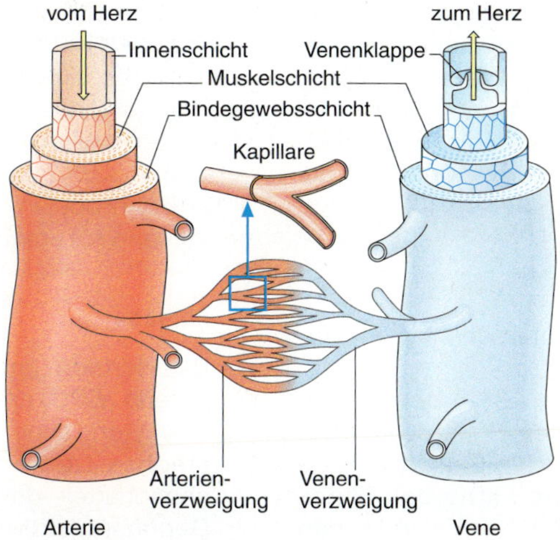

2 Aufbau des Gefäßsystems

Das Blutgefäßsystem

Das *Blutgefäßsystem* ist ein geschlossenes röhrenförmiges System von Gefäßen. Man unterscheidet den *Lungenkreislauf*, der von der rechten Herzhälfte, und den *Körperkreislauf*, der von der linken Herzhälfte ausgeht (Abb. 1).

Arterien

Die vom Herzen wegführenden Gefäße nennt man *Arterien*. Diese verzweigen sich in zunehmender Entfernung vom Herzen, werden kleiner und dünner. Schließlich teilen sich die Arterien in feinste Haargefäße auf, die *Kapillaren*, in denen der Stoffaustausch stattfindet. Die Kapillaren gehen dann über in Gefäße *(Venen)*, die zum Herzen zurückführen (Abb. 2).

Der Aufbau der Arterien und Venen ist im Prinzip sehr ähnlich. Sie bestehen aus einer dünnen inneren Zellschicht, einer Muskelschicht und einer umgebenden Bindegewebeschicht (Abb. 2). Da die Arterien als vom Herzen wegführende Gefäße hohen Drücken ausgesetzt sind, ist bei diesen die Muskelschicht dicker. Diese starke Muskelschicht kann den Gefäßdurchmesser komprimieren und damit den Blutdruck erhöhen. Weiterhin verleiht dieser Aufbau den Arterien eine Elastizität. Dadurch wird erreicht, dass der stoßweise Blutauswurf aus dem Herzen in einen stärker kontinuierlichen Blutstrom verwandelt wird (Abb. 1). Das Prinzip ist vergleichbar mit einem Luftballon, der stoßweise aufgeblasen wird und die Luft anschließend kontinuierlich weiter abgibt.

Venen

Die Venen als zum Herzen hinführende Gefäße sind nur geringen Drücken ausgesetzt, entsprechend ist die Muskelschicht geringer. Um den Blutrückstrom zum Herzen gewährleisten zu können, sind die Venen mit einer weiteren Besonderheit ausgestattet, den ventilartigen Venenklappen in der Gefäßlichtung. Diese Klappen ermöglichen einen gerichteten Blutstrom ausschließlich in Richtung zum Herzen. Das Herz hat eine starke Pump- aber nur eine geringe Saugkraft. Daher erfolgt der Rückfluss des venösen Blutes zum Herzen vor allem mittels der sogenannten *Venenmuskelpumpe*. Kontrahieren Skelettmuskeln, die Venen umgeben, drücken sie dieses zusammen. Da die Venenklappen nur einen Blutstrom in eine Richtung ermöglichen, wird so das Blut Stück für Stück in Richtung Herzen getrieben.

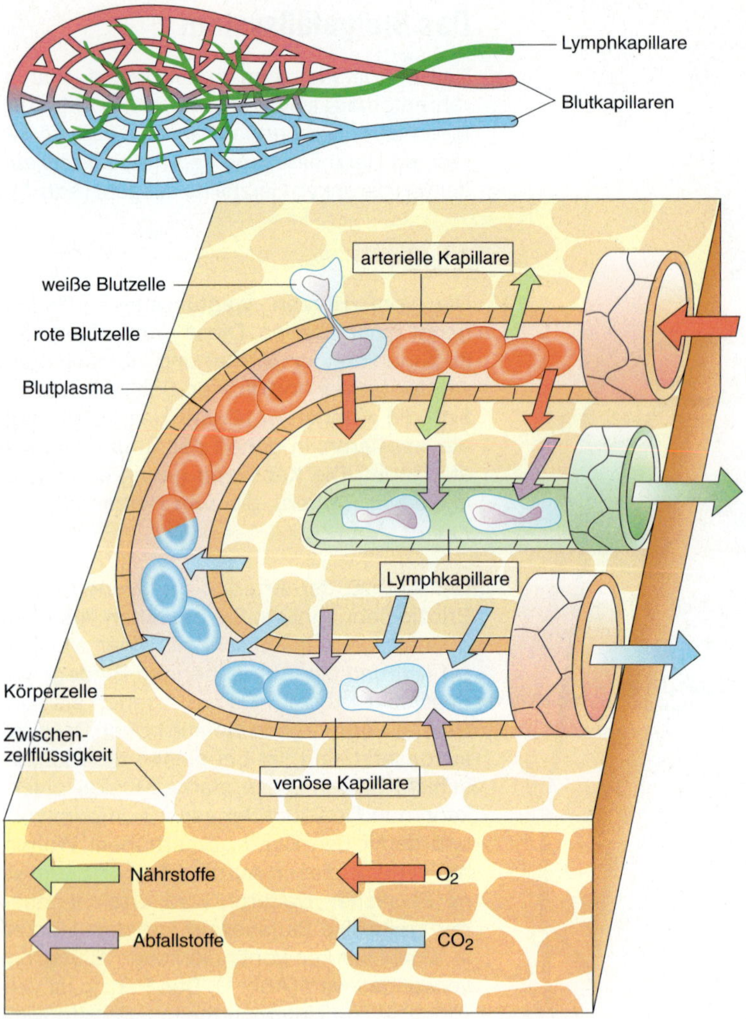

1 Stofftransport im Kapillarbereich

Blut

Blut ist das Haupttransportorgan des Körpers. Insgesamt hat ein Erwachsener zwischen 5 und 7 Litern Blut. Lässt man ungerinnbar gemachtes Blut stehen, bilden sich 2 Phasen: Unten setzen sich die festen Blutbestandteile, die *Blutzellen*, ab, darüber die flüssigen, das *Blutplasma*.

Blutzellen

Man unterscheidet 3 unterschiedliche Blutzellen im Blut:

1. Rote Blutkörperchen *(Erythrocyten)*, die mit 4,5 bis 5 Millionen Erythrocyten pro mm^3 die Mehrzahl der Blutzellen ausmachen und die rote Farbe des Blutes bedingen. Die Erythrocyten sind für den Sauerstofftransport zuständig.
2. Blutplättchen *(Thrombocyten)*, bei denen es sich um Bruchstücke ihrer Stammzellen im Knochenmark handelt. Man findet etwa 200 000 bis 300 000 pro mm^3 Blut. Die Thrombocyten sorgen bei einer blutenden Verletzung für einen vorläufigen Verschluss der Verletzung, die Blutstillung. Dazu verkleben die Thrombocyten und bilden einen weißen Blutpfropf, der allerdings noch nicht stabil ist.
3. Weiße Blutzellen *(Leukocyten)*: Es gibt verschiedene Arten von Leukocyten, die alle eine gemeinsame Grundaufgabe haben, die *immunologische Abwehr* (s. Seite 236). Weiterhin haben sie die Besonderheit, dass sich diese amöboid fortbewegen können. Leukocyten können sich daher durch feinste Spalten in den Blutgefäßen aus diesen herausbewegen. So gelangen sie zu dem Ort eines immunologischen Geschehens, z. B. einer Entzündung. Von dort wandern sie in ein eigenes Drainagesystem, die Gefäße des Lymphsystems. Die Lymphgefäße passieren regelmäßig Knotenstationen, die *Lymphknoten*, und enden letztlich herznah in großen Venen.

Blutplasma

Das *Blutplasma* enthält etwa 90 % Wasser, 7 % Proteine und 3 % gelöste Stoffe wie Nährstoffe, Mineralsalze, Vitamine und Abfallstoffe. Das Blutplasma dient dem Transport und der Verteilung von Nutz- und Abfallstoffen im Körper. Durch das Plasma wird Wärme im Körper ausgetauscht und bestimmte Inhaltsstoffe sind an der (unspezifischen) Infektabwehr beteiligt (s. S. 234).

Weiterhin ist ein Plasmaeiweiß *(Fibrin)* am Gerinnungsvorgang beteiligt. Die Vorstufe des Fibrins wird durch aktivierende Substanzen aus den Blutplättchen und dem verletzten Gewebe aktiviert und bildet dann klebrige Fäden. Diese vernetzen sich und stabilisieren den weißen Blutpfropf. In diesem Netz verfangen sich nun weitere Blutzellen, vor allem Erythrocyten, sodass der feste Blutpfropf dann rot erscheint.

Aufgabe

① Das Hormon (und Dopingmittel) *Erythropoietin (EPO)* erhöht die Anzahl der Erythrocyten, ohne das Plasmavolumen zu erhöhen. Dies verschlechtert die Fließeigenschaften des Blutes und kann die Gerinnung aktivieren. Leiten Sie daraus die Vorteile und Gefahren von EPO ab.

Erythrocyten transportieren den Sauerstoff

Erythrocyten, die roten Blutzellen, sind runde scheibenförmige Zellen mit 7,5 μm Durchmesser. Pro Sekunde werden etwa 2,5 Millionen von ihnen im roten Knochenmark gebildet, sie leben ca. 3 Monate und werden dann in Milz und Leber abgebaut. Ein Liter Blutserum löst maximal etwa 3 ml Sauerstoff. Ein Liter Blut mit Erythrocyten bindet das Siebzigfache.

Menschliche Erythrocyten enthalten keinen Zellkern, daführ besteht ihre Masse bis zu $^1/_3$ aus *Hämoglobin*. Hämoglobin ist das Trägermolekül für den Sauerstofftransport und besteht aus 4 *Globinmolekülen* (Eiweiß), in die je ein *Häm* eingebunden ist. Zentrum des Häm ist ein Eisen(II)-Ion, das über 4 Bindungsstellen in ein Porphyrin-Ringsystem eingebunden ist. Die 5. Bindungsstelle hält das Häm am Globin fest, die 6. Bindungsstelle bleibt frei und kann ein Sauerstoffmolekül locker (reversibel) binden. Dabei entsteht aus dem dunkelroten Hämoglobin das hellrote Oxi-Hämoglobin.

Die Sauerstoffbindungskurve (Abb. 1) zeigt die Abhängigkeit der Sauerstoffsättigung des Hämoglobins vom Sauerstoff-Partialdruck der Umgebung. Im Bereich der Lunge ist der Sauerstoff-Partialdruck mit ca. 130 hPa hoch, hier wird das Hämoglobin fast vollständig mit Sauerstoff beladen. In den Geweben herrscht aber wegen des Sauerstoffverbrauchs ein niedriger Partialdruck. Je weiter das Blut durch die großen Arterien und die Kapillaren ins Gewebe transportiert wird, desto mehr gibt es daher Sauerstoff ab. Bei einem Partialdruck von ca. 60 hPa, wie er oft in den Muskeln herrscht, werden bereits ca. 30 % des Sauerstoffs an die Zellen abgegeben. Da die Bindungskurve in diesem Partialdruckbereich recht steil verläuft, wird schon bei einem geringen weiteren Abfall des Partialdrucks relativ viel Sauerstoff freigesetzt. So ist die Versorgung der Gewebe auch bei hohem Sauerstoffverbrauch gesichert.

Empfänger des Sauerstoffs ist in den Muskeln zunächst das Myoglobin. Es ist ähnlich aufgebaut wie das Hämoglobin, besteht aber nur aus einer statt 4 Untereinheiten. Es kann den vom Hämoglobin freigesetzten und in die Zelle diffundierenden Sauerstoff fester binden (s. Abb. 1).

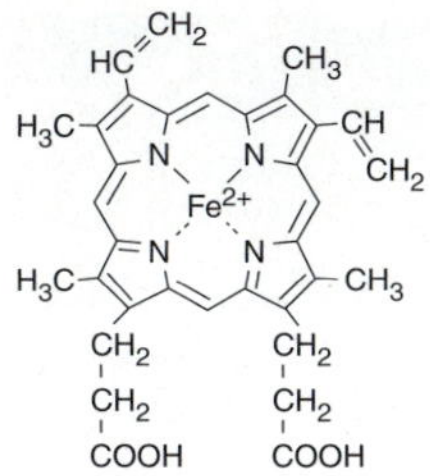

Häm

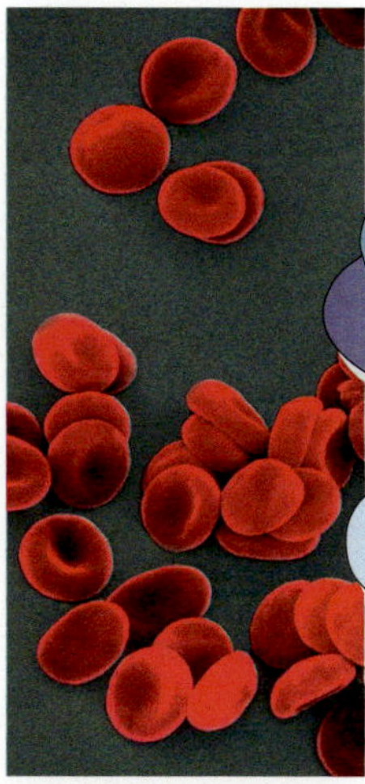

rasterelektronenmikroskopische Aufnahme von Erythrocyten

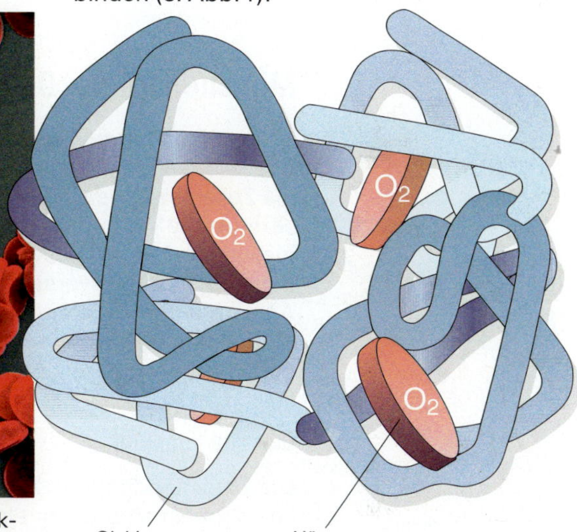

2 Hämoglobinmolekül

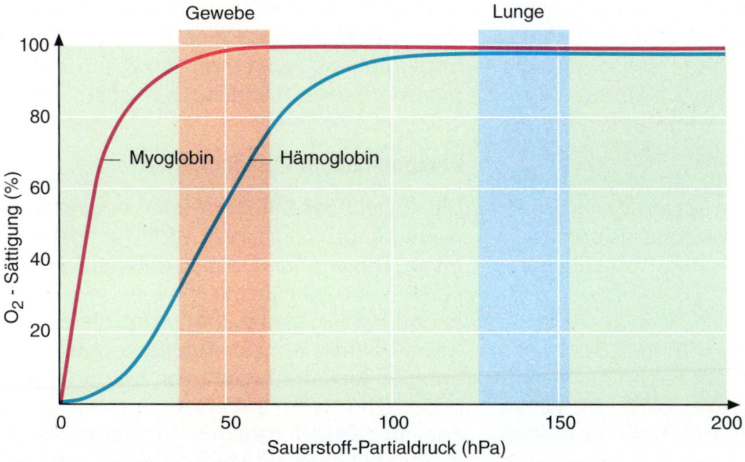

1 Sauerstoffbindungskurve des Hämoglobins und des Myoglobins

Es stellt eine Sauerstoffreserve für den Fall eines hohen Verbrauchs dar. Muskeln, die große Ausdauerleistungen erbringen, wie z. B. der Herzmuskel, haben auch einen besonders hohen Myoglobingehalt. Auch Training kann den Myoglobingehalt erhöhen.

Aufgaben

① Kohlenstoffmonooxid entsteht bei unvollständigen Verbrennungsvorgängen wie beim Zigarettenrauchen und bindet ca. 200-mal fester an Hämoglobin als Sauerstoff. Warum sind Raucher dadurch körperlich weniger leistungsfähig?

② Erklären Sie mithilfe von Abbildung 1, warum die Gabe von 100%igem Sauerstoff bei Gesunden wenig sinnvoll ist.

Angegeben ist das Mitochondrienvolumen in % am Zellvolumen bei verschiedenen Zellen einer Maus:

Leber	16,9
Hypophyse	7,5
Herzmuskel (Kammer)	47,7
Herzmuskel (Vorhof)	34,9
Blutzellen (weiß)	3,6

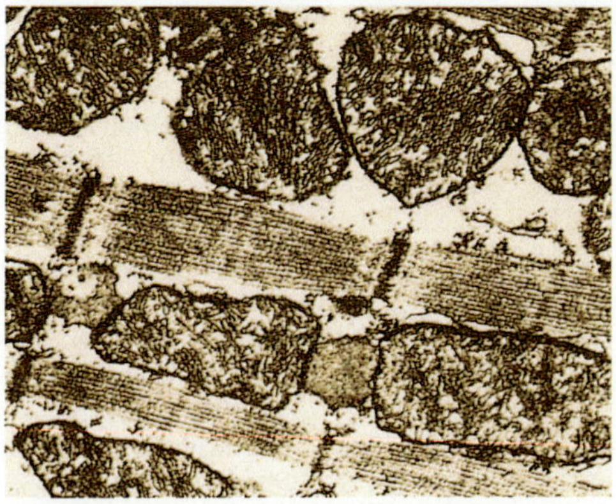

1 Gewebe vom Herzmuskel einer Ratte

2 Gewebe vom Zwerchfell einer Ratte

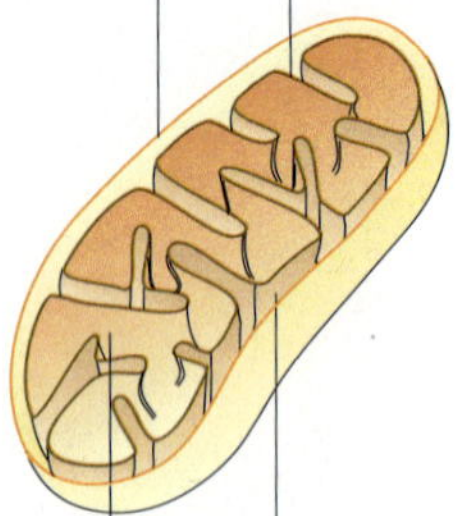

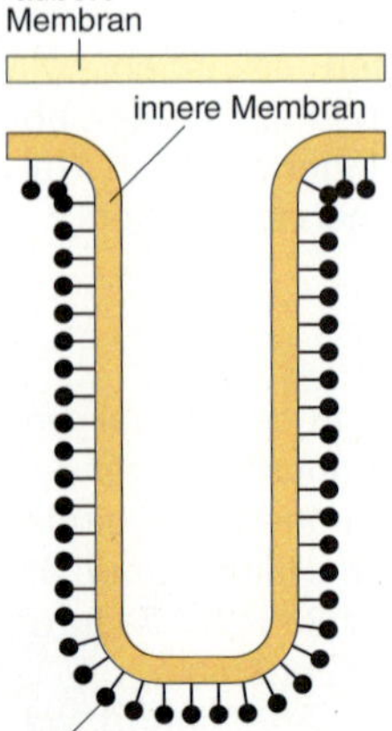

Mitochondrien – Orte der Zellatmung

In den *Mitochondrien* wird aus Zuckern, Fetten und anderen Nährstoffen Energie für die Zelle gewonnen. Man nennt sie auch die „Kraftwerke“ der Zelle. Die Energiebereitstellung erfordert Sauerstoff. Man spricht daher etwas missverständlich von innerer Atmung oder *Zellatmung*. Der Aufbau der Mitochondrien ist in hohem Maße an die Aufgaben angepasst.

Bau und Funktion

Die Mitochondrien sind von zwei Phospholipiddoppelmembranen eingehüllt. Die äußere ist glatt, die innere hat vielfältige Einfaltungen, die den Mitochondrien ihr typisches Aussehen auf elektronenmikroskopischen Aufnahmen geben (Abb. 1, 2).

Die zwei Membranen gliedern das Innere des Mitochondriums in zwei Kompartimente. Zum einen ist das der enge Zwischenraum zwischen der inneren und äußeren Membran, der sogenannte *Intermembranraum*, zum zweiten der Raum, der durch die innere Membran umgrenzt wird, die *Matrix*. In der Matrix befindet sich ein gallertiger Körper, der mitochondriale DNA und Ribosomen sowie Enzyme des Fett- und Kohlenhydratstoffwechsels enthält.

Auf der der Matrix zugewandten Seite, der gefalteten Innenmembran, liegen auf feinen Stielchen kugelige Partikel (Abb. 3). Diese sogenannten *Elementarpartikel* enthalten Enzyme zurHerstellung von ATP, dem Energiespeicher der Zelle (s. Seite 89).

Die Leistungsfähigkeit eines Mitochondriums hängt entscheidend davon ab, wie viele Elementarpartikel auf der Oberfläche der Innenmembran Platz finden. Aus diesem Grund liegt die Innenmembran des Mitochondriums gefaltet vor, da so die Oberfläche auf kleinem Raum um ein Vielfaches vergrößert werden kann.

Herkunft der Mitochondrien

Der Aufbau der Mitochondrien hat Besonderheiten. Die Zusammensetzung der inneren Membran entspricht in großen Teil der der Bakterien, ebenso die mitochondriale DNA, die ringförmig vorliegt. Bakterien und mitochondriale RNA haben in großen Abschnitten Übereinstimmungen. Man vermutet daher, dass im Laufe der Evolution eukaryotische Zellen prokaryotische aufgenommen haben und sich eine Symbiose ergab. Entsprechend redet man von der *Endosymbiontentheorie*. (siehe auch S. 308)

Vorkommen der Mitochondrien

Die Anzahl der Mitochondrien in einem Gewebe hängt von dessen Stoffwechselaktivität ab. Daher finden sich zum Beispiel in den Leber- und Muskelzellen sehr viele Mitochondrien (s. Randspalte). Auch gleiche Gewebe können je nach Beanspruchung eine unterschiedliche Anzahl von Mitochondrien haben. Der Herzmuskel muss pro Minute erheblich mehr Kontraktionen leisten als das Zwerchfell, entsprechend finden sich dort mehr Mitochondrien (Abb. 1, 2).

Leben braucht Energie

Für alle Arten von Arbeit, die eine Zelle verrichtet, ist *Energie* notwendig. Wir nehmen diese Energie in Form von Nahrung auf. Wie kommt aber die Energie aus der Nahrung zur rechten Zeit an den rechten Ort?

Energiespeicher ATP

Für alle oben genannten Arbeiten der Zelle gibt es einen universellen Energieüberträger, das ATP *(Adenosintriphosphat)*. ATP kann Energie reversibel speichern und bei Bedarf wieder abgeben. Anschließend kann ATP durch die *oxidative Phosphorylierung* von ADP *(Adenosindiphosphat)* wieder regeneriert werden. ATP ist damit vergleichbar einem wiederaufladbaren Akku.

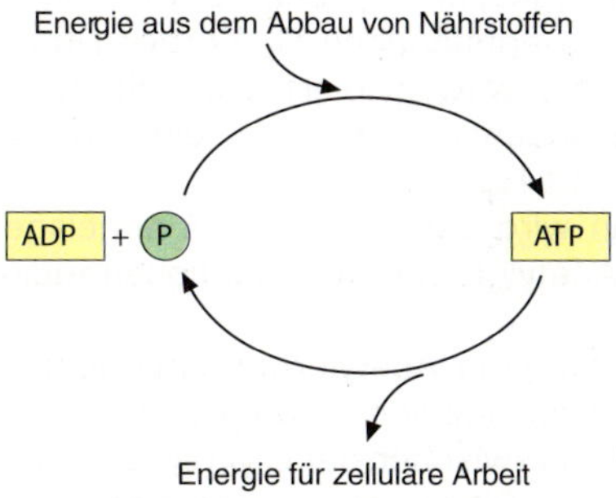

Die Möglichkeit, Energie übertragen zu können, ergibt sich aus dem besonderen Aufbau des ATP, genauer des Triphosphatschwanzes. Die drei dicht gedrängten negativ geladenen Phosphatgruppen im Triphosphatschwanz stoßen sich gegenseitig ab. Dadurch steht der Triphosphatschwanz sozusagen unter Spannung wie eine gespannte Feder. Durch diese Spannung wird die Bindung des dritten Phosphatrestes instabil, sodass diese leicht getrennt werden kann.

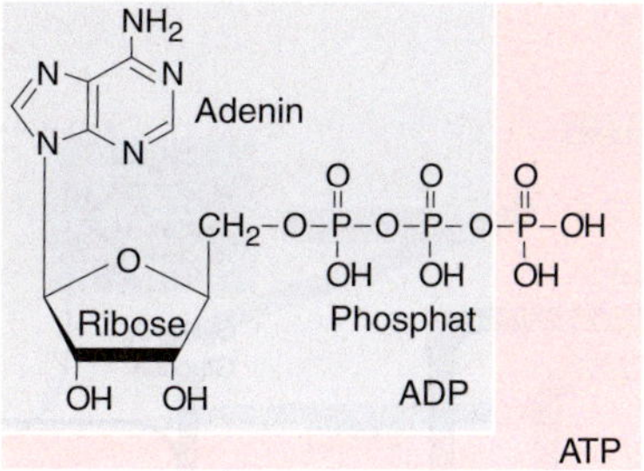

Die Energie aus der Abbaureaktion kann dann auf andere Moleküle übertragen werden. So stellt ATP die Energie für die Zellarbeit zur Verfügung.

Die Gesamtmenge des ATP im Körper beträgt etwa 50 g. Bei körperlicher Leistung wäre diese gespeicherte ATP-Menge innerhalb weniger Sekunden verbraucht. Ein totaler ATP-Mangel würde mechanische und chemische Transportarbeit in der Zelle unmöglich machen und damit zum Tode führen. Daher hat die Zelle ein aufwändiges ATP-Regenerationssystem; pro Sekunde werden in der Zelle etwa 10 Millionen ATP-Moleküle regeneriert. Die Regenerierung des ATP geschieht mittels der in der Nahrung zugeführten Energie und Sauerstoff.

Energieträger Elektron

Verschiedene chemische Reaktionen können nur ablaufen, wenn Elektronen übertragen werden. Gibt ein Molekül Elektronen ab, spricht man von einer *Oxidation*, nimmt es Elektronen auf, von einer *Reduktion*. Das Maß, mit dem ein Molekül Elektronen zu sich ziehen kann, wird als *Elektronegativität* bezeichnet. Wird ein Elektron von einem Molekül mit geringerer Elektronegativität auf eines mit höherer übertragen, wird dabei Energie frei. Ein bekanntes Beispiel dafür ist die *Knallgasreaktion*, bei der 241 kJ/mol freigesetzt werden.

$O_2 + 2\,H_2 \rightarrow 2\,H_2O$

Im Alltag wird die Knallgasreaktion zunehmend für den Antrieb von Motoren genutzt. Aber auch im Körper spielt diese Reaktion eine wichtige Rolle, denn die Regeneration von ATP geschieht über eine schrittweise Knallgasreaktion.

Elektronenüberträger

In lebenden Systemen laufen viele Oxidationen und Reduktionen nebeneinander ab. So wie das ATP-ADP-System ihr universelles Energieübertragungssystem darstellt, haben Zellen auch chemische Systeme zur Übertragung von Elektronen zur Verfügung. Die wichtigsten beruhen auf den Stoffen NAD^+, $NADP^+$ und FAD. Sie können Elektronen aufnehmen und später wieder abgeben.

oxidierte Form	reduzierte Form
$NAD^+ + 2H^+ + 2e^-$	$NADH + H^+$
$NADP^+ + 2H^+ + 2e^-$	$NADPH + H^+$
$FAD + 2H^+ + 2e^-$	$FADH_2$

Den Vorgang der Elektronenabgabe kann man sich bei NAD^+ folgendermaßen vorstellen:

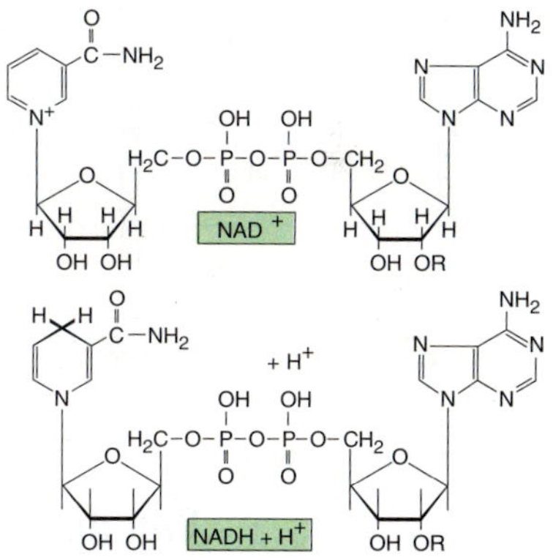

Anderseits können NAD^+ und $NADP^+$ auch noch relativ gut Elektronen aufnehmen, z. B. beim Glucoseabbau bzw. der Fotosynthese.

Werden Elektronen von NAD^+ auf Sauerstoff übertragen, handelt es sich im Prinzip um eine Knallgasreaktion. Würde diese in einem Schritt im Körper ablaufen, würden die Zellen dabei zugrunde gehen, wie der Name Knallgasreaktion andeutet. Daher geschieht diese im Körper nicht in einem Schritt, sondern in mehreren Teilschritten. So wird die Energie portionsweise frei und kann z. B. für die Bildung von ATP genutzt werden. Die Übertragung der Elektronen über Zwischenstationen zum Sauerstoff nennt man *Elektronentransportkette*. Die Elektronentransportkette kann nicht nur „bergab" zu einem Reaktionspartner mit hoher Elektronegativität genutzt werden, sondern auch „bergauf". Dann muss allerdings Energie zugeführt werden. Klassisches Beispiel dafür ist die Fotosynthese, bei der dazu die Sonnenenergie genutzt wird.

Gärung – es geht auch ohne Sauerstoff

Um aus Milch Jogurt zu bereiten, wird sie mit einer Jogurtbakterienkultur geimpft und dann luftdicht verschlossen. Ein Hundertmeterläufer atmet auf der gesamten Strecke höchstens ein- bis zweimal. Milchsäurebakterien und der Kurzstreckenläufer haben eines gemeinsam: Der Sauerstoffvorrat ist für ihre Stoffwechselaktivität viel zu gering. Die Bakterien haben in der Milch nur eine kleine Sauerstoffmenge zur Verfügung. Der Läufer hat wegen seiner hohen Leistung einen extrem hohen Sauerstoffverbrauch, den er nicht durch Atmung decken kann. Beide überleben dennoch, da sie in der Lage sind, auch ohne Sauerstoff ATP zu gewinnen. Diese *anaerobe* Art der Dissimilation nennt man *Gärung*. Viele Organismen können bei Bedarf (fakultativ) Gärung betreiben, für andere ist es der einzige obligate Stoffwechselweg.

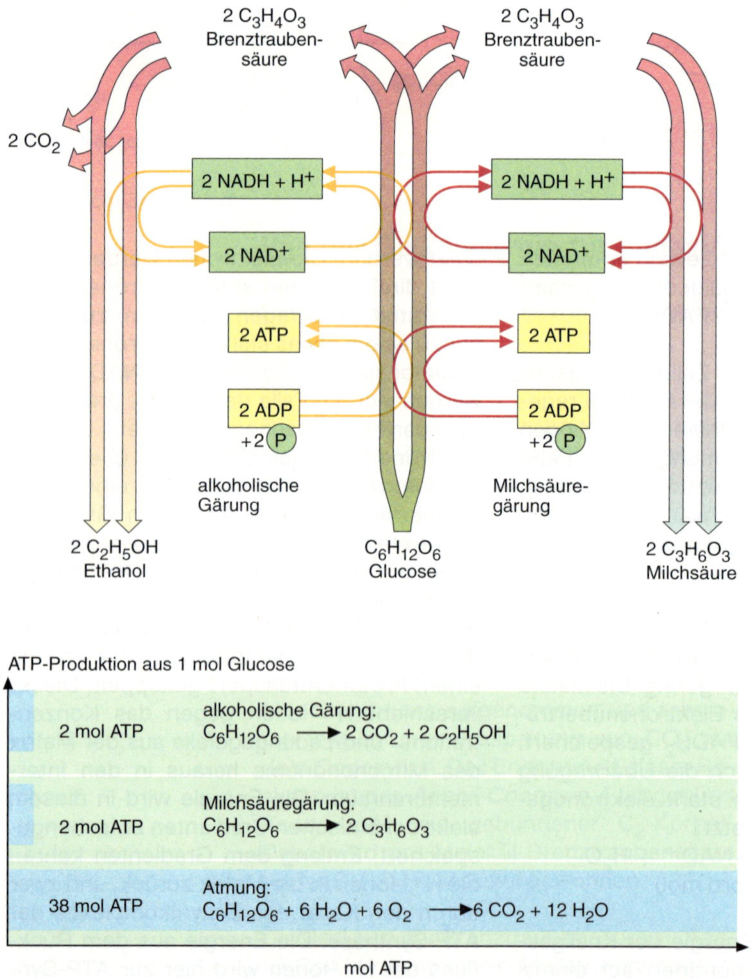

1 Schematische Darstellung der Gärung

Ist der Sauerstoffvorrat aufgebraucht, so können NADH + H$^+$ und $FADH_2$ nicht zurück zu NAD$^+$ und FAD oxidiert werden. Diese Cosubstrate stehen dann in der Glykolyse und den Folgeprozessen nicht mehr zur Verfügung, die Reaktionen kommen deshalb zum Erliegen. Nun ist aber NADH + H$^+$ aufgrund seines niedrigen Redoxpotentials in der Lage, Elektronen (und Protonen) direkt auf Brenztraubensäure zu übertragen. Viele Organismen haben Enzyme, um diese Reaktion zu katalysieren. Dann steht NAD$^+$ wieder bereit. Es kann zumindest in der Glykolyse wieder ATP erzeugt werden, wenn auch erheblich weniger pro mol Glucose als in der Atmung. Daneben wird die giftige Brenztraubensäure in die ungefährlichere Milchsäure umgewandelt. Daher heißt der Vorgang auch *Milchsäuregärung*. So entsteht durch Milchsäurebakterien aus Milch Jogurt bzw. aus Weißkohl Sauerkraut. In Mikroorganismen arbeitet ein anderes Enzym als in Wirbeltiermuskeln, daher produzieren sie D$^{(+)}$-Milchsäure statt der L$^{(-)}$-Form.

Nach dem gleichen Prinzip arbeiten Hefepilze der Gattung *Saccharomyces* bei der *alkoholischen Gärung*. Sie spalten zunächst enzymatisch CO_2 aus der Brenztraubensäure ab und reduzieren den entstehenden C_2-Körper Ethanal mithilfe von NADH + H$^+$ zu Ethanol. Auf diese Weise wird NAD$^+$ regeneriert. Hefen werden zur Erzeugung von Ethanol in der Getränkezubereitung (Bier, Wein) eingesetzt. Beim Backen wird ihre Produktion von CO_2 ausgenutzt: Die Gasbläschen lassen den Teig aufgehen.

Backhefen können in Gegenwart von Sauerstoff auch atmen und schalten nur unter sauerstoffarmen Bedingungen auf Gärung um. Sie sind *fakultative Anaerobier*. Andere Mikroorganismen und Wirbellose, wie Wattwürmer oder Tubifex-Larven, leiden als Schlammbewohner häufig unter Sauerstoffmangel und gewinnen dann durch andere Gärungsformen Energie.

Aufgaben

① Hefe wird in gut belüfteten Behältern vermehrt, arbeitet aber im Teig oder beim Bierbrauen unter Luftabschluss. Begründen Sie.

② Gefäße zur Bereitung von Sauerkraut müssen völlig sauber und luftdicht abgeschlossen sein. Was würde sonst geschehen?

Versuche zur Gärung

Untersuchung von Sauerteig

Material:
300 g Roggenmehl oder käufliche Backmischung Roggenbrot, dest. Wasser, pH-Teststreifen, Glaswolle

Geräte:
Backschüssel, Becherglas (1 Liter), kleiner Teller zum Abdecken, kl. Löffel, 3 kl. Reagenzgläser, 1 gr. Reagenzglas, Becherglas 500 ml (hoch), Drahtnetz, Dreifuß, Brenner

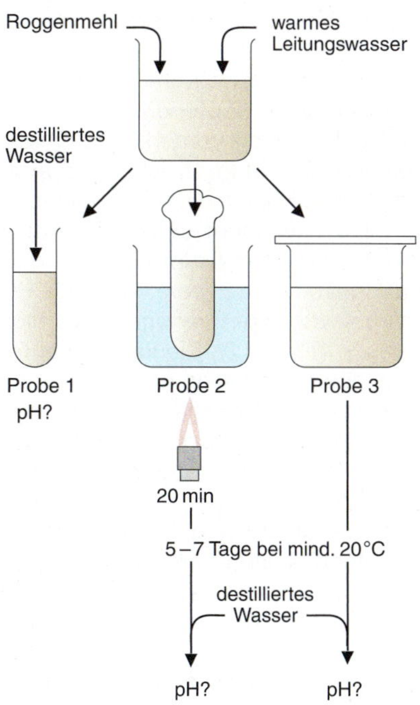

Durchführung:
300 g Roggenmehl (möglichst frisch und nicht zu fein gemahlen) werden in der Backschüssel mit so viel Leitungswasser (ca. 300 ml) bei ca. 30 °C gründlich vermischt, dass der Teig gerade noch fließfähig ist.

Zwei kleine Proben von ca. 10 g werden abgenommen. Probe 1 wird mit ca. 10 ml Wasser aufgeschwemmt. Man lässt den Teig sich absetzen und misst den pH-Wert.

Probe 2 wird im großen, mit Glaswolle verschlossenen Reagenzglas ca. 20 min im kochenden Wasserbad erhitzt.

Der restliche Teig wird in ein hohes Becherglas gefüllt, mit einem Teller abgedeckt und etwa eine Woche lang an einem dunklen warmen Ort (nicht unter 20 °C) zusammen mit Probe 2 stehen gelassen.

Aufgabe

① Nach Ablauf der Zeit wird in beiden Proben wie bei Probe 1 der pH-Wert ermittelt. Deuten Sie das Ergebnis.

Backen eines Sauerteigbrotes

Material:
Versuchsansatz aus Versuch 1, 300 g Roggenmehl, 12 g Speisesalz

Geräte:
Backschüssel, Rührlöffel, Kastenbackform, sauberes Handtuch, Backofen oder Trockenschrank

Durchführung:
Dem Teig aus Versuch 1 werden das Roggenmehl, Salz und Wasser zugegeben. Unter Rühren wird so viel Wasser dazugegeben, dass der Teig klebrig, aber nicht fließfähig ist. Er wird in der mit einem Tuch abgedeckten Backschüssel ca. einen Tag an einem warmen Ort aufbewahrt.

Danach wird der Teig in die Backform gefüllt und nochmals mit einem Tuch abgedeckt ca. eine Stunde gehen gelassen. Dann wird der Teig bei ca. 180 °C ca. eine Stunde lang gebacken.

Alkoholische Gärung

Material:
Backhefe, Glucose, Calciumhydroxidlösung, Spülmittel

Geräte:
2 Wasserbäder (40 °C), 2 große Reagenzgläser, 3 Gaswaschflaschen, Sprudelsteine, Gummischläuche, Aquarienpumpen, Destillierapparatur oder doppelt durchbohrter Gummistopfen mit breitem Steigrohr (ca. 60 cm hoch), Thermometer

Durchführung:
Für einen Hefeansatz werden 40 g Glucose in 200 ml Wasser gelöst. Dazu kommen 20 g Bäckerhefe oder ein Beutel Trockenhefe. Der Ansatz wird im Wasserbad vorgewärmt, gut geschüttelt und gleichmäßig auf 2 Reagenzgläser verteilt. Die beiden Versuchsansätze werden gemäß der Abbildung aufgebaut. Nur einer wird mittels Aquarienpumpe belüftet.

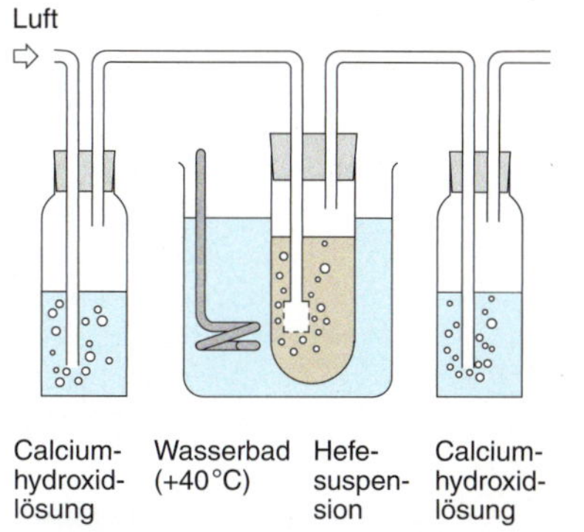

Aufgaben

② Beobachten Sie die Lösungen in den Waschflaschen und deuten Sie Ihre Beobachtungen.
③ Lassen Sie die Ansätze (ohne weitere Heizung) einen weiteren Tag stehen. Destillieren Sie dann (getrennt) den Inhalt der beiden Reagenzgläser. Vergleichen Sie dabei die Siedetemperaturen. Begründen Sie den Unterschied.
④ Versuchen Sie, die ersten 10 Tropfen des Destillats zu entzünden. Begründen Sie Unterschiede zwischen den beiden Ansätzen.

Alternative (einfachere) Durchführung:
– Geben Sie in jedes Reagenzglas je einen Tropfen Spülmittel, um zu starkes Schäumen zu verhindern.
– Verschließen Sie jedes Reagenzglas nach Befüllen wie oben mit einem doppelt durchbohrten Stopfen.
– Setzen Sie in die eine Öffnung des Stopfens ein Thermometer, in die andere ein ca. 50 cm langes Steigrohr (ca. 1 cm Ø).

Aufgaben

⑤ Erhitzen Sie und vergleichen Sie die Siedetemperaturen.
⑥ Wenn Dampf aus dem Steigrohr strömt, versuchen Sie (mehrmals), ihn zu entzünden. Welchen Stoff weisen Sie damit nach?
⑦ Vergleichen Sie beide Ansätze in Bezug auf Siedetemperatur und Brennbarkeit. Begründen Sie.

Die Muskelkontraktion

ATP spielt eine wichtige Rolle bei der Bewegung von Geißeln bei Einzellern, aber auch bei Bewegungen unseres Körpers. Bei all diesen Prozessen wird chemische Energie in mechanische Arbeit umgewandelt.

Bau des Muskels

Muskeln sind deutlich sichtbar in einzelne *Muskelbündel* gegliedert. Sie wiederum sind aus vielen bindegewebsumhüllten *Muskelfaserbündeln* aufgebaut, die auch Nerven und Blutgefäße enthalten. Jedes dieser Bündel enthält auch eine größere Zahl von ca. 50 µm dicken parallel angeordneten *Muskelfasern*.

Es sind ungewöhnlich große Zellgebilde aus vielen miteinander verschmolzenen Einzelzellen. Jede Muskelfaser enthält mehrere Zellkerne und zahlreiche Mitochondrien am Rand, wo sie Bewegungen nicht behindern. Die Fasern der Skelettmuskeln erscheinen im Mikroskop quergestreift. Im Inneren jeder Muskelfaser sind nämlich viele 1 bis 2 µm dicke *Myofibrillen* exakt parallel gelagert. Jede besteht aus einer Vielzahl von hintereinander liegenden *Sarkomeren* von gleichartigem Aufbau: Jedes Sarkomer wird von 2 quer gelagerten Z-Scheiben begrenzt. Darin fest verankert ist eine große Zahl paralleler *Aktinfilamente*. Zwischen sie sind regelmäßig die dickeren *Myosinfilamente* (ca. 0,01 µm Durchmesser) eingelagert.

Gleitfilamenttheorie der Kontraktion

Muskeln verkürzen und verdicken sich bei der Kontraktion. Das Gleiche gilt für jedes einzelne Sarkomer. Aktin- und Myosinfilamente schieben sich ineinander und ziehen so die Z-Scheiben aufeinander zu.

Jedes Myosinfilament trägt an seiner Seite etwa 500 bewegliche Köpfchen. Lagert sich ATP an sie an, liegen sie vom Aktin losgelöst vor. Unter ATP-Spaltung strecken sie sich. In diesem Zustand sind sie energiereich und wie eine Feder gespannt (*Phase 1,* Abb.1 unten). Auf einen Nervenimpuls hin werden Bindungsstellen auf dem Aktin für die Köpfchen frei, daraufhin verbinden sie sich mit dem Aktin (*Phase 2*). Sie klappen automatisch in einen Winkel von 45° um und ziehen dadurch die Aktinfilamente um eine kleine Strecke weiter zwischen das Myosin (*Phase 3*). Dieser Vorgang (Lösen der Köpfchen vom Aktin — Geraderichten — erneutes Anlagern — Umklappen) kann immer von Neuem erfolgen, solange der Muskel durch Nervenimpulse aktiviert ist. Entsprechend werden die Sarkomere und damit die Muskelfaser immer stärker verkürzt, bis im Extremfall das Myosin an die Z-Scheiben stößt.

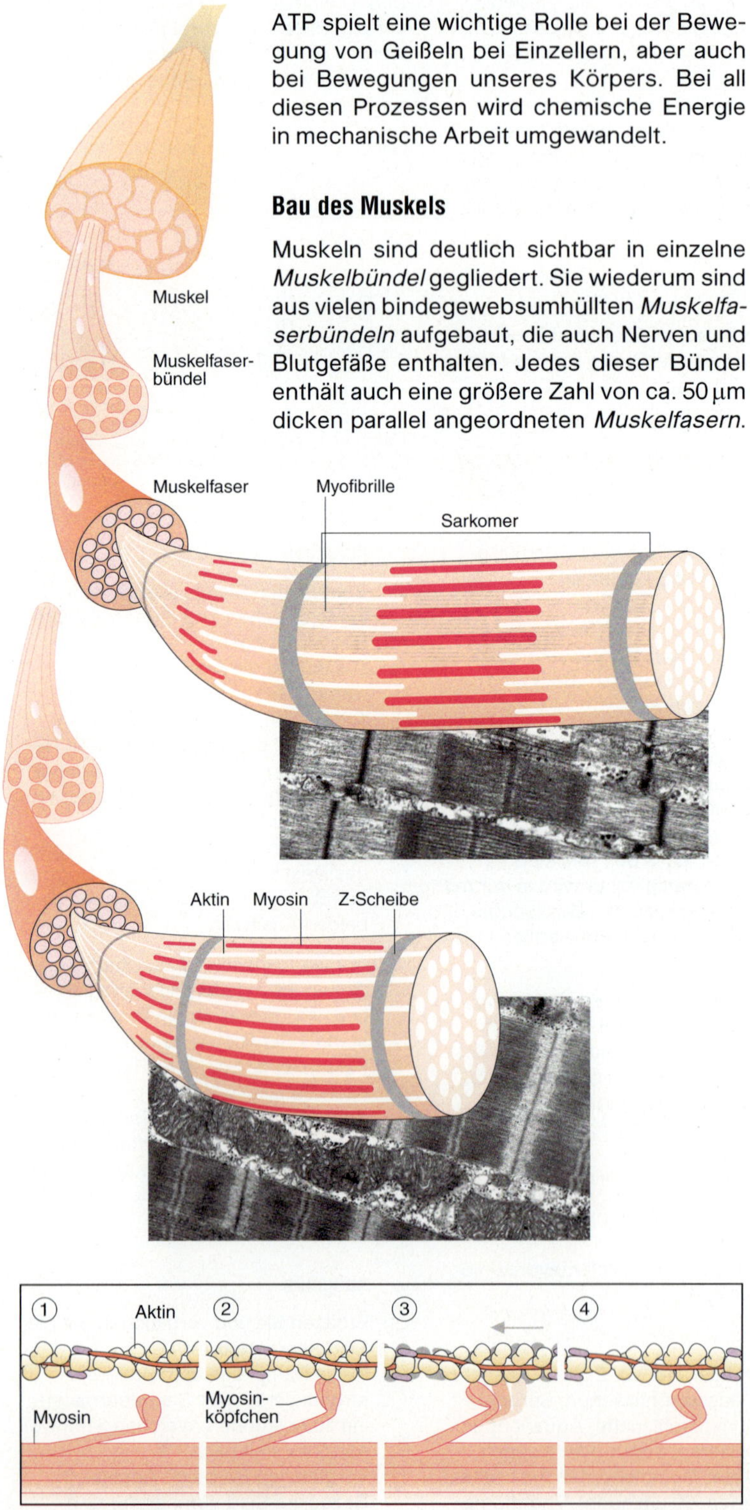

1 Ablauf der Muskelkontraktion

Aufgabe

① Bei zu starker, ungewohnter Dauerbelastung eines Muskels verkrampft er: Er wird steif und hart. Welche Ursachen könnte das haben?

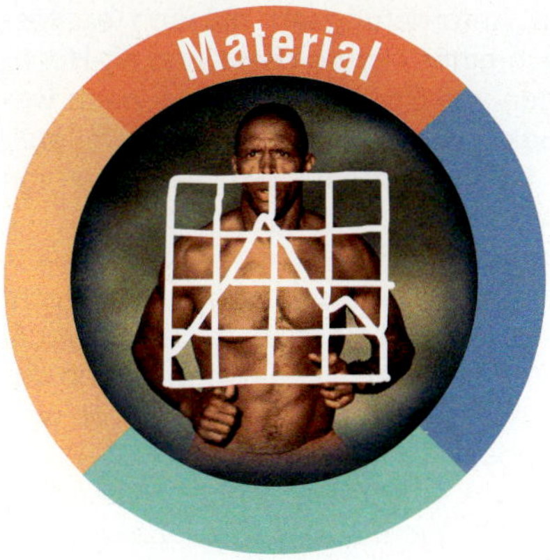

Die Rolle des ATP bei der Muskelkontraktion

Eine Vielzahl von Einzelbefunden ermöglichte es, eine Theorie zu den molekularen Mechanismen bei der Muskelkontraktion aufzustellen:

1) In Muskelzellen findet man eine besondere Form des Endoplasmatischen Retikulums (ER), die als Ca^{2+}-Speicher dient. In der Membran dieses ER befinden sich spezielle Ionenpumpen, die Ca^{2+} in das ER transportieren.

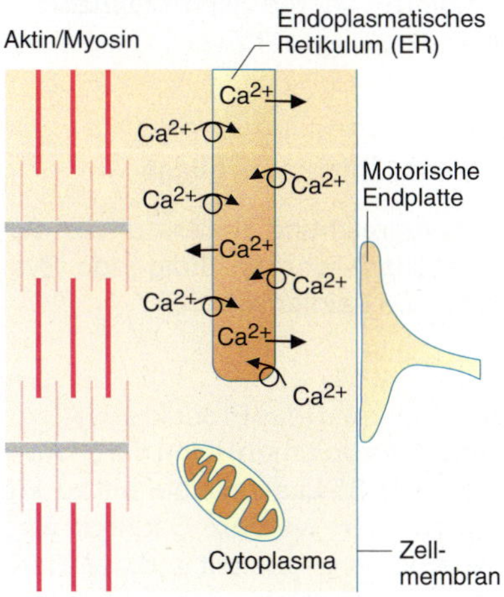

2) Gelangen Nervenimpulse an die *Motorische Endplatte* (die Nervenendigung an der Membran), erhöht sich schlagartig die Permeabilität der Membran des Muskelzellen-ERs für Calciumionen. Darauf erhöht sich die Ca^{2+}-Konzentration im Cytoplasma der Muskelzelle um ca. das 1000fache.
3) Das Myosinmolekül weist flexible Teile auf, die Änderungen seiner räumlichen Struktur ermöglichen. Nur in einer dieser räumlichen Strukturen hat der Myosinkopf Kontakt mit Aktin.
4) Engelhardt und seine Mitarbeiter stellten schon 1939 fest, dass der Myosinkopf ATP-Bindungsstellen aufweist. ADP und Phosphat dagegen werden vom Myosinkopf nicht gebunden.
5) Der Myosinkopf kann bei Anwesenheit von Aktin ATP schnell zu ADP und Phosphat spalten. Der Myosinkopf wirkt also wie eine ATPase.

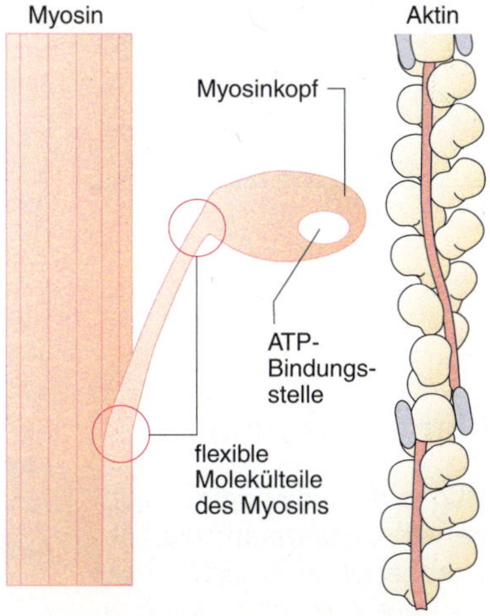

6) Eine Änderung der räumlichen Struktur von Myosin erfolgt unter verschiedenen Bedingungen:
   a) Hohe Ca^{2+}-Konzentrationen verändern die Struktur von Myosin und Aktin so, dass das Myosin in Kontakt mit Aktin tritt.
   b) Die Anlagerung von ATP an die ATP-Bindungsstelle des Myosinkopfes führt zu einer 90°-Einstellung des Myosinkopfes zum Myosinstiel. Diese räumliche Struktur des Myosins bleibt nur bestehen, so lange ATP gebunden ist.
   c) Bei niedriger Ca^{2+}-Konzentration binden zwei weitere Proteine so an Aktin, dass sie den Zugang für das Myosinköpfchen blockieren. Bei höheren Ca^{2+}-Konzentrationen verändern diese beiden Proteine ihre Lage geringfügig, sodass Myosin an Aktin binden kann und die Kontraktion erfolgt.

Aufgaben

① Ermitteln Sie mithilfe der obigen Versuchsergebnisse die richtige Reihenfolge der Schemata in der nebenstehenden Abbildung.
② Stirbt ein Wirbeltier, so tritt nach einigen Stunden Totenstarre ein: Alle Muskeln werden starr und hart. Gehetztes Wild zeigt nach dem Tode eine extrem kurze Zeit bis zum Einsetzen der Totenstarre. Erklären Sie diese Phänomene; überlegen Sie, in welcher Phase der unten stehenden Abbildung sich ein Muskel in Totenstarre befindet.
③ Die Zugabe von ATP auf einen frisch isolierten Muskel führt nicht, wie man zuerst vermuten könnte, zu einer Kontraktion. Überlegen Sie, wie man tatsächlich eine Kontraktion auslösen könnte.

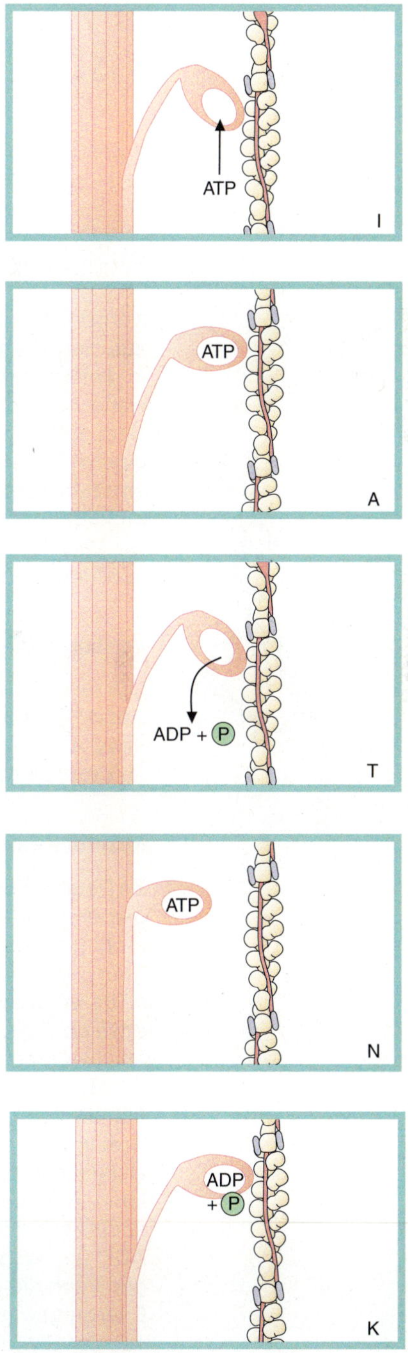

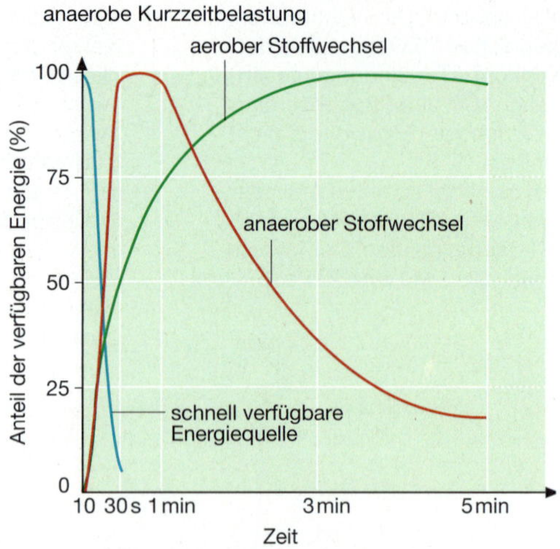

1 Energiebereitstellung bei Belastung

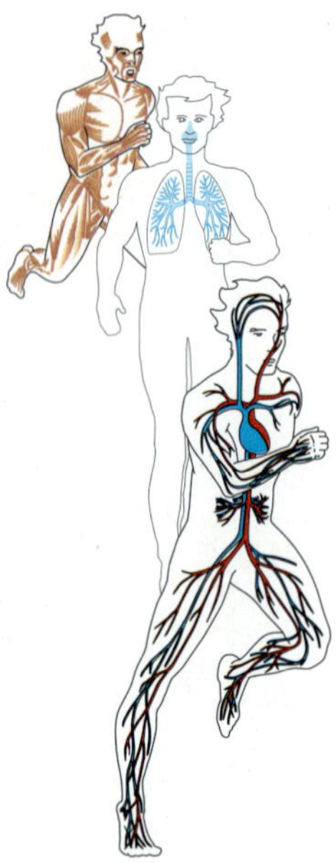

Wissenschaft für das Training

Körperliche Leistungsfähigkeit setzt sich aus den Komponenten zusammen, die Sie in diesem Kapitel kennengelernt haben. Nur wenn *äußere* und *innere Atmung* sowie das Herz-Kreislauf-System und die Muskeln zu einem Gesamtsystem koordiniert werden, entsteht körperliche Leistungsfähigkeit. Wie funktioniert also dieses Gesamtsystem und wie kann ich es beeinflussen, um meine persönliche Leistungsfähigkeit zu verbessern?

Leistungsfähigkeit und ATP

Leistungsfähigkeit ohne das Vorhandensein von ATP ist unmöglich und bedeutet daher, dass ATP in allen Phasen einer Leistungsanforderung bereitgestellt werden muss.

Anaerobe Energiebereitstellung

Zu Beginn einer Leistung geschieht die Energiebereitstellung ohne Nutzung von Sauerstoff *(anerob)*. Zunächst werden dafür die Energiereserven in Form des gespeicherten ATPs eingesetzt. Mit diesen Reserven kann etwa für 2 bis 4 Sekunden Energie bereitgestellt werden.

Für die folgenden etwa 20 Sekunden steht Kreatinphosphat als schnell verfügbare Energiequelle zur Verfügung. Kreatinphosphat kann ATP schnell regenerieren, indem es seine energiereiche Phosphatgruppe auf ADP überträgt. Für weitere etwa 30 Sekunden kann die Leistung durch den (geringen) Energiegewinn aus anaerobem Stoffwechsel, der Glykolyse, aufrechterhalten werden.

Je nach Anforderungsart müssen spätestens nach einer Minute (bei Kurzzeit-Hochleistungen wie Sprintsport schon nach wenigen Sekunden) die Sauerstoff bereitstellenden und verarbeitenden Systeme von Ruhe auf Leistung umgestellt werden.

Warum können Untrainierte dann nicht mehr und warum machen auch Bodybuilder schnell schlapp? Die Lösung liegt in der Zellatmung: Wird die Glykolyse anaerob weiter betrieben, wird das gesamte $NADP^+$ in $NADPH + H^+$ reduziert. Fehlt Sauerstoff, kann $NADP^+$ nicht in der Atmungskette regeneriert werden. Die einzige Möglichkeit der Regeneration von $NADP^+$ ist dann die Reduktion von Brenztraubensäure in *Milchsäure,* wobei $NADPH + H^+$ verbraucht wird. Dadurch häuft sich Lactat im Muskel und anschließend im Blut an und führt zur Übersäuerung. Diese hemmt die Energiebereitstellungssysteme und führt schließlich zum Leistungsabbruch.

Aerobe Energiebereitstellung

Ein Hauptpfeiler jedes vernünftigen Trainings ist die Optimierung der aeroben Energiebereitstellung. Obwohl es viele Möglichkeiten gibt zu trainieren, laufen allen Maßnahmen des aeroben Trainings auf zwei Prinzipien hinaus:

Prinzip 1: Wenig Milchsäure bilden

Dafür muss ausreichend Sauerstoff zu den Muskeln geschafft werden. Folgende Systeme sollten also trainiert werden:

Atmung
Das Atemzeitvolumen (das Produkt aus Atemfrequenz und Atemvolumen) kann durch Ausdauertraining von 85 Liter/min auf bis zu 170 Liter/min vergrößert werden. Dadurch wird mehr Sauerstoff bereitgestellt und der Stoffwechsel kann aerob erfolgen. Das Atemzeitvolumen kann gut mit Ausdauersport, vor allem Schwimmen, gesteigert werden.

Herz
Ebenso wie bei der Atmung kann der Trainierte sein *Herzzeitvolumen* (Produkt aus Herzfrequenz und Herzvolumen) steigern. Wichtigster Parameter ist die Steigerung des *Herzvolumens* und damit der Auswurfleistung des Herzens (*Schlagvolumen*). Untrainierte haben ein Schlagvolumen von etwa 65 ml, Trainierte können dies auf bis zu 150 ml steigern. Da Trainierte aufgrund ihres hohen Schlagvolumens ihr Herzzeitvolumen

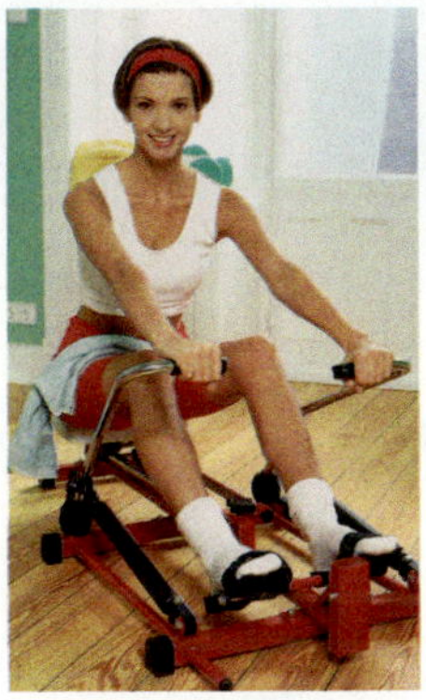

mit weniger Herzschlägen erbringen können, findet sich bei diesen in Ruhe eine langsame Pulsfrequenz, der „Sportlerpuls".

Muskulatur

Die trainierte Muskulatur passt sich auf mehrfache Weise an die Belastung an. Trainierte Muskeln sind stärker mit Kapillaren durchzogen und werden so besser mit Sauerstoff versorgt. Durch das Training nimmt der Faserdurchschnitt zu, so wird mehr Aktin, Myosin, ATP und Kreatinphosphat in die Muskelzelle eingelagert. Durch Training nimmt der Anteil an ST-Fasern zu, die Energie aus der Zellatmung gewinnen, zusätzlich erhöht sich die Mitochondriendichte im Muskel um bis zu 40 %

Das erste Trainingsprinzip, weniger Milchsäure zu bilden, steht damit auf zwei Füßen:
- mehr Sauerstoff und Nährstoffe durch ein trainiertes Atmungs- und Herz-Kreislauf-System bereitzustellen,
- bessere Nutzung des Sauerstoffs und der Nährstoffe durch erhöhte Mitochondriendichte.

Prinzip 2: Milchsäureabbau

Trainierte bilden nicht nur weniger Milchsäure, sie sind gleichzeitig auch in der Lage, Milchsäure in höherem Maße abzubauen. Training bewirkt eine höhere Enzymkonzentration desjenigen Enzyms, das die (Rück-) Reaktion von Milchsäure zu Brenztraubensäure katalysiert. Dies geschieht in den Muskeln und in der Leber. Auf diese Weise wird nicht nur die Übersäuerung verhindert, sondern gleichzeitig vermehrt Brenztraubensäure als Energieträger für den Citronensäurezyklus zu Verfügung gestellt.

Wissenschaftliches Training

Die Gesamtheit der positiven oben beschriebenen Effekte können nur durch ein kombiniertes Training der betreffenden Muskeln und ein Ausdauertraining erzielt werden. Um Ausdauer zu trainieren, sind 2 bis 3 Trainingseinheiten à 30 Minuten pro Woche notwendig. Wichtig ist dabei, aerob zu trainieren. Ein wichtiger Parameter, um festzustellen, ob man noch aerob trainiert, ist die Pulsfrequenz. Diese sollte etwas unter 130 Schlägen pro Minute liegen. Bezogen auf das Laufen bedeutet dies für die meisten „Trimmtrab", also eine Geschwindigkeit von 7 bis 10 km/h. Die Atemfrequenz soll dabei gleich bleiben. Muss die Atemfrequenz erhöht werden, lässt dies auf eine Übersäuerung schließen. Im Ausdauertraining soll dann nicht schneller geatmet, sondern langsamer gelaufen werden.

Nahrung und Sport

Sport ist Teil jedes Diätprogramms. Wie bekannt, hemmen hohe Milchsäurespiegel die Enzyme der Fettverwertung. Soll also durch Sport die Verminderung der Fettmenge unterstützt werden, muss aerob gearbeitet werden, sprich *Ausdauertraining* betrieben werden.

Richtige Nahrung kann die sportliche Leistungsfähigkeit unterstützen. Hohe Glykogenspeicher sind nützlich für Höchstleistungen, z. B. den Endspurt. Mit Glykogen kann im Vergleich zu Fett doppelt so viel ATP resynthetisiert werden. Hohe Glykogenspeicher sind deshalb von Vorteil. Die Glykogenspeicher können besonders gut gefüllt werden, wenn diese vorher durch ein 30-minütiges Ausdauertraining weitgehend entleert wurden, d. h. die Kohlenhydrate, z. B. in Form von Nudeln, müssen nach dem Training aufgenommen werden. Da für den Glykogenaufbau viel Wasser verbraucht wird, ist auch auf eine hohe Flüssigkeitszufuhr zu achten.

Beim Krafttraining wird zum Muskelaufbau mehr als 2- bis 3-mal so viel Protein benötigt als normal, d. h. 2 bis 3 g/kg Körpergewicht im Vergleich zu 1 g/kg Körpergewicht bei nicht Trainierenden. Die Proteinzufuhr sollte vor dem Training erfolgen, da so die vermehrte Muskeldurchblutung für die Heranschaffung der Proteine zum Muskel optimal genutzt wird.

Training und Doping

Wer träumt nicht davon, ein sportlich gestählter Körper ohne schweißtreibendes Training? In der Tat kann z. B. der Muskelaufbau durch Doping (sogenannte *Anabolika)* verstärkt werden, allerdings nicht ohne Nebenwirkungen. Viele *Anabolika* sind den männlichen Geschlechtshormonen *(Steroide)* verwandt, sie führen zu einem stärkeren Muskelaufbau, greifen aber gleichzeitig erheblich in den Hormonhaushalt ein. Nachdem es für die Steroide Nachweisverfahren gibt, ist das Wachstumshormon *Somatotropin* in die Schlagzeilen gekommen. Es fördert vor allem das Längenwachstum, aber auch den Muskelaufbau. Nebenwirkungen sind z. B. Herzversagen und nach Schluss der Wachstumsfugen abnormes Wachstum der Hände, Füße und der Nase.

Stoffwechsel und Verdauung

Lernsituation

Krank durch Essen? Klar kann man dick werden, aber kann man tatsächlich krank werden?

„Die Deutschen sind zu dick", „Krankenkassen können Kostenlawine aufgrund von Dickleibigkeit künftig nicht mehr verkraften", „Mädchen mit Bulimie musste per Gerichtsbeschluss zwangsernährt werden"...

Unsere Ernährung scheint aus den Fugen geraten zu sein, anscheinend werden alle kränker, die einen durch zu viel essen und die anderen durch zu wenig.

Wie viel Joule sind eigentlich zu viel oder zu wenig? Wann ist man zu dick, gibt es dafür objektive Daten? Kann man tatsächlich durch falsche Ernährung Diabetes mellitus bekommen?

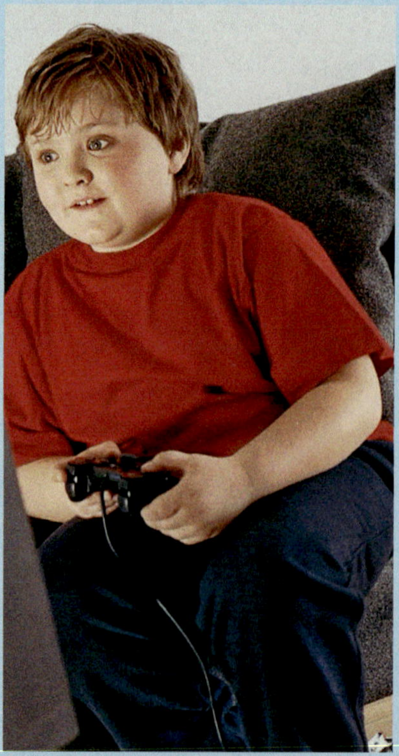

Leitfragen

Gibt es objektive Werte, wann ich zu viel esse oder zu wenig? Warum nehme ich nicht ab, obwohl ich so wenig esse? Wie erklärt man sich, dass man durch zu viel Essen Stoffwechselerkrankungen wie Diabetes mellitus bekommen kann?

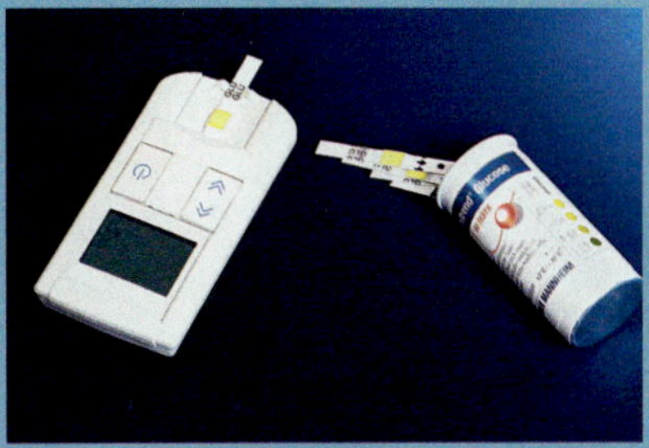
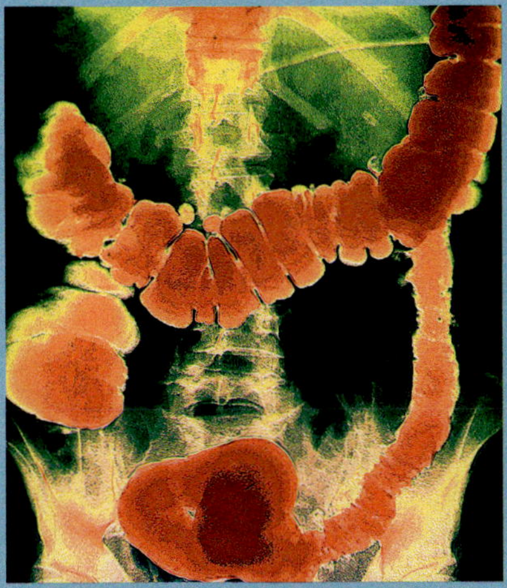
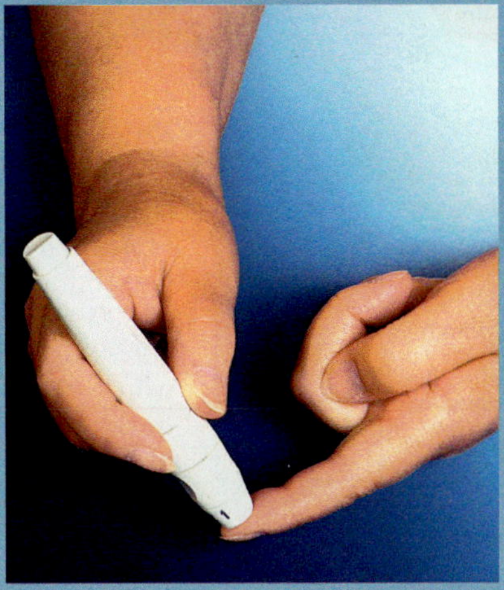

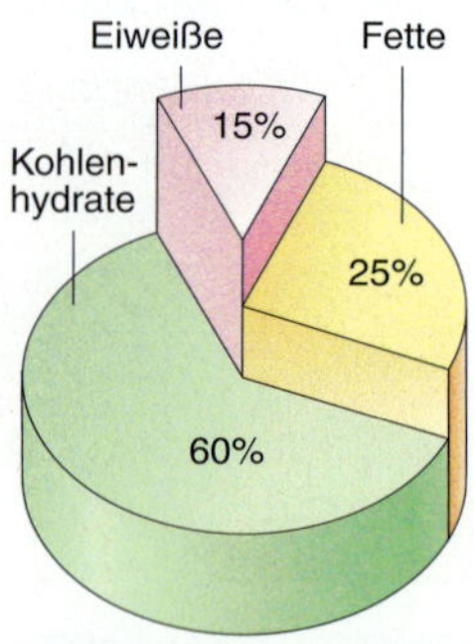

Empfohlene Anteile der Nährstoffe in der Nahrung

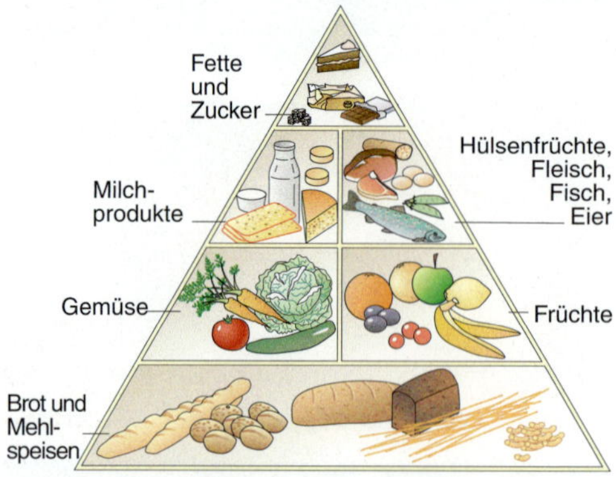

1 Ernährungspyramide

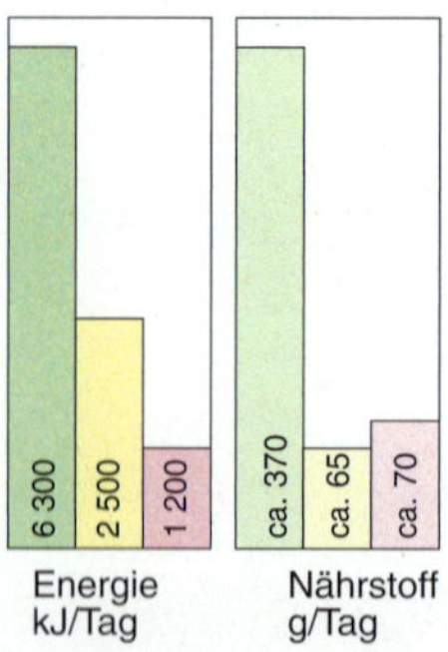

Bedarf an Nährstoffen pro Tag

Nahrungsmittel je Einwohner (g/Tag)	Kamerun	Peru
Getreide	155	415
stärkehaltige Nahrungsmittel	1115	350
Gemüse	60	65
Fisch	30	40
Milchprodukte	65	55
Fette, Öle	5	15
Energie (kJ)	8790	8200

Ernährung – eine Übersicht

Das Gewicht kommt bei immer mehr Jugendlichen aus dem Gleichgewicht. Man geht davon aus, dass 20 bis 30 % der Jugendlichen übergewichtig sind, auf der anderen Seite sind etwa 20 % der 11 bis 17-Jährigen untergewichtig. Dabei ist die *Energiebilanzformel* eigentlich ganz einfach: Energieaufnahme = Energieverbrauch + Energiespeicherung. Ist die Energiebilanz positiv, nimmt man zu, ist sie negativ, nimmt man ab. Pauschalformeln sind aber für den Einzelnen wenig hilfreich, die folgenden Parameter sind für eine individuell richtige Ernährung wichtig.

Energieumsatz pro Tag

Der *Gesamtenergieumsatz* pro Tag setzt sich zusammen aus dem Energieumsatz bei völliger Ruhe und Zimmertemperatur, *(Grundumsatz)* und dem zusätzlichen Energieumsatz für verrichtete Arbeit *(Arbeitsumsatz)*.

Der Grundumsatz beträgt etwa 7000 kJ, der Arbeitsumsatz 2500 bis 13 000 kJ, je nach Schwere der Arbeit. Ein jugendlicher Schüler, der keinen besonderen sportlichen Freizeitbeschäftigungen nachgeht, hat einen Gesamtumsatz von etwa 10 000 kJ pro Tag. 10 000 kJ entspricht einer Verzehrmenge von 400 g Erdnüssen, d. h. der Jugendliche würde mit diesen 400 g Erdnüssen seinen gesamten Energiebedarf decken; alles, was er zusätzlich essen würde, würde zu einer positiven Energiebilanz und damit zur Gewichtszunahme führen. Den gleichen Energiegehalt weisen ca. 3 kg Kartoffeln auf.

Inhaltsstoffe von Lebensmitteln

Aus dem oben genannten Beispiel wird ersichtlich, dass einige Lebensmittel einen besonders hohen Energiegehalt haben müssen. In Lebensmitteln findet man 3 *Hauptnährstoffe*: Kohlenhydrate, Proteine und Fette. Die verwertbare Energie pro Gramm Lebensmittel, die sogenannte *Energiedichte*, ist bei Fetten mit 39 kJ/g mehr als doppelt so hoch wie die der Kohlenhydrate und Proteine mit jeweils etwa 17 kJ/g.

Lebensmittel mit einem hohen Fettgehalt führen damit schneller zu Übergewicht, dies ist schon fast eine Binsenweisheit. Allerdings kann man nicht allen Lebensmitteln ansehen, dass sie einen hohen Fettgehalt haben, man spricht daher von *versteckten Fetten*. Verstecke Fette finden sich z. B. in Wurst: Eine Bratwurst besteht zu über 50 % aus Fett.

Entsprechend haben Fette in Ernährungsempfehlungen nur einen geringen Anteil: Bezüglich der zugeführten Energie pro Tag sollten Fette nur etwa 25 % ausmachen, Proteine 15 bis 20 % und der Hauptanteil sollte durch Kohlenhydrate mit 50 bis 60 % gedeckt werden. Anschaulich wird dies häufig in Nahrungspyramiden dargestellt (Abb. 1).

Bei Fetten sind mehrfach *ungesättigte Fettsäuren* (s. Seite 40) zu bevorzugen. Diese finden sich vor allem in Pflanzenölen und Seefischen. Neben den Nährstoffen gehören zur gesunden Ernährung noch die Ballast- und Vitalstoffe sowie eine ausreichende Flüssigkeitszufuhr.

In neueren Empfehlungen wird noch weiter differenziert, welche Hauptnährstoffe genau in welchen Mengen gegessen werden sollten, neuere Ernährungspyramiden sind daher dreidimensional. Folgende Grundsätze liegen zugrunde: Allgemein sind Lebensmittel, die nicht weiterverarbeitet worden sind *(unprocessed food)*, zu bevorzugen. So ist ungeschälter Reis besser als weißer, frisches Obst besser als Kompott.

Bei Kohlenhydraten sind langkettige, wie sie z. B. in Vollkornbrot enthalten sind, gesünder als kurzkettige, z. B. im Haushaltszucker. Bei Proteinen ist zu beachten, dass 8 der 20 Aminosäuren des Menschen nicht selbst hergestellt werden *(essenzielle Aminosäuren)*.

Ballaststoffe bestehen überwiegend aus langkettigen Kohlenhydraten wie Zellulose, die im menschlichen Verdauungstrakt nur zu einem sehr geringen Teil aufgeschlossen werden können. Durch Ballaststoffe wird so gut wie keine Energie zugeführt, ihre Energiedichte ist nahe 0 kJ/g. Ballaststoffe haben wichtige Aufgaben im Körper, sie verkürzen die Passagezeit der Lebensmittel im Dickdarm und erniedrigen so das Risiko für Dickdarmkrebs. Außerdem vermitteln sie durch ihr hohes Füllvolumen und die langsame Passagezeit im Magen ein Gefühl von Sattheit. Pro Tag sollten etwa 30 g Ballaststoffe mit ausreichend Flüssigkeit eingenommen werden.

Vitamine übernehmen bei einer Reihe von Stoffwechselprozessen die Rolle von *Coenzymen* (s. Seite 57). Man unterscheidet die *fettlöslichen Vitamine* E, D, K und A, die natürlich nur in fetthaltigen Lebensmitteln, wie beispielsweise Seefisch, vorkommen und die *wasserlöslichen Vitamine*, wozu z. B. das Vitamin C und die Vitamine der B-Gruppe gehören.

Mineralstoffe sind wie Vitamine keine Energieträger aber für viele Körperfunktionen notwendig. Man denke an Na^+ und K^+ für die Homöostase von Zellen, Calcium und Phosphat für den Knochenstoffwechsel und das Eisen im Hämoglobin. Elemente, die nur in sehr geringen Mengen im Organismus vorkommen, nennt man *Spurenelemente* Beispiele sind Iodid, Fluorid und einige Metalle wie Kupfer, Mangan und Zink.

Vitamine und Mineralstoffe sind lebensnotwendig und müssen von außen zugeführt werden. Viele einseitige Diäten sind nicht hinsichtlich der Vitamine und Mineralstoffe bilanziert und daher gesundheitlich problematisch. Menschen in Drittweltstaaten stehen viele Lebensmittel nicht zur Verfügung, daher leiden sie häufig unter Vitamin- und Mineralstoffmangel.

Außerdem ist für eine gesunde Ernährung eine ausreichende Flüssigkeitszufuhr von mindestens 1,5 bis 2 Litern pro Tag notwendig. Die Flüssigkeit sollte vor allem in Form von Wasser oder ungesüßten Tees zu sich genommen werden. Softdrinks und alkoholische Getränke haben eine hohe Energiedichte (1 g Alkohol hat mit 30 kJ fast so eine hohe Energiedichte wie Fett) und sollten daher nur einen geringen oder besser gar keinen Anteil an der Gesamtflüssigkeitsmenge ausmachen.

Eine gesunde Ernährung (oder Diät) sollte eine ausgewogene Mischkost sein, da so sichergestellt ist, dass alle notwendigen Nahrungsbestandteile zur Verfügung stehen.

Nahrungszusammenstellung weltweit

Was wir als normale Nahrungszusammenstellung empfinden, ist für die meisten Menschen nicht Standard. Das hängt zum einen damit zusammen, dass Gewohnheiten unterschiedlich sind. So findet sich unser eher süßes Frühstuck nur in westlichen Ländern; vor allem hängt es aber damit zusammen, dass für die meisten Menschen nicht alle Nährstoffe zur Verfügung stehen. Insbesondere tierische Proteine wie Milchprodukte oder Fleisch können sich die meisten Menschen nicht leisten (s. Randspalte, S. 100).

BMI ein Maß für das Gewicht

Gibt es tatsächlich ein Idealgewicht? Medizinisch gesehen schon, nämlich das Gewicht, das statistisch gesehen mit der größten Lebenserwartung verknüpft ist. Amerikanische Lebensversicherungen arbeiteten zunächst mit der *Broca-Formel*, die das Idealgewicht in Bezug auf die Körpergröße definierte. Große Studien zeigten jedoch, dass der Quotient aus Masse durch Körpergröße im Quadrat (BMI) die beste Relation mit einer hohen Lebenserwartung hat (s. Seite 106). Untergewicht ist dabei mindestens genauso gefährlich wie Übergewicht. Jeder 10. Betroffene mit krankhaftem Untergewicht, der *Anorexia nervosa* bzw. der *Bulimia nervosa* (s. Seite 107), stirbt in den westlichen Ländern an dieser Krankheit.

Body-Mass-Index
BMI = Körpermasse/Körpergröße^2 (kg/m^2).

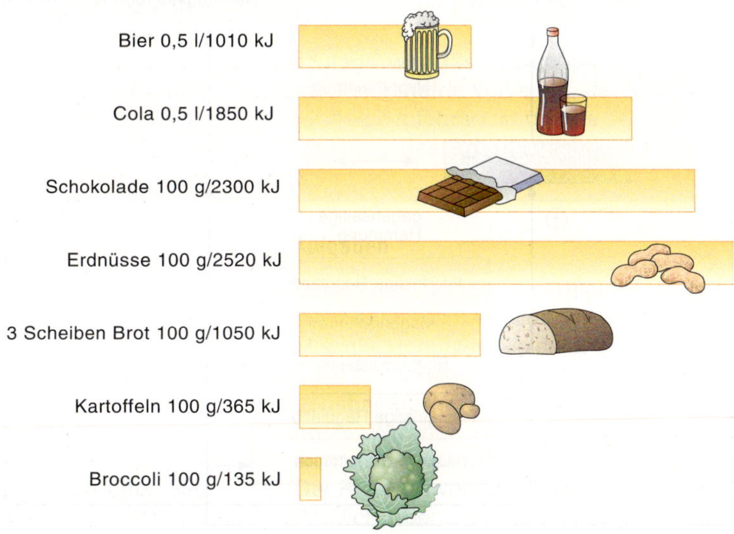

1 Relativer Energiegehalt von Lebensmitteln

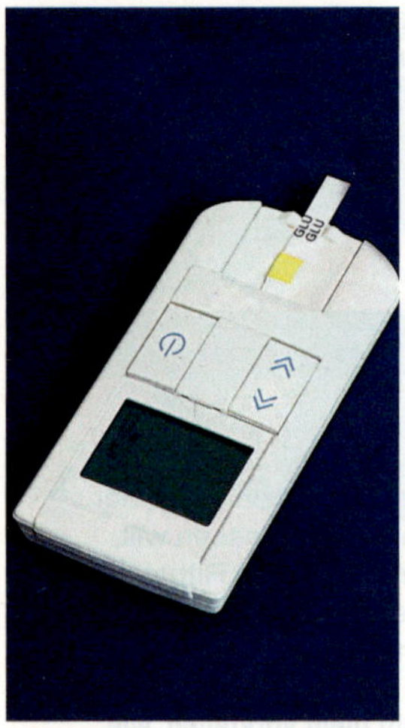

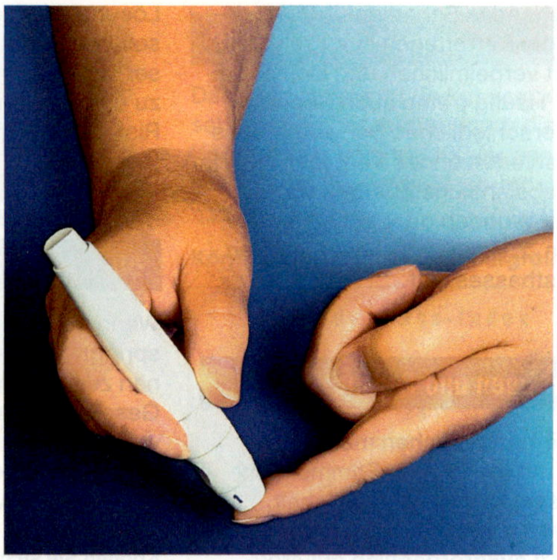

1 Blutzuckertest

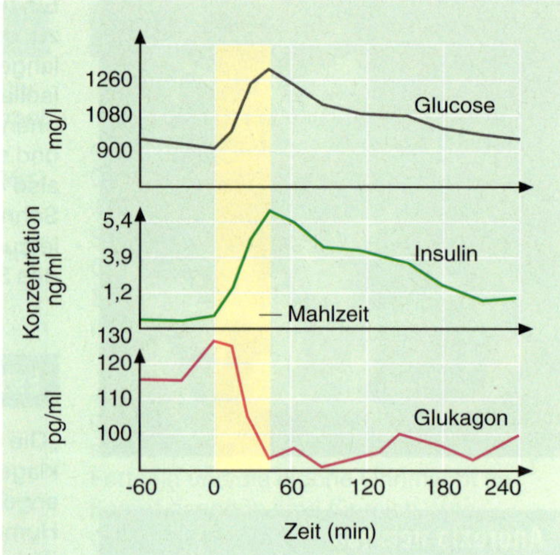

2 Konzentrationsverläufe nach einer Mahlzeit

Regulation des Blutzuckerspiegels

Blutzuckergehalt
Ein Blutzuckerwert von 90 entspricht 90 mg/dl = 900 mg/l Blut.

Überschlagsrechnung:
In rund 6 Litern Blut eines Erwachsenen sind 6 · 900 mg = 5,4 g Glucose enthalten.
180 g Glucose = 1 mol ≙ 2836 kJ
5,4 g Glucosel ≙ 85 kJ

Energiebedarf beim Radfahren: 40 kJ/min. Der Energiegehalt des Blutzuckers reicht für ca. 2 min.

Nervenzellen decken ihren Energiebedarf fast ausschließlich durch Glucose. Eine Unterversorgung kann eine Verminderung der Konzentrationsfähigkeit, in extremen Fällen einen Verlust des Bewusstseins zur Folge haben. Nervenzellen können selbst nur wenig Glucose speichern. Das Blut liefert ständig Glucose nach. Die Glucosemenge im Blut eines Erwachsenen beträgt ca. 5,4 g. Eine Überschlagsrechnung zeigt, dass diese Menge reicht, um 12 min ruhig zu sitzen oder 2 min Fahrrad zu fahren. Danach müsste erneut Nahrung aufgenommen werden.

Trotz periodischer Nahrungsaufnahme und unterschiedlichem Energiebedarf, je nach körperlicher Belastung, schwankt im Blut eines gesunden Menschen die Glucosekonzentration nur minimal. Daraus muss man folgern: Im menschlichen Körper gibt es ein Regulationssystem, das die Blutzuckerkonzentration konstant hält.

Die Funkitonsfähigkeit des Regulationssystems wird mit einem *Blutzuckerbelastungstest* überprüft. Verabreicht man einer Testperson 75 g in 1/4 l Wasser gelöste Glucose, steigt der Blutzuckerspiegel bei einem gesunden Menschen auf maximal 140 mg/dl an. Bei einer krankhaften Insulinproduktion steigt der Wert auf mindestens 200 mg/dl.

Durch Nahrungsaufnahme kommt es zu einem Anstieg der Zuckerkonzentration im Blut. Dies löst die Ausschüttung eines Hormons aus, das ein Absinken des Zuckergehalts bewirkt (Abb. 2). Dabei handelt es sich um *Insulin*. Dieses wird von inselartigen Zellgruppen der Bauchspeicheldrüse, den *Langerhans'schen Inseln* gebildet. Jede Erhöhung des Glucosespiegels über den Sollwert (ca. 900 mg/l Blut) wird in speziellen Zellen der Bauchspeicheldrüse, den β-Zellen, registriert. Sie geben dann Insulin ins Blut ab.

Die Wirkungsweise des Insulins ist vielfältig. Es fördert die Glucoseaufnahme durch Zellen, insbesondere in die Muskel- und Fettzellen. In den Leber- und Muskelzellen stimuliert es die Glykogensynthese und die Energieumwandlung durch den Glucoseabbau. Gleichzeitig hemmt es den Abbau von Glykogen. Die Synthese von Fetten und Eiweißen aus Glucose wird angeregt. Insulin senkt damit den Blutzuckerspiegel auf zweierlei Weise: Einerseits bewirkt es die Speicherung *(Speicherhormon)* von Glucose, andererseits fördert es deren Verbrauch (Transport durch die Zellmembran und Steigerung des Glucosestoffwechsels).

Der Energiebedarf bei körperlichen Leistungen, selbst der Grundumsatz, wird vom Organismus überwiegend durch die beim Glucoseabbau frei werdende Energie gedeckt. In den Zellen tritt ein Glucosemangel auf, der über das Blut sofort ausgeglichen wird. Als Folge sinkt der Glucosespiegel im Blut. Die Insulinabgabe aus den β-Zellen wird reduziert, und da Insulin in kurzer Zeit im Körper abgebaut wird, sinkt die Insulinkonzentration. Dadurch verringert sich auch seine Hemmwirkung auf die Freisetzung eines

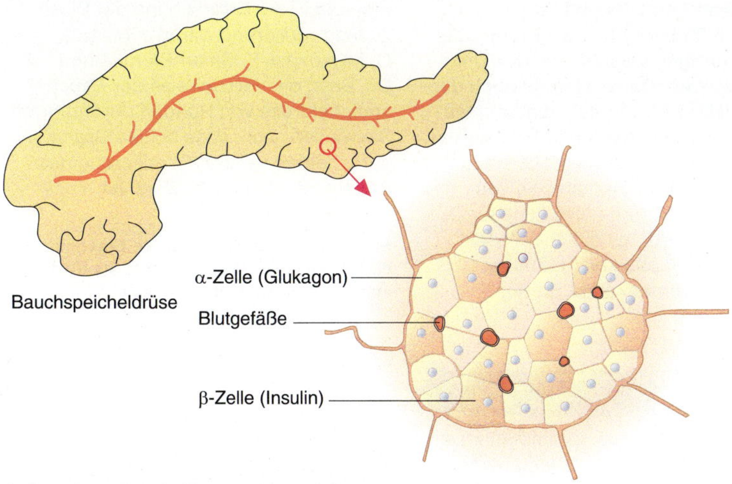

1 Bauchspeicheldrüse und Langerhans'sche Inseln

zweiten Hormons, des *Glukagons*, das in den α-Zellen der Langerhans'schen Inseln gebildet wird (Abb. 1).

Glukagon fördert in der Leber den Glykogenabbau und damit die Glucosebildung. Auch Proteine und Fette werden für die Glucosesynthese abgebaut. Diese Prozesse führen zu einem Ansteigen der Glucosekonzentration im Blut. Häufig werden Insulin und Glukagon als Gegenspieler bezeichnet, weil sie ihre Freisetzung wechselseitig hemmen und entgegengesetzte Prozesse stimulieren. Bei genauerer Betrachtung fällt jedoch auf, dass sie sich ergänzen: Glukagon sorgt nämlich für die Freisetzung der gespeicherten Glucose aus der Leber und Insulin für die Verringerung der Glucosekonzentration im Blut.

Werden Größen in einem System so eingestellt, dass sie ungefähr auf dem gleichen Wert bleiben, spricht man von einer *Regelung* (Abb. 4). Die geregelte Größe ist die *Regelgröße*, in diesem Fall die Blutzuckerkonzentration. Die Änderung des Blutzuckergehaltes durch körperliche Tätigkeit oder Nahrungsaufnahme ist die *Störgröße*. In den β-Zellen befinden sich Messstellen, die sogenannten *Fühler*, die eine exakte Messung der Glucosekonzentration im Blut ermöglichen. Die aktuelle Messgröße bezeichnet man als *Istwert*. Im Regler, hier dem Zwischenhirn sowie den α- oder β-Zellen, werden Sollwert und Istwert verglichen. Bei einer Differenz der beiden Werte wird der Blutzuckergehalt über die *Stellglieder* reguliert. Diese Stellglieder sind die Muskel- oder Leberzellen, die Glucose aufnehmen oder abgeben. Diese Abgabe oder Aufnahme wird im Regelkreisschema als *Stellgröße* bezeichnet.

In außergewöhnlichen Belastungssituationen, wie Kampf, Flucht, aber auch in Stresssituationen, greift ein drittes Hormon, das im Nebennierenmark gebildete *Adrenalin*, ein. Es fördert über das sympathische Nervensystem im Gegensatz zum Glukagon den Glykogenabbau in der Leber und in den Muskeln. Es bewirkt auf diese Weise eine rasche Energiebereitstellung aus den Depots des Körpers.

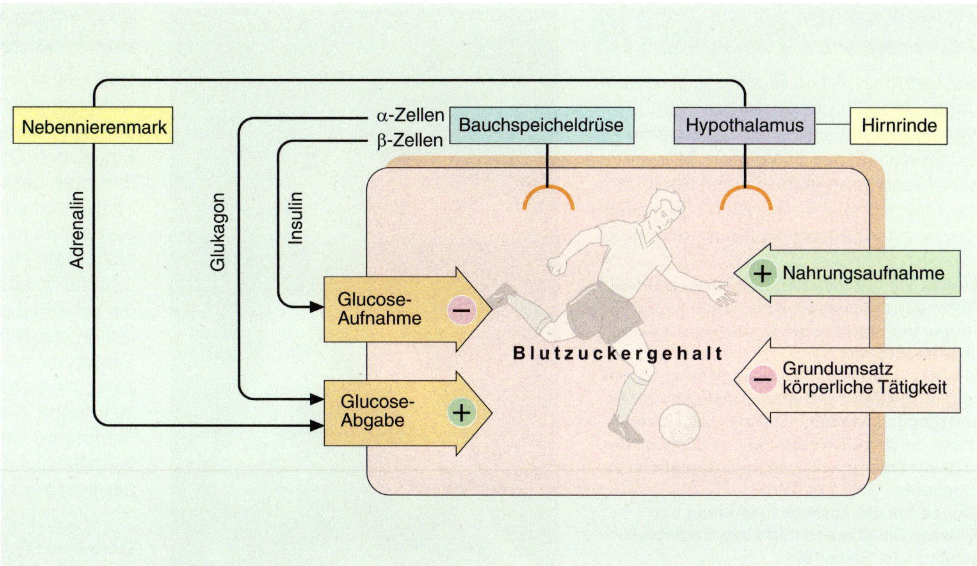

2 Vereinfachtes Regelkreisschema

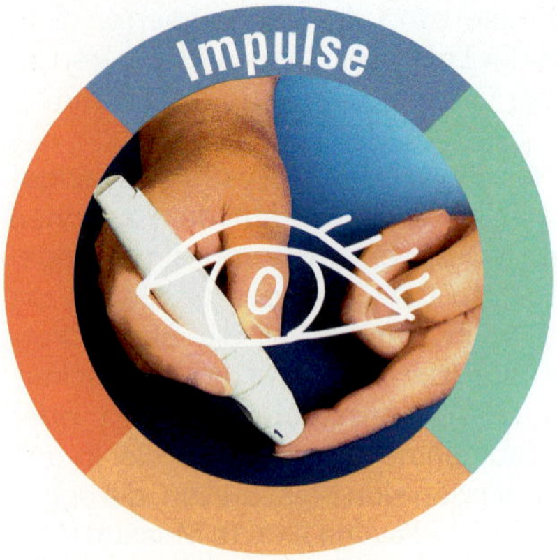

Diabetes mellitus

Erklären Sie den Begriff Broteinheit (BE) und dessen Bedeutung für Diabetiker. BE-Listen gibt es in Apotheken, beim Arzt oder im Internet. Rechnen Sie für einen Tag die aufgenommenen BE-Einheiten aus.

Der Glucosewert

Der Glucosewert im Blut muss stimmen. Daher ist es für den Diabetiker sehr wichtig, schnell und unkompliziert die Blutwerte messen zu können. Modernere Messgeräte haben einen Einsatz aus Mikrokanülen, die sich mit Blut füllen. Hierzu sind nur noch 3 μl Blut notwendig.

Stellen Sie Fakten über die heutigen Messmethoden zusammen. Unterlagen zu diesem Thema erhalten Sie bei Ärzten, Apotheken oder im Internet.
Die kontinuierliche Glucosemessung ist das zukünftige Ziel der Diabetes-Forschung. Es soll möglich werden, normale Blutzuckerwerte durch eine Kopplung des Glucosesensors mit einer Insulinpumpe automatisch zu regulieren.
Stellen Sie die Vorteile zusammen und erklären Sie diese mithilfe des Regelkreisschemas (s. Seite 109).

Der englische Arzt Thomas Willis (1621 – 1675) berichtete als Erster über den honigartigen Geschmack des Urins von Diabetikern. Daher stammt auch der Name: *Diabetes* bedeutet „hindurchlaufen", *mellitus* „honigsüß". 1835 isolierte der italienische Arzt Ambrosiani sowohl aus dem Urin als auch dem Blut von Diabetikern Zuckerkristalle. Zu jener Zeit kannte man allerdings die chemische Struktur von Glucose nicht. Zucker waren „süß schmeckende Stoffe."

Süße Proteine

Thaumatococcus spec. ist eine Pflanze im tropischen Regenwald Westafrikas. Ihre Früchte werden zum Süßen von Brot, Tee und Palmwein genutzt. Der süße Geschmack geht jedoch nicht auf Zucker, sondern auf ein Protein, das *Thaumatin*, zurück.
Es gelang nun mithilfe von Bakterien, das Gen für die Thaumatinsynthese in Kartoffeln zu übertragen, um es großtechnisch besser nutzen zu können. Man versucht dieses Gen auch in Früchte tragende Pflanzen, wie Erdbeeren, Melonen oder Äpfel, zu übertragen.

Auch die Zähne profitieren davon! Erläutern Sie die Vorteile dieses Süßstoffes im Gegensatz zu den herkömmlichen Produkten.

Im Internet findet man zu den Begriffen Thaumatin und Thaumatococcus weitere Informationen. Stellen Sie die wichtigsten Fakten zusammen.

Pioniere in der Erforschung der Blutzuckerregulierung waren J. Mering, O. Minkowski, F. Grant Banting und Ch. Best, die Versuche an der Bauchspeicheldrüse von Hunden durchführten. Sie wiesen nach, dass dieses Organ entscheidend an der Regulierung des Blutzuckerspiegels beteiligt ist.

Suchen Sie in der Literatur die Ergebnisse dieser Forscher. Eine Zeitleiste als Poster macht die Entwicklung deutlich.

Karlsbad galt im 19. Jahrhundert als ein bedeutendes Heilbad für Diabetiker

Der Blutzuckerspiegel

Sport, Nahrung, Arbeit und Insulin wirken auf die Blutzuckerkonzentration, jedoch auch Stress und andere Emotionen. Diabetiker leiden sehr häufig darunter, dass sie abhängig sind vom Insulin und ständig ihre Energiewerte berechnen müssen. Der Körper reguliert nicht mehr automatisch die Werte, sondern der Diabetiker muss sie eigenständig je nach Bedarf einstellen. Er muss lernen, zuverlässige und unzuverlässige Symptome zu unterscheiden, um rechtzeitig die richtige Insulinmenge spritzen zu können. Beachtet ein Diabetiker die Symptome nicht oder misst er ungenau, kann es zu einer Hypoglykämie oder Hyperglykämie kommen.

Erarbeiten Sie die biologischen Zusammenhänge. Ein Bericht über einen Betroffenen kann hierbei hilfreich sein.

Die Bewohner der Südseeinsel Nauru haben sich Jahrhunderte lang durch Fischen und einfachen Ackerbau nur mühselig ernähren können. Seit jedoch auf der Insel riesige Phosphatmengen entdeckt worden waren, brach für die Inselbewohner der Wohlstand aus. Doch der Sprung vom Sammler- und Jägerdasein in die moderne Zivilisation hatte seinen Preis. Mangelnde Bewegung und reichlich Nahrung führten zu Fettleibigkeit bei dem größten Teil der Bevölkerung. Die Zahl der Zuckerkranken schnellte nach oben. Jeder dritte Inselbewohner hat heute Diabetes Typ II.

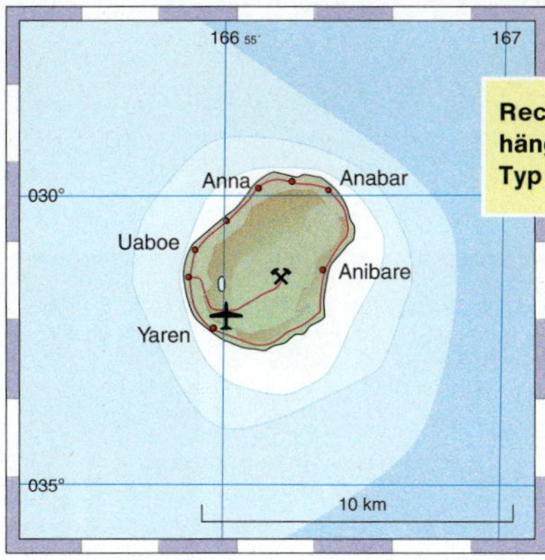

Recherchieren Sie die Zusammenhänge zwischen Umwelt und Diabetes Typ I und II.

Ist Diabetes erblich bedingt oder führt eine ungesunde Lebensweise zu der Krankheit?

Stellen Sie Ihre Ergebnisse als wissenschaftlichen Bericht dar.

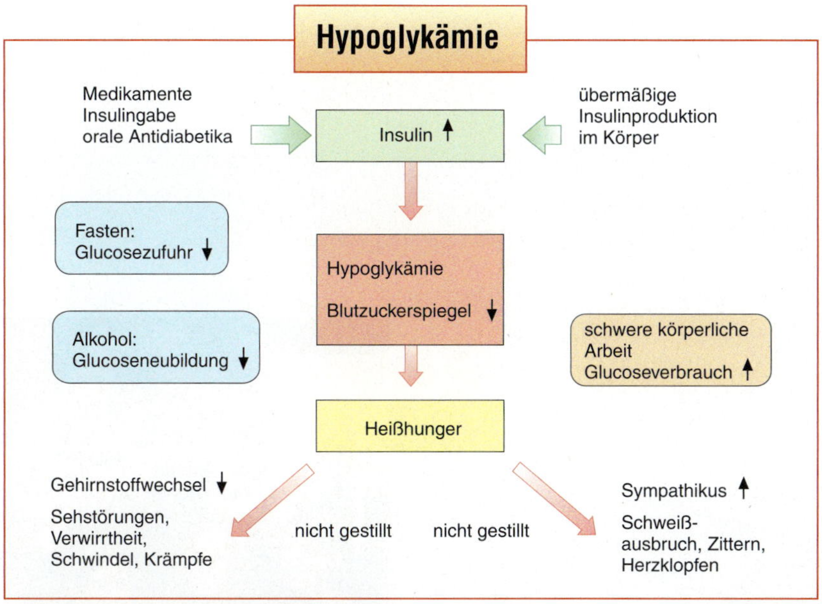

Der Blutzuckerspiegel

Sinkt der Blutzuckerspiegel unter 0,45 g/l *(Hypoglykämie)* führt dies zu Funktionsstörungen des Gehirns, zur Hilflosigkeit und schließlich zur Bewusstlosigkeit und Krampfanfällen. Folgeschäden entstehen häufig durch Stürze oder im Straßenverkehr. Wichtig für Diabetiker des **Typ I** ist es daher, die Unterzuckerung rechtzeitig zu erkennen.

Stellen Sie die Unterschiede zwischen der Hypoglykämie und der Hyperglykämie heraus.

Wodurch kommt es zu den Folgeerkrankungen?

Erläutern Sie die unterschiedlichen Krankheitssymptome und wie sich Diabetiker davor schützen können.

Gute Stimmung auf der Geburtagsparty. Es wird getanzt, auch alkoholische Getränke sind genügend vorhanden. Martina wird plötzlich schwindelig und sie beginnt zu zittern. Die Freunde sind ratlos. Soviel hatte sie nicht getrunken. Da fällt ihnen ein, dass Martina Diabetikerin ist. Wie soll man helfen? Eine Hyperglykämie ist schwer von der Hypoglykämie zu unterscheiden.

Informieren Sie sich über Merkmale für Hyper- und Hypoglykämie.

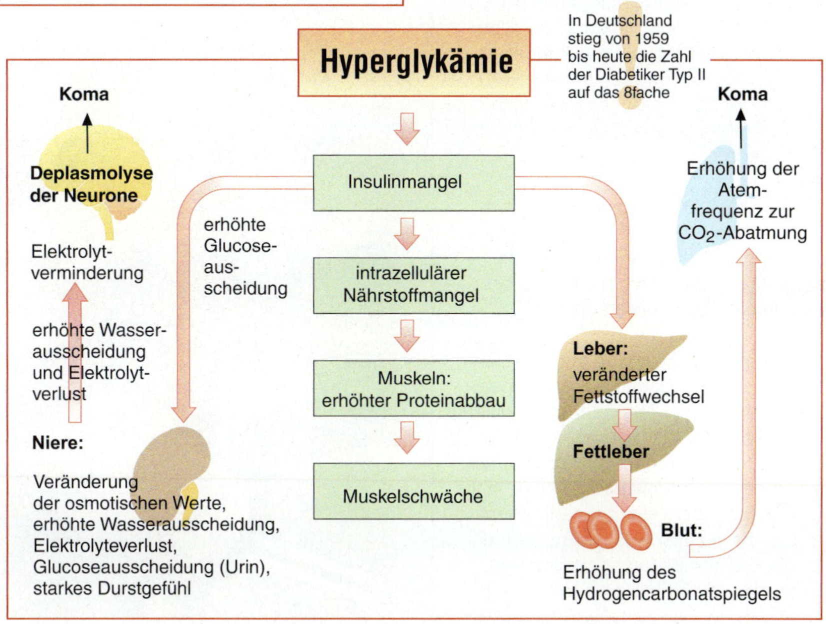

Genetik

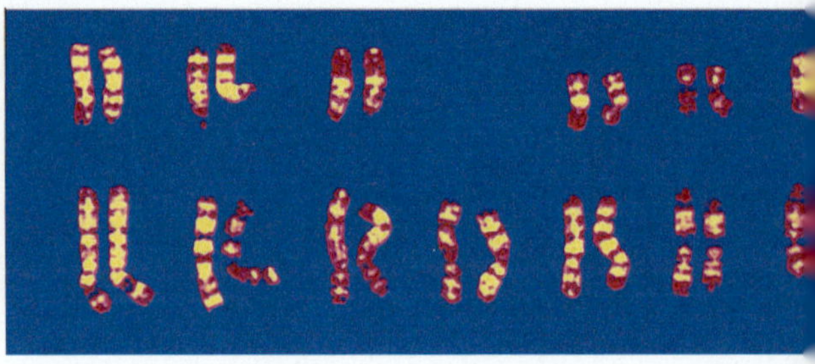

Lernsituation

Meine Geschwister und ich haben dieselben Eltern. Warum sind wir trotzdem alle unterschiedlich und mit Sicherheit nicht je eine Hälfte unserer Eltern?

Mediziner sagen, man sollte früh im Leben Kinder bekommen. Sind diese Ärzte einfach nur konservativ und möchten Frauen an den Herd zwingen oder gibt es tatsächlich für Frauen besondere medizinische Gründe?

Herr MENDEL untersuchte Erbsen, Herr MORGAN Fruchtfliegen. Kann mir dies weitere Erklärungen geben, warum ich mich von meinen Geschwistern unterscheide?

Genetische Beratung scheint eine zwiespältige Sache zu sein. Einerseits hat jeder das Recht zu wissen, ob er eine Erbkrankheit in sich trägt, auf der anderen Seite könnten diese Ergebnisse dazu führen, nicht gewünschte Kinder einfach abtreiben zu lassen. Was genau kann die genetische Beratung leisten und welche Verfahren gibt es?

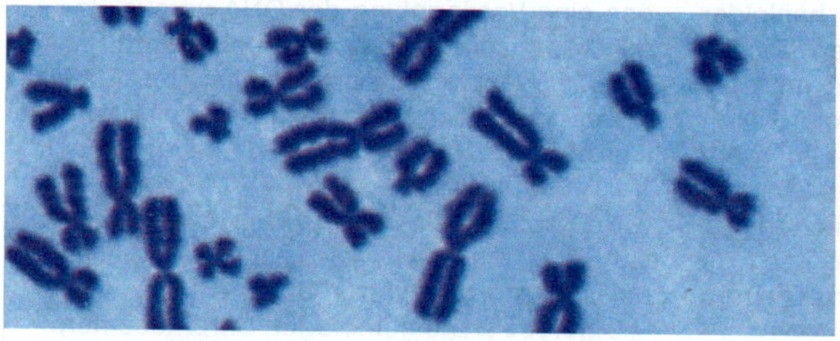

Leitfragen

Warum bin ich anders als meine Geschwister? Erste Erklärungen bietet der Mechanismus, wie Keimzellen bei Mann und Frau entstehen, und auch der ärztliche Rat, eher in jüngeren Jahren Kinder zu bekommen, hat hier seinen Ursprung.

Warum wurden die grundlegenden Untersuchungen an Erbsen und Fruchtfliegen durchgeführt? Können diese Erkenntnisse tatsächlich Hinweise geben, wie Merkmale in einer Familie vererbt werden?

Warum gesunde Eltern ausschließlich kranke Kinder bekommen, kann durch die klassische Genetik nicht ohne weiteres geklärt werden. Was kann in diesem Fall die Humangenetik leisten?

Genetische Beratung baut auf die Erkenntnisse der Klassischen Genetik auf, kann aber im Rahmen der Humangenetik klären, warum z. B. gesunde Eltern nur kranke Söhne erhalten. Zur genetischen Beratung können vorgeburtliche Untersuchungsmethoden genutzt werden. Wo sollte die Ethik dem Möglichen Grenzen setzen?

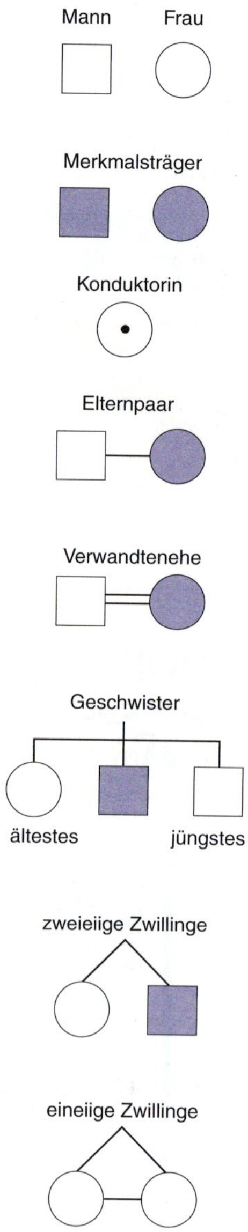

Stammbaumsymbole

Verfahren der Humangenetik

Die Vererbung beim Menschen folgt denselben Gesetzmäßigkeiten, denen auch alle anderen Lebewesen unterliegen. Die *Humangenetik* untersucht Ergänge beim Menschen. Dazu gehört der Erbgang von Blutgruppen, von genetisch bedingten Erkrankungen und Behinderungen. Außerdem befasst sie sich mit den Möglichkeiten ihrer Diagnose. Klassische genetische Verfahren wie die Analyse von Familienstammbäumen spielen nach wie vor eine Rolle und sind oftmals Ausgangspunkt weiterführender Untersuchungen. Erst zusammengenommen liefern die Ergebnisse der verschiedenen Verfahren ein genaues Bild (Abb. 125.1).

Analyse von Erbgängen

Bei der Analyse von Familienstammbäumen wird vom Phänotyp auf den Genotyp geschlossen, um den Erbgang eines Merkmals aufzuklären. Zur Erstellung eines Stammbaums verwenden Humangenetiker bestimmte Symbole (Zeichenerklärung s. Randspalte).

Zunächst wird geklärt, ob dominante oder rezessive Vererbung vorliegt. Bei dominanter Vererbung reicht die Anwesenheit eines Allels *(Heterozygotie)* aus, um das Merkmal zur Ausprägung zu bringen. Ein rezessiv vererbtes Merkmal tritt nur bei *Homozygotie* in Erscheinung. Die Kinder merkmalsfreier heterozygoter Eltern können das Merkmal ausprägen, wenn sie von beiden Elternteilen ein entsprechendes Allel bekommen.

Allele, die auf den 22 Autosomen des Menschen liegen, werden *autosomal* vererbt. Im Unterschied dazu werden Allele, die auf den Gonosomen (X-, Y-Chromosomen) liegen, *gonosomal* vererbt, treten also in Abhängigkeit vom Geschlecht auf. Gonosomale Vererbung zeigt im Stammbaumschema einige Besonderheiten: Erben Männer ein rezessives Allel mit dem X-Chromosom der Mutter, tritt das Merkmal in Erscheinung, da das zweite homologe X-Chromosom fehlt *(Hemizygotie)*. X-chromosomal-rezessive Vererbung erkennt man im Stammbaumschema an der Häufung von männlichen Merkmalsträgern. Da Frauen zwei X-Chromosomen besitzen, tritt das Merkmal im weiblichen Geschlecht nur auf, wenn beide rezessiven Allele zusammenkommen. Heterozygote, merkmalsfreie Frauen, die das rezessive Allel an ihre Söhne vererben, werden *Konduktorinnen* (Überträgerinnen) genannt. Bei X-chromosomal-dominanter Vererbung sind Frauen doppelt so häufig Merkmalsträger wie Männer. Männliche Merkmalsträger vererben das Allel immer an ihre Töchter und erben das Allel immer von ihrer Mutter.

Modellsystem Hämophilie A

Die heute als *Hämophilie A* beschriebene Blutgerinnungsstörung wurde aufgrund ihres mehrfachen Auftretens in europäischen Herrscherhäusern bekannt (Abb. 1). Insbesondere männliche Nachkommen von Queen Victoria und Prinz Albert (Kinder, Enkel, Urenkel) waren betroffen.

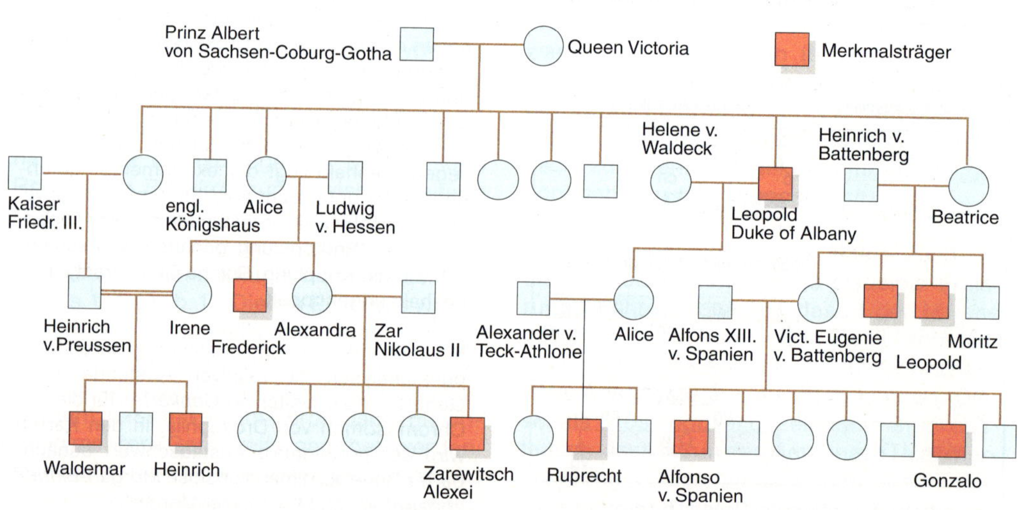

1 Stammbaum der Bluterkrankheit (Hämophilie A) in europäischen Fürstenhäusern

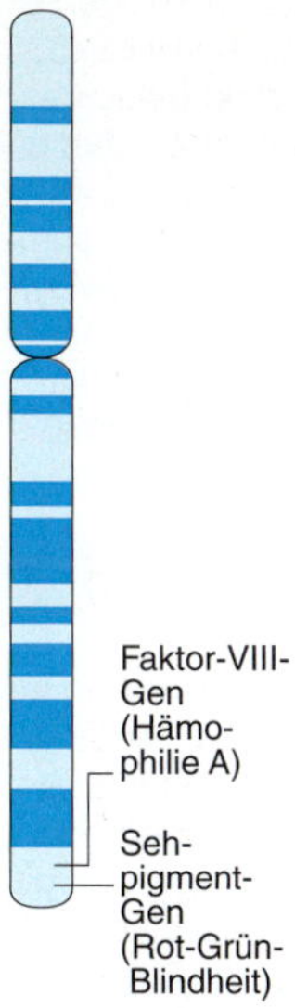

Genorte auf dem X-Chromosom

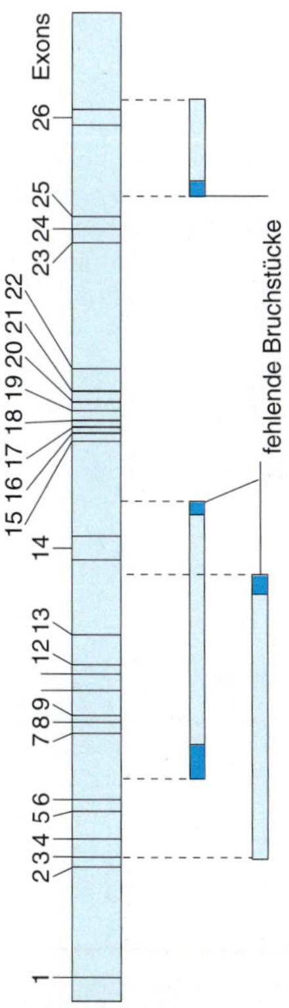

Bei Hämophilie-A-Patienten beobachtete Deletionen im Faktor-VIII-Gen

Die Anlage für die Krankheit wird von gesunden Frauen übertragen, und zwar nur auf ihre Söhne, wobei deren Väter gesund sind. Hämophilie A tritt mit einer Häufigkeit von 1 : 10 000 auf, d. h. auf 10 000 männliche Neugeborene kommt ein Erkrankter, unabhängig von der ethnischen Herkunft.

Biochemische Erklärung: Hämophilie-A-Patienten fehlt ein Protein der Blutgerinnungskaskade *(Faktor VIII)*. Das Glukoprotein besitzt 1997 Aminosäuren. In den Körperflüssigkeiten Gesunder liegt es in einer Konzentration von 0,5 bis 1,0 mg/100 ml vor. Rund die Hälfte aller Hämophilie-A-Patienten weisen weniger als 1 % dieser Konzentration auf. Einige der Patienten weisen zwar 30 % der Normalkonzentration auf, aufgrund von Aminosäuresequenzunterschieden ist das Genprodukt allerdings funktionsunfähig, es bewirkt keine Blutgerinnung. Heterozygote Träger des Hämophilie-A-Gens haben zwar eine geringere Faktor VIII-Konzentration als Gesunde, die Konzentration reicht aber noch aus, um eine Blutgerinnung zu gewährleisten. Früher wurde Hämophilie-A-Patienten Plasma von Blutspendern verabreicht. Das hatte den Nachteil, dass es häufiger zur Übertragung von Krankheitserregern (z. B. Hepatitis-Viren) kam. Seit der Faktor VIII gentechnisch erzeugt werden kann, stehen keimfreie Präparate in ausreichender Menge zur Verfügung.

Cytogenetische Erklärung: Das in der menschlichen Population seltene rezessive Allel für Hämophilie A ist auf dem X-Chromosom lokalisiert (s. Randspalte). Frauen fungieren als Konduktorinnen, sie geben das Allel an ihre Kinder weiter. Sie erkranken selbst nicht, da sie zwei X-Chromosomen besitzen und eines der beiden Chromosomen das dominante Allel trägt (Gleiches gilt für ihre Töchter). Im männlichen Genotyp gibt es nur ein von der Mutter übernommenes X-Chromosom. Vom Vater erben Söhne das Y-Chromosom, das keine Allele des Hämophilie-Systems trägt. Erbt ein Mann das Hämophilie-Allel von der Mutter, erkrankt er, weil ihm das dominante Allel fehlt.

Molekularbiologische Erklärung: Das Faktor-VIII-Gen besteht aus 2351 Codons, verteilt über 26 Exons (s. Randspalte). Den schweren familiären Ausprägungsformen liegen in 50 % der Fälle Deletionen oder Inversionen größerer Genabschnitte zugrunde.

Aufgaben

① Analysieren Sie die Familienstammbäume für Albinismus, erbliche Kurzfingrigkeit und Rot-Grün-Blindheit. Um welche Erbgänge handelt es sich jeweils? Bestimmen Sie den Genotyp möglichst vieler Individuen.

② Warum tritt Hämophilie A bei Frauen wesentlich seltener auf als bei Männern?

③ Welche Personen fungieren bei der Hämophilie A (Abb. 124.1) als Konduktorinnen? Begründen Sie.

④ Genetisch bedingte Erkrankungen werden mit verschiedenen Verfahren wissenschaftlich untersucht. Stellen Sie eine Tabelle zur Hämophilie A zusammen, in der die Erkenntnisse aus Klassischer Genetik, Cytogenetik, Molekularbiologie und Biochemie aufgelistet sind.

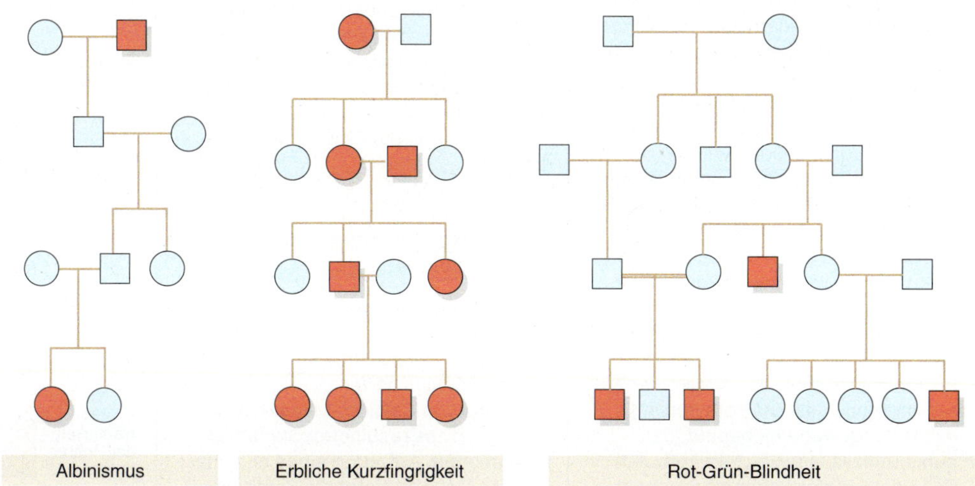

1 Stammbäume zu erblich bedingten Leiden

Erbgänge

Häufig ist der Zusammenhang zwischen Genotyp und Phänotyp erst zu erkennen, wenn durch die Mutation eines Gens das Genprodukt verändert wurde und in seiner Funktion gestört ist. Für die genetische Grundlagenforschung und die Medizin sind solche genetisch bedingten Erkrankungen besonders aufschlussreich, die sich auf die Veränderung eines einzelnen Gens zurückführen lassen, also *monogenen* Ursprungs sind.

Autosomal-dominanter Erbgang

Beim sog. *Marfan-Syndrom* beobachtet man Defekte am Skelett (Spinnenfingrigkeit, Brustkorbdeformationen), am Auge (Linsenschädigungen) und am Herzen. Die Häufigkeit der Krankheit ist 1 : 10 000, d. h. von 10 000 Neugeborenen ist eines erkrankt, unabhängig vom Geschlecht. Das verantwortliche Gen *(FBN1)* liegt auf Chromosom 15. Es codiert für ein Calcium bindendes Protein, das Bestandteil elastischer Fasern des Bindegewebes ist. Das erklärt auch die weitgestreuten Schäden, die Mutationen im *FBN1*-Gen verursachen können. Beim *FBN1*-Genprodukt handelt es sich um ein nicht sehr großes Protein. Die meisten Organschäden werden durch Mutationen in den Calcium bindenden Domänen des Proteins verursacht. Die Calcium bindende Aminosäure Cystein fehlt dann in der Schlüsselposition, das Bindegewebe kann nicht mehr regulär aufgebaut werden. Die Anwesenheit eines defekten Allels verursacht die Produktion defekter Proteine. Diese werden zusammen mit anderen intakten Proteinen in das Bindegewebe eingebaut, das nun ebenfalls einen Defekt aufweist. Das Allel tritt deswegen dominant in Erscheinung.

Autosomal-rezessiver Erbgang

Bei der *Phenylketonurie* (PKU) handelt es sich um die häufigste Aminosäurestoffwechselstörung des Menschen (regionale Häufigkeit bis 1 : 2500). Die mit der Nahrung aufgenommene Aminosäure *Phenylalanin* (Phe) kann aufgrund eines enzymatischen Defekts nicht in die Aminosäure *Tyrosin* (Tyr) umgewandelt werden (s. Abb). Phe reichert sich bis auf das 30fache der normalen Konzentration an und wird in giftige Stoffwechselprodukte *(Phenylketone)* umgewandelt. Diese beeinträchtigen u. a. die Bildung der Myelinscheiden von Nervenzellen.

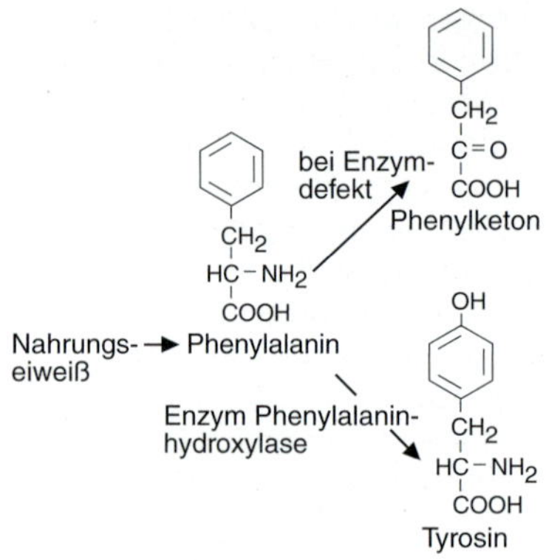

Schwere geistige Schäden, Lähmungen und Krämpfe sind die Folge. Neugeborene werden routinemäßig mithilfe eines massenspektroskopischen Tests auf erhöhte Phe-Konzentrationen im Blut hin untersucht. Bei positivem Ergebnis wird eine Phe-arme und Tyr-reiche Diät verabreicht, das Gehirn entwickelt sich dann normal. PKU folgt einem autosomal-rezessiven Erbgang, d. h. liegt ein nicht mutiertes Allel neben einem mutierten vor, wird noch genügend Enzym produziert, um Phenylalanin abzubauen. Das Gen, das für das Enzym Phenylalaninhydroxylase codiert, liegt auf dem kurzen Arm von Chromosom 12. Es sind über 70 verschiedene Mutationen dieses Gens bekannt, die PKU verursachen können.

Gonosomaler Erbgang

X-chromosomal-dominante Erbgänge sind selten, ein Sonderfall der *Rachitis* zählt dazu. Bei der Vitamin-D-resistenten Rachitis härten die Knochen aufgrund von Calcium-Mangel nicht richtig aus, es resultieren Skelettdeformationen. Aufgrund eines enzymatischen Defekts bleibt die Synthese des Hormons Calcitriol aus der Vorstufe Vitamin D3 aus. Deswegen sind Vitamin D3-Präparate unwirksam. Calcitriol kann jedoch künstlich erzeugt und verabreicht werden und stellt den regulären Phänotyp wieder her. Calcitriol bewirkt die Aufnahme von Calcium im Dünndarm sowie dessen Ablagerung im Knochen. Das codierende Gen befindet sich auf dem kurzen Arm des X-Chromosoms.

Komplexe Erbgänge

Bei monogenen Erbgängen kommen in der Bevölkerung drei Phänotypen vor: Personen, die ein bestimmtes Merkmal tragen, nicht tragen oder schwach ausgeprägt tragen. Es gibt aber auch Erbgänge, die eine solche Dreiteilung nicht zeigen. Das Merkmal tritt in feinen Unterschieden auf, man spricht von *kontinuierlicher Variabilität*. Diese beruht meist auf dem Zusammenspiel vieler Gene *(Polygenie)*, deren Allele einzeln keine so starke Wirkung besitzen wie bei monogenen Erbgängen. Jedes einzelne Gen unterliegt aber auch bei polygener Vererbung den Mendel'schen Regeln, sie können also dominant, rezessiv, autosomal oder gonosomal vererbt werden. Die Variabilität der meisten kontinuierlichen Merkmale hängt dabei nicht allein vom genetischen Hintergrund ab, sondern von einer Gen-Umwelt-Interaktion, man spricht deswegen von *multifaktorieller Vererbung*. Beispiel dafür sind Hautfarbe, Körpergröße, Körpermasse oder die Zuckerkrankheit *(Diabetes mellitus)*.

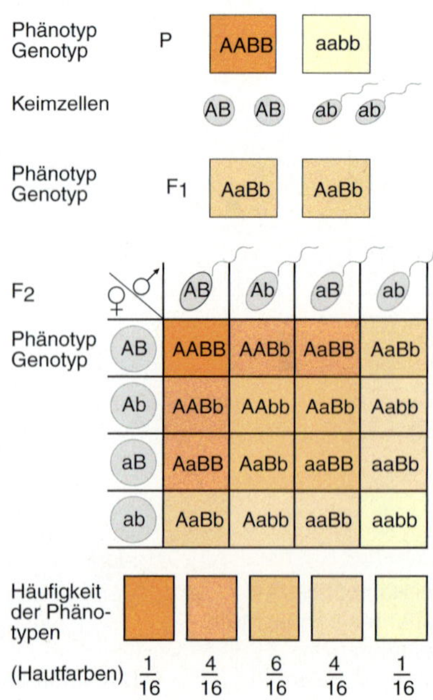

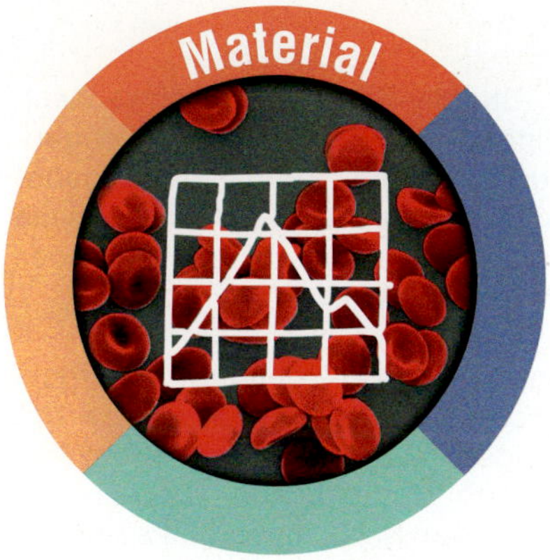

Klassische Humangenetik

Statistik und Blutgruppensystem

Beim Menschen sind mehr als 100 verschiedene Blutgruppensysteme bekannt. Im ABO-System, das im Jahre 1901 von KARL LANDSTEINER entdeckt wurde, kommen vier verschiedene Phänotypen vor: A, B, AB, 0. Die Vererbung dieser Blutgruppen wurde zunächst mit einem dihybriden Erbgang erklärt, bei dem die Blutgruppe 0 den Genotyp aabb haben sollte. Der Mathematiker FELIX BERNSTEIN schlug 1925 einen monohybriden Erbgang mit drei verschiedenen Allelen (A, B, 0) vor, von denen jeder Mensch nur zwei in seinem Genotyp aufweist.

Blutgruppe	Genotypenhäufigkeit in Mitteleuropa	mögliche Keimzellen
A	AA 31%	nur (A)
	A0 11%	(A) oder (0)
B	BB 1%	nur (B)
	B0 14%	(B) oder (0)
AB	AB 6%	(A) oder (B)
0	00 37%	nur (0)

Die Allele A und B sind jeweils dominant über das Allel 0. Kommen A und B nebeneinander vor, wirken sich beide auf den Phänotyp (AB) aus *(kodominante Allele)*. Wenn für ein Gen mehr als zwei Allele existieren, spricht man von *multipler Allelie*. Die Hypothese der multiplen Allelie bestätigte BERNSTEIN durch die Auswertung von Familienstammbäumen. Er untersuchte ca. 3000 Kinder, bei denen mindestens ein Elternteil die Blutgruppe AB hatte. Dabei fand er nur 13 Kinder mit der Blutgruppe 0.

Aufgaben

① Entwerfen Sie ein Rekombinationsquadrat zu den Merkmalen des AB0-Blutgruppensystems.

② Ein dihybrider Erbgang mit einem Elternteil der Blutgruppe AB und dem hypothetischen Genotyp AaBb hätte zu einem wesentlich höheren Anteil an Kindern mit der Blutgruppe 0 (Genotyp: aabb) geführt als BERNSTEIN festgestellt hat. Begründen Sie (3. Mendel'sche Regel).

③ BERNSTEIN konnte alle 13 Kinder mit der Blutgruppe 0 auf eine unklare Vaterschaft zurückführen. Ohne diese Kenntnis hätte das Modell der multiplen Allelie nicht widerspruchsfrei auf die Vererbung des AB0-Blutgruppensystems angewandt werden können. Begründen Sie, warum nie Kinder der Blutgruppe 0 geboren werden, wenn ein Elternteil die Blutgruppe AB hat.

Zwillingsforschung

Mit dem Zwillingsvergleich kann festgestellt werden, wie groß der genetische Anteil an der Ausprägung eines Merkmals ist, auch wenn die zugehörigen Erbanlagen nicht bekannt sind. Die Zwillingsmethode hat besondere Bedeutung bei der Aufklärung komplexer, multifaktorieller Merkmale. Eineiige Zwillinge entstehen, wenn sich frühe Embryonen bis zum 4-Zellstadium in zwei Tochterindividuen teilen. *Eineiige Zwillinge* sind genetisch vollständig identisch.

Zweieiige (dizygote) Zwillinge weisen dagegen nicht mehr genetische Ähnlichkeiten auf als andere Geschwister.

Stimmen eineiige Zwillinge im Vergleich zu zweieiigen Zwillingen in einem Merkmal stärker überein, wird für dieses Merkmal von genetischer Verursachung ausgegangen. Ist dagegen die Verschiedenheit bei beiden Zwillingsgruppen gleich groß, ist die Merkmalsausbildung überwiegend umweltbedingt. Vergleicht man eineiige Zwillingspaare miteinander, die getrennt aufgewachsen sind, können Merkmale identifiziert werden, die schwach oder stark von Umweltfaktoren beeinflusst werden.

Aufgabe

④ Interpretieren Sie die in den Tabellen aufgeführten Angaben. Welche der genannten Krankheiten bzw. Merkmale halten Sie für genetisch bedingt?

Krankheit	Übereinstimmung in %	
	eineiige Zwillinge	zweieiige Zwillinge (gleiches Geschlecht)
Keuchhusten	96	94
Blinddarmentzündung	29	16
Tuberkulose	69	25
Zuckerkrankheit	84	37
Bronchialasthma	63	38
gleicher Typ von Tumoren	59	24
Schlaganfall	36	19

Untersuchte Zwillingsgruppe	Durchschnittlicher Unterschied in		
	Körpergröße (cm)	Körpergewicht (kg)	IQ-Punkte
zweieiige Zwillinge	4,4	4,4	8,5
eineiige Zwillinge (getrennt aufgewachsen)	1,8	4,5	6,0
eineiige Zwillinge (gemeinsam aufgewachsen)	1,7	1,9	3,1

Genetische Beratung

Menschliche Keime mit größeren genetischen Defekten werden zu 80 % bereits im Alter von einigen Tagen abgestoßen. Derartige Kurzschwangerschaften werden von den betroffenen Frauen oft gar nicht bemerkt. Bei den lebendgeborenen Kindern weisen etwa 1 bis 2 % eine genetisch bedingte Erkrankung oder Behinderung auf. Daher haben werdende Eltern zunehmend den Wunsch, über genetische Risiken für ihren Nachwuchs aufgeklärt zu werden. Diese Aufgabe übernehmen *genetische Beratungsstellen.* Sie informieren außerdem über die Methoden vorgeburtlicher Diagnostik und über mögliche Therapien. Beratungsgespräche werden ergebnisoffen geführt, es geht also nicht darum, die Entscheidung für oder gegen die Austragung des Kindes zu beeinflussen.

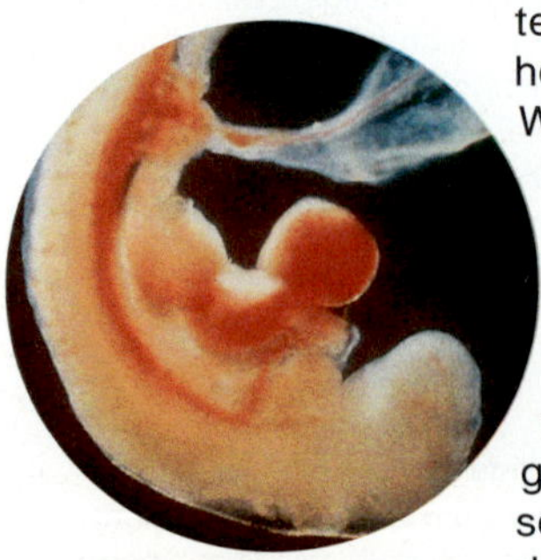

Embryo 4 Wochen

Schon vor dem Eintritt einer Schwangerschaft lässt sich am Familienstammbaum eine Risikoabschätzung vornehmen. Tauchten in der Familie bereits erblich bedingte Krankheiten auf, gibt deren Erbgang Auskunft über die Risiken. Im Falle der Dominanz haben gesunde Eltern auch gesunde Kinder. Ist hingegen ein Elternteil erkrankt und heterozygot betroffen, werden statistisch 50 % der Kinder erkranken. Sind beide Eltern heterozygot, erhöht sich der Anteil entsprechend der 2. Mendel'schen Regel auf 75 %. Liegt ein rezessiver Erbgang vor, ist die Analyse schwieriger, da heterozygote Eltern gesund erscheinen, das Allel für die Krankheit aber auf ihre Kinder übertragen können. Bei vielen erblich bedingten Krankheiten lassen sich Überträger durch einen Heterozygotentest identifizieren: Überträger der Sichelzellanämie haben veränderte Blutzellen, Mukoviszidose-Überträger einen erhöhten Chloridionengehalt im Schweiß.

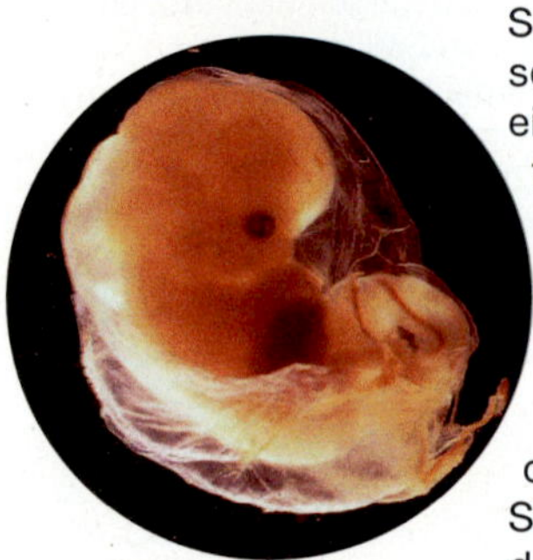

Embryo 8 Wochen

Unter *Pränataldiagnostik* versteht man medizinische Untersuchungen, mit denen man während der Schwangerschaft mögliche Erkrankungen des ungeborenen Kindes erkennen kann. Dazu gehören bildgebende Verfahren wie *Ultraschalluntersuchungen*, mit denen man die Größe und auch Fehlbildungen des Embryos feststellen kann. Auf diese Weise lassen sich nicht nur genetisch bedingte Erkrankungen des Ungeborenen diagnostizieren, sondern auch solche, die auf *Umweltschädigungen* zurückzuführen sind. Denn nicht jede angeborene Erkrankung ist genetisch bedingt: Viruserkrankungen, Strahlenbelastung, Stoffwechselerkrankungen, Medikamenten- und Drogenmissbrauch der Mutter können das ungeborene Kind schädigen. Hier kann eine gezielte Beratung die Chancen auf ein gesundes Kind deutlich erhöhen.

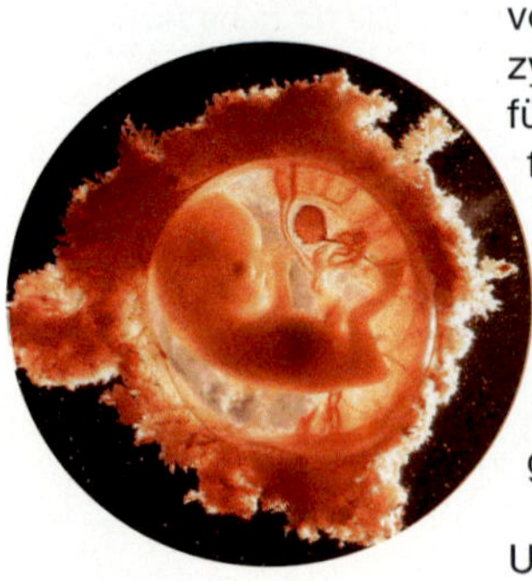

Embryo 14 Wochen

Zur Pränataldiagnostik gehören außerdem medizinische Eingriffe, um für weitere Untersuchungen Zellen des ungeborenen Kindes aus dem Mutterkuchen, dem Fruchtwasser oder dem Nabelschnurblut zu gewinnen *(Chorionzottenbiopsie, Amniozentese, Nabelschnurvenen-Punktion,* s. Seite 129). Chromosomenschäden entdeckt man an entsprechend präparierten Zellen mit dem Mikroskop, Stoffwechselstörungen mithilfe biochemischer Tests. Jeder Mensch weist in seinem Genom einige defekte Allele auf, sie sind in ihrer Bedeutung für den Träger und seine Angehörigen aber sehr unterschiedlich zu bewerten. Das Risiko im Alter an Diabetes zu erkranken ist sicher nicht mit dem Risiko für das *Marfan-Syndrom* (s. Seite 126) gleichzusetzen. Oft ist werdenden Eltern nicht klar, dass bestimmte genetische Erkrankungen durchaus therapierbar sind. So können die Folgen der *Phenylketonurie* durch eine spezielle Diät vermieden werden (s. Seite 126), Lippen-, Kiefer-, Gaumenspalten lassen sich operativ korrigieren, gonosomale Abweichungen wie z. B. das *Turner-Syndrom* lassen sich durch eine Hormontherapie im Phänotyp mildern.

Die genetische Beratung soll den Eltern helfen, zu einer mit ihren ethischen und religiösen Wertevorstellungen zu vereinbarenden Entscheidung in der Familienplanung zu kommen. Entscheiden sich die Eltern für das Kind, kann zur Vorbereitung auf ein Leben mit einem möglicherweise behinderten Menschen Hilfe angeboten werden.

Vor 1995 galt eine zu befürchtende Schädigung des Kindes vor dem Gesetz als hinreichender Grund für einen straffreien Schwangerschaftsabbruch *(Indikationsregelung).* In der Neufassung des § 218 StGb von 1995 bleibt der von einem Arzt vorgenommene Schwangerschaftsabbruch in den ersten 12 Schwangerschaftswochen straffrei, wenn die Schwangere eine Schwangerschaftskonfliktberatung nachweisen kann *(Fristenregelung).* Werden nach Ablauf dieser Frist medizinische Gründe bekannt, die für einen Abbruch sprechen, verlängert sich diese Frist auf 22 Wochen.

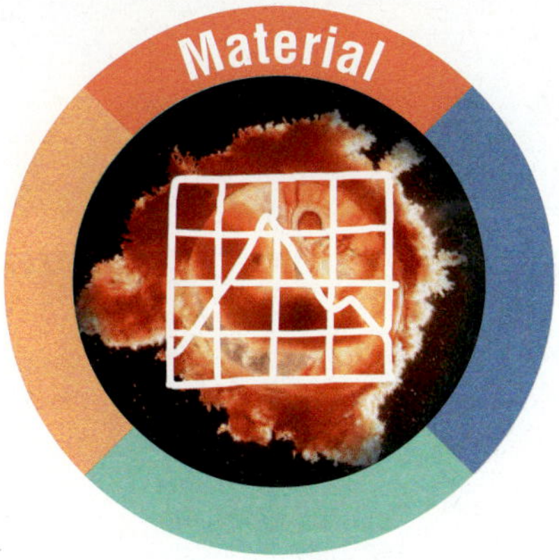

Pränatale Diagnostik

Krankheits- und Familiengeschichte

Anhand der Krankheits- und Familiengeschichte der zukünftigen Eltern lässt sich oft schon das Risiko für ein Kind mit einer erblich bedingten Krankheit erkennen.

Aufgaben

① Zeichnen Sie den Stammbaum folgender Familie und berechnen Sie folgende Wahrscheinlichkeiten.
  a) Das erste Kind eines phänotypisch gesunden Elternpaares leidet an einer autosomal-rezessiv vererbten Krankheit. Wie groß ist die Erkrankungswahrscheinlichkeit für das nächste Kind?
  b) Ein Elternteil ist Überträger einer autosomal-rezessiv vererbten Krankheit, das andere homozygot gesund. Wie groß ist die Wahrscheinlichkeit, dass ihr Kind erkrankt? Wie groß ist die Wahrscheinlichkeit, dass ihr Kind Überträger ist?

Methoden der Pränataldiagnostik

Bei einer Fruchtwasseruntersuchung wird eine Kanüle durch Bauchdecke und Gebärmutter der werdenden Mutter in die Fruchtblase gestochen. Unter Ultraschallkontrolle entnimmt der Arzt Frucht(blasen)wasser mit Zellen des Fetus. Durch biochemische Untersuchungen des Fruchtwassers lassen sich Stoffwechselstörungen des Fetus nachweisen.

Fetale Zellen gewinnt man durch Zentrifugieren von Fruchtwasser und regt sie in einer Nährlösung zur Teilung an. Das Pflanzengift *Colchicin* unterbricht die Mitose, sodass sich gut erkennbare Metaphase-Chromosomen ansammeln. Diese werden fixiert, gefärbt und lichtmikroskopisch untersucht.

Die durch Chorionzottenbiopsie bzw. Nabelschnurvenenpunktion gewonnenen Zellen werden entsprechend behandelt.

Aufgaben

② Vergleichen Sie die Methoden hinsichtlich des Risikos für das Kind und der Zeit, die den Eltern für eine Entscheidung bleibt.

③ Welchen Eltern würden Sie zu einer pränatalen Diagnostik raten?

④ Der *Triple-Test* misst die Konzentration von drei Hormonen im Blut der Mutter (ab der 15. Schwangerschaftswoche). Bei genauer Kenntnis des Schwangerschaftsalters kann aus den Messwerten errechnet werden, ob ein erhöhtes Risiko besteht, dass das ungeborene Kind am Down-Syndrom oder an einer gestörten Entwicklung des Neuralrohres *(„offener Rücken", Spina bifida)* leidet. Es gibt jedoch viele falsch-positive und einige falsch-negative Ergebnisse. Diskutieren Sie Vor- und Nachteile des Tests.

Präimplantationsdiagnostik (PID)

Die *Präimplantationsdiagnostik* (PID) ist ein Spezialfall der pränatalen Diagnostik, sie kommt in der Reproduktionsmedizin infrage. Nach einer In-vitro-Fertilisation (s. Seite 30) wird dem Embryo im Achtzellstadium eine Zelle entnommen und auf genetische Schäden untersucht. Erst danach wird entschieden, ob dieser Embryo in die Gebärmutter der Frau eingepflanzt wird.

Aufgabe

⑤ PID ist in Deutschland umstritten. Stellen Sie Argumente der Befürworter und Gegner gegenüber und bilden Sie sich eine eigene Meinung.

Zellgewinnung	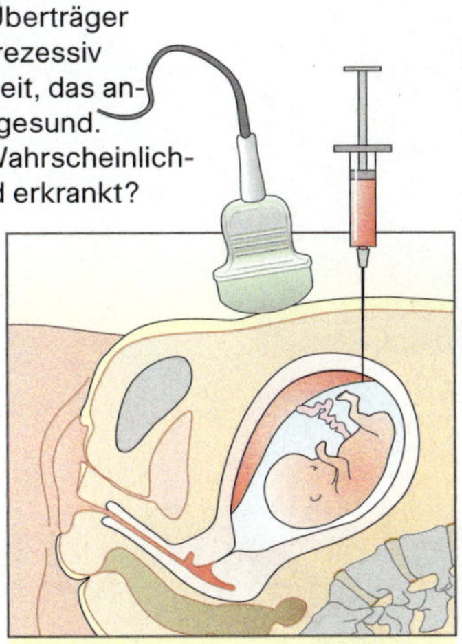	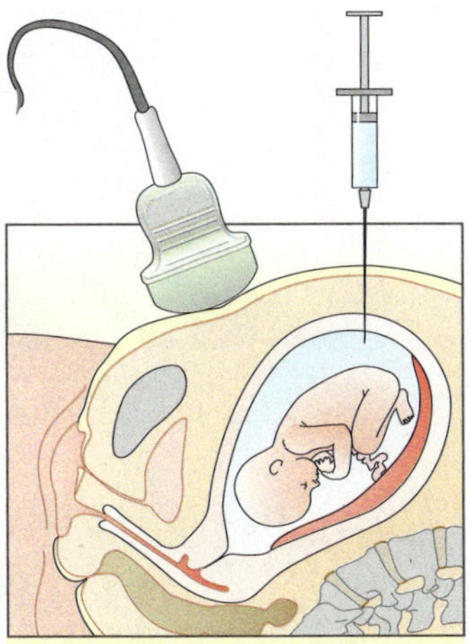	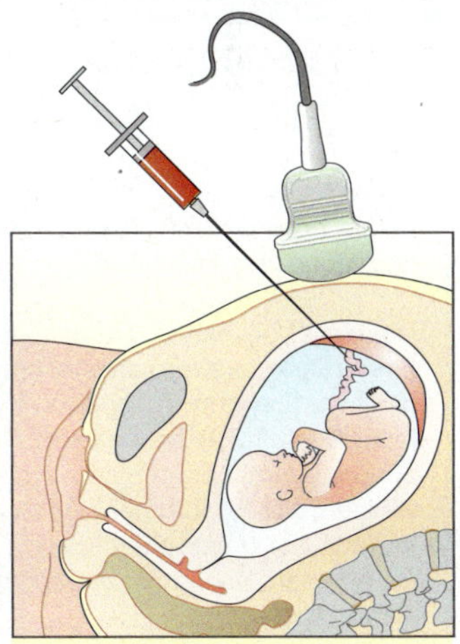
Methode	Mutterkuchen-Untersuchung (Chorionzottenbiopsie)	Fruchtwasser-Untersuchung (Amniozentese)	Nabelschnurvenenpunktion
Zeitpunkt	ab 11. Schwangerschaftswoche	ab 15. Schwangerschaftswoche	ab 20. Schwangerschaftswoche
Analyse-Ergebnis nach	bei Direktpräparation nach 1 – 7 Tagen bei Langzeitkultur nach 14 – 21 Tagen	nach 14 – 21 Tagen	nach 5 – 7 Tagen
Fehlgeburtenrate	0,5% – 1%	0,5%	1 – 2%

Molekulargenetik

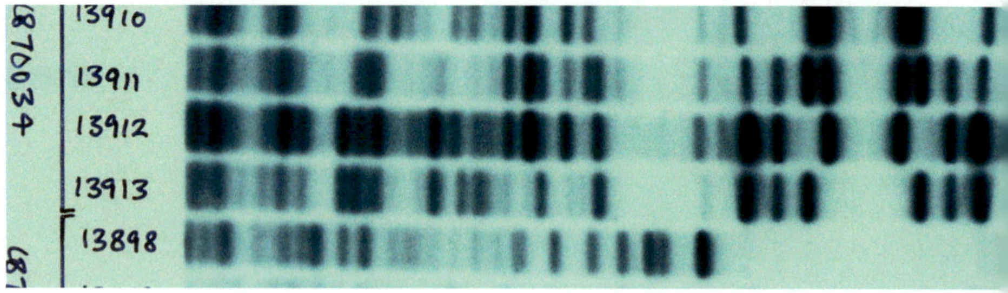

Lernsituation

It's all in the genes – Ist unser Leben etwa wirklich durch unsere Genstruktur vorbestimmt?

Das Ergebnis eines genetischen Fingerabdrucks wird als sicheres Indiz vor Gericht verwandt. Kriminalfälle, die zum Teil schon Jahrzehnte zurückliegen, konnten so aufgeklärt werden. Die Erbsubstanz besteht nur aus vier unterschiedlichen Bausteinen. Kann man da wirklich sicher sein?

Wenn unser Leben durch die Gene auf der DNA vorbestimmt sein soll, müsste diese uns auf irgendeine Weise steuern. Wie soll das gehen? Und was, wenn diese Steuerung durch Gentechnik verändert wird? Was genau macht eigentlich aus einer Tomate eine Gentomate?

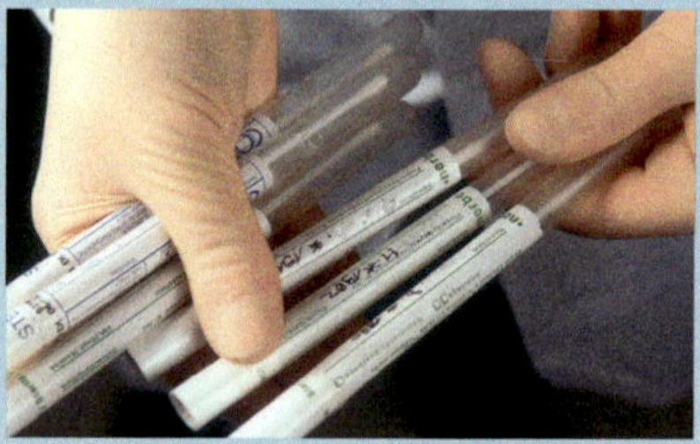

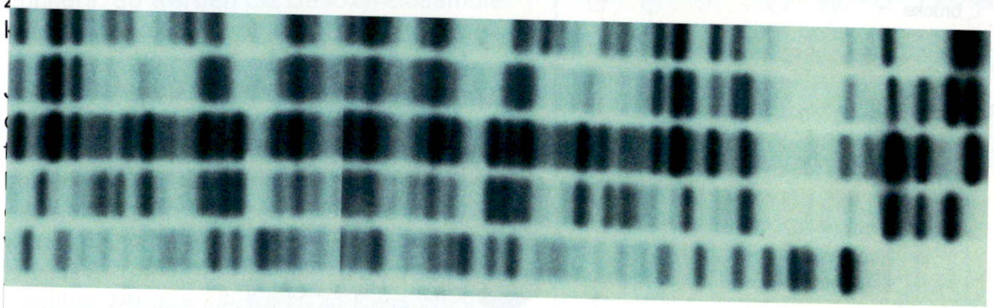

Leitfragen

Der genetische Code der Erbsubstanz wird häufig mit dem Quellcode von Computerprogrammen verglichen. Aber können wir bei nur vier Bausteinen der Erbsubstanz wirklich einzigartig sein und wie werden wir durch diese gesteuert?

Wie ist es möglich, dass meine DNA meine Merkmale festlegt?

Schäden auf der DNA können fatale Folgen haben, in einigen Fällen sogar bereits der Austausch einer einzigen Base.

Wie sehen denn die Methoden aus, die, obwohl wir nur vier verschiedene Basen haben, einen Täter eindeutig identifizieren können?

Manipulationen an tierischer und pflanzlicher DNA machen vielen Menschen Angst. Was ist genau darunter zu verstehen?

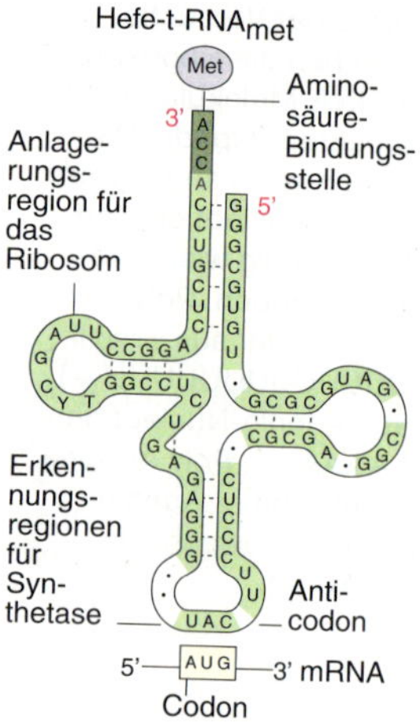

t-RNA – Vermittler zwischen m-RNA und Peptiden

Der genetische Code gibt an, welches Basentriplett in welche Aminosäure des entsprechenden Polypeptids übersetzt wird. Er ist das Wörterbuch für die Übersetzung. Als Vermittler ist eine besondere Nucleinsäure eingeschaltet, die *Transfer-RNA* (t-RNA, t für lat. *transferre*, übertragen), sie stellt das Bindeglied zwischen Basen- und Aminosäuresequenz dar. Die t-RNA besteht aus Ribonucleotiden und hat eine Kleeblattstruktur. Die t-RNA-Moleküle besitzen zwei exponierte Bindungsstellen:

— Das so genannte *Anticodon* bindet nach der Basenpaarungsregel komplementär an bestimmte m-RNA-Tripletts.
— Die Aminosäurebindungsstelle, an der eine bestimmte Aminosäure angelagert wird, und zwar diejenige, die nach den Regeln des genetischen Codes von dem zugehörigen m-RNA-Triplett verschlüsselt wird.

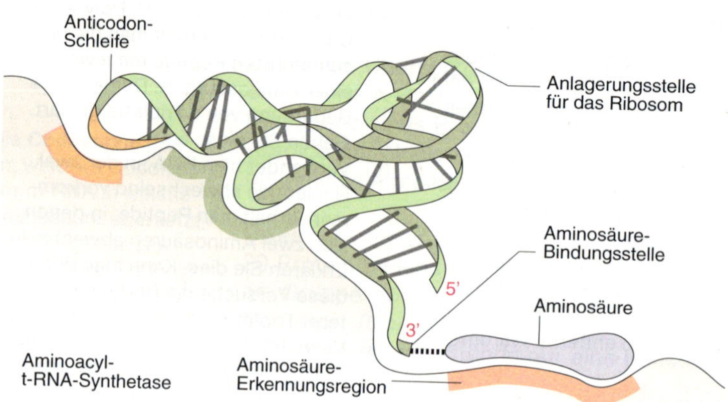

1 Beladung einer t-RNA mit einer Aminosäure

Hochspezifische Enzyme, die sog. *Aminoacyl-t-RNA-Synthetasen*, erkennen das Anticodon einer t-RNA und beladen diese mit der dazugehörigen Aminosäure. Man könnte auch sagen, der genetische Code beruhe auf der Fähigkeit von Aminoacyl-t-RNA-Synthetasen, bestimmten RNA-Tripletts definierte Aminosäuren zuzuordnen. Dies ist der entscheidende Schritt bei der Realisierung des genetischen Codes. In allen Zellen gibt es 20 verschiedene Synthetasen, für jede Aminosäure eine. Es sind rund 50 verschiedene t-RNA-Arten bekannt, also mehr als genug, um jeweils genau eine der 20 Aminosäuren spezifisch zu binden. Pro Aminosäure kann es mehrere Typen von t-RNA-Molekülen geben, die meisten Aminosäuren werden durch mehrere Tripletts codiert, der genetische Code ist redundant. Auch für t-RNA-Moleküle codieren DNA-Abschnitte.

Zettelkasten

Wobble-Hypothese

Eigentlich könnte man erwarten, dass in jeder Zelle 61 verschiedene t-RNA-Moleküle anzutreffen sind, nämlich eines für jedes m-RNA-Codon, das für eine Aminosäure codiert. Man weiß jedoch, dass eine Zelle mit nicht mehr als 31 verschiedenen t-RNA-Molekülen auskommen kann. F. Crick formulierte dazu die *Wobble-Hypothese* (engl. *wobble* = wackeln). Aufgrund der Raumstruktur der t-RNA lässt der kurze komplementär gepaarte Bereich von Anticodon und Codon unübliche Basenpaarungen zu. Ein einziges Anticodon kann daher mit mehr als einem Codon-Typ paaren, von der gleichen t-RNA ablesbare Codons bilden eine Codon-Familie. Die Regeln des genetischen Codes bleiben davon unberührt, der Code wackelt nicht.

Die ungewöhnliche Base Inosin (I) kann mit C, A, und U Basenpaarungen eingehen. AUC, AUU, AUA codieren für die Aminosäure Isoleucin.

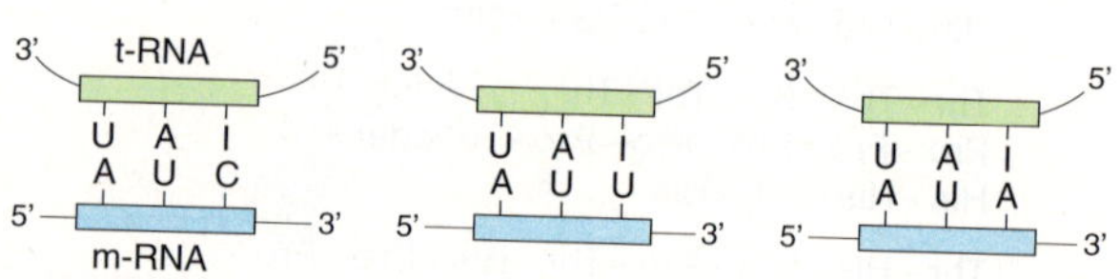

Codon-Bevorzugung

Die Codons gleicher Bedeutung werden erstaunlicherweise nicht immer gleich häufig verwendet. In systematisch nahe verwandten Organismengruppen werden oftmals die gleichen Codons bevorzugt und andere vermieden. Gewissermaßen verwenden verschiedene Organismengruppen unterschiedliche genetische Dialekte.

Für die Aminosäure Prolin codieren die vier Tripletts CCC, CCG, CCA und CCU. Im Genom des Menschen codiert das Triplett CCC für 33 % aller Prolin-Moleküle, es ist damit das bevorzugte Triplett. Bei der Ratte ist das bevorzugte Triplett CCC (32 %), bei *Escherichia coli* CCG (51 %), bei der Hefe *Saccharomyces cerevisiae* CCA (41 %), bei *Saccharomyces frugiperda* codieren die Tripletts CCA und CCT mit 29 % gleich häufig.

Aufgabe

① Die Codon-Bevorzugung spiegelt sich in der Konzentration der t-RNA-Moleküle wider.
Welches Problem kann auftreten, wenn man ein Gen, beispielsweise von Escherichia coli, auf Saccharomyces frugiperda überträgt, um das zugehörige Protein herstellen zu lassen?

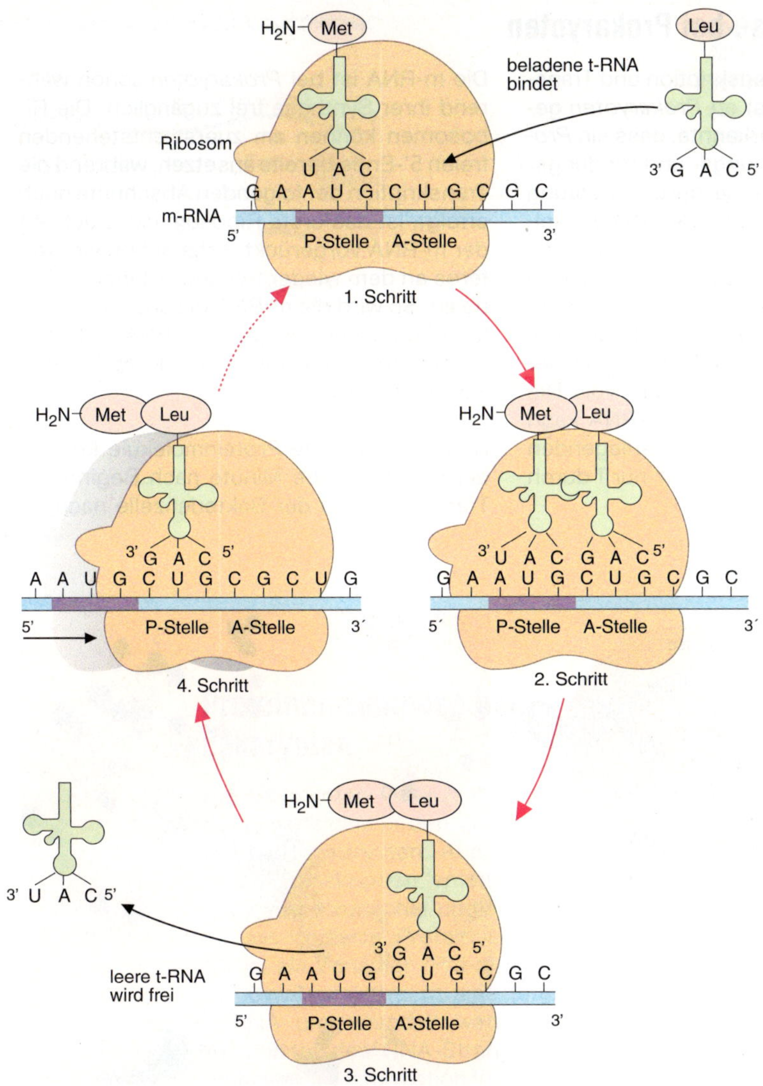

1 Der Translationsvorgang: Kettenverlängerung

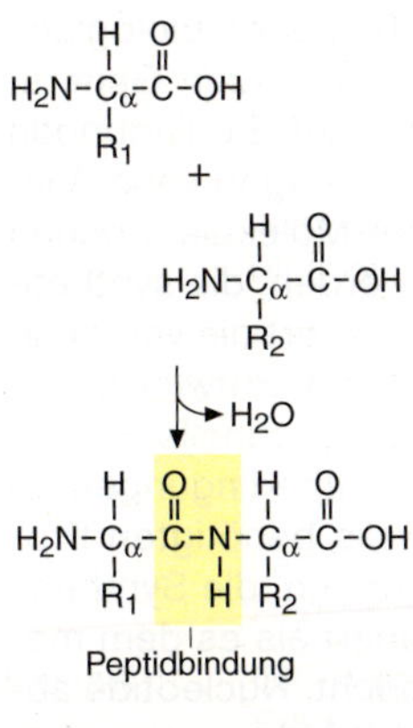

Translation: ein Protein entsteht

Die *Translation* ist nach der Transkription der zweite Schritt auf dem Wege der Genexpression. Dabei wird die *Basensequenz* der m-RNA in die *Aminosäuresequenz* des Proteins übersetzt *(translatiert)*. Die Translation erfolgt an den Ribosomen. Diese Organellen der Proteinbiosynthese bestehen aus Protein und Nucleinsäure, der r-RNA. Das funktionsfähige Ribosom ist aus zwei unterschiedlich großen Untereinheiten zusammengesetzt.

Die Translation gliedert sich in vier Teilreaktionen. Zunächst treten die beiden ribosomalen Untereinheiten am *Startcodon* einer m-RNA zusammen. An das Startcodon (AUG) lagert sich nach dem Prinzip der komplementären Basenpaarung die Methionin-t-RNA (Anticodon UAC) an. Das t-RNA-Molekül bindet zudem an die P-Stelle des Ribosoms. An der A-Stelle lagert sich eine weitere beladene t-RNA an (1. Schritt, Abb. 1), deren Anticodon zum nächsten Codon der m-RNA passt. Sind Codon und Anticodon basenkomplementär, wird die entsprechende t-RNA noch fester gebunden. Nicht passende Moleküle fallen wieder ab. Bei Basenkomplementarität werden die Aminosäuren der beiden t-RNA-Moleküle unter Energieaufwand chemisch miteinander verknüpft (2. Schritt). Das Ribosom führt diese enzymatische Reaktion durch.

Zur Verlängerung der Aminosäurekette wird das Ribosom um ein Basentriplett auf der m-RNA in Translationsrichtung (von 5' nach 3') versetzt. Die t-RNA an der P-Stelle rückt aus dem Ribosom heraus und löst sich ab (3. Schritt). Die verbliebene t-RNA rückt dabei von der A-Stelle zur P-Stelle vor, die A-Stelle ist wieder frei (4. Schritt). Sie liegt nun am nächsten Codon der m-RNA und kann eine t-RNA mit passendem Anticodon komplementär binden. Die entsprechende Aminosäure wird mit dem Dipeptid zu einem Tripeptid verknüpft. Auf diese Weise folgt ein Zyklus dem anderen und das Peptid wird dabei jeweils um eine Aminosäure verlängert.

Der beschriebene Verlängerungsvorgang wiederholt sich solange, bis das Ribosom auf ein *Stoppcodon* der m-RNA trifft. Dazu gibt es keine nach den Regeln des genetische Codes passende t-RNA. Der Abbruch der Translation wird eingeleitet: Der Komplex aus Ribosom und m-RNA zerfällt und die synthetisierte Aminosäurekette wird freigesetzt.

Aufgaben

① RNA und Proteine gehören unterschiedlichen chemischen Stoffklassen an. Dennoch gibt es strukturelle und funktionelle Parallelen. Begründen Sie.

② Das Codon AUG hat zwei verschiedene Bedeutungen, je nachdem ob es sich am Anfang einer m-RNA oder nicht befindet. Begründen Sie.

③ Formulieren Sie zu dem codogenen DNA-Abschnitt unten die komplementäre m-RNA. Formulieren Sie dann die komplementären Anticodons und die zugehörigen Aminosäuren:
3' CTGGCTTGAACCCGCTTC 5'

Arabidopsis thaliana (Ackerschmalwand)
2n = 10 Chromosomen
115 500 000 Basenpaare
ca. 29 000 Gene
ca. 1800 Transkriptionsfaktoren

Ackerschmalwand (Wildtyp)

Vom Genotyp zum Phänotyp

Um zu untersuchen, wie die Basensequenz der DNA letztlich zum sichtbaren Merkmal eines Organismus führt, braucht man einen geeigneten Modellorganismus. Die *Ackerschmalwand (Arabidopsis thaliana)* ist ein unscheinbares Wildkraut aus der Familie der Kohlgewächse *(Kreuzblütler)*. Es hat in den letzten Jahren Karriere in den Genlabors gemacht, unter den Pflanzen nimmt es damit in der Genetik eine Rolle ein, die Taufliegen *(Drosophila melanogaster)* bei den Versuchstieren hatten.

Verschiedene Eigenschaften machen Arabidopsis zu einer idealen Pflanze für Kreuzungsexperimente: Im Labor können viele Individuen auf engem Raum (etwa 300 Pflanzen pro Quadratmeter) gezogen werden. Die Pflanze wird etwa 20 cm hoch, ihre behaarten Blätter bilden eine bodennahe Rosette. Die kleinen Blüten bilden Blütenstände und sind leicht künstlich zu bestäuben, auch Selbstbestäubung ist möglich. Bei 25 °C und Dauerlicht erreichen die Pflanzen schon nach 6 Wochen Samenreife und bilden kleine Schoten mit je 30 bis 50 Samen. Eine einzige Pflanze bringt etwa 10 000 Samen hervor, die leicht auf Blumenerde oder Zuchtmedien keimen. Die Ackerschmalwand wird schon seit Jahren in der botanischen Forschung verwendet, daher sind viele phänotypische Varianten bekannt. Zahllose weitere Varianten wurden durch zufällige Änderungen am Genom *(Mutationen)* künstlich erzeugt (Abb. 1).

Im Jahr 2000 war Arabidopsis die erste Pflanzenart, deren DNA vollständig sequenziert werden konnte. Das Genom von Arabidopsis ist sehr übersichtlich, es ist deutlich kleiner als das der Taufliege und enthält etwa 29 000 für Proteine codierende Gene (s. Randspalte). Die Genexpression wird auch hier von Proteinen kontrolliert, die an bestimmte DNA-Sequenzen *(Promotoren)* binden. Solche *Transkriptionsfaktoren* sind gewissermaßen Schalter im Genom, die über Ablesen und Nichtablesen von DNA-Abschnitten und damit über die Abschrift als m-RNA entscheiden.

Gene müssen nicht nur im Verlauf der Entwicklung eines Organismus rechtzeitig angeschaltet und abgelesen werden, sondern sie können auch als Antwort auf äußere Reize aktiv werden. Dabei kann es sich um unterschiedlichste Faktoren wie Trockenheit, UV-Bestrahlung, Licht, Hitze, Kälte, Mineralstoffmangel, Giftstoffe im Boden oder um den Angriff eines Pilzes oder Bakteriums handeln.

2 Ackerschmalwand bei Trockenheit

1 a) Varianten der Ackerschmalwand in Blattbehaarung (links Wildtyp)

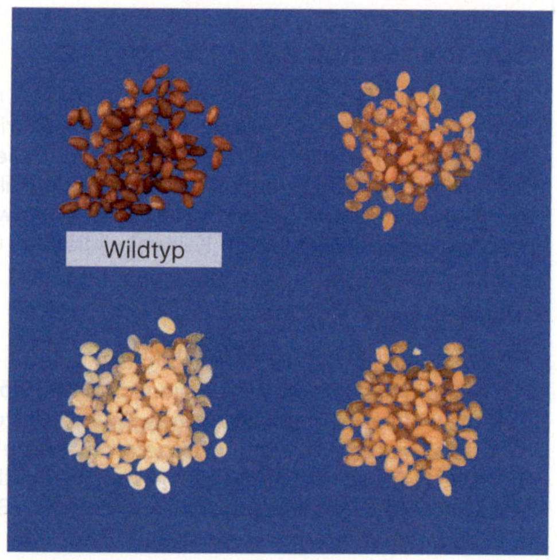

1 b) Samenfarbe

Die Funktion eines Gens lässt sich oft eingrenzen, wenn man es ausschaltet und untersucht, wie sich sein Fehlen auf Aussehen und Entwicklung auswirkt. In der botanischen Genomforschung sucht man dazu aus der Vielzahl vorhandener Varianten diejenige mit dem fehlenden Gen heraus und beobachtet deren Wachstum und Gestalt. Der Bestand an m-RNA in einem Gewebe ist ein Maß für die Gesamtheit der in einem Gewebe aktiven Gene, er lässt sich ebenso wie der Proteinbestand mit automatisierten Verfahren ermitteln. Ein Vergleich mit der unveränderten Pflanze *(Wildtyp)* zeigt, welche Gene z. B. an der Bildung von Haaren oder Farbstoffen beteiligt sind. So erfährt man etwas über die Funktion der Gene und der zugehörigen Proteine.

Auf diese Weise fand man bei Arabidopsis ein Gen, das bei Wassermangel besonders intensiv abgelesen wird. Das Dürre-Gen lässt Pflanzen mit bestimmten Giftstoffen besser fertig werden, die im trockenen Boden vermehrt anfallen. Pflanzenvarianten, bei denen dieses Gen künstlich überaktiviert wird, gedeihen bei Trockenheit besser als der Wildtyp (Abb. 148.2). Andere Ackerschmalwand-Varianten färben sich bei erhöhten Stickstoffdioxid-Konzentrationen rötlich. Möglicherweise könnte das die Minenräumung in Zukunft effizienter gestalten, denn dieses Gas zeigt Landminen an.

Die Gensequenzen von Arabidopsis sind in Datenbanken weltweit frei zugänglich. Sie tragen auch zum Verständnis von Nutzpflanzen bei, denn verwandte Arten wie Raps oder Kohl besitzen oft vergleichbare Gene: Kennt man die Funktion eines Gens bei Arabidopsis, kann auf die Funktion des Gens der verwandten Art geschlossen werden.

Aufgabe

① Erklären Sie, warum das gezielte An- oder Ausschalten von Genen beim Menschen mittels Substanzen schwierig ist.

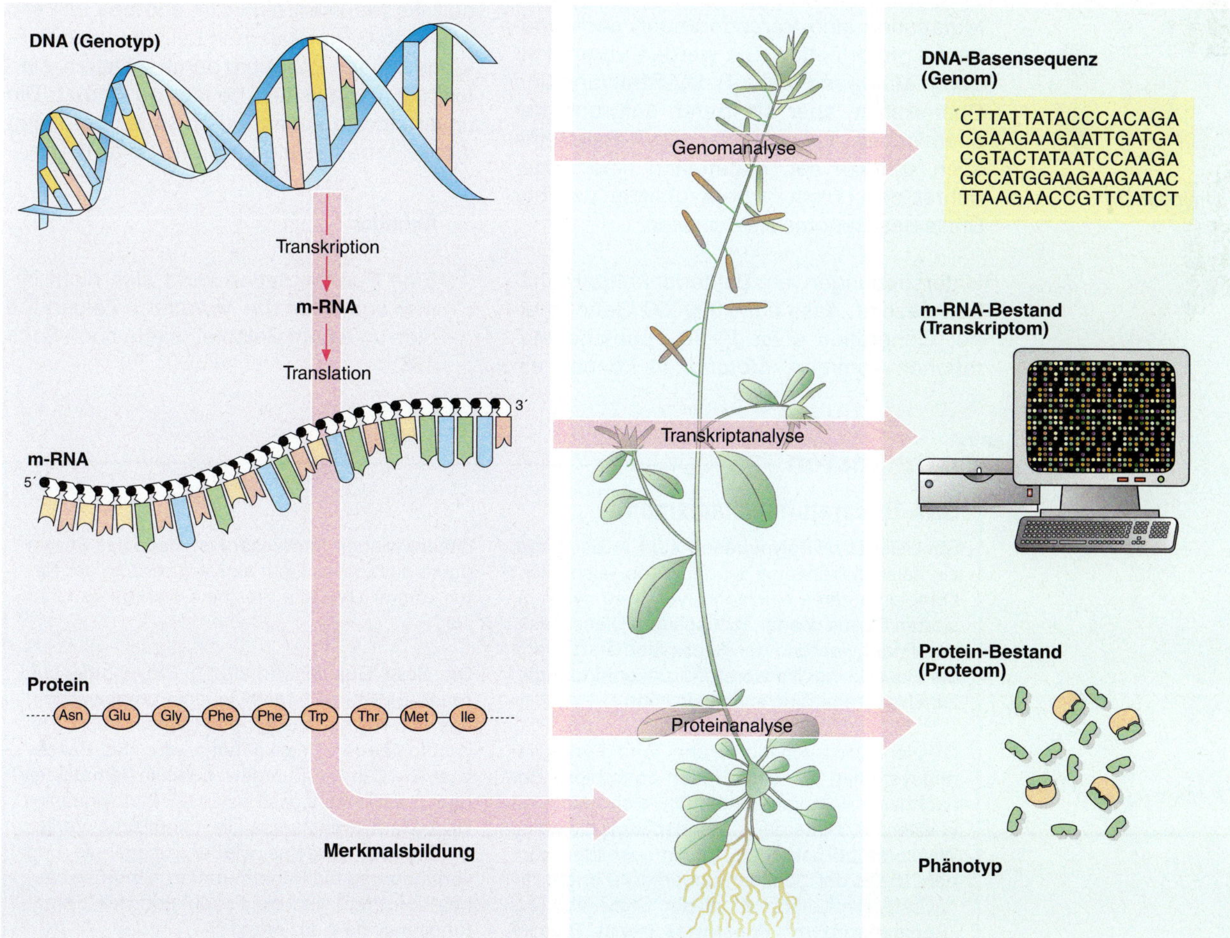

1 Prinzip der Genomforschung

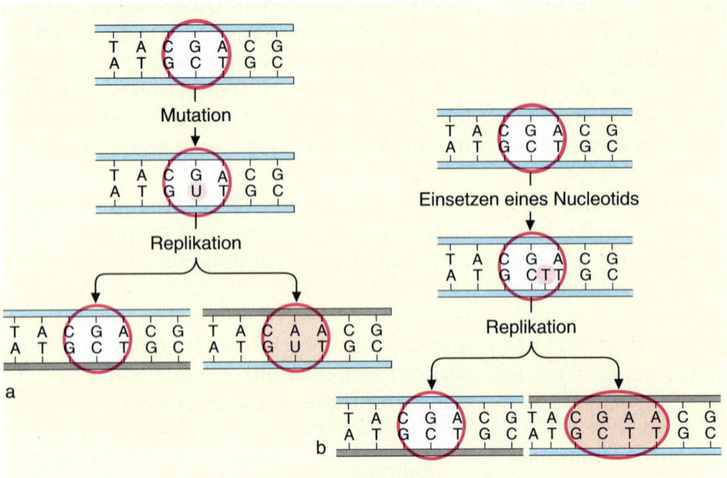

1 Punktmutationen (a) und Leserastermutationen (b)

DNA-Schäden und Reparatur

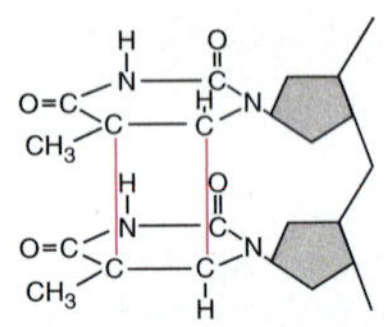

Thymindimere

Mutationen sind Veränderungen der genetischen Information. Sie werden verursacht durch *Mutagene,* wie z. B. UV-Strahlung und Chemikalien, aber sie treten aufgrund der chemischen Labilität der DNA-Bausteine auch spontan auf. Mutationen sind ungerichtet, es ist nicht vorhersagbar, an welcher Stelle des Genoms sie eintreten.

Untersuchungen an Bakterienkulturen haben gezeigt, dass auf 1 000 000 Gene in einer Generation etwa 1 – 10 spontane Mutationen kommen. *Mutationen* können ein einzelnes Gen *(Genmutation)*, die Struktur eines Chromosoms *(Chromosomenmutation)* oder die Chromosomenanzahl *(Genommutation)* betreffen.

Genmutationen

Genmutationen sind auf der Ebene eines einzelnen Gens wirksam. Man unterscheidet *Punktmutationen* und *Leserastermutationen.* Bei einer Punktmutation wird eine einzelne Base ausgetauscht. Bei Bakterien sind rund 70 % aller Mutationen Punktmutationen, die meisten Mangelmutanten beruhen darauf. Durch den Austausch einer DNA-Base ist die Aminosäuresequenz des codierten Enzyms verändert, es ist meistens funktionsuntüchtig. Bei einer Leserastermutation werden Basen zusätzlich eingefügt *(Insertion)* oder entfernt *(Deletion)*. In beiden Fällen wird das Leseraster des m-RNA-Triplettcodes verschoben, wenn es sich nicht um drei Basen oder ein Vielfaches davon handelt. Es resultiert ein völlig anderes Protein. Während Genmutationen bei haploiden Bakterien auf den Phänotyp durchschlagen, sind diploide Organismen besser geschützt: Die unveränderte Variante des Gens übernimmt die Aufgabe des mutierten (s. Seite 151).

Aufgabe

① Eine Punktmutation wirkt sich nicht immer aus *(stumme Mutation)*. Zeigen Sie dies an einem Beispiel (siehe auch Seite 138).

Zettelkasten

DNA-Reparaturmechanismen

Spezielle DNA-Polymerasen sind in der Lage, ein fälschlicherweise eingebautes, also nicht komplementäres Nucleotid, vom neu synthetisierten Strang wieder abzuspalten. Diese Reaktion findet während der Replikation statt, wenn die Base keine Wasserstoffbrückenbindungen zum Matrizenstrang ausbilden kann.

UV-Licht wird von den Purin- und Pyrimidinringsystemen der DNA-Basen absorbiert. Benachbarte Thymine verbinden sich dann oft kovalent zu Dimeren (s. Randspalte), die keine Wasserstoffbrücken zu Adenin ausbilden können. Bleibt der Schaden unbemerkt, bricht die nächste Replikation an dieser Stelle ab. Das „Reparaturenzym“ *Photolyase* trennt Thymindimere wieder. Interessant ist, dass das Enzym durch sichtbares Licht aktiviert wird. In der Natur kommt UV-Licht nie ohne sichtbares Licht vor.

Die Base Guanin wird durch *Ethylmethansulfonat* (EMS) in O^6-Methylguanin umgewandelt, das mit Thymin anstatt mit Cytosin paart. Bei nachfolgenden Replikationen wird das Basenpaar G – C in A – T umgewandelt. In dem Bakterium E. coli macht das Enzym O^6-Methylguanin-DNA-Methyltransferase die chemische Veränderung des Guanins wieder rückgängig und verhindert so die Punktmutation. Bei Anwesenheit von EMS wird die Produktion des Entgiftungsenzyms induziert.

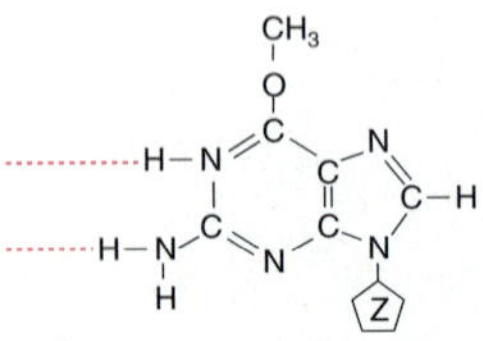

O^6-Methylguanin

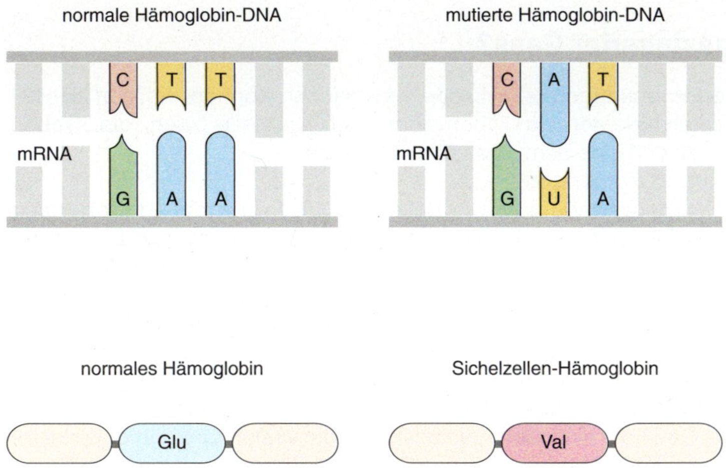

1 Punktmutation bei Sichelzellanämie

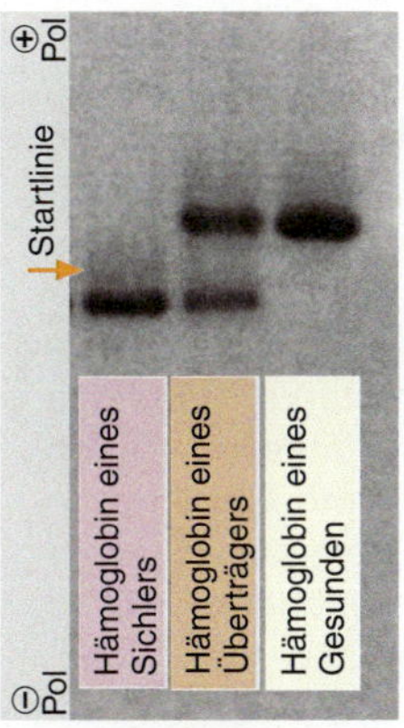

Elektrophorese-ergebnis

Folgen einer Punktmutation

Bei einer *Punktmutation* ist eine der etwa sechs Milliarden Basen des Genoms verändert. Bildlich könnte man sich dies so vorstellen, dass in 100 Tonnen Reis ein einziges schwarzes Reiskorn liegt. Kann das Folgen haben? Wenn die Punktmutation zu einer Fehlsinnmutation führt, trifft dies durchaus zu, wie das Beispiel der Sichelzellkrankheit zeigen soll.

Sichelzellkrankheit

Bei der Sichelzellkrankheit führt eine Fehlsinnmutation zu einer Veränderung der Hämoglobinstruktur (s. Seite 145). Das veränderte Hämoglobin nennt man *Sichelzellhämoglobin (HBS)*. Bei niedrigem Sauerstoffpartialdruck, d.h. im venösen Blut, führt die veränderte Löslichkeit des HBS zur Ausbildung von *Sichelzellerythrocyten* (s. Randspalte). Diese sind weniger verformbar als normale Erythrocyten, was in Kapillaren zu Gefäßverstopfungen führen kann. Da zunächst vor allem Kapillaren betroffen sind, spricht man von *Mikroinfarkten.* Viele Mikroinfarkte, die sich im Laufe des Lebens anhäufen, führen nicht selten zum Untergang der betroffen Organe. Grundsätzlich können alle Organe betroffen sein, häufig sind Nieren-, Milz- und Lungeninfarkte sowie Schlaganfälle, an denen die Patienten im Erwachsenenalter dann meist versterben.

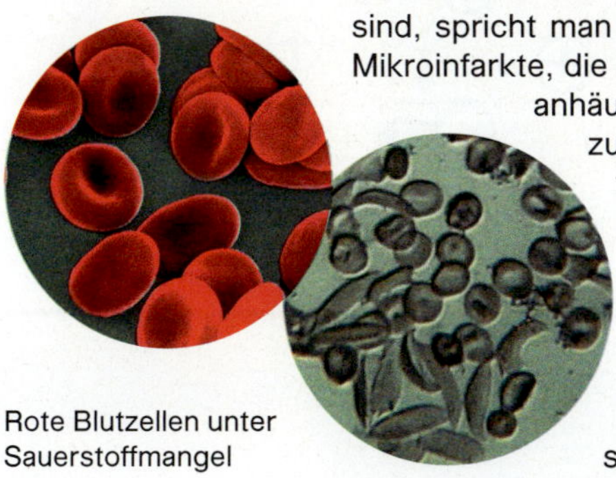

Rote Blutzellen unter Sauerstoffmangel

Die Sichelzellform der Erythrocyten führt zu einem verstärkten Abbau der Sichelzellerythrocyten in der Milz, was zu einer Blutarmut führt. Daher nennt man die Sichelzellkrankheit auch *Sichelzellanämie.* Die Anämie kann durch Bluttransfusionen behandelt werden. Gegen die Mikroinfarkte gibt es keine wirkliche Therapie, allerdings wirken Medikamente, die die Blutgerinnung hemmen, lebensverlängernd.

Molekularbiologische Sichelzellanämie

Bei der Sichelzellanämie führt die Punktmutation zum Austausch einer Aminosäure (*Fehlsinnmutation)* auf einer Kette des Hämoglobins (Abb. 1). Die Aminosäure Glutaminsäure wird dabei durch die Aminosäure Valin ersetzt. Bei der Aminosäure Glutaminsäure handelt es sich um eine saure, hydrophile Aminosäure, bei dem Valin um eine unpolare hydrophobe (s. Seite 45). Der Austausch dieser hydrophilen Aminosäure gegen die hydrophobe verändert die Löslichkeit der Kette des Hämoglobins. Bei niedrigem Sauerstoffpartialdruck kristallisiert dieses HBS und führt zur Sichelform der Erythrocyten.

Sichelzellanämie als Vorteil

Homozygot vorliegende Sichelzellanämie ist regelmäßig mit einer verminderten Lebenserwartung verbunden. In Malariagebieten fand man allerdings auffallend häufig Menschen mit heterozygoter Sichelzellanämie. Da es sich um eine autosomal rezessive Krankheit handelt, haben bezüglich der Krankheit Heterozygote nur bei starkem Sauerstoffmangel Symptome. Ihre Lebenserwartung ist normal. Wie sich herausstellte, bietet die Sichelzellanämie einen gewissen Schutz gegen eine Form der Malaria.

Aufgaben

① Die Sichelzellanämie ist eine autosomal rezessiv vererbbare Krankheit. Diagnostisch wird häufig eine Hämoglobinelektrophorese genutzt (s. Randspalte). Erklären Sie das Zustandekommen der einzelnen Banden.

② Finden Sie mithilfe der Codesonne (s. Seite 138) mehrere Möglichkeiten für folgenlose (stille) Punktmutationen.

③ Eine weitere Form der Mutation ist die sogenannte *Rasterschubmutation*, bei der eine einzelne Base insertiert (zusätzlich eingefügt) oder deletiert (aus der DNA entfernt) ist. Diskutieren Sie die Folgen dieser Mutation.

Krebs – Folge fehlgesteuerter Gene?

Tumor
Geschwulst

gutartiger Tumor
z. B. Myom, Polyp

bösartiger Tumor
Krebs, z. B. Karzinom, Sarkom

Onkogen
Krebsgen

Proto-Onkogen
Gen, das Zellteilung und Wachstum kontrolliert und aus dem durch Mutation ein Onkogen entstehen kann.

Nach den Herz-Kreislauf-Erkrankungen ist *Krebs* in den Industriestaaten eine der häufigsten Todesursachen. Krebs ist eine Sammelbezeichnung für bösartige *Tumore*, also für Geschwülste von Körpergewebe, in denen sich Zellen unkontrolliert teilen und ihre normale Funktion verlieren. Tumore verdrängen durch ihr Wuchern das gesunde Gewebe und entziehen dem Organismus lebenswichtige Nährstoffe für ihren eigenen übersteigerten Stoffwechsel. Gutartige Tumore wachsen sehr langsam und dringen nicht in das umgebende Gewebe ein, sie sind daher nicht unbedingt lebensbedrohend. Bösartige Tumore dringen in das umgebende Gewebe ein; Zellen können sich aus dem Krebsgeschwulst lösen und im Körper ausbreiten. Sie bilden dann Tochtergeschwülste *(Metastasen,* Abb. 153.1).

Während die Häufigkeit und der Zeitpunkt der Zellteilungen bei gesunden Körperzellen gesteuert wird, entziehen sich Krebszellen einer Kontrolle. Sie teilen sich unablässig, ohne sich zu differenzieren und ohne sich als Gewebe zu ordnen. Die Molekularbiologie bietet inzwischen Erklärungsansätze für die Entstehung von Krebszellen.

Bereits 1775 stellte man gehäuft Krebs bei Schornsteinfegern fest, die oft in Kontakt mit Teerstoffen und Kohlenstoffpartikeln des Rußes kamen. Bestimmte Stoffe können also Krebs verursachen, sie wirken *karzinogen*; ebenso energiereiche Strahlen, wie Röntgen-, UV- oder radioaktive Strahlung. Da die genannten Einflüsse mutagen sind, liegt es nahe zu vermuten, dass Mutationen in Körperzellen *(somatische Mutationen)* Krebs verursachen können. Es gibt daneben aber auch spezielle Viren, die Krebs auslösen können.

Die Rolle von Genen beim unkontrollierten Wachstum von Tumoren, wurde zuerst an Krebs erregenden Viren erkannt. Man bezeichnet Krebs erregende Gene als *Onkogene* (griech. *onkos* = Geschwulst). Virale Onkogene führen zur vermehrten Zellteilung bei befallenen Zellen und fördern so ihre eigene Vervielfachung. In ihrer Basensequenz ähneln die viralen Onkogene wirtseigenen Genen, die Wachstum und Zellteilung gesunder Zellen im Gewebe kontrollieren. Sind diese Gene verändert, kann das Zellwachstum außer Kontrolle geraten. Daher sind sie potenzielle Vorstufen von Onkogenen und man bezeichnet sie entsprechend als *Proto-Onkogene*. Verschiedene Mutationsereignisse können lebensnotwendige Proto-Onkogene in Krebs verursachende Onkogene umwandeln (Abb. 1): Eine Vervielfachung (mehrfache Duplikation) des Proto-Onkogens steigert seine Expression und damit die Zellteilung. Bestimmte Punktmutationen können stärker wirksame Genprodukte entstehen lassen. Durch Translokation kann ein Proto-Onkogen in eine DNA-Nachbarschaft kommen, in der es unter die Kontrolle eines besonders aktiven Promotors gerät (s. Seite 137).

Krebs kann aber nicht nur entstehen, wenn zellwachstumsfördernde Gene mutieren, sondern auch wenn solche Gene verändert werden, die normalerweise das Zellwachstum hemmen, die Entstehung eines Tumors also im intakten Zustand verhindern. Man

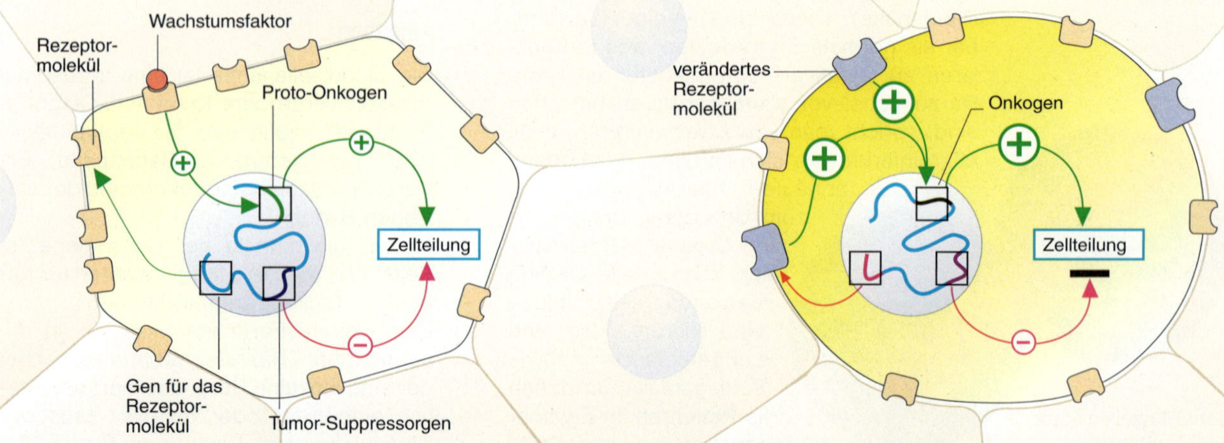

1 Steuerungsvorgänge in normalen Körperzellen (links) und Tumorzellen (rechts)

bezeichnet sie daher als *Tumor-Suppressorgene*. Mutationen in Tumor-Suppressorgenen werden mit verschiedenen Krebserkrankungen in Zusammenhang gebracht, z. B. mit einem bösartigen Netzhauttumor bei Kindern. Neben Genmutationen werden heute auch somatische Genommutationen (s. Seite 150) für die Krebsentstehung verantwortlich gemacht.

Krebs wird meistens durch mehrere Mutationen verursacht. Das erklärt auch das vermehrte Auftreten von Krebs im Alter und eine gewisse Häufung von Krebserkrankungen in bestimmten Familien. Die *Zwei-Treffer-Theorie* geht davon aus, dass mindestens zwei Mutationen erforderlich sind, um Zellen entarten zu lassen: Eine Mutation schädigt z. B. ein Gen für die Regulation der Zellteilung, die andere eines für die Anordnung zu Geweben. Hat eine Person bereits ein mutiertes Gen geerbt, genügt eine weitere Mutation, um in Körperzellen Krebs auszulösen. Der Betroffene ist *prädisponiert*.

Mit der Zwei-Treffer-Theorie kann die Entstehung von Dickdarmkrebs, der häufigsten Krebsart bei Männern, erklärt werden: In gesunden Zellen codiert ein Proto-Onkogen auf Chromosom 12 für ein membrangebundenes Rezeptorprotein. Dieses aktiviert im Inneren der Zelle das Programm zur Zellteilung, sobald sich Wachstumsfaktoren anlagern. Verwandelt eine Mutation dieses Proto-Onkogen in ein Onkogen, ist das veränderte Rezeptorprotein daueraktiv und regt die betroffene Zelle auch ohne Wachstumsfaktoren zu ständigen Teilungen an. Es bilden sich gutartige Wucherungen *(Polypen)*. Der Verlust eines Tumor-Suppressorgens durch eine weitere Mutation führt dann zum Krebs (Abb. 1).

Aufgaben

① Die Mutation eines Proto-Onkogens zum Onkogen wirkt sich dominant aus, durch Mutation unwirksame Tumor-Suppressorgene dagegen rezessiv. Begründen Sie.

② Zigarettenrauch und Alkohol können ein Gen auf Chromosom 17 verändern, das für das Kontrollprotein P53 codiert (s. Seite 154). Erklären Sie den Zusammenhang mit der Krebs verursachenden Wirkung des Rauchens.

③ Informieren Sie sich über weitere Risikofaktoren, die zur Entstehung von Krebs führen können.

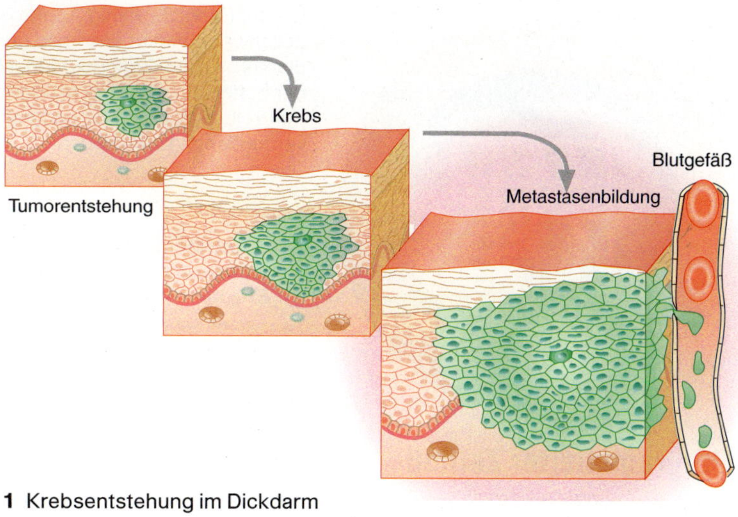

1 Krebsentstehung im Dickdarm

Zettelkasten

Methoden der Krebsbehandlung

Die Diagnose „Krebs" ist heute kein „Todesurteil" mehr. Die klassischen Therapieverfahren wurden weiter verfeinert und dadurch wirksamer. Verbesserte Operationstechniken helfen, Tumore restlos zu entfernen, bevor sie in das umgebende Gewebe eindringen oder Metastasen gebildet haben. Zellteilungshemmende Mittel *(Cytostatika)* können das Wachstum von Krebszellen stoppen. Neue Substanzen aus dieser Wirkstoffgruppe bekämpfen Tumorzellen gezielter, haben daher weniger Nebenwirkungen und verhindern die Resistenzbildung bei Tumorzellen besser. Die radioaktive Bestrahlung von Tumoren kann inzwischen immer genauer gesteuert werden, sodass weniger gesunde Zellen dadurch geschädigt werden.

Molekulargenetische Erkenntnisse erleichtern die Krebstherapie. Vor allem die genetische Diagnostik zur Identifizierung von Onkogenen erlaubt eine frühzeitige Risikoabschätzung für Personen, in deren Familien gehäuft bestimmte Krebstypen auftreten. Die Vorsorge kann dann intensiviert und eventuell eine vorbeugende Operation vorgenommen werden. Genetische Analysen zeigen auch Erfolge in der Krebsnachsorge. Bei vielen operierten Patienten tritt der Tumor erneut auf, weil die Krebszellen nicht vollständig entfernt wurden. Mit der PCR-Methode (s. Seite 156) kann man bereits das Vorhandensein einzelner Krebszellen nachweisen und die Therapie bis zu ihrem Verschwinden fortführen oder den Patienten unnötige weitere Therapiemaßnahmen ersparen.

Erfolg versprechende Ansätze zur Therapie liegen auch in immunologischen Methoden. Das Immunsystem erkennt Krebszellen an irregulären Oberflächenmerkmalen und vernichtet sie. Erst bei einer Überlastung dieses Systems kann sich Krebs manifestieren. Man kann bei Krebspatienten das Immunsystem aktivieren oder Immunzellen gegen Tumore in Zellkulturen vermehren und dem Körper wieder zuführen. Koppelt man gegen Krebszellen gerichtete Immunzellen mit stark strahlenden radioaktiven Substanzen oder starken Zellgiften, lassen sich Tumorzellen gezielt zerstören, denn gesunde Zellen ohne die Tumor-Oberflächenstrukturen werden nicht angegriffen. Andere Medikamente können Oberflächenstrukturen im Gewebe blockieren, an denen sich Tumorzellen anheften. So wird die Bildung von Metastasen verhindert.

Alle Methoden sind umso erfolgreicher, je früher der Krebs erkannt wird. Vorsorgeuntersuchungen können Leben retten!

Programmierter Zelltod

Typen des Zelltodes

Einem erwachsenen Frosch fehlt der Schwanz der Kaulquappe. Er wurde nicht etwa abgeworfen, sondern „zurückgebildet", d. h. die Zellen wurden in einem geordneten Prozess abgebaut und ihre Bestandteile dem Organismus zugeführt. Dieser genetisch gesteuerte (programmierte) Zelltod *(Apoptose)* formt ebenso wie die Zellteilung Gewebe und Organe. Durch Apoptose werden überflüssige, beschädigte, infizierte oder anders veränderte Zellen beseitigt. Weist das genetische Programm für den Zelltod Fehler auf, kann das zu Krankheiten und Fehlentwicklungen führen. Es gilt heute als gesichert, dass zu viele Apoptose-Vorgänge Schlaganfall, Herzinsuffizienz, Alzheimer und Parkinson begünstigen. Zu wenig Apoptose lässt Zellen ungehindert wachsen und fördert die Krebs- und Tumorbildung. Mediziner hoffen auf eine pharmakologische Kontrolle des Zelltodes und der damit verbundenen Krankheiten.

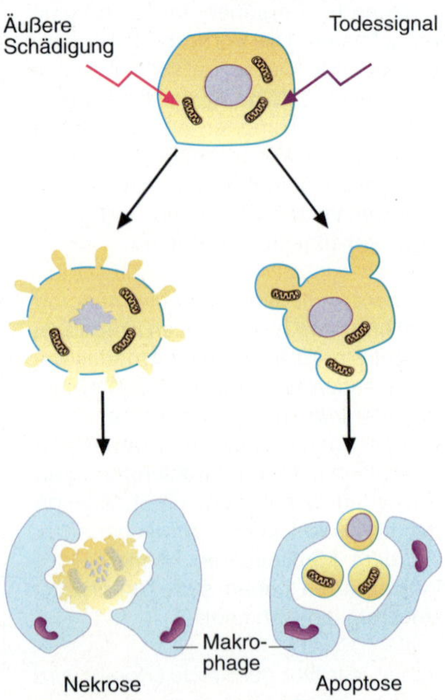

1 Vergleich Nekrose/ Apoptose

Aufgaben

① Zellen sterben auch nach Gewalteinwirkung oder Verbrennung. Erläutern Sie anhand Abb. 1, wie sich dieser als *Nekrose* bezeichnete Zelltod von der Apoptose unterscheidet.

② Die Nekrose wird oft einem „Mord", die Apoptose einem „Selbstmord" gleichgesetzt. Erklären Sie.

Formgebung durch Apoptose

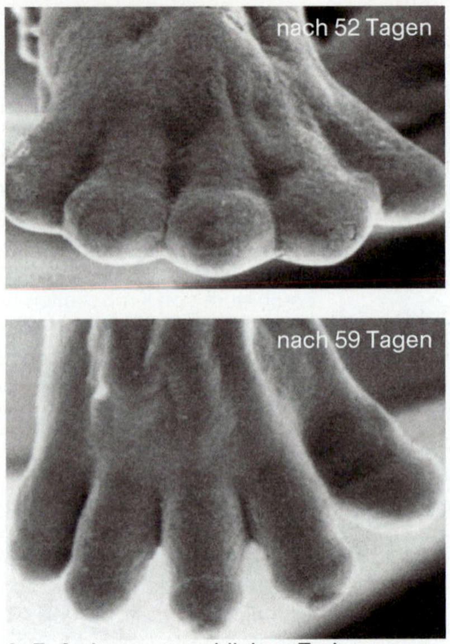

2 Fuß eines menschlichen Embryos

Aufgaben

③ Beschreiben Sie die Entwicklung des menschlichen Fußes und bringen Sie diese Entwicklung mit der Apoptose in Zusammenhang (Abb. 1).

④ Bei vielen Tieren werden in der Entwicklung Zell- und Gewebeteile zurückgebildet. Nennen Sie Beispiele, für die Apoptose verantwortlich sein könnte.

Ablauf der Apoptose

Die Apoptose lässt sich in drei Hauptphasen unterteilen: In der ersten Phase aktiviert ein von außen kommendes Signal (zellschädigende Stoffe, Entzug von Zellkontakten, Wachstumsfaktoren oder Hormonen) oder ein intrazellulärer Prozess (Fehler im Zellzyklus, DNA-Schädigung) das Apoptose-Programm. In der betroffenen Zelle bewirkt das Kontrollprotein p 53 die Synthese von Apoptose fördernden Genprodukten, sodass diese gegenüber den Apoptose hemmenden Stoffen überwiegen. p 53 fällt damit das Todesurteil über die Zelle, indem abbauende Enzyme aktiviert werden. In der zweiten Phase wird die Zelle zerstört: Bestimmte Proteasen zerlegen die Proteine, Nucleasen zerlegen die DNA. In der dritten Phase schnüren sich von der sterbenden Zelle membranumschlossene Vesikel ab, die dann von Makrophagen aufgenommen und verdaut werden.

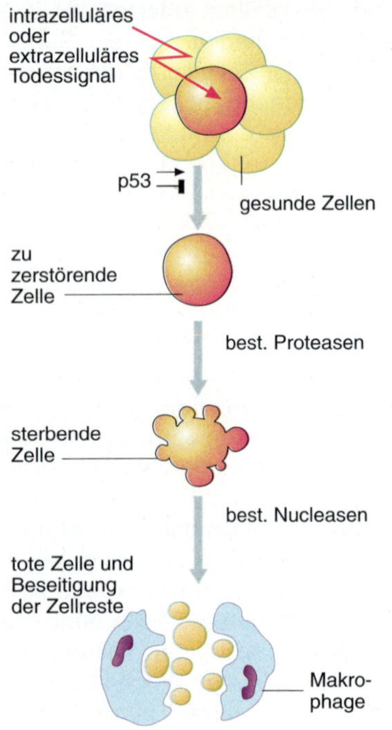

3 Hauptphasen der Apoptose

Aufgaben

⑤ Beim Menschen wird p 53 von einem Gen auf Chromosom 17 codiert. Es wird als Tumorsuppressorgen bezeichnet, verhindert also die Entstehung von Krebs. Erklären Sie diese Wirkung.

⑥ Krebs auslösende Viren bilden ein Protein, das an p 53 bindet und es dadurch inaktiviert. Inwieweit begünstigt das die Vermehrung der Viren?

⑦ Rote Blutzellen besitzen keinen Zellkern und sind sehr kurzlebig. Warum werden gealterte Rote Blutzellen nicht durch Apoptose, sondern in einem speziellen Organ, der Leber, vernichtet?

Mutagene

Mutagene lösen Mutationen bei allen Lebewesen im Prinzip nach dem gleichen Mechanismus aus. Dafür sprechen experimentelle Befunde, aber auch die Tatsache, dass die DNA Träger der Gene ist und als Makromolekül gleichartig reagiert. Mutationen in Körperzellen können Zellen so schwer schädigen, dass sie absterben. Der Zellverlust kann durch Teilung benachbarter Zellen ausgeglichen werden. Sind allerdings Gene betroffen, die das Wachstum der Zelle kontrollieren, können sich Tumore bilden. Mutationen in Keimzellen hingegen haben für den betroffenen Organismus keine Konsequenzen, aber für seine Nachkommen.

Chemische Mutagene

Basenanaloga sind basenähnliche Stoffe, die bei der Replikation als Platzhalter fungieren. 5-Bromuracil (5BU) leitet sich von Thymin ab, dessen Methylgruppe durch Brom ersetzt wurde. 5BU wird bei der Replikation anstelle des Thymins eingebaut. 5BU kann erwartungsgemäß mit A paaren, nach spontaner chemischer Umlagerung aber auch mit G. Geschieht dies

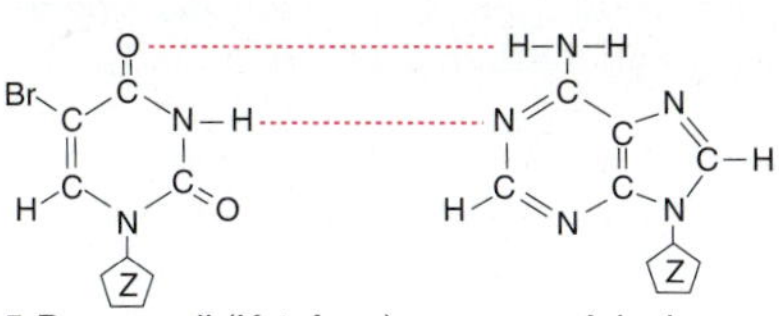

5-Bromuracil (Ketoform) Adenin

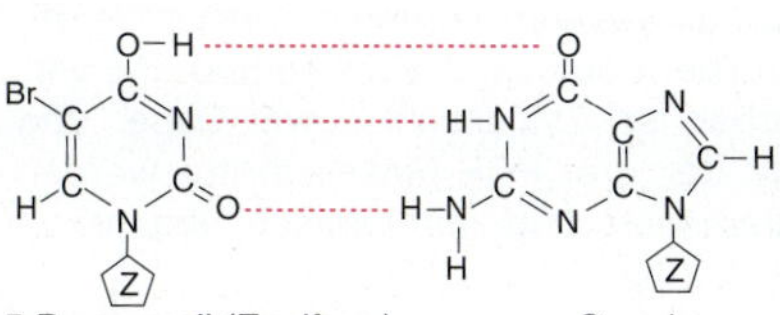

5-Bromuracil (Enolform) Guanin

während der Replikation, weist eines der DNA-Tochtermoleküle ein 5BU – G- anstelle des ursprünglichen A – T-Basenpaares auf. Nach einer weiteren Replikation trägt das Tochtermolekül mit dem G – C-Paar eine Punktmutation, die es bei den folgenden Replikationen weitergibt.

Ethidiumbromid (EB) ist ein Farbstoff zur Sichtbarmachung von DNA-Banden im Elektrophorese-Gel. Das EB-Molekül hat die Abmessungen eines Basenpaares und kann sich zwischen DNA-Basenpaare schieben. Dadurch wird die Doppelhelix gedehnt und entwunden. An den entsprechenden Stellen kommt es oft zum Abbruch der DNA-Replikation; zudem werden häufig Nucleotide zusätzlich eingebaut, es kann eine Leserastermutation resultieren (s. Seite 150). Mit EB gefärbte Elektrophoresegele müssen als Sondermüll entsorgt werden. Ganz ähnlich wie EB wirkt auch der im Zigarettenrauch enthaltene Teerstoff *Benzanthracen*.

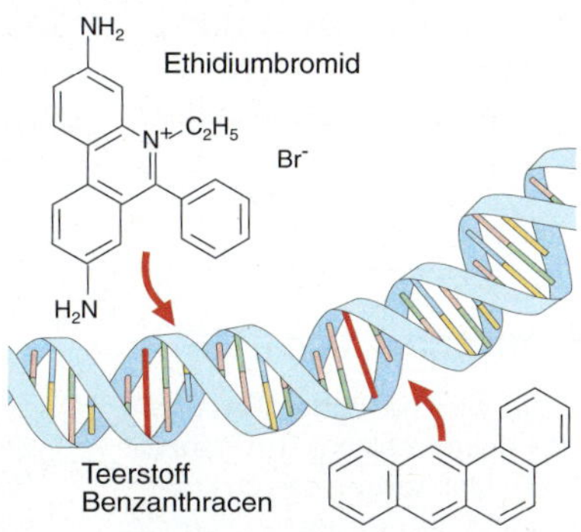

Physikalische Mutagene

Wärme ist eines der wichtigsten Mutagene. Unter Wärmeeinwirkung werden die Bindungen zwischen Purinbasen (A, G) und ihren Zuckern gespalten. Depurinierte DNA-Bereiche, die nicht repariert werden, können bei der Replikation Punktmutationen oder Deletionen verursachen. Man schätzt, dass pro Tag in jeder menschlichen Zelle bis zu 10 000 depurinierte Stellen entstehen können.

Strahlung

Röntgen- und **Gammastrahlung** sowie **korpuskuläre Strahlen** (Alpha-, Betastrahlen) geben beim Eindringen in Zellen Energie ab. Trifft die Strahlung auf ein Makromolekül wie die DNA, können die Folgen drastisch ausfallen. Es werden Strangbrüche, kovalente Verknüpfungen zwischen Nucleotiden und Zerstörung der DNA-Basen beobachtet. Indirekte Schäden entstehen, wenn die Strahlung mit zellulären Wassermolekülen reagiert. Dabei werden Hydroxyl-Radikale (·OH) freigesetzt, die oxidative DNA-Schäden verursachen.

Strahlenforscher haben rund 100 verschiedene durch ionisierende Strahlung gebildete Reaktionsprodukte von DNA-Nucleotiden identifiziert, darunter auch 8-Oxoguanin (8-OxoG). Während der Replikation kann gegenüber einem 8-OxoG am Matrizenstrang sowohl ein Cytosin als auch ein Adenin-Nucleotid eingebaut werden.

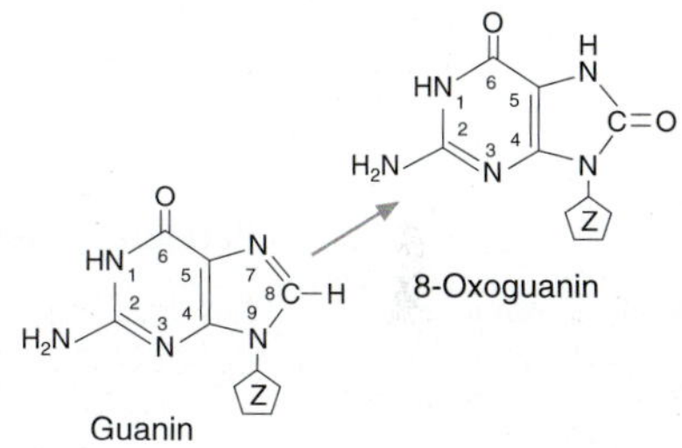

Mutagenitätstest nach Ames

B. N. Ames entwickelte 1970 einen einfachen *Mutagenitätstest* mit einem Stamm des Bakteriums *Salmonella typhimurium*, der aufgrund einer Punktmutation die Aminosäure Histidin nicht bilden kann. Auf Nährböden ohne Histidin kann die Mangelmutante nicht wachsen, also keine Kolonien bilden. Gibt man mutagene Substanzen auf die Nährböden, kommt es vereinzelt zu *Rückmutationen*. Deren Zahl kann an der Kolonienzahl auf der Agarplatte direkt abgelesen werden. Je stärker die Mutagenität einer zu testenden Chemikalie ist, desto größer ist die Zahl der Kolonien nach dem Einwirken. Bei der Beurteilung von Chemikalien muss allerdings bedacht werden, dass viele Ausgangsverbindungen erst durch den Stoffwechsel der Leber in Mutagene verwandelt werden.

Der im Zigarettenrauch enthaltene Teerstoff Benzpyren z. B. wird in der Leber durch Oxidation so abgewandelt, dass er sich zwischen Basenpaare und DNA schieben kann. Deswegen werden zu testende Chemikalien mit einem Leberextrakt vorbehandelt, um deren Mutagenität im menschlichen Körper (in vivo) abschätzen zu können.

DNA-Analyse

Thermocycler

Unter dem Begriff *Gentechnik* werden Verfahren zusammengefasst, mit denen man DNA isolieren, gezielt vervielfältigen, zerschneiden, rekombinieren und in Empfängerzellen aktiv werden lassen kann. Dabei bildet die Bestimmung von DNA-Nucleotidsequenzen die Grundlage der genannten Verfahren. Je nach Fragestellung werden kurze DNA-Abschnitte, einzelne Gene oder die Gesamtheit der DNA (Genom) einzelner Organismenarten sequenziert. Man unterscheidet zwei Teilschritte:

1. Vervielfältigung eines bestimmten DNA-Abschnitts.
2. Sequenzierung des vervielfältigten Abschnitts.

Vervielfältigung von DNA

Der Thermoblock zur Aufnahme der PCR-Reaktionsgefäße befindet sich oben am Gerät. Für einen PCR-Ansatz werden nur geringe Flüssigkeitsmengen benötigt, z. B. 2 µl DNA-Probe, 1 µl Taq-Polymerase, je 2 µl Primer 1 und 2.

Mit der *Polymerasekettenreaktion (PCR)* beschrieb KARY B. MULLIS 1983 ein Verfahren zur gezielten Vervielfältigung von DNA-Abschnitten im Reagenzglas. Er löste damit ein Problem, das die molekularbiologische Forschung stark eingeschränkt hatte. MULLIS nutzte das bestehende Grundlagenwissen zur DNA-Replikation und kombinierte es auf geniale Weise. Mit der PCR lassen sich auch geringste DNA-Proben-Mengen in kurzer Zeit identisch vervielfältigen. Die PCR hat die genetische Grundlagenforschung und anwendungsnahe Disziplinen (z. B. medizinische Diagnose, Kriminalistik) revolutioniert.

Sequenzierung von DNA

Der DNA-Sequenzierung liegt eine Methode zugrunde, die von FREDERICK SANGER und ALAN COULSON 1977 beschrieben wurde. Es gibt heute viele Varianten mit dem gleichen Prinzip, die DNA-Synthese im Reagenzglas durch modifizierte Nucleotide abzubrechen.

Suspendierte DNA-Polymerase wird dazu sowohl mit *Desoxynucleotiden* (dNTP) als auch mit *Didesoxynucleotiden* (ddNTP) ver-

Zettelkasten

Die Polymerasekettenreaktion (PCR)

Doppelsträngige DNA wird bei hohen Temperaturen (95 °C; 2 min) geschmolzen, d. h. einzelsträngig gemacht. Die Markierung des zu kopierenden DNA-Abschnitts ist der entscheidende Schritt jeder PCR: Dazu muss die Nucleotidsequenz der Abschnittsenden bekannt sein. Es werden *komplementäre,* kurze DNA-Moleküle synthetisiert. Sie dienen als *Primer*, „zünden“ also die DNA-Synthese durch die DNA-Polymerase. Um die Replikation vorzubereiten, setzt man ein gegenläufiges Primerpaar ein. Bei 50 °C (1,5 min) binden die Primer an die DNA-Matrizen. Vom 3'-Ende der Primer her synthetisiert eine DNA-Polymerase den komplementären Strang. Für diese DNA-Synthese (bei 70 °C) wird die *Taq-Polymerase* eingesetzt. Dieses Enzym wurde aus dem Hitze liebenden, in heißen Quellen lebenden Bakterium *Thermus aquaticus* isoliert. Es hat mit 72 °C ein ungewöhnlich hohes Temperaturoptimum und übersteht auch die hohen Schmelztemperaturen der PCR.

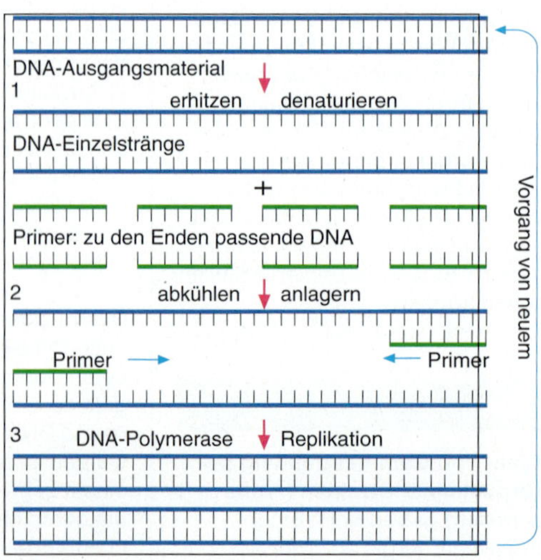

Primer und die *Nucleotidtriphosphate*, aus denen die neuen DNA-Stränge entstehen, werden zu Beginn einer PCR im Überschuss zugesetzt.

Für die PCR werden *Thermocycler (s. Randspalte)* eingesetzt. Kernstück dieser Geräte ist ein Thermoblock, dessen Temperatur veränderbar ist. Zyklenzahl sowie Dauer und Länge der drei PCR-Einzelschritte werden programmiert und automatisch abgearbeitet.

Polymerasekettenreaktion
(PCR vom englischen *Polymerase Chain Reaction*):
Eine Methode, mit der DNA-Abschnitte gezielt im Reagenzglas vervielfacht werden können.

setzt (Abb. 2). Sie werden vervielfältigten DNA-Einzelsträngen aus einer PCR zugesetzt (s. Abb. Kasten Seite 156). Bei der Synthese komplementärer DNA-Stränge an DNA-Einzelsträngen werden beide Nucleotidsorten eingebaut. Handelt es sich dabei um dNTP, kann die Synthese fortlaufen. Nicht aber bei ddNTP, da die OH-Gruppe am C_3-Atom fehlt, an der die Polymerasen das folgende Nucleotid anfügen. Daher bricht die DNA-Synthese bei einem Teil der neu synthetisierten Stränge ab. Nach Länge sortiert unterscheiden sich die synthetisierten DNA-Stränge um ein Nucleotid (Abb. 1). Im Labor werden die Sanger-Coulson-Ansätze elektrophoretisch in einem Sequenzierungsgel aufgetrennt. Kleinere Stränge wandern im Gleichspannungsfeld schneller als größere. dd-Nucleotide sind bei nicht radioaktiven Verfahren verschiedenfarbig mit Fluoreszenzfarbstoffen markiert (Abb. 2), daher weisen die DNA-Fragmente diese Markierung an ihrem 3'-Ende auf. Die Banden aus Fragmenten gleicher Größe passieren bei ihrer Wanderung durch das Gel einen Detektor, der die Farbenfolge registriert. An der Abfolge der Farben kann die Basensequenz abgelesen werden (Abb. 3).

Seit mit der Taq-Polymerase eine temperaturstabile DNA-Polymerase verfügbar ist, kann das Sanger-Coulson-Verfahren wie eine PCR geführt werden und besteht wie diese aus den drei Einzelschritten Schmelzen, Markieren mit einem Primer und Verlängern. Mehrere Zyklen werden aneinandergereiht, um die Ausbeute zu erhöhen. Im Vergleich zur PCR besteht aber ein wesentlicher Unterschied: Es darf nur einer der beiden Primer zugesetzt werden, damit nur einer der beiden Matrizen-Einzelstränge repliziert wird. Die vorgeschaltete PCR wird entweder so geführt, dass die Primer vollständig aufgebraucht werden, oder der zu sequenzierende DNA-Matrizen-Strang muss vor der Weiterverarbeitung aufgereinigt werden.

Aufgaben

1. Ein PCR-Zyklus im Reagenzglas hat Ähnlichkeit mit der DNA-Replikation in Zellen. Begründen Sie.
2. Bei der PCR fungieren die neusynthetisierten DNA-Stränge als Matrizen des nachfolgenden Zyklus. Berechnen Sie die Zahl der Stränge nach 30 Zyklen.
3. Vervollständigen Sie die Basensequenz (Abb. 3).
4. Wie lautet die Basensequenz des Matrizen-DNA-Stranges?

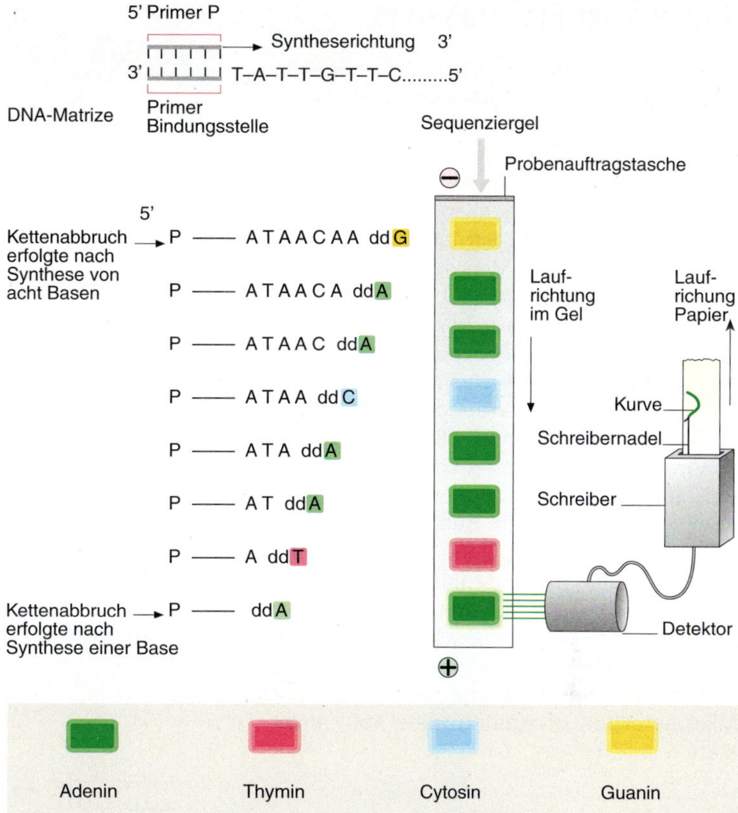

1 Schema der DNA-Sequenzierung nach Sanger-Coulson

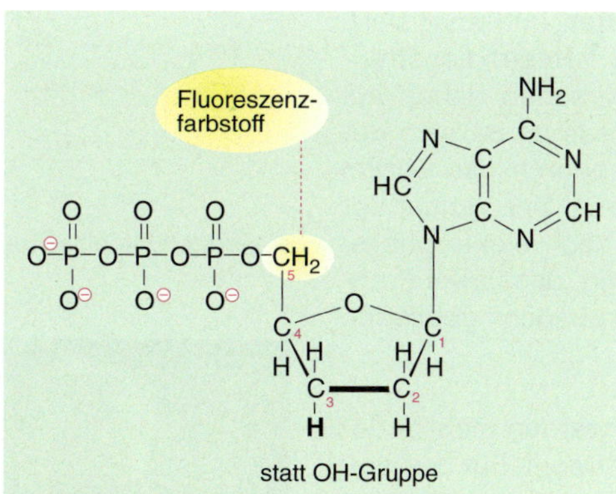

2 Didesoxy-Adenosin-Triphosphat (ddATP)

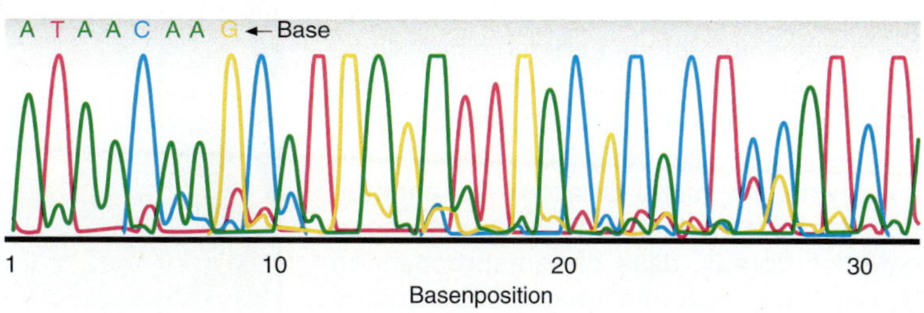

3 Papierausdruck des Fluoreszenz-Detektors

Genetischer Fingerabdruck

Schlagzeilen wie „Täter aufgrund einer Speichelprobe überführt!“ sind keine Seltenheit mehr. In der Kriminalistik spielen Methoden der DNA-Analyse heute oft eine wichtige Rolle. Biologisches Material (Blutreste, Sperma, Haare oder Speichel an einer Zigarette) ist so verlässlich wie ein fälschungssicherer Personalausweis. Man spricht auch vom *genetischen Fingerabdruck*. Wenige Zellen reichen zur Analyse aus, da das Probenmaterial mithilfe der PCR vervielfältigt werden kann (s. Seite 156). Analysiert werden nicht die für Proteine codierenden Bereiche des menschlichen Genoms. Diese DNA-Abschnitte unterscheiden sich von Person zu Person meist nicht besonders. Die zwischen den Genen liegenden Bereiche hingegen, die rund 99,9 % des Genoms ausmachen, variieren beträchtlich. Mutationen dort sind nämlich meist selektionsneutral, da sie sich phänotypisch nicht auswirken. Sie haben sich im Laufe der Evolution angehäuft. In der Kriminalistik werden heute meist SNPs und Mikrosatelliten (s. Kasten Seite 159) analysiert.

Fragmentierung von DNA

Bei der Analyse von RFLPs *(Restriktionsfragment-Längen-Polymorphismen)* wird die Proben-DNA mit einem passenden Restriktionsenzym zerschnitten und analysiert. Unterschiedlich große Restriktionsfragmente verschiedener Personen gehen auf Basensequenzunterschiede im Bereich der Schnittstellen zurück, wodurch das Enzym nicht mehr schneiden kann. Der Verlust der Schnittstelle zeigt sich nach elektrophoretischer Auftrennung daran, dass zwei Fragmente miteinander verbunden geblieben sind (Abb. 1).

Die Restriktionsansätze werden mithilfe der Gelelektrophorese aufgetrennt. Für das weitere Vorgehen benötigt man einzelsträngige DNA. Deshalb werden die Elektrophoresegele mit Alkalien behandelt, die DNA wird denaturiert. Die Restriktionsfragmente werden zur weiteren Analyse auf Nylonmembran übertragen, auf der sie haften bleiben. Dazu gibt man radioaktiv markierte *Gensonden*. Das sind kurze künstlich hergestellte DNA-Einzelstränge, die basenkomplementär zu ausgewählten, nicht variablen Abschnitten der Restriktionsfragmente sind. Das setzt natürlich voraus, dass die entsprechenden Basensequenzinformationen bekannt sind. Die Sondenmoleküle binden *(hybridisie-*

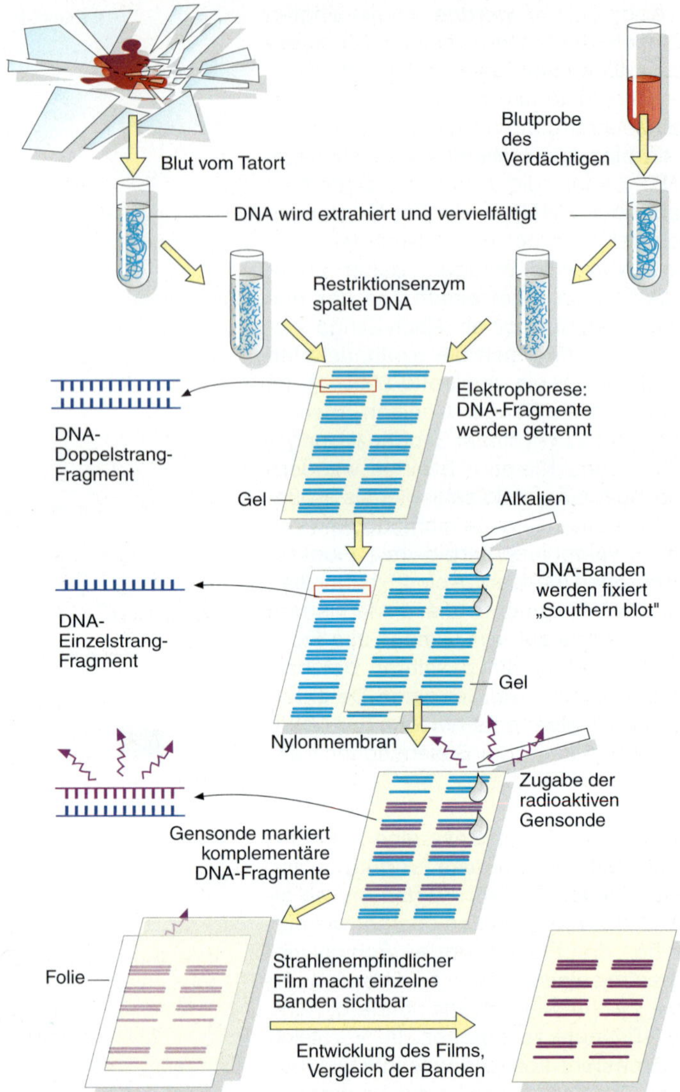

1 Herstellung eines genetischen Fingerabdrucks (RFLP-Analyse)

2 Genetische Fingerabdrücke zu einem Vaterschaftstest

an die basenkomplementären Restriktionsfragmente. Zu ihrer Sichtbarmachung werden die Nylonmembranen auf einen radioaktiv empfindlichen Film gelegt. Das Muster der Restriktionsfragmente (jedes Fragment einer bestimmten Länge erzeugt eine Bande) bildet sich als Schwärzung auf dem Film ab. Abbildung 158. 2 zeigt das Restriktionsfragmentmuster verschiedener Personen. Verwandte Personen weisen in Abhängigkeit ihres Verwandtschaftsgrades mehr oder weniger identische Muster auf. Die Restriktionsfragmente werden nach den Mendel'schen Regeln vererbt.

Das Verfahren wird heute hauptsächlich in der Humangenetik angewandt. Bei zweifelhafter Vaterschaft wird DNA von Mutter, Kind und dem infrage kommenden Mann analysiert. Da das Kind die eine Hälfte seines genetischen Materials von der Mutter, die andere vom Vater erbt, lässt sich durch Vergleich der Restriktionsfragmentmuster sagen, ob der Mann tatsächlich der Vater ist. Treten beim Kind Banden auf, die weder bei der Mutter noch beim untersuchten Mann zu finden sind, scheidet er als leiblicher Vater aus.

Will man Gene auf Chromosomen (s. Kasten) oder m-RNA in Gewebeschnitten nachweisen, setzt man fluoreszenzmarkierte Gensonden ein (s. Foto im Kasten). Die markierten Sonden werden zu präparierten Chromosomen oder auf Gewebeschnitte gegeben. Sie lagern sich an basenkomplementäre DNA-Abschnitte bzw. m-RNA an. Unter dem Fluoreszenzmikroskop kann die Lage der Sonden anhand des Fluoreszenzsignals bestimmt werden.

Aufgaben

① In Abbildung 158. 2 sind vergleichbare Ausschnitte aus dem genetischen Fingerabdruck einer Mutter (M), ihrer Tochter (T) und möglicher Väter (V) wiedergegeben. Welcher Mann kann der leibliche Vater sein? Begründen Sie.

② Bei Brustkrebs-Patientinnen werden regelmäßig in einem bestimmten Gen („Brustkrebsgen") Mutationen gefunden. Ein ursächlicher Zusammenhang ist unsicher, denn es gibt Frauen, die diese Mutation ebenfalls aufweisen, aber nicht erkranken. Stellen Sie sich vor, eine Frau ließe ihre DNA testen, Ergebnis positiv. In welchen Konflikt könnte sie geraten? Bedenken Sie auch, dass es keine wirksame Therapie gibt.

Zettelkasten

Genkartierung

Da beim Menschen keine Kreuzungsexperimente durchgeführt werden können, bedient man sich zur Kartierung von Genen der Stammbaumanalyse. Um herauszufinden, ob das Risiko an Brustkrebs zu erkranken erblich bedingt ist, wurden DNA-Proben von 3 Generationen betroffener Familien gewonnen und einer Restriktionsfragment-Längen-Analyse unterzogen.

Bei allen betroffenen Frauen trat ein bestimmtes DNA-Fragment auf. Dieses Fragment wurde sequenziert und mithilfe genetischer Sonden zeigte man, dass es auf Chromosom 17 liegt. Der für das mögliche Brustkrebsgen infrage kommende Bereich umfasste mit 20 Megabasen Größe allerdings rund 1000 Gene. Die Feinkartierung gelang anhand von kurzen Basenabschnitten (Mikrosatelliten), die aus sich unterschiedlich oft wiederholenden (repetitiven) Basensequenzen (z. B. CACACA) bestehen. *Mikrosatelliten* sind bis zu 200 Nucleotide lang und wiederholen sich bis zu 20-mal. Das menschliche Genom weist rund 650 000 solcher Mikrosatelliten auf, sie dienen als genetische Marker. Man fand bestimmte Mikrosatelliten, die in der Nähe des möglichen Brustkrebsgens liegen und mit diesem gekoppelt vererbt werden. Dadurch konnte der Bereich, in dem das Gen liegen musste, auf 600 Kilobasen eingeengt werden, Platz genug für rund 60 Gene.

Für die weitere Analyse nutzte man die Tatsache, dass Brustkrebs oft parallel zu Krebs im Bereich der Eierstöcke auftritt. Man präparierte die m-RNA-Moleküle von Patientinnen aus beiden Geweben und übersetzte sie mithilfe der Reversen Transkriptase zurück in DNA. DNA-Fragmente aus beiden Geweben binden nur an dem 600 KB großen DNA-Stück aus dem Genom der Patientinnen. Die Basensequenz stimmt also überein. Man glaubt, damit das für Brustkrebs verantwortliche Gen identifiziert zu haben. Über dessen genaue Funktion ist aber noch nichts bekannt.

Fluoreszenzmarkierte DNA-Sonden binden an komplementäre Chromosomenabschnitte. Ist die Sequenz eines Chromosomenabschnittes bekannt, kann man die DNA-Sonden zur Anlagerung anbieten und durch Mikroskopieren mit Licht der passenden Wellenlänge die eingebauten Sonden zum Leuchten anregen (siehe Abb., gelbe Bereiche). Dieses Verfahren kann auch diagnostisch angewendet werden.

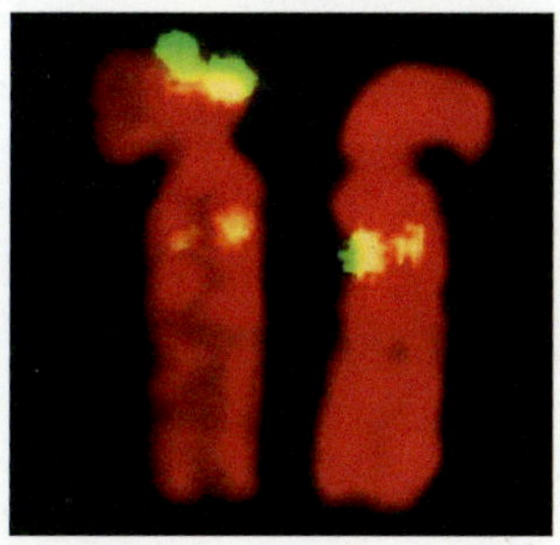

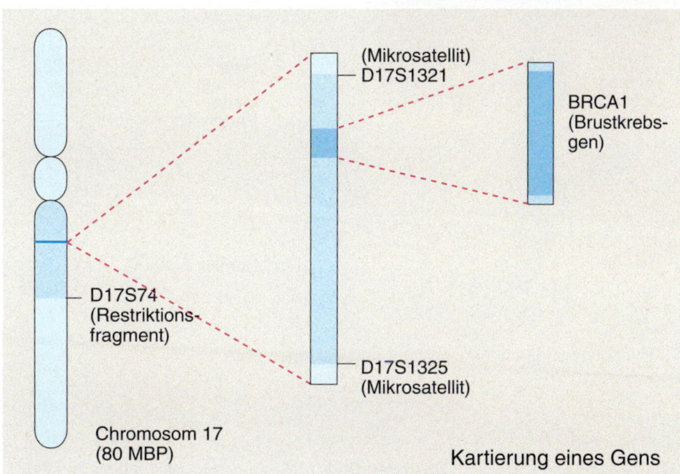

Kartierung eines Gens

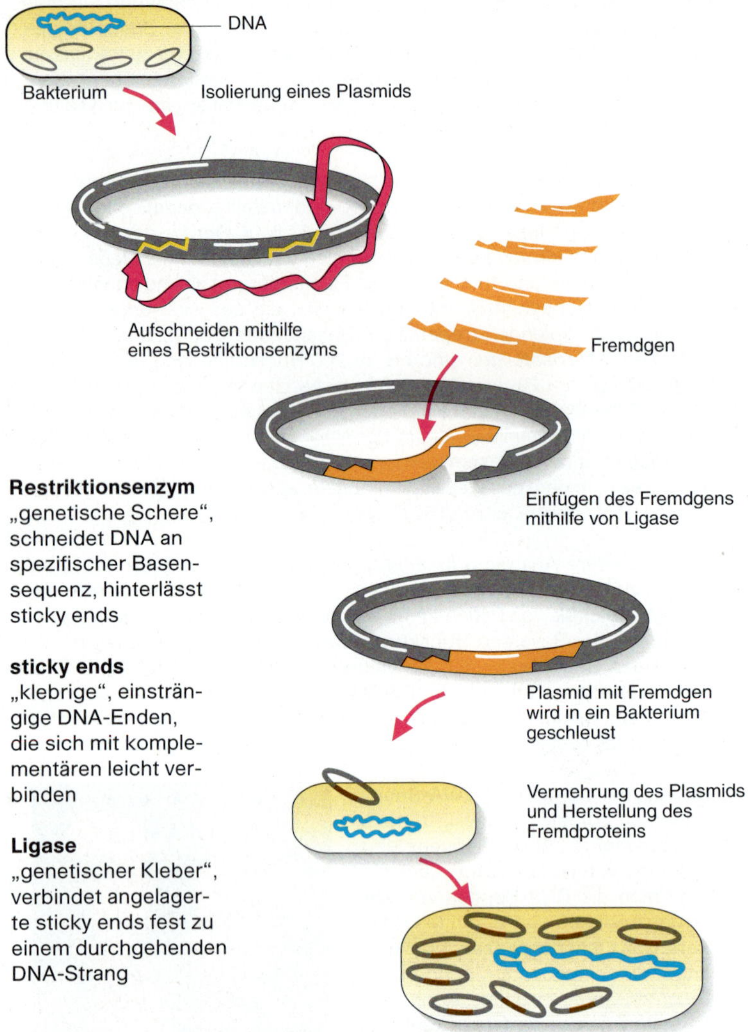

Restriktionsenzym
„genetische Schere“, schneidet DNA an spezifischer Basensequenz, hinterlässt sticky ends

sticky ends
„klebrige“, einsträngige DNA-Enden, die sich mit komplementären leicht verbinden

Ligase
„genetischer Kleber“, verbindet angelagerte sticky ends fest zu einem durchgehenden DNA-Strang

1 Herstellung gentechnisch veränderter Bakterien

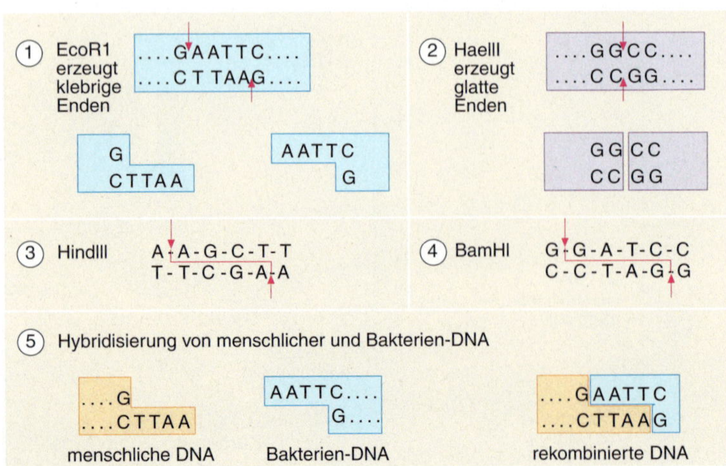

2 Wirkung verschiedener Restriktionsenzyme

Biotechnologie

Archäologen haben herausgefunden, dass in Großbritannien schon vor rund 4000 Jahren – also am Ende der Jungsteinzeit – Hefezellen zur Bierherstellung eingesetzt wurden. Die Nutzung von Mikroorganismen durch den Menschen ist also keine neue Errungenschaft moderner Biotechnologie. Wohl aber hat deren Nutzung im 20. Jahrhundert industrielle Maßstäbe angenommen. Anfangs konnte man lediglich Mikroorganismen zur Herstellung von Antibiotika (z.B. Penicillin) und anderen Wirkstoffen züchten, Verbindungen also, die natürlicherweise Bestandteil der Organismen sind. Arzneistoffe wie das Insulin werden aber nicht von Mikroorganismen, sondern nur von höheren Lebewesen produziert. Der rasante Aufschwung der Biotechnologie in den vergangenen Jahrzehnten geht auf die Möglichkeit zurück, ein Gen für ein wichtiges Protein isolieren zu können und es dann in einen anderen Organismus einzubauen. Die Organismen mit einem auf diese Weise veränderten Erbgut bezeichnet man als *transgene Lebewesen*.

Genetische Scheren und Kleber

Werner Arber isolierte 1972 aus Bakterien Enzyme, die DNA spezifisch schneiden können. Diese so genannten *Restriktionsenzyme* schneiden aber nicht an beliebigen Stellen der DNA, sondern nur innerhalb von bestimmten, meist 4 bis 5 Basen langen Sequenzen. Eine solche Folge kommt in der DNA etwa alle 1000 bis 10000 Nucleotide vor; entsprechend groß sind die Schnittstücke. Die meisten Restriktionsenzyme, von denen mittlerweile mehrere Dutzend bekannt sind, hinterlassen keinen „glatten“ Schnitt. Das Restriktionsenzym EcoR1 aus *Escherichia coli* beispielsweise schneidet an seiner Erkennungssequenz jeden DNA-Doppelstrang zwischen den Basen G und A. Da sie im Doppelstrang versetzt liegen, entstehen beim Schnitt überhängende Enden, deren Basenfolge zueinander komplementär ist. Sie ziehen einander an, daher werden sie als „klebrige Enden“ *(sticky ends)* bezeichnet. Wird die DNA aus verschiedenen Arten mit demselben Restriktionsenzym geschnitten und zusammengebracht, können sich die Bruchstücke aufgrund ihrer komplementären klebrigen Enden miteinander verbinden. Die Verbindung wird stabil, sobald

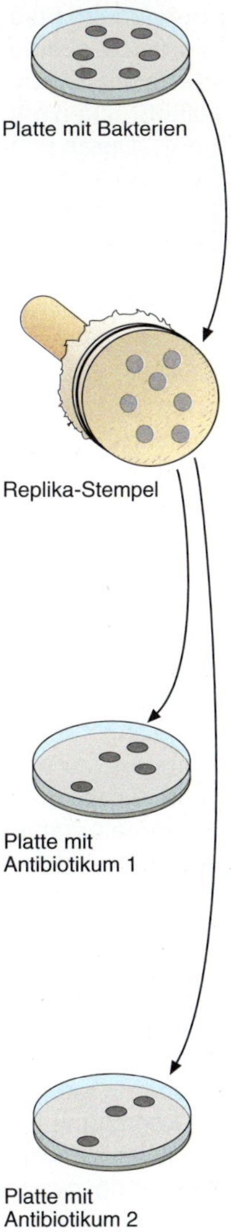

das DNA-Gerüst zu einem durchgehenden Strang verknüpft ist. Diese Aufgabe übernimmt das Enzym *Ligase*.

Übertragung eines Gens

Will man ein Gen, z. B. das Insulin-Gen des Menschen, herstellen, muss man in das Bakterium E. coli einschleusen und dort zur Funktion bringen, benötigt man eine Genfähre *(Vektor)*. Dazu werden häufig bakterielle *Plasmide* eingesetzt. Plasmide sind ringförmige DNA-Moleküle, die neben dem „Bakterien-Chromosom" im Cytoplasma in großer Zahl zu finden sind. Plasmide besitzen die Fähigkeit zur Replikation; sie tragen oft Gene, die Bakterien eine Resistenz gegen bestimmte Antibiotika verleihen. Bakterien können Plasmide aus dem Kulturmedium aufnehmen, ein Vorgang, der *Transformation* genannt wird. Man schneidet also bakterielle Plasmide, die zwei Antibiotikaresistenz-Gene enthalten, und das Insulin-Gen mit einem Restriktionsenzym, bringt beide im Reagenzglas zusammen und verknüpft sie miteinander. Dann schleust man die Konstrukte in einen geeigneten E. coli-Stamm. Auf Nährböden mit dem Antibiotikum 1 wachsen nur solche Bakterien zu Kolonien heran, die ein Plasmid mit dem entsprechenden Resistenzgen aufgenommen haben. Zur Identifizierung derjenigen Bakterien, die ein Plasmid mit dem Insulin-Gen aufgenommen haben, benutzt man einen Trick: Die verwendeten Plasmide besitzen nämlich ein weiteres Resistenzgen gegen ein Antibiotikum 2. Mitten in dieses Resistenzgen wird das Insulin-Gen eingefügt. Dadurch geht die Resistenz gegen Antibiotikum 2 verloren. Nur diejenigen Bakterien, die zwar bei Anwesenheit von Antibiotikum 1, nicht aber von Antibiotikum 2 wachsen können, enthalten ein Plasmid mit dem Insulin-Gen.

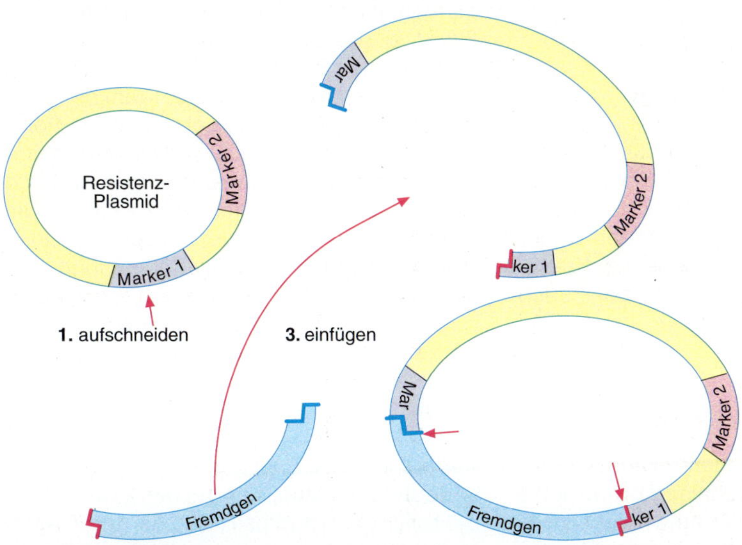

1 Konstruktion eines Expressionsvektors

Gewinnung des Genprodukts

Um das von dem Fremdgen codierte Protein zu erhalten, züchtet man die transgenen Bakterien unter geeigneten Bedingungen. Insulin kann nicht nur den für das Fremdprotein codierenden DNA-Abschnitt, sondern auch den dazugehörigen Promotor übertragen, sodass das Fremdgen transkribiert und translatiert werden kann. Das Fremdprotein wird dann aus den Bakterienkultur mittels seiner spezifischen Eigenschaften isoliert.

Aufgaben

① Das Enzym Reverse Transkriptase besitzt die Fähigkeit, m-RNA in DNA „zurück zu übersetzen". Stellen Sie sich vor, Sie bekämen aus menschlichen Bauchspeicheldrüsen reife Insulin-m-RNA und das Enzym Reverse Transkriptase zur Verfügung gestellt.
Wie würden Sie das in Aufgabe 1 diskutierte Problem experimentell lösen? Skizzieren Sie einen Versuchsplan.

② Viele eukaryotische Proteine werden nach ihrer Translation an den Ribosomen in das Endoplasmatische Retikulum eingeschleust und dort modifiziert. Es werden z. B. oftmals Kohlenhydratreste hinzugefügt. Bei Bakterien gibt es derartige posttranskriptionale Modifikationen nicht. Es werden meist auch keine Disulfidbrücken zwischen den Resten der Aminosäure Cystein geknüpft wie beim Insulin.
Welche Probleme resultieren daraus bei der Insulinproduktion durch Bakterien?

③ Mehrere Pflanzenarten, die landwirtschaftlich genutzt werden, sind im Labor bereits mit Fremdgenen versehen worden. Dabei ging es z. B. um die Resistenz gegen Viren, Herbizide oder Trockenheit. Die meisten Pflanzenvektoren tragen ein Gen, das gegen das Antibiotikum Kanamycin resistent macht. In Tierversuchen konnte die Befürchtung zerstreut werden, die Produkte der Resistenzgene könnten für den Menschen toxisch sein. Warum weisen Pflanzenvektoren Resistenzgene auf? Welche medizinischen oder ökologischen Probleme könnten Resistenzgene in Lebensmitteln verursachen?

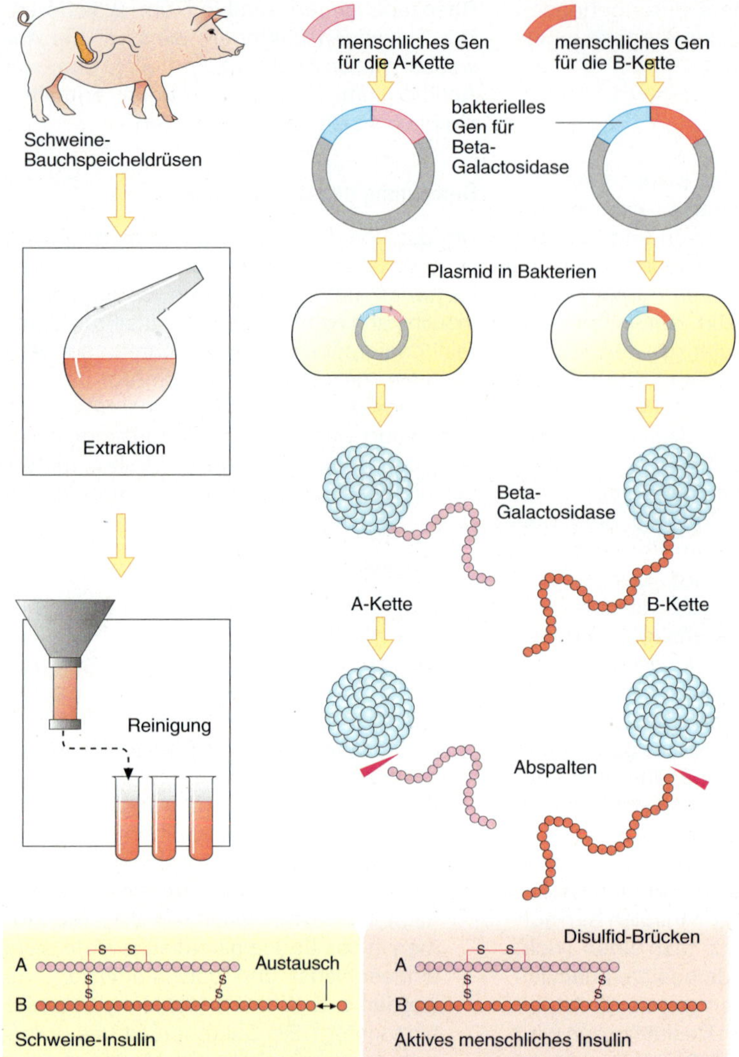

1 Klassische und gentechnische Insulin-Herstellung

Beispiele für gentechnisch hergestellte Arzneimittel

1982: Humaninsulin gegen Diabetes

1983: Faktor VIII gegen Bluterkrankheit

1985: Interferone gegen Leukämie

1986: Impfstoff gegen Hepatitis B

1987: Wachstumshormone

Gentechnik in der Medizin

Die Gentechnik hat die diagnostischen und therapeutischen Möglichkeiten in der Medizin tiefgreifend verändert. Das betrifft die Herstellung von Medikamenten, den Nachweis bestimmter genetisch bedingter Krankheiten *(genetische Diagnostik)*, aber auch die Behandlungsmöglichkeiten von Krankheiten *(Gentherapie)*.

Gentechnisch produzierte Medikamente

Bereits 1982 wurde ein Herstellungsverfahren für das erste gentechnisch produzierte Medikament *Humaninsulin* entwickelt. Zuvor gewann man Insulin aus Schweine-Bauchspeicheldrüsen, um damit die Zuckerkrankheit (*Diabetes mellitus)* zu behandeln. Insulin ist ein relativ kurzes Protein aus einer A-Kette mit 21 und einer B-Kette mit 30 Aminosäuren, die über zwei Disulfidbrücken miteinander verknüpft sind (Abb. 1). Durch kontrolliertes Zusammenfügen einzelner Nucleotide ließen sich die beiden zugehörigen DNA-Sequenzen künstlich aufbauen und jeweils mit einen Plasmid in Bakterienzellen einschleusen. Dort sind sie dem gleichen Promotor wie die Beta-Galactosidase unterstellt. In großen *Fermentern* werden die Bakterien optimal mit Nährstoffen und Sauerstoff versorgt. Umprogrammierte *(transgene)* Bakterienzellen produzieren nun die beiden Peptidketten des Humaninsulins gekoppelt an Beta-Galactosidase. Sobald genügend Protein gebildet wurde, bricht man die Zellen auf, trennt die Peptidketten von der Beta-Galactosidase und verknüpft sie über die beiden Disulfidbrücken zum Endprodukt. Die Insulin-Herstellung konnte weiter verbessert werden, als es gelang, für beide Insulinketten eine DNA-Sequenz zu synthetisieren. Das entstandene Prohormon bildet die Disulfidbrücken dann selbstständig aus. Inzwischen werden weitere Arzneimittel über transgene Bakterien- oder Hefekulturen gewonnen (s. Seite 167).

Genetische Diagnostik

Kennt man die Basensequenz von Genen, die erblich bedingten Krankheiten zugrunde liegen, kann man diese durch komplementäre Gensonden aufspüren. So lässt sich das Gen auch bei Personen erfassen, bei denen die Krankheit noch nicht ausgebrochen ist. Der Träger kann dann z. B. über Vorbeugungsmaßnahmen aufgeklärt werden, mit denen er das Erkrankungsrisiko möglicherweise vermindern kann. *Chorea Huntington* ist eine dominant vererbte Krankheit, die sich erst im 25. bis 55. Lebensjahr in Form von Gehirnschwund äußert. Das verursacht Lähmungen, Bewegungsstörungen und den allmählichen Verlust der Denkleistung. Die Krankheit ist auf die Vervielfachung eines DNA-Abschnittes zurückzuführen und bisher unheilbar. Ein negatives Testergebnis kann einem familiär Vorbelasteten schwere Sorgen nehmen. Wie aber geht er mit einem positiven Ergebnis und der Gewissheit zu erkranken um?

Anders liegt die Sache bei Brustkrebs: Hier bedeutet die Identifizierung des Brustkrebsgens nur ein erhöhtes Risiko für den Träger, an Brustkrebs zu erkranken, außerdem geht nur jede 20. Brustkrebserkrankung auf diesen Gendefekt zurück (s. Seite 159). Bei den meisten Krankheiten ermöglicht die genetische Diagnostik nur eine Risikoabschätzung. Daran wird auch die DNA-Chip-Technologie – so leistungsfähig sie auch sein mag – nichts ändern (s. Kasten).

Somatische Gentherapie

In der *somatischen Gentherapie* versucht man, die Körperzellen eines Patienten mit dem intakten Exemplar des krankheitsauslösenden Genes auszustatten. Zur Behandlung der *Mukoviszidose* werden DNA-Abschnitte z. B. in Liposomen eingeschlossen und von den Patienten inhaliert. Sie können von Lungenepithelzellen aufgenommen werden, werden aber nur einige Wochen exprimiert. Bei Krebspatienten versucht man, aktive *Tumor-Suppressorge-ne* zu übertragen oder Krebsgene unwirksam zu machen. Oft werden dem Patienten Zellen entnommen, genetisch verändert und dann wieder zurück übertragen.

Keimbahntherapie

Bei der *Keimbahntherapie* bringt man ein intaktes Gen durch Mikroinjektion in die befruchtete Eizelle und pflanzt sie anschließend in die Gebärmutter ein. Das Gen ist dann später in allen Zellen des ausgewachsenen Individuums enthalten und wird dort auch exprimiert. Beim Menschen könnte man theoretisch auf diese Weise erblich bedingte Krankheiten beeinflussen. Unbeabsichtigt können aber auch andere erblich bedingte Merkmale verändert werden, die Risiken sind nicht kalkulierbar. Die Keimbahntherapie am Menschen ist in Deutschland und vielen anderen Ländern verboten: Es dürfen keine genetischen Veränderungen an Keimzellen und ihren Nachfolgern vorgenommen werden.

Gen-Pharming

Bei Tieren sind genetische Veränderungen an Zellen der Keimbahn nicht verboten. Beim so genannten *Pharming* (Wortspiel aus „Farming" und „Pharma") dienen solche transgenen Tiere der Herstellung von Medikamenten. Die für das gewünschte Produkt codierende DNA wird z. B. so in den Zellkern einer Säugetierzygote eingeschleust, dass sie nur im Euter exprimiert wird und man das Genprodukt aus der Milch des erwachsenen Tieres gewinnen kann. Auf diese Weise wird heute z. B. Faktor VIII zur Behandlung von Bluterkranken gewonnen (s. Seite 125).

Zettelkasten

DNA-Chips

Einsträngige DNA-Moleküle lassen sich zu Zehntausenden auf einem Chip aus Glas oder Silizium unterbringen. Mit den so entstandenen DNA-Chips hofft man in Zukunft sehr schnell und kostengünstig die DNA-Sequenzen von Genproben untersuchen zu können.

Alle Genchips funktionieren nach demselben Prinzip: Bei genspezifischen Chips ist die Oberfläche in ein Punktraster unterteilt, jeder Punkt enthält die definierte Variante eines einsträngigen DNA-Moleküls. Die zu untersuchende DNA-Probe wird in Einzelstränge geteilt, mit einem Fluoreszenz-Farbstoff markiert und auf den Chip aufgebracht. Die DNA der Probe paart sich nun genau mit der komplementären DNA-Sequenz auf dem Punktraster und hinterlässt ein Signal (s. Abb.). Mit der Kenntnis der DNA-Sequenz auf dem Punktraster kann man die Proben-DNA zuordnen. Liefert die Proben-DNA z. B. ein Signal in einem Abschnitt, der eine Mutante trägt, enthält die Probe genau diesen Defekt. Die Signale des Chips werden mittels eines Scanners am Computer ausgewertet.

Umgekehrt lässt sich auch DNA eines Patienten isolieren, per PCR vervielfältigen (s. Seite 158) und auf einen Träger aufbringen. Gibt man jetzt fluoreszenzmarkierte DNA-Moleküle mit bekannter Sequenz hinzu (z. B. das Gen für eine bestimmte Krankheit), so paart sich diese einsträngige *Gensonde* nur mit der passenden komplementären DNA. Ein Signal bedeutet, der Patient ist Träger des Gens.

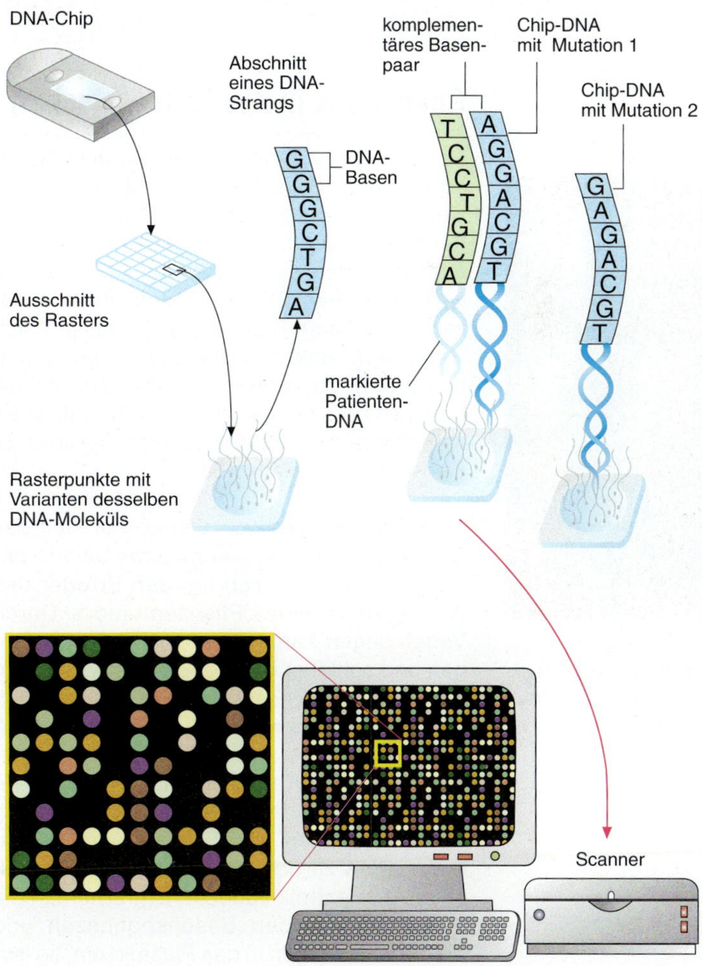

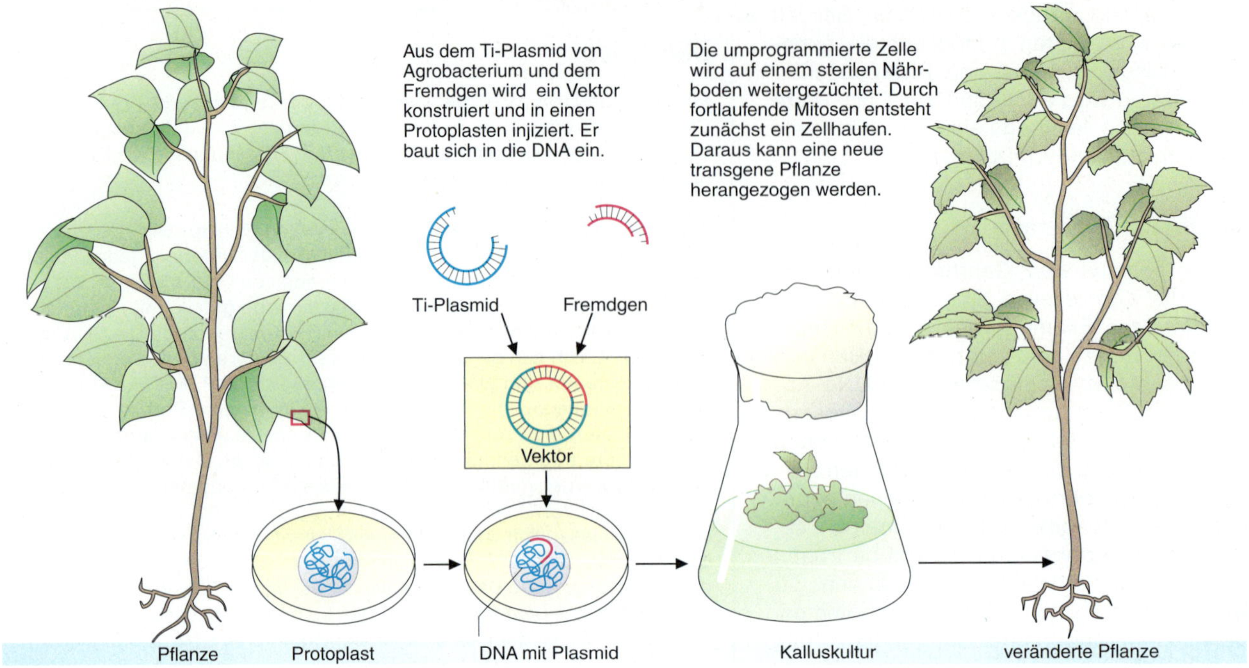

1 Übertragung von Fremdgenen auf eine Pflanze (Ti-Plasmid-Technik)

Gentechnik in der Landwirtschaft

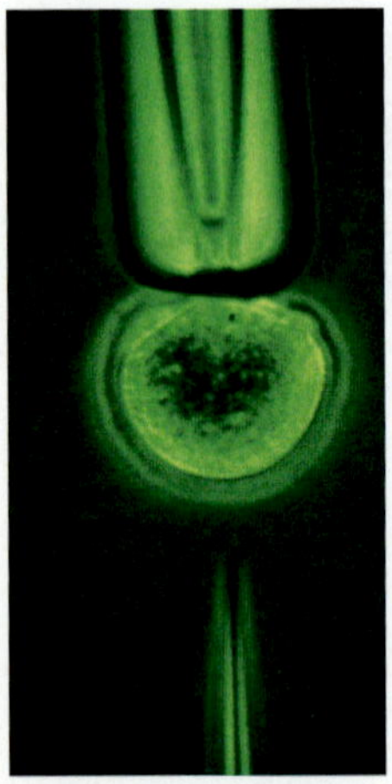

Gene werden „verpflanzt". In eine Pflanzenzelle wird mithilfe einer Mikropipette DNA injiziert.

Bei der Gentechnik in der Landwirtschaft sollen Gene für erwünschte Merkmale gezielt in Nutzpflanzen oder Nutztiere eingeschleust oder unerwünschte Merkmale ausgeschaltet werden. Anders als bei der herkömmlichen Züchtung spielen Artgrenzen dabei keine Rolle mehr: Es lassen sich Gene aus Bakterien, Pilzen, Tieren und Menschen übertragen. *Grüne Gentechnik* beschäftigt sich mit transgenen Pflanzen, *rote Gentechnik* mit transgenen Tieren (z. B. Gen-Pharming, Seite 163).

Zum Einschleusen von Genen hat sich das Bakterium *Agrobacterium tumefaciens* bewährt. Es handelt sich um den Erreger des Wurzelkropfs, eines Pflanzentumors. Durch Verletzungen kann es in die Pflanze gelangen und schleust dann ein tumorinduzierendes Plasmid *(Ti-Plasmid)* in einzelne Zellen ein. Das Plasmid wird in die pflanzliche DNA integriert und veranlasst die Pflanze zu unkontrolliertem Wachstum. Es entsteht ein Pflanzentumor, der Nährstoffe für das Bakterium absondert. Die Fähigkeit des Bakteriums, DNA zu übertragen, macht man sich in der Gentechnik zunutze: Entfernt man die tumorinduzierenden Basensequenzen und baut ein Fremdgen in das Plasmid ein, so lassen sich auf diesem Wege die gewünschten Gene in die Pflanzen-DNA integrieren. Durch gleichzeitige Übertragung eines Markers (z. B. ein Antibiotikumresistenz-Gen) wird der Erfolg der Genübertragung überprüfbar. Die Übertragung gelingt am leichtesten an jungen Pflanzenzellen, deren Zellwand enzymatisch entfernt wurde. Diese Protoplasten kann man unter geeigneten Wachstumsbedingungen zu Zellteilungen anregen und so ganze Pflanzen regenerieren. Bei dieser ungeschlechtlichen Vermehrung findet keine Rekombination der genetischen Information statt, das transgene Merkmal kann also nicht verloren gehen.

Im Jahr 2001 waren weltweit 54 *transgene Pflanzen* zugelassen. Die größte wirtschaftliche Bedeutung haben bisher Sojabohne, Baumwolle, Mais und Raps. Oft geht es darum, eine erhöhte Resistenz der Pflanze gegenüber Insekten, Pilzen, Bakterien und Viren zu erreichen. Am häufigsten (71%) werden aber Herbizidresistenz-Gene übertragen. Sie verleihen der Pflanze Eigenschaften, die sie unempfindlich gegenüber bestimmten Unkrautvernichtungsmitteln machen. Gentechnik-Gegner hinterfragen die Motive von Firmen, die sowohl die transgene Pflanze als auch das entsprechende Herbizid an die Landwirte verkaufen.

Tomaten und andere weiche Früchte müssen oft grün geerntet werden, damit sie nicht zerdrückt zu den Großmärkten gelangen. Leider fehlt solchen unreifen Früchten das volle Aroma. Die Expression mehrerer Gene ist für die Reifung einer Tomate verantwortlich, sie machen die Tomate rot, aromatisch, weich und schließlich matschig. Das „Matsch"-Gen trägt zum Abbau der Zellwände bei. Eine nicht matschende Tomate war die erste gentechnisch veränderte Pflanze, die für die Vermarktung zugelassen wurde. Bei ihr wurde das „Matsch"-Gen durch die genetische *Antisense-Technik* ausgeschaltet. Dazu wird das „Matsch"-Gen verkehrt herum hinter demselben Promotor eingebaut. Wird es transkribiert, entsteht eine zum Original komplementäre m-RNA. Normale *(sense)* und *Antisense-m-RNA* lagern sich zusammen, dadurch unterbleibt die Translation (Abb. 1). Das Zellwände abbauende Enzym wird nicht mehr gebildet. Die transgenen „Anti-Matsch-Tomaten" reifen langsamer und die roten Früchte bleiben 14 Tage länger fest. Sie können daher im reifen, aromatischen Zustand geerntet und versandt werden. Unsichtbar altert die Tomate trotzdem, ihr Vitamingehalt nimmt wie bei den herkömmlichen Tomaten ab. In den USA sind diese Tomaten seit 1994 zugelassen, seit 1996 darf Tomatenpüree aus solchen Tomaten auch auf dem EU-Markt verkauft werden (s. Kasten).

Im Jahre 1999 wurde von Schweizer Forschern „Vitamin A-Reis" vorgestellt. Seine gelbe Farbe *(„Golden Rice")* verdankt er dem Gehalt an Beta-Carotin, der Vorstufe von Vitamin A. Golden Rice entstand in zwei Schritten durch die Übertragung von sieben verschiedenen Genen auf das Reis-Genom. Er enthält neben dem Beta-Carotin auch Stoffe, welche die Verfügbarkeit von Eisen für den menschlichen Organismus verbessern. Dieser Reis soll dazu beitragen, die Ernährungsbedingungen in Entwicklungsländern zu verbessern. Allerdings hat sich herausgestellt, dass ein Mensch ca. 7 kg dieses Reises verzehren müsste, um den Tagesbedarf an Vitamin A bilden zu können.

Zettelkasten

Die Novel-Food-Verordnung der EU von 1997

Verordnung über neuartige Lebensmittel und neuartige Lebensmittelzutaten „Novel Food" nennt man gentechnisch modifizierte bzw. mithilfe gentechnisch modifizierter Organismen (GMO) hergestellte Lebensmittel:

Kategorie 1: GMO oder Lebensmittel, die GMO enthalten. Die gentechnische Veränderung kann nachgewiesen werden. Sie sind als *„gentechnisch modifiziert"* zu kennzeichnen (z. B. herbizidtolerante Sojapflanzen).

Kategorie 2: Folgeprodukte, die direkt aus den Lebensmitteln der Kategorie 1 entstehen und in denen die gentechnische Veränderung (DNA oder entsprechendes Eiweiß) nachweisbar ist, sind ebenfalls *kennzeichnungspflichtig* (z. B. Sojaeiweiß).

Kategorie 3: Nährstoffe, die von GMO oder Enzymen, die aus GMO stammen, hergestellt wurden und von herkömmlichen Lebensmitteln biologisch nicht zu unterscheiden sind (keine Kennzeichnungspflicht), z. B. Sojaöl.

Kategorie 4: Produkte, die gesundheits- oder umweltgefährdend sind, erhalten keine Marktzulassung (z. B. Allergie auslösende Nahrungsmittel).

Aufgabe

① Informieren Sie sich über die Argumente für und gegen die Gentechnik am Beispiel von Herbizidresistenz, Insektenresistenz und Gen-Tomate.

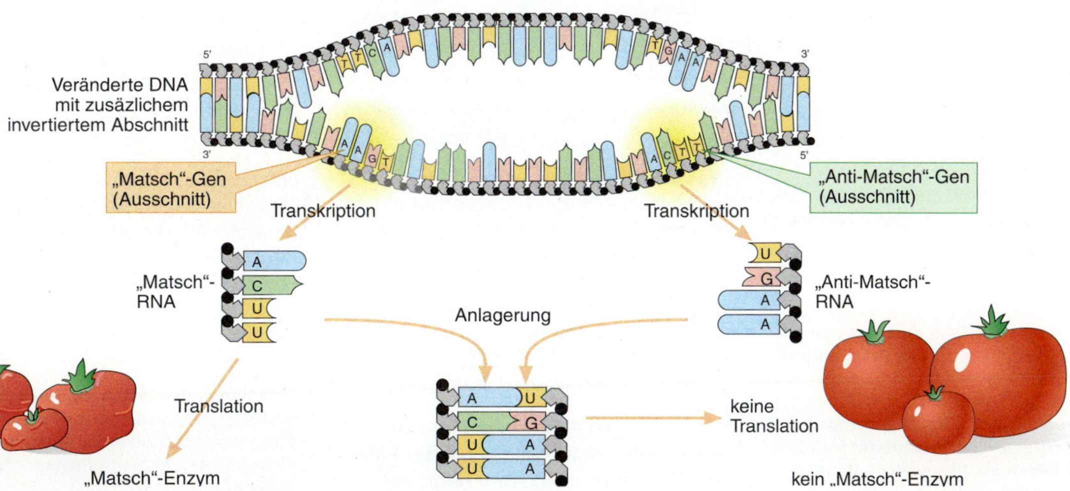

1 Anwendung der Antisense-Technik bei der „Anti-Matsch-Tomate"

Gen-Ethik

Was essen wir eigentlich?

Gen-Speisekarte

Tomaten, die auch nach Wochen noch knackig und rot aussehen

Kartoffeln, festkochend mit eingebautem Pestizid

Fleisch vom rosa Riesenschwein

Riesenkarpfen mit Forellen-Gen verfeinert

Hartkäse, in wenigen Tagen gereift durch „Maxiren"

Zarter Killerkäse, der den eigenen Schimmel abtötet

Bier, gentechnisch „light" durch Superhefen hergestellt

Süßstoff, hergestellt von frischen Darmbakterien

Guten Appetit

Informieren Sie sich, ob die Lebensmittel auf der Gen-Speisekarte nach geltendem Recht in Deutschland angeboten werden dürfen.

Auf die Frage „Würden Sie genhaltige Nahrungsmittel essen?" antworteten 70 % der Befragten mit „nein". Knapp die Hälfte der Deutschen glauben: „Normales Gemüse hat keine Gene."

Führen Sie eine Umfrage durch und stellen Sie das Ergebnis in einer Präsentation vor.

Informieren Sie sich über Chancen und Risiken gentechnisch veränderter Nahrung und bilden Sie Diskussionsgruppen pro und contra Genfood.

Nomen est Omen?

Risiken und Chancen der Gentechnik werden in Fachkreisen und in der Öffentlichkeit kontrovers diskutiert. Oft lässt sich schon an der Begriffswahl erkennen, welche Position die Gesprächsgruppen beziehen:

– genetisch verändert / optimiert / manipuliert
– genetische Sicherheits- / Risiko-Forschung
– Durchmischung / Beimengung / Verunreinigung / Kontamination von Saatgut mit gentechnisch veränderten Bestandteilen

Suchen Sie nach weiteren Begriffsgruppen und erläutern Sie ihre psychologische Wirkung.

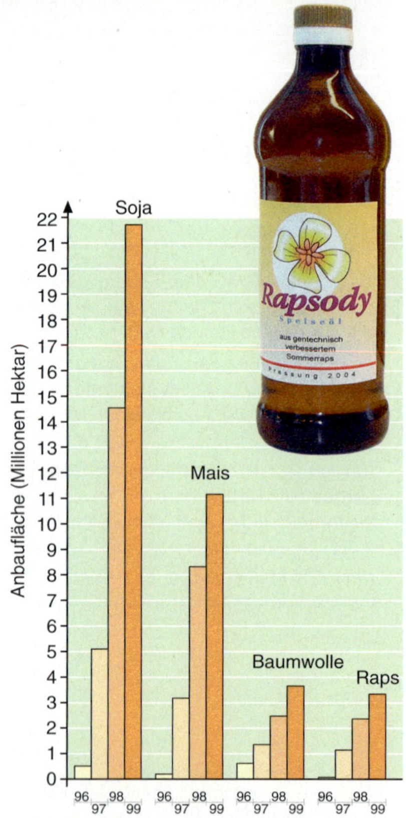

Bessere Pflanzen?

„Was werden wir tun, wenn die fortschreitende Klimaveränderung neue Pflanzen mit verbesserten Eigenschaften verlangt? Haben wir dann noch Zeit, ein paar hundert Jahre blindlings unsere Nutzpflanzen zu kreuzen, bis vielleicht neue, angepasste Pflanzen zur Verfügung stehen?" (GEN SUISSE: Stiftung für verantwortungsvolle Gentechnik)

„Die bisherigen Erfahrungen mit dem Anbau gentechnisch manipulierter Pflanzen in Europa und anderen Regionen zeigen, dass die Gen-Saaten bereits vielfach außer Kontrolle geraten sind. Kläglich versagen die Bemühungen, Gentechnik zu kontrollieren, wenn sie einmal freigesetzt wird. Angesichts dieser gefährlichen Mängel sind neue Zulassungen nicht zu verantworten." (Greenpeace, Deutschland)

Informieren Sie sich über den Anbau gentechnisch veränderter Pflanzen in Deutschland. Stellen Sie Chancen und Risiken beim Anbau transgener Pflanzen gegenüber.

Wer entscheidet?

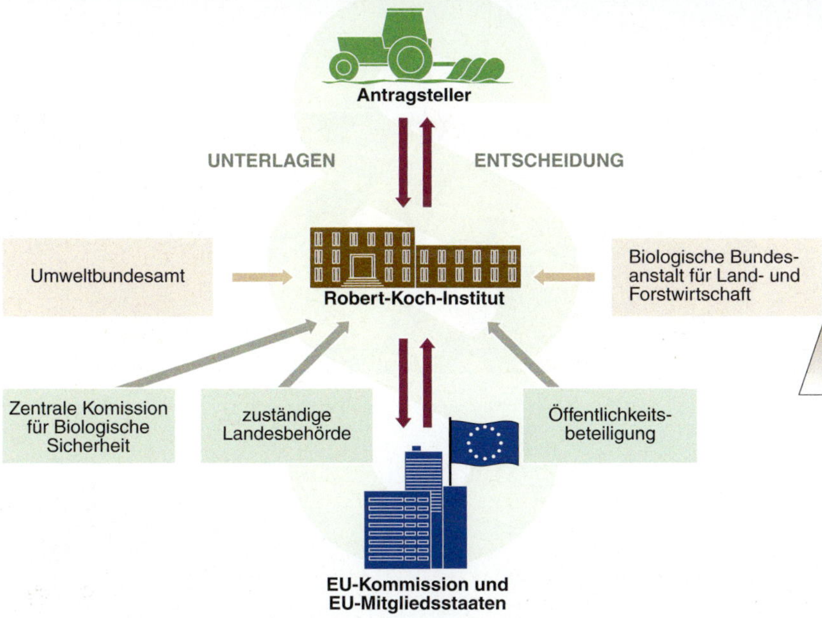

Wem gehören die Gene?

„Genetische Ressourcen sind das gemeinsame Erbe der Menschheit." (Bonner Leitlinien, 2002)

Ganze Industriezweige suchen nach verwertbaren genetischen Eigenschaften von Lebewesen. Man fand z. B. heraus, dass 86 % der Pflanzen, die von Heilern in Samoa benutzt werden, auch im Labortest eine biologische Aktivität aufweisen. Das Wissen der Heiler kann den Forschungsaufwand der Pharmafirmen deutlich verringern.

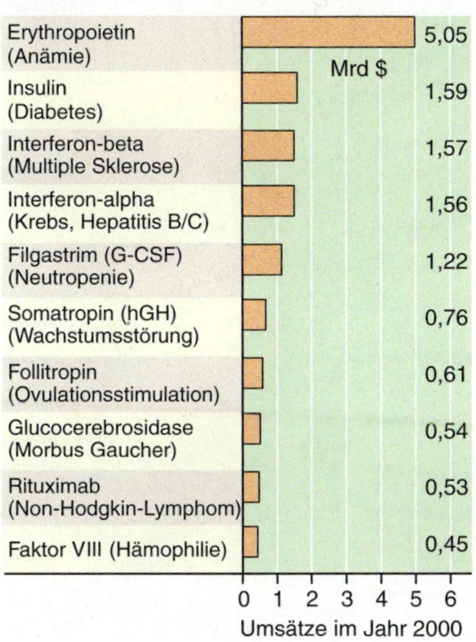

Biodiversitätskonvention (Nairobi, 2000): „Die gerechte Aufteilung der Vorteile aus der Anwendung traditioneller Kenntnisse, Innovationen und Gebräuche von vielen eingeborenen und ortsansässigen Gemeinschaften mit traditionellen Lebensformen ist wünschenswert."

Die Suche nach Genen, deren gentechnische Expression sich kommerziell nutzen lässt, wird von den Befürwortern als „Bioprospecting", von den Gegnern als „Biopiraterie" bezeichnet. Erläutern Sie.

Menschen nach Maß?

„Im Jahre 2003 wurde das erste Designer-Baby Europas in England geboren. Stammzellen aus der Nabelschnur des Säuglings sollen dem vierjährigen krebskranken Bruder helfen. Es kommen nur genetisch vollkommen identische Stammzellen in Betracht, daher ist der Embryo bei einer In-vitro-Fertilisation nach diesen Gesichtspunkten ausgewählt worden" (Agenturmeldung).

„This year's 50th anniversary of the discovery of the structure of DNA has kindled many debates about the implications of that knowledge for the human condition. Arguably the most emotionally charged is the debate over the prospect of human genetic enhancement or "designer babies". It's only a matter of time, many say, before parents will improve their children's intelligence and personality by having suitable genes inserted into them shortly after conception." (Guardian 2003)

Die Kombination von Gentechnik und Reproduktionstechnik birgt Möglichkeiten, die Hoffnung oder Angst machen. Sammeln Sie Argumente zur Versachlichung der Diskussion.

Datenschutz für Gene?

The HUGO Ethics Committee adopts the following principles as a basis for its recommendations:

1. Human genomic databases are global public goods.
2. Individuals, families, communities, commercial entities, institutions and governments should foster the public good.
3. The free flow of data and the fair and equitable distribution of benefits from research using databases should be encouraged.
4. The choices and privacy of individuals, families and communities with respect to the use of their data should be respected.
5. Individuals, families and communities should be protected from discrimination and stigmatization.
6. Researchers, institutions and commercial entities have a right to a fair return for intellectual and financial contributions to databases.

Informieren Sie sich, inwieweit ein genetischer Steckbrief von Einzelpersonen für Knochenmarkspende, Versicherungen, Verbrechensaufklärung, Arbeitsplatzbesetzung bzw. Einwanderung einsetzbar wäre bzw. in Europa bereits eingesetzt wird.

Entwickeln Sie Ideen für einen wirksamen Datenschutz der persönlichen genetischen Information.

Hormone

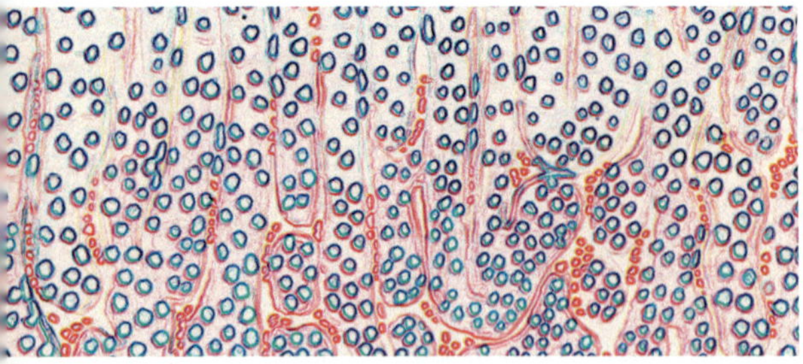

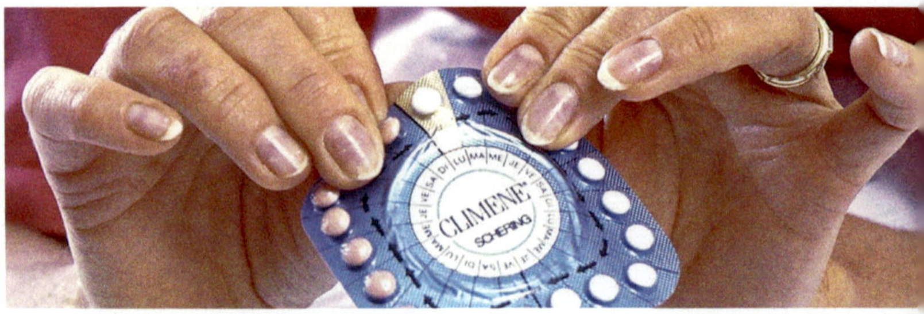

Lernsituation

„Meine Hormone spielen verrückt." Was machen diese Hormone in meinem Körper?

Hormone gelangen auf ganz unterschiedlichen Wegen in den Körper. Unser Körper bildet viele Hormone selbst, wie Geschlechtshormone, Wachstumshormone oder auch das den Blutzucker regulierende Insulin. Gleichzeitig nehmen wir Hormone aber auch gewollt (z. B. die Antibabypille) oder ungewollt (z. B. hormonbehandeltes Fleisch) auf.

Was machen Hormone im Körper? Wie stellt der Körper sicher, dass die Hormone immer in der richtigen Konzentration vorliegen? Und was passiert mit dem körpereigenen Hormonsystem, wenn man Hormone von außen zu sich führt, z. B. in Form der Antibabypille?

Auch Stress und der Blackout bei Prüfungen sind Hormonsache. Bin ich den Stresshormonen ausgesetzt oder kann ich Stresssituationen positiv beeinflussen? Damit lässt sich auch das Lernen optimieren und die Frage beantworten: Was spricht für oder gegen das Lernen in der Nacht vor der Prüfung?

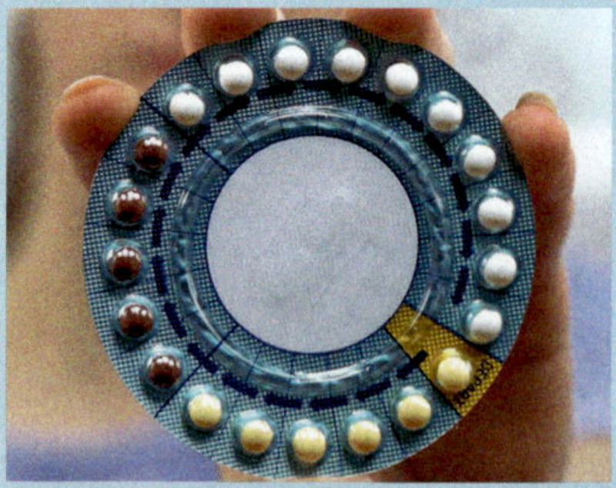

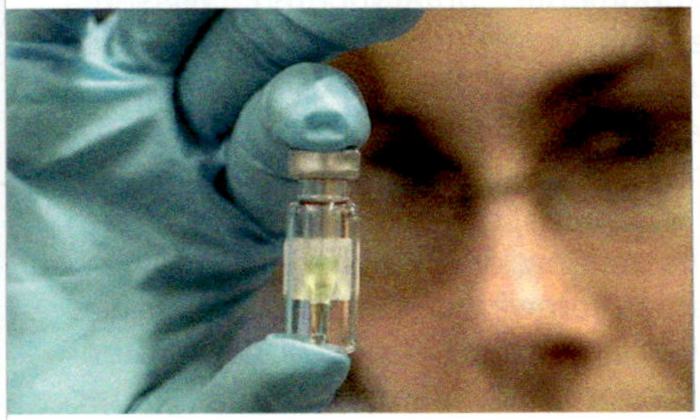

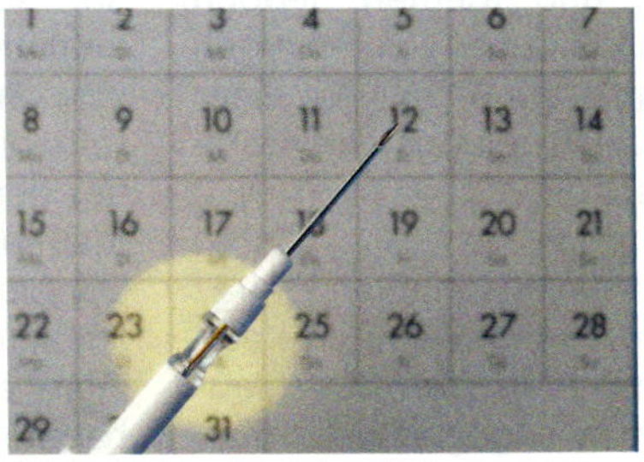

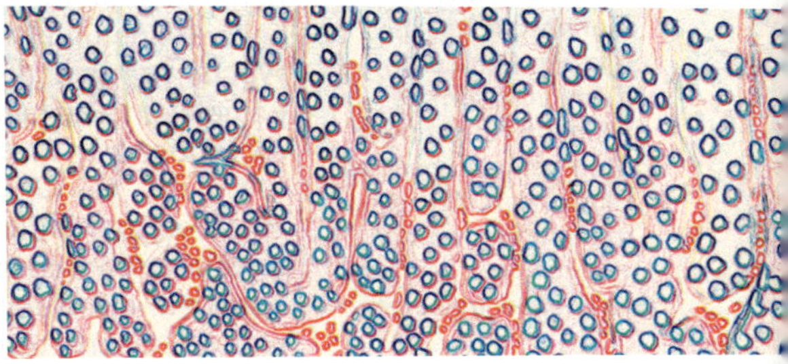

Leitfragen

Sind Hormone gefährlich? Möchte man die Gefahr einer Hormoneinnahme abschätzen, muss man wissen, wie die Hormonproduktion im Körper normalerweise reguliert wird und an welchen Stellen des Körpers das eingenommene Hormon auf welche Weise eine Wirkung zeigt.

Die am häufigsten freiwillig eingenommenen Hormone sind die in der Antibabypille enthaltenen Geschlechtshormone. Um für sich oder mit dem Partner verantwortungsvoll entscheiden zu können, ob man diese Art der Verhütung wählen möchte, ist es sinnvoll, sich über die Wirkung und Regulation dieser Hormone im Klaren zu sein. Wie wirkt also die Pille?

Stresshormone werden zwar selten eingenommen, aber sie haben in vielen Situationen einen großen Einfluss auf uns. Wie kann man mit Stress besser umgehen? Hier sind die Kenntnisse zur Regulation dieser Hormone ein erster wichtiger Schritt.

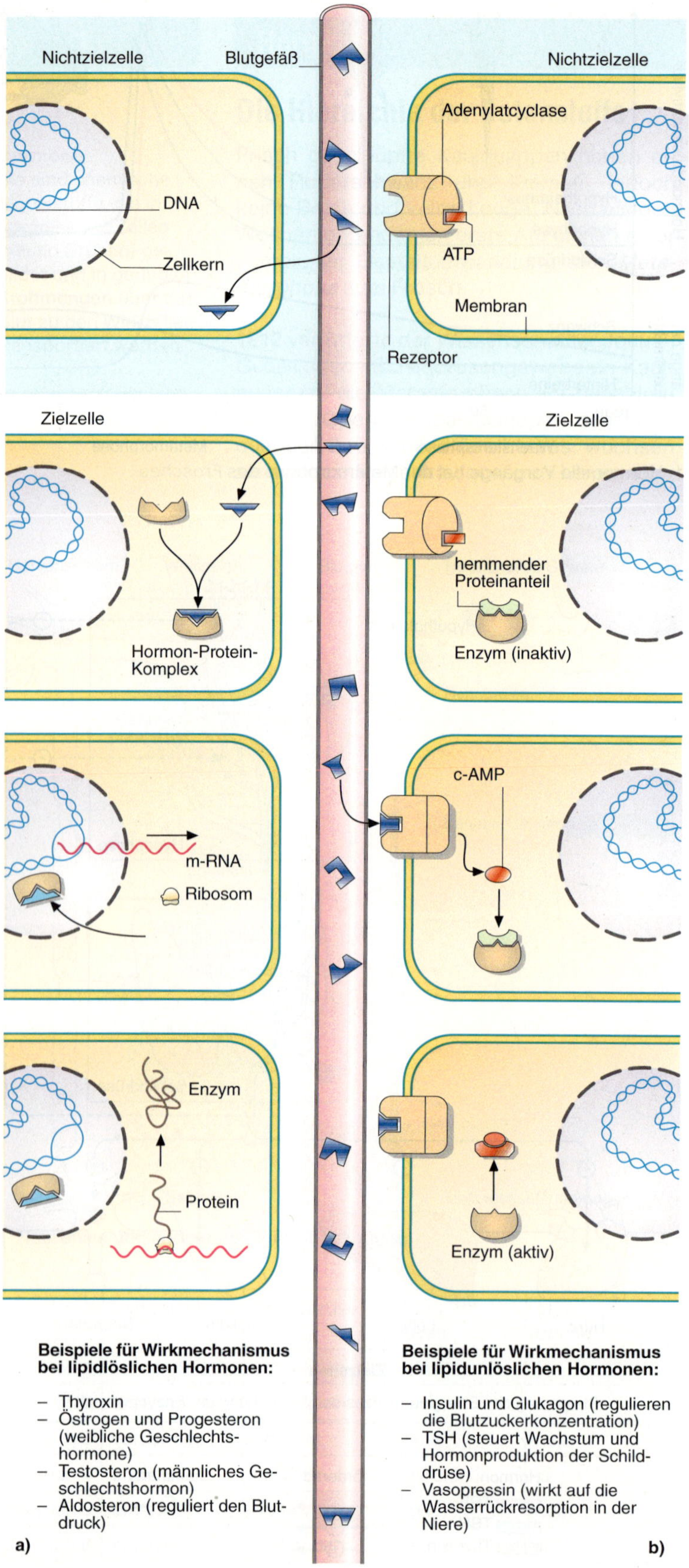

1 Mechanismen der Hormonwirkung

Hormonwirkung

Hormone unterscheiden sich sowohl in ihrer stofflichen Natur als auch in der Art, wie sie ihre Wirkung entfalten.

Wirkungsmechanismen

Wenn sich aus Kaulquappen Frösche entwickeln, bedeutet dieses eine genetisch regulierte totale körperliche Umgestaltung *(Metamorphose)*, die durch das Hormon Thyroxin geregelt wird. In diesem Stadium enthalten die Schwanzzellen viele membranumhüllte Bläschen *(Lysosomen)*. Diese speichern proteinspaltende Enzyme *(Proteasen)*, deren Konzentration bis zu 30-mal höher ist als im restlichen Gewebe. Die Proteasen bauen Proteine des Kaulquappenschwanzes ab. Fügt man zu Zellsuspensionen verschiedener Gewebe der Kaulquappen radioaktiv markiertes Thyroxin hinzu, lässt sich die Radioaktivität kurz darauf im Zellkern der Schwanzzellen, bei den übrigen Körperzellen aber nur im Cytoplasma nachweisen. Das Thyroxin ist in den Schwanzzellen fast ausschließlich an ein spezifisches Protein gebunden. Es bildet einen Hormon-Proteinkomplex. Analysiert man die Proben einige Zeit später, so häuft sich die Radioaktivität in den Zellkernen der Schwanzzellen an.

Daraus kann man schließen, dass nur dieser Hormon-Proteinkomplex die Kernhülle passieren kann und im Zellkern spezifische Gene aktiviert. Die entsprechende m-RNA wird gebildet. An den Ribosomen im Cytoplasma werden die zugehörigen Enzyme synthetisiert, z.B. die Protein abbauenden Enzyme der Lysosomen (Abb. 1a), die Auflösung der Schwanzzellen wird eingeleitet. Dieser Wirkmechanismus ist typisch für lipidlösliche Nichtprotein-Hormone, die Biomembranen passieren können.

Für eine zweite Gruppe von Hormonen – in der Regel sind es lipidunlösliche Proteine – trifft ein anderer Wirkungsmechanismus zu. Diese Substanzen können die Zellmembran nicht passieren. Die einzelnen Hormonmoleküle bilden mit speziellen Rezeptormolekülen in der Zellmembran einen Hormon-Rezeptorkomplex. Damit ist die Wirkung des Hormonmoleküls beendet. Ein einziges Hormonmolekül, wie z.B. das Glukagonmolekül, kann innerhalb einer Zielzelle in Millisekunden eine deutliche Veränderung des Glucosestoffwechsels bewirken. Die Reaktion einer Zelle auf ein Hormon nennt man *Zellantwort* (Abb. 1b).

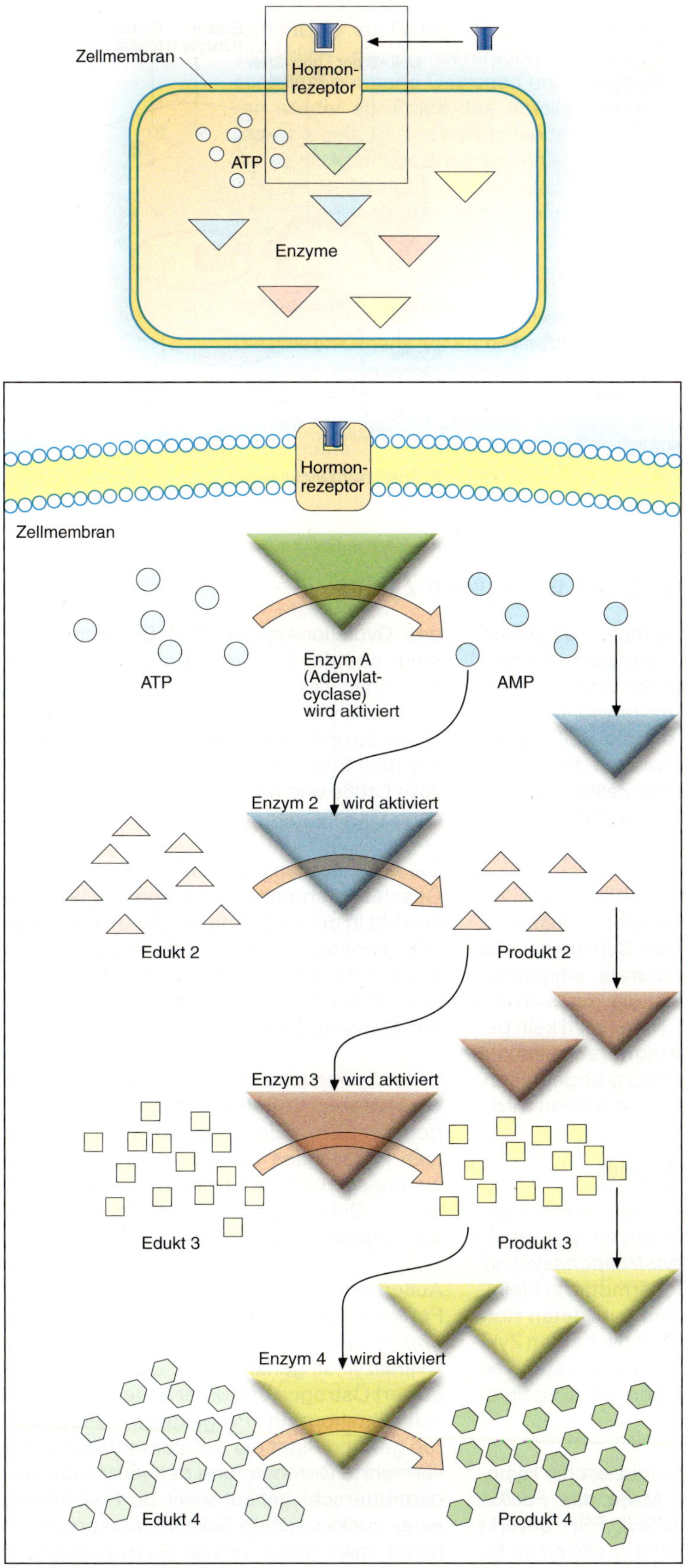

1 Hormonwirkung durch Signalverstärkung bei einer Enzymreaktion

Signalverstärkung

Die extrem hohe Wirksamkeit einzelner Hormone des zweiten Typs lässt sich mit einem Verstärkungsmechanismus erklären. Durch die Veränderung des Rezeptormoleküls werden innerhalb der Zielzelle Substanzen freigesetzt, die man als *sekundäre Botenstoffe* bezeichnet. Ein Rezeptormolekül kann die Bildung einiger Hundert Moleküle des sekundären Botenstoffes auslösen. Diese sind wiederum in der Lage, durch die Aktivierung von Enzymen viele Reaktionen auszulösen. Dieser Vorgang läuft nicht in einem Schritt ab, sondern in vier Teilschritten. Bei jedem Teilschritt aktiviert jedes aktivierte Enzymmolekül wiederum ca. 100 neue Enzymmoleküle. Eine solche Enzymkaskade führt zu einer 10^8fachen Verstärkung (Abb. 1). Die Interaktion eines einzigen Glukagonmoleküls mit dem Rezeptormolekül führt in der Zielzelle letztendlich zur Bildung von 100 000 000 Glucosemolekülen aus Glykogen. Diese kaskadenartigen Reaktionen bezeichnet man als *biochemische Signalverstärkung.*

Das Prinzip der Signalverstärkung über sekundäre Botenstoffe findet man nicht nur bei Hormonen, sondern auch bei Sinneszellen und Neuronen. In Synapsen lösen wenige Transmittermoleküle bereits ein Signal am weiterleitenden Neuron aus. Wenige Duftstoffmoleküle ermöglichen bereits die Wahrnehmung eines Geruches durch Auslösen einer Kaskade in den Riechsinneszellen.

Die Anzahl der verschiedenen Hormone in einem Organismus ist groß, im Gegensatz dazu sind nur wenige verschiedene sekundäre Botenstoffe in der Zelle beteiligt. Sekundäre Botenstoffe sind z. B. das c-AMP *(zyklisches Adenosinmonophosphat)* oder Calciumionen. Welche Reaktionen in den Zielzellen ausgelöst werden, hängt davon ab, welche spezifischen Enzyme in der jeweiligen Zielzelle aktiviert werden. So kann c-AMP in einer Muskelzelle die Umwandlung von Glykogen in Glucose auslösen, in Fettzellen den Abbau von Fetten oder in Nierenzellen die Resorption von Wasser. Hormone reagieren nicht direkt mit der Adenylatcyclase, sondern über ein vorgeschaltetes Rezeptormolekül. Man fand zwei Typen von Rezeptormolekülen in der Zellmembran. Je nach Zielzelle können die einen die Adenylatcyclase stimulieren, die anderen hemmen sie. Die Hormone können dadurch indirekt die Enzyme in der Zielzelle aktivieren oder deaktivieren. Dies führt zu unterschiedlichen Wirkungen an verschiedenen Zielzellen.

Stress

Stress ist eine erstaunliche Reaktion des Körpers. Auf ganz unterschiedliche bedrohliche Reize reagiert der Körper gleich. So unterschiedlich die Reize auch sein mögen, ob es sich um Verletzungen, Infektionen, Stoffwechselveränderungen wie zu niedriger Blutzucker, Sauerstoffmangel, Schallreize oder Reize mit emotionaler Beteiligung handelt, es findet sich immer die gleiche Stressreaktion. Man bezeichnet allgemein die Reize, die eine Stressreaktion auslösen, als *Stressoren*.

Die akute Stressreaktion auf einen Stressor besteht aus zwei Komponenten, einer vegetativen über den *Sympathicus* und einer über die Hypophysen-Nebennieren-Achse. Ein Stressor bewirkt zunächst eine Aktivierung des Sympathicus. Dieser führt im Nebennierenmark zur Freisetzung von zwei wenige Minuten wirksamen Hormonen, dem *Adrenalin* und dem *Noradrenalin* (Abb. 1).

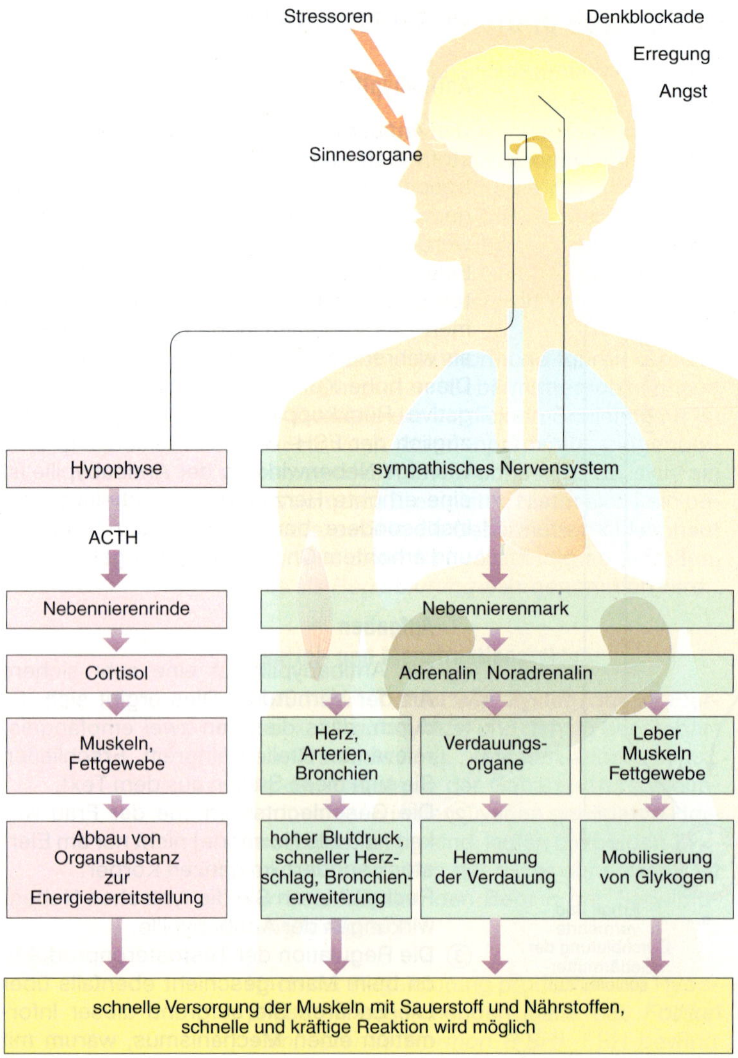

1 Reaktion des Nerven- und Hormonsystems auf Stress

Das Nebennierenmark ist entwicklungsgeschichtlich als modifizierte sympathische Nervenzelle aufzufassen. Die Freisetzung der Stresshormone Adrenalin und Noradrenalin erfolgt daher fast unmittelbar nach Darbietung des Stressors.

Die zweite Komponente, die über die Hypophysen-Nebennieren-Achse, führt ebenfalls zur Freisetzung von Hormonen, insbesondere dem *Cortisol* (Abb. 1). Die Aktivierung über die Hypophysen-Nebennieren-Achse benötigt allerdings ungleich länger; ein erster Gipfel der Cortisolkonzentration ist in der Regel etwa 20 Minuten nach Darbietung des Stressors zu beobachten.

Adrenalin und Noradrenalin bewirken eine rasche Notfallreaktion des Körpers. Ziel ist eine erhöhte Handlungsbereitschaft. Adrenalin bewirkt eine höhere Herzfrequenz, einen erhöhten Blutdruck, eine Erweiterung der Luftwege und eine rasche Bereitstellung von Energiereserven durch Glykogenabbau im Muskel und in der Leber. Gleichzeitig werden ermüdende Vorgänge wie die Verdauung gehemmt.

Evolutionär war in Notfallsituationen meist eine körperliche Reaktion, Flucht oder Angriff, erfolgreich. Das zweite Hormon des Nebenmarks, das Noradrenalin, bewirkt eine selektive Durchblutungssteigerung der Skelettmuskulatur. Durch die Wirkung des Noradrenalins wird erreicht, dass die Wirkungen des Adrenalins nur der zur Reaktion notwendigen Muskulatur zugute kommen.

Außerdem bewirkt Noradrenalin zusammen mit anderen Hormonen, dass ältere Hirnregionen mit Vorrang genutzt werden. Dadurch wird eine schnelle, schematische Reaktion auf den Reiz ermöglicht. Diese Umgehung der Großhirnrinde am Entscheidungsfindungsprozess bewirkt, dass zwar eine schnelle Reaktion möglich ist, diese aber nicht präzise reflektiert ist.

Die zweite Komponente der Stressreaktion, die Freisetzung von *Cortison* aus der Nebennierenrinde, dient vor allem der länfristigen Bereitstellung von verwertbarer Energie für die Stressreaktion (Abb. 176.1). Dafür wird Muskel- und Fettgewebe abgebaut. Gleichzeitig wird die Fett- und Glucoseaufnahme der Gewebe gehemmt. Die Folge ist ein hoher Fett- und Glucosespiegel im Blut.

Weitere Wirkungen des *Cortisols* sind die Hemmung des Immunsystems, eine verstärkte Sekretion von Salzsäure im Magen bei gleichzeitiger Hemmung der Sekretion des schützenden Magenschleims sowie eine erhöhte Erregbarkeit.

Sowohl die Wirkung als auch die Bewertung von gleichen Stressoren ist individuell verschieden (Abb. 1). Interessante Ergebnisse dazu lieferten Versuche von DIETRICH VON HOLST an Spitzhörnchen. Werden zwei geschlechtsreife Männchen zusammengebracht, erhöht sich die Herzfrequenz, es kommt zu Drohgebärden wie Sträuben der Schwanzhaare und schließlich zum Kampf.

Trennt man die Tiere nach dem Kampf durch eine Holztrennwand, erholt sich die Herzfrequenz des Verlierers ebenso schnell wie die des Gewinners, ebenso legen sich die Schwanzhaare wieder an. Trennt man die beiden nur durch einen Maschendraht, erholt sich nur der Gewinner nach kurzer Zeit. Der Verlierer verbleibt im Dauerstress (Abb. 2).

Stress kann als Herausforderung, sogenannter guter Stress *(Eustress)*, wahrgenommen werden oder als Überforderung und Bedrohung, dem *Distress*. Fehlen Erholungsmöglichkeiten zwischen den Stressoren führt Dauerstress zu Krankheiten, ggf. bis zum Tod (Abb. 3). Daher sind Stressvermeidungs- und -bewältigungstechniken von großer Bedeutung. Durch vorausschauende Planung kann das Aufkommen von Stress häufig vermieden werden, bzw. durch Entspannungstechniken als weniger belastend empfunden werden.

Aufgaben

① Vor einer Klassenarbeit setzen Schüler ihre Mitschüler dem Stressor „unbekannte exotische Inhalte" für die Klassenarbeit aus. Beschreiben Sie die Folgen so erzeugter Stressreaktionen auf deren Leistungsfähigkeit.

② Stellen Sie mithilfe des oben stehenden Textes Symptome und Krankheiten zusammen, die auftreten können, wenn ein Mensch unter chronischem Stress leidet.

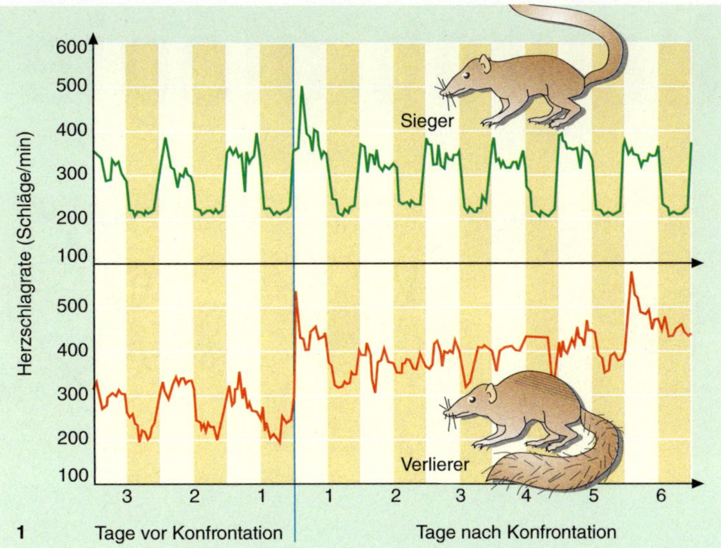

1

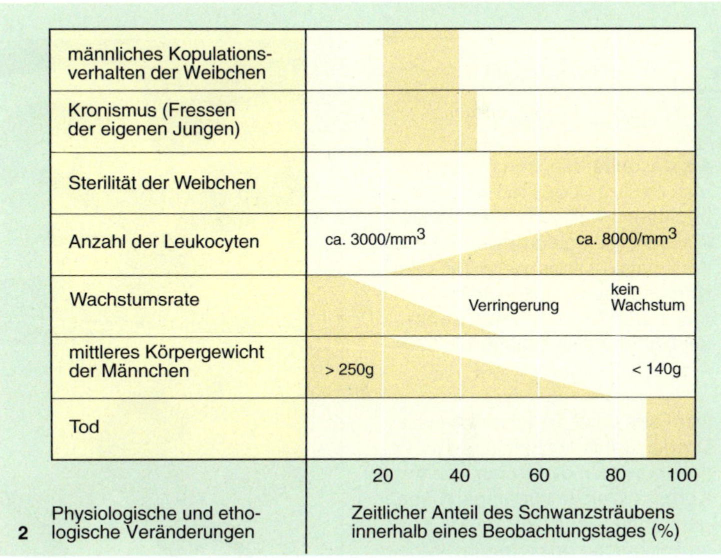

2

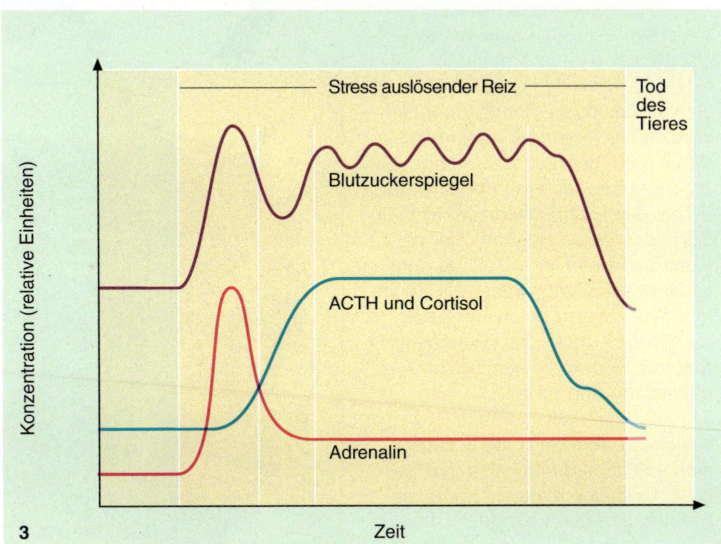

3

Neurobiologie

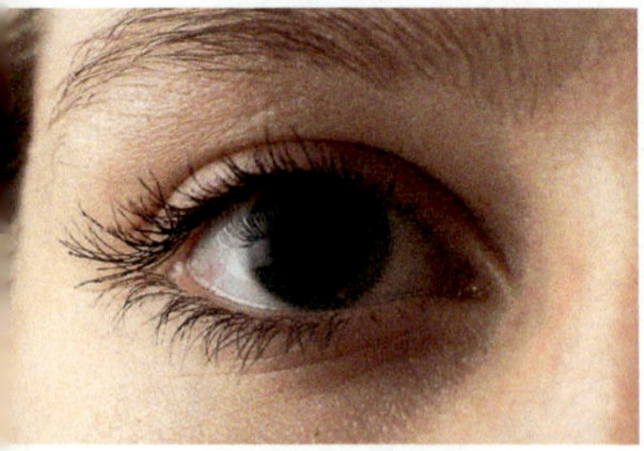
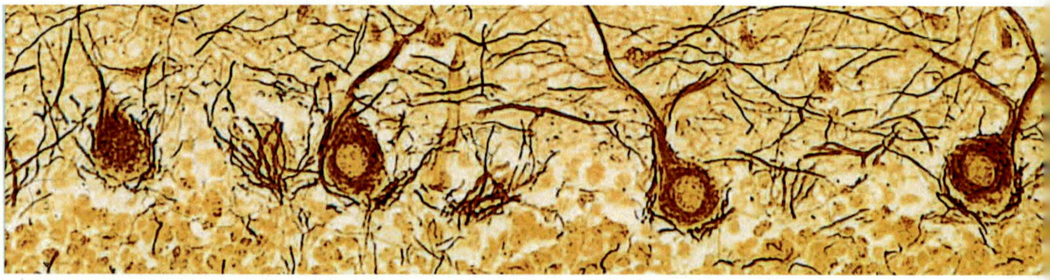

Lernsituation

Als gesunder Mensch registriert man die Arbeit des Nervensystems höchstens vielleicht, wenn für eine Klassenarbeit gelernt werden muss. Was passiert aber, wenn Teile des Nervensystems manipuliert werden, z. B. durch Drogen, einen Stromschlag oder eine Betäubung beim Arzt?

Der Fakt, dass die Einnahme von Drogen gefährlich ist, kennt jeder. Was bewirken diese aber konkret im Körper? Welche Wirkungen haben unterschiedliche Drogen wie Kokain, Tollkirsche oder Heroin? Wieso führt die Polizei einen Pupillenreaktionstest durch, um Hinweise auf Drogenkonsum zu erhalten?

„Ich stehe unter Strom!" Eigentlich wird dieser Ausdruck nur in Stresssituationen gebraucht. So lange wir leben, stehen wir aber immer unter Strom. Man kann diesen am Herz im Form des EKGs ableiten oder am Kopf die Hirnstromwellen mit dem EEG messen. Was macht der Strom in meinem Körper? Warum zuckt der ganze Körper, wenn von außen Strom z. B. durch einen Stromschlag zugeführt wird?

Welche konkreten Tipps ergeben sich aus der Arbeitsweise des Gehirns für meine Klassenarbeitsvorbereitung in der Zukunft?

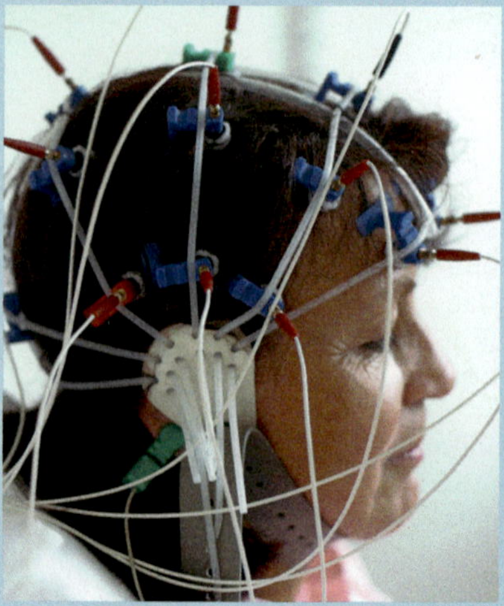

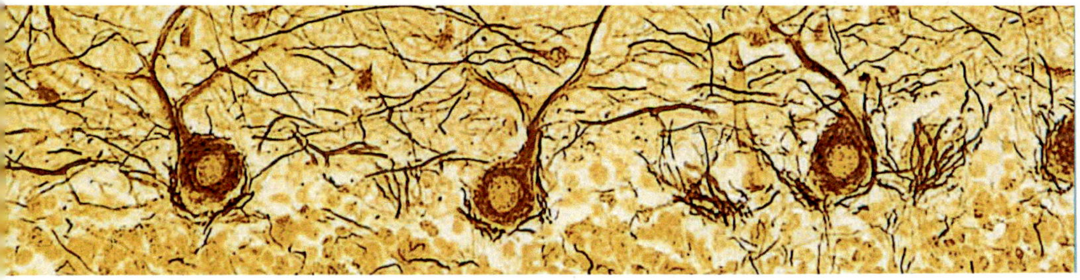

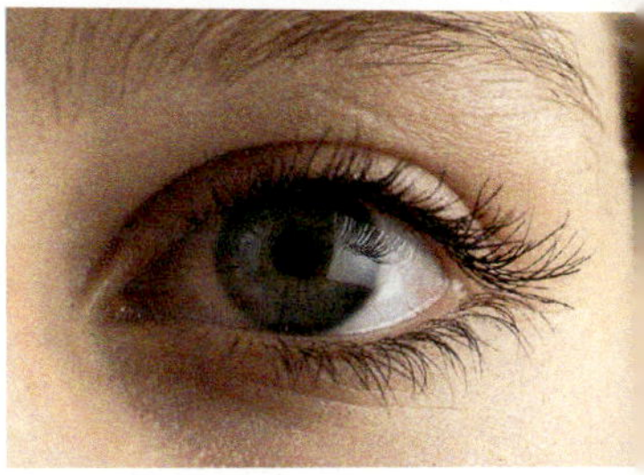

Leitfragen

Strom spielt in unserem Körper eine wichtige Rolle. So können z. B. unkontrollierte Ströme zu Krankheiten wie Herzrhythmusstörungen oder Epilepsie führen, mangelhafte Fortleitung zu Krankheiten wie Multiple Sklerose. Wie aber kommt der „Strom" in meinen Körper?

Wir wirken Drogen und Gifte auf das Nervensystem? Warum ist das, was ich mit meinen eigenen Augen gesehen habe, letztlich nur ein subjektiver Eindruck?

Wie lerne ich am besten? Die Gesamtheit der verschalteten Nervenzellen ergibt ein unglaublich komplexes System, das *Nervensystem*. Teile davon hat man bereits entschlüsselt. Sie können diese Erkenntnis z. B. zum besseren Lernen nutzen.

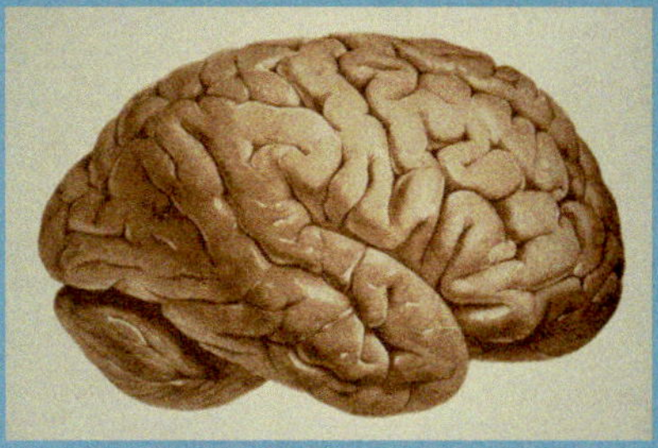

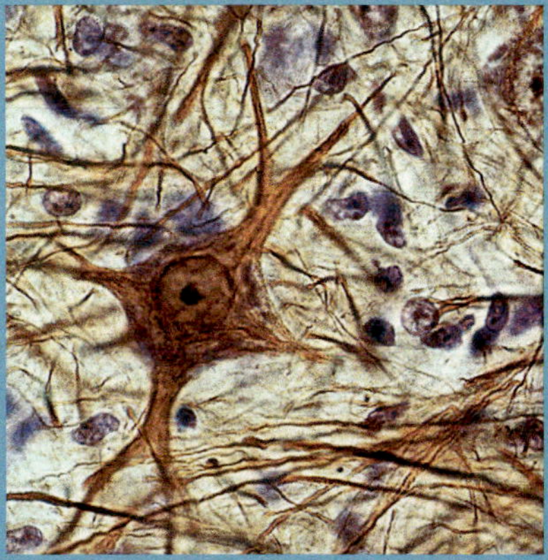

Das Neuron

Nerv
Bündel von Nervenfasern, umgeben von Bindegewebe

Nervenfaser
Axon mit umgebenden Hüllzellen

Neuron
meist verzweigte Zelle mit langen Fortsätzen, speziell für die Verarbeitung und Weiterleitung von Erregungen

Neuron im Kleinhirn

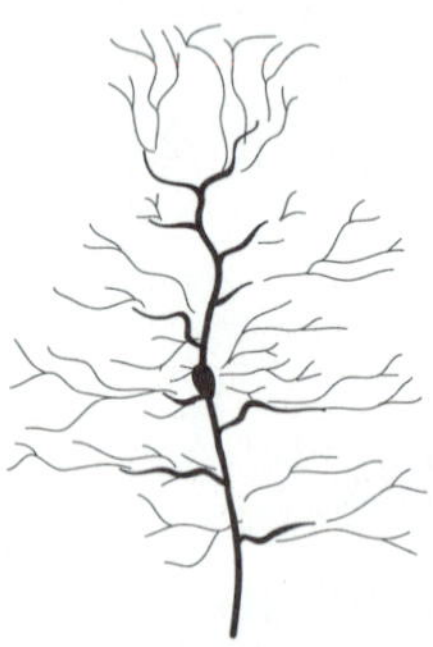
im Rückenmark

im autonomen Nervensystem

Die wichtigsten Bauelemente eines Nervensystems sind die Nervenzellen, die *Neurone*. Diese Zellen können elektrische Erregungen erzeugen, verarbeiten und weiterleiten. Die Spezialisierung der verschiedenen Neurone zeigt sich in ihrer Form, ihrer Verzweigung und dem Grad der Ausdehnung (s. Randspalte). Ihre Länge reicht von wenigen Mikrometern bis zu über einem Meter. Dennoch kann die Vielfalt der Neurone auf einen einheitlichen typischen Bauplan zurückgeführt werden (Abb. 1).

Das Neuron ist gegliedert in einen *Zellkörper* und Zellfortsätze. Der Zellkörper *(Soma)* enthält unter anderem den Zellkern. Bei den Zellfortsätzen werden *Dendrit* und *Axon* (auch *Neurit*) unterschieden. Dendriten bilden oft weit verzweigte Fortsätze („Bäumchen") von selten mehr als 2 mm Länge. Sie sind in der Nähe des Zellkörpers meistens dicker als das Axon, verjüngen sich aber mit jeder Gabelung. Das Axon ist oft wesentlich länger als die Dendriten. Ein Neuron besitzt meist nur ein einziges Axon mit einem kegelförmigen Ursprungsbereich, dem *Axonhügel*. Dendriten leiten Erregungen zum Zellkörper hin, Axone leiten Erregungen von ihm weg. Viele Axone verzweigen sich am Ende. An jedem Axonende befindet sich eine Verdickung. Diese *Endknöpfchen* stellen funktionelle Verbindungen *(Synapsen)* entweder zu Muskelfasern oder zu anderen Neuronen über deren Dendriten oder Zellkörper her.

Neurone sind von Hüllzellen umgeben, den *Gliazellen*. Es gibt schätzungsweise 10-mal so viele Gliazellen wie Neurone. Sie stützen und ernähren die Neurone und sorgen für die elektrische Isolation. Bei vielen Wirbeltieren sind die erregungsleitenden Axone der sensorischen und motorischen Nervenzellen durch Lagen von Zellmembranen spezialisierter Hüllzellen *(Myelin)* umwickelt. Sie bilden die so genannte *Markscheide*, indem sie bei der Entwicklung des Axons dieses mehrfach umschlingen (Abb. 2). Das Axon und die umgebenden Hüllzellen werden *Nervenfaser* genannt. Viele dieser Fasern bilden gebündelt und von Bindegewebe umgeben einen mehr oder weniger dicken *Nerv*. Dieser sieht im lichtmikroskopischen Bild wegen der lipidhaltigen Zellmembranen der Hüllzellen weiß aus. Nervenzellkörper sind meist grau gefärbt.

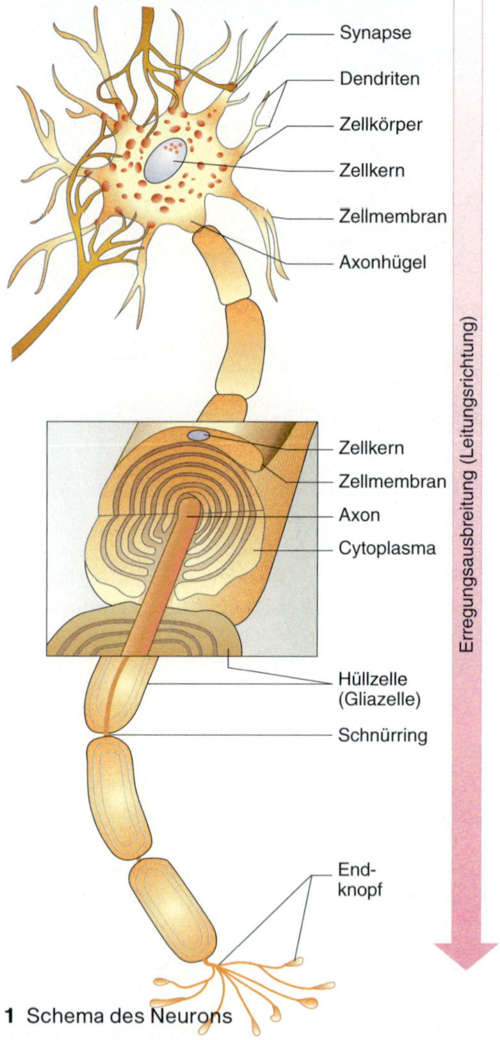

1 Schema des Neurons

2 Axon mit Markscheide

Nervenzelle

Präparation von Nervenzellen

Material:
- Rückenmarksstrang von einem Schlachttier (z. B. Schwein); frisch, oberflächlich leicht angefroren
- scharfe Rasierklinge oder Skalpell
- spitze Schere oder spitze Pinzette
- 6 Objektträger
- 2 Petrischalen
- Mikroskop und Zubehör
- Giemsa-Lösung, Aqua dest.

Durchführung:

a) Der Rückenmarksstrang wird quer geschnitten und seine runde Form wiederhergestellt. Umgeben von einer Bindegewebshülle, ist eine äußere weißliche und eine innere schmetterlingsförmige, zartrosa Fläche zu sehen, die der weißen bzw. der grauen Substanz entsprechen.

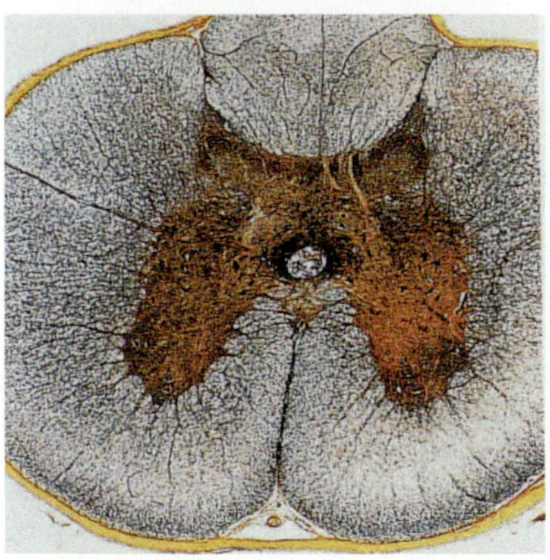

b) Aus dem Vorderhorn der grauen Substanz wird mithilfe der Schere oder der Pinzette etwas Material entnommen und auf einen Objektträger gebracht.

c) Versuch a) und b) werden wiederholt, bis 5 Proben auf Objektträgern vorliegen.

d) Mit einem weiteren Objektträger wird das Material gequetscht und verschiebend auseinandergezogen.

e) *Giemsa-Lösung* zum Färben dick auftropfen und 5 Minuten einwirken lassen (Petrischale).

f) Mit destilliertem Wasser wird anschließend überschüssige Giemsa-Lösung abgespült.

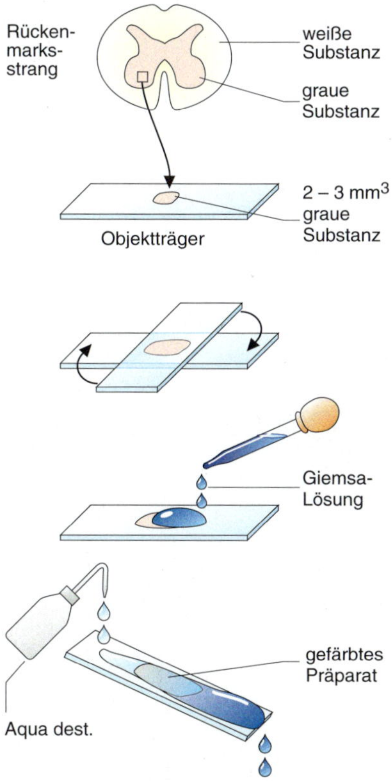

g) Untersuchen Sie die Präparate mikroskopisch: Zellkörper und Zellfortsätze sind violett gefärbt. Kerne mit dunkler kontrastiertem Kernkörperchen und das schollige Endoplasmatische Retikulum heben sich ab. Weiterhin sind Kerne von Hüllzellen zu sehen.

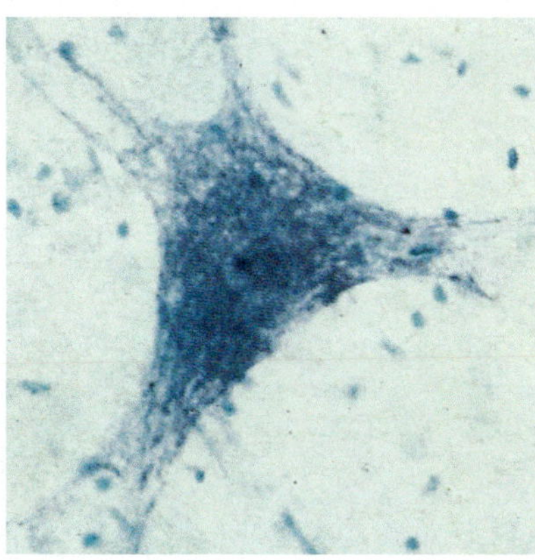

CAMILLO GOLGI entdeckte 1885, dass bei der Behandlung von Nervenzellen mit bestimmten Schwermetallsalzen nur einzelne Zellen eine Färbung annehmen. Dadurch werden auch im dichten Nervengewebe des Gehirns einzelne Zellen erkennbar. Der räumliche Verlauf der Dendriten und Axone wird durch diese Methode deutlich.

SANTIAGO RAMÓN Y CAJAL (1852 – 1934) untersuchte mithilfe der Golgi-Färbung die Nervensysteme des Menschen und vieler Wirbeltiere. Seine Zeichnungen gehören auch heute noch zu den Standardwerken der Neurobiologie.

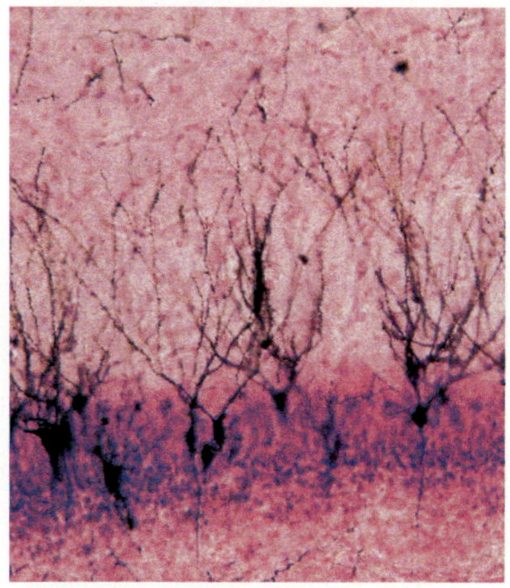

Großhirnrinde einer Katze (Mikrofoto; Golgi-Färbung)

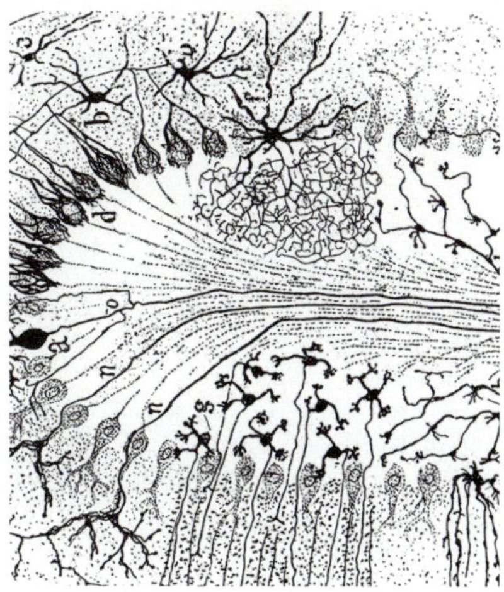

Großhirnrinde einer Ratte (Zeichnung von CAJAL 1894; Golgi-Färbung)

Aufgabe

① Vergleichen Sie die beiden Abbildungen in ihrer Aussagekraft. Weshalb erscheinen im Foto die Axone nicht in ihrer vollen Länge?

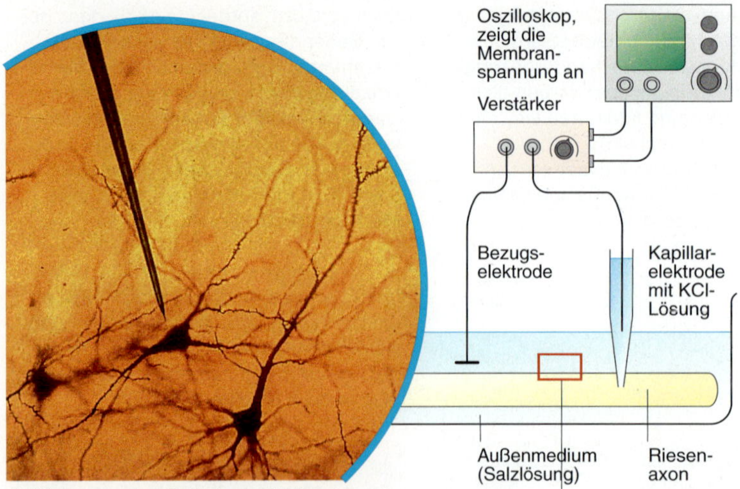

1 Messung des Ruhepotentials

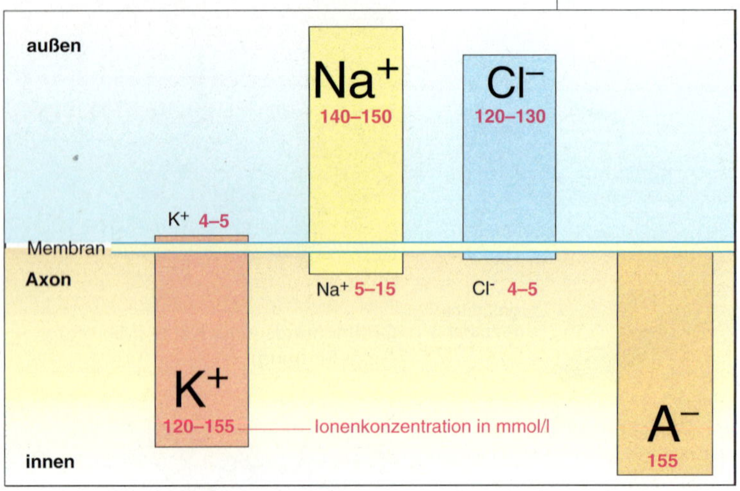

2 Axon mit Ionenverteilung (Ionenkonzentration in mmol/l)

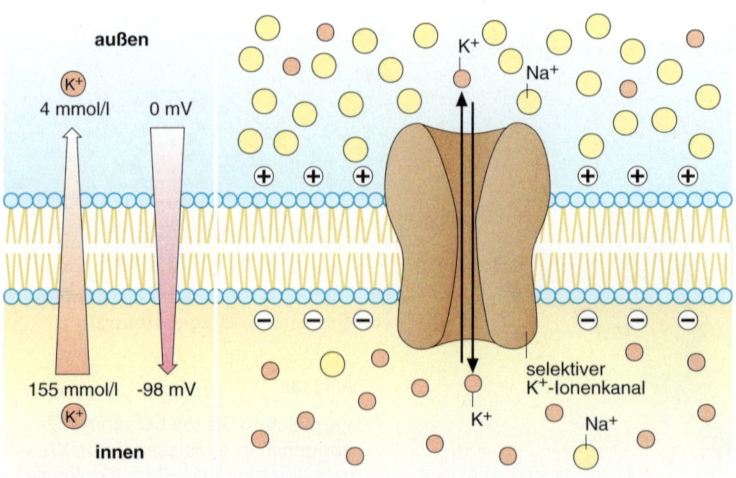

3 Kaliumionenverteilung und daraus resultierendes Membranpotential

Das Ruhepotential

Bereits im 18. Jahrhundert beobachtete der Forscher LUIGI GALVANI eine Kontraktion am Nerv-Muskel-Gewebe eines Froschbeins, während er dieses mit seinem Metallbesteck präparierte. Er führte diese Beobachtung auf „tierische Elektrizität" zurück. Genaue Deutungen sind jedoch erst seit 1936 durch die Entwicklung von Messgeräten möglich, mit denen sich sehr geringe Spannungen und Ströme nachweisen lassen.

Membranpotential

Um die elektrischen Vorgänge am Neuron zu studieren, untersucht man nicht einen ganzen Nerv, sondern am besten einzelne Axone. Die Messung erfolgt mithilfe von Elektroden, die über einen Messverstärker mit einem Oszilloskop verbunden sind. Um die Messungen im dünnen Axon durchführen zu können, wurde eine extrem feine, harte Glaskapillar-Mikroelektrode entwickelt, die mit einer leitenden Salzlösung gefüllt ist.

Misst man an einem nicht erregten Axon, bei dem beide Elektroden außerhalb der Membran in der umgebenden Körperflüssigkeit liegen *(extrazelluläre Ableitung),* tritt keine Spannung auf. Wird eine der beiden Mikroelektroden durch die Axonmembran eingestochen, so misst man zwischen den Elektroden eine Spannung, die auf dem Oszilloskop angezeigt wird (Abb. 1).

Eine Spannung ist eine elektrische Potentialdifferenz. Bei den Messungen am Axon liegt diese Spannung zwischen der Außenseite und der Innenseite der Axonmembran. Man nennt diese Spannung das *Membranpotential.* Das Potential der außen liegenden Bezugselektrode wird willkürlich als Null definiert. Für das Innere eines Axons ergibt sich dann ein Potential von z. B. -70 mV. Membranpotentiale treten nicht nur bei Neuronen, sondern bei allen pflanzlichen und tierischen Zellen (z. B. bei Muskelzellen) auf.

Eine Spannung bildet sich an der Zellmembran aus, weil positiv bzw. negativ geladene Ionen in unterschiedlichen Konzentrationen auf den Seiten der Membran vorliegen (Abb. 2) und sie nur kontrolliert passieren können. Das *Ruhepotential* basiert auf der Verteilung positiv geladener K^+- und Na^+-Ionen und negativ geladener Cl^--Ionen sowie organischer Ionen (A^-). Bei den organischen Anionen handelt es sich um Säurereste organischer Säuren oder um Proteine.

Entstehung des Ruhepotentials

Die Axonmembran besteht wie alle Membranen aus einer Doppelschicht von Lipiden. Sie trennt das Cytoplasma im Intrazellularraum von der Körperflüssigkeit *(Lymphe)* im Extrazellularraum. Die Membran ist selektiv permeabel. Wassermoleküle können passieren, gelöste Ionen nicht oder nur eingeschränkt.

Untersuchungen, bei denen radioaktiv markierte Ionen entweder extra- oder intrazellulär zugeführt wurden, zeigten jedoch, dass ein Teil dieser Ionen anschließend auf jeweils der anderen Seite der Axonmembran zu finden war. Die Permeabilität für die einzelnen Ionen ist verschieden (s. Randspalte). Für Na^+-Ionen beträgt sie nur 4 % der Permeabilität für K^+-Ionen. Die geladenen Eiweißmoleküle können die Membran überhaupt nicht durchqueren.

Diese selektive Permeabilität der Axonmembran lässt sich mit dem Vorkommen *selektiver Ionenkanäle* erklären. Es wurden verschiedene Kanalproteine nachgewiesen, die in der Lipidschicht der Zellmembran liegen und jeweils nur eine Ionenart, z. B. K^+-Ionen, hindurchlassen (Abb. 182.3).

In der Axonmembran sind im Ruhezustand hauptsächlich die K^+-Ionenkanäle geöffnet. Die Konzentration der K^+-Ionen ist auf der Innenseite der Axonmembran 40fach größer als auf der Außenseite. Die Wahrscheinlichkeit, dass ein K^+-Ion von innen nach außen den Kanal durchquert, ist daher 40-mal höher als umgekehrt. Jedes K^+-Ion, das sich über den Ionenkanal von innen nach außen bewegt, entfernt eine positive Ladung aus dem Axoninnenraum. Der Intrazellularraum wird relativ zum Extrazellularraum negativ geladen, da die Anzahl der positiv geladenen Ionen abnimmt. Die negativ geladenen Ionen bleiben zurück. Da sich unterschiedliche Ladungen anziehen, lagern sich an der Innenseite der Axonmembran negativ geladene Ionen an, an der Außenseite positiv geladene Ionen. Mit dieser Ladungstrennung entsteht ein elektrisches Feld an der Membran.

Durch den Überschuss positiver Ladungen auf der Außenseite werden nachfolgende K^+-Ionen immer stärker durch gleiche Ladungen abgestoßen. Es wirken also zwei Kräfte auf die K^+-Ionen ein (Abb. 182. 3):
- das Konzentrationsgefälle *(Konzentrationsgradient)* zwischen innen und außen, das den Austritt von K^+-Ionen durch die Ionenkanäle begünstigt.

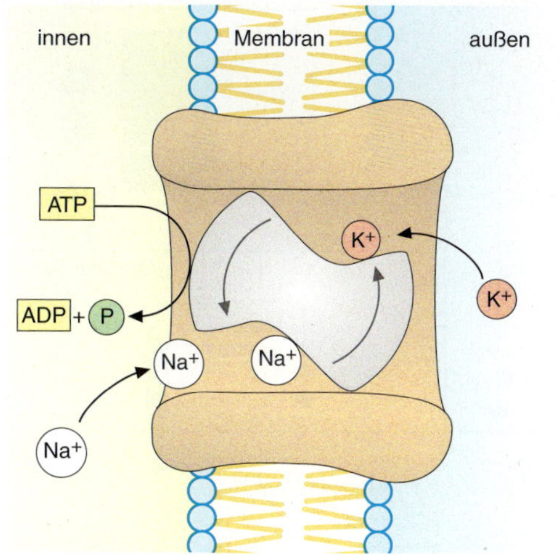

1 Na^+-K^+-Ionenpumpe

- das durch die Ladungstrennung bedingte elektrische Feld, das den entgegengesetzten Einstrom begünstigt.

Dies führt letztlich zu einem Zustand, bei dem beide Vorgänge im Gleichgewicht stehen. Die hierbei durch die K^+-Ionen entstandene Spannung, das Kaliumgleichgewichtspotential, bildet die Grundlage für das Membranpotential, wie es am nicht erregten Neuron, also im Ruhezustand, vorliegt. Man nennt diese Spannung *Ruhepotential.* Ihre Höhe wird durch die Ionenströme der Na^+- und Cl^--Ionen in geringem Maße beeinflusst.

Natrium-Kalium-Pumpe

Das Ruhepotential müsste im Gleichgewichtszustand lange Zeit erhalten bleiben. Wird die Bildung des energiereichen Stoffes ATP durch Zellgifte behindert, zeigt sich jedoch, dass sich das Potential langsam abbaut. Aufgrund der Ionengradienten und des Membranpotentials diffundieren ständig kleine Mengen Na^+-Ionen nach innen und infolgedessen K^+-Ionen nach außen. Diese *Ionenleckströme* durch die Axonmembran werden ausgeglichen durch einen aktiven, Energie benötigenden Transportmechanismus, die Natrium-Kalium-Pumpe (Abb. 1). Ohne sie würden sich die Ionenkonzentrationen langsam ausgleichen und damit würde das Ruhepotential gegen Null gehen. Die Pumpe ist ein Membranprotein, das Na^+-Ionen aus der Zelle und K^+-Ionen in die Zelle transportiert. Die dazu notwendige Energie liefert ATP. Die Ionenpumpe tauscht in einem Pumpzyklus drei Na^+-Ionen gegen zwei K^+-Ionen aus *(elektrogene Pumpe).*

Ionendurchlässigkeit
(relative Werte)

K^+	1
Na^+	0,04
Cl^-	0,45
A^-	0

Ionendurchmesser mit Wasserhülle:

K^+	396 pm
Na^+	512 pm

1 pm = 10^{-12} m

Ruhepotential (mV)

Katze (Motoneuron)	-60 bis -80
Krabbe (Riesenaxon)	-71 bis -94
Tintenfisch (Faser ohne Markscheide)	-62

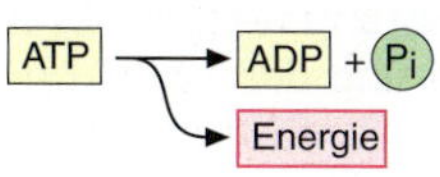

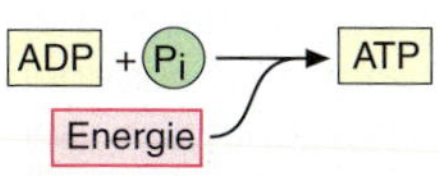

ATP
(Adenosintriphosphat) ein energiereicher Stoff

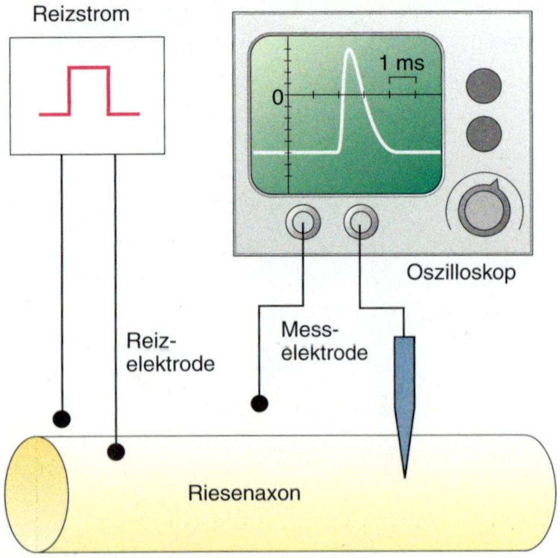

1 Messung des Aktionspotentials

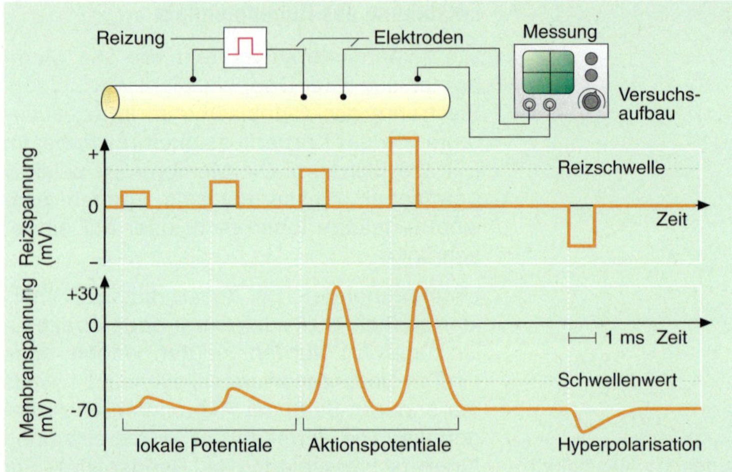

2 Reizstärke und Membranpotential

Das Aktionspotential

Reize rufen in Sinneszellen elektrische Erregungen hervor. Sensorische Nervenzellen leiten diese Erregungen zum Gehirn. Motorische Nervenzellen leiten Erregungen zu den Muskeln, wodurch deren Kontraktion ausgelöst wird. An der Axonmembran der beteiligten Nervenzellen misst man zu diesem Zeitpunkt kurzfristige Veränderungen des Membranpotentials.

Messung des Aktionspotentials

Wissenschaftlich untersucht wurden diese Zusammenhänge seit 1936 an den Axonen von *Loligo*, einem Tintenfisch. Diese Axone besitzen einen besonders großen Durchmesser (bis zu 1mm) und sind daher für Messungen gut geeignet.

Im Experiment wird das Axon an einer bestimmten Stelle mit unterschiedlichen Spannungen elektrisch gereizt. An einer etwas entfernt liegenden Stelle wird mithilfe einer Glaskapillarelektrode und des Oszilloskops die Reaktion des Axons gemessen.

Wird durch die Reizelektroden kurzzeitig eine stärker negative Spannung als das Ruhepotential angelegt, sinkt sie auch kurzzeitig an der Messstelle *(Hyperpolarisation)*. Umgekehrt hat eine Reizspannung mit umgekehrter Polung eine kurzfristige Erhöhung des Axonpotentials zur Folge *(Depolarisation)*. Je höher die Reizspannung ist, desto höher ist auch die Depolarisation an der Messstelle. Überschreitet die Depolarisation einen bestimmten Schwellenwert der Spannung, ändert sich das Axonpotential schlagartig innerhalb einer Millisekunde bis zu einem Spitzenwert von ca. +30 mV. Das Axon bildet aktiv ein *Aktionspotential*, das sich über das Axon fortpflanzt. Dabei misst man nach dem Überschreiten der Spannungsschwelle eine schnelle, starke Erhöhung des Potentials, den *Aufstrich* oder die *Depolarisationsphase*. Im *Überschuss* kann das Axonpotential positive Werte annehmen. Nach kurzer Zeit sinkt das Potential in der *Repolarisationsphase* aber schnell wieder auf das Ruhepotential ab.

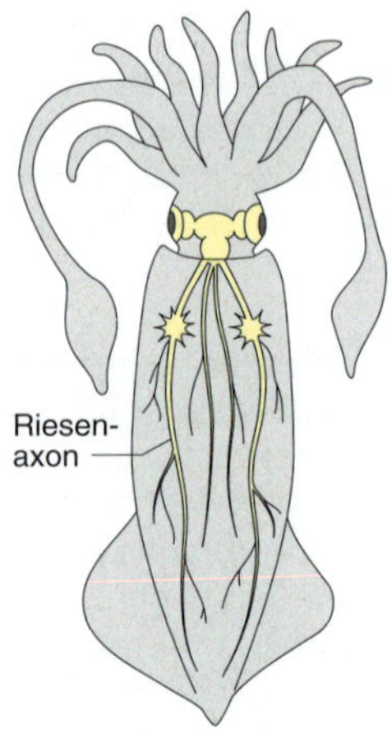

Hyperpolarisation
hyper, gr. = über;
Spannung ist negativer als das Ruhepotential

Depolarisation
de, lat. Vorsilbe = weg;
schnelle Änderung des Ruhepotentials in Richtung des positiven Spannungsbereiches

Repolarisation
re, lat. Vorsilbe = zurück;
Rückkehr zum Ruhepotential

Aktionspotentiale zeigen immer den gleichen Verlauf. Sowohl die zeitliche Dauer der einzelnen Phasen als auch ihr elektrisches Potential sind immer gleich; sie geschehen so oder gar nicht. Sie folgen also streng dem *Alles-oder-Nichts-Gesetz*.

Molekulare Vorgänge

Eine Änderung des Membranpotentials lässt sich durch eine Veränderung der Ionenkonzentrationen an der Innen- und Außenseite der Axonmembran erklären. ALAN HODGKIN und BERNARD KATZ führten 1949 Experimente an Tintenfischaxonen durch, bei denen sie die außerhalb des Axons vorhandenen Na^+-Ionen durch positiv geladene, aber wesentlich größere Cholinionen ersetzten, für die die Axonmembran nicht permeabel ist. In dieser Versuchsanordnung konnten keine Aktionspotentiale ausgelöst werden. Die Forscher vermuteten, dass das Aktionspotential durch das Öffnen von Na^+-Ionenka-

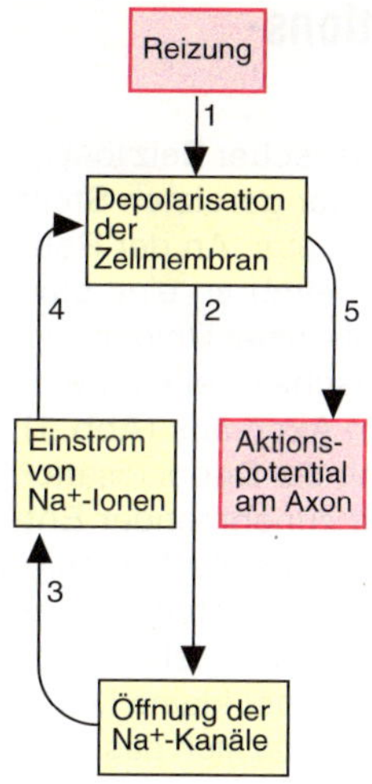

nälen und den schnellen Einstrom der Na^+-Ionen in das Axon entsteht *(Ionentheorie der Erregung)*. Die Messung der vorhandenen Ionenkonzentration ergab, dass die Außenkonzentration der Na^+-Ionen gegenüber der Innenkonzentration 10fach höher ist. Die Hypothese wurde durch direkte Messungen der Ionenströme an Ionenkanälen bestätigt: Während der Depolarisation sind die meisten Na^+-Ionenkanäle geöffnet, jedoch nur wenige für K^+.

Abbildung 1 veranschaulicht die Entstehung des Aktionspotentials. Durch einen elektrischen Reiz wird das Axon überschwellig depolarisiert. Dadurch wird die Wahrscheinlichkeit der Öffnung von benachbarten Na^+-Ionenkanälen erhöht (Abb. 1b). Man nennt diese Kanäle *spannungsabhängige Kanäle*. Na^+-Ionen strömen in großer Zahl in das Innere des Axons. Der Anteil der positiv geladenen Ionen wird dadurch außerhalb des Axons geringer, innerhalb dagegen größer. Diese Veränderung des Membranpotentials führt zur Öffnung weiterer spannungsabhängiger Na^+-Ionenkanäle und zur weiteren Depolarisation bis zum Höhepunkt des Aktionspotentials (Abb. 1c). Die einzelnen Na^+-Ionenkanäle schließen sich jedoch sehr schnell wieder und sind anschließend für eine kurze Zeit nicht mehr zu öffnen. Sie werden erst nach dem Eintreten des Ruhepotentials und einer anschließenden *Refraktärzeit* wieder aktiv.

Die Repolarisation der Axonmembran wird wesentlich durch den Ausstrom von K^+-Ionen bedingt (Abb. 1d). Dies ließ sich durch Experimente mit Giftstoffen nachweisen, die die spannungsabhängigen K^+-Ionenkanäle blockieren. Die Repolarisation ist bei solchen Experimenten sehr stark verlangsamt. Messungen an den spannungsabhängigen K^+-Ionenkanälen ergaben, dass ihre Öffnungswahrscheinlichkeit nach der Depolarisation verzögert steigt. Durch das verstärkte Ausströmen der K^+-Ionen aus dem Axon wird das Zellinnere wieder zunehmend negativ, bis das Ruhepotential erreicht ist. Erst beim Erreichen des Ruhepotentials schließen sich die K^+-Ionenkanäle wieder.

Ein einzelnes Aktionspotential verändert die Ionenkonzentrationen an der Membran nur geringfügig, sodass sich das Ruhepotential leicht wieder einstellt. Laufen tausende von Aktionspotentialen über die Axonmembran, so gewinnt die Natrium-Kalium-Pumpe an Bedeutung, die verhindert, dass sich die Ionenverteilung so sehr verändert, dass kein Ruhepotential mehr auftritt.

Aufgabe

① Erläutern Sie, weshalb man bei der Depolarisation, die zur Bildung des Aktionspotentials führt, von einem sich selbst verstärkenden Vorgang spricht (s. Randspalte).

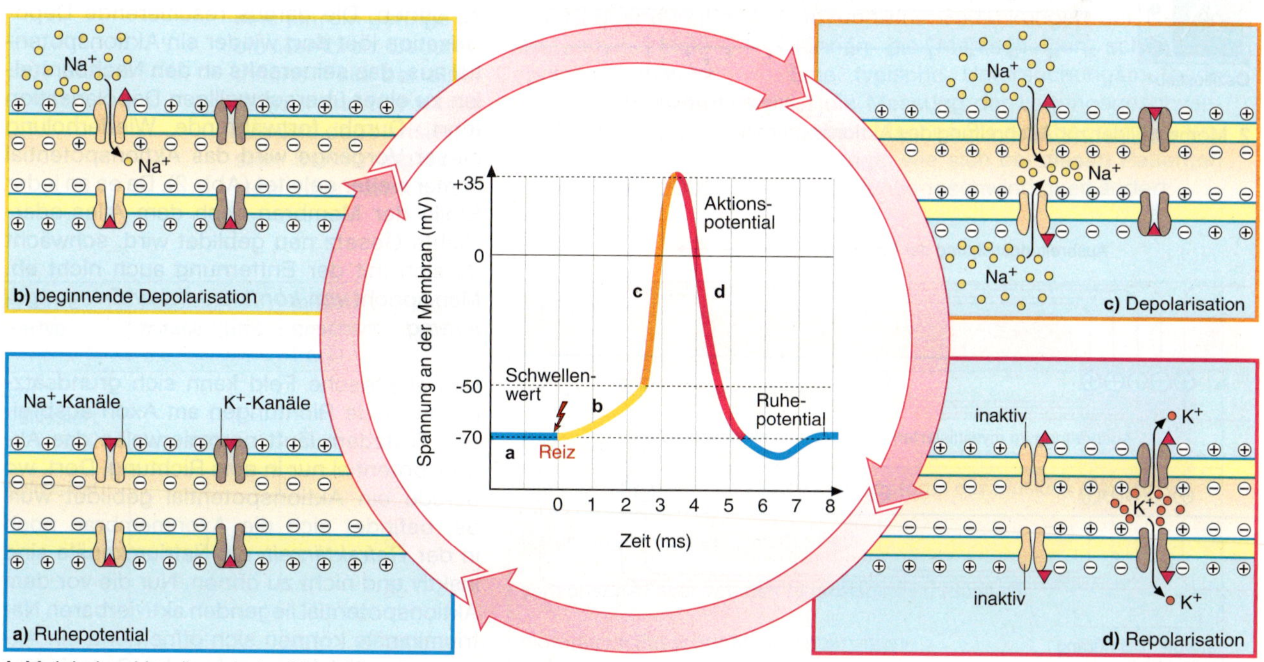

1 Molekulare Vorgänge beim Ablauf des Aktionspotentials

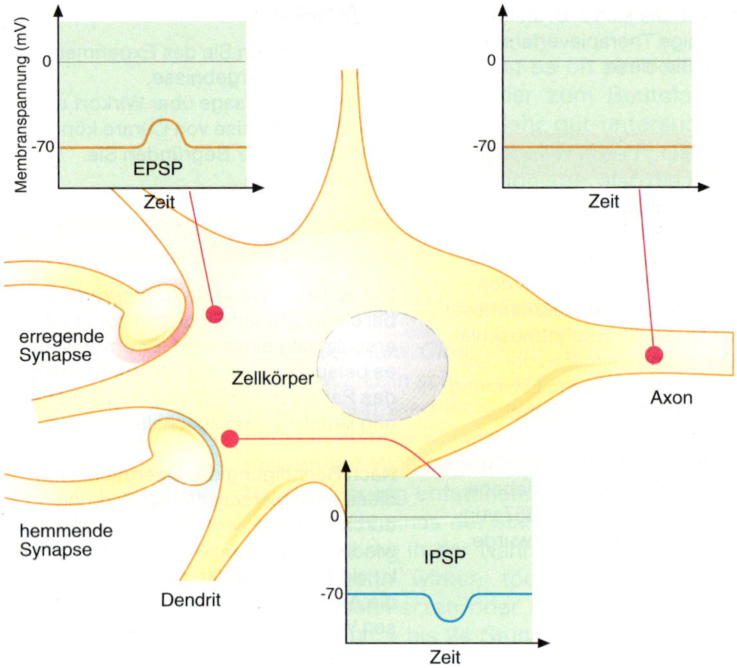

1 Erregende und hemmende Synapse

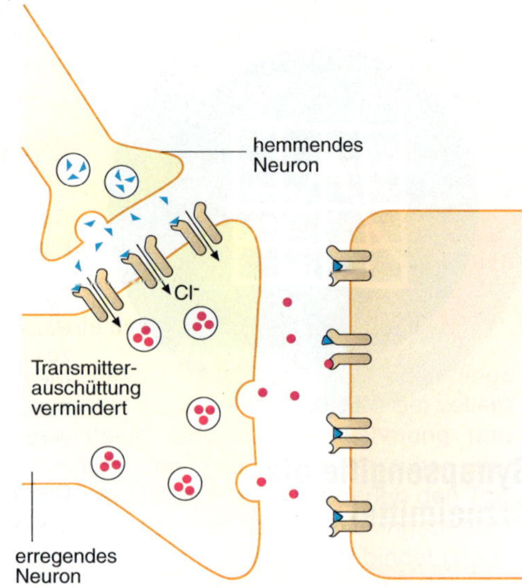

2 Präsynaptische Hemmung

Nervenschaltungen – Verrechnungsprozesse an Synapsen

Ein Neuron im Zentralnervensystem ist mit bis zu 10 000 Synapsen verbunden. Diese können entweder erregend oder hemmend auf das Neuron einwirken. Im Neuron werden diese Einflüsse verrechnet. Dadurch entsteht ein komplexes plastisches System.

Erregende und hemmende Synapsen

Erregende und hemmende Synapsen sind im Zentralnervensystem etwa gleich häufig. Die für die Innervation der Muskeln zuständigen neuromuskulären Synapsen sind immer erregend. Erregende Synapsen depolarisieren das postsynaptische Neuron lokal, man spricht von einem *erregenden postsynaptischen Potential (EPSP)*. Das EPSP erhöht die Wahrscheinlichkeit, dass ein Aktionspotential ausgelöst wird.

Hemmende Synapsen hyperpolarisieren lokal. Dadurch sinkt das Membranpotential unter den Ruhewert und entfernt sich vom Schwellenwert zur Auslösung eines Aktionspotentials. Man spricht daher von einem *inhibitorischen postsynaptischen Potential (IPSP)*. Man kennt zwei unterschiedliche Ansatzpunkte für das IPSP: präsynaptisch und postsynaptisch.

Bei der *präsynaptischen Hemmung* handelt es sich um einen indirekten Vorgang: Die Wirkung einer erregenden Synapse wird vermindert, was einer Hemmung gleichkommt. Die Transmitter der hemmenden Synapse bewirken einen Einstrom von Chloridionen und damit eine Hyperpolarisation im Endknöpfchen der erregenden Synapse (Abb. 2). Diese Hyperpolarisation wird mit ankommenden Aktionspotentialen des erregenden Neurons verrechnet und die Amplitude des Potentials vermindert, was zur Unterschreitung des Schwellenwertes führen kann.

Bei der *postsynaptischen Hemmung* werden auf der postsynaptischen Membran Chloridkanäle geöffnet. Dadurch strömen Chloridionen in Richtung des Konzentrationsgefälles in die Zelle ein und hyperpolarisieren die postsynaptische Membran. In diesem Zustand wird die Generierung eines Aktionspotentials erschwert, sprich die postsynaptische Membran muss entsprechend stärker depolarisiert werden, um den Schwellenwert zu überschreiten. In beiden Fällen der Hemmung ergibt sich aus dem Einstrom negativ geladener Ionen eine Hyperpolarisation, die letztlich zu einer Verminderung der Aktionspotentialfrequenz führt.

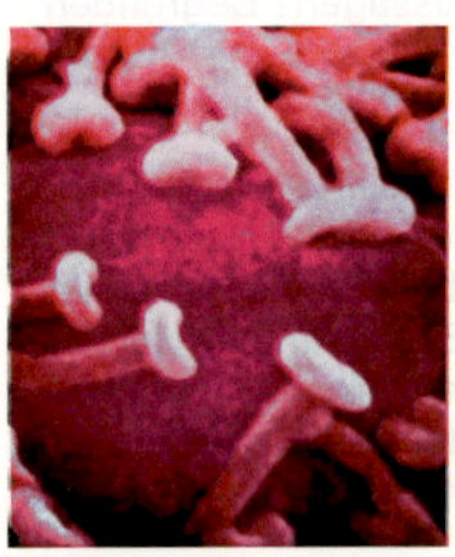

Endknöpfchen auf dem Zellkörper eines Neurons

EPSP
erregendes postsynaptisches Potential

IPSP
inhibitorisches postsynaptisches Potential

inhibitorisch
lat. *inhibere* = hindern, zurückhalten

Summationsvorgänge

Die Wirkungen der EPSP und IPSP werden summiert. Trifft gleichzeitig ein EPSP und ein IPSP ein, heben sich die Effekte am Axonhügel auf (S. 192, Abb. 1). Hinsichtlich der EPSP kennt man zwei Arten der Summation, die räumliche und die zeitliche. Bei der *räumlichen Summation* wird ein postsynaptisches Neuron durch mehrere erregende Synapsen stimuliert und die resultierenden EPSP werden addiert (Abb. 1). Bei der *zeitlichen Summation* wird ein postsynaptisches Neuron innerhalb kurzer Zeit mehrfach durch erregende Synapsen stimuliert. Dabei trifft die nächste Stimulierung auf das postsynaptische Neuron, bevor das Membranpotential wieder auf das Ruhepotential zurückgekehrt ist. Hier werden zwei Stimulierungen addiert.

Codewechsel der Information

Je stärker die Stimulation der erregenden Synapsen oder je höher der Reiz (s. Seite 188), desto höher die Frequenz der resultierenden Aktionspotentiale. Man spricht daher von einem *Frequenzcode*, denn die Intensität und Dauer der Stimulierung wird anhand der der Aktionspotentiale pro Zeit verschlüsselt. Am Endknöpfchen führt eine hohe Frequenz von Aktionspotentialen zur Ausschüttung einer großen Transmittermenge und so postsynaptisch zu einem hohen EPSP. Man spricht von einem Amplitudencode (Abb. 2), d. h. die Frequenz der Aktionspotentiale wird in ein entsprechend großes EPSP umcodiert. Am Axonhügel führt das hohe EPSP wieder zu einer hohen Frequenz an Aktionspotentialen *(Frequenzcode)*.

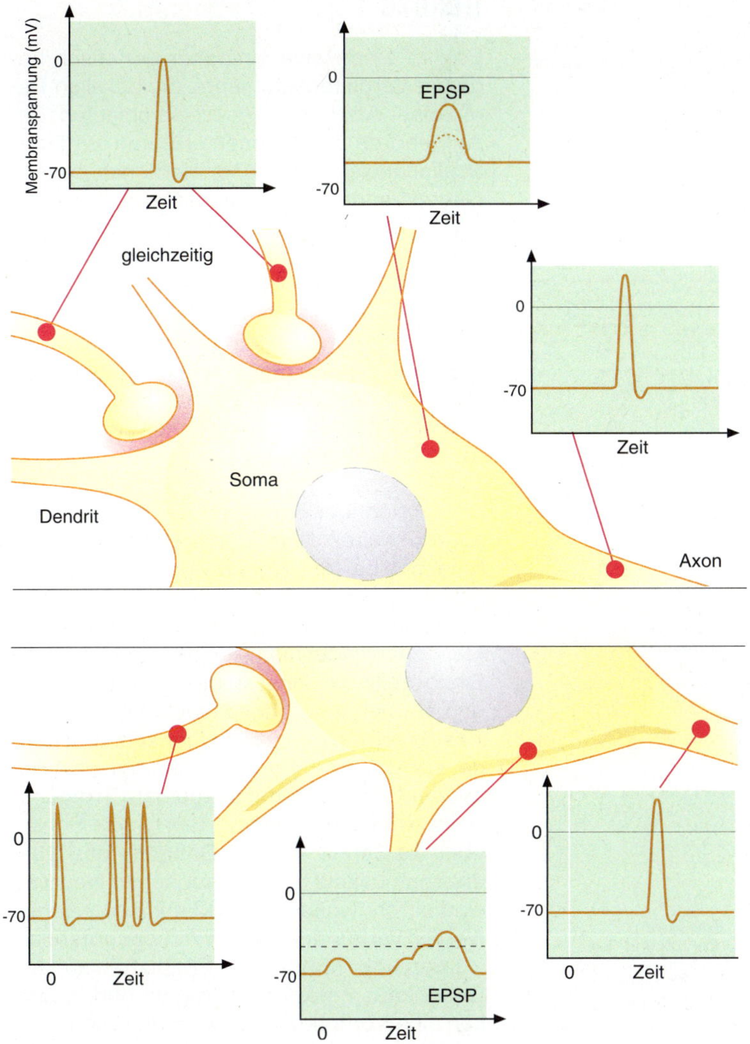

1 Räumliche (oben) und zeitliche (unten) Summation

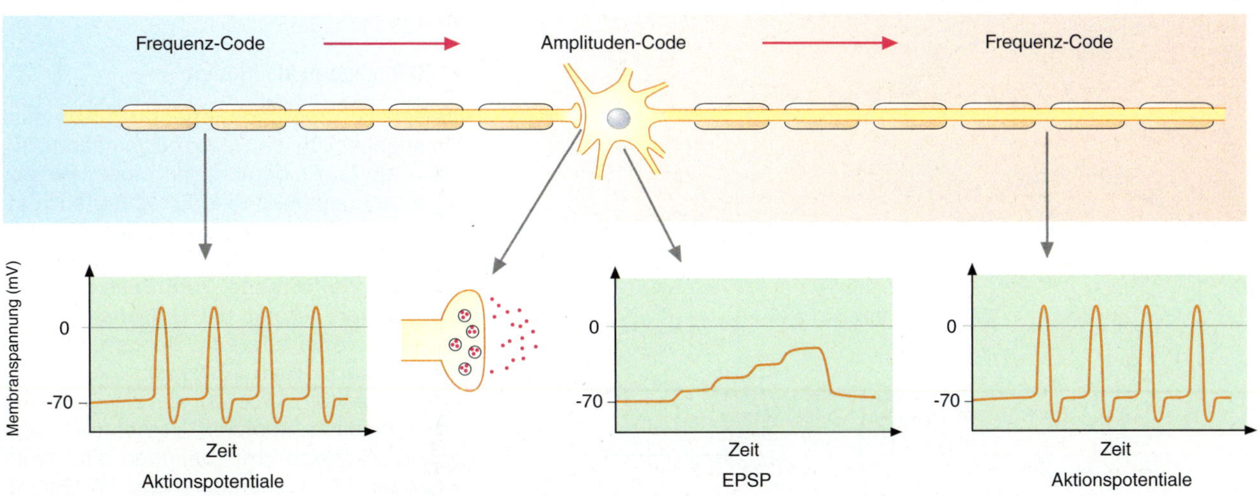

2 Informationscodierung

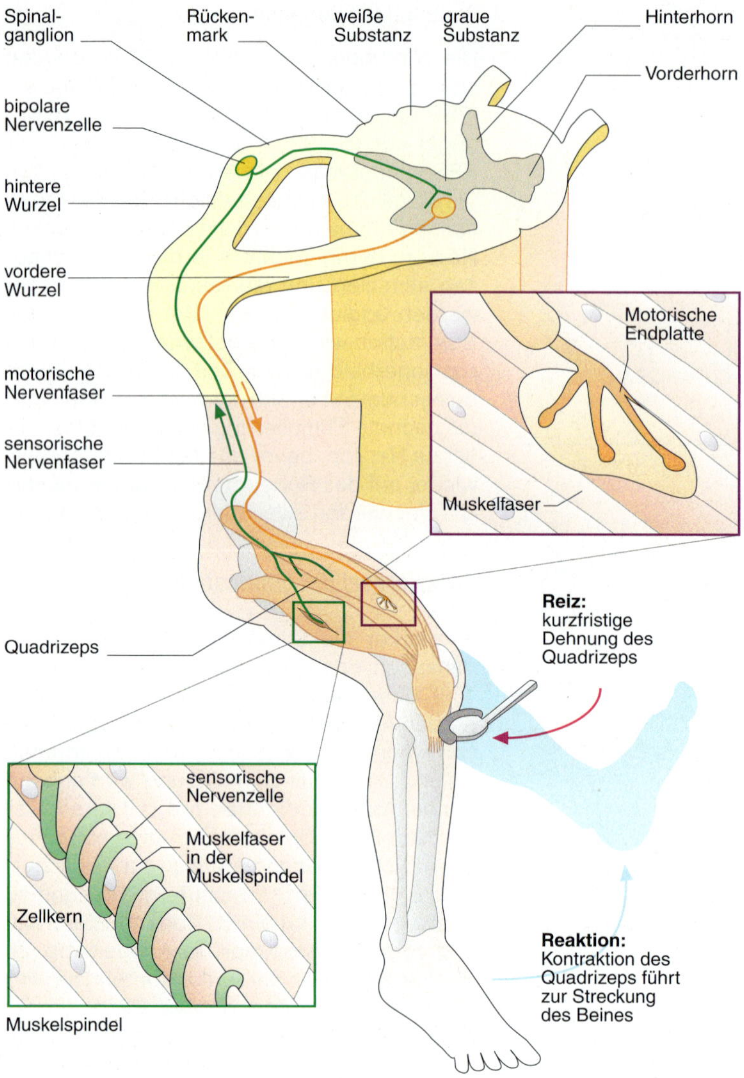

1 Reflexbogen beim Kniesehnenreflex

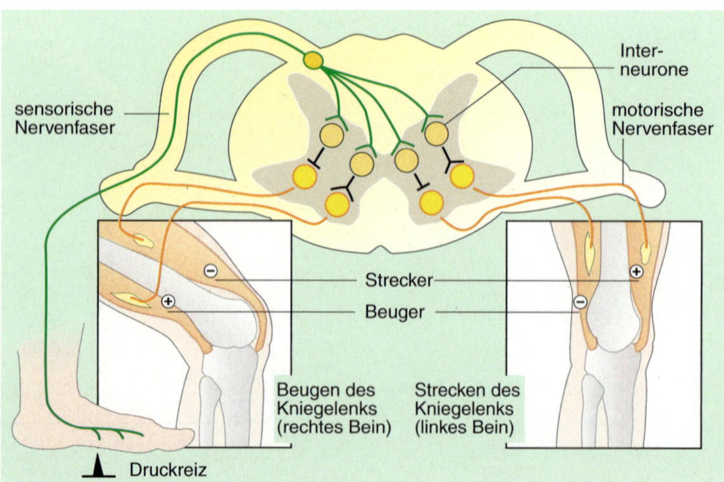

2 Gekreuzter Beuger-Strecker-Reflex

Reflexe

Es gibt eine Reihe einfacher genetisch bedinger Verhaltenselemente, die bei allen Tieren einer Art in gleicher Weise ablaufen. Dazu gehören z. B. Atmen, Husten und das Schließen des Auges beim Herannahen eines Gegenstandes. Diese Verhaltensweisen erfolgen auf einen Reiz hin, ohne dass eine bewusste Steuerung oder spezifische Bereitschaft notwendig ist. Sie heißen *Reflexe.* Ihre Grundlage ist eine einfache Nervenverschaltung, die eine kurze Reaktionszeit ermöglicht. Das ist besonders wichtig bei der Abwehr einer Gefahr, wie zum Beispiel beim Eindringen eines Fremdkörpers in die Luftröhre oder in das Auge.

Ein vorsichtiger Schlag auf ein entspanntes, abgewinkeltes Bein unmittelbar unter der Kniescheibe löst ein unwillkürliches Hochschnellen des Unterschenkels aus (*Kniesehnenreflex*, Abb. 1). In Skelettmuskeln des Menschen findet man Muskelspindeln. Diese Sinneszellen im Inneren des Muskels erzeugen bei Dehnung oder Stauchung des Muskels Rezeptorpotentiale. Über schnell leitende *sensorische Nerven* empfängt das *Rückenmark* die dadurch ausgelöste Erregung. Beim Kniesehnenreflex führt der Schlag über die Sehne zu einer Dehnung des Quadrizepsmuskels. Die sensorischen Neurone sind durch Synapsen direkt mit *motorischen Nerven* verbunden. Deren Aktionspotentiale werden über Motorische Endplatten auf den Quadrizepsmuskel übertragen und bewirken eine Kontraktion, die den Unterschenkel hochschnellen lässt. Da beim Kniesehnenreflex nur eine zentrale Synapse beteiligt ist, nennt man ihn *monosynaptisch.* Das Gehirn erhält nachträglich eine Information über die Reaktion.

Der Reflexbogen als Modell

Das Reflexen zugrunde liegende Prinzip lässt sich anschaulich als *Reflexbogen* darstellen (Abb. 195.1). Er beginnt mit einem Rezeptor, an dem ein Reiz eine Erregung auslöst. Diese wird über sensorische oder afferente Nervenbahnen, also zum Zentralnervensystem führende Neurone, zum Reflexzentrum geleitet. Dort erfolgt die Umschaltung auf motorische oder efferente Bahnen, die zum reagierenden Organ *(Effektor)* führen. Die Reaktionszeiten variieren, da die Elemente unterschiedlich komplex verschaltet sein können. Reflexzentren befinden sich beim Menschen im Rückenmark und im Gehirn, also im Zentralnervensystem. Von dort kann die Möglichkeit einer bewussten Beeinflussung gegeben sein. So kann man begrenzt das Husten unterdrücken, selbst wenn der entsprechende Reiz einwirkt.

Monosynaptische und polysynaptische Reflexe

Tritt man auf einen spitzen Gegenstand, so hebt man unwillkürlich den Fuß und streckt das andere Bein. Bei diesem gekreuzten *Beuger-Strecker-Reflex* (Abb. 194.2) sind Muskeln beider Beine beteiligt. Dazu ist eine Übertragung des sensorischen Signals auf mehrere Motoneurone notwendig; es handelt sich somit um einen *polysynaptischen Reflex*. Während bei monosynaptischen Reflexen eine weitgehend konstante Zeitspanne zwischen Reizung und Reaktion zu messen ist (Kniesehnenreflex ca. 30 ms), kann diese bei polysynaptischen Reflexen zwischen 60 und 200 ms variieren.

Man kann Reflexe auch danach einteilen, ob Reizaufnahme und Reaktion im selben Organ *(Eigenreflexe)* oder in verschiedenen Organen *(Fremdreflexe)* erfolgen. Während der Kniesehnenreflex ebenso wie beispielsweise der *Lidschlussreflex* zu den Eigenreflexen gehört, handelt es sich beim *Husten* um einen Fremdreflex, denn hier erfolgt die Reizaufnahme durch Sinneszellen in der Schleimhaut der Luftröhre, während als Reaktionen Kontraktionen von Zwerchfell und Zwischenrippenmuskulatur auftreten. Diese Muskelbewegungen führen zu einer plötzlichen Erhöhung des Druckes in der Lunge. Dadurch kann ein Fremdkörper aus der Luftröhre gepresst werden.

Reflex
Ein Reiz-Reaktions-Zusammenhang, bei dem ein bestimmter Reiz bei allen Individuen einer Art dieselbe stereotype, nervös ausgelöste unwillkürliche Reaktion hervorruft.

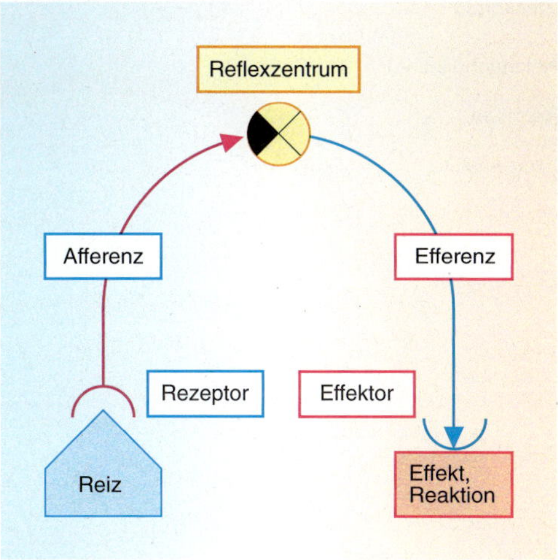

1 Reflexbogen

Aufgaben

① Lösen Sie den Kniesehnenreflex aus. Achten Sie auf die Reihenfolge von Reaktion und bewusster Wahrnehmung.

② Neugeborene zeigen einen Greifreflex, der sich durch Berühren der Handinnenflächen auslösen lässt.
Klassifizieren Sie den Reflex und geben Sie seine biologische Bedeutung an.

③ Der Herzschlag wird beim Menschen durch ständige, periodische Signale eines Muskelknotens *(Sinusknoten)* ausgelöst. Vergleichen Sie diesen Vorgang mit dem Ablauf eines Reflexes.

④ Beschreiben Sie anhand Abbildung 2 die Fortleitung der Erregung beim Reflexbogen.

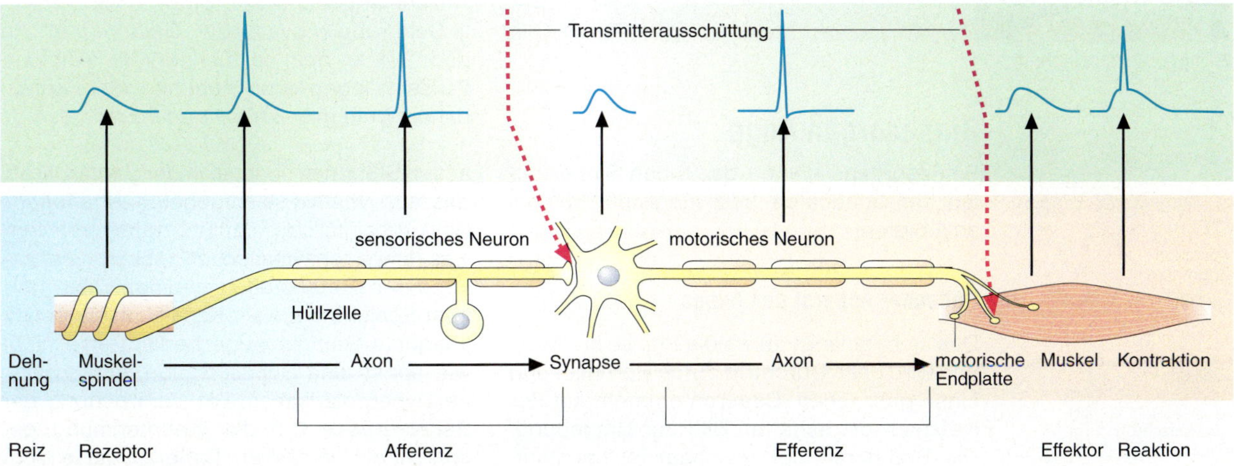

2 Vom Reiz zur Reaktion

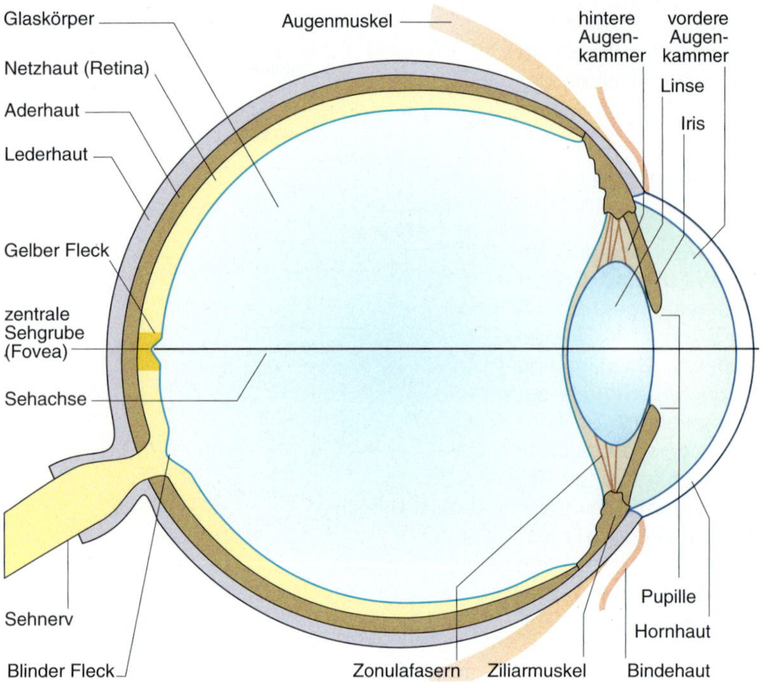

1 Horizontalschnitt durch das menschliche Auge

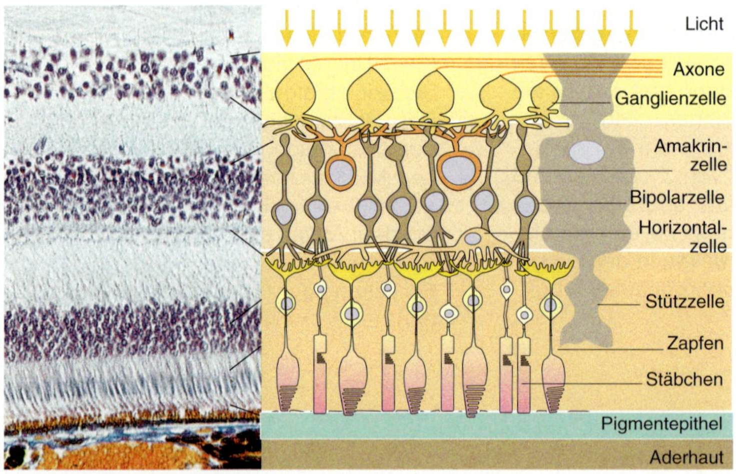

2 Netzhautquerschnitt

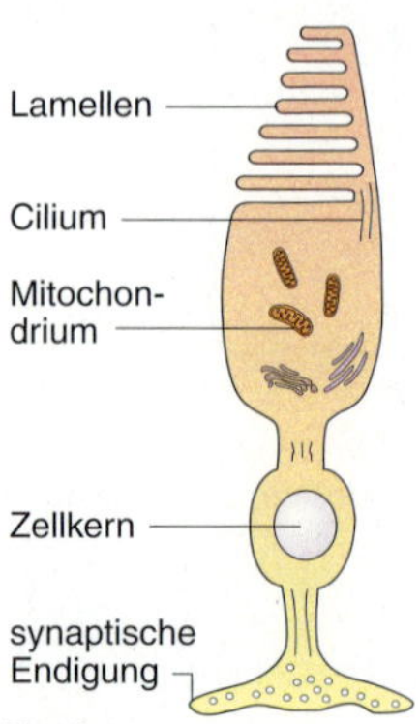

Zapfen

Sinnesorgan Auge

Sinnesorgane dienen dazu, den Sinneszellen den adäquaten Reiz möglichst optimal anzubieten.

Optischer Apparat des Auges

Das Licht gelangt durch die Pupille ins Auge und wird beim Durchtritt durch Hornhaut und Linse gebrochen. Dadurch entsteht auf der Netzhaut ein scharfes Bild der Umgebung. Die Brechkraft der Hornhaut ist konstant, die der Linse kann verändert werden. Für die Naheinstellung, die *Nahakkommodation*, ist eine stärkere Brechkraft der Linse notwendig als für die Ferneinstellung, die *Fernakkommodation*. Die Nahakkommodation geschieht aktiv durch Zug des *Ziliarmuskels* an den *Zonulafasern*. Der Augeninnendruck spannt normalerweise die Lederhaut und die Zonulafasern an. Dies führt zu einer flachen, fernakkommodierten Linse. Der Zug des Ziliarmuskels wirkt dieser Spannung entgegen. Da die Linse selbst elastisch ist, wird sie dadurch dicker und die Brechkraft erhöht sich. Im Alter nimmt die Elastizität der Linse und damit ihre Brechkraft ab *(Altersweitsichtigkeit)*. Dies kann mit einer Sammellinse korrigiert werden. Die Menge des einfallenden Lichts wird mittels eines Regelkreises durch den *Pupillendurchmesser* reguliert. Bei Dunkelheit soll möglichst viel Licht einfallen, daher ist der Durchmesser groß, bei Helligkeit ist er klein, um Blendung zu vermeiden.

Bau der Netzhaut

Hinsichtlich der Lage der Sinneszellen der Netzhaut ist zu beachten, dass diese auf der dem Licht abgewandten Seite liegen (Abb. 2). Man findet zwei mikroskopisch unterscheidbare Rezeptortypen in der Netzhaut: die schlanken *Stäbchen* für das Hell-Dunkelsehen und die *Zapfen* für das Farbensehen. Die Sinneszellen haben synaptische Kontakte mit *Bipolarzellen* und diese mit den Ganglienzellen, deren Nervenfasern zum Sehnerv vereinigt werden. Quer dazu sind die *Horizontalzellen* und *Amakrinen* verschaltet. Dadurch kann die Erregung einer Sinneszelle mehr als eine Ganglienzelle beeinflussen.

Stäbchen und Zapfen sind unterschiedlich dicht auf der Netzhaut verteilt. Im Zentrum gibt es eine Stelle, die nur Zapfen in großer Anzahl enthält. Diese Stelle heißt zentrale Sehgrube *(Fovea)* bzw. *Gelber Fleck*. An dem Ort, an dem der Sehnerv die Netzhaut verlässt, liegen keine Stäbchen oder Zapfen, daher nennt man ihn *Blinden Fleck*.

In den Stäbchen findet sich der *Sehfarbstoff*, das aus Vitamin A aufgebaute *Rhodopsin*. Bei Lichteinfall wird das Rhodopsin aktiviert, was einen enzymatischen Abbau von sekundären Botenstoffen bedingt. Dies führt zum Schluss der Na^{+}-Kanäle im Auge. Der adäquate Reiz im Auge bedingt also nicht wie sonst eine Depolarisation, sondern eine Hyperpolarisation. Die Verarbeitung der Seheindrücke, d. h. die Wahrnehmung, geschieht erst im Gehirn. Daher ist diese nicht objektiv, sondern subjektiv gefärbt.

Sinne des Menschen

Mechanische Sinnesorgane

Die Haut verfügt über mehrere Typen von *Mechanorezeptoren*: Die *Merkel-Zellen (1)*, an denen die Verzweigungen markhaltiger Axone enden, sind Intensitätsdetektoren. Sie reagieren bereits, wenn die Haut an entsprechenden Stellen um 10 µm eingedrückt wird, und vermitteln Informationen über Eindrucktiefe und Dauer des Druckreizes. In der behaarten Haut treten sie in Gruppen als *Tastscheiben* auf. Die *Meissner-Körperchen (2)* geben Auskunft über die Geschwindigkeit, mit der der Reiz einwirkt. In der behaarten Haut dienen die *Haarfollikel-Rezeptoren (3)* als *Berührungsrezeptoren*, ihr Ende umwickelt die Haarbasis und reagiert auf Haarverbiegungen. Die *Pacini-Körperchen (4)* adaptieren sehr schnell und sind so zur Wahrnehmung von Vibrationen geeignet.

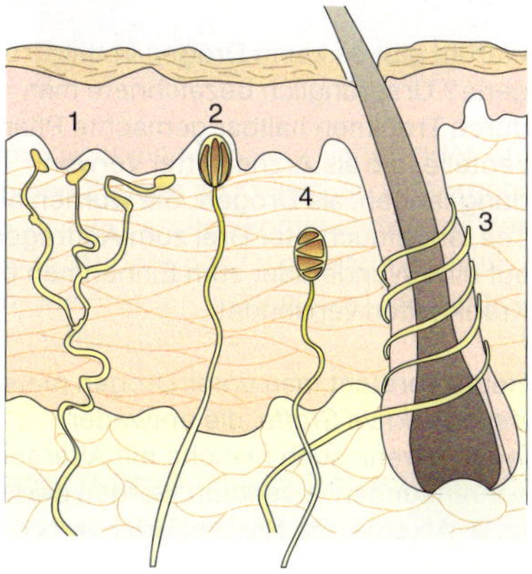

Sinnesorgane des Innenohrs

Die beiden Vorhofbläschen enthalten je ein *Lagesinnesorgan*. In eine Gallertkappe *(Cupula)* mit aufgelagerten Kalkkristallen *(Statolithen)* ragen die Cilien von sekundären Sinneszellen. Bewegt sich die Cupula bei Neigung des Kopfes durch die Schwerkraft zur Seite, werden die Cilien gebogen. Eine Ablenkung der Cilien führt durch Öffnung dehnungssensitiver Ionenkanäle zu einer Depolarisation. Die Sinneszelle schüttet vermehrt Transmitter aus und die Frequenz der abgeleiteten Aktionspotentiale nimmt zu. Umgekehrt führt eine Ablenkung in die andere Richtung zu einer verringerten Aktionspotentialfrequenz.

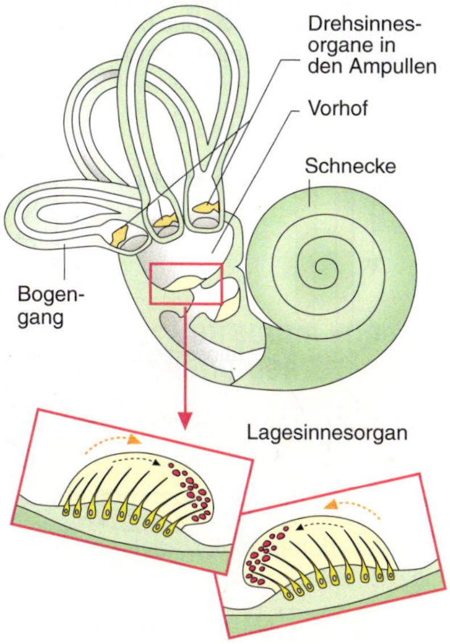

In Bau und Arbeitsweise vergleichbar ist das *Drehsinnesorgan*, das aus den drei Bogengängen des Labyrinths besteht. In jeder Ampulle befinden sich Sinneszellen, deren Cilien in eine Gallertkappe ragen.

Die Schnecke besteht aus drei parallel verlaufenden, flüssigkeitsgefüllten Kanälen. Zwischen Schnecken- und Paukengang liegt die *Basilarmembran*, die das *Cortische Organ* trägt. Schallwellen werden über Hilfsstrukturen des Außen- und Mittelohrs am Ovalen Fenster des Vorhofgangs auf die Flüssigkeit übertragen. Die Druckwellen wandern bis zur Schneckenspitze und im Paukengang bis zum Runden Fenster zurück. An einer für jede Schallfrequenz typischen Stelle erfolgt die größte Auslenkung der Basilarmembran (je tiefer der Ton, desto näher an der Schneckenspitze), was von den Hörsinneszellen registriert wird.

Die Haarsinneszellen im Innenohr sind ausgesprochen empfindlich. Auslenkungen von weniger als 1 Atomdurchmesser werden registriert.

Chemische Sinnesorgane

Die Zunge trägt auf ihrer Oberfläche die bereits mit bloßem Auge sichtbaren *Geschmackspapillen*. In deren Oberfläche liegen die *Geschmacksknospen*, die aus jeweils 50 bis 100 gebündelten sekundären Sinneszellen bestehen. Mikrovilli, fingerförmige Fortsätze der Sinneszellen, ragen in den flüssigkeitsgefüllten Geschmacksporus.

Ionen dringen durch die Membran der Mikrovilli in die Sinneszelle ein. Andere Stoffe binden an den Rezeptoren auf der Außenseite. In beiden Fällen wird die Sinneszelle depolarisiert und erregt nachgeschaltete Nervenzellen. Ist die Erregung überschwellig, senden sie Aktionspotentiale zum Gehirn.

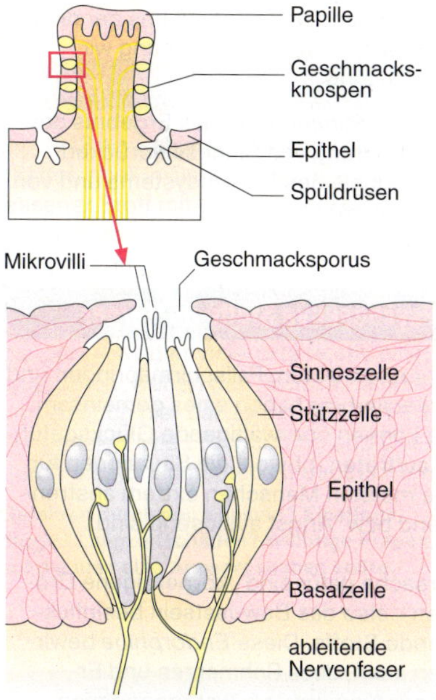

Ähnlich wirken *Geruchsstoffe*. Sie durchdringen die Schleimschicht der Nasenschleimhaut und lagern sich an Rezeptorzellen auf den Dendriten der *Riechsinneszellen* an. Jede Zelle trägt mehrere Duftrezeptormoleküle eines Typs und antwortet auf die Anlagerung eines passenden Stoffes mit einer charakteristischen Veränderung ihres Membranpotentials.

Beim Menschen gibt es mehrere tausend verschiedene Rezeptormoleküle. Der Bauplan für jedes einzelne ist in einem Gen festgelegt. 3 % unserer Gene codieren für diese Rezeptormoleküle. Riechsinneszellen sind primäre Rezeptoren, denn sie bilden selbst Aktionspotentiale und schicken sie über ihr Axon zum Gehirn.

Bau und Funktion des menschlichen Gehirns

① Das End- oder Großhirn

Das *Großhirn* des Menschen nimmt ca. 80 % des Hirnvolumens ein. Es besteht aus der Hirnrinde *(Cortex)*, die beim Menschen eine enorme Oberflächenvergrößerung durch Furchung erfahren hat und aus Milliarden von Neuronen besteht. Darunter liegt die weiße Masse. Diese ist ein Neuronengeflecht, das die Kommunikation der einzelnen Hirnareale der Hirnrinde untereinander ermöglicht. Die Hirnrinde besteht aus zwei Hälften, den *Hemisphären*. Diese sind beim Menschen von der Funktion her nicht gleichwertig. Bei den meisten Menschen ist die rechte Hirnhälfte mehr für den nichtsprachlichen, ganzheitlich integrativen Informationsinhalt verantwortlich, die linke für den sprachgebundenen und für Detailanalysen.

z.B. motorische Steuerung der Körpermuskeln

Die *Hirnrinde* lässt sich funktionell in verschiedene Areale aufteilen. In ihnen werden von den Sinnesorganen einlaufende Informationen kombiniert und mit gespeicherten Informationen (Erfahrungen) verglichen. Im Stirnbereich liegen Bereiche für die Eigeninitiative, Handlungsplanung, Sozialverhalten und die Verarbeitung von Inhalten des Kurzzeitgedächtnisses. Hier liegen auch die Sprachregion und die Steuerung der Mundmuskulatur. Die Inhalte des episodischen Gedächtnisses und des Wissensgedächtnisses werden hier ebenfalls gespeichert. Im seitlichen Bereich werden Sprache und Töne wahrgenommen und verarbeitet. Dieser Bereich spielt eine entscheidende Rolle beim Speichern und Festigen von Informationen. Im hinteren Schädelbereich liegt die Verarbeitung der visuellen Reize.

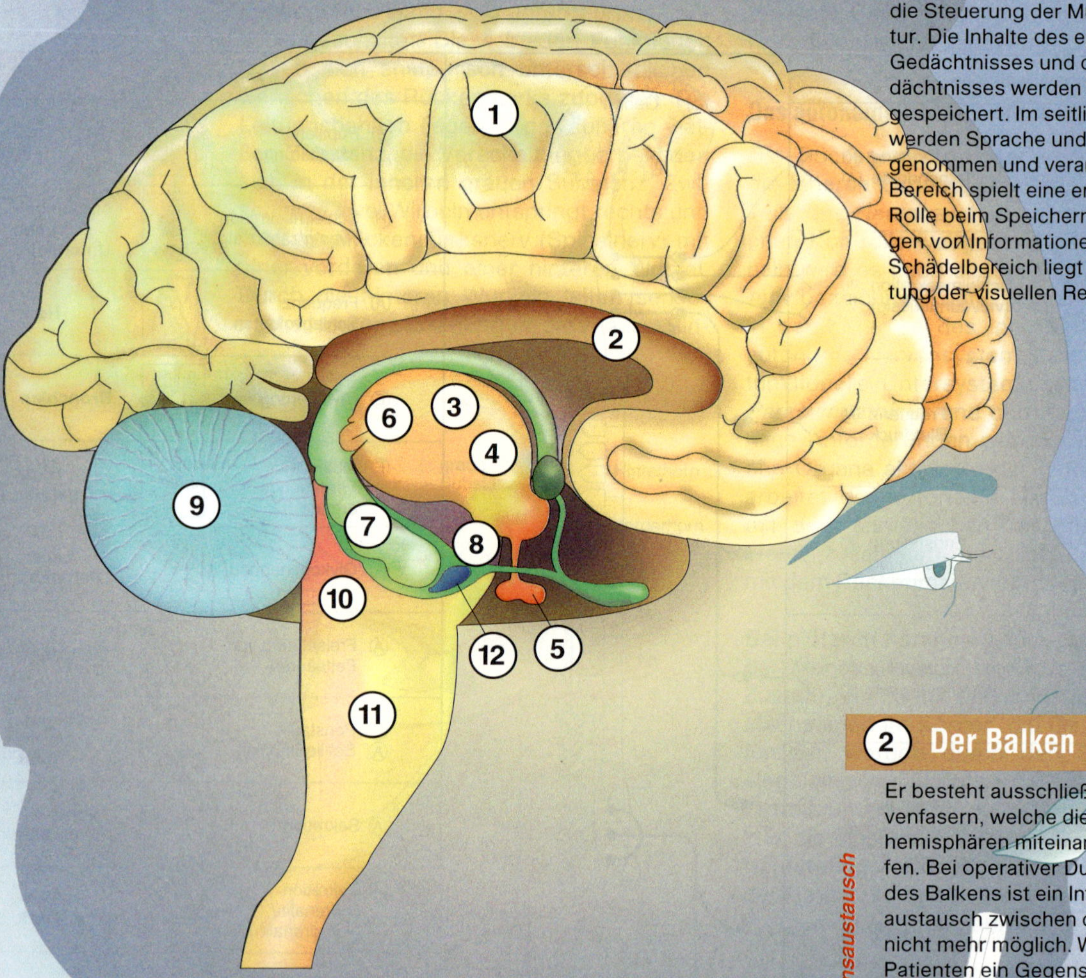

② Der Balken

Er besteht ausschließlich aus Nervenfasern, welche die beiden Hirnhemisphären miteinander verknüpfen. Bei operativer Durchtrennung des Balkens ist ein Informationsaustausch zwischen den Hirnhälften nicht mehr möglich. Wird solchen Patienten ein Gegenstand so in das linke Gesichtsfeld gebracht, dass die Informationen von der Netzhaut nur in die rechte Hirnhemisphäre gelangen, kann der Patient den Gegenstand nicht benennen, da das Sprachzentrum in der linken Hirnhälfte liegt.

z.B. Informationsaustausch

3 – 6 Das Zwischenhirn

Es besteht aus dem *Thalamus* mit der *Epiphyse* (Zirbeldrüse) als Anhängsel und dem darunter liegenden *Hypothalamus* mit der *Hypophyse*.

Im oben gelegenen **Thalamus (3)** befindet sich eine wichtige Umschaltstelle für alle afferenten Bahnen der Sinnesorgane (außer dem Geruchssinn) zum Großhirn. Hier erfolgt eine Verschaltung der Erregungen, bevor sie dem Großhirn zugeleitet und damit bewusst werden. Man nennt den Thalamus daher auch das Tor zur Hirnrinde.

z.B. Verschaltung der Erregungen

4 Der Hypothalamus

Der darunter gelegene **Hypothalamus (4)** ist die Steuerzentrale für das autonome Nervensystem und das Hormonsystem. Seine zentrale Aufgabe ist die Regelung der Biorhythmik des Körpers. So gibt der Hypothalamus Freisetzungshormone *(Releasing-Hormone)* an die untergeordnete Hypophyse ab. Auch motivationale und emotionale Verhaltensweisen werden hier geregelt.

z.B. Hormonsystem

5 Die Hypophyse

Die kirschkerngroße **Hypophyse (5)** setzt unter der Kontrolle des Hypothalamus Hormone frei, die man als *stimulierende Hormone* bezeichnet. Sie ist mitverantwortlich für Körperfunktionen wie Wärmehaushalt oder Sexualität. Die Hormone steuern auch Eireifung, Schwangerschaft, Wachstum, Wasserhaushalt und Grundumsatz. Im Falle der Eireifung nennt man das spezifische Hypophysenhormon beispielsweise *Follikel stimulierendes Hormon* (FSH).

z.B. Steuerungshormone

6 Die Epiphyse

Die **Epiphyse (6)**, auch *Zirbeldrüse* genannt, ist bei einigen Wirbeltierklassen ein lichtempfindliches Organ, dessen Hormone am Farbwechsel der Haut beteiligt sind. Bei Säugern gibt sie das Hormon Melatonin ab. Melatonin steuert Funktionen, die mit dem Licht und dem jahreszeitlichen Wechsel zusammenhängen, z. B. auch den Schlafrhythmus.

z.B. Tag-Nachtrhythmus

11 Das Nachhirn

Das Nachhirn *(Verlängertes Mark)* ist ein sehr ursprünglicher Gehirnteil. Es ist die Zentrale für lebenswichtige Reflexe, wie Speichelfluss, Schlucken, Erbrechen, Husten und Niesen sowie Automatiezentrum für Atmung, Herzschlag und Blutdruck. Werden diese lebenswichtigen Funktionen zum Beispiel bei einem Genickbruch gestört, tritt unmittelbar der Tod ein. Das Nachhirn wird zusammen mit der Brücke und dem Mittelhirn auch als *Stammhirn* bezeichnet.

z.B. Herzschlag und Blutdruck

7 Der Hippocampus

Er liegt als Teil der Hirnrinde am inneren Rand des Schläfenlappens und hat eine große Funktionsvielfalt, wie Aufmerksamkeit, Neuigkeit der Information, Kurzzeitgedächtnis, Sozialverhalten, Furchtverarbeitung oder Verarbeitung räumlicher Zusammenhänge. Er spielt jedoch auch eine Rolle in der Wahrnehmung unseres Gefühls für Körperlichkeit. Sein Name ist auf die seepferdchenartige Gestalt zurückzuführen.

z.B. Lernprozesse

9 Das Kleinhirn

Es steuert Motorik- und Gleichgewichtsfunktionen. Über das Kleinhirn laufen die Erregungen von und zu den motorischen Zentren der Großhirnrinde, die für Körperhaltung oder Gleichgewicht notwendig sind. Das Kleinhirn gibt seine Erregungen entweder direkt an die motorischen Zentren der Großhirnrinde oder über Bahnen der weißen Substanz des Rückenmarks weiter. Hier sind auch erlernte Handlungsabläufe und Koordinationen, wie Autofahren und Fahrradfahren gespeichert. Ein Funktionsausfall des Kleinhirns führt nicht zum Ausfall konkreter Bewegungsabläufe, sondern zum Verlust der Bewegungskoordination.

z.B. Informationen zum Raumgefühl

12 Das Limbische System

Es ist eine Sammelbezeichnung für Teile des Großhirns sowie für Teile des Zwischenhirns. Zum Limbischen System gehören z. B. der *Hippocampus* (**7**) und der *Mandelkern* (**12**). Es spielt die entscheidende Rolle bei der Übertragung von Informationen ins Langzeitgedächtnis. Es liefert die emotionale Bewertung der aufgenommenen Informationen und bewertet diese für die Übertragung ins Langzeitgedächtnis. Durch seine emotionale Bewertung spielt es eine entscheidende Rolle bei Lernvorgängen und beim Abrufen dieser Informationen aus der Hirnrinde.

z.B. Gedächtnis und Sprache

8 Das Mittelhirn

Es leitet Impulse aus Auge, Ohr und Oberflächenrezeptoren an andere Hirnzentren weiter. Es ist zuständig für eine schnelle Orientierung im optischen Bereich. Hier geht es um das Bewegungssehen, das „Wo"-Sehen. Was man sieht, wird erst in der Großhirnrinde verarbeitet. Auch die auditive Wahrnehmung und Schmerzwahrnehmung werden hier verschaltet.

z.B. Impulse aus dem Auge

10 Die Brücke

Die Brücke *(Pons)* verbindet die Kleinhirnhemisphären und leitet Erregungen von den Großhirnhälften zum Kleinhirn. Sie ist mitverantwortlich für Schlaf und Aufwachen sowie Motorikfunktionen. Während des Träumens ist sie aktiv.

z.B. Erregungsleitung

Methoden der Hirnforschung

Bereits in der griechischen Kultur des Altertums lagen anatomische Beschreibungen des menschlichen Gehirns vor. Geistige Kräfte, wie Verstand oder Gedächtnis, wurden in den flüssigkeitsgefüllten Hohlräumen des Gehirns, den *Ventrikeln*, vermutet. Erst seit dem 19. Jahrhundert gelang es Wissenschaftlern, einzelnen Gehirnregionen des Menschen bestimmte Funktionen zuzuordnen.

Erste Methoden bestanden darin, Ausfallserscheinungen nach Gehirnverletzungen exakt zu beobachten und die verletzten Stellen im Gehirn zu lokalisieren. Dazu wurden die Gehirne nach dem Tod der Patienten seziert und die anatomischen Veränderungen untersucht.

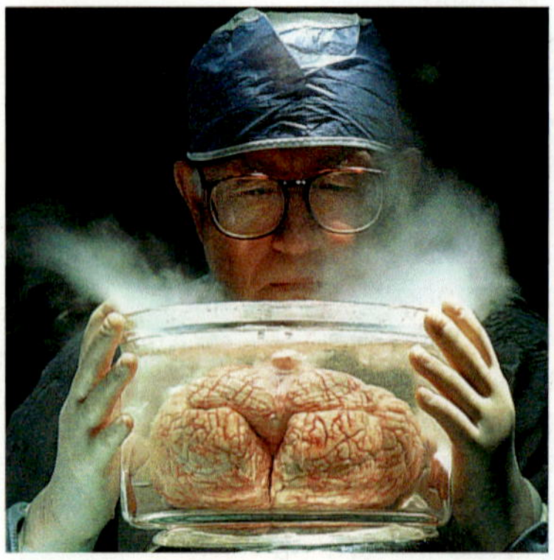

Der Wissenschaftler Harvey Cushing führte 1909 eine Methode ein, die es ermöglichte, am lebenden Gehirn von Menschen bestimmte Regionen der Großhirnrinde zu reizen. Die Großhirnrinde hat keine Schmerzrezeptoren, die Operation und die Reizung können daher bei vollem Bewusstsein der Patienten durchgeführt werden. Verschiedene Regionen der Großhirnrinde wurden mit schwachen elektrischen Strömen gereizt. Die Patienten verspürten daraufhin ein leichtes Kribbeln an bestimmten Stellen der Körperoberfläche oder konnten Angaben zu nicht vorhandenen, aber empfundenen Sinnesreizungen machen.

Moderne Methoden machen Untersuchungen am Gehirn möglich, ohne die Schädeldecke zu öffnen. Zwei Verfahren sind die *Elektroenzephalographie* (EEG) und die Messung der Hirndurchblutung *(„Cerebral-Blood-Flow")*. Mit ihnen ist es möglich, einzelnen Gehirnbereichen bestimmte Aktivitäten oder Funktionen zuzuordnen. Bilder vom Gehirn können durch die geschlossene Schädeldecke mithilfe der Tomographie hergestellt werden. Durch den Einsatz von Computern ist es möglich geworden, große Mengen an Messdaten zu speichern und auszuwerten.

Elektroenzephalographie

Das Wort stammt aus der altgriechischen Sprache: *enkephalos* = Gehirn, *graphein* = schreiben. Diese Methode beruht auf der Beobachtung, dass elektrische Potentiale nicht nur auf der Gehirnoberfläche, sondern auch auf der nicht geöffneten Schädeldecke gemessen werden können. Die Potentiale treten in charakteristischen Wellenformen auf (s. Abb.). Man legt zur Messung der Potentiale knopfförmige Elektroden auf die Kopfhaut. Räumlich getrennt von dieser Elektrode, z. B. am Ohrläppchen, wird eine zweite Elektrode angebracht, sodass man zwischen diesen beiden Elektroden Spannungsschwankungen messen kann. Die Potentialschwankungen sind sehr gering. Sie liegen im Mikrovoltbereich und müssen daher verstärkt werden. Die verstärkten Messwerte werden kontinuierlich aufgezeichnet und anschließend ausgewertet.

Experimente an Tieren zeigten, dass es sich bei diesen Potentialänderungen um *erregende postsynaptische Potentiale* (EPSP) handelt. An den auf der Kopfhaut aufgelegten Elektroden werden jedoch nicht einzelne Synapsenvorgänge gemessen, sondern die EPSPs von ca. 1 Million Neurone.

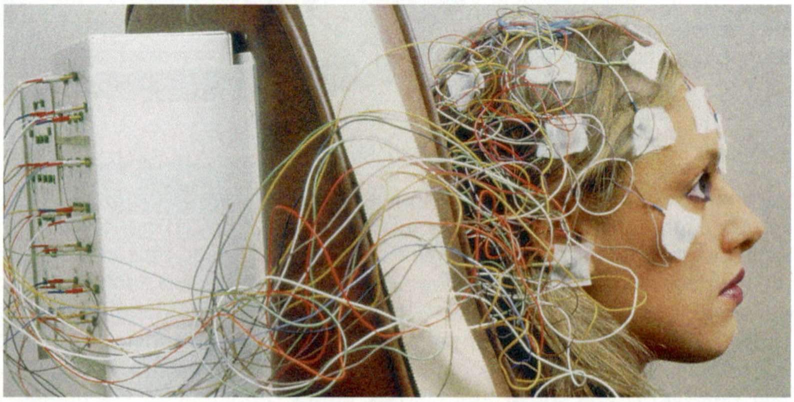

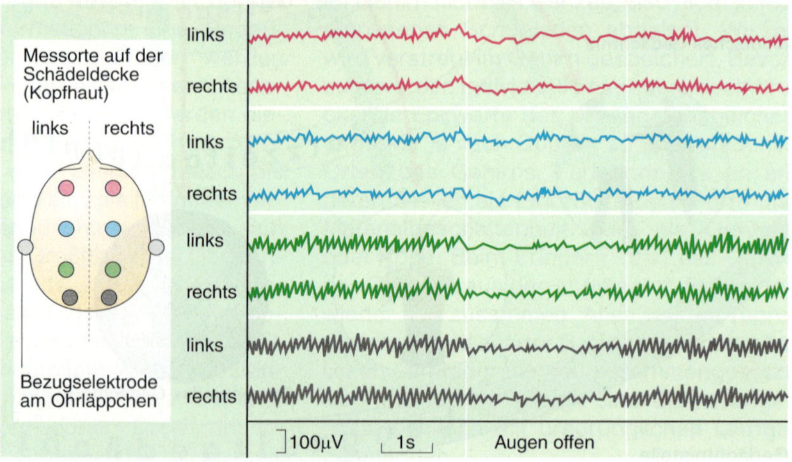

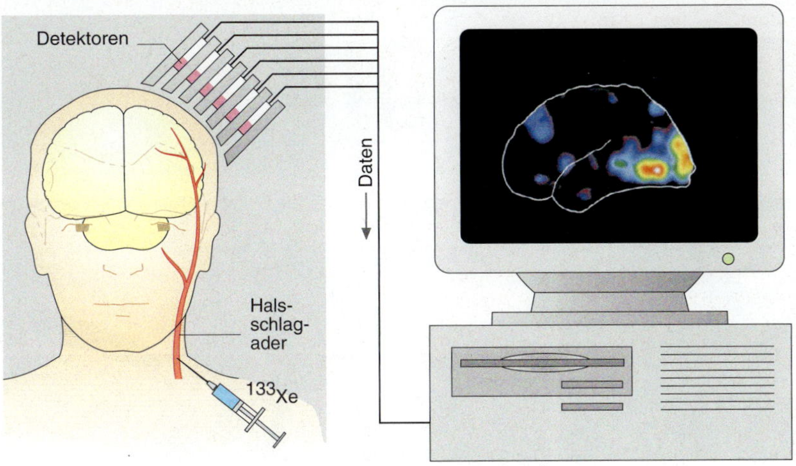

Wichtige Anwendungsgebiete sind die Diagnose von Anfallsleiden, wie z. B. *Epilepsie*, die sichere Bestimmung des *Hirntodes* oder die Ermittlung der Narkosetiefe. Anhand der Frequenz und der Amplitude lassen sich Aussagen zu der untersuchten Person machen. Bei einem epileptischen Anfall wird die Amplitude der Wellen größer und die Frequenz nimmt stark zu. Beim Hirntod erlischt jede elektrische Aktivität.

Eine wichtige Rolle spielt diese Messung bei der *Schlafforschung*, da durch die unterschiedlichen charakteristischen Wellen Aussagen über die Schlaftiefe während der verschiedenen Schlafphasen gemacht werden können. Manche Schlafstörungen lassen sich so bestimmten Typen zuordnen.

Messung der Hirndurchblutung

Der Energiestoffwechsel des Gehirns ist sehr intensiv, 20 % des eingeatmeten Sauerstoffs werden im Gehirn benötigt, obwohl die Masse des Gehirns nur 2 % der Körpermasse beträgt. Das riesige Neuronennetzwerk kann nur betriebsbereit sein, wenn es ununterbrochen mit Sauerstoff und Glucose über die Blutbahn versorgt wird.

Aktivitäten im Gehirn führen zu einer Steigerung des Energiestoffwechsels und damit der Sauerstoffaufnahme innerhalb von Sekunden. Diese Veränderung des Energiestoffwechsels in den neuronalen Zellen nutzt man durch Messungen mit kleineren, unbedenklichen Mengen eines radioaktiven Edelgases. Radioaktives Xenongas wird hierzu in die Halsschlagader injiziert oder eingeatmet (s. Abb. links). Aufgrund der intensiven Durchblutung verteilt es sich sehr rasch im Gehirngewebe. Es wird schnell wieder vom Blut aus dem Gewebe herausgespült und dann ausgeatmet. Je nach der Durchblutungsstärke erfolgt die Ausspülung aus dem Gehirngewebe unterschiedlich schnell. Die unterschiedliche Radioaktivität wird mit seitlich um den Kopf angebrachten Detektoren gemessen und in einem Computer verrechnet. Die einzelnen Intensitäten der Radioaktivität werden mithilfe verschiedener Farben auf dem Monitor dargestellt und ausgewertet.

Bei der PET *(Positronen-Emissions-Tomographie)* wird anstelle des radioaktiven Edelgases Glucose verwendet, die im Positronenstrahler markiert wird. Die Positronen verbinden sich mit Elektronen und geben eine Strahlung ab, die gemessen wird.

Tomographie

Mit der *Tomographie* kann das Gehirn eines Patienten bildlich in verschiedenen Untersuchungsebenen dargestellt werden. Die Schichtdicke der einzelnen Ebenen beträgt 5 bis 10 mm. Wichtig sind solche Darstellungen in der Medizin, besonders bei der Untersuchung von Patienten auf Gehirntumore. Ultraschalluntersuchungen, wie sonst häufig angewandt, sind im Schädelbereich wegen der großen Knochenmassen schlecht einzusetzen. Die *Magnetresonanztomographie (MRT)* macht im Zusammenhang mit der Datenspeicherung im Computer eine Bildauswertung im Schädelbereich möglich.

Zur Messung nutzt man physikalische Eigenschaften der Wasserstoffatome. Sie sind im Gewebewasser und in allen Molekülen im Gehirn vorhanden. Die Atomkerne des Wasserstoffes erzeugen ein Magnetfeld. Zur Messung wird ein Magnetfeld erzeugt, das den Schädel durchsetzt. Die Wasserstoffkerne richten sich wie die Kompassnadeln im angelegten Magnetfeld aus. Beim Abschalten des äußeren Magnetfeldes schwingen die Wasserstoffatome in ihre Ausgangslage zurück und senden hierbei eine elektromagnetische Strahlung im Bereich der Radiowellen aus. Diese wird von Antennen außerhalb des Körpers aufgefangen, im Computer gespeichert und verrechnet. Innerhalb des entstehenden Bildes sind noch Details bis zu 1 mm auswertbar.

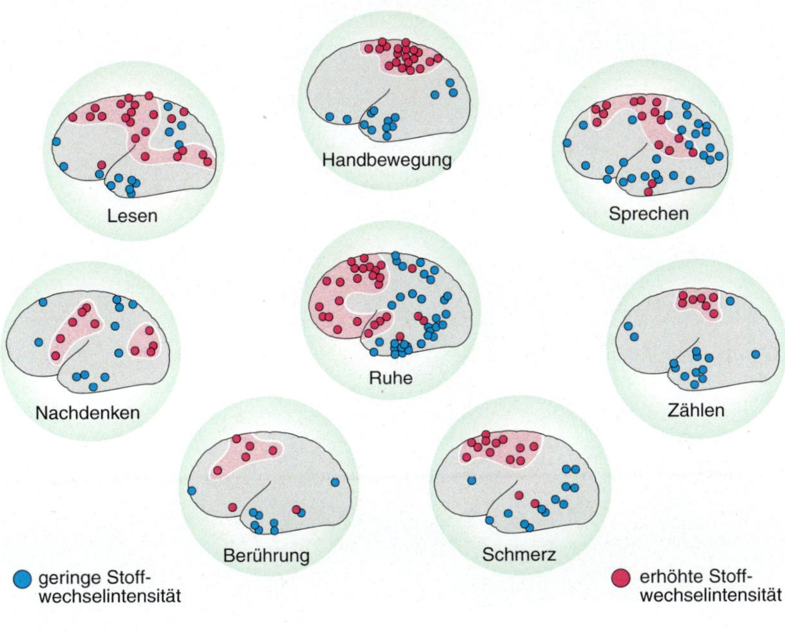

Verhaltensbiologie

Lernsituation

Tiere kann man dressieren, Menschen nicht – oder vielleicht doch? Sind Menschen wie Tiere?

„Ich kann nicht anders, meine Eltern haben mich so geprägt." „Das war keine Absicht, das war ein Reflex." Stimmen diese Aussagen? Ist es tatsächlich so, dass wir manchmal nicht anders können?

„Das Verhalten von Männern und kleinen Kindern kann man einfach nicht verstehen." Die Werbeindustrie versteht diese Gruppen aber anscheinend sehr gut. Welche Mechanismen benutzt die Werbung und kann man diese auch zur Erziehung nutzen?

Können Videospiele tatsächlich einen Menschen zu einem Mörder machen? Welche Antworten können die gut untersuchbaren Tiersysteme für das Zusammenleben mit meinen Mitmenschen geben?

Leitfragen

Einige Verhaltensweisen sind genetisch bedingt und nur in Grenzen beeinflussbar. Finden sich solche angeborenen Verhaltensweisen auch beim Menschen?

Verhalten, das nicht angeboren ist, muss erlernt werden. Das Wissen, wie wir uns neue Verhaltensweisen aneignen, kann über uns selbst Auskunft geben und vor Manipulationen schützen.

„Allein verhält der sich ganz anders." Wie verändern sich Verhaltensweisen, wenn sich Individuen in Gruppen befinden? Kann dies auch Hinweise für unser Verhalten geben?

Methoden in der Verhaltensforschung

Verhaltensweisen eines Buntbarschs

Buntbarsche sind beliebte Aquarienfische und eignen sich zur Beobachtung zahlreicher Verhaltensweisen. Untersuchungen an einzelnen Individuen und die objektive Erfassung der wiedererkennbaren und typisierbaren Verhaltenseinheiten können den Ausgangspunkt methodischer Arbeit bilden. Werden alle beobachteten Verhaltensweisen in ihrer Reihenfolge und Häufigkeit protokolliert, erhält man Aussagen über bestimmte Teilbereiche wie z. B. zur Balz, Brutpflege, Ernährung oder zum Revierverhalten.

Derartige *Verhaltensbeschreibungen* müssen stets sachlich sein, sich einer genauen *Fachsprache* bedienen und Beobachtung von Deutung trennen. Sie dürfen keine Vermenschlichungen oder Wertungen enthalten. So wird man heute den Fuchs wohl kaum noch als „Schlaukopf“ oder „Strauchdieb“ bezeichnen, wie es ALFRED BREHM in seinem „Thierleben“ 1864 tat.

Molekularbiologische Methoden wie die des genetischen Fingerabdrucks helfen, Verwandtschaftsbeziehungen in Sozialverbänden aufzudecken und damit Verhaltensweisen zu deuten. *Technische Hilfsmittel*, wie tragbare Kleinsender, Film oder Tonaufzeichnungen, erleichtern die Beobachtungen, erfordern aber meist einen großen apparativen und zeitlichen Aufwand. Gezielte Versuche im Labor oder unter den besonderen Bedingungen im Zoo können erste Aussagen liefern und das Untersuchungsfeld einschränken. Umgekehrt werden aber auch manche *Laborexperimente* erst im Zusammenhang mit *Freilandbeobachtungen* verständlich. Beispielsweise trat beim Versuch, Bartmeisen in Gefangenschaft zu züchten, die zunächst unverständliche Verhaltensweise auf, dass die Vögel ihre Jungen nach dem erfolgreichen Brutgeschäft regelmäßig aus dem Nest warfen. Da es stets reichlich Nahrung gab, lagen die Jungen satt und regungslos im Nest und zeigten nicht mehr das übliche Sperrverhalten. Genau dies ist im Freiland ein Zeichen dafür, dass Junge krank oder tot sind. Erst als man den Altvögeln weniger Futter anbot, gelang die Jungenaufzucht problemlos.

Mit *Attrappenversuchen* sollte ermittelt werden, welche Einzelreize für die Auslösung eines Verhaltens von Bedeutung sind. Die künstlichen Reizmuster wurden vorwiegend zur Untersuchung genetisch bedingter Verhaltensweisen eingesetzt. Problematisch ist, dass man in diesen Experimenten Lernvorgänge nicht ausschließen kann und die unnatürlichen Bedingungen irreführende Ergebnisse liefern können. In sogenannten *Kaspar-Hauser-Experimenten* wurden solche Tiere beobachtet, die das untersuchte Verhalten nicht von ihren Artgenossen lernen konnten, weil sie isoliert gehalten wurden. Unter solchen Bedingungen traten bei den Tieren häufig Verhaltensstörungen auf. Da Tiere nicht immer gleich reagieren, sind heute in allen Experimenten *statistische Verfahren* selbstverständlich, ehe ein Zusammenhang zwischen einem Reiz und einer Reaktion als gesichert gelten kann.

Neuere Untersuchungen bedienen sich meist gleichzeitig verschiedener Methoden, die – abhängig von einer kausalen oder funktionalen Fragestellung – stärker an physiologischen, ökologischen oder evolutionsbiologischen Mechanismen orientiert sind. Ein besonderes Problem stellt dabei das menschliche Verhalten dar. Humanethologen, die nach genetisch bedingten Verhaltensmustern suchen, müssen beispielsweise alle kulturellen und gesellschaftlichen Einflüsse ausschließen können. Soziobiologen oder Verhaltensökologen benötigen zur Untersuchung von Fitnesskonsequenzen menschlichen Verhaltens riesige Datenmengen. Ähnliches gilt für die Evolutionspsychologie, die versucht, heute zu beobachtende Verhaltensweisen mit Anpassungsprozessen aus der Vergangenheit zu erklären.

Zettelkasten

Wahlversuche

In der Versuchsanordnung kann überprüft werden, nach welchen Kriterien Buntbarsche den Fortpflanzungspartner auswählen. Die Weibchen laichten in 16 von 20 Versuchen in Nest B ab. Die Weibchen beobachteten die Balzdarstellungen beider Männchen und laichten.

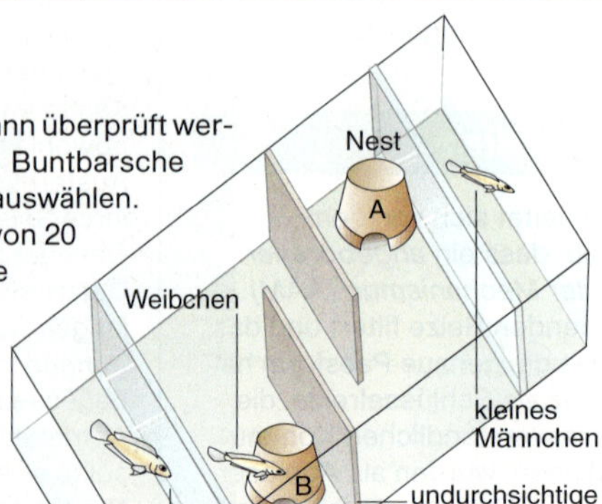

Aufgabe

① Analysieren Sie den Versuchsaufbau und erläutern Sie das Ergebnis unter Berücksichtigung kausaler und funktionaler Gesichtspunkte.

Prägung

Isoliert aufgezogene Gänseküken, die nur Kontakt zu Menschen haben, verhalten sich sehr auffällig, wenn sie mit Gänsen zusammengebracht werden. Obwohl die Alttiere auf sie zugehen, laufen die Küken vor ihnen weg und zeigen durch Pfeiflaute an, dass sie sich verlassen fühlen. Die Küken folgen aber jedem Menschen, der sich in ihrer Nähe aufhält. Hühner, Enten und einige weitere Vögel sowie wenige Fisch- und Säugetierarten verhalten sich ähnlich.

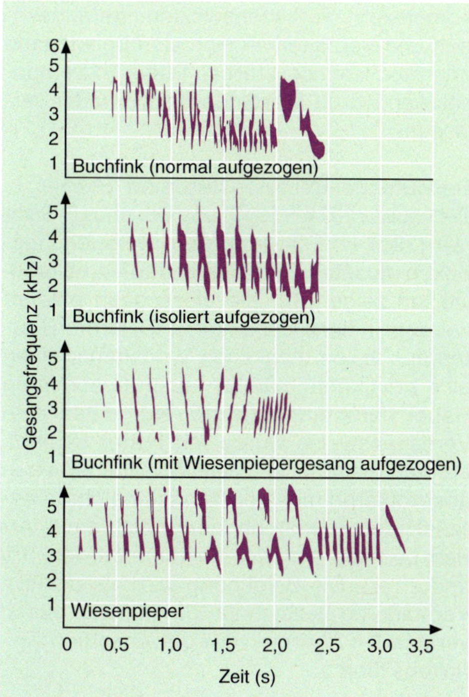

1 Gesangsprägung

Diese *Nachfolgereaktion* wurde bereits 1875 von Douglas Spalding als Prägung bezeichnet und später von Oskar Heinroth, Eckhard H. Hess und insbesondere Konrad Lorenz näher untersucht. Im Brutschrank aufgezogene Tiere kamen in eine Laufbahn, in der eine mit einem Lautsprecher bestückte Attrappe im Kreis bewegt wurde. Diese glich einer Gans oder Ente, konnte aber auch ein Fußball sein. Bereits am zweiten Lebenstag folgte jedes Küken der Attrappe, die es am ersten Tag gesehen hatte. Die Küken lernten das individuelle Muster jedoch nur in einer bestimmten Zeit nach der Geburt und bevorzugten ihr Prägungsobjekt im Wahlversuch.

Die Kennzeichen der Nachfolgeprägung sind demnach: Der Lernvorgang findet sehr rasch und nur in einer *sensiblen Phase* statt, ist weitgehend *irreversibel* und sehr effektiv. Die Verhaltensweise ist genetisch programmiert und gehört zum *obligatorischen Lernen.* In der Natur ist die sichere Kenntnis der Mutter die Voraussetzung, um ihr auf einem Gewässer mit vielen anderen Artgenossen nachfolgen zu können. Dies ist für die Küken lebenswichtig, da die Nestflüchter von der Mutter zum Futter geführt und gegen Feinde verteidigt werden. Evolutionsbiologisch gilt die Prägung auch als Mittel zur Identifizierung verwandter Artgenossen. Jedes Individuum kann dadurch sein Verhalten gegenüber anderen entsprechend dem Verwandtschaftsgrad anpassen.

Untersuchungen an den beteiligten Gehirnstrukturen belegen, dass Prägung meist eine spezifische neuronale Grundlage hat. Bei Hühnerküken geht sie mit mikroskopisch und stoffwechselphysiologisch nachweisbaren Veränderungen von Synapsen in einer bestimmten Region einher.

Bei der geschilderten *Objektprägung* wird ein auslösendes Reizmuster gelernt, in der *Gesangsprägung* bei Vögeln jedoch nicht. Buchfinkenmännchen wurden isoliert und akustisch abgeschirmt aufgezogen. Spielt man ihnen Gesänge verschiedener Arten vor, bevor sie ihren eigenen Gesang voll entwickelt haben, so wird später ihr Gesang durch diese Erfahrung bestimmt.

Lässt man Zebrafinken (Nestlinge) durch Mövchen aufziehen, so balzt ein erwachsenes Finkenmännchen im Wahlversuch stets Weibchen der Pflegeeltern an. Die *sexuelle Prägung* erfolgt zu einer Zeit, in der die Finken noch nicht fortpflanzungsfähig sind. Dies macht deutlich, dass der Lernprozess und die darauf bezogene Handlung bei der Prägung zeitlich weit auseinanderliegen können.

Ähnliches gilt für weitere Prägungsarten wie die *Ortsprägung* (z. B. bei Lachsen), die *Biotopprägung* einiger Singvögel, die *Nahrungsprägung* oder die *Prägung bei Brutparasiten* (z. B. Kuckuck).

Aufgabe

① „Jemand hat mich geprägt!" Erklären Sie, ob diese Aussage biologisch stimmt.

Prägungskarussell

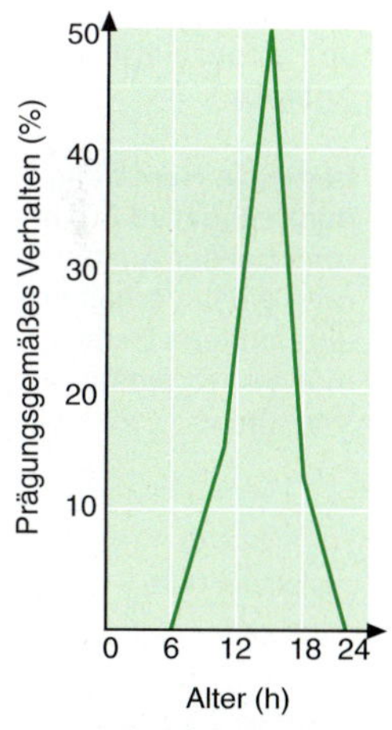

Sensible Phase

Sensible Phase
Zeit, in der ein Tier für bestimmte Erfahrungen besonders empfindlich ist bzw. bestimmte Erfahrungen machen muss

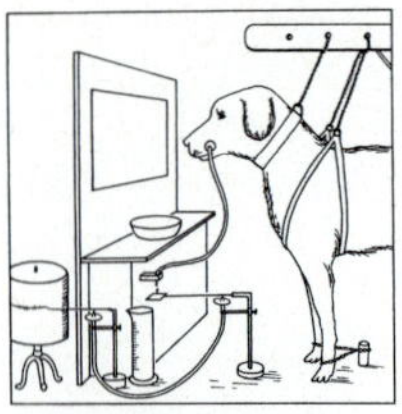

bedingter Reflex
Er wird durch einen Reiz ausgelöst, der erst durch Erfahrung mit der Reflexhandlung verknüpft wurde.

bedingte Appetenz
Ein bedingter Reiz wird mit einer bestehenden Handlung verknüpft.

bedingte Aversion
Durch schlechte Erfahrung (Bestrafung) wird ein neutraler oder vorher positiv wirkender Reiz mit Abwehr und Flucht verbunden.

bedingte Aktion
durch Lernen gebildete Assoziation zwischen einem Verhaltenselement und einem aktivierten Antrieb

bedingte Hemmung
durch negative Erfahrung bei der Ausführung eines Verhaltens entstandene Hemmung eben dieses Verhaltens

Konditionierung – das Tier als Automat?

Klassische Konditionierung

Das Absondern von Speichel beim Anblick von Futter (der *unbedingte Reflex*) ist beim Hund eine genetisch festgelegte Reaktion. Nach einem definierten Reiz erfolgt sie in immer gleicher Weise. Tritt ein zuvor neutraler Reiz (Glockenton) hinreichend oft zusammen mit dem Futter auf, wird der Ton zum bedingten Reiz, der schließlich allein den Speichelfluss auslöst. Dieser *bedingte Reflex* kann wieder gelöscht werden, wenn man dem Hund mehrfach hintereinander den Glockenton bietet, ohne Futter zu zeigen. Man spricht von *Extinktion* (Auslöschung) im Unterschied zum passiven Vergessen.

Ausgehend von diesen Versuchen des russischen Physiologen IWAN PETROWITSCH PAWLOW (1849 – 1936) entwickelte sich um 1900 das Konzept der *klassischen Konditionierung*, wonach alle Verhaltensweisen das Ergebnis bedingter Reflexe sein sollten. In den Versuchen wurde die Speichelsekretion eines festgegurteten Hundes gemessen. Ein frei beweglicher Hund würde zur Glocke laufen, das angebotene Futter fressen und dabei Ton, Belohnung und seine Handlung assoziieren. Ähnlich lernen andere Tierarten bei der Futtersuche Blütenmerkmale und Düfte. Heute bezeichnet man daher den Lernprozess als *bedingte Appetenz*, da sich die Verhaltensänderung infolge positiver Erfahrung während einer ablaufenden Handlung entwickelt. Folgt auf eine zuvor neutrale Situation eine schlechte Erfahrung (z. B. Bestrafung), wird diese Situation anschließend gemieden.

Operante Konditionierung

Im Gegensatz zu den europäischen Verhaltensforschern wendeten sich die amerikanischen Behavioristen dem objektiv beobachtbaren Verhalten zu. Sie studierten ausschließlich das objektiv beobachtbare Verhalten auf einen Reiz. Der innere Zustand des Tieres und seine kognitiven Strukturen wurden, weil nicht genau beobachtbar, als „Black-Box" gekennzeichnet und aus den Untersuchungen ausgeklammert. Ihre so entwickelten Reiz-Reaktionsschemata (Abb. 2), wurden zu Beginn zur Erklärung auch von komplexen Verhaltensweisen herangezogen und Verhalten an sich als überwiegend erlernte Reaktion tituliert. Diese Extrempositionen wurde allerdings rasch wieder verlassen.

Bedeutende Behavioristen sind EDWARD L. THORNDIKE (1874 – 1949) und BURRHUS F. SKINNER (1904 – 1990). In ihren Untersuchungsboxen mussten Tiere bestimmte Verhaltensweisen zeigen, für die diese dann belohnt wurden. In der *Skinner-Box* z. B. lernten Ratten aus vielen möglichen Verhaltensweisen eine bestimmte, nämlich einen bestimmten Hebel herunterzudrücken. Nur diese eine Verhaltensweise wurde mit Futter belohnt. Da die Versuchstiere viele Verhaltensweisen ausprobieren mussten, um die belohnte herausfinden zu können, nennt man diese Art des Lernens *Versuchs-Irrtums-Lernen* (try and error). Die Belohnung wird als positive Verstärkung bezeichnet, da diese zu einem verstärkten Auftreten des gewünschten Verhaltens führt.

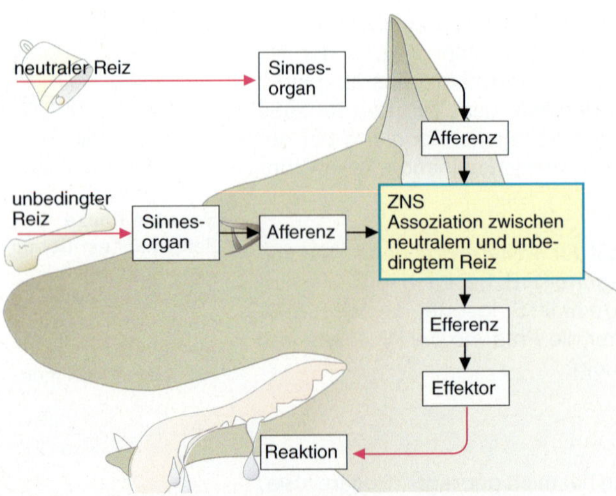

1 Funktionsdiagramm zur klassischen Konditionierung

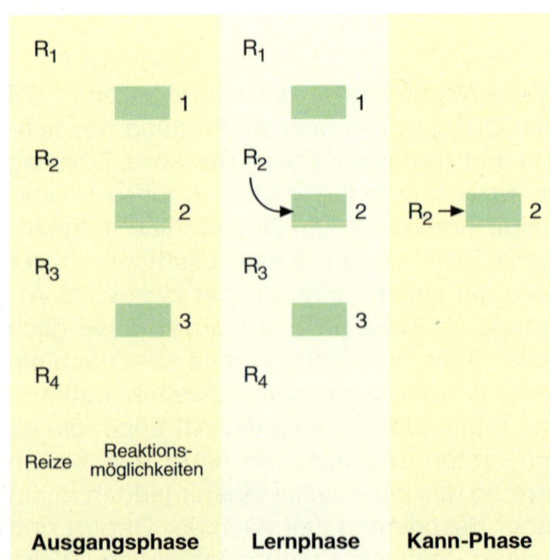

2 Operante Konditionierung

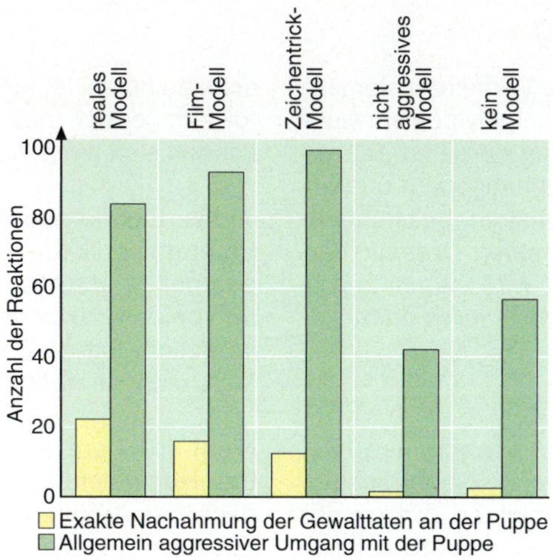

1 Auswirkungen von Gewaltdarstellungen

Konditionieren und Erziehung

Die *operante Konditionierung* fand weitreichende Beachtung in vielen Wissenschaften. Allerdings stellte sich die Materie schwieriger als gedacht dar. Schon bei Versuchstieren konnte man beobachten, dass das gewünschte Verhalten schnell wieder nachließ, wenn dafür keine positive Verstärkung mehr angeboten wurde. Die operante Konditionierung wurde also nach einer gewissen Zeit ohne positive Verstärkung wieder gelöscht; man nennt dies *Extinktion*. Diese kann allerdings umgangen werden, wenn variabel, d.h. für das konditionierte Individuum nicht durchschaubar, immer mal wieder belohnt wird. Bedauerliches Beispiel für die Effektivität dieser Art der Verstärkung ist die Spielautomatenspielsucht. Durch die immer mal wieder gewährte Belohnung in Form eines Gewinns werden die Spieler am Spielautomaten gehalten, bis diese schließlich ihr gesamtes Geld verloren haben.

Operantes Konditionieren kann auch auf mehrere andere Arten erfolgen. Um unerwünschtes Verhalten zu vermindern, können unangenehme Konsequenzen angeboten, sprich bestraft werden. Bestrafen hat eine schnelle, unmittelbare Wirkung, die allerdings häufig nur kurz anhält. In der Erziehungswissenschaft wird daher bevorzugt mit positiver Verstärkung gearbeitet. Weiterhin können, wenn nicht erwünschtes Verhalten gezeigt wird, angenehme Konsequenzen entfernt werden. Ein Beispiel für die Anwendung dieses Prinzips ist das Vorenthalten des Nachtischs, wenn die Mahlzeit nicht aufgegessen wurde.

Neben der *positiven Verstärkung* kennt man auch die *negative Verstärkung*. Die gewünschte Verhaltensweise wird dabei erreicht, indem ein unangenehmer Reiz vermieden wird. Wird Reden im Unterricht regelmäßig mit einer Strafe belegt, führt dies zur Verminderung des Redens, denn die Schüler möchten die Strafe vermeiden.

Lernen am Modell

Lernen ist nicht nur durch unmittelbares Erfahren, sondern auch durch Beobachtung von Erfahrungen anderer möglich. Dieses Abschauen von Techniken von einem Vorbild nennt man *Modelllernen*. Dieses ist weit verbreitet und findet sich auch in der Tierwelt. Vom Modell werden nicht nur Techniken übernommen. Auch positive oder negative Konsequenzen für eine Handlung können von dem Modell stellvertretend für andere erlitten werden. Sieht ein Schüler aus dem oben genannten Fall, dass sein Mitschüler für das Reden bestraft wird, erhöht dies die Wahrscheinlichkeit, dass der Schüler selbst nicht redet.

Besonders geprägt wurde die Theorie des Modelllernens durch den kanadischen Psychologen ALBERT BANDURA (*1925). In einer berühmt gewordenen Versuchsreihe bewies er, dass aggressives Verhalten eines Modells bei Zuschauern zu aggressivem Verhalten führen kann. Das Grundexperiment bestand darin, dass Kindergartenkindern ein Film vorgeführt wurde, in dem eine Frau eine Puppe mit einem kleinen Hammer schlug. Wurde im Anschluss an den Film den Kindern die Puppe zur Verfügung gestellt, schlugen diese ebenfalls darauf ein. Eine Kontrollgruppe, die den Film nicht gesehen hatte, spielte mit der Puppe. Der Versuch wurde in vielerlei Hinsicht variiert. Kinder konnten die Szene live beobachten, als Film und Zeichentrickfilm sehen (Abb. 1). Das Modell im Film wurde für seine Taten belohnt oder bestraft und die Kinder wurden für die Ausführung belohnt und bestraft (siehe S. 227).

Aufgaben

① Ein Kind räumt nur sehr selten seine Spielsachen weg. Erarbeiten Sie mithilfe jeder der im Text genannten operanten Konditionierungsarten einen Plan, wie erreicht werden kann, dass das Kind aufräumt.

② Beurteilen Sie anhand von Abbildung 1 mögliche Gefahren von Filmen und Comics auf Kinder.

Lernen und Reifung

Blaumeise

Viele genetisch bedingte Verhaltenselemente werden im Verlauf der Individualentwicklung vielfältig verändert und ergänzt. Dieses Zusammenwirken von genetischem und erfahrungsbedingtem Verhalten bezeichnete KONRAD LORENZ als *Instinkt-Dressur-Verschränkung*. Der Begriff wird wegen seiner Unschärfe heute kaum mehr verwendet.

Lernen

Lernen
Lernen ist das Speichern der aus der Umwelt individuell erworbenen Informationen in abrufbarer Form im Gedächtnis.

Vogelkundler in England beobachteten 1921 erstmals Blaumeisen, wie sie die Verschlüsse von Milchflaschen aufpickten und von der Rahmschicht nippten. Offensichtlich hatte eine Meise zufällig einen Verschluss geöffnet — auf eine Weise wie Blaumeisen auch bei der Beutesuche Rinde anheben. Da sie Nahrung fand, wiederholte sie dieses Aufpicken an den glänzenden Folien. Durch das Lernen wird eine sinnvolle Anpassung des individuellen Verhaltens an die speziellen Umweltgegebenheiten ermöglicht.

Lernvorgänge verlaufen in zwei Phasen: Ein Lebewesen nimmt in einer Reizsituation Informationen auf und speichert sie im Gedächtnis *(Lernphase)*. In ähnlichen Situationen wird die gespeicherte Information abgerufen und bewirkt — bedingt durch die Erfahrung — ein geändertes Verhalten *(Kannphase)*. Die Rahmschicht aus einer Milchflasche zu holen, ist für die einzelne Meise vorteilhaft, jedoch nicht lebensnotwendig. Es handelt sich um *fakultatives Lernen.*

Jedes Eichhörnchen muss die geeignete Sprengtechnik für Nüsse notwendigerweise erlernen (s. Kasten). Nur so kann es im Winter von dem zuvor versteckten Futter leben. In diesem Fall ist Lernen lebensnotwendig. Man nennt es *obligatorisches Lernen.*

Nicht alle Tiere einer Art lernen gleich gut. Bei Honigbienen konnte man feststellen, dass die Arbeiterinnen der Krainer Rasse optische Markierungen an Futterplätzen leichter lernen als die Bienen der italienischen Rasse. Hier liegen unterschiedliche *Lerndispositionen*, d. h. genetisch determinierte Lernfähigkeiten, zugrunde. Die Bienen der Krainer Rasse leben in einem Gebiet mit unbeständiger Witterung und benötigen daher häufig Geländemerkmale als zusätzliche Orientierungshilfe neben der Orientierung mithilfe des Sonnenkompasses. Die Bienen der italienischen Rasse fliegen nur unter günstigen Witterungsbedingungen aus, sodass die Orientierung nach dem Sonnenstand ausreicht. Im Unterschied zur individuellen Anpassung des Verhaltens durch Lernen ist die unterschiedliche Lerndisposition der Arten über viele Generationen in der Evolution entstanden.

Zettelkasten

Abwandlung genetisch bedingter Reaktionen durch Lernen

Gibt man einem zwei Monate alten unerfahrenen Eichhörnchen *(Kaspar-Hauser-Tier)* zum ersten Mal eine Haselnuss, so benagt es diese sofort nach allen Richtungen. Erst später versucht es, die Nuss mit den Nagezähnen aufzuhebeln. Nussgroße Ton- und Holzkügelchen werden ebenfalls von allen Seiten benagt. Die Abbildung zeigt eine so benagte Nuss von der Basis (a) bzw. von der Spitze (b) her gesehen.

Für das Aufbrechen der ersten Nüsse benötigt ein Eichhörnchen viel Zeit. Die Nagespuren, die zu Beginn wahllos über die gesamte Nuss verteilt sind, werden erst allmählich, etwa nach der 12. Nuss (c), parallel zur Faserung der Nuss ausgerichtet, wodurch sich auch die Zeit bis zur Nahrungsaufnahme verkürzt. Erfahrene Eichhörnchen nagen sofort ein bis zwei Längsfurchen oder ein Loch an der Spitze oder der Basis der Nuss auf, ehe sie die Nuss mit ihren Nagezähnen aufhebeln oder aufbrechen. Je nach der Art der angewendeten Bewegungen lassen sich bei erfahrenen Eichhörnchen drei Techniken unterscheiden: Die Spreng-, die Lochnage- und die Lochsprengtechnik (d, e, f).

Jedes Eichhörnchen verfügt also über die genetisch bedingte Fähigkeit, nussgroße Gegenstände zu benagen und erlernt ergänzend seine eigene Öffnungstechnik.

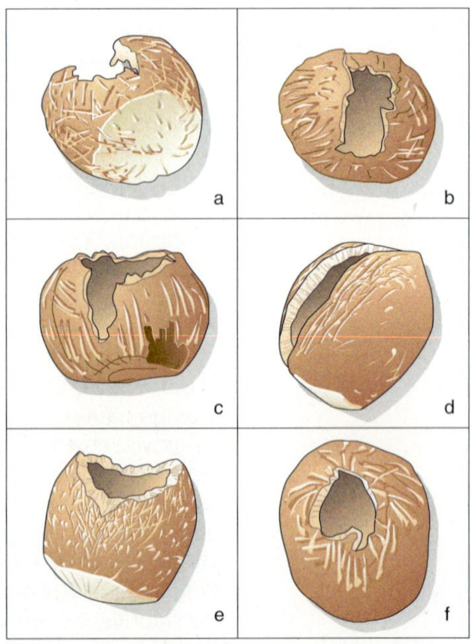

Vogelscheuche

Reifung
Entstehen einer Verhaltensweise auf genetischer Grundlage ohne die Notwendigkeit individueller Erfahrungen (Entwicklungsprozess)

Gewöhnung
im Gegensatz zur Habituation nicht nur auf unbedingte Reflexe bezogene, einfachste Form des Lernens

Sensitivierung
einfache Form des Lernens, bei der nach intensiver Reizung die Antwort auf nachfolgende, auch unterschwellige Reize verstärkt wird

Reifung

Die Vervollkommnung von Verhaltensweisen ist nicht immer nur auf Lernen zurückzuführen. Ein Beispiel liefert das Flugvermögen junger Tauben: Frisch geschlüpfte Tiere wurden in zwei Gruppen unterteilt. In der Versuchsgruppe waren die Flügel am Körper fixiert und konnten nicht bewegt werden, in der Kontrollgruppe entwickelten sich die Tauben normal. Waren die Kontrolltiere flügge, überprüfte man auch das Flugvermögen der Versuchstiere. Sie konnten ebenfalls fliegen. Eine solche Entwicklung von Verhaltensweisen bezeichnet man als *Reifung*. Ein Verhalten wird dabei als Resultat von Entwicklungsprozessen im Zentralnervensystem und im Bewegungsapparat zur vollen Funktionstüchtigkeit ausgebildet.

Gewöhnung

Bei Vögeln lässt sich beobachten, dass eine neu aufgestellte Vogelscheuche zunächst Fluchtverhalten auslöst. Bald jedoch nimmt die Reaktion auf den immer gleich bleibenden Reiz ab und bleibt schließlich völlig aus. Ein anderer Reiz, z. B. ein lauter Knall, vermag dann aber wieder das Fluchtverhalten mit der ursprünglichen Intensität auszulösen. Die beobachtete Abnahme der Reaktionsintensität lässt sich also nicht mit einer Ermüdung der zur Reaktion benötigten Muskeln erklären. Auch eine zu geringe Handlungsbereitschaft für Fluchtverhalten ist ausgeschlossen. Da die Vogelscheuche keine positiven oder negativen Folgen hat, lernt das Tier, sein Antwortverhalten im Verlauf häufiger Begegnungen anzupassen.

Eine derartige Abnahme der Reaktionsintensität auf einen immer wiederkehrenden Reiz hin nennt man *Gewöhnung*. Sie ist reizspezifisch. Durch Versuche lässt sich eine Adaptation der Sinnesorgane ausschließen. Durch die Gewöhnung, die einige Zeit nach der letzten Einwirkung eines Reizes wieder verschwindet, werden unnötige Reaktionen auf dauernd vorhandene Reize verhindert.

Sensitivierung

Als *Sensitivierung* bezeichnet man eine allgemeine Erhöhung der Reaktionsbereitschaft. Werden z. B. die Zuckerrezeptoren an den Beinen einer Fliege mit hochkonzentrierter Zuckerlösung als chemischem Signal gereizt, so erhöht sich für einige Minuten die Bereitschaft, den Rüssel auszustrecken. Als auslösende Reize reichen dann verdünnte Zucker- oder Salzlösungen. Generell erhöhen starke Reize, wie mechanische Stöße, Vibrationen, Lichtblitze oder chemische Signale die Bereitschaft, auch auf eine Vielzahl anderer Reize verstärkt und länger andauernd zu reagieren.

Spielverhalten

In Anlehnung an das Verhalten von Kindern wird als Spielen bei Tieren ein Verhalten bezeichnet, das keinen erkennbaren äußeren Zweck hat, aber viele Bewegungen beinhaltet, die zielgerichtet erscheinen. Junge Katzen schleichen sich in typischer Körperhaltung an Artgenossen an und packen sie mit Bewegungen, die dem Fangen und Töten der Beute ähneln. Sie fügen ihren Artgenossen dabei zwar keine schmerzhaften Verletzungen zu, das Spiel ist aber trotzdem mit Risiken und Kosten (erhöhtem Energieaufwand) verbunden. Zwei Erklärungshypothesen orientieren sich an ultimaten Begründungen: Entsprechend der Übungshypothese ist Spielen eine besondere Art von Lernen. Das junge Tier kann so Verhaltensweisen „für später" einüben und perfektionieren. Nach der Trainingshypothese spielen Tiere, wenn sie geschützt und versorgt sind, um Muskulatur und Herz-Kreislauf-System in Form zu halten.

Erkunden

Beim Erkunden werden an verschiedenen Objekten oder in unbekannten Lebensräumen Verhaltensmuster durchprobiert. Dabei lernen die Tiere ihre Umwelt kennen, ohne belohnt oder bestraft zu werden. Motivation und Belohnung liegen in der Durchführung des Verhaltens selbst. Dieses Neugierverhalten scheint nur dann aufzutreten, wenn die sozialen Beziehungen intakt und elementare Bedürfnisse erfüllt sind.

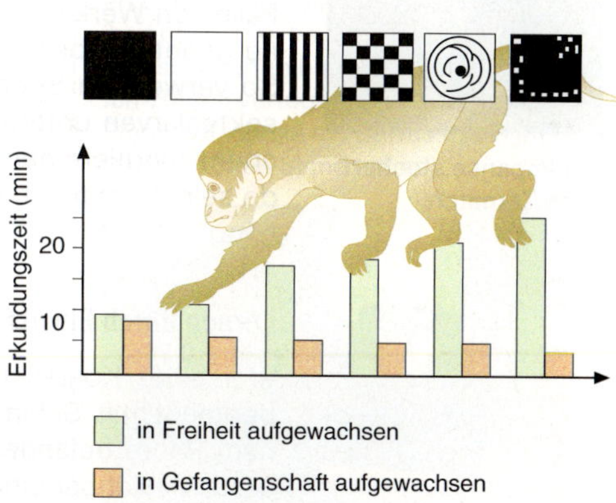

1 Erkundungszeit bei Rhesusaffen

Zettelkasten

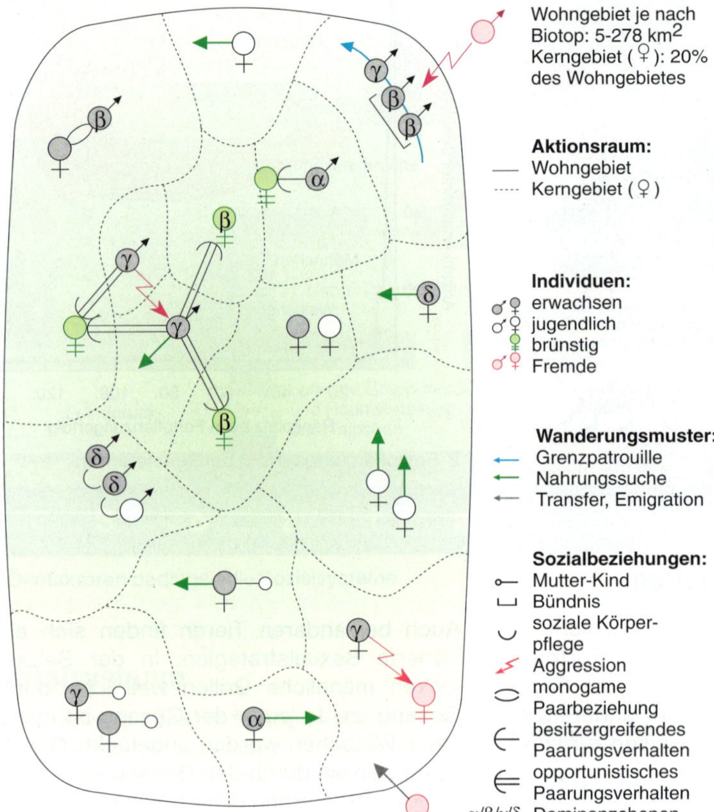

Sozialstruktur der Schimpansen

Die Gemeinschaft der Schimpansen

Schimpansen leben in Gruppen mit bis zu 50 Tieren zusammen und fressen bevorzugt Früchte. Je nach Lebensraum wechselt die Dichte der reifen Fruchtbäume stark. So zerfällt die Schimpansengemeinschaft je nach Nahrungsangebot und der Häufigkeit brünstiger Weibchen in Männertrupps, Mutter-Kinder-Trupps und gemischtgeschlechtliche Trupps. Versammlungen und Zerfall in Untergruppen kennzeichnet die *Sammlungs-Trennungs-Gesellschaft.* Ein Vorteil des Zusammenschlusses besteht in der Möglichkeit, kooperativ zu jagen, womit die Wahrscheinlichkeit zunimmt, Beutetiere, wie kleinere Affen, Buschschweine oder junge Antilopen zu fangen. Die Jagd wird weitgehend von den Männchen durchgeführt, die ihre Beute mit den Weibchen teilen.

Männchen verteidigen das Gruppenterritorium gemeinsam. Einzeln können sie ihr Ziel, Zugang zu möglichst vielen Weibchen zu haben, nicht schaffen. Die Männchengruppe sichert damit gemeinsam ihre wichtigste Ressource (paarungsbereite Weibchen), da Weibchen auf der Nahrungssuche ein großes Wohngebiet durchstreifen können. Fremde Weibchen werden in den Sozialverband aufgenommen, Männchen jedoch nicht. In der Gruppe geborene Weibchen verlassen die Gruppe vor der Geschlechtsreife, die Männchen bleiben in der Gruppe. Sie sind miteinander verwandt und kennen sich sehr gut. Männliche Schimpansen bilden Bündnisse.

Die Schimpansenweibchen kopulieren mit möglichst allen Männchen der Gruppe, was dazu führt, dass alle Männchen Vater sein könnten. Dies ist ein möglicher Grund dafür, dass sich keines aggressiv gegen ein Neugeborenes verhält. In Westafrika wechseln die Weibchen in ihrer fruchtbaren Phase häufig heimlich die Gruppe, sodass rund 50 % der Jungtiere von Männchen aus Nachbargruppen gezeugt wurden.

Aggression und Rangordnung

Ursprünglich galten Schimpansen als außergewöhnlich friedlich, durch die Forschung der letzten Jahrzehnte hat sich das genaue Gegenteil herausgestellt. Schimpansen sind außergewöhnlich aggressiv und können für Artgenossen eine tödliche Gefahr darstellen. Dabei lassen sich schon vom Ausmaß der Aggressivität zwei Formen unterscheiden: Kämpfe gegen Gruppenfremde und solche gegen Gruppenmitglieder. Kämpfe gegen Angehörige von Nachbargruppen finden fast ausschließlich unter Männchen statt, dauern länger als Innergruppenauseinandersetzungen und sind besonders brutal. 30 % der Schimpansenmännchen sterben in derartigen Zwischengruppenkonflikten. Bei Kämpfen gegen Nachbarmännchen verhalten Schimpansenmännchen sich eher wie bei ihren Jagden auf Beutetiere. Die Schimpansenforscherin JANE GOODALL schreibt dazu: „Ich vermute, wenn man ihnen Feuerwaffen gegeben und erklärt hätte, wie sie funktionieren, dass sie sie verwendet hätten, um ihre Nachbarn zu erschießen."

Aber auch 30 % der Kämpfe innerhalb der Gruppe führen zu Verletzungen. Während Weibchen besonders häufig um Zugang zu Futter kämpfen oder um ihre Jungen zu verteidigen, kämpfen die Männchen besonders häufig um Zugang zu paarungsbereiten Weibchen und um ihre Rangordnungsstellung. Wenn ranghohe Weibchen ihren Jungtieren bei Kämpfen helfen, überträgt sich ihr Rang auf den Nachwuchs. Danach bekommen sie besonders erfolgreiche Söhne, die viele Enkel zeugen.

1 Imponiergehabe des Schimpansen

Da nach BATEMAN die Fitnessunterschiede für Männchen viel größer sein können als für Weibchen, steht bei Auseinandersetzungen unter Männchen viel mehr auf dem Spiel. Daher kämpfen diese viel intensiver als Weibchen.

Rangordnungen gibt es in vielen geschlossenen individualisierten Gesellschaften. Sie sind manchmal linear, wobei die ranghöheren jeweils über die rangniederen Tiere dominieren. Nach dem griechischen Alphabet wird das ranghöchste als α-*Tier* bezeichnet, dann folgt das β-Tier, danach das γ-Tier und am Ende der Rangordnung das Ω-Tier. Bei den anderen Rangordnungstypen treten Gruppen gleichrangiger Tiere oder auch Dreiecksbeziehungen mit teilweise umgekehrter Rangposition zwischen einzelnen Tieren auf.

Rangordnungen führen zu Vorrechten im Zugang zu Ressourcen und dadurch zu unterschiedlich guten Erfolgen in der Zeugung bzw. in der Aufzucht von Jungen, d. h. zu Fitness-Unterschieden. Je nachdem, wie groß Gewinne und Verluste bei Auseinandersetzungen sind, treten Rangordnungskämpfe auf oder auch nicht. Wenn sich ein Kampf lohnen soll, muss der Nutzen der Ressourcen (N_R) multipliziert mit der Wahrscheinlichkeit den Kampf zu gewinnen (P_G) größer sein, als die zu erwartenden Kosten des Kampfes (K_K), d. h. $N_R \cdot P_G > K_K$.

Während unter Männchen meist eine klar ausgeprägte Hierarchie besteht, fehlt diese bei Weibchen oft. Ranghohe Männchen haben Paarungsvorteile bei fortpflanzungsbereiten Weibchen, ranghohe Weibchen besseren Zugang zum Futter. Paarungsbereite Weibchen kopulieren mit vielen Männchen nacheinander, wobei die ranghöchsten Männchen zum Zeitpunkt des Eisprunges am häufigsten zum Zug kommen und so ihre Spermien mit größerer Wahrscheinlichkeit die Eizelle befruchten. Spermien verschiedener Männchen konkurrieren um die Eizelle, was evolutiv zur Ausbildung besonders großer Hoden führte. Schwächere Männchen sichern sich Nachwuchs, indem sie mit einem Weibchen die Gruppe verlassen, bevor dessen Paarungsbereitschaft sichtbar wird.

Innerhalb von Rangordnungen haben Verlierer Nachteile. Diese werden aber meist durch die Vorteile des Lebens in der Gruppe aufgewogen. Einerseits nutzen Rangniedere den Schutz, den die Gruppe vor Feinden bietet, andererseits gehen Verlierer weniger Kosten und Risiken zu Zeiten ein, in denen ein Kampferfolg unwahrscheinlich ist. Sie warten ab, sodass sie später vielleicht einmal die Führungsrolle übernehmen können oder sie wechseln die Gruppe.

Aufgabe

① Begründen Sie auf der Grundlage einer Risikoabwägung, warum die Männchen häufiger Rangordnungen ausbilden als die Weibchen.

Zettelkasten

Versöhnung

Bei Schimpansen hat der Affenforscher FRANS DE WAAL beobachtet, dass nach aggressiven Begegnungen in 40 % der Fälle die Gegner innerhalb von einer halben Stunde Kontakt zur Versöhnung aufnehmen.

Im einfachsten Falle wurde dem Gegner die ausgestreckte, nach oben offene Hand entgegengehalten. Gelingt es Männchen nach einem Kampf nicht, die Kommunikation wieder aufzunehmen, kann ein Weibchen zwischen beiden vermitteln. Es nähert sich einem Männchen, betreibt soziale Fellpflege *(grooming)* mit ihm und fordert gleichzeitig den Kontrahenten durch einen Augenkontakt auf, zu folgen. Wenn auch das zweite Männchen neben dem Weibchen sitzt, wird es von beiden am Fell gepflegt. Zieht sich das Weibchen zurück, pflegen sich die beiden bald gegenseitig.

Während das Versöhnungsverhalten bei Schimpansen meist von den unterlegenen Tieren ausgeht, übernehmen bei ehemaligen Gegnern unter Zwergschimpansen meist die ranghohen Tiere die Initiative. Diese Schimpansenart baut soziale Spannungen besonders häufig über Sexualkontakte ab. Diese Beispiele machen deutlich, dass im sozialen Verhalten unserer nahen Verwandten Versöhnung und Konfliktvermeidung angelegt sind.

1 Gewalt in der Schule

Verhalten und Computerspiele

„Amokläufer in Schule – der als Einzelgänger bekannte Schüler X erschießt 3 Mitschüler und verletzt weitere 8 schwer. Der Schüler X hat vor der Tat intensiv gewaltverherrlichende Computerspiele gespielt..." Kann es tatsächlich sein, dass Computerspiele einen jungen Menschen zum „Killer" machen?

Die Antwort darauf ist nicht einfach, da sich menschliches Verhalten aufgrund der kognitiven Fähigkeiten nicht vollständig durch Theorien abbilden lässt. Es dabei bewenden zu lassen, käme allerdings einer Bankrotterklärung gleich, denn nur weil wir menschliches Verhalten nicht vollständig erklären können, braucht dies kein Grund zu sein, gar keinen Erklärungsversuch zu unternehmen. Für einen solchen Erklärungsversuch werden wir alle bis jetzt von Ihnen gelernten Theorien anwenden und damit versuchen, Antworten zu finden.

Klassische Konditionierung

Die *klassische Konditionierung* läuft für den Konditionierten unbewusst ab. Daher spricht man auch von einem *bedingten Reflex*, d.h. für den Konditionierten erfolgt weder die Verknüpfung von unbedingtem Reiz und neutralem Reiz noch die spätere Auslösung der Reaktion durch den ursprünglich neutralen Reiz bewusst (s. Seite 214). In der Werbung wird daher das beworbene Produkt meist in einem angenehmen Ferienambiente mit gut aussehenden Menschen präsentiert. So soll eine Verknüpfung zwischen dem Produkt und dem angenehmen Gefühl von Ferien hergestellt werden. Der durch die Werbung angestrebte bedingte Reflex wäre dann, ein angenehmes Gefühl beim Kauf des beworbenen Produktes auszulösen bzw. in dessen Erwartung eine Kaufentscheidung herbeizuführen.

Können sich intelligente Menschen tatsächlich so manipulieren lassen? Betrachtet man typische Werbebotschaften, funktionieren diese nach diesem Muster. Gleichzeitig kann man beobachten, dass Menschen für ein bestimmtes Markenkleidungsstück, das sich teilweise nur durch das Markenlogo von einer qualitativ vergleichbaren Ware unterscheidet, bereit sind, ein Vielfaches auszugeben. Da die Firmen ihre Werbeetats sehr bewusst einsetzen, scheint es doch so zu sein, dass wir mindestens teilweise so manipulierbar sind. Bei einem gewaltverherrlichenden Computerspiel werden für das häufig brutale Töten von Menschen Gewinnpunkte vergeben.

Operante Konditionierung

Bei der *operanten Konditionierung* wird ein Reiz-Reaktions-Lernen angestrebt, d.h. durch die Gabe von Verstärkern soll eine Art der Reaktion fast automatisch auf den Reiz ablaufen. Diese Art von Lernen ist sehr wichtig, zum Beispiel beim Autofahren. Sieht man die Bremslichter des Voranfahrenden aufleuchten, soll wenig überlegt und möglichst sofort gebremst werden.

Bei Gewalt verherrlichenden Computerspielen muss der plötzlich auftauchende Gegner ebenfalls ohne lange Denkpausen getötet werden, da dieser sonst die Spielerfigur selbst töten würde. Analysen von Schulmassakern zeigten, dass die Opfer meist mit einem Schuss getötet worden sind („one shot, one kill", wie man in der Spielerszene sagt). Dieser Zusammenhang ist aber nicht wissenschaftlich nachgewiesen.

Modelllernen

Die Versuche von BANDURA haben gezeigt, dass durch das Modelllernen neue und auch aggressive Verhaltensweisen gelernt werden können. Ein weiterer in dieser Hinsicht wichtiger Aspekt ist der enthemmende Effekt. Unter dem enthemmenden Effekt versteht man, dass Hemmschwellen, bestimmte Taten durchzuführen, durch Modelllernen fallen können. Wird das Fallenlassen dieser Hemmschwellen systematisch belohnt, ist das Auftreten eines enthemmenden Effekts sehr viel wahrscheinlicher.

Bandura hatte dazu eine Versuchsreihe entwickelt, bei der Jungen und Mädchen drei verschiedene Versionen des Films, der die Misshandlung einer Puppe zeigt (s. Seite 215), vorgestellt wurden. In einer Version wurde das Modell, das die Puppe misshandelt, für ihre Tat belohnt, in einer weiteren für ihre Tat bestraft und in einer dritten Version erfuhr sie keine Konsequenzen für ihre Tat. Anschließend wurde der Umgang der Jungen und Mädchen mit der Puppe untersucht (Abb. 1). In einem zweiten Schritt wurde ihnen für die Misshandlung der Puppe eine Belohnung angeboten und ihr Verhalten erneut untersucht.

Inwiefern das Verhalten des Modells übernommen wird, hängt entscheidend von seiner Attraktivität ab. Handelt es sich um Modelle, die soziale Macht besitzen, ein attraktives Äußeres haben sowie die Bedürfnisse des Lerners zu erfüllen versprechen, wird das Verhalten eher übernommen.

Aggression ein Trieb?

Eine Theorie zur *Aggression*, wie sie z. B. von Konrad Lorenz vertreten wurde, ist, diese als *Trieb* zu bezeichnen. Dabei wird davon ausgegangen, dass es im *Limbischen System* (s. Seite 203) ein sogenanntes *Aggressionszentrum* gibt und aggressives Verhalten die triebverzehrende Endhandlung ist, d. h. die Befriedigung des Triebs senkt den Antrieb, sich weiter aggressiv zu verhalten (s. *Instinkthandlung,* Seite 211). Wird in einer Gesellschaft offene Aggression unterdrückt, soll dies zu einer *Aggressionsdeprivation* führen. Im Zustand der Aggressionsdeprivation soll nach dem Prinzip der doppelten Quantifizierung schon ein geringer Reiz die aggressive Endhandlung auslösen.

Ist Aggression erlernt, wie es bei Modelllernen angenommen wird, führt das Ausleben von Gewalt eher zu einer Verstärkung. Neuere Überblicksstudien unterstützen eher die Theorie des Modelllernens.

Frustrations-Aggressionshypothese

Seit den 30er-Jahren des letzten Jahrhunderts hat die Theorie zunehmend an Gewicht gewonnen, dass negative, frustrierende Erlebnisse zu Aggression führen können. Werden Personen an ihrem Willen gehindert, provoziert oder physikalischen Stressoren wie Hitze oder Lärm ausgesetzt, zeigen diese häufiger aggressives Verhalten. Allerdings ist Aggression nicht die einzige Antwortmöglichkeit auf Frustration. Je nach Persönlichkeit können sich ganz unterschiedliche Abwehrmechanismen oder Regressionen (kindliche Verhaltensweisen) zeigen.

Computerspieler = Killer?!

Zum Glück sind die meisten Computerspieler ganz normale freundliche Menschen, die selbst, wenn sie mit Gewalt verherrlichenden Computerspielen umgehen, nicht zu Mördern werden.

Sind damit die vorangegangenen Überlegungen nicht relevant? Zum Glück für die meisten ja. Zwei Faktoren scheinen besonders wichtig zu sein: nämlich, wie stark der Spieler als Person gefestigt ist und wie gut er in ein soziales Gefüge eingebettet ist.

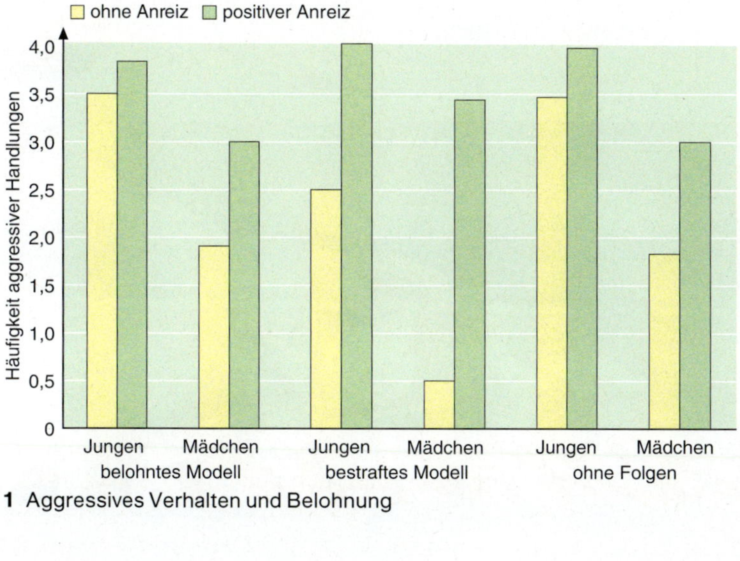

1 Aggressives Verhalten und Belohnung

Aufgaben

① Erstellen Sie ein klassisches Konditionierungsschema, das zeigt, wie bei Gewalt verherrlichenden Computerspielen eine Assoziation zwischen brutalem Töten und Glücksgefühlen beim Spieler entstehen kann.

② Erstellen Sie ein Informationsplakat, in dem Sie alle relevanten Einzelinformationen zusammenstellen. Geben Sie klar Auskunft, wer besonders gefährdet ist. Beenden Sie Ihr Plakat mit Ihrem persönlichen Fazit, ob Sie Gewalt verherrlichende Computerspiele als gefährlich einschätzen oder nicht.

③ Fassen Sie zusammen: Warum kann Ausleben von Gewalt zu mehr Gewalt führen?

Immunbiologie

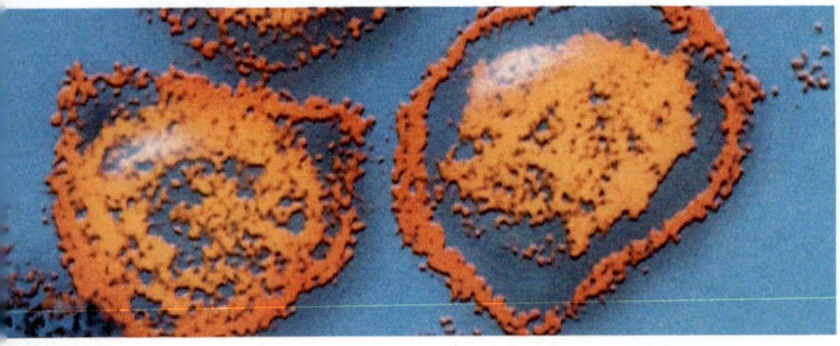

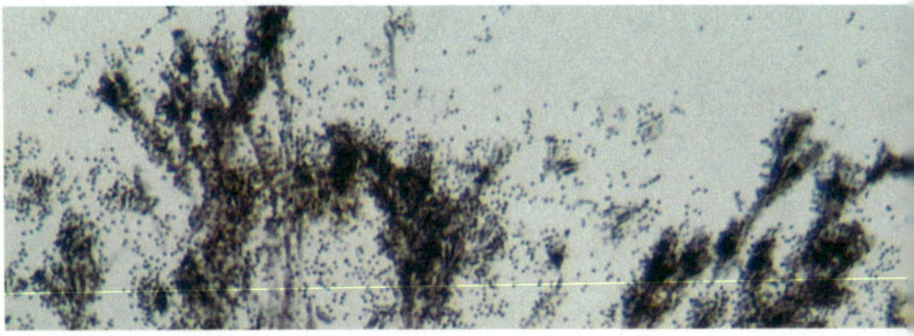

Lernsituation

Soll man sich heutzutage eigentlich noch impfen lassen? Es gibt doch Antibiotika und manchmal soll es ja auch Impfzwischenfälle geben. Muss ich wirklich immer die ganze Packung Antibiotika einnehmen, obwohl es mir schon wieder bessergeht?

Als ich in einer Einrichtung gearbeitet habe, empfand ich das ewige Händewaschen als sehr lästig und außerdem hat es meine Haut angegriffen. Ist das wirklich heutzutage noch notwendig?

Es gibt viele gefährliche Krankheiten, aber warum ist AIDS gefährlicher als andere Krankheiten? Viele Menschen leiden unter Allergien. Wie kommt es eigentlich dazu und kann man etwas dagegen tun?

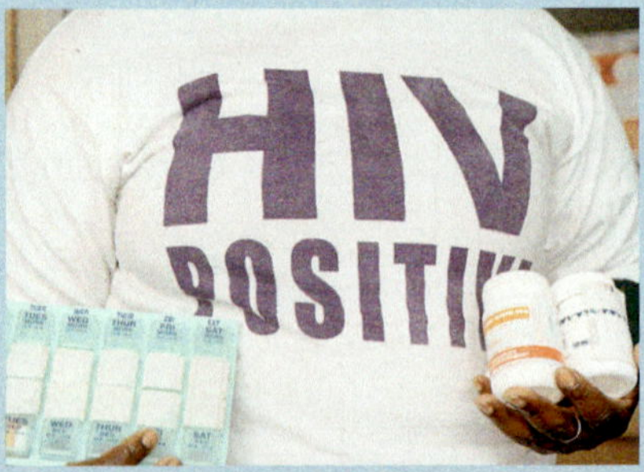

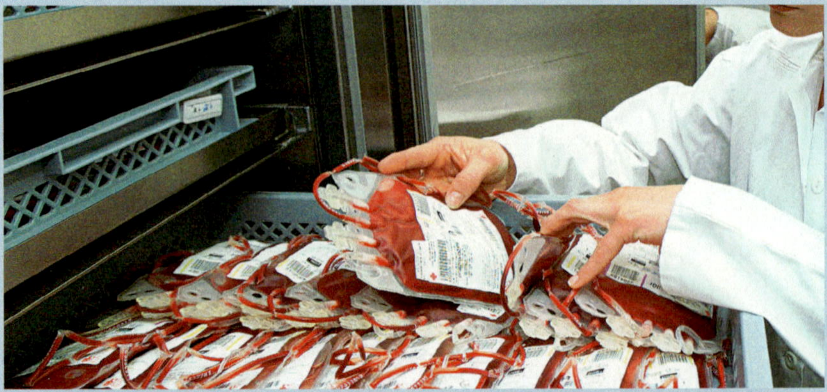

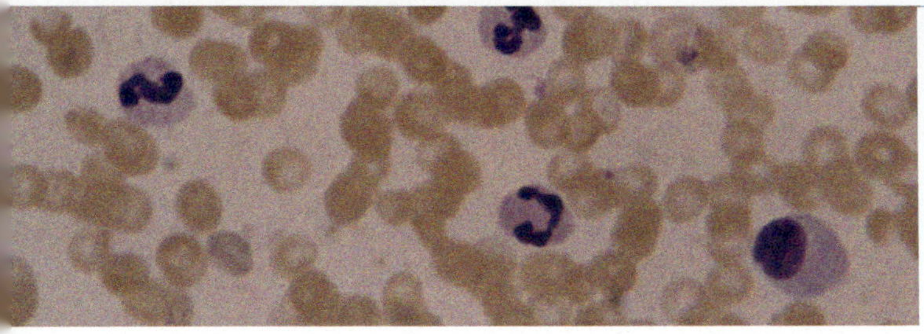

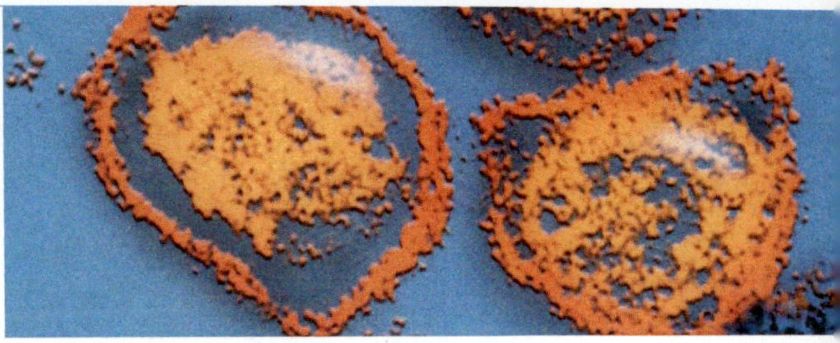

Leitfragen

Manche Mikroorganismen sind nicht gefährlich, einige sind sogar nützlich. Was macht Mikroorganismen gefährlich?
Röteln, Tetanus, Windpocken, ... Warum gibt es eigentlich keine „Universalimpfung“, die allen Erkrankungen vorbeugt?

Bei manchen Erregern scheint unser Immunsystem machtlos zu sein. Woran liegt das?
Einige Krankheiten wie Allergien oder Rheuma werden durch das eigene Abwehrsystem ausgelöst. Wie ist das möglich?

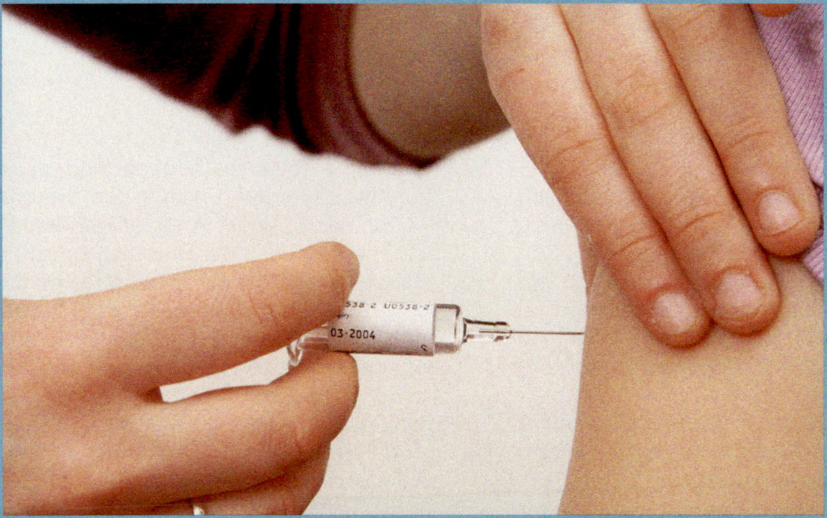

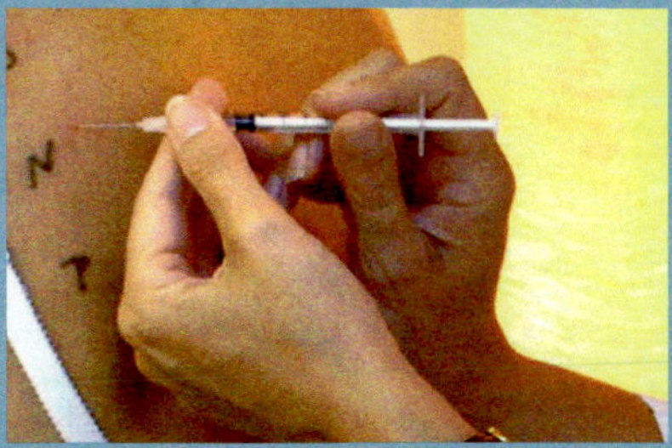

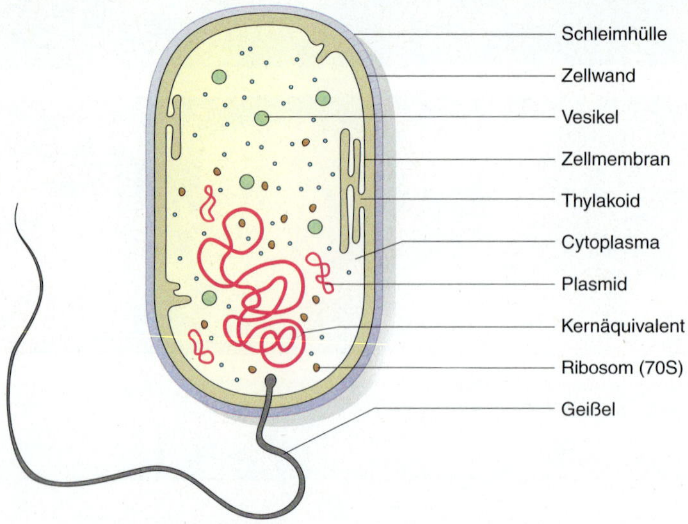

1 Aufbau Bakterienzelle (Procyte)

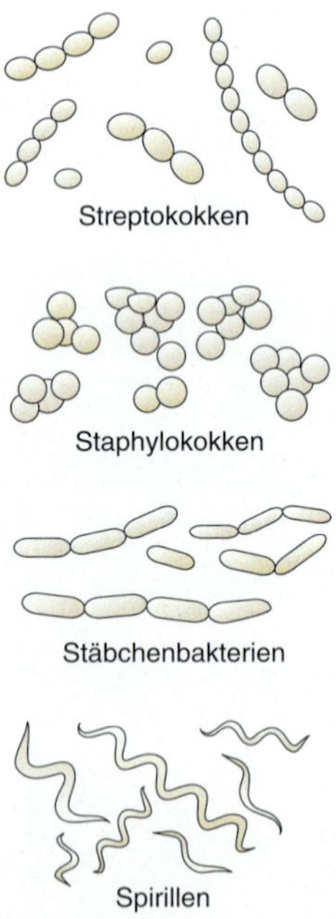

Bakterienformen

Bakterien

Bakterien sind für eine Unzahl an Infektionen wie Tetanus, Lungen- und Harnwegs- sowie viele Lebensmittelinfektionen verantwortlich. Bakterien zählen zu den *Prokaryoten* (s. Seite 23) und sind etwa 1 – 2 µm groß, d. h. in 1 ml Flüssigkeit können mehrere Milliarden Bakterien enthalten sein.

Aufbau und Vermehrung von Bakterien

Bakterien sind von einer Zellwand und einer Zellmembran umgeben. Im Cytoplasma liegt die Bakterien-DNA frei, d. h. ohne Kernhülle, vor (Abb. 1). Unabhängig vom Chromosom können Bakterien über ringförmige DNA-Abschnitte *(Plasmide)* verfügen. Plasmide enthalten Gene, die bei veränderten Bedingungen, z. B. Temperaturänderungen von Vorteil sein können. Sie werden in das Bakterienchromosom integriert.

Bakterien vermehren sich ungeschlechtlich durch Teilung, haben aber Möglichkeiten zu *genetischer Rekombination* (s. Seite 231). Bei optimalen Bedingungen kann sich ein Bakterium etwa alle 20 Minuten teilen, d. h., ein einziges Bakterium kann sich innerhalb von 12 Stunden auf 100 Millionen vermehren.

Einige Bakterienarten überstehen selbst ungünstigste Umweltbedingungen, indem sie *Dauerformen*, sogenannte *Sporen,* bilden, die bei günstigen Bedingungen wieder zu vermehrungsfähigen Bakterien werden, z. B. der Tetanus-Erreger *Clostridium tetani*. Der menschliche Organismus ist von krank machenden *(pathogenen)* und nicht krank machenden *(apathogenen)* Bakterien besiedelt. Ein Beispiel dafür ist die die Besiedelung der Haut und Schleimhäute durch apathogene Bakterien, die sogenannte *Hautflora*. Dadurch entsteht ein leicht saurer Haut-pH-Wert und die Besiedelung mit pathogenen Bakterien wird erschwert.

Pathogene Bakterien

Bakterielle Infektionen führen zu vielen Infektionskrankheiten und spielen eine große Rolle bei *Lebensmittelvergiftungen*. Wichtige Erreger für Lebensmittelvergiftungen sind Salmonellen und die Giftstoffe *(Toxine)* bildenden Bakterien *Staphylokokkus aureus* sowie *Clostridium perfringens* und *botulinum*. Lebensmittelvergiftungen führen meist zu Brechdurchfällen, die besonders alte Menschen gefährden.

Beim Giftstoff von *Clostridium botulinum*, dem Botulinumtoxin, handelt es sich um ein Nervengift, das im Körper Lähmungen verursacht und in jedem Lebensalter tödlich sein kann.

Bakterien können auch als *Lebensmittelverderber* zur Zersetzung von Lebensmitteln führen (wie Pilze, physikalische und chemische Einwirkung), was die Qualität des Lebensmittels erheblich herabsetzt. Wichtigste Maßnahmen gegen Lebensmittelvergiftung und -verderber sind entsprechende *Hygienemaßnahmen*, Einhaltung der Kühlkette und rechtzeitiger Verzehr.

Aufgaben

① Antibiotika töten pathogene und apathogene Bakterien. Erklären Sie, warum häufig nach einer Antibiotikatherapie bakteriell verursachter Durchfall auftritt.

② „Händewaschen ist der wichtigste Schutz vor Übertragung bakterieller Infektionskrankheiten." Erklären Sie anhand der Eigenschaften der Bakterien, warum diese Vorbeugung einer nachträglichen Antibiotikatherapie vorzuziehen ist.

③ Informieren Sie sich über den Unterschied zwischen hygienischer und chirurgischer Händedesinfektion.

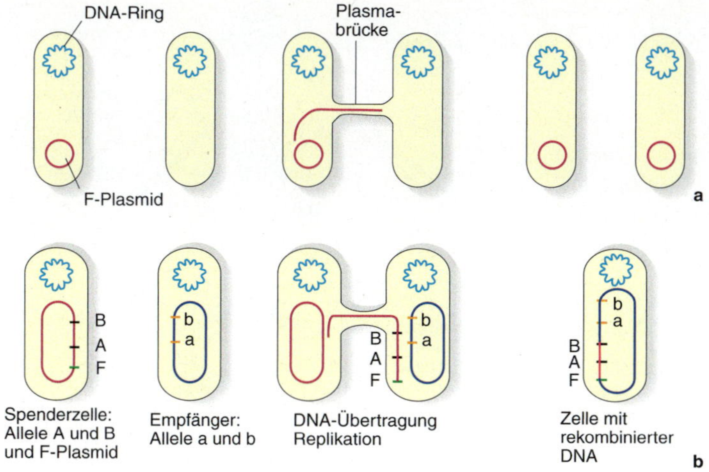

1 Konjugation bei Bakterien

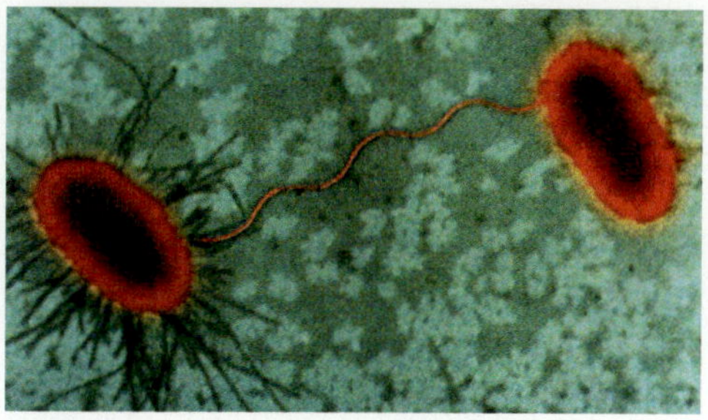

Konjugation bei Bakterien: Plasmabrücke

Angepasstheit von Bakterien: Genetische Rekombination

Prokaryoten wie Bakterien vermehren sich ungeschlechtlich durch Teilung, d. h. die Rekombinationsmechanismen der Eukaryoten Meiose und Befruchtung stehen den Prokaryoten nicht zur Verfügung. Trotzdem kann man bei Bakterien das Auftreten neuer Eigenschaften beobachten. Dies ist hoch relevant bei der Ausbildung von *Resistenzen* gegen Antibiotika. Dies bedeutet, dass Medikamente, mit denen man vorher erfolgreich eine Bakterienart bekämpfen konnte, bei dieser Art nicht mehr wirken.

Konjugation

Prokaryoten besitzen einen besonderen Mechanismus zur genetischen Rekombination, die direkte DNA-Übertragung. Dafür verbinden sich zwei Bakterienzellen mittels einer Plasmabrücke. Die Bakterienzelle, die die Plasmabrücke ausbildet, die *Donorzelle*, vervielfältigt ihre DNA und überträgt diese zur Empfängerzelle. Teile der übertragenen DNA werden nun in das Plasmid und die chromosomale DNA der Empfängerzelle eingebaut. Wird die chromosomale DNA der Empfängerzelle dann transkribiert und translatiert, führt dies zur Bildung neuer Proteine, die die Eigenschaften der Bakterienzelle verändern. Diese Art der Übertragung von genetischer Information mittels einer Plasmabrücke wird *Konjugation* genannt.

Transformation

Bakterienzellen können freie DNA auch aus der Umgebung aufnehmen und diese in ihr eigenes Genom integrieren. Diese Art der Rekombination nennt man *Transformation*. Die Transformation wird in der Gentechnik zur Herstellung genetisch veränderter Organismen genutzt (s. Seite 160).

Transposition

Genabschnitte können innerhalb des Bakterienchromosoms verschoben werden. Weiterhin besteht bei den Bakterien die Möglichkeit, Genabschnitte vom Bakterienchromosom auf das Plasmid oder vom Plasmid auf das Bakterienchromosom zu verschieben. Die *Transposition* ist ein wichtiger Mechanismus, der eine schnelle Antibiotikaresistenz erklären kann.

Transduktion

Viren können auch Bakterien als Wirtszellen benutzen; man nennt diese speziellen Viren *Phagen*. Dabei übertragen und integrieren die Viren ihre DNA in das Bakterienchromosom. Diese Art der DNA-Übertragung wird als *Transduktion* bezeichnet.

Aufgaben

① Erklären Sie die Mechanismen, die bei zu kurzem und übermäßigem Einsatz von Antibiotika Resistenzentstehung fördern.

② Die Transduktion kann auch in der Gentechnik angewandt werden. Welche Nachteile hat diese im Vergleich zur Transformation?

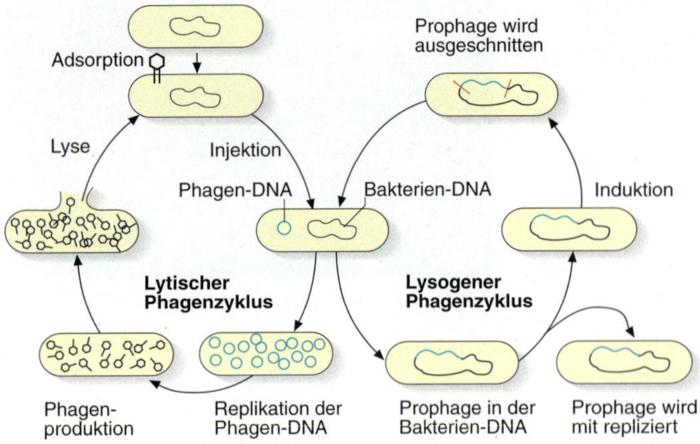

1 Lytischer und lysogener Vermehrungszyklus von Phagen

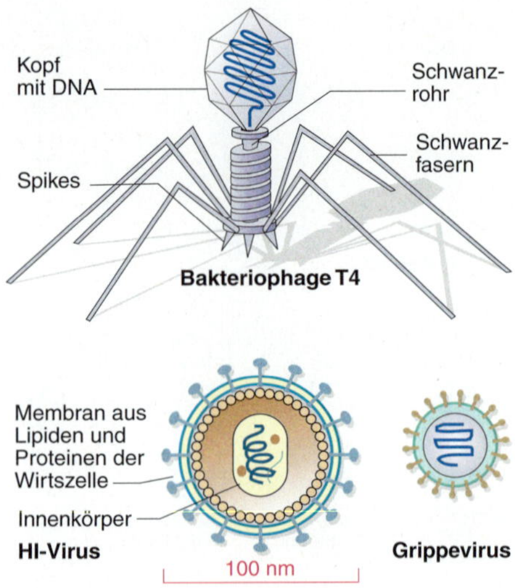

2 Bau verschiedener Viren

Viren

Viren sind zwischen 25 nm und 300 nm groß. Damit sind sie 10- bis 100-mal kleiner als Bakterien. Auch Viren sind für eine Vielzahl von Erkrankungen wie Grippe, Poliomyelitis, Herpes und AIDS verantwortlich. Viren bestehen im Wesentlichen aus einer Proteinhülle und Erbsubstanz in Form von DNA oder RNA.

Viren haben keinen eigenen Stoffwechsel und werden daher nicht zu den Lebewesen gezählt. Viren sind obligate intrazelluläre Parasiten, d.h. sie können sich nur in lebenden Zellen vermehren, die man *Wirtszellen* nennt. Viren können sich in eukaryotischen und prokaryotischen Wirtszellen vermehren. Viren, die prokaryotische Zellen befallen, bezeichnet man als *Phagen*.

Der Befall einer Wirtszelle beginnt damit, dass Oberflächenproteine des Virus sich nach dem *Schlüssel-Schloss-Prinzip* mit Oberflächenproteinen der Wirtszelle verbinden. Nachdem das Virus seine Wirtszelle erkannt hat, wird die Erbsubstanz des Virus auf die Wirtszelle übertragen. Die Erbsubstanz der Viren integriert sich in die DNA der Wirtszelle. Die integrierte Viren-DNA enthält starke *Promotoren* (s. Seite 137), die die Wirtszelle geradezu umprogrammieren. Die infizierte Wirtszelle stellt ihren eigenen Stoffwechsel fast vollständig ein und produziert dann fast ausschließlich Virenproteine und repliziert Viren-Erbsubstanz.

Aus Virusproteinen und -erbsubstanz fügen sich spontan neue Viren in der Wirtszelle zusammen. Verlassen diese dann die Zelle, führt dies meist zur Lyse der Wirtszelle. Man spricht deshalb auch vom *lytischen Zyklus* (Abb. 1).

Ein anderer Mechanismus ist, die Virenerbsubstanz nur in die Wirts-DNA zu integrieren, ohne die Wirtszelle direkt umzuprogrammieren. Teilt sich die Wirtszelle anschließend, wird auch die Viren-DNA vermehrt. Die Viren können sich auf diese Weise vermehren, ohne zunächst ihren Wirt zu schädigen; man spricht vom *lysogenen Zyklus*. Auf ein Signal hin, man vermutet z. B. eine Schwäche des Immunsystems des Wirtsorganismus, gehen die Viren in den lytischen Vermehrungszyklus über. Diese Vermehrungszyklen sind sehr gut für Phagen untersucht, hinsichtlich Herpes- und AIDS-Viren sind sie ähnlich.

Bei Viren führen zwei Mechanismen zur *Rekombination*: Mutationen innerhalb des Virengenoms und Rekombinationen durch Austausch von Erbsubstanzabschnitten genetisch unterschiedlicher Virenarten. Die letzte Art der Rekombination kann nur bei gleichzeitiger Infektion der Wirtszelle durch zwei Viren einer Art, die sich in Teilen genetisch unterscheiden, geschehen.

Aufgabe

① Stellen Sie den Mechanismus zusammen, wie auch einem Vogelgrippevirus, der nur über direkten Kontakt zu Geflügel übertragen wird, und dem menschlichen Grippevirus ein hochgefährlicher neuer Grippevirus entstehen kann.

Tierische und andere Parasiten als Krankheitserreger

Neben *Bakterien* und *Viren* gibt es noch weitere häufige Erreger von Krankheiten, mit denen man in Kontakt gelangen kann.

Tierische Parasiten

Besondere Bedeutung haben die einzelligen tierischen Parasiten. Diese bestehen aus einer einzigen voll funktionsfähigen Zelle mit Zellkern und werden *Urtierchen* oder *Protozoen* genannt. Durch Protozoen wird eine der häufigsten Infektionskrankheiten weltweit, die *Malaria*, ausgelöst. Weitere Beispiele sind die *Schlafkrankheit*, Durchfallerkrankungen wie die *Amöbenruhr* und die Schwangerschaftserkrankung *Toxoplasmose*.

Der Entwicklungszyklus von Protozoen ist häufig recht kompliziert und mit Wirtswechseln verbunden. Bekanntestes Beispiel dafür ist die Malaria. Die Malariaerreger, die *Plasmodien,* durchlaufen dabei einen Entwicklungszyklus im Endwirt, der Anopheles-Mücke, und einen im Zwischenwirt, dem Menschen. Beim Menschen werden zunächst die Leberzellen und dann die Erythrocyten befallen (Abb. 2). Die ungeschlechtliche Vermehrung in den Erythrocyten führt zu deren Untergang und die so freigesetzten Entzündungsstoffe führen zu einem Fieberschub. Sticht nun eine Anophelesmücke den an Malaria Erkrankten, nimmt sie die Plasmodien auf. Diese vermehren sich dann geschlechtlich in der Mücke. Zu den mehrzelligen Parasiten gehören die Würmer, wie der Bandwurm, und die Gliedertiere, wie Flöhe und Milben.

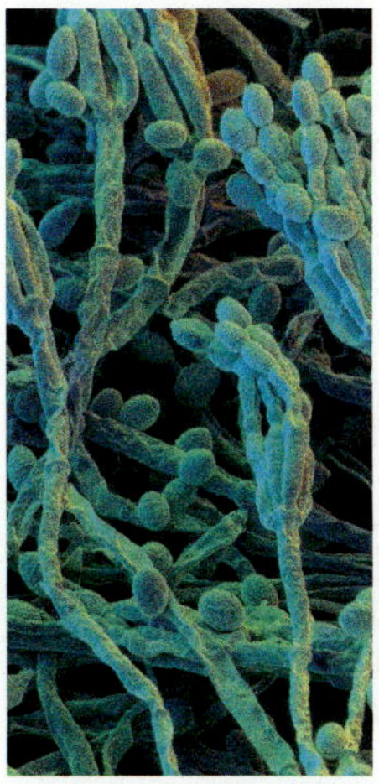

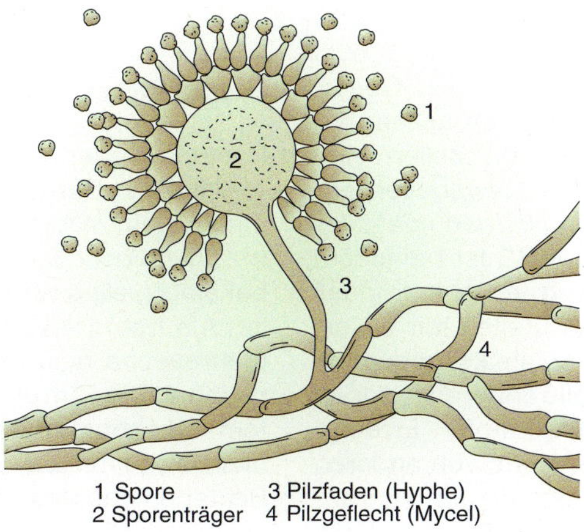

1 Schimmelpilz, Mycel, Sporen

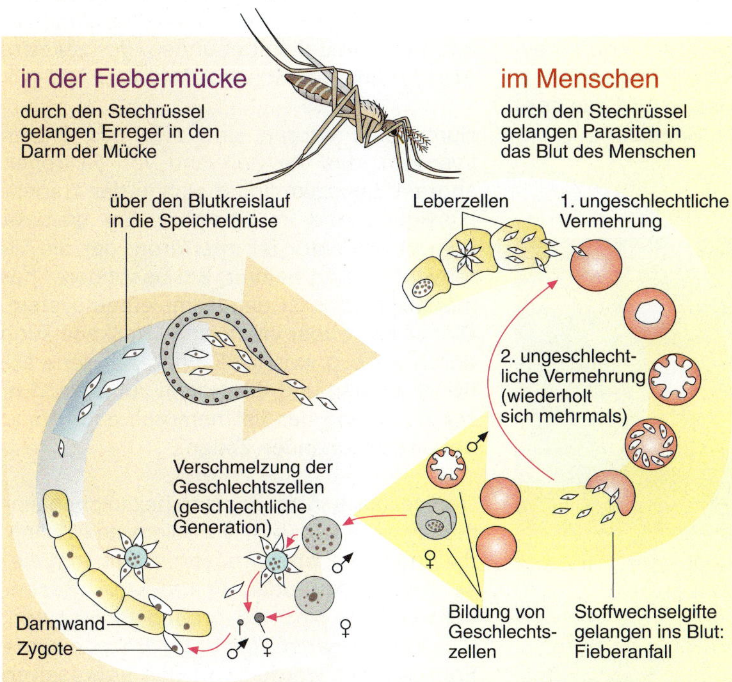

2 Wirtswechsel am Beispiel der Plasmodien

Pilze als Parasiten

Pilze gehören zu den *Eukaryoten* und bilden ein eigenes Reich neben den Tieren und Pflanzen. Pilze können keine Fotosynthese betreiben, d.h. sie leben heterotroph durch den Abbau von energiereichen Molekülen. Viele Pilze bilden dafür ein Geflecht aus sehr feinen Pilzfäden, das *Mycel*, das dem Wirt die Nährstoffe entzieht (Abb. 1). Wichtige Pilzerkrankungen betreffen vor allem die Haut und die Lunge, typische Hauterkrankungen sind die Windeldermatitis und der Fußpilz.

Erkrankungen der Lunge geschehen meist durch Einatmen von Fortpflanzungszellen der Pilze, den *Sporen.* Diese können zu Lungenentzündungen führen, vor allem bei Menschen mit beeinträchtigtem Immunsystem. Pilze können weiterhin Giftstoffe *(Toxine)* bilden. Das vom Schimmelpilz produzierte *Aflatoxin* ist bei einer Dosis von weit weniger als einem Gramm tödlich und kann auch in geringen Dosen zu schweren Leberschäden und Leberkrebs führen. Da Lebensmittel häufig unsichtbar bereits komplett vom Mycel durchzogen sind, ist das gesamte Lebensmittel zu entsorgen, nur Ausschneiden der befallenen Stelle reicht nicht.

Mechanismen des Immunsystems

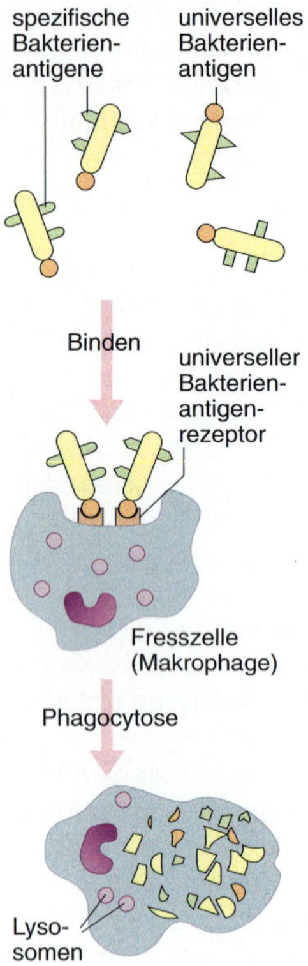

Das Immunsystem des Menschen wird gerne mit der Polizei verglichen und je genauer man das Immunsystem kennenlernt, desto mehr kann man feststellen, dass das System nicht nur der Polizei, sondern unserem Rechtsstaat gleicht. Drei Prinzipien sind dabei wichtig: Gesetzestreue dürfen nicht attackiert werden, die Maßnahmen müssen verhältnismäßig sein, schwerwiegende Eingriffe in die Rechte des Bürgers müssen durch eine andere Instanz genehmigt werden. Willkommen im Rechtsstaat „Körper“....

Erkennen von Selbst und Fremd

Das erste Prinzip lautete, dass Gesetzestreue nicht behelligt werden sollen, dafür haben die körpereigenen Zellen eine Art Personalausweis, den Gewebeverträglichkeitskomplex *(Major Histocompatibility Complex, MHC)*. Dieser MHC ist bei jedem Menschen unterschiedlich, er ist individuell wie ein Personalausweis. Zellen mit unverändertem MHC können so als körpereigene Zellen erkannt werden, alle anderen fremden Zellen und Partikel wie Giftstoffe, Erreger, Krebszellen und Transplantate von anderen Menschen werden als fremd erkannt und angegriffen.

Das Abwehrprinzip der drei Barrieren

Das zweite Prinzip, das Gebot der Verhältnismäßigkeit, ist im Immunsystem durch ein abgestuftes Barrierenprinzip verwirklicht: die Haut – das unspezifische und das spezifische Abwehrsystem (s. Seite 236).

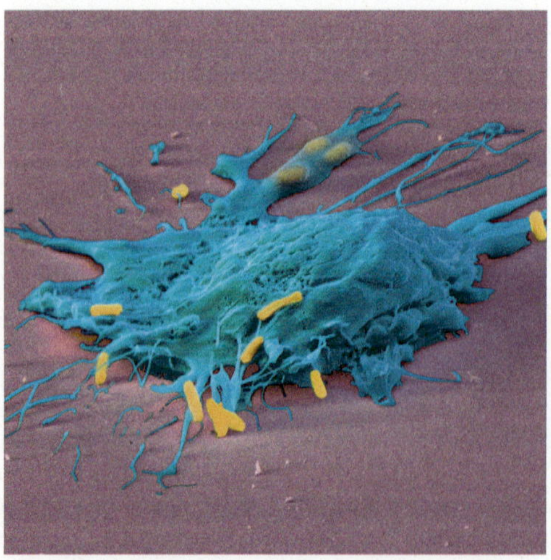

1 Ein Makrophage spürt Bakterien (gelb) auf

Intakte Haut

Es ist besser, Erreger erst gar nicht in den Körper gelangen zu lassen statt sie nachher bekämpfen zu müssen. Entsprechend fungiert die erste Barriere die intakte Haut als Schutzwall. Selbst hoch gefährliche Erreger wie HIV können nicht durch intakte Oberhaut hindurchdringen und auch die intakte Schleimhaut schützt vor einigen Erregern. Die Pflege der Hände mit entsprechenden Hautpflegeprodukten ist daher ein wichtiges Prinzip der Infektionsvermeidung in Pflegeberufen.

Unspezifisches Immunsystem

Hat ein Erreger die Haut überwunden, stößt er auf die 2. Barriere, das unspezifische Immunsystem. Wie der Name bereits andeutet, wird auf dieser Stufe kein spezieller Erreger bekämpft, alles wird angegriffen, was fremd ist. Als fremd erkannte Stoffe, die eine Immunreaktion hervorrufen, werden *Antigene* genannt. Die vom unspezifischen Immunsystem erkannten Allergene sind sehr allgemein, also typische Strukturen, die bei vielen Bakterien und Viren vorkommen.

Das unspezifische Immunsystem hat zwei Arme. Der erste Arm sind antivirale und antibakterielle Faktoren in den Körperflüssigkeiten, der sogenannte *humorale* Arm. Der zweite ist an Zellen gebunden, der *zelluläre* Arm der unspezifischen Abwehr.

Humorale Faktoren sind z.B. das Enzym Lysozym, das die Zellwand von Bakterien angreift. Lysozym findet sich in der Tränenflüssigkeit und im Speichel. Ein weiterer humoraler Faktor ist Interferon, der die Virenvermehrung hemmt. Ein besonderer humoraler Faktor ist das Komplementsystem. Dieses kann über einen lange Kaskade auch durch die o.g. unspezifischen Antigene aktiviert werden und führt dann zur Lyse, d.h. zur Auflösung der Zellmembran oder Wand der entsprechenden Zellen.

Der zelluläre Arm des unspezifischen Immunsystems besteht vor allem aus Zellen, die Fremdkörper auffressen. Man nennt diese Fresszellen oder *Phagocyten*. Besonders wichtig sind die großen Phagocyten, die *Makrophagen* (Abb. 1). Phagocytierte Fremdkörper werden von den aggressiven Enzymen der Makrophagen getötet, in ihre Bestandteile zerlegt und verdaut.

Das Immunsystem

Das Immunsystem umfasst mehrere Organe, die nur im Zusammenspiel eine adäquate Immunantwort erlauben.

Lymphsystem

Das Lymphsystem ist im Gegensatz zum Herz-Kreislaufsystem ein *offenes System*, d. h. es beginnt blind. Es dient zur Drainage von Lymphe, die aus aus den Kapillaren ausgetretenem Blutplasma und weißen Blutkörperchen besteht. Die Lymphe wird in immer größeren Lymphbahnen zu den *Lymphknoten* und den anderen *lymphatischen Organen* geführt.

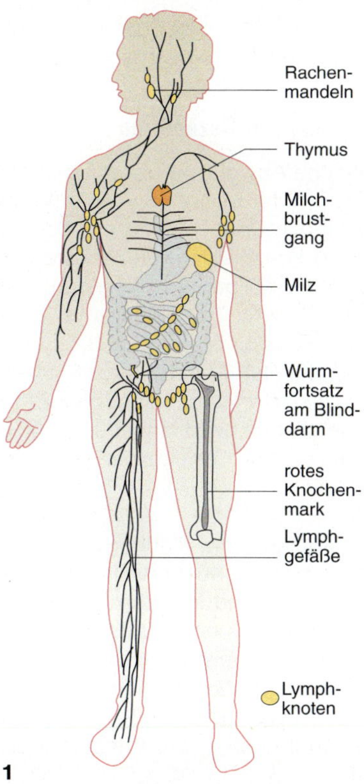

1

Dort werden Antigene aus dem Gewebe rasch den entsprechenden immunkompetenten Zellen zugeführt. Man bezeichnet die Lymphknoten daher auch als *Filterstation*, die bei entzündlichen Reaktionen in den Lymphknoten gut tastbar werden. Die Lymphbahnen enden schließlich in der oberen Hohlvene, sodass die Lymphe in den Blutkreislauf fließt.

Weißes Blutbild

Man unterscheidet ein *rotes* und ein *weißes Blutbild*. Der Name rührt daher, dass beim ungefärbten Blutausstrich die Zellen rot *(Erythrocyten*, s. Seite 86) und weißlich (weiße Blutkörperchen oder *Leukocyten)* erscheinen.

Die Leukocytenfraktion umfasst eine Vielzahl von Zellen, die alle aus einer Stammzelle im Knochenmark hervorgehen (Abb. 2). Aus der Stammzelle entwickeln sich *lymphoide* und *myeloische Vorläuferzellen* als sogenannte *Differenzierungslinien*.

Aus der myeloischen Vorläuferzelle entwickeln sich die Zellen des unspezifischen Abwehrsystems. Man unterscheidet dabei Zellen mit kleiner mikroskopisch sichtbarer Körnung, die *Granulocyten*. Diese lassen sich nach ihrem Färbeverhalten weiter einteilen in nicht anfärbbare *neutrophile Granulocyten*, blau anfärbbare *basophile* und rot anfärbbare *eosinophile Granulocyten*. Neutrophile Granulocyten sind wie Makrophagen zur Phagocytose befähigt, die eosinophilen und basophilen Granulocyten sind zusammen mit den *Mastzellen* an der Entstehung von allergischen Reaktionen beteiligt.

Die lymphoide Vorläuferzelle kann T- und B-Zellen bilden. Die T-Zellen haben ihren Namen erhalten, da sie in unreifer Form das Knochenmark verlassen und erst im *Thymus* ausreifen (s. Abb. 1). Der Thymus ist ein etwa 40 g schweres Organ, das sich bis zur Pubertät zurückbildet. Die B-Zellen erhalten ihren Namen von der sogenannten *Bursa*, einem typischen Organ von Vögeln, wo diese zuerst entdeckt wurden. Beim Menschen geschieht die Reifung im Knochenmark. Bei einer Infektion vermehren sich zunächst die Zellen des unspezifischen myeloischen Systems und schließlich die des spezifischen lymphoiden Systems. Man nutzt dies diagnostisch, indem man bei Infektionsverdacht einen Blutausstrich durchführt. Leukocytenvermehrung nennt man *Leukocytose*. Sie führt zum schnelleren Absinken der Blutzellen in einem Standzylinder. Diese *erhöhte Blutsenkungsgeschwindigkeit* wird als diagnostischer Hinweis bei Infektionsverdacht genutzt.

Entzündungsreaktion

Allen Leukocyten gemeinsam ist die Fähigkeit, die Blutgefäße verlassen und sich aktiv zum entzündeten Gewebe fortbewegen zu können. Am Ort der Entzündung werden körpereigene und -fremde Entzündungsstoffe produziert, die den Leukocyten quasi als Fährte dienen; man spricht von *Chemotaxis*. Außerdem sorgen die Entzündungsstoffe für eine vermehrte Durchblutung des Gewebes und eine erhöhte Kapillardurchlässigkeit für die Leukocyten. Diese Reaktionen führen zu den typischen *Entzündungszeichen*: Rötung, Schwellung, Überwärmung und Schmerz.

2
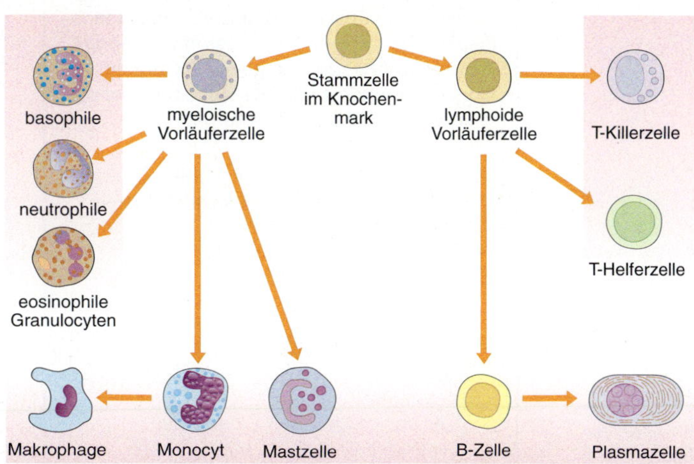

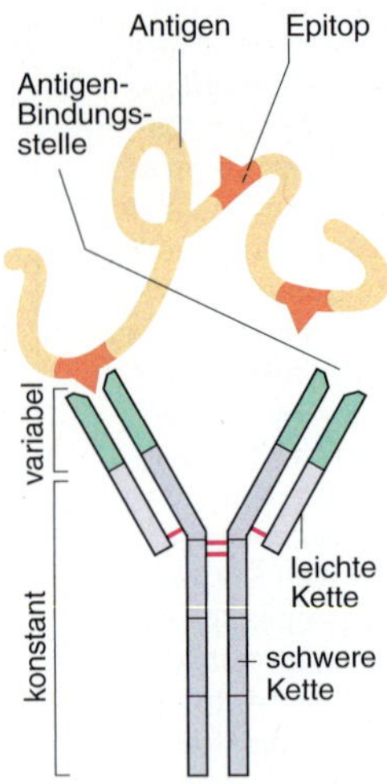

Antikörper bindet an Epitop

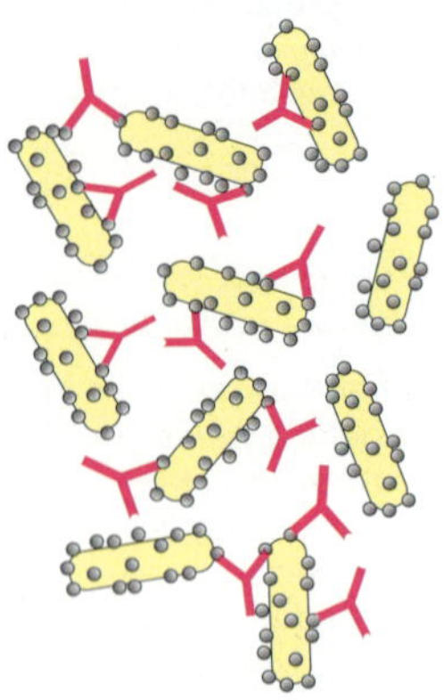

Verklumpung von Zellen durch Antikörper

Spezifisches Abwehrsystem

Einige Erreger entkommen dem unspezifischen Abwehrsystem. Sie werden z. B. durch das unspezifische Abwehrsystem nicht erkannt, oder können durch die Makrophagen nicht abgebaut werden. Für diese Erreger kommt die „Antiterrorspezialeinheit" des Körpers, das *spezifische Immunsystem* zum Einsatz. Ein Angriff dieses spezifischen Immunsystems gegen eine Zelle endet immer tödlich. Richtet sich dieses gefährliche System gegen den eigenen Körper, sind *Allergien* (s. Seite 240) und so genannte *Autoimmunkrankheiten* (s. Seite 241) die Folge. Um solche Folgen möglichst auszuschließen, gibt es im spezifischen Immunsystem ausgeklügelte Kontrollmechanismen (s. Seite 237).

Weiterhin wird durch ein *Schlüssel-Schloss-Prinzip* erreicht, dass nur spezifisch Zellen mit fremden Antigenen angegriffen werden können. Dieses Schlüssel-Schloss-Prinzip bietet eine hohe spezifische Sicherheit, bedeutet aber gleichzeitig, dass für jedes Antigen einer fremden Zelle spezifische Immunzellen vorliegen müssen, d. h. im Körper liegen Milliarden verschiedener spezifischer Immunzellen vor; ein Problem, das, wie im Folgenden beschrieben, elegant durch ein Baukastenprinzip gelöst ist.

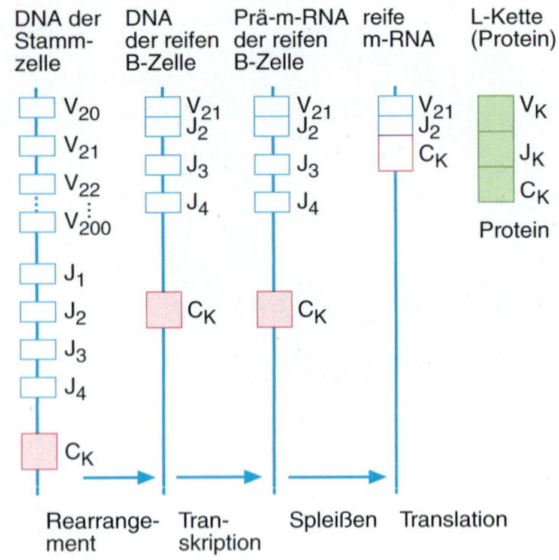

1 Prinzip der Antikörpervielfalt

Arme des spezifischen Immunsystems

Das spezifische Immunsystem besteht wie das unspezifische aus einem *humoralen* und einem *zellulären Arm*. Der humorale Arm besteht aus den von B-Zellen produzierten Antikörpern, der zelluläre Arm aus T-Zellen.

Baukastenprinzip für Rezeptoren

Die spezifische Abwehr beruht auf dem Vorratsprinzip, d. h. für Millionen von Antigenen liegen bereits B- und T-Zellen mit den entsprechenden spezifischen Rezeptoren vor. Woher kann der Körper aber im Voraus wissen, welche Erreger irgendwann im Leben einmal relevant sein können? Die Lösung ist wie so oft in der Natur ein Baukastenprinzip. Dieses Prinzip ist im Wesentlichen für B- und T-Zellen gleich und wird daher nur für die besser untersuchten Antikörper der B-Zellen dargestellt.

Der Grundaufbau von Antikörpern ist Y-förmig, sie bestehen aus jeweils zwei identischen schweren und leichten Ketten. Alle Antikörper haben einen identischen konstanten Teil und den jeweils spezifischen variablen, Antigen bindenden Teil (s. Randspalte). Bei T-Zellen sind diese Rezeptoren membranständig, aber im Prinzip ähnlich aufgebaut.

Zettelkasten

Der ELISA-Test

Für einen ELISA-Test (engl. für *Enzyme-Linked Immunosorbent Assay)* werden zunächst Probengefäße mit dem zur Immunisierung verwendeten, aufgereinigten Antigen beschichtet. Dann werden die zu testenden *monoklonalen Antikörper* in jeweils ein Testgefäß gegeben. Befindet sich darin der gesuchte Antikörpertyp, binden die Antikörper an die auf der Gefäßoberfläche festsitzenden Antigene. Die Gefäße werden gewaschen, um nicht gebundene Antikörper zu entfernen. Ein zweiter Antikörper wird hinzugegeben, der an den monoklonalen Antikörper bindet. Dieser ist mit einem Enzym verkoppelt, das ein farbloses Substrat in einen Farbstoff umwandelt. Hybridomklone, die den gewünschten monoklonalen Antikörper (MAK) enthalten, werden am gebildeten Farbstoff erkannt.

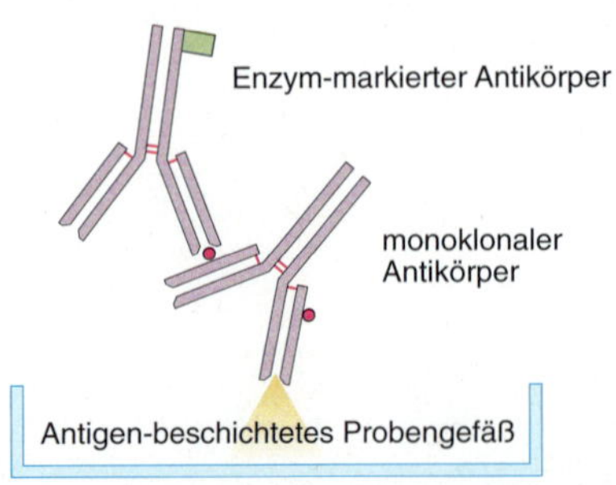

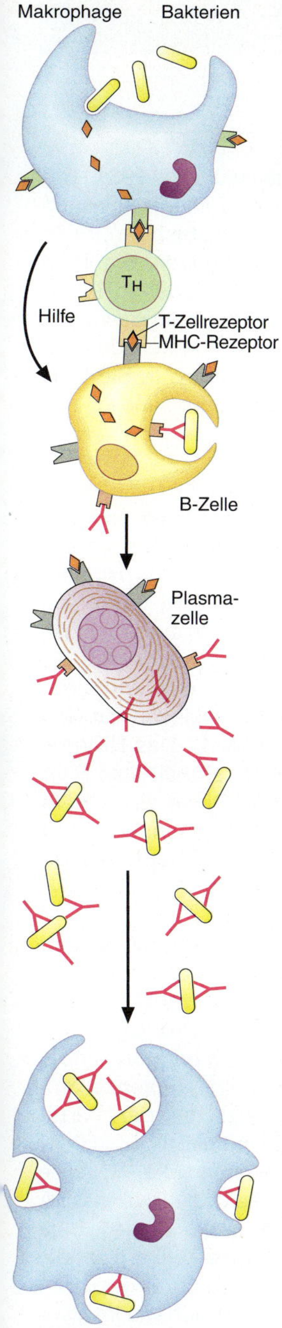

T-Zellhilfe bei der Antikörperproduktion

MHC
(**M**ayor **H**istocompatibility **C**omplex)
MHC-Proteinkomplexe signalisieren „körpereigen" oder präsentieren Antigene.

Sowohl die leichte als auch die schwere Kette werden nach dem Baukastenprinzip erstellt. Der Antigen bindende Teil der leichten Kette besteht aus zwei Abschnitten V *(variable)* und J *(join)*; der konstante aus einem Teil C. Für V sind etwa 200 Genabschnitte bekannt, für J 4. Diese Abschnitte können wie Bausteine kombiniert werden (S. 236, Abb. 1). Nach dem gleichen Prinzip ist die schwere Kette aufgebaut, die mit der leichten kombiniert wird. So ergeben sich über 7 Millionen unterschiedlich gebaute Antikörper. Zwei weitere Prinzipien erhöhen die Vielfalt der Antikörper um ein Milliardenfaches. Beim Zusammensetzen der einzelnen DNA-Abschnitte geschehen häufig *Deletionen* und *Insertionen* (s. Seite 119), weiterhin wird durch die Stimulation der B-Zellen nach Antigenkontakt die Mutationsrate um ein Millionenfaches verstärkt. Alle drei Mechanismen zusammen ergeben die unglaubliche Zahl von 10^{15} unterschiedlichen möglichen Antikörpern.

Humorale Immunantwort

Kann ein Makrophage einen Erreger nicht durch Phagocytose unschädlich machen, transportiert der Makrophage Bruchstücke der Antigene dieses Erregers an seine Oberfläche und wird so zu einer sogenannten Antigen präsentierenden Zelle (s. Randspalte). An die präsentierten Antigene des Erregers dockt spezifisch eine besondere T-Zelle, die *T-Helferzelle*, an. An den spezifischen Rezeptor der T-Helferzelle muss sich nun wiederum eine B-Zelle spezifisch andocken. Erst nach dieser zweifachen Kontrolle setzt die T-Helferzelle stimulierende Botenstoffe *(Cytokine)* frei. Diese bewirken, dass sich die B-Zelle in eine Antikörper produzierende *Plasmazelle* umwandet. Weiterhin bewirken die Cytokine eine rasche Zellteilung der spezifischen Plasmazelle. Durch die so entstandenen Klone der spezifischen Plasmazelle können nun große Mengen spezifischer Antikörper gegen den Erreger hergestellt werden.

Das Andocken von Antikörpern an Erreger und Giftstoffe schädigt diese in vielfacher Weise: Bindungsstellen werden blockiert, Partikel werden verklumpt (s. Randspalte S. 236) und lösliche Antigene fallen durch die Verklumpung aus. Schließlich markieren antikörperbesetzte Antigene diese für den Angriff von Makrophagen und Komplement. Die Komplementfaktoren können sich dann an den konstanten Teil der Antikörper anheften und den Erreger lysieren. Makrophagen finden Antikörper markierte Erreger leichter

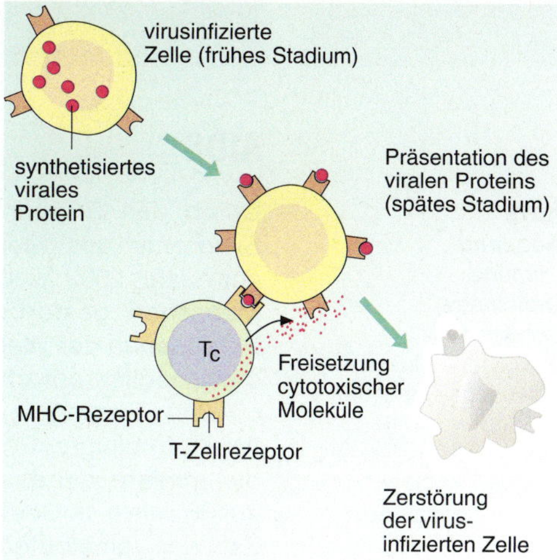

1 T-Killerzellen eliminieren virusbefallene Zellen

auf und werden zusätzlich durch die Markierung angeregt, stärker wirksame Giftstoffe zu produzieren.

Zelluläre Immunantwort

Die zelluläre Immunantwort erfolgt durch *T-Killerzellen* (T_C). Diese richten sich vor allem gegen intrazelluläre Veränderungen, die z. B. durch Virusinfektionen oder Krebs entstehen. Im Prinzip gibt es viele Übereinstimmungen mit der humoralen Abwehr. Ein wichtiger Unterschied ist jedoch, dass der spezifische Rezeptor der T-Killerzellen membranständig ist *(T-Zellrezeptor)*. Zwei Bedingungen müssen erfüllt sein, dass die T_C-Zelle aktiv wird: Sie muss erkennen, dass es sich um eine Zelle mit körpereigenem MHC handelt und mittels ihres spezifischen T-Zellrezeptors das Antigen. Nur wenn beide Strukturen erkannt wurden, wird die betroffene Zelle vernichtet (Abb. 1). Die Vermehrung der T-Zellen erfolgt vergleichbar mit B-Zellen durch Bildung von Klonen.

Das immunologische Gedächtnis

Werden B- oder T-Zellen nach Antigenkontakt durch T-Helferzellen stimuliert, bilden diese zusätzlich einen besondern Zelltyp, die *Gedächtniszellen*. Diese sind in der Lage, sich bei erneutem Kontakt mit dem gleichen Antigen an dieses zu „erinnern" und innerhalb kürzester Zeit die spezifische Immunreaktion auszulösen. Den Zustand, wenn Gedächtniszellen vorliegen, nennt man *Immunität*. Diese kann entweder durch direkten Kontakt mit dem Erreger oder durch die entsprechende *Impfung* entstehen.

AIDS

AIDS
Acquired
Immune
Deficiency
Syndrome
erworbenes Immunschwäche-Syndrom

HIV
Human
Immunodeficiency
Virus
menschliches Immunschwäche-Virus

Durch den Erreger des Immunschwäche-Syndroms des Menschen *(HIV)* sind bis zum Jahr 2002 weltweit über 20 Millionen Menschen gestorben. Rund 42 Millionen Personen in der Welt sind infiziert, ihre Zahl steigt täglich um etwa 15000. Jährlich sind 600000 Säuglinge bereits bei der Geburt infiziert. In einigen Entwicklungsländern sank die mittlere Lebenserwartung durch AIDS auf 36 Jahre. In Deutschland beläuft sich die Zahl der gemeldeten Neuinfizierten pro Jahr auf ca. 2000. Eine Bilanz des Schreckens.

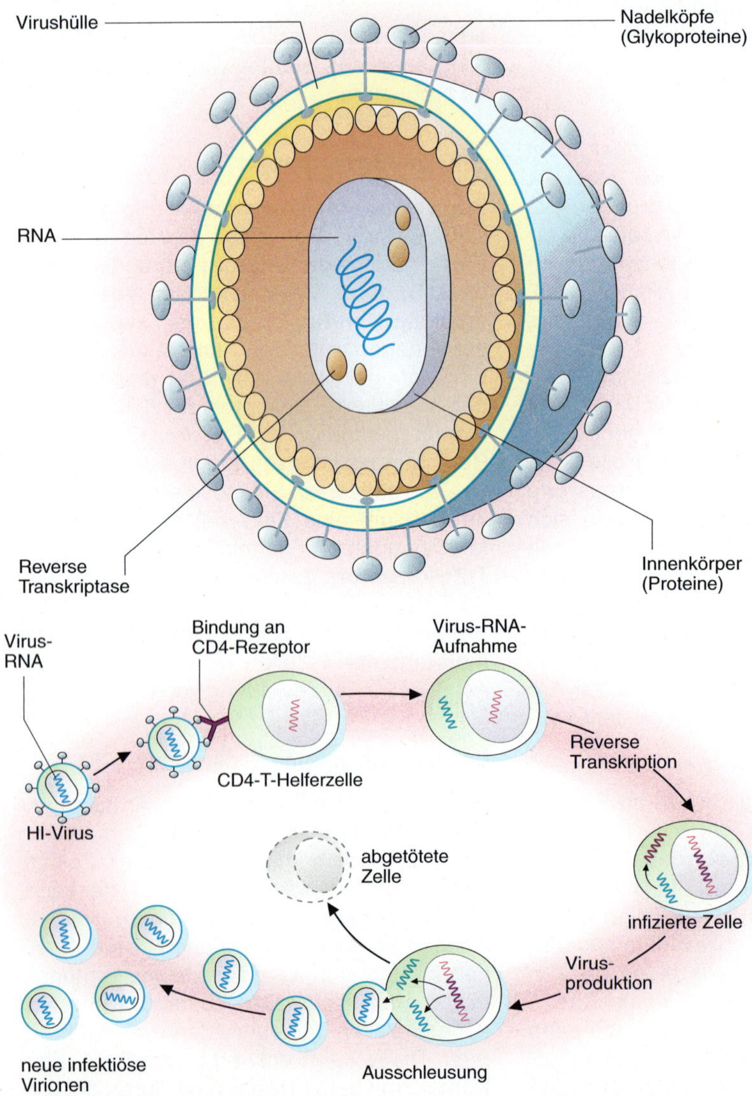

1 HI-Virus und Vermehrungszyklus

Die ersten AIDS-Fälle wurden 1981 beschrieben: Mehrere junge Patienten wiesen Krankheitssymptome auf, die bisher nur von älteren Menschen bekannt waren. Sie litten an Hauttumoren und verschiedenen Infektionskrankheiten. Es konnte nachgewiesen werden, dass bei diesen Patienten das Immunsystem stark geschwächt war. Sie starben nach einigen Monaten oder Jahren.

HIV: Der AIDS-Erreger

1983 wurde der Erreger der Immunschwächekrankheit AIDS identifiziert, das so genannte Immunschwäche-Virus *HIV (Human-Immunodeficiency-Virus)*. Die HI-Viren sind kugelförmig (Ø 0,1 μm), ihre äußere Hülle besteht aus einer Lipid-Doppelschicht, die von der äußeren Membran der Wirtszelle stammt. Sie ist wie ein Nadelkissen mit Glykoproteinen gespickt (Abb. 1). Das HI-Virus gehört zu den *Retroviren*, enthält also RNA als genetisches Material. Diese virale RNA befindet sich im proteinhaltigen Innenkörper zusammen mit mehreren Molekülen des Enzyms *Reverse Transkriptase*.

Gelangen HI-Viren in die Körperflüssigkeit eines Menschen, binden sie nach dem *Schlüssel-Schloss-Prinzip* vorrangig an Zellen mit dem Oberflächenmolekül CD4, also an *T-Helferzellen* (aber auch an Monocyten, Makrophagen und spezielle Nervenzellen). Die Virushülle verschmilzt mit der Wirtszellmembran und das virale Erbgut (RNA) gelangt in das Cytoplasma. Die Reverse Transkriptase schreibt die virale RNA in DNA um *(Reverse Transkription)*. Diese virale DNA gliedert sich im Wirts-Zellkern in die DNA ein. HIV kann jahrelang als Provirus im Organismus verbleiben und sich wie im lysogenen Zyklus mit der Wirtszelle vermehren. Da in dieser Phase keine Proteine gebildet werden, wird der Provirus vom Immunsystem nicht erkannt. Wird die infizierte T-Helferzelle jedoch infolge einer anderen Infektion aktiviert, wird auch die DNA des Provirus abgelesen (Transkription und Translation) und die Wirtszelle bildet HIV-RNA und virale Proteine. Schließlich platzt die T-Helferzelle und entlässt Viruspartikel, die sich dabei mit einem Teil der Wirtsmemb-ran umgeben. Die freigesetzten HI-Viren können nun weitere Immunzellen infizieren.

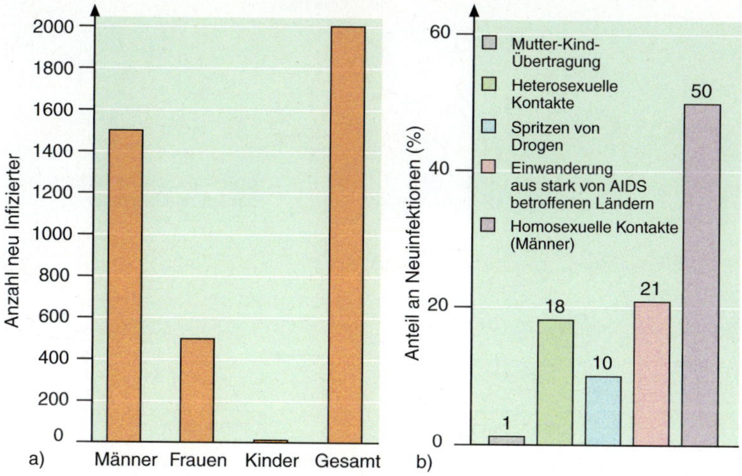

1 HIV: Neuinfektionen (a) und Infektionswege (b), Deutschland 2002

Der Krankheitsverlauf

Im Verlauf einer HIV-Infektion geht die Zahl der T-Helferzellen drastisch zurück. Dieser Zelltyp nimmt aber eine Schlüsselposition im spezifischen Immunsystem ein. Man unterscheidet verschiedene Stadien der HIV-Infektion: Das frühe Stadium in den ersten Wochen nach der Infektion zeichnet sich durch hohes Fieber und geschwollene Lymphknoten aus. Der Körper bildet Antikörper, die sich im Blut zwar ebenso wie die HIV-RNA nachweisen lassen *(HIV-positiv)*, aber wenig wirksam sind. Die Beschwerden klingen wieder ab und der HIV-Positive kann über Jahre symptomfrei sein, jedoch andere Menschen infizieren. In der Folgezeit sinkt die Zahl der T-Helferzellen und das Immunsystem wird zunehmend geschwächt, bis im dritten Stadium bereits harmlose Infektionen zu Erkrankungen führen. Die Lymphknoten sind dauerhaft geschwollen. Erst das Endstadium einer HIV-Infektion wird als *AIDS* bezeichnet. Jetzt führen Infektionen (z. B. Lungenentzündung, Toxoplasmose) sowie typische Tumoren (Kaposi-Sarkom, Lymphome) oder bzw. und Gehirnveränderungen schließlich zum Tod des Patienten.

Behandlungsmöglichkeiten

Eine HIV-Infektion kann zur Zeit noch nicht geheilt werden. *Medikamente* können den Verlauf der Krankheit aber verlangsamen, indem sie die Vermehrung der Viren im Körper hemmen und zugleich die Zahl der T-Helferzellen stabilisieren. Ansatzpunkt ist dabei die *Reverse Transkriptase*. Sie lässt sich durch Basenanaloga wie AZT *(Azidothymin)* hemmen. AZT ähnelt der Base Thymin, stört aber die Reverse Transkription und damit die Bildung weiterer Viren. Dadurch sinkt die HIV-Konzentration im Blut und die Lymphocytenkonzentration steigt. Das Medikament muss lebenslang eingenommen werden. Bei schwangeren Frauen kann durch AZT die Infektion des ungeborenen Kindes verhindert werden.

Die Suche nach einem *HIV-Impfstoff* erweist sich aus verschiedenen Gründen als schwierig: HI-Viren sind sehr variabel, weil die Reverse Transkriptase bei der Umschreibung von RNA in DNA viele Basenpaarungsfehler erzeugt. Dadurch entstehen neue Virusmutanten, bevor der Wirtsorganismus wirksame Antikörper bilden konnte. Außerdem macht die Virushülle Probleme, denn sie umgibt HIV wie ein Tarnmantel aus wirtseigenen Molekülen und wird vom Immunsystem nicht angegriffen. Zur Zeit wird nach Antikörpern gegen das Glykoprotein der Nadelköpfe gesucht, denn es ist relativ wenig veränderlich, da es sonst nicht an die Rezeptormoleküle der T-Helferzellen binden könnte (Abb. 238.1). Außerdem versucht man, Antikörper aus dem Blut von solchen HIV-positiven Personen zu isolieren und zu analysieren, die lange AIDS-symptomfrei blieben.

Infektionsrisiko und Infektionsschutz

Solange eine wirksame Behandlung von AIDS nicht möglich ist, ist der beste Schutz die Vermeidung der Ansteckung. Dazu muss man die Infektionswege der HI-Viren kennen: Das Virus tritt in zellhaltigen Körperflüssigkeiten wie Blut, Lymphe, Muttermilch, Sperma oder Scheidensekret auf. Neuinfektionen erfolgen in unserer Gesellschaft am häufigsten durch ungeschützten Geschlechtsverkehr. Hier lässt sich das Infektionsrisiko durch die Verwendung von Kondomen deutlich verringern. Nur durch eigenverantwortliches Handeln kann sich der Einzelne schützen und die weitere Verbreitung des Erregers verhindern (Abb. 1). Auf Kondome sollte in einer Partnerschaft erst dann verzichtet werden, wenn sichergestellt ist, dass keiner der Partner Virusträger ist. Dies lässt sich mit einem *HIV-Test* feststellen, der z. B. bei einer Blutspende routinemäßig vorgenommen wird.

Bei alltäglichen Kontakten besteht keine Ansteckungsgefahr. HIV-Infizierte können ohne Gefahr für andere am gesellschaftlichen Leben teilnehmen und dürfen nicht ausgegrenzt werden.

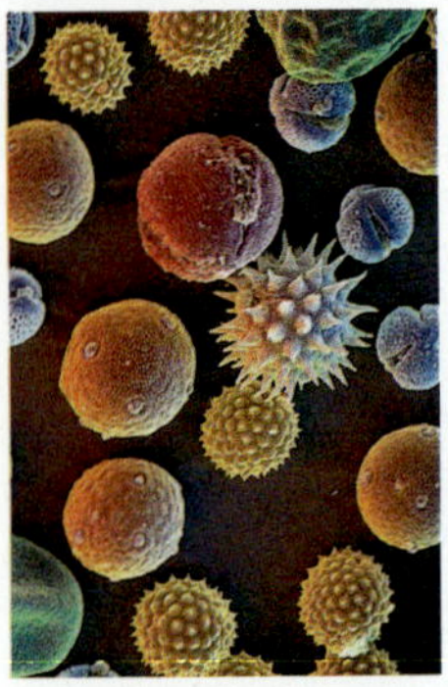

Pollen

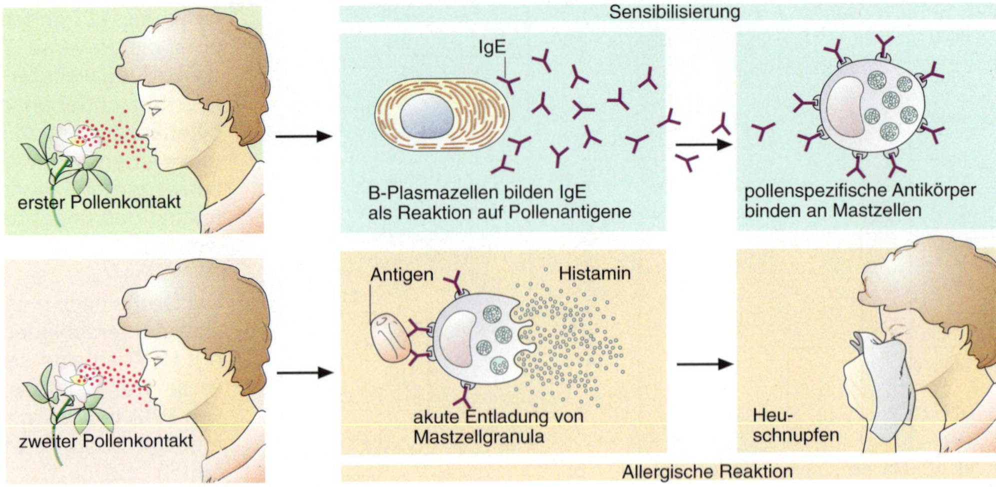

1 Abläufe bei der Allergie vom Soforttyp

Unerwünschte Immunreaktionen

Der Preis, den ein Organismus für die komplexe Immunabwehr zahlt, besteht im Risiko unerwünschter Über- oder Fehlreaktionen des Immunsystems. Während Antigen-Antikörper-Reaktionen in der Regel unbemerkt ablaufen und den Organismus schützen, können sie sich dann schädlich auswirken.

Allergien

Eine typische Überreaktion ist die *Allergie*. Sie äußert sich z.B. bei vielen Menschen als *Heuschnupfen*: Besonders im Frühjahr und Sommer, wenn die Luft von Pollen erfüllt ist, reagieren betroffene Personen mit Augenrötungen und Niesreiz. Allergie auslösende Antigene wie Pollen bezeichnet man als *Allergene*. Heuschnupfen und allergisches Bronchialasthma sind Allergien vom *Soforttyp*, d.h. nach einem ersten Kontakt der Schleimhäute mit dem Allergen *(Sensibilisierung)* löst das Allergen beim nächsten Mal sofort eine heftige Reaktion aus. Plasmazellen reagieren auf das Antigen, indem sie hauptsächlich Antikörper der Klasse IgE bilden. Die Y-förmigen Moleküle heften sich mit ihrem konstanten Ende an membranständige Rezeptormoleküle von Mastzellen. Diese IgE-beladenen Mastzellen werden aktiviert, sobald die Antikörper Allergen binden. Sie entladen dann *Histamin* und andere hochaktive Stoffe in den extrazellulären Raum. Das führt innerhalb weniger Minuten zu Gefäßerweiterungen, Ödemen und Nesselsucht (Abb. 1) Beim Heuschnupfen bleiben diese allergischen Reaktionen meist lokal begrenzt. Bei einem Insektenstich oder einer Medikamentenunverträglichkeit kann sich die Reaktion aber auf den ganzen Körper ausbreiten und zu einem lebensbedrohenden Blutdruckabfall und Bronchialkrämpfen führen *(allergischer Schock)*.

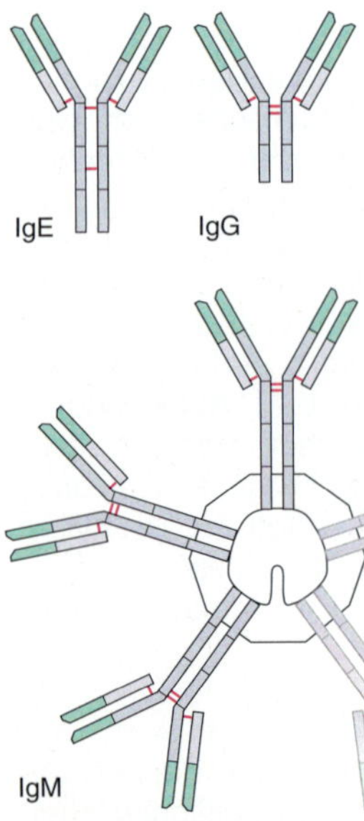

Antikörpertypen IgM, IgG und IgE

Zahlreiche Stoffe, wie Seifen, Kosmetika, Kunstfasern, Nickel oder Chrom, können als *Kontaktallergene* wirken und auf der Haut Ekzeme hervorrufen. Kontaktallergien gehören zu den Allergien vom *Spättyp*, sie treten erst einen Tag oder mehrere Wochen nach dem Antigenkontakt auf und werden durch Zellen, vor allem T-Lymphocyten und Makrophagen, vermittelt.

Eine Behandlung allergischer Reaktionen ist wegen der verschiedenen Ursachen schwierig. Am besten ist es, den Allergenkontakt zu vermeiden. Wo dies nicht gelingt, hilft oftmals eine *Desensibilisierung*: Mit regelmäßigen, langsam steigenden Allergendosen löst man die zusätzliche Freisetzung von Antikörpern der Klasse IgG aus. Diese fangen die Allergene ab, bevor sie die Mastzellen aktivieren können. Bei akuten allergischen Reaktionen helfen kurzfristig Medikamente, die das Histamin binden.

Transplantation und Transfusion

Mit einer Allergie vergleichbare Immunreaktionen lassen sich bei Abstoßung körperfremden Gewebes nach einer Transplantation beobachten, denn auch hier wird die zelluläre Immunabwehr aktiviert. Vor allem *T-Killerzellen* und *Makrophagen* zerstören die fremden Zellen. Das Fremdgewebe wird umso intensiver und schneller abgestoßen, je stärker sich bestimmte Proteine auf den Spender- und Empfängerzellen unterscheiden *(Transplantationsantigene)*. Vor jeder Transplantation werden daher die Gewebe von Spender und Empfänger auf Verträglichkeit hin untersucht. Meistens stimmen die Transplantationsantigene nur unvollständig überein und die Immunreaktion des Empfängers muss medikamentös unterdrückt werden *(Immunsuppression)*. Das kann allerdings zu Komplikationen führen, denn der Patient wird dadurch sehr infektanfällig, in einigen Fällen greifen sogar die Immunzellen des Transplantats den immunschwachen Empfänger an *(Transplantat-gegen-Wirt-Reaktion)*. Heute können Nieren, Knochenmark, Hornhaut, Leber, Herz und Bauchspeicheldrüse transplantiert werden.

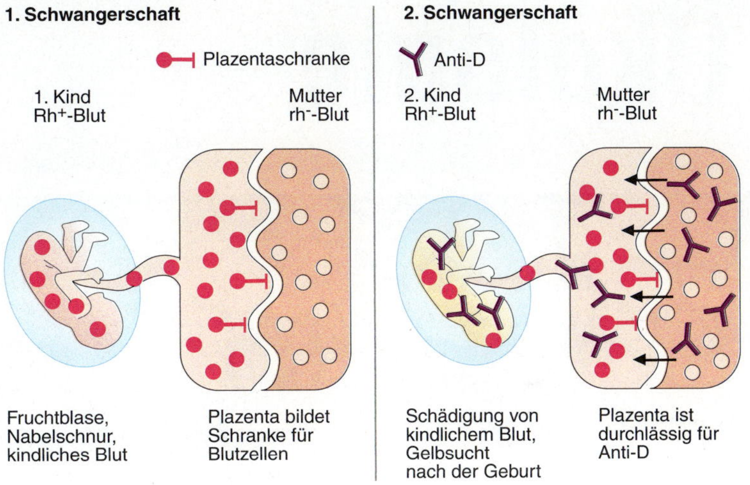

1 Rhesusunverträglichkeit

Im Vergleich zu Gewebstransplantationen sind die Erfolgsaussichten bei einer *Bluttransfusion* ungleich größer, denn Blutzellen tragen weniger Transplantationsantigene als andere Zellen. Von den mehr als 100 verschiedenen *Blutgruppensystemen* sind vor allem das *AB0-System* und das *Rhesussystem* von Bedeutung. Ohne vorherigen Kontakt zu fremden Blutzellen besitzt jeder Mensch im Blutserum IgM-Antikörper gegen diejenigen Antigene des AB0-Systems auf den Roten Blutzellen, die ihm selbst fehlen. Man nimmt an, dass sie gegen Antigene von Darmbakterien gebildet wurden, die den Blutgruppenantigenen ähnlich sind. Blut der Blutgruppe A enthält also Antikörper gegen das Antigen B (Anti-B), Blut der Blutgruppe 0 enthält Anti-A und Anti-B. Erhält z. B. ein Empfänger mit der Blutgruppe A fälschlicherweise Blut der Gruppe B, verklumpen die Blutzellen und verstopfen die Kapillaren. Diese Verklumpung ist eine Immunreaktion des Empfängers auf die Antigene der fremden Blutzellen und lässt sich auch im Reagenzglas beobachten (Blutgruppentest s. Randspalte).

Die *Rhesuseigenschaft* von Blutzellen wird durch mehrere Antigene bestimmt (C, D, E), dabei ist Antigen D am wirksamsten. Daher nennt man Personen, deren Blutzellen das Antigen D aufweisen, vereinfachend *Rh-positiv*, solche ohne D *rh-negativ (d)*. Im Gegensatz zum AB0-System entstehen D-Antikörper bei einer rh-negativen Person erst nach einem Kontakt mit Rh-positivem Blut. Diese Sensibilisierung kann bei einer unverträglichen Bluttransfusion erfolgen, aber auch bei einer Geburt oder Fehlgeburt, wenn kindliches Rh-positives Blut in den mütterlichen Kreislauf gelangt. Eine rh-negative Mutter bildet dann IgG-Antikörper gegen die Rh-positiven Blutzellen des Kindes. Bei einem Zweitkontakt, also einer weiteren Schwangerschaft, können diese Antikörper über die Plazenta in den kindlichen Kreislauf gelangen, die Blutzellen zerstören und dem Ungeborenen schaden. Hier hilft dann nur ein sofortiger Blutaustausch beim Neugeborenen. Vermeiden lässt sich die Erkrankung des Kindes, wenn bei der Mutter gleich nach einer Entbindung eine Anti-D-Prophylaxe durchgeführt wird. Die injizierten Antikörper „maskieren" die kindlichen D-Blutzellen und verhindern die Sensibilisierung.

	Antigene	Antikörper
A	A	Anti-B
B	B	Anti-A
AB	A B	keine
0	keine	Anti-B Anti-A

Blutgruppenmerkmale

Autoimmunkrankheiten

Normalerweise greift das Immunsystem nur körperfremde Zellen oder Stoffe an und verschont körpereigene. Ist diese Unterscheidung von „selbst" und „nicht selbst" gestört, können sich Antikörper jedoch auch gegen körpereigene Substanzen oder Gewebe richten und schwerwiegende *Autoimmunerkrankungen* hervorrufen. 90 % der Patienten mit *Diabetes mellitus* Typ I haben Antikörper im Blut, die gegen die eigenen Zellen der Langerhans'schen Inseln der Bauchspeicheldrüse gerichtet sind (s. Seite 110). Das stört letztlich die Insulinbildung. Auch der chronische entzündliche Gelenkrheumatismus ist eine Autoimmunerkrankung. Der Körper bildet Antikörper gegen körpereigene IgG-Moleküle, die entstehenden Immunkomplexe führen zu Gelenkentzündungen. Bei fast allen Betroffenen sind diese Autoantikörper *(Rheumafaktor)* nachweisbar.

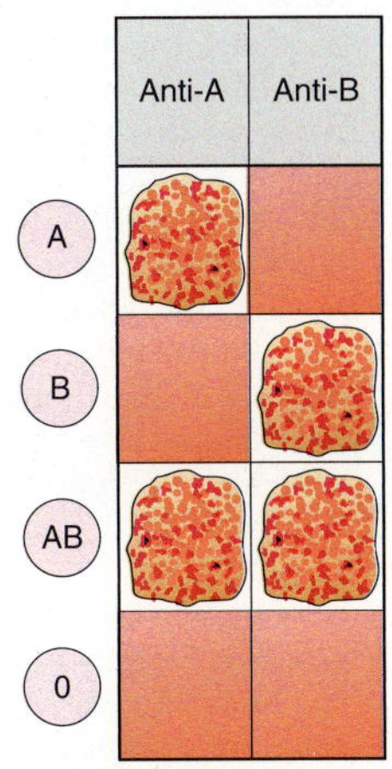

Blutgruppenbestimmung durch Agglutination

Ökologie

Lernsituation

Der Mensch ist Teil des Ökosystems und wirkt gleichzeitig in großem Ausmaß auf Ökosysteme ein. Wo müssten wir umdenken?

Schätzungen der UN zufolge wird sich die durchschnittliche Temperatur auf der Erde innerhalb der nächsten 50 Jahre um 1 bis 3 °C erhöhen. Können diese paar Grad Ökosysteme verändern?

Wie gefährlich ist es, eine fremde Art einzuführen oder eine ausgerottete Art wie den Bären oder den Wolf wieder anzusiedeln?

Unsere Verhaltensweisen haben Auswirkungen auf die Ökosysteme, z. B. die Folgen eines erhöhten Fleischkonsums oder der Einsatz von Insektiziden.

Einerseits sterben weltweit pro Tag nach Schätzungen 10 bis 100 Arten pro Tag aus, andererseits scheinen Umweltschutzbestimmungen manchmal übertrieben zu sein. Wie viel Verzicht ist notwendig und wie kann eine begründete Gefahren-Nutzen-Analyse aussehen?

Können Verhaltensweisen, wie erhöhter Fleischkonsum, tatsächlich Auswirkungen auf Ökosysteme haben und sogar den weltweiten Hunger verstärken?

Leitfragen

Die prognostizierte Temperaturerhöhung um 1 bis 3 °C in 50 Jahren mag nicht allzu dramatisch erscheinen. Kann diese Erhöhung tatsächlich Ökosysteme entscheidend verändern?

Eine neue Art wird eingeführt oder eine ausgerottete wieder angesiedelt. Welche Modelle gibt es, um vorauszusagen, wie sich die Populationen entwickeln?

Eingriffe des Menschen wirken sich aber nicht nur auf eine einzelne Population aus, denn die Populationen bilden untereinander und mit der Umwelt ein Beziehungsgefüge, ein *Ökosystem*, in dem alle oben genannten Faktoren vernetzt sind. Erst auf der Ebene des Ökosystems kann man tatsächlich abschätzen, welche Folgen ein Eingriff haben kann, z. B. im Wald oder in Gewässern.

Der Einfluss der Temperatur auf Lebewesen

Biozönose
Lebensgemeinschaft aller Lebewesen in einem Biotop

Biotop
Lebensraum, Gesamtheit aller abiotischen Umweltfaktoren

Habitat
von einer einzelnen Art bevorzugter spezifischer Lebensraum

Eine zentrale Aufgabe der Ökologie ist es, die Wechselbeziehungen zwischen einem Lebewesen und seiner Umwelt zu verstehen. Auf diese Weise wird nachvollziehbar, weshalb zum Beispiel der Quellbereich eines Baches eine ganz andere *Biozönose* beherbergt als ein Tümpel. Maßgeblich sind sowohl abiotische als auch biotische Einflüsse. Physikalisch-chemische Faktoren wie Temperatur, pH-Wert, Wasser oder Salzgehalt wirken als *abiotische Einflüsse*, Organismen im gleichen Lebensraum *(Biotop)*, wie Beute oder Räuber, spielen als biotische Einflüsse eine ebenso wichtige Rolle.

1 Kaiserpinguine in der Antarktis

Lebewesen sind an ihren artspezifischen Lebensraum, das *Habitat*, angepasst, d. h. sie zeigen Merkmale, die ein Überleben unter den dort herrschenden Umweltbedingungen ermöglichen. Einen wichtigen Einfluss stellt die *Temperatur* dar. Auf der Erde gibt es Lebensräume mit höchst unterschiedlichen Temperaturen – und alle werden von Lebewesen besiedelt. So können Pinguine in der Antarktis −60 °C ertragen, während bestimmte Mikroorganismen heiße vulkanische Quellen bis zu 90 °C (Abb. 2), in der Tiefsee sogar bis 120 °C besiedeln. Extreme Temperaturen bringen Probleme mit sich, weil praktisch alle physiologischen Prozesse an enzymatische Reaktionen geknüpft sind. Vor allem die RGT-Regel (s. Seite 55) und die Hitzedenaturierung der Proteine setzen physiologische Grenzen.

Prinzipiell lassen sich bezüglich des Faktors Temperatur zwei grundlegende Typen von *Angepasstheit* finden: *Homoiotherme* (gleichwarme) Organismen, wie Vögel und Säugetiere, halten als *Regulierer* ihre Körpertemperatur weitgehend unabhängig von den Außenbedingungen immer innerhalb enger Grenzen im physiologisch optimalen Bereich von ca. 36 bis 40 °C. Mit Isolationsstrukturen wie Federn, Fell oder Unterhautfett wird der Wärmeverlust verringert. Mithilfe von Regelmechanismen kontrollieren Homoiotherme die Körperkerntemperatur. Dazu dienen Veränderungen der Stoffwechselrate und Umverteilung der Blutzirkulation. Eine spezifische Anordnung der Blutgefäße ermöglicht es Pinguinen und anderen Bewohnern der Polarbereiche, die Wärmeabgabe gering zu halten und ohne zu erfrieren auf dem Eis zu stehen.

Poikilotherme (wechselwarme) Lebewesen halten ihre Körpertemperatur nicht konstant. Wärmeisolationsstrukturen sind selten zu finden. Ihre Körpertemperatur entspricht weitgehend der Umgebungstemperatur. Diese *Konformer* zeigen physiologische Angepasstheiten wie hitzestabile Proteine oder Enzyme, die schon bei niedrigen Temperaturen ihr Optimum erreichen. Poikilotherme Tiere suchen nach Möglichkeit aktiv Bereiche mit lebensfreundlicheren Temperaturen auf, sei es in der Hitzewüste unter der Erde oder in kalten Regionen in der Sonne.

2 Bakterien in heißen Quellen

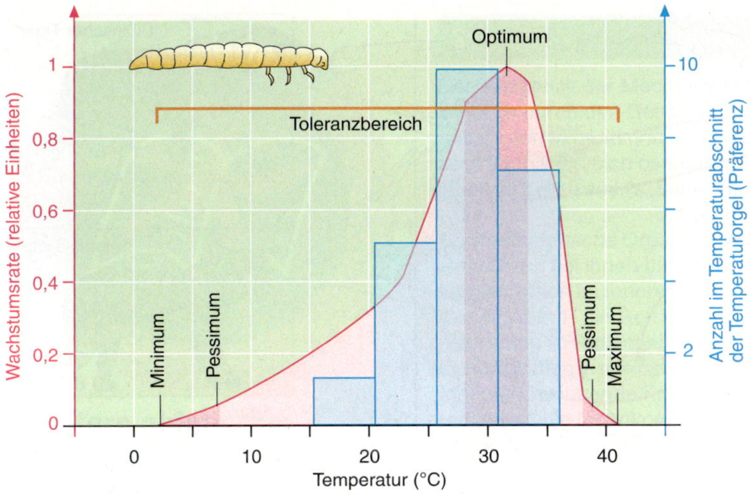

1 Toleranz und Präferenz beim Mehlwurm bezüglich der Temperatur

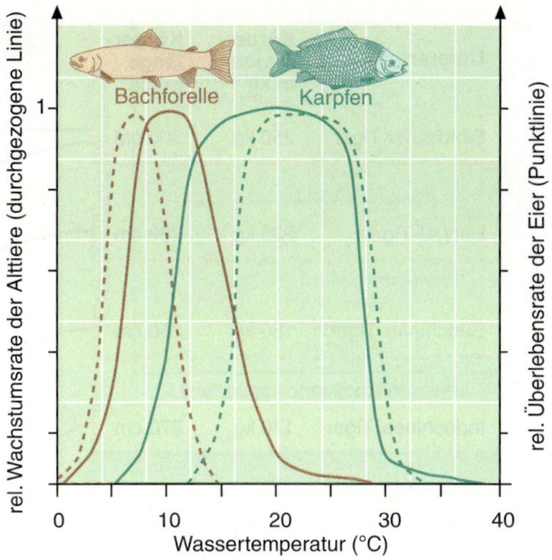

2 Ökologische Potenzen

Ökologische Potenz
Reaktionsbreite einer Art gegenüber einem Umweltfaktor (Eigenschaft des Lebewesens)

Toleranzbereich
Umweltbereich, in dem ein Lebewesen existieren kann

Stenopotenz
(gr. *sten* = schmal, lat. *potentia* = Vermögen) geringe Toleranz bezüglich eines Umweltfaktors

Eurypotenz
(gr. *eurus* = breit) hohe Toleranz

Ökologische Potenz

Ökologische Potenzen erlauben eine quantitative Beschreibung der Ansprüche einer Art. Sie lassen sich für jeden *abiotischen Umwelteinfluss* beschreiben. Das zeigt das Beispiel der Temperaturabhängigkeit.

Bachforellen besiedeln den Oberlauf kalter Gebirgsbäche. Sie laichen im November und Dezember. *Karpfen* dagegen bevorzugen warme stehende oder nur träge fließende Gewässer. Laichzeit ist Mai bis Juni. Derartige artspezifische Ansprüche lassen sich auch experimentell überprüfen: In *Präferenzversuchen* bietet man Individuen einer Art in einer *Temperaturorgel* ein Temperaturgefälle, in dem die Individuen aktiv ihren bevorzugten Platz aufsuchen können (Abb. 1). Bei größeren Tieren wie Fischen ist das in der Praxis allerdings schwierig. Hier arbeitet man eher mit *Toleranzversuchen* (Abb. 2). Sie sind auch bei Pflanzen möglich: Die Lebewesen werden über längere Zeit einer bestimmten Temperatur ausgesetzt und ihre Lebensfähigkeit *(Vitalität)* und bestimmt. Als Maß können Wachstumsraten oder Sterbe- bzw. Überlebensraten dienen. Die meisten Toleranzkurven sind Glockenkurven mit den Kardinalpunkten Minimum, Maximum und Optimum (Abb. 1). Die Spanne zwischen Minimum und Maximum wird *Toleranzbereich* genannt. Sie ist wichtig, da die Umweltbedingungen (zum Beispiel die Temperatur) in einem Gebiet stark schwanken können. In den Grenzbereichen am Minimum oder Maximum ist in der Regel keine Fortpflanzung mehr möglich *(Pessimumbereich)*. Unter solchen Bedingungen kann eine Population deshalb langfristig nicht überleben. Der *Präferenzbereich* ist zumeist kleiner als der Toleranzbereich. Toleranzkurven werden entweder für einzelne Individuen oder für eine Population bestimmt.

Aufgrund genetischer Unterschiede können die ökologischen Potenzen einzelner Individuen in einer Population variieren. Daher ist der Toleranzbereich einer ganzen Population größer als der eines einzelnen Individuums. Gerade diese Populationstoleranz ist für die Anpassungsfähigkeit einer Population unter wechselnden Umweltbedingungen von entscheidender Bedeutung.

Die ökologische Potenz der Bachforelle bezüglich der Temperatur (Überlebensrate der Eier und Wachstum der Alttiere) ist schmaler als die des Karpfens; man spricht von geringer Toleranz oder von *Stenopotenz*. Der Karpfen dagegen zeigt eine vergleichsweise hohe Toleranz; er ist bezüglich der Temperatur *eurypotent*.

Aufgaben

① Vergleichen Sie das Vorkommen und die Laichzeiten von Bachforelle und Karpfen mit den Laborergebnissen (Abb. 1).

② Vergleichen Sie die Toleranzkurve des Mehlwurms (Abb. 1) mit der Temperaturabhängigkeit der Enzymaktivität (Abb. 54. 2).

Grundlagen der Populationsökologie

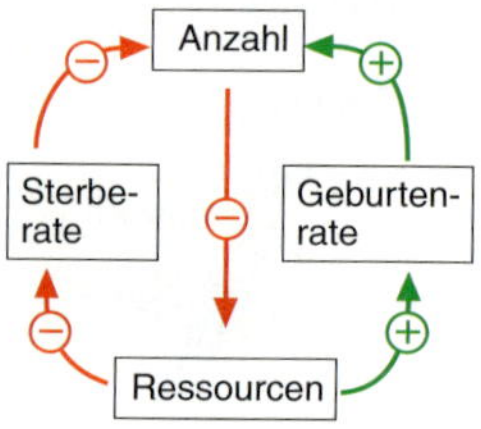

1 Populationsgrößen und Ressourcen

In einem Waldgebiet werden vier männliche und vier weibliche Wölfe ausgesetzt. Wie ändert sich im Laufe der Generationen diese Population? Dies ist eine typische Frage der *Populationsökologie*. Sie ist die Wissenschaft, die sich damit beschäftigt, wie sich Populationen in Größe und Zusammensetzung entwickeln und welche Ursachen dafür verantwortlich sind. Unter einer *Population* versteht man die Gesamtheit der Individuen einer Art, die einen definierten Lebensraum bewohnen.

Im oben genannten Fall der Wölfe sind populationsökologische Aussagen von großer Bedeutung, denn die Anwohner und Besucher des Waldes haben ein großes Interesse daran, zu wissen, ob daraus eine Population aus hunderten von Wölfen wird, die dann eine Bedrohung für Nutztiere und eventuell für den Menschen darstellen könnten. Auch die Wirkungen menschlicher Eingriffe werden in diesem Fachgebiet untersucht.

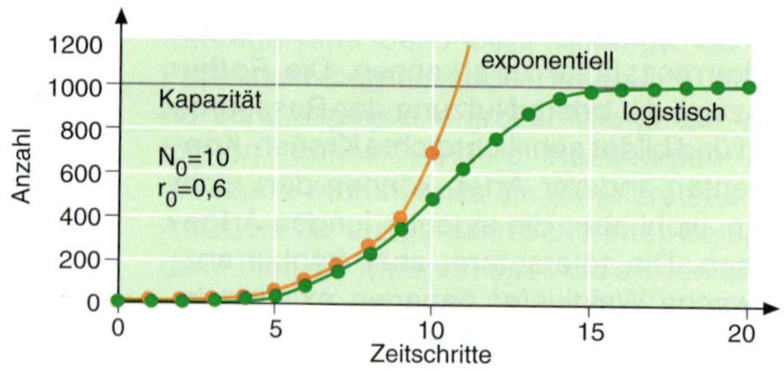

2 Exponentielles Wachstum

Einflüsse auf Populationsgrößen

Die Veränderung einer *Populationsgröße* hängt davon ab, wie viele Geburten sich in einem Zeitintervall, abzüglich der Todesfälle, ereignen. Häufig sind die absoluten Zahlen nicht sehr aussagekräftig. Man gibt daher häufig *Wachstumsraten* an. Diese errechnen sich aus der Division der absoluten Zahl der Zunahme oder Abnahme der Population pro Zeit durch die absolute Zahl der Gesamtpopulation. Würden von den eingangs beschriebenen Wolfspärchen nach einer Eingewöhnungsphase die Hälfte je drei Junge gebären, ergäbe sich eine Wachstumsrate von 75 %.

Solche Wachstumsraten sind bei zunächst kleinen Populationen nach einer Eingewöhnungsphase im neuen Lebensraum realistisch. Die Populationsgrößen nehmen dann häufig exponentiell zu (Abb. 2). Die Alterspyramide einer solchen Population ist alterslastig, es gibt mehr junge als alte Menschen (Abb. 3, 1910). Allerdings gewinnen mit zunehmender Größe der Population begrenzende Faktoren an Gewicht, wie z. B. Knappheit der Nahrung. Daher flacht die Wachstumskurve immer mehr ab, bis sich eine Wachstumsrate von null ergibt. Bei einer solchen Population findet sich eine nahezu einheitliche Altersverteilung (Abb. 3, 2050). Dies bedeutet, dass pro Zeiteinheit sich genauso viele Geburten wie Sterbefälle ereignen. Die Populationsgröße, bei der Geburten und Sterbefälle gleich groß sind, wird *Kapazität* genannt. Es ist das ökologische maximale Fassungsvermögen von Individuen dieser Art in dem jeweiligen Lebensraum.

Die Kapazität eines Lebensraums ist keine statische Größe, sondern kann sich von Jahr zu Jahr oder auch innerhalb des Jahres ändern. Nach einem milden Winter finden sich im Lebensraum von Insekten fressenden Vögeln viele Insekten, entsprechend ist die Kapazität des Lebensraums für die Vögel größer, nach einem sehr kalten, langen Winter wäre es umgekehrt.

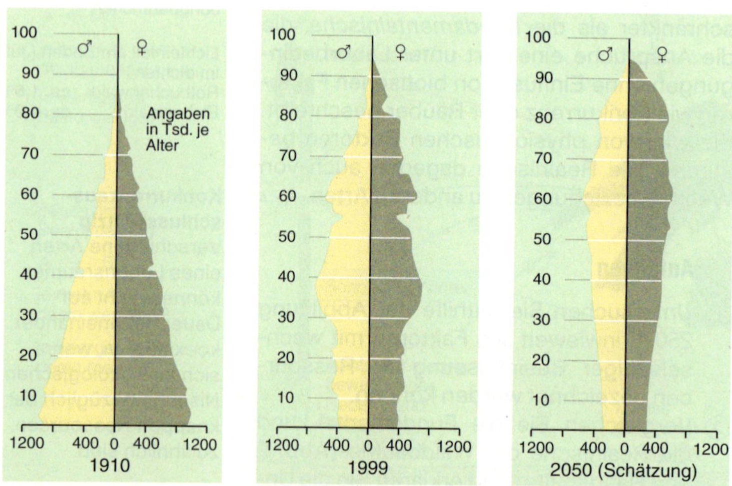

3 Bevölkerungspyramiden (Deutschland)

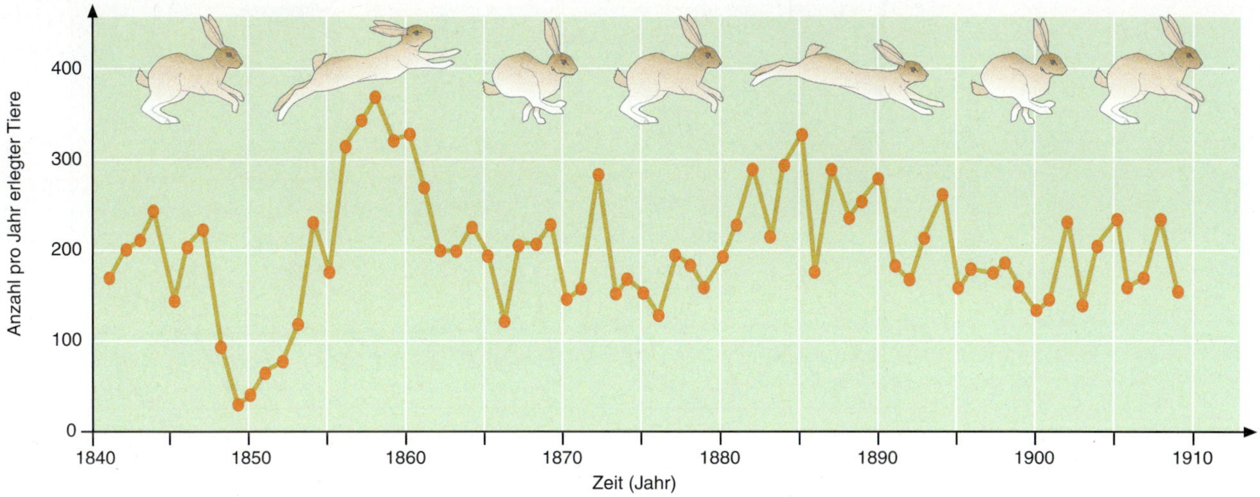

1 Hasenpopulationen in Liechtenstein, gemessen als Anzahl erlegter Wildtiere (jährliche Jagdstrecke)

Für die meisten Tiere ist die Kapazität im Sommer höher als im Winter, wenn die Nahrungsaufnahme durch Frost und Schnee beeinträchtigt ist. Sinkt die Kapazität des Lebensraums, bedingt dies eine höhere Sterberate und eine niedrigere Geburtenrate bei der Population, bis die Populationsgröße wieder der Kapazität entspricht.

Die Faktoren, die die Kapazität beeinflussen, werden in *dichteabhängige* und *dichteunabhängige* unterschieden. Dichteabhängige Faktoren verstärken sich mit zunehmender Populationsgröße. Typische Beispiele sind Knappheit von Ressourcen, wie Nahrung und Brutplätzen, sowie die Zunahme von Stress, Infektionskrankheiten und Abfallstoffen. Die dichteabhängigen regelmäßigen Schwankungen nennt man *Oszillationen*.

Viele Dichteeffekte zeigen sich erst mit einer zeitlichen Verzögerung. Wirkt z. B. aufgrund einer hohen Populationsgröße die wichtige Ressource Nahrung für eine Population limitierend, wirkt sich dies zwar unmittelbar in Form einer reduzierten Reproduktionsrate aus, die Geburtenrate reduziert sich aber erst zeitverzögert. Die *Reproduktionsrate* gibt an, wie viele Nachkommen statistisch von einem Individuum noch zu erwarten sind.

Ist im umgekehrten Fall wieder genügend Nahrung vorhanden, steigt zunächst die Reproduktionsrate und dann wieder zeitverzögert die Geburtenrate. So oszillieren viele Populationen um die Kapazitätsgrenzen ihres Lebensraums (Abb. 1).

Dichteunabhängige Faktoren werden nicht durch die Populationsgröße beeinflusst. Typische Beispiele sind das Klima, die Bodenbeschaffenheit und das Wetter, ebenso zählen dazu Katastrophen wie Stürme, Brände oder Vulkanausbrüche. Diese dichteunabhängigen Schwankungen der Populationsgröße werden *Fluktuationen* genannt.

Sowohl dichteabhängige als auch dichteunabhängige Faktoren spielen für die meisten Populationen eine große Rolle, sodass die Größe der meisten Populationen durch einen Mischung von dichteabhängigen und dichteunabhängigen Faktoren reguliert wird.

Aufgabe

① Erklären Sie unter Verwendung von Abbildung 2, wie sich die Größe der menschlichen Population wahrscheinlich in Zukunft verändern wird.

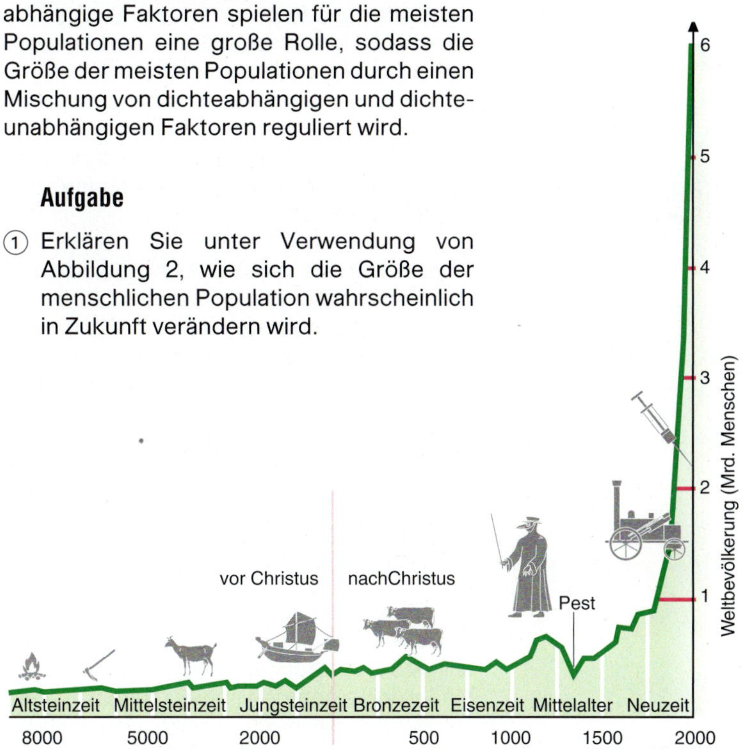

2 Wachstum der Erdbevölkerung

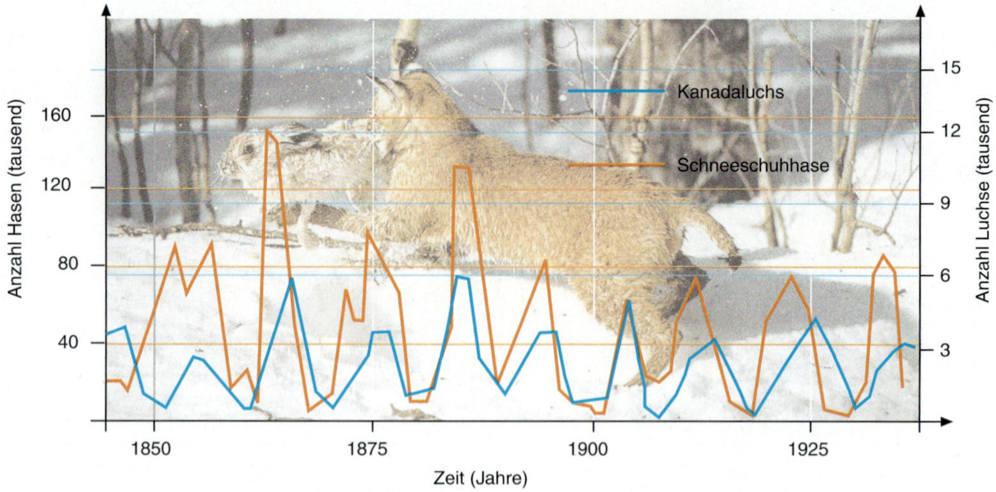

1 Populationen von Luchs und Schneeschuhhase in Kanada, gemessen als Fellzählungen

Modelle zur Räuber-Beute-Beziehung

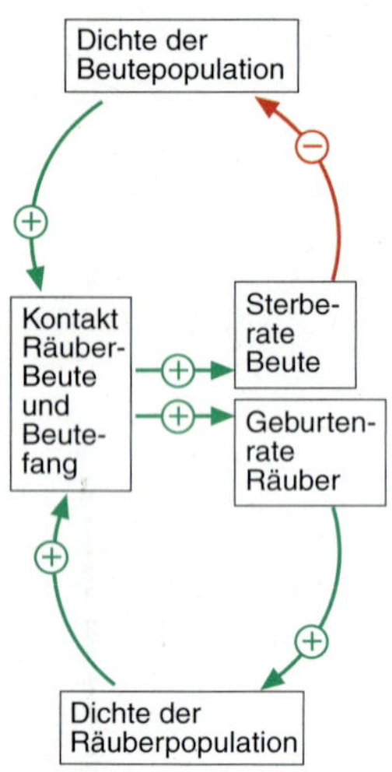

Viele Populationen von Räubern und ihrer Beute wachsen und nehmen wieder ab und es ist vielfach naheliegend, eine einfache Wechselbeziehung anzunehmen. Die Fellzählungen von Luchsen und Schneeschuhhasen der kanadischen Hudsonbay-Company repräsentieren wahrscheinlich die Veränderungen der Populationen und könnten einen solchen Fall darstellen (Abb. 1). Der wechselseitige Einfluss ist aber als Ursache der Populationsänderungen selten klar nachzuweisen und gilt dann nur für den jeweiligen Einzelfall. Genauere Überprüfungen haben zudem gezeigt, dass meist mehrere Populationen beteiligt sind und die Beschränkung auf die Beziehung zweier Populationen stark vereinfachend ist.

Es gibt dennoch viele Versuche, die dahinter stehenden allgemeinen Gesetzmäßigkeiten zu erfassen und verstehbar zu machen, auch wenn man dazu die natürlichen Verhältnisse erst einmal vereinfachen muss. Ein wichtiger Weg ist immer die Erstellung eines mathematischen Modells, das mithilfe der vermuteten Beziehungen konstruiert wird. Im Verhalten dieses Modells hofft man dann Erklärungen für Beobachtungen in der Natur zu finden.

Zur Räuber-Beute-Beziehung wurden viele Modelle entwickelt. Für jede der beiden beteiligten Populationen werden dazu in allen Modellen eigene Wachstumsgleichungen aufgestellt, die wechselseitig den Einfluss der jeweils anderen Population mit berücksichtigen.

Das bekannteste stammt von den Mathematikern ALFRED LOTKA und VITO VOLTERRA aus den Jahren nach 1920. Sie suchten nach allgemeinen Erklärungen für Populationsschwankungen, die sie bei Fischen in der Adria oder bei Parasiten beobachtet hatten.

LOTKA und VOLTERRA gingen vom exponentiellen Wachstum aus. Sie variierten die Wachstumsrate (r), die sich aus der Differenz zwischen Geburtenrate (b) und Sterberate (d) ergibt. Für die Populationsgröße (Individuenzahl) erhält man nach Ablauf eines Zeitschrittes aus der vorher vorliegenden Individuenzahl:

$$N_{t+1} = N_t + r \cdot N_t = N_t + (b - d) \cdot N_t$$

Für die Räuberpopulation gilt im Modell, dass die Geburtenrate nur von der Beutemenge abhängt. Je mehr Beute es gibt, desto höher ist die Geburtenrate der Räuber. Die Sterberate wird als konstant angesehen. Entsprechend gilt für die Beutepopulation, dass die Sterberate (nur) von der Räuberpopulation abhängt. Je mehr Räuber es gibt, desto höher ist die Sterberate der Beutepopulation. Die Geburtenrate wird als konstant angesehen.

Die Untersuchung des Modellverhaltens zeigt tatsächlich ständige Schwankungen beider Modellpopulationen um jeweils einen eigenen Mittelwert, wie sie auch beim System aus Luchs und Schneeschuhhasen zu beobachten sind. Soweit scheint das Modell von LOTKA und VOLTERRA als Erklärung der

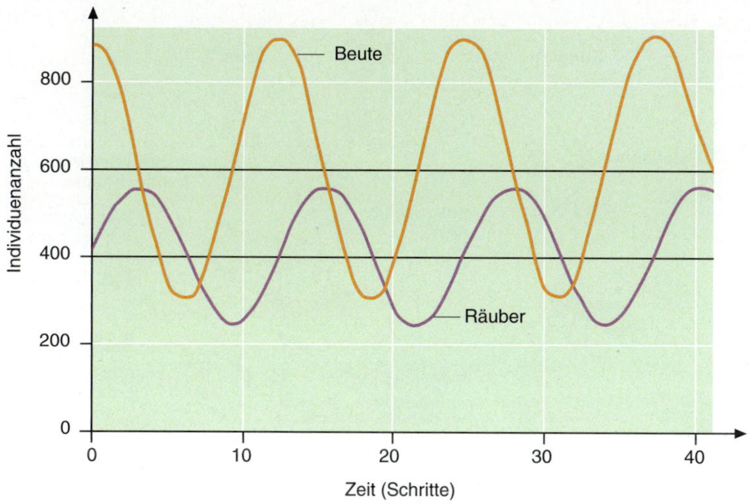

1 Populationsverläufe im Lotka-Volterra-Modell

Populationsverläufe geeignet zu sein. Aus dem Modellverhalten ergeben sich wesentliche Aussagen, die nach ihren Erstellern *Lotka-Volterra-Regeln* genannt werden:

- Die Mittelwerte beider Populationsgrößen schwanken periodisch. Die Maxima und Minima der Räuberpopulation folgen dabei denen der Beutepopulation *(Lotka-Volterra-Regel 1)*.
- Die beiden Populationsgrößen schwanken jeweils um einen Mittelwert, der bei unveränderten Bedingungen langfristig konstant bleibt *(Lotka-Volterra-Regel 2)*.
- Nach starker Dezimierung beider Populationen erholt sich zuerst die Beutepopulation. Die Erholung der Räuberpopulation folgt nach *(Lotka-Volterra-Regel 3)*.

Das Modell (Abb. 1) zeigt die zyklischen Eigenschaften, die man bei manchen natürlichen Räuber-Beute-Systemen beobachten kann. Dennoch ist es unzureichend. Es basiert beispielsweise auf exponentiellem Wachstum. Ohne Räuber würde die Beutepopulation unbegrenzt wachsen, da ihr eine obere Begrenzung fehlt. Außerdem ist die Sterblichkeit der Beute allein durch Räuber bedingt. Ohne sie besitzt die Beute daher keine Sterblichkeit. Darüber hinaus bedingt die Konstruktion dieses Modells, dass in ihm zwangsläufig zyklische Schwankungen auftreten, es gibt praktisch keine Modellsituation ohne sie. Dies legt die falsche Vorstellung nahe, Schwankungen wie bei Luchs und Schneeschuhhase seien eine notwendige oder charakteristische Eigenschaft von Räuber-Beute-Systemen. In der Realität sind solche Schwankungen aber nur in seltenen Fällen zu beobachten.

Daher wurden viele andere Modelle entworfen, die auf dem logistischen Wachstum aufbauen. Als Grundüberlegung dient u. a. die Erkenntnis, dass die mögliche Anzahl Räuber von der vorhandenen Beutemenge abhängt. Damit ist z. B. die Kapazität der Räuberpopulation von der Beutemenge abhängig und kann entsprechend in das Modell eingebaut werden. Bei der Beutepopulation lässt sich z. B. die vom Räuber gefressene Beutemenge einfach als zusätzlicher Verlust verstehen und in die logistische Gleichung der Beutepopulation einfügen. Derartige Modelle zeigen ebenfalls die Eigenschaften, die in den Lotka-Volterra-Regeln formuliert wurden. Darüber hinaus besitzen sie aber nicht mehr die geschilderten Nachteile.

Zettelkasten

Deskriptive und konzeptionelle Modelle

Deskriptive Modelle

Viele Erscheinungen in der Natur sind für uns schwer vorstellbar, vor allem, wenn sie außerhalb der alltäglichen Erfahrung liegen. Mithilfe von Modellen versucht man dann eine bessere Einsicht zu erreichen. Zellmodelle veranschaulichen z. B. in diesem Sinn den inneren Bau und die Beziehungen der Organellen. Bei Funktionsmodellen werden beteiligte Strukturen auf Wesentliches reduziert und ihre Funktionsweise einsichtig gemacht. Beispiele sind der Ablauf der Flügelbewegung beim Insektenflug oder die Funktion des Zwerchfells bei der Lungenatmung.

Der Weg führt in diesen Fällen von der Natur zum Modell und es wird jeweils eine Beschreibung bekannter Sachverhalte angestrebt. Deswegen nennt man diese Modelle *deskriptive Modelle*.

Konzeptionelle Modelle

Auf der anderen Seite findet man in der Biologie immer wieder Situationen, in denen man hinter einer Vielfalt von scheinbar unterschiedlichen Einzelfällen nach einem gemeinsamen Prinzip, nach einer Gesetzmäßigkeit sucht. Dann ist es hilfreich, Szenarien zu konstruieren und in einem oft mathematischen Modell zu erfassen. Natürlich sind diese abgeleitet von Ideen und Vermutungen, die aus biologischen Beobachtungen folgen, aber sie sollen keinen bekannten Sachverhalt beschreiben, sondern machen ungeklärte Fragestellungen einer Bearbeitung zugänglich. Die Analyse des Modellverhaltens gibt dann Hinweise auf mögliche Zusammenhänge in der Natur. Der Weg führt also vom Modell zurück zur Natur. Solche Modelle werden *konzeptionelle Modelle* genannt. Die meisten Populationsmodelle sind konzeptionell angelegt, auch das Modell von LOTKA und VOLTERRA.

1 Schlupfwespe

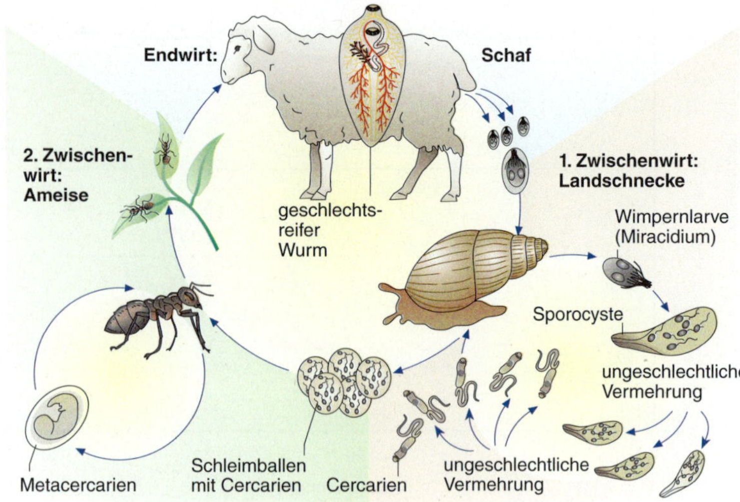

2 Entwicklung des Kleinen Leberegels

Parasitismus

Räuber töten ihre Beute, bevor sie sie verzehren. *Parasiten* dagegen ernähren sich von anderen Lebewesen *(Wirten)*, ohne sie vorher zu töten. Das schädigt den Wirt durch verminderte Lebensdauer, verringertes Wachstum oder eine geringere Fortpflanzungsrate, muss aber nicht unbedingt seinen Tod zur Folge haben.

Im Gegensatz zu den meisten Räubern sind Parasiten deutlich kleiner als ihre Wirte. Deshalb ist die Wachstumsrate r einer Parasitenpopulation deutlich größer als die seiner Wirtspopulation. Parasiten beeinflussen diese deshalb häufig stärker als Räuber ihre Beutepopulation.

Parasitismus tritt in zahlreichen ökologischen Varianten auf. So können Parasiten auf der Außenfläche ihres Wirts leben *(Ektoparasiten wie Floh, Zecke und Kopflaus)*. Typisch für diesen Parasitentyp sind spezielle Haftorgane und ein flacher Körperbau (s. Mittelspalte). Es gibt auch Übergänge zwischen Parasiten und Räubern *(Parasitoide)*. So besiedeln die Larven von Schlupfwespen als Spezialisten meist Schmetterlingsraupen (Abb. 1). Am Ende der Larvenentwicklung ist der Wirt tot, die Imago verlässt den Wirt.

Die geringe Größe der Parasiten erlaubt auch ein Leben im Inneren ihres Wirts *(Endoparasiten)*. Abwehrstrategien des befallenen Organismus erfordern gerade von Endoparasiten eine extreme Angepasstheit an ihren Wirt. Deshalb sind diese Parasitenformen zumeist hoch spezialisiert.

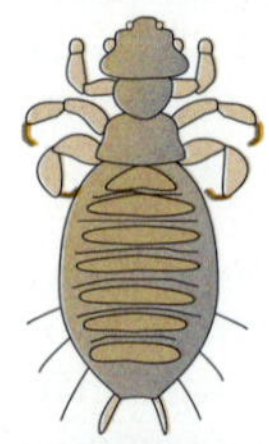

Haarling

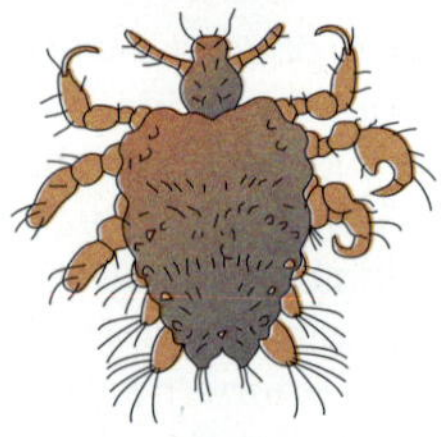

Filzlaus

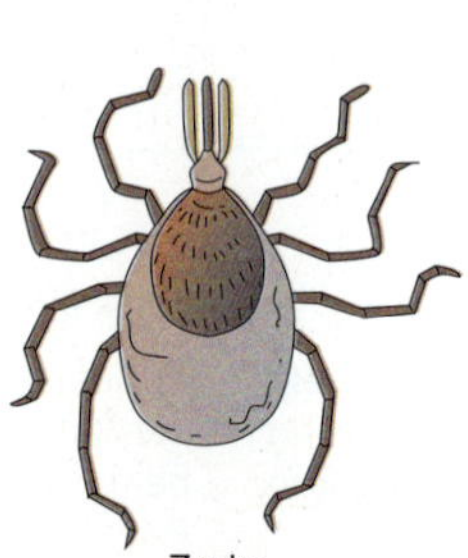

Zecke

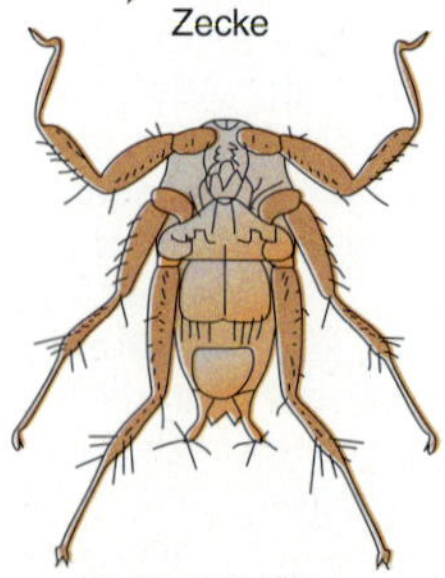

Fledermausfliege

Die Wahrscheinlichkeit für eine direkte Neubesiedlung eines Wirtes ist sehr klein. Das Beispiel des *Kleinen Leberegels* (Abb. 2) zeigt überlebenssichernde Angepasstheiten: Dieser Parasit ist ein Zwitter und lebt in der Leber von Schafen. Da diese wie viele Säugetiere den eigenen Kot meiden, wäre eine direkte Übertragung unwahrscheinlich. Bestimmte Schnecken dagegen ernähren sich von Säugerkot. Die Wahrscheinlichkeit, dass Parasiteneier in diesen *Zwischenwirt* gelangen, ist deshalb relativ hoch. Die von der Schnecke ausgestoßenen Schleimballen mit dem nächsten Parasitenstadium enthalten energiereiche Kohlenhydrate. Sie werden deshalb gern von Ameisen als Nahrung aufgenommen. Bemerkenswert ist nun das Verhalten betroffener Ameisen: Sie klettern an die Spitze von Grashalmen, beißen sich dort fest und verharren so tagelang. Damit wird die Wahrscheinlichkeit gesteigert, dass wieder ein Schaf als *Endwirt* die Ameisen mit ihren Parasiten aufnimmt: Der Zyklus ist geschlossen. Der *Wirtswechsel* ist folglich eine Strategie des Parasiten zur Besiedlung neuer Endwirte. Mehrere *ungeschlechtliche Vermehrungszyklen* in den Zwischenwirten erhöhen die Wahrscheinlichkeit, dass zumindest einige Parasiten wieder in einen neuen Endwirt gelangen.

Aufgabe

① Informieren Sie sich über Krankheitserreger wie Pestbakterium und Salmonellen. Zeigen sie typische Parasitenmerkmale?

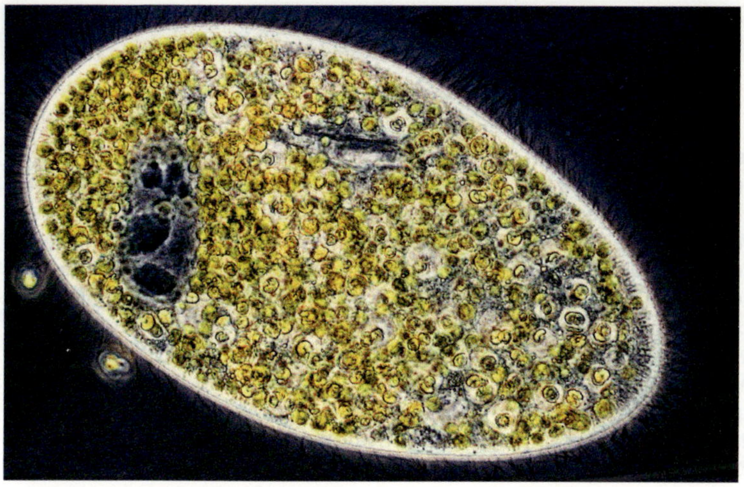

1 Paramecium bursaria mit Chlorella

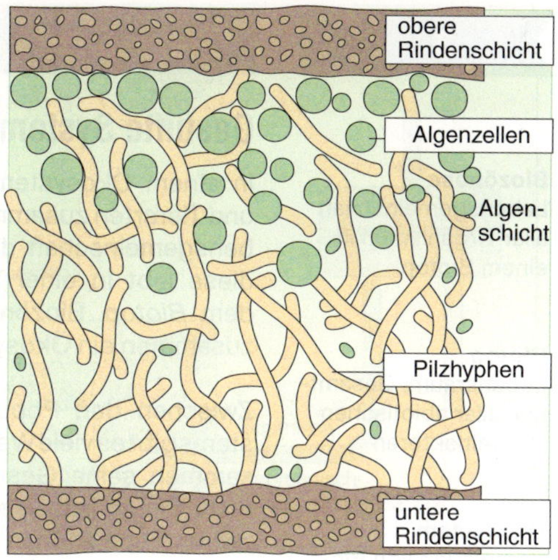

2 Flechte

Symbiose

In Vesikeln des Einzellers *Paramecium bursaria* leben zahlreiche Grünalgen der Gattung *Chlorella.* Die Algen vermehren sich innerhalb des Einzellers, der ihnen einen gewissen Schutz, etwas Mobilität, vor allem aber eine hohe Mineralstoff- und Kohlenstoffdioxidkonzentration bietet. Aber auch die Einzeller profitieren von den Algen: Ist organische Nahrung *(Detritus)* für sie knapp, beziehen sie Vitamine und Proteine aus den Algen. Eine solche zwischenartliche Beziehung mit gegenseitigem Nutzen wird *Symbiose* genannt.

Alle Arten der Gattung Paramecium strudeln kleine Nahrungspartikel über ihr Mundfeld ein. Dort werden sie in Nahrungsvakuolen übernommen und verdaut. Ähnlich kann auch heute noch *P. bursaria* Chlorella-Algen aufnehmen – nur werden sie nicht automatisch verdaut. Wenn allerdings die Nahrungsbedingungen für P. bursaria schlecht werden, verhält sich der Einzeller wie seine Verwandten auch: Er verdaut diese Algen und ernährt sich von ihnen. Offensichtlich hat also dieser Einzeller im Verlauf der Evolution die Fähigkeit erworben, die Abgabe von Verdauungsenzymen zu steuern. Das Beispiel zeigt, dass Symbiose keineswegs immer ein friedliches Miteinander darstellt, sondern oft eher als *Kampfgleichgewicht* betrachtet werden kann. So leben nur bestimmte Chlorella-Arten in P. bursaria, andere werden als Nahrung verdaut. Das deutet darauf hin, dass diese Algenart eine gewisse Resistenz gegen die Verdauung durch P. bursaria erworben hat.

	Wirkung von A auf B	Wirkung von B auf A
Parasitismus	⊕	⊖
Räuber/Beute	⊕	⊖
Symbiose	⊕	⊕
Parabiose	⊕	0

Hummelblüte

Kolibriblüte

Symbiosen sind in der Natur sehr verbreitet. Ein zweites Beispiel sind *Flechten.* Hier ist die Beziehung zwischen Algen oder *Cyanobakterien* und dem sie umgebenden Pilz so eng, dass Flechten als eigenständige systematische Gruppe betrachtet werden. Flechten leben unter völlig anderen ökologischen Bedingungen als die einzelnen Symbiosepartner. So besiedeln Flechten häufig extrem nahrungsarme Untergründe wie Felsen oder Betonflächen, aber auch Extremlebensräume in Trockenheit und Kälte, in denen weder Pilze noch Algen allein existieren könnten: Das Pilzgerüst schützt die Algen vor Austrocknung und liefert den Pflanzen Kohlenstoffdioxid. Durch Säurenabgabe kann es für die Alge wichtige Mineralstoffe aus dem steinigen Untergrund lösen. Andererseits ist der Pilz als heterotropher Organismus auf die organischen Fotosyntheseprodukte der Alge angewiesen. Das Zusammenleben zweier Arten erlaubt zwar die Besiedlung unwirtlicher Lebensräume, bringt es allerdings mit sich, dass gerade Symbionten häufig stenopotent bezüglich bestimmter Ökofaktoren sind, denn es müssen die Ansprüche beider Arten erfüllt sein. Viele Flechtenarten reagieren zum Beispiel sehr empfindlich auf *Luft-* und *Bodenverschmutzung* (SO_2, Pestizide) und können deshalb als *Indikatororganismen* eingesetzt werden.

Symbiontische Beziehungen können auch zwischen Arten existieren, die räumlich viel unabhängiger voneinander sind. Ein Beispiel sind Blütenpflanzen und sie bestäubende Insekten- oder Vogelarten.

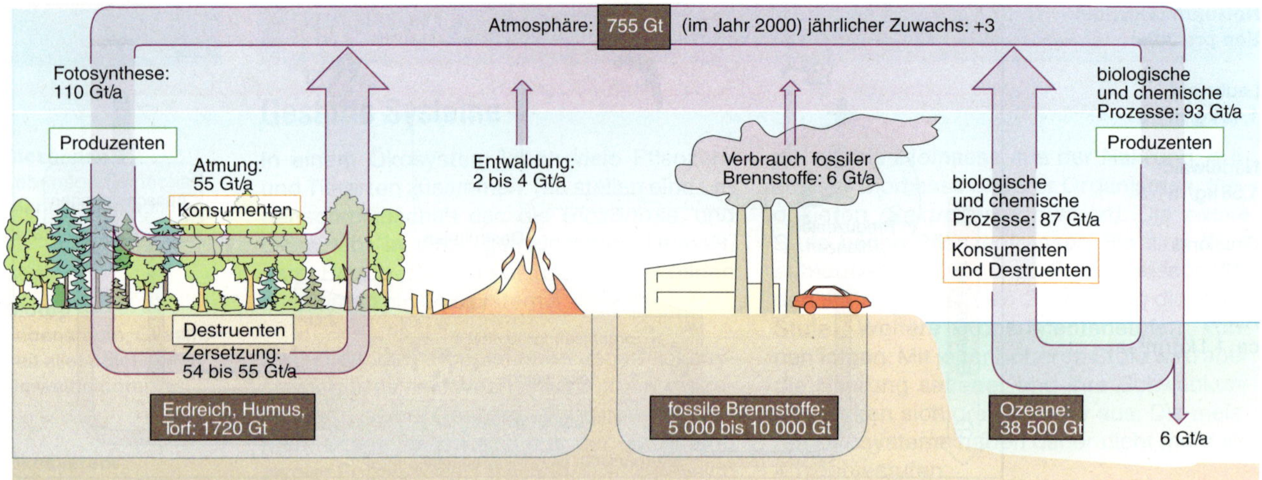

1 Globaler Kreislauf des Kohlenstoffs (Angaben in Gigatonnen pro Jahr)

Stoffkreislauf und Energiefluss

Durch Primärproduzenten werden anorganische Stoffe in Biomasse gebunden, durch Konsumenten und Destruenten werden sie wieder freigesetzt. Damit durchlaufen chemische Elemente wie Kohlenstoff und Stickstoff einen Kreislauf.

Kreislauf des Kohlenstoffs

Das wichtigste chemische Element in der Biomasse ist *Kohlenstoff*. Alle Biomasse besteht aus Kohlenstoffverbindungen, die von Produzenten aus Kohlenstoffdioxid (CO_2) hergestellt werden. Sie erfüllen bei allen Organismen die Doppelfunktion als Gerüststoff und Energieträger. Durch Fraß und Abbau werden sie an Konsumenten bzw. Destruenten weitergereicht, die daraus eigene Biomasse aufbauen oder sie für den Energiebedarf verbrauchen und dabei das anorganische CO_2 zurückbilden. Dies geschieht so lange, bis sämtlicher Kohlenstoff, der ursprünglich in Biomasse fixiert wurde, wieder als CO_2 frei geworden ist. Damit schließt sich der Kohlenstoffkreislauf.

Die Pflanzen auf dem Land und in den Ozeanen fixieren durch Fotosynthese einen Teil des in der Atmosphäre vorhandenen Kohlenstoffs. Einen weiteren Anteil binden chemische Prozesse, die CO_2 zu Carbonat (v. a. Calciumcarbonat, „Kalk") umsetzen. Früher oder später gelangt sämtlicher Kohlenstoff als CO_2 wieder in die Atmosphäre, sodass statistisch das gesamte CO_2 alle drei bis vier Jahre einmal im Austausch mit der Biosphäre umgesetzt wird.

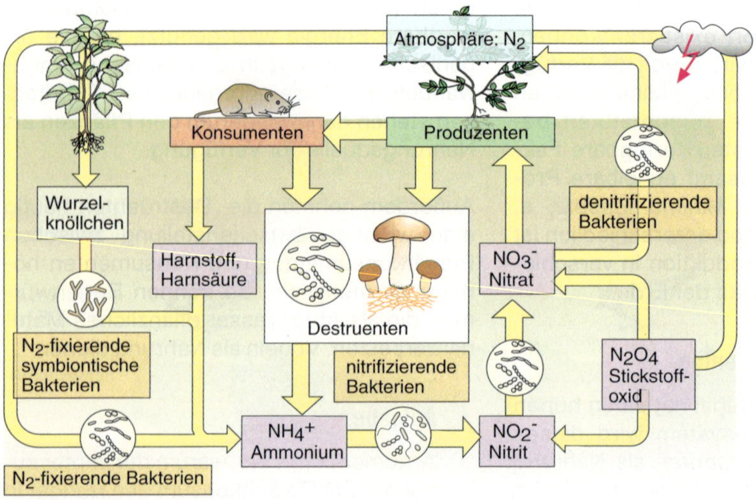

2 Kreislauf des Stickstoffs

Kreislauf des Stickstoffs

Stickstoff ist ein wesentliches Bauelement biologischer Moleküle, z. B. von Aminosäuren und Nucleotiden. Pflanzen bauen in Biomoleküle Stickstoffatome ein, die sie mit Nitrat (NO_3^-) oder Ammonium (NH_4^+) aus dem Boden aufgenommen haben. Jährlich werden dadurch ca. 175 Millionen Tonnen Stickstoff gebunden. Einige Bakterien können auch den chemisch stabilen atmosphärischen Stickstoff (N_2) nutzen. Manche dieser Bakterien leben symbiontisch in den Wurzelknöllchen einiger Pflanzen. Konsumenten und Destruenten verwerten die Stickstoffverbindungen für den Eigenbedarf. Überschüssiger Stickstoff wird entweder in Form von Ammoniak oder als Harnstoff bzw. Harnsäure abgegeben. Letztere werden in Boden oder Wasser ebenfalls zu Ammonium umgesetzt. Nitrifizierende Bakterien wandeln dieses über Nitrit (NO_2^-) in Nitrat um, das damit den Pflanzen wieder verfügbar wird. Außerdem bilden denitrifizierende Bakterien aus Nitraten wieder N_2 zurück und schließen auf diese Weise den Kreislauf auch mit der Atmosphäre.

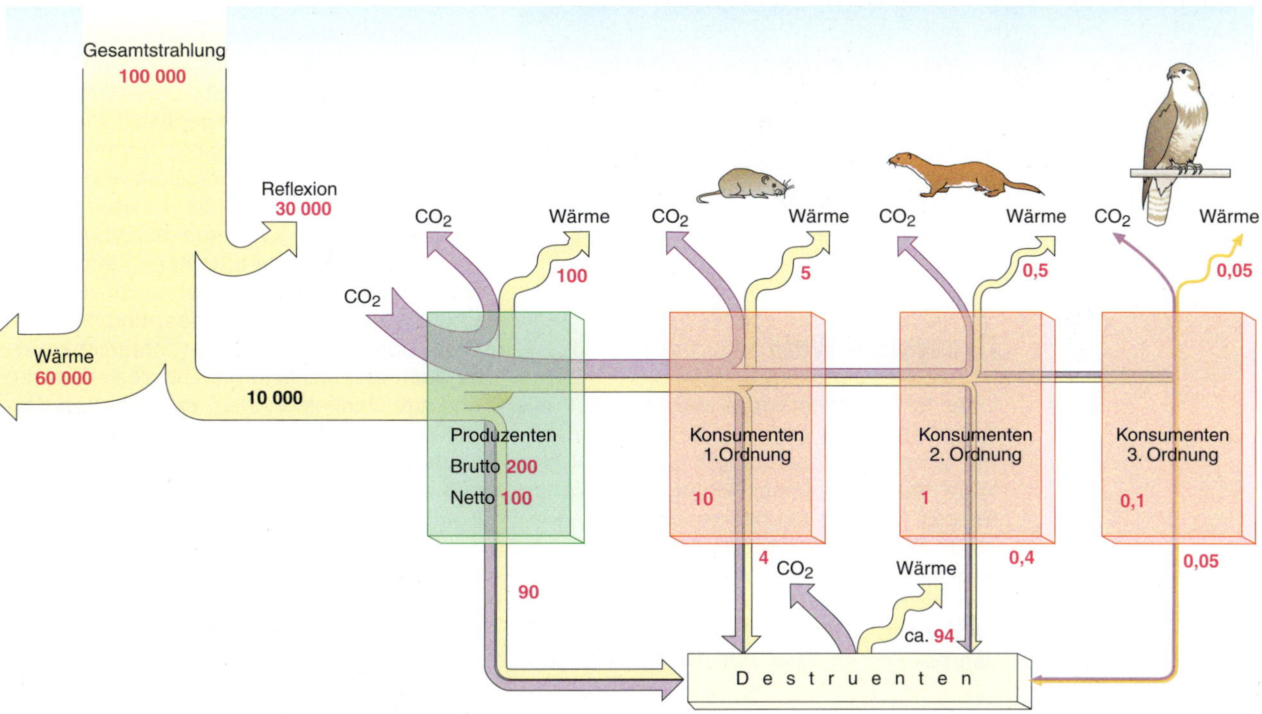

1 Täglicher Energiefluss im Wald (kJ/m² · Tag)

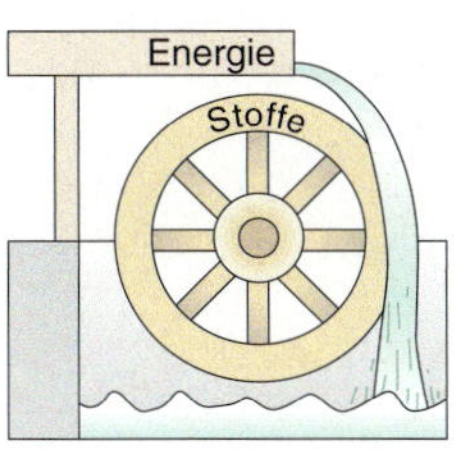

Energiefluss

Die Kreisläufe von Kohlenstoff, Stickstoff und anderen Elementen werden durch die Strahlungsenergie der Sonne angetrieben. Die Energie wird als chemische Energie von den Produzenten in organischen Verbindungen gespeichert. Diese gelangen als Nahrung zu den Konsumenten und Destruenten. Es besteht damit eine enge Kopplung zwischen der Übertragung von Energie und Biomasse. Von der täglich auf die Erdatmosphäre auftreffenden Sonnenenergie dringen lediglich 10 000 kJ/m² auf die Erdoberfläche durch. Davon werden nur etwa 2 % fotosynthetisch verwendet. Eine Hälfte wird für die Zellatmung verbraucht, die andere dauerhaft in pflanzlicher Biomasse fixiert.

Alle Organismen nutzen einen Teil der aufgenommenen Energie für ihren Betriebsstoffwechsel, wobei die Energie schließlich als Wärme frei wird. Letztendlich wird damit sämtliche Sonnenenergie zu Wärme. Der Energiefluss durch die Biomasse der Organismen stellt also nur eine Verzögerung dar, die Leben auf der Erde ermöglicht.

Aufgaben

① Stellen Sie anhand der Abbildung 260.1 Bildungsprozesse (Quellen) und fixierende Prozesse (Senken) für Kohlenstoffdioxid gegenüber.

② Berechnen Sie von der Strahlungsenergie, die täglich auf die Atmosphäre trifft, den bis zur Erdoberfläche gelangenden Anteil (in %).

③ Eine Wassermühle soll als Modellvorstellung für die enge Verbindung zwischen Stoffkreislauf und Energiefluss dienen. Erläutern Sie die Vorzüge und Grenzen der Modellvorstellung.

1 Nadel- und Laubwälder prägen die mitteleuropäische Landschaft

Ökosystem Wald

Über 90 % Mitteleuropas waren früher mit Wald bedeckt. Auch wenn diese Fläche seither erheblich geschrumpft ist, so hat der Wald heute immer noch wichtige Funktionen für uns: Holz ist ein nachwachsender Rohstoff. *Erholungssuchende* lieben die angenehme Kühle im Sommer, im Winter dagegen ist die Kälte im Vergleich zur offenen Landschaft abgemildert (Abb. 2). Das gilt im Jahres- wie im Tagesverlauf. Auch andere abiotische Faktoren wie Windgeschwindigkeit und Luftfeuchtigkeit schwanken weniger (Abb. 2). Die Pufferwirkung schafft für Tier- und Pflanzenarten günstige Lebensbedingungen, denn extreme Klimaeinflüsse sind für die meisten Arten schädlich.

Bäume sind typische *K-Strategen*. Sie kennzeichnen den Wald damit als stabiles Ökosystem. Die große Konkurrenzstärke und Langlebigkeit von Bäumen macht auch verständlich, weshalb dieser Lebensraum in allen Regionen der Erde mit genügend Feuchtigkeit und nicht allzu extremen Temperaturen dominiert.

Die meisten Wälder Mitteleuropas sind *Kulturwälder (Forste)*: Je nach Wirtschaftlichkeit und Bodenbeschaffenheit wurden bevorzugt bestimmte Baumarten angepflanzt, die im naturnahen Wald des entsprechenden Standortes nicht unbedingt dominieren würden. Ein naturnaher Wald in Mitteleuropa wäre ein von Laubbäumen geprägter *sommergrüner, winterkahler Wald*. Ohne Eingriff des Menschen wären *Nadelwälder* bei uns nur im Hochgebirge anzutreffen. In Nordost-und Nordeuropa dominieren dagegen natürlicherweise auch im Flachland die kälteresistenteren und an Dunkelperioden angepassten Nadelwälder. Der höheren Produktivität der Laubbäume im Sommer steht die Fähigkeit der Nadelbäume gegenüber, ganzjährig Fotosynthese betreiben zu können.

Naturnahe Laubwälder zeigen eine räumliche und zeitliche Gliederung: Ein *Stockwerkbau* mit Kraut-, Strauch- und Baumschicht gliedert den Wald vertikal (Abb.

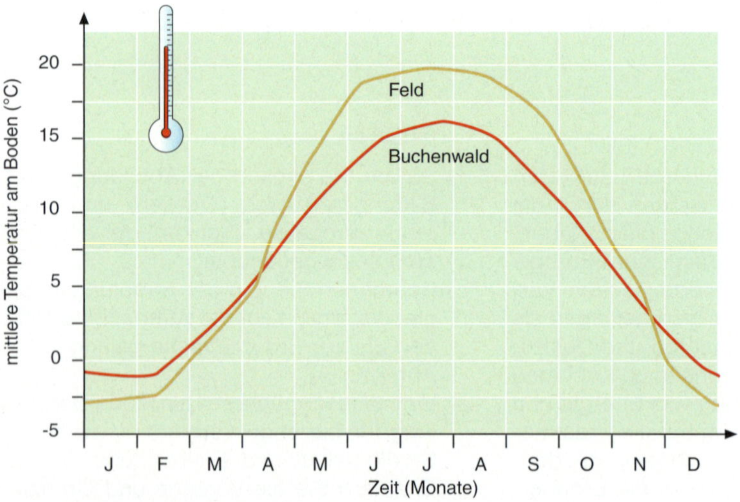

2 Temperaturen im Jahresverlauf

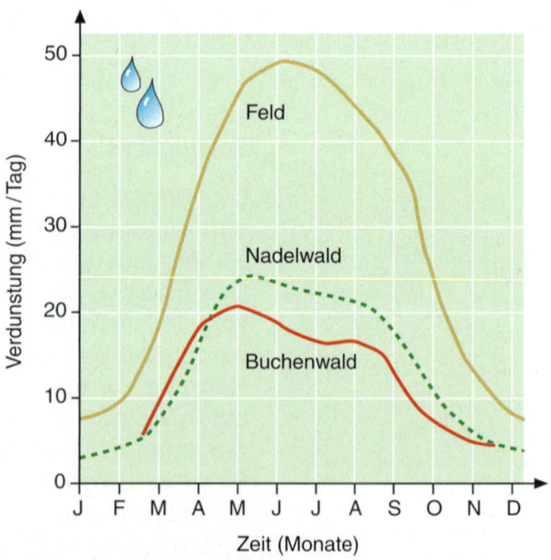

3 Verdunstung im Jahresverlauf

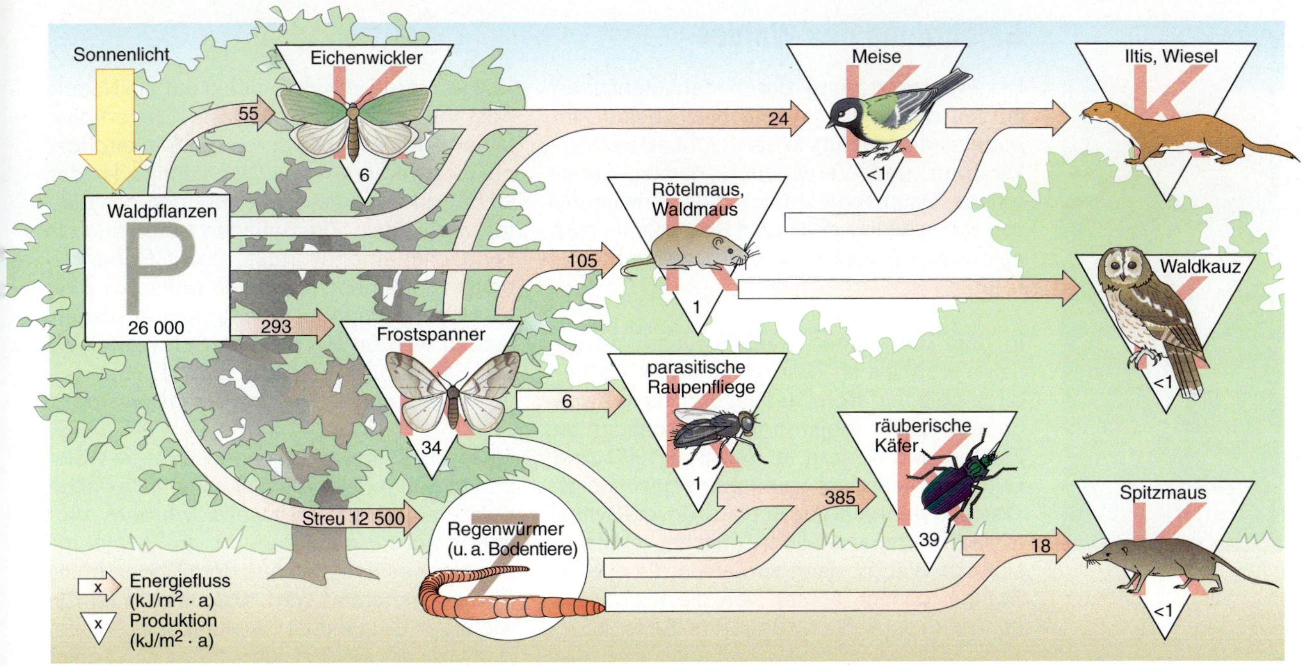

1 Energiefluss im vereinfachten Nahrungsnetz eines Eichenwaldes (P = Produzenten, K = Konsumenten, Z = Zersetzer)

262.1). Die unteren Schichten, vor allem die *Krautschicht*, enthalten Pflanzen, die entweder nur im Frühjahr fotosynthetisch aktiv sind und blühen *(Frühblüher)* oder an sehr geringe Lichtverhältnisse angepasst sind. Später im Jahr ergrünt die Strauch-, noch später die Baumschicht. Diese *jahreszeitliche Gliederung* vermindert die Konkurrenz um die knappe Ressource Licht. Ein früher Austrieb der Blätter erhöht allerdings das Schadensrisiko bei Spätfrösten.

Windbruch, Feuer und lokaler Massenbefall mit Insekten verursachen eine mosaikartige Verteilung von Baumgruppen unterschiedlichen Alters und damit für eine horizontale räumliche Gliederung. Die *Altersstruktur* wiederum als weitere zeitliche Gliederungskomponente bestimmt die dominierenden Begleitpflanzen und die Fauna. Eine wichtige Rolle spielt das *Totholz*. Zersetzende Pilze schaffen die Voraussetzungen für zahlreiche wirbellose Tierarten auf diesem Substrat. Die *Misch-Mosaikstruktur* führt besonders in naturnahen Laubwäldern zu einer auffällig großen *Artenfülle*: In einem Buchenwald kommen allein etwa 7 000 Tierarten vor. Entsprechend hoch ist die *Diversität*. Letztendlich tragen damit auch *Naturkatastrophen* zur Artenvielfalt der Wälder bei. Manche Arten wie der nordamerikanische *Mammutbaum Sequoia* sind an Waldbrände sogar besonders angepasst: Unter Feuereinwirkung trocknen die Zapfen, erst dann werden die Samen freigesetzt. Durch die Vernichtung der konkurrierenden Pflanzenarten haben Sequoia-Jungbäume dann besonders gute Überlebenschancen.

Aufgabe

① Der Massenbefall durch Laub fressende Schadinsekten stellt nur sehr selten eine wirkliche Bedrohung der Wälder dar. Begründen Sie diese Aussage.

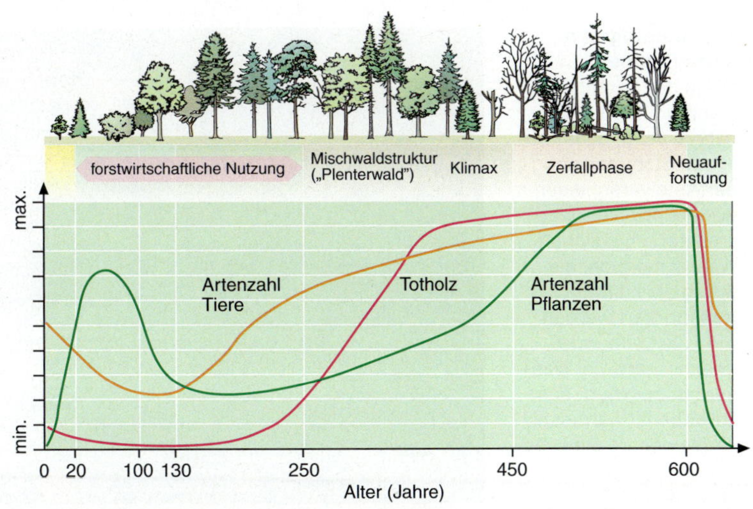

2 Artenvielfalt und Altersstruktur des Waldes

Gefährdung des Waldes

Die Waldzerstörung durch den Menschen ist seit der Antike geschichtlich belegt. Im Mittelmeerraum führte der Raubbau zur Verkarstung und Verwüstung ganzer Landstriche. Baumschäden durch die Einwirkung von schwefeldioxidhaltigem Rauch kennt man seit über 100 Jahren an industriellen Standorten.

In den 70er-Jahren des 20. Jahrhunderts fielen erstmals an Tannen höherer Mittelgebirge gelb verfärbte Nadeln und kahle Zweige auf. Später registrierte man Schäden an Fichten und Kiefern im Tal. Seit 1980 sind Buchen und andere Laubbäume geschädigt. *Waldsterben* heißt das Schlagwort, die Symptome sind immer ähnlich: Zunächst verfärben sich die Blätter, dann verkahlen die älteren Zweige, danach lichtet sich die Krone, bis der Baum schließlich abstirbt (s. Seite 265).

Die neuartigen Waldschäden beobachtet man seit 1982. Eine Einteilung der Schäden erfolgt stufenweise durch den Vergleich der Blatt- oder Nadelverluste gegenüber einem gesunden Baum (s. Seite 265). Abgase von Kraftfahrzeugen belasten die Luft mit Kohlenstoffmonooxid, Stickoxiden und Rußpartikeln *(Emission)*. Diese Schadstoffgemische wirken als Gas oder schlagen sich als feste Schadstoffteilchen auf den Boden und die Pflanzen nieder *(Immission)*. Einige Stoffe aus den Abgasen können durch chemische Reaktionen in andere Schadstoffe umgewandelt werden und beispielsweise als Salpeter- oder Schwefelsäure im Regen oder im Schnee wieder auf die Erdoberfläche zurückkehren. Sie wirken direkt auf die Nadeln oder indirekt über die Wurzeln. Das erhöhte Mineralstoffangebot durch die Stickstoffdeposition verändert das Wachstum oder das Ozon wirkt auf die Spaltöffnungen der Blätter und Nadeln. Die Schäden treten auch in Landschaften ohne Industrie auf. Höher gebaute Industrieschornsteine entlasten zwar die direkte Umgebung der Industrieanlagen, jedoch werden Rußpartikel, Schwefeldioxid und Stickstoffoxide durch die Luft über weitere Strecken transportiert *(Transmission)*.

Messungen im Wald ergaben, dass im Waldboden gebundene Aluminiumionen in hohen Konzentrationen freigesetzt werden. Vermutet wurde, dass dadurch die Aufnahme der Magnesiumionen aus dem Boden in die Pflanze gehemmt wird. Magnesium ist ein wichtiger Bestandteil im Molekül des Chlorophylls, ein Mangel führt zu einer verminderten Fotosynthese. Messungen in Untersuchungskammern bestätigen eine spezifische Hemmung der Magnesiumaufnahme, während andere Ionen, wie Kaliumionen, nicht beeinflusst werden. Solche Mangelerscheinungen führen zu einer Schwächung der Bäume, die zu den natürlichen Stressfaktoren, wie Trockenheit, Frost oder Schädlingen hinzukommt.

Die wichtigste Schutzmaßnahme, um die Versauerung von Böden zumindest zeitweise zu stoppen bzw. zu verlangsamen ist die Bodenschutz- bzw. Waldkalkung. Hierzu werden Wälder großflächig mit Calcium-Magnesiumcarbonat behandelt. Meistens sind

Thermofotografie eines Baumes
Die in der Nacht gemachte Thermoaufnahme zeigt, dass Teile des Stammes und der Äste verschieden warm sind. Dies liegt an unterschiedlichen Wassermengen, die durch die Leitbündel transportiert werden. Sind die Leitbündel gesund, wird viel Wasser transportiert, das Gewebe ist wärmer als vergleichbare Gewebe mit geringerem Wassertransport.

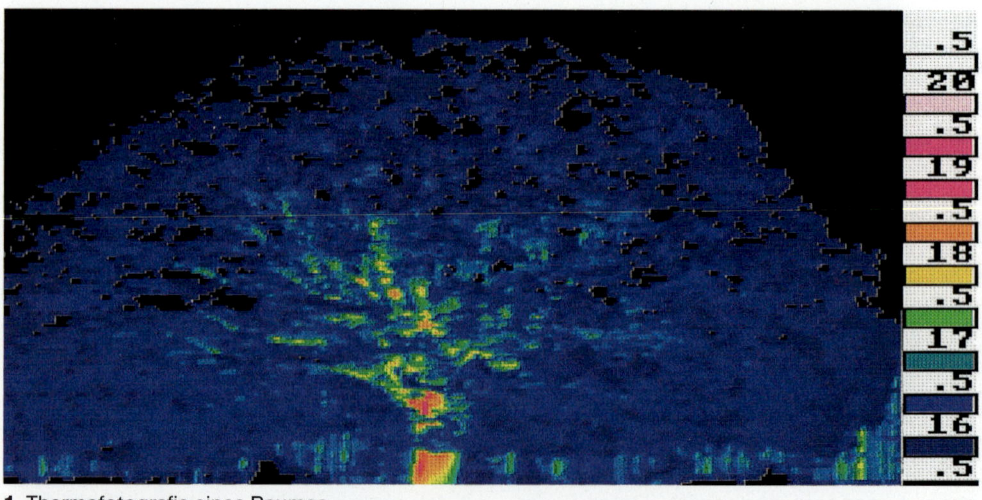

1 Thermofotografie eines Baumes

K-Mangel (Buche)

K-Mangel (Eiche)

Kutikula ungeschädigt

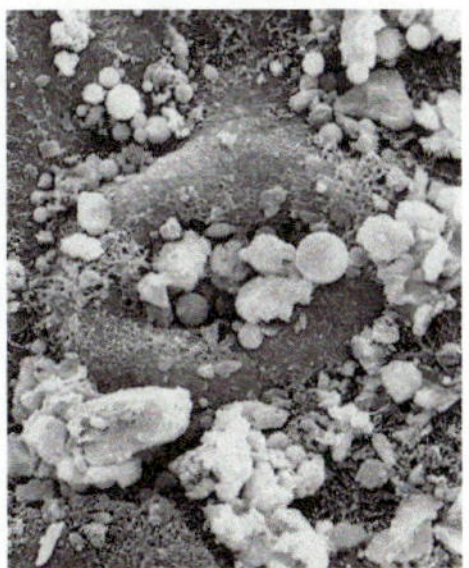

Kutikula geschädigt

gesunde Wurzeln

kranke Wurzeln

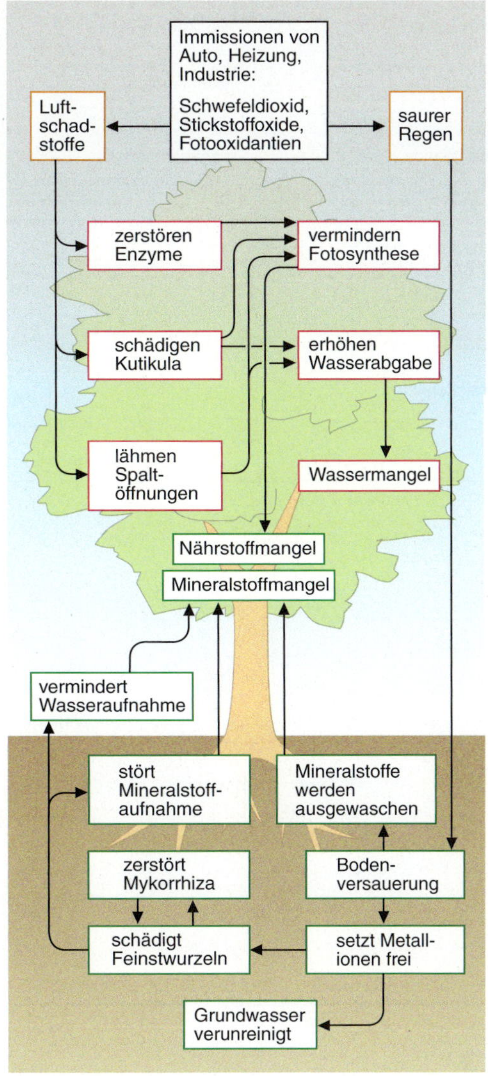

Tanne Schadstufe 0

Schadstufe 2

Schadstufe 3

es Hubschrauber, die immer wieder das Calcium-Magnesiumcarbonat aus der Luft über dem Wald abwerfen. Dadurch werden die im Boden deponierten Säuren neutralisiert, der Magnesiumanteil für die Nadeln und Blätter erhöht und dem Wald entzogene basische Mineralstoffe wieder zurückgegeben.

In begrenztem Umfang werden einige nicht heimische Baumarten zur Wiederaufforstung geschädigter Wälder eingesetzt. Eine typische Baumart ist die aus Nordamerika stammende *Douglasie*. Sie ist robuster und dadurch nicht so anfällig gegenüber schädlichen Umwelteinflüssen. Diese und andere nicht heimische Baumarten sollen jedoch nur verwendet werden, wenn sie keine nachteiligen Auswirkungen auf die gesamte Lebensgemeinschaft im Wald haben und in Bestände heimischer Baumarten integriert werden können.

Will man die Stabilität der Waldökosysteme langfristig erhöhen, sollte man sowohl naturnahe Mischwälder als auch artenreiche Waldränder schaffen. Nur in den ursprünglich evolutiv gewachsenen Lebensräumen sind Arten dauerhaft geschützt. Dadurch wird auch die genetische Vielfalt für ein stabiles Ökosystem erhalten.

Aufgabe

① Erklären Sie die Wirkung des ausgebrachten Calcium-Magnesiumcarbonats auf die Bäume.

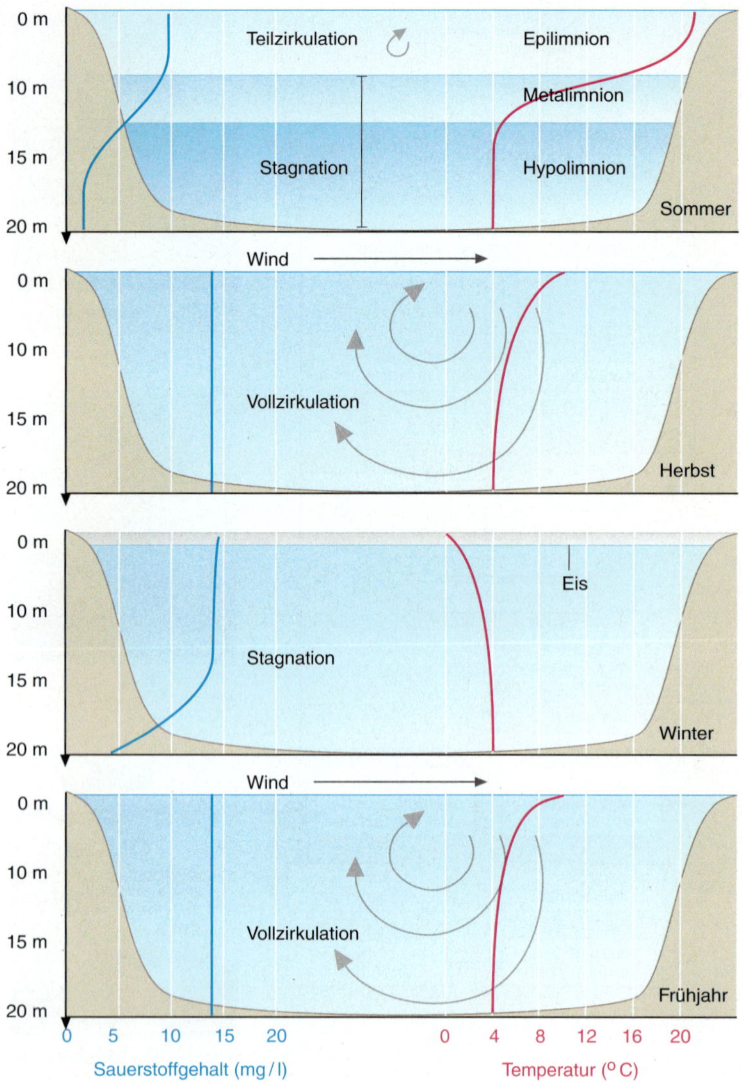

1 Stagnation und Zirkulation im Jahresverlauf

Ökosystem See

Die physikalischen und chemischen Eigenschaften von Wasser bestimmen wesentlich die Lebensmöglichkeiten von Organismen im See. Neben dem stark temperaturabhängigen Sauerstoffgehalt ist die Dichte des Wassers entscheidend (siehe Kasten). Diese verursacht im Jahresverlauf Temperaturschichtungen und deren Auflösung. In Mitteleuropa besitzt das Wasser im Frühjahr und im Herbst eine nahezu einheitliche Temperatur, es kann durch Winde zu einer vollständigen Zirkulation gebracht werden *(Frühjahrszirkulation* und *Herbstzirkulation*, Abb. 1). Die Zirkulation durchmischt den gesamten Wasserkörper, sodass in allen Tiefen gleiche Sauerstoff- und Mineralstoffkonzentrationen vorliegen. Im Sommer bildet sich an der Oberfläche eine warme Wasserschicht mit geringerer Dichte *(Epilimnion)* und damit eine Schichtung im See. Das Epilimnion lässt zwar feste Partikel in das kalte und dichtere Tiefenwasser *(Hypolimnion)* absinken, aber die Durchmischung der beiden Wasserkörper unterbleibt *(Sommerstagnation)* und damit auch der Ausgleich der Stoffkonzentrationen; das Tiefenwasser besitzt damit quasi einen Deckel. Auch im Winter kann es durch Eisbildung eine Stagnationsphase geben *(Winterstagnation)*.

Bei südlicher gelegenen Seen und auch in milden Wintern unterbleibt die Winterstagnation jedoch und der See zirkuliert von Herbst bis Frühjahr. Kalte wie z. B. hoch gelegene alpine Seen dagegen bleiben auch im Sommer kalt und zirkulieren den ganzen Sommer lang.

Zettelkasten

Physikalische und chemische Eigenschaften des Wassers

Reines Wasser besitzt (anders als die meisten Stoffe) seine höchste Dichte nicht am Schmelzpunkt (0 °C) sondern bei +4 °C. Diese *Dichteanomalie* genannte Eigenschaft lässt Seen in der Tiefe nicht kälter als +4 °C werden, während noch kälteres Wasser an der Oberfläche schwimmt.

Eis besitzt ebenfalls eine geringere Dichte als flüssiges Wasser, es schwimmt daher auf und sinkt nicht (wie feste Zustände bei anderen Stoffen) auf den Boden.

Wasser kann viele Gase physikalisch lösen, so auch Sauerstoff und Kohlenstoffdioxid. Wasser reagiert mit einem Teil des Kohlenstoffdioxids zu Kohlensäure bzw. Hydrogencarbonat. Es kann deswegen erhebliche Mengen davon enthalten.

Die Löslichkeit von Gasen in Wasser nimmt generell mit steigender Temperatur ab.

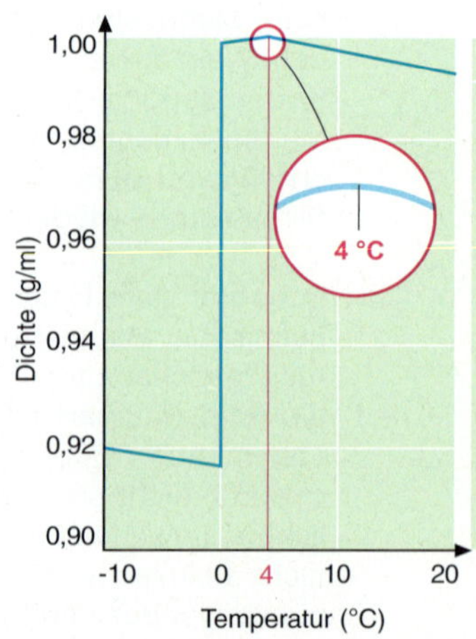

°C	mg O_2/l
0	14,2
5	12,4
10	10,9
15	9,8
20	8,8
25	8,1
30	7,5
35	7,0
40	6,6

Sauerstoffsättigung

Einfallendes Sonnenlicht wird von Wasser absorbiert, mit zunehmender Tiefe wird die Lichtintensität daher geringer. Bis zu einer bestimmten Tiefe ist darum die Produktion durch Fotosynthese der Pflanzen größer als die Zellatmung, darunter ist keine Nettoproduktion mehr möglich *(Kompensationstiefe*, Abb. 1). Die Kompensationstiefe trennt damit einen oberen hellen Bereich *(Nährschicht, trophogene Zone)* und einen unteren Bereich *(Zehrschicht, tropholytische Zone)*, in dem ausschließlich verbrauchende Prozesse ablaufen können. Die Lage der Kompensationstiefe hängt von der aktuellen Lichteinstrahlung ab sowie von der Menge vorhandener Pflanzen *(Eigenbeschattung)*. Nährschicht und Zehrschicht sind lichtabhängig, Oberwasser und Tiefenwasser dagegen temperaturabhängig.

Das Nahrungsnetz in einem See besteht aus den trophischen Stufen der pflanzlichen Algen *(Phytoplankton)*, darüber kommen filtrierende Kleinkrebse *(Zooplankton)* und als dritte Stufe Plankton fressende Fische (s. Mittelspalte). Wenn die Produktivität eines Sees hoch genug ist, können weitere Trophiestufen aus räuberischen Fischen existieren. Am Bodengrund *(Benthal)* leben Schnecken, Muscheln und Würmer. Daneben leben viele Insekten als Larve oder als Imago im Wasser.

Im Jahresverlauf eines Sees beginnt das intensivere Leben im Frühjahr. Mit zunehmender Lichtintensität und Wärme wachsen die Populationen des Phytoplanktons. Als Folge nehmen auch die Populationen des Zooplanktons zu und zehren als effektive Räuber bis zum späten Frühjahr das Phytoplankton weitgehend auf. Das kann zu einem *Klarwasserstadium* führen. Der weitere Verlauf ist von der verbliebenen Mineralstoffkonzentration im Epilimnion abhängig.

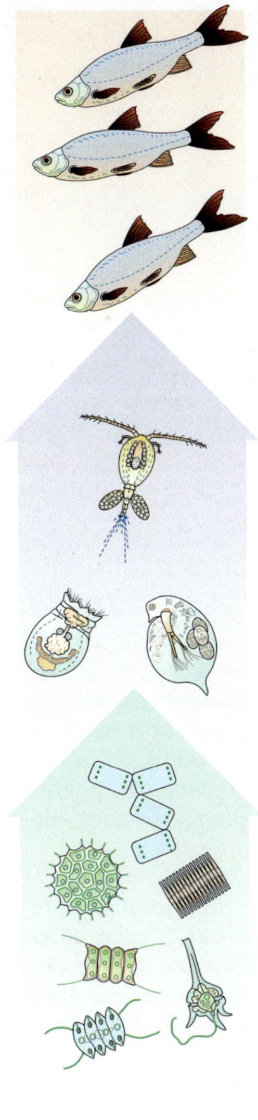
typische Nahrungskette

Detritus und Leichen werden durch bakterielle Destruenten unter Sauerstoffverbrauch remineralisiert. Dies geschieht zum großen Teil bereits im Oberwasser. Dennoch sinkt ein merklicher Anteil als totes organisches Material ins Tiefenwasser ab und nimmt die in ihm gebundenen *Mineralstoffe* mit. Das Oberwasser verarmt daher an Mineralstoffen. Sind dort aber hohe Konzentrationen verblieben, kann eine neue sommerliche Algenblüte folgen (Abb. 2). In anderen Fällen ist dies erst im Herbst wieder möglich, wenn die Mineralstoffkonzentration durch die Zirkulation erneut ansteigt.

Das ins Tiefenwasser und zum Bodengrund abgesunkene tote organische Material wird ebenfalls remineralisiert. Als Folge steigt die Mineralstoffkonzentration dort an. In den oberen Wasserschichten kann der bei diesem Vorgang verbrauchte Sauerstoff durch Diffusion aus der Luft und durch die Fotosynthese stets ergänzt werden. Im Tiefenwasser und am Bodengrund ist dies jedoch wegen der sommerlichen Schichtung nicht möglich. Sauerstoff wird hier ausschließlich verbraucht und sein Gehalt sinkt deswegen. Bei hohem Verbrauch durch große Detritusmengen kann er gänzlich aufgebraucht werden (s. Seite 268). Erst mit der nächsten Zirkulation gelangen neuer Sauerstoff in die Tiefe und die Mineralstoffe aus der Tiefe in die oberen Wasserschichten des Sees.

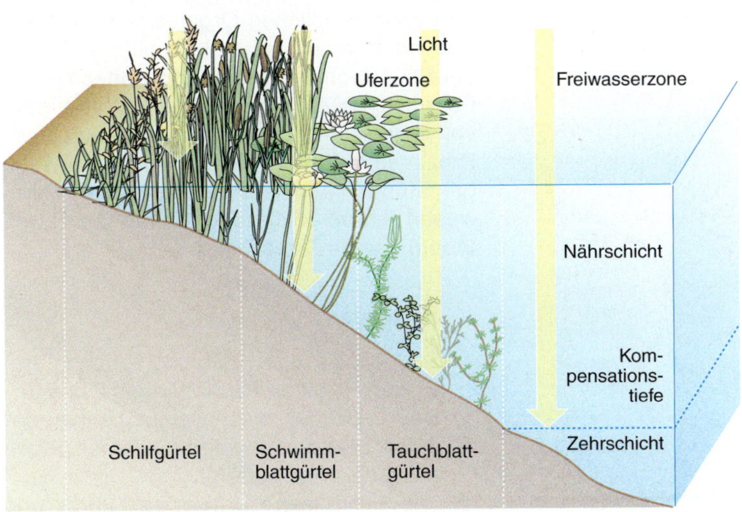

1 Lichtbedingte Schichtung im See

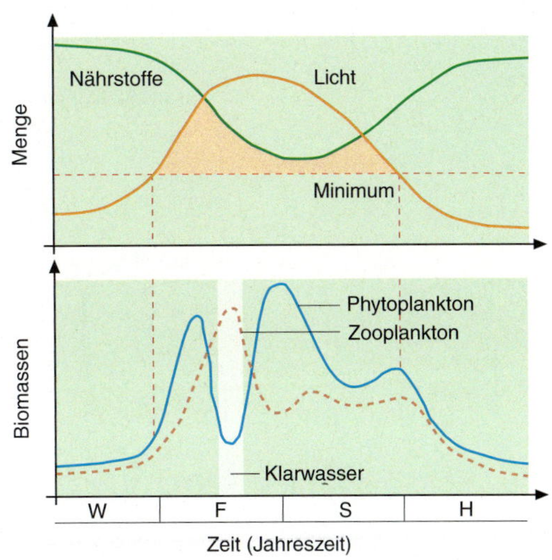

2 Mineralstoffreicher See im Jahresverlauf

1 Eutropher See

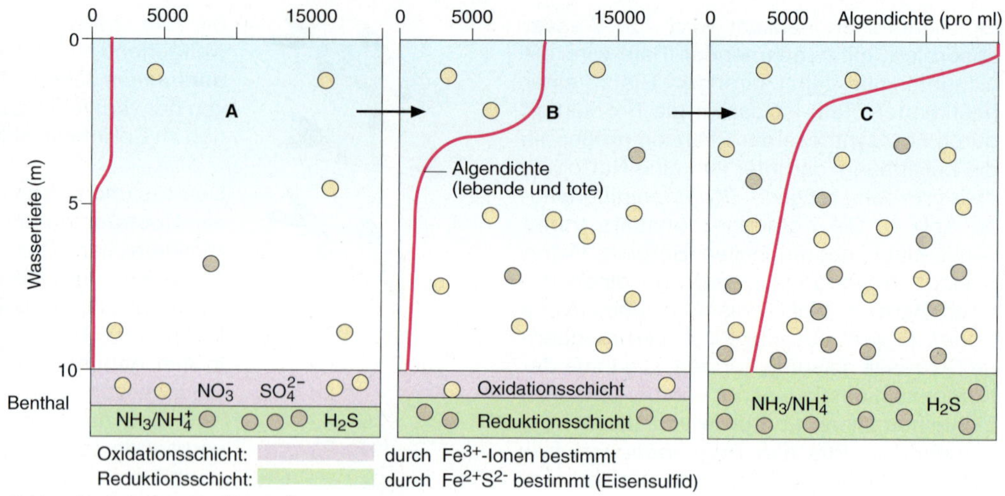

2 Vorgänge beim „Umkippen"

Eutrophierung

Die meisten tieferen Gewässer wären ohne menschlichen Einfluss *oligotroph* (mineralstoffarm): Der Gehalt an freiem *Phosphat* und *Nitrat* ist sehr niedrig, denn die meisten dieser Ionen sind in der Biomasse der Lebewesen gebunden.

Durch menschliche (anthropogene) Einflüsse können große Mengen an Stickstoffverbindungen und Phosphaten in die Gewässer gelangen. Quellen sind heute vor allem die Landwirtschaft, deren Gülle und *Dünger* über das Oberflächenwasser in die Gewässer gelangen können. Die Folge der Mineralstoffzufuhr ist eine *Eutrophierung* der Gewässer. Die Verfügbarkeit der vormals begrenzenden Faktoren Nitrat und vor allem Phosphat steigert die Produktivität und damit die Biomasse des Sees erheblich. Auffällig ist das starke Algenwachstum während des Sommers *(„Algenblüte")*.

Eutrophierung
Anreicherung eines Gewässers mit Mineralstoffen

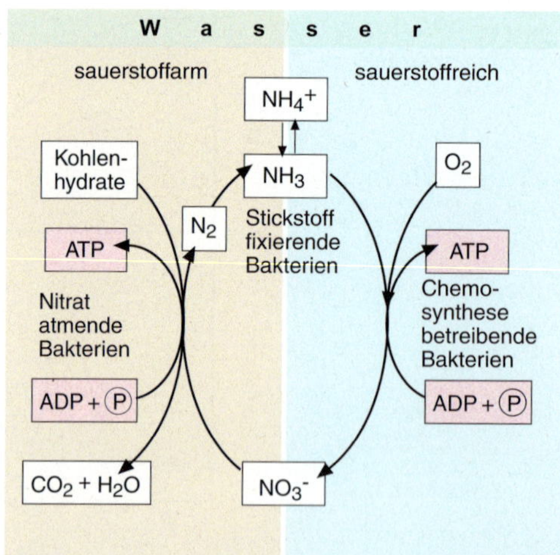

3 Stickstoffreaktionen durch Mikroorganismen

Deutliche Auswirkungen hat die Eutrophierung auf den *Sauerstoffhaushalt* des Gewässers. Der Abbau der Biomasse durch Mikroorganismen zehrt große Sauerstoffmengen. Bei Sauerstoffmangel können bestimmte Mikroorganismen durch die *Reduktion* von Nitrat organisches Material oxidativ abbauen und dabei ATP bilden *(Nitratatmung)*. Durch chemische Reaktionen entstehen giftige Stoffe wie Ammoniak (NH_3) und *Schwefelwasserstoff* (H_2S) (Abb. 3). Sie sind vor allem für Wirbeltiere hoch giftig. Das führt zum Tode bei empfindlichen Organismen. Dadurch fällt noch mehr abbaubare Biomasse an, die Sauerstoffzehrung nimmt weiter zu. Bei übermäßiger Zufuhr von Mineralstoffen oder von organischem Material können sich diese Prozesse aufschaukeln und innerhalb weniger Stunden zum Tode aller höheren Lebewesen führen. Man spricht dann vom *„Umkippen"* eines Gewässers.

Aufgaben

① Suchen Sie eine Erklärung für das „Umkippen". Nutzen Sie Abbildung 2 und 3.
② Begründen Sie, weshalb das „Umkippen" eines Sees vor allem im Sommer gegen Ende der Nacht erfolgt.
③ Wie kann man „Umkippen" kurz- und langfristig verhindern?

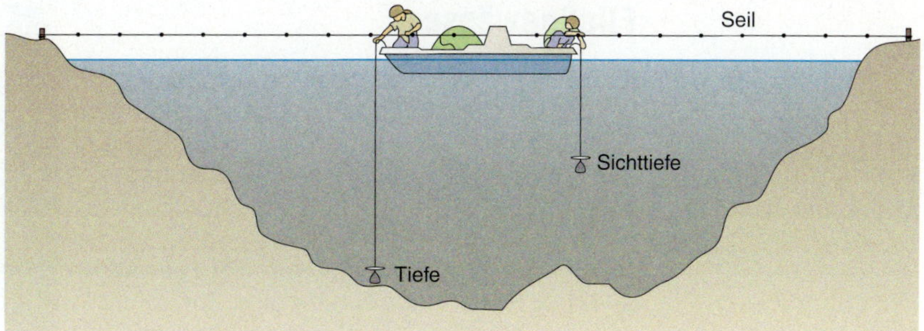

Ermittlung der Gewässerbreite und -tiefe

Freilandökologie am stehenden Gewässer

Wählen Sie möglichst ein Gewässer, das über einen Steg oder ein Boot auch Zugangsmöglichkeiten zu tieferen Wasserzonen erlaubt.

Linien-Vegetationsaufnahme

Fertigen Sie mithilfe einer Landkarte eine *Skizze des Gewässers* an, in die Sie wichtige Merkmale (Bäume etc.) zur Orientierung eintragen.

Erstellen Sie ein Höhen- und Tiefenprofil entlang einer geeigneten Linie. Beginnen Sie einige Meter vom Ufer entfernt im Trockenen.

Kartieren Sie entlang dieser Linie die *Vegetation*. Lässt sich eine höhenabhängige Zonierung erkennen?

Physikalische, chemische Werte

Bestimmen Sie entlang dieser Linie die Sichttiefe im Gewässer.

Holen Sie mit der Probenflasche aus unterschiedlichen Tiefen Wasserproben und untersuchen Sie es bezüglich der folgenden Parameter:

- Temperatur
- Sauerstoffgehalt
- pH-Wert
- Ammonium-, Nitrit- und Nitratgehalt
- Phosphatgehalt

BSB_2-Untersuchung

Der BSB_2-Wert steht für den biochemischen Sauerstoffbedarf der Organismen im Dunkeln. Bezugsgröße ist der Sauerstoffverbrauch in zwei Tagen.

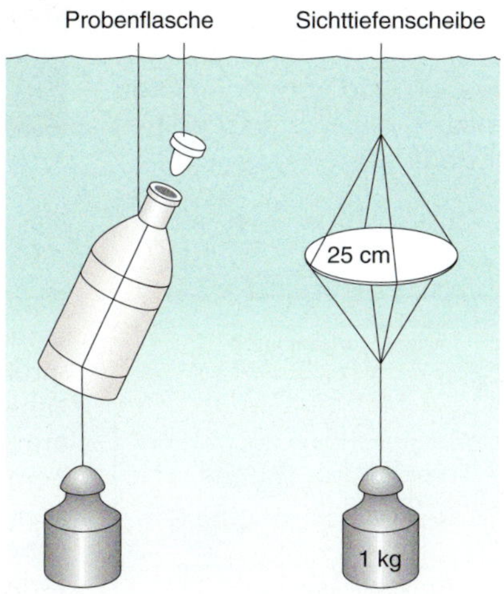

Füllen Sie eine Wasserflasche voll mit Probenwasser. Bestimmen Sie den aktuellen Sauerstoffgehalt und verschließen Sie die Flasche luftblasenfrei. Bringen Sie die Flaschen mit Ihren Proben an einen dunklen Ort bei Zimmertemperatur.

Kochen Sie eine weitere Probe ca. 10 Minuten, kühlen Sie sie auf Zimmertemperatur ab und reichern Sie sie dann mithilfe einer Aquarienpumpe mit Sauerstoff an. Bestimmen Sie nun den Sauerstoffgehalt der Probe. Behandeln Sie sie dann wie die übrigen Proben.

Öffnen Sie nach zwei Tagen die Flaschen und bestimmen Sie sofort den Sauerstoffgehalt.

Wie hat sich der Sauerstoffgehalt der Proben verändert?

Wie hat sich der Sauerstoffgehalt der aufgekochten Wasserprobe im Vergleich dazu verändert?

Stellen Sie eine Hypothese zur Klärung der Differenzunterschiede der verschiedenen Proben auf.

Planen Sie ein Experiment im Labor, mit dem Sie Ihre Hypothese überprüfen können.

Untersuchungen im Tagesverlauf

Bestimmen Sie an besonders vegetationsreichen und -armen Standorten (Wassertiefe ca. 20 cm) im Tagesverlauf alle drei bis vier Stunden den pH-Wert und den Sauerstoffgehalt. Tragen Sie die Werte grafisch auf und vergleichen Sie. Wie lassen sich die Veränderungen im Tagesverlauf und die Unterschiede zwischen den verschiedenen Standorten erklären?

Aufwuchsorganismen

Um an die am Untergrund aufsitzenden Kleinorganismen zu gelangen, hängen Sie in unterschiedlichen Wassertiefen jeweils zwei gegeneinander liegende Objektträger für mindestens zwei Wochen ins Gewässer (s. Skizze). Wenn möglich, vergleichen Sie verschiedene Gewässerabschnitte mit unterschiedlichen Lichtverhältnissen. Günstig ist es, wenn sie am Beginn zwei oder mehr Ansätze pro Untersuchungsstelle in das Gewässer bringen und diese im Zweiwochenrhythmus weiter untersuchen.

Mikroskopieren Sie dann die Organismen, die sich auf den Objektträgern angesiedelt haben. Vergleichen Sie die Besiedlung in Abhängigkeit von der Wassertiefe und evtl. der Beleuchtungsstärke am Untersuchungsort.

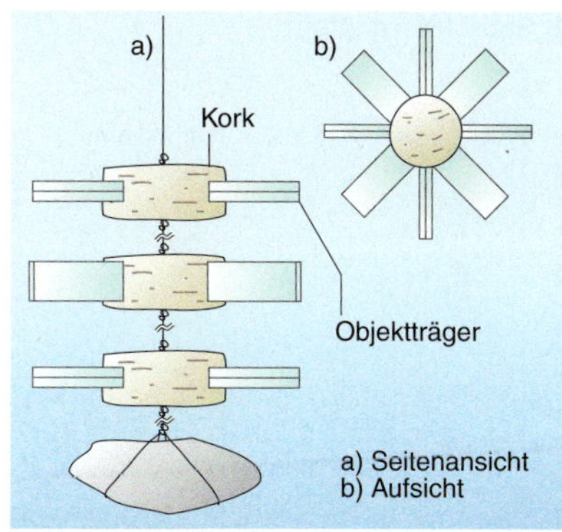

Fließgewässer

Fließgewässer sind durch strömungsbedingte Verwirbelungen des Wassers gekennzeichnet. Diese verhindern eine Schichtung des Wassers, sodass der Sauerstoffaustausch groß ist.

Besonders der Oberlauf von Fließgewässern führt häufig durch gebirgige Zonen mit starkem Gefälle. Die *Fließgeschwindigkeit* nimmt deshalb in der Regel von der Quelle bis zur Mündung ab. Als Folge finden sich im Unterlauf viele Organismen wie Wasserflöhe und Algen, die auch in Seen leben können. Der Oberlauf dagegen wird vorwiegend von Organismen besiedelt, die an stärkere Strömung angepasst sind.

3 Naturbelassenes Fließgewässer

Güteklasse	Grad der organischen Belastung (Saprobienindex)	Chemische Parameter			wichtige Indikatororganismen
		BSB_5 (mg/l)	NH_4^+ (mg/l)	O_2-Minima (mg/l)	
I	unbelastet bis sehr gering belastet (1,0-1,5)	1	höchstens Spuren	> 8	Steinflüglerlarven, Flussperlmuschel
I - II	gering belastet (1,5-1,8)	1-2	um 0,1	> 8	Köcherfliegenlarven, Steinflüglerlarven, Bachflohkrebse, Flussnapfschnecken, Eintagsfliegenlarven,
II	mäßig belastet (1,8-2,3)	2-6	< 0,3	> 6	
II - III	kritisch belastet (2,3-2,7)	5-10	< 1	> 4	Egel, Schnecken, Wasserasseln, Taumelkäfer
III	stark verschmutzt (2,7-3,2)	7-13	0,5 bis mehrere mg/l	> 2	
III - IV	sehr stark verschmutzt (3,2-3,5)	10-20	mehrere mg/l	< 2	Zuckmückenlarven, Schlammröhrenwürmer, Schmutzpantoffeltierchen
IV	übermäßig verschmutzt (3,5-4)	> 20	mehrere mg/l	< 2	

1 Saprobiensystem

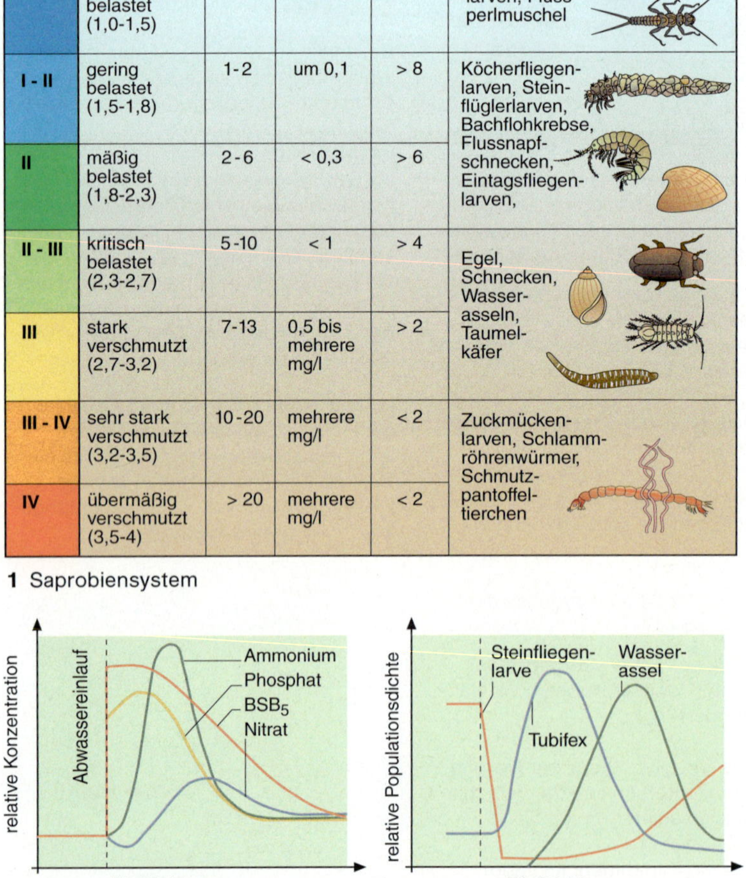

2 Selbstreinigungsvorgänge in einem Fließgewässer

Eine wesentliche Rolle für die Artenvielfalt eines Fließgewässers spielt die Gewässerstruktur: Begradigte Abschnitte mit einheitlichen Strömungsverhältnissen sind artenarm, während mäandrierende Abschnitte mit dem typischen Wechsel von Prall- und Gleithang auf engstem Raum völlig unterschiedliche Strömungsverhältnisse und starke Unterschiede im Sediment des Untergrunds aufweisen können. Diese Strukturvielfalt fördert die Artenvielfalt nicht begradigter Fließgewässer.

Selbstreinigung und Saprobiensystem

Die größte Gefährdung von Fließgewässern geht auf zugeführte organische Substanzen zurück, etwa *Gülle* aus der Landwirtschaft. Der mikrobielle Abbau dieser Substanzen führt zu einer starken Sauerstoffzehrung. Unter ungünstigen Bedingungen kann das wie in einem stehenden Gewässer zum „Umkippen" führen (s. Seite 268). Unter starkem Sauerstoffverbrauch werden diese Stoffe wieder mithilfe anderer Mikroorganismen zu ungiftigeren Salzen wie Nitrat und Sulfat oxidiert. Diese *Selbstreinigung* der Fließgewässer kann durch eine Optimierung der Sauerstoffzufuhr, etwa mithilfe von Wehren, verbessert werden. Problematisch für die Selbstreinigungsfähigkeit eines Fließgewässers sind dagegen Faktoren wie *Wärmebelastung* (Kraftwerke) und *Schwermetallbelastung* (industrielle Abwässer).

Da das Wasser sich während des Selbstreinigungsprozesses fortbewegt, spiegelt die *räumliche Zonierung* eines Fließgewässers den zeitlichen Verlauf der Abbauprozesse

Eutrophierung
Mineralstoffanreicherung

sapros
(gr.) = faul, verdorben

bios
(gr.) = Leben

Saprobien
Fäulnis- und Schmutzwasserorganismen

wider (s. Abb. 270. 2). Auch anorganische Salze wie Phosphat und Nitrat aus Landwirtschaft (Dünger), Industrie und Haushalt tragen wesentlich zur Verschmutzung bei *(Eutrophierung*, siehe Seite 268). Verschmutzte Gewässer sind aufgrund der guten Nahrungsbasis zwar individuenreich, andererseits aber artenarm, da nur wenige Organismenarten einen geringen Sauerstoff- bzw. einen hohen Ammoniumgehalt tolerieren können.

Kontrollen der Gewässerbelastung sind von sehr großer Bedeutung. Ein wichtiges Maß stellt dabei der *BSB_5-Wert* dar: Er bezeichnet den Sauerstoffverbrauch einer künstlich bis zur Sauerstoffsättigung angereicherten Wasserprobe durch mikrobielle Atmungsprozesse innerhalb von 5 Tagen bei 20 °C in Dunkelheit (vergl. BSB_2-Wert Seite 269).

Zur biologischen Wasserbeurteilung dient seit über 100 Jahren ein *Saprobiensystem*. Es charakterisiert den *Verschmutzungsgrad* mithilfe ausgewählter Indikatororganismen. Der Verschmutzungsgrad der Gewässer bestimmt die *Gewässergüteklasse* eines Fließgewässerabschnitts (Abb. 270.1).

Aufgaben

① Stellen Sie die Parameter BSB_5, Ammonium / Ammoniak- und Sauerstoffgehalt (Abb. 270.2) in eine kausale Beziehung.

② Welche Folgen erwarten Sie bei einer starken Erwärmung eines Fließgewässers, etwa durch Einleitung des Kühlwassers von Kraftwerken?

③ Vergleichen Sie die natürliche Selbstreinigung und die Abwasserklärung (s. Zettelkasten).

Zettelkasten

Schema der Abwasserklärung in einer Kläranlage

Die Klärung häuslicher Abwässer aus der Kanalisation erfolgt in mehreren Stufen: In der *mechanischen Reinigungsstufe* werden gröbere Stoffe aus dem Abwasser entfernt. Feine Schwebstoffe werden dem *Faulturm* zugeleitet. Die darauf folgenden *biologischen Reinigungsstufen* mineralisieren organische Stoffe aus dem Abwasser und vermindern den Gehalt an Stickstoffverbindungen und Phosphat. In einem *Denitrifikationsbecken* herrscht Sauerstoffarmut. Dadurch können spezifische Bakterien über *Nitratatmung* (s. Abb. 268. 3) Nitrat zu N_2 reduzieren. Die übrigen Stickstoffverbindungen werden im Belebungsverfahren mit künstlicher Belüftung durch Chemosynthesebakterien zu Nitrat aufoxidiert und über ein Rückführungsverfahren in das Denitrifikationsbecken geleitet, sodass letztendlich der größte Teil der Stickstoffverbindungen als N_2-Gas entweichen kann.

Phosphat wird im Denitrifikationsbecken in eine lösliche Form überführt. So kann es von Bakterien aufgenommen und gebunden werden. Diese Mikroorganismen und Einzeller, die sich ebenfalls von der organischen Substanz ernähren, flocken aus und setzen sich im Nachklärbecken ab. Ein Teil der Flocken wird zur erneuten Impfung mit Mikroorganismen in das *Belüftungsbecken* zurückgeleitet. Der Hauptteil gelangt in den Faulturm. Hier wird der Schlamm von anaeroben Bakterien abgebaut; dabei entsteht *Methangas*. Der ausgefaulte Schlamm wird als Dünger verwendet oder bei zu hohem Schadstoffgehalt auf Deponien gelagert. Die früher verwendete *chemische Reinigungsstufe*, in der die Phosphate als Eisen- oder Aluminiumsalz ausgefällt wurden, ist nach dem hier beschriebenen Reinigungsverfahren überflüssig. Das geklärte Abwasser gelangt in den *Vorfluter*.

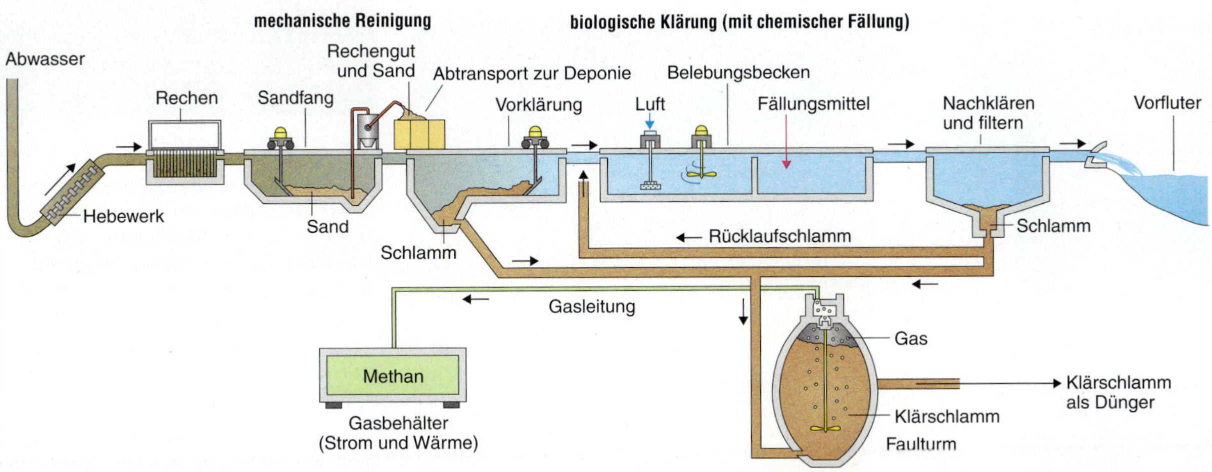

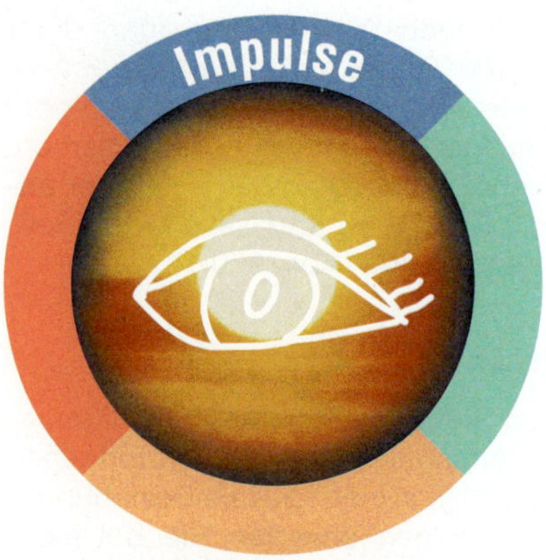

Schutzschild der Erde

Unsere Erde hat einen Schutzschild, die *Atmosphäre*. Sie umgibt die Erde wie eine Hülle und ist 100 km mächtig. In der erdnächsten Schicht der Atmosphäre, der 10 km messenden Troposhäre, sind die Wolken. Sie prägt das Klima der Erdoberfläche. Eine wesentliche Bedeutung der Atmosphäre für Pflanzen und Tiere ist der Schutz vor der kosmischen Strahlung. Hier hat das Ozon eine besondere Bedeutung, da es die UV-Strahlung absorbiert. Außerdem wird die von der Erdoberfläche abgestrahlte Wärmestrahlung teilweise zurückgehalten. Durch Freisetzung verschiedener Gase wie Kohlenstoffdioxid verändert sich die Zusammensetzung der Atmosphäre. Dabei spielen auch Gase, die in technischen Vorgängen entstehen, eine Rolle.

Ozon in der Stratosphäre

„Between eleven and three, slip under a tree".

Die Ozonschicht in der Stratosphäre wirkt wie ein Filter und schirmt die Erdoberfläche vom kurzwelligen Spektralbereich der Sonnenstrahlung, z. B. dem UV-Licht, ab. Eine verstärkte UV-Strahlung auf der Erde kann zur Schädigung von DNA und Proteinen bei allen Lebewesen führen.

Die stärkste Verringerung der Ozonkonzentration findet man über der Antarktis. Dieses „Ozonloch" erstreckt sich bis Australien. Die Hautkrebshäufigkeit bei den Einwohnern Australiens und Neuseelands ist parallel dazu gestiegen.

Fassen Sie die chemischen Verbindungen, die beim Ozonabbau eine Rolle spielen, zusammen. Informieren Sie sich, wo diese in der Technik oder Natur gebildet werden und welche Rolle sie beim Abbau des Ozons spielen.

Sind wir in Europa auch gefährdet? Gibt es über der Arktis auch ein Ozonloch?

Sammeln Sie zu diesen Fragen Informationen und schreiben Sie einen Zeitungsartikel, in dem Sie anhand der Daten Stellung nehmen.

Neue Ozondaten können z. B. aus dem Global Ozone Monitoring Experiment (GOME) über die Universität in Bremen abgerufen werden:
www.iup.physik.uni-bremen.de

Ozon in Bodennähe

Ein herrlicher Sommertag, trotzdem ist über der Stadt kein blauer Himmel zu sehen. Eine Dunstglocke aus Stickoxiden und Ozon liegt über der Stadt, Smog.

Den Ausstoß von Schadstoffen in die Atmosphäre bezeichnet man als *Emission*. Der Anteil der Emissionen, der auf Lebewesen oder Bauwerke einwirkt, wird als *Immission* bezeichnet.

Die höchstzulässige Schadstoffkonzentration MIK *(Maximale Immissionskonzentration)* beträgt in bodennahen Schichten für Ozon 120 µg pro m^3 Luft.

Unterhalb dieses Grenzwertes soll es selbst bei langfristiger Einwirkung auch bei empfindlichen Menschen keine Gesundheitsbeeinträchtigung geben. Smogalarm wird bei 240 µg pro m^3 Luft ausgelöst.

Welche konkreten gesundheitlichen Schäden können durch Ozon verursacht werden?

Inwieweit haben technische Veränderungen in der Autotechnik zu einer Verringerung der Smoggefahr geführt?

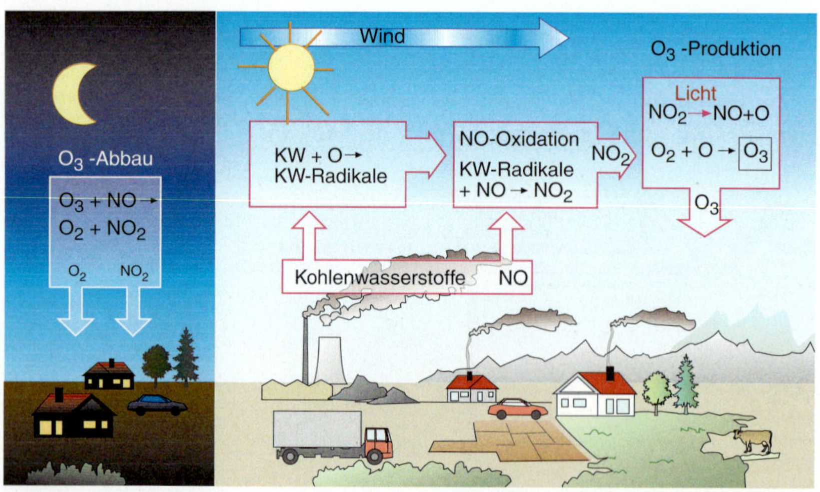

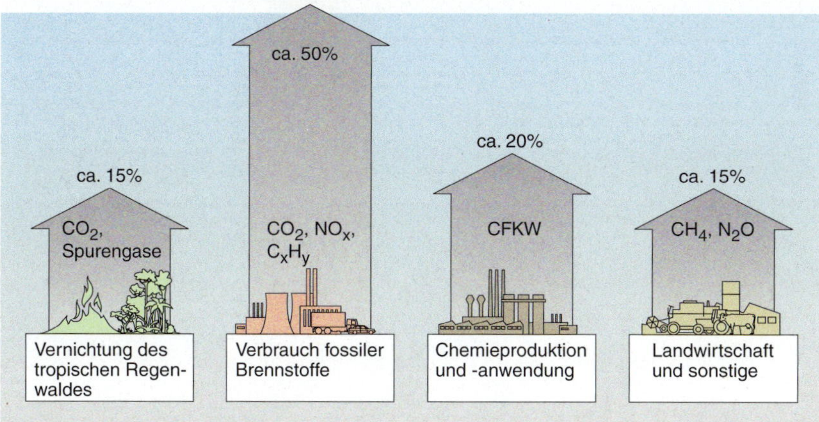

Der Treibhauseffekt

Jeder kennt den Hitzestau im geschlossenen Auto, wenn die Sonne durch die Scheiben ins Wageninnere scheint. Dieser Effekt zeigt sich auch in Treibhäusern, daher der Name *Treibhauseffekt*. Es wird mehr Energie eingestrahlt als abgegeben. Erst wenn die eingestrahlte Energie gleich der abgegebenen ist, bleibt die Temperatur konstant.

Globale Methanemission in Mio. Tonnen pro Jahr	
Sümpfe	121 – 205
Reisfelder	70 – 170
Viehhaltung	80 – 100
Termiten	25 – 150
Industrie	5 – 25

Die Erdatmosphäre entspricht den Glasscheiben. Die Absorption erfolgt hauptsächlich über den Wasserdampf, Kohlenstoffdioxid sowie Methan. Der natürliche *Treibhauseffekt* hält die mittlere Atmosphärentemperatur der Erde auf derzeit + 15 °C. Ohne Treibhauseffekt läge die Temperatur bei -18 °C.

Anthropogene Einflüsse verändern die Zusammensetzung der Erdatmosphäre. Die Konzentration von Kohlenstoffdioxid hat in den letzten 200 Jahren um ca. 25 % zugenommen. Durch die Erwärmung der Erde tauen die Permafrostböden, die gefrorenen Sumpfböden in Sibirien, und darin enthaltenes Methangas entweicht.

Die Auswirkungen auf das Erdklima sind nicht genau voraussagbar. Anhand von Modellrechnungen und Simulationen versucht man Vorhersagen zu treffen: Stärkere Stürme, Anstieg der Meeresspiegel, Verlagerungen der Wüstengebiete und Verschiebungen der Klimazonen werden prognostiziert.

Der Treibhauseffekt wird von den Wissenschaftlern unterschiedlich eingeschätzt. Sammeln Sie zu den verschiedenen Aspekten Informationen und stellen Sie diese gewichtet einander gegenüber.

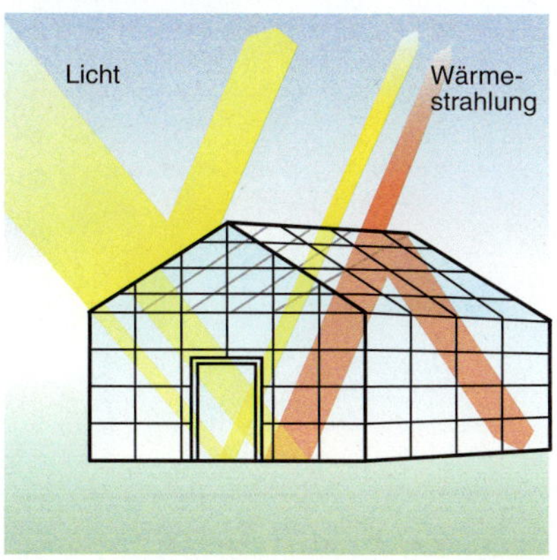

Nachwachsende Rohstoffe

Biodiesel ist eine direkte Verwendungsmöglichkeit eines von Pflanzen produzierten Rohstoffes, des Rapsöls, für die Verbrennung in Dieselmotoren. Dazu wird es in Glycerin und Fettsäuren getrennt. Die Fettsäuren werden mit Methanol zu Methylester umgewandelt. Das Produkt hat ähnliche Eigenschaften wie herkömmlicher Diesel aus Erdöl und lässt sich in Dieselmotoren verbrennen.

Im Biodiesel ist etwa dreimal so viel Energie enthalten, wie für dessen Produktion aufgewendet werden muss. Um den CO_2-Ausstoß in Deutschland um 1,4 % zu senken, müsste auf 10 000 km² Fläche Raps angebaut werden.

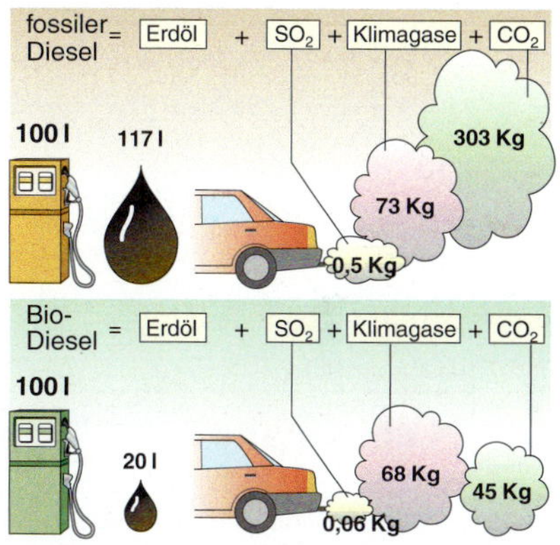

Das in der Raffinerie anfallende Glycerin ist ein begehrter Rohstoff für die chemische Industrie, z. B. zur Herstellung von Kosmetika.

Beim Herauspressen des Öls bleibt der sog. Rapskuchen zurück. Er enthält neben Zellulose ca. 9 % Restfett und 34 % Protein. Er stellt ein hochwertiges Futtermittel für die Tiermästung dar.

Suchen Sie nach zusätzlichen Informationen und schreiben Sie ein Gutachten für oder gegen den Einsatz von Biodiesel.

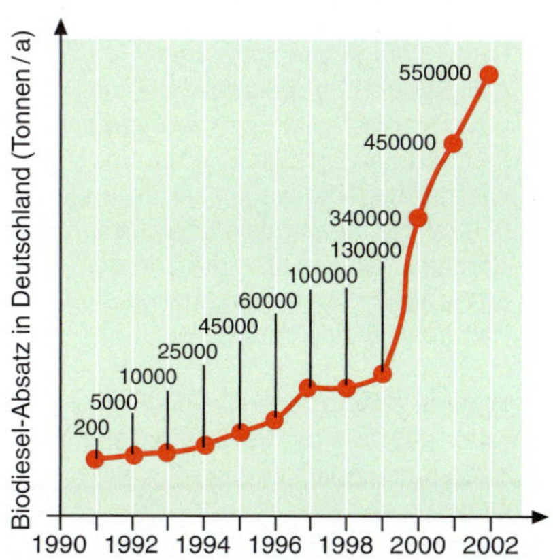

Evolution

Lernsituation:

Evolutionsforschung blickt häufig Millionen Jahre zurück in die Vergangenheit. Welche Antworten kann dieses Forschungsgebiet für meine Gegenwart heute geben?

Im Rahmen der Globalisierung ist der berühmte Ausdruck Darwins „survival of the fittest“ wieder in aller Munde genauso wie der sogenannte „Sozialdarwinismus“. Sogar viele Wirtschaftswissenschaftler erklären neuerdings komplexe dynamische Wirtschaftsprozesse mit evolutionären Theorien.

Gleichzeitig kann man in einigen Staaten beobachten, wie die Gegner der Evolutionstheorie die Formen der Schöpfungstheorie wie „Intelligent Design“ vertreten, Aufnahme in nationale Lehrpläne erhalten. Was ist also dran an der Evolution? Gibt es tatsächlich stichhaltige Beweise dafür?

Welche Antworten kann die Evolutionstheorie für die Gegenwart, auch hinsichtlich des Klimawandels geben?

?

Leitfragen:

Was ist denn nun wirklich von DARWIN? Dieses Unterkapitel bietet den großen Überblick. Daher werden die gängigen Evolutionstheorien insgesamt vorgestellt, die evolutionären Mechanismen im Anschluss.

Es gibt so viele Arten, die so perfekt an ihre bestimmten Lebensräume angepasst sind. Wie kann dies durch Zufall geschehen sein? Kann man Mechanismen der Evolution tatsächlich übertragen und damit Prozesse in der Wirtschaft oder Antibiotikaresistenz erklären?

Stammt der Mensch von Affen ab? Evolutionstheorie versus Schöpfungsgeschichte – Wie sieht die Beweislage aus?

Der Ursprung des Lebens auf der Erde erscheint wie ein Wunder. Kann man tatsächlich erklären, wie aus dem „anorganischen Nichts" organisches Leben entstanden ist?

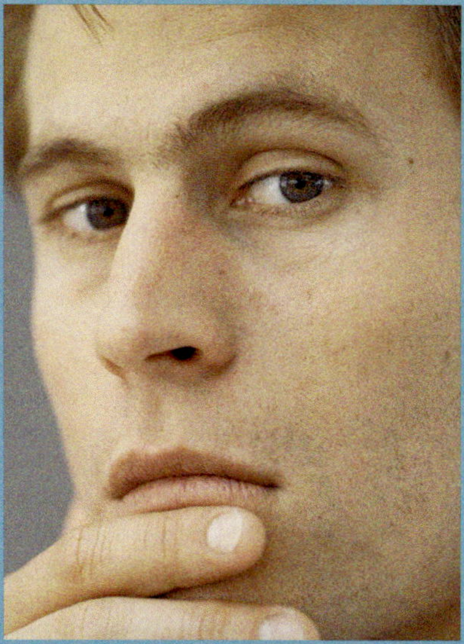

1 Charles Darwin (1809—1882)

Evolution durch natürliche Selektion

Charles Darwin (1809—1882) gilt vielen als Vater der Evolutionstheorie. Ein besseres Bild wäre vielleicht, ihn als Geburtshelfer der Evolutionstheorie zu bezeichnen, denn seine große Leistung war, bereits bestehende Vorstellungen zur Evolution und seine eigenen Untersuchungen zu einem schlüssigen Theoriegebäude zusammengebaut zu haben. Daher ist es etwas einseitig, nur von der Darwin'schen Evolutionstheorie zu sprechen.

Das bahnbrechende Werk Darwins ist „On the Origin of Species by Means of Natural Selection or the Preservation of Favoured Races in the Struggle for Life", das 1859 herauskam. Das Erscheinen dieser Schrift vor anderthalb Jahrhunderten kam einer Revolution gleich, da sie eine stimmige Theorie für die Entstehung der Arten anbot, die auf einer rein naturwissenschaftlichen Basis stand, d. h. ohne Gott als Schöpfer auskam, was bis heute zu heftigen Auseinandersetzungen mit Verfechtern der *Schöpfungstheorie* (u. a. *Kreationisten)* führt.

Ausgangspunkt für Darwins Evolutionstheorie waren seine eigenen Beobachtungen. Bei seinen Reisen konnte Darwin feststellen, dass mehrere Exemplare einer Art nie vollkommen identisch untereinander sind *(Variabilität)*. Dies widersprach der zu seiner Zeit vielfach vertretenen These der Unveränderlichkeit *(Konstanz)* der Arten.

Gleichzeitig untersuchte Darwin Fossilien und konnte mit Verwandtschaften von Arten Hinweise auf gemeinsame Ahnen finden. Daraus synthetisierte er eine Abstammungslehre. Er postulierte, dass sich Arten von gemeinsamen Vorfahren im Laufe eines historischen Entwicklungsprozesses entwickelt haben *(Deszendenztheorie)*. Da er sich hierbei auch auf Arbeiten anderer Kollegen u. a auch Lamarck (s. Seite 277) stützte, wird Darwin an der Deszendenztheorie nur eine Miturheberschaft zugestanden.

Darwins besondere Leistung war seine Theorie zur Artentstehung durch Auslese *(Selektionstheorie),* die er mit der von Alfred Russel Wallace (1823—1913) 1858 veröffentlichte. Ausgangspunkt ist die Variabilität der Individuen einer Art. Aufgrund dieser Variabilität sind einige Individuen besser an bestimmte Umweltbedingungen angepasst als andere Individuen der Art. Die besser Angepassten haben eine höhere Wahrscheinlichkeit, mit mehr Nachkommen sich fortpflanzen zu können; man spricht von einer höheren *reproduktiven Fitness*, d. h. Tiere mit der höheren reproduktiven Fitness können in der nächsten Generation einen höheren Beitrag zum Genbestand beitragen. Der Mechanismus der natürlichen Auslese *(natural selection)* ist damit kein Verdrängungswettbewerb, sondern eine stärkere Weitergabe des Genbestands der besser Angepassten durch mehr Nachkommen.

Am Beispiel der Giraffen erläutert Darwin: „So werden (...), als die Giraffe entstanden war, diejenigen Individuen, die die am höchsten wachsenden Zweige abweiden und in Zeiten der Dürre auch nur einen oder zwei Zoll höher reichen konnten als die anderen, häufig erhalten geblieben sein." Dieses Beispiel zeigt, wie Angepasstheit im „Kampf ums Dasein" *(struggle for life)* entscheidende Anteile hat. Durch die Verbindung der teilweise bekannten Deszendenztheorie mit seiner Selektionstheorie konnte Darwin so ein Theoriegebäude erstellen, das zusammenhängend einen wissenschaftlichen Mechanismus zur Entstehung der Arten anbot.

Aufgabe

① Erklären Sie auch mithilfe der Abbildung in der Mittelspalte, warum der *Sozialdarwinismus* (Recht des Stärkeren) nicht der Theorie nach Darwin entspricht.

1 Jean Baptiste de Lamarck (1744 – 1829)

Lamarcks Vorstellungen

Jean Baptiste de Lamarck hatte schon ein halbes Jahrhundert vor Darwin eine Evolutionstheorie aufgestellt, die aber zu seiner Zeit wenig beachtet wurde. Seine „Philosophie Zoologique“ veröffentlichte er im Jahre 1809. Es handelt sich dabei um die erste konsequente Darstellung eines Theoriegebäudes zur Evolution.

Als „Professor für wirbellose Tiere“ hatte Lamarck Muschel- und Schneckengehäuse untersucht. Er war beeindruckt von deren Unterschiedlichkeit wie auch deren abgestufter Ähnlichkeit mit allerlei Übergängen, die eine klare Abgrenzung zwischen nahe stehenden Arten schwierig machen. Lamarck war überzeugt von der Veränderlichkeit der Arten. Er war auch der Erste, der einen Stammbaum aufgestellt hat.

Lamarck nahm an, dass alle Lebewesen auf natürliche Weise auf dieser Erde hervorgebracht wurden. Durch Urzeugung seien an günstigen Orten und unter günstigen Umständen einige wenige pflanzliche und tierische Urwesen entstanden. Im Verlauf genügend langer Zeiträume sollte nach Lamarck die ganze Vielfalt der heutigen Lebewesen entstanden sein.

Den dabei wirkenden Mechanismus erläuterte Lamarck an den Tieren. Beträchtliche und anhaltende Veränderungen in den Umweltverhältnissen von Tieren bewirkten eine Veränderung der Bedürfnisse. Dies machte neue Tätigkeiten notwendig, um die neuen Bedürfnisse zu befriedigen und führte zu neuen Gewohnheiten. Damit werde entweder der häufigere und stärkere Gebrauch eines Organs notwendig, das sich entsprechend entwickele und vergrößere. Oder es werde der Gebrauch neuer Organe notwendig, die durch Anstrengung des inneren Gefühls entstünden. Anders verhalte es sich bei Nichtgebrauch eines Organs – dieses werde unmerklich schwächer und verschwinde schließlich ganz.

Um die Wirkungen der Gewohnheiten zu belegen, führte Lamarck die Giraffe an, die „in Gegenden lebt, wo der beinahe trockene und kräuterlose Boden sie zwingt, das Laub der Bäume abzufressen und sich beständig anzustrengen, dasselbe zu erreichen. Infolge dieser seit langer Zeit angenommenen Gewohnheit sind bei den Individuen ihrer Rasse die Vorderbeine länger als die Hinterbeine geworden, und ihr Hals hat sich (...) verlängert.“

Bei den Pflanzen gibt es keine Tätigkeiten und damit auch keine Gewohnheiten. Dennoch führten Veränderungen der Umweltverhältnisse zu Veränderungen in der Entwicklung der Teile. Lamarck erwartete, dass Pflanzen bei veränderten Umweltverhältnissen Abänderungen erwerben würden.

Alle durch vorherrschenden Gebrauch oder konstanten Nichtgebrauch erworbenen Abänderungen sollten dann an die Nachkommen vererbt werden. Lamarck behauptete damit die Vererbung erworbener Eigenschaften.

Zettelkasten

Finales Denken

„Die Grabbeine des Maulwurfs haben sich entwickelt, damit er besser graben kann.“ Solche oder ähnliche Aussagen erscheinen zunächst plausibel. Allerdings wird hier ein zukünftiges Ereignis (besser graben) als Ursache für ein bereits vorhandenes Objekt (Grabbeine) benannt. Dies ist wissenschaftlich nicht haltbar, denn Ursachen müssen den Wirkungen vorangehen.

Aufgaben

① Erläutern Sie die Abbildung in der Mittelspalte im Sinne der Lamarck'schen Evolutionstheorie.

② Vergleichen Sie tabellarisch die Theorien von Lamarck und Darwin am Beispiel der Entstehung des Giraffenhalses. Stellen Sie dabei Unterschiede und Übereinstimmungen gegenüber.

Synthetische Evolutionstheorie

Die heutige Evolutionstheorie ist eine synthetische Theorie, weil sie Ideen aus vielen Disziplinen vereinigt (Abb. 1). Um Ihnen einen Überblick und eine erste Groborientierung ermöglich zu können, ist auf dieser Seite die Synthetische Theorie in einer Zusammenschau dargestellt. Alle Inhalte werden im Folgenden ausführlich beschrieben, wobei auch bei der Erarbeitung der Details ein Rückgriff auf diese Seite sinnvoll sein kann, um den Überblick zu behalten. Im Zentrum steht dabei der Genpool einer Population und dessen Veränderungen.

Denken in Populationen

Gegenstand der Evolution ist die Population, also die Gesamtheit der an einem Ort lebenden Individuen einer Art. Evolution ist nur durch Denken in Populationen zu verstehen. Jede Population enthält Individuen mit unterschiedlicher Ausprägung erblicher Merkmale.

Variation

Oft erscheinen uns die Individuen einer Art weitgehend ähnlich oder nahezu gleich. Aber bei näherer Betrachtung gibt es keine zwei Individuen, die sich völlig gleichen. Selbst bei eineiigen Zwillingen oder Klonen lassen sich Unterschiede finden. Diese Unterschiedlichkeit zwischen Angehörigen einer Population oder einer Art wird *Variation* genannt. Arten bestehen also aus Biopopulationen, die sich aus einzigartigen Individuen zusammensetzen.

Selbst hinter scheinbar gleichen Phänotypen verbirgt sich auf genetischer Ebene oft eine beträchtliche Vielfalt. Vorstellbar wird die genetische Vielfalt als Genpool einer Population, der die Allele sämtlicher Genorte aller Individuen umfasst.

Ursachen der Variation

Die genetische Variation einer Population schöpft aus den Quellen der Mutation und der Rekombination. Dabei verändern Mutationen die Gene und erzeugen neue Allele. Rekombination dagegen greift auf die im Genpool vorhandene Vielfalt der Allele zurück. Wenn zwei Individuen einer sich sexuell fortpflanzenden Population Nachkommen zeugen, so tragen diese Nachkommen *(Phänotypen)* neue Kombinationen von Allelen *(Genotypen)*.

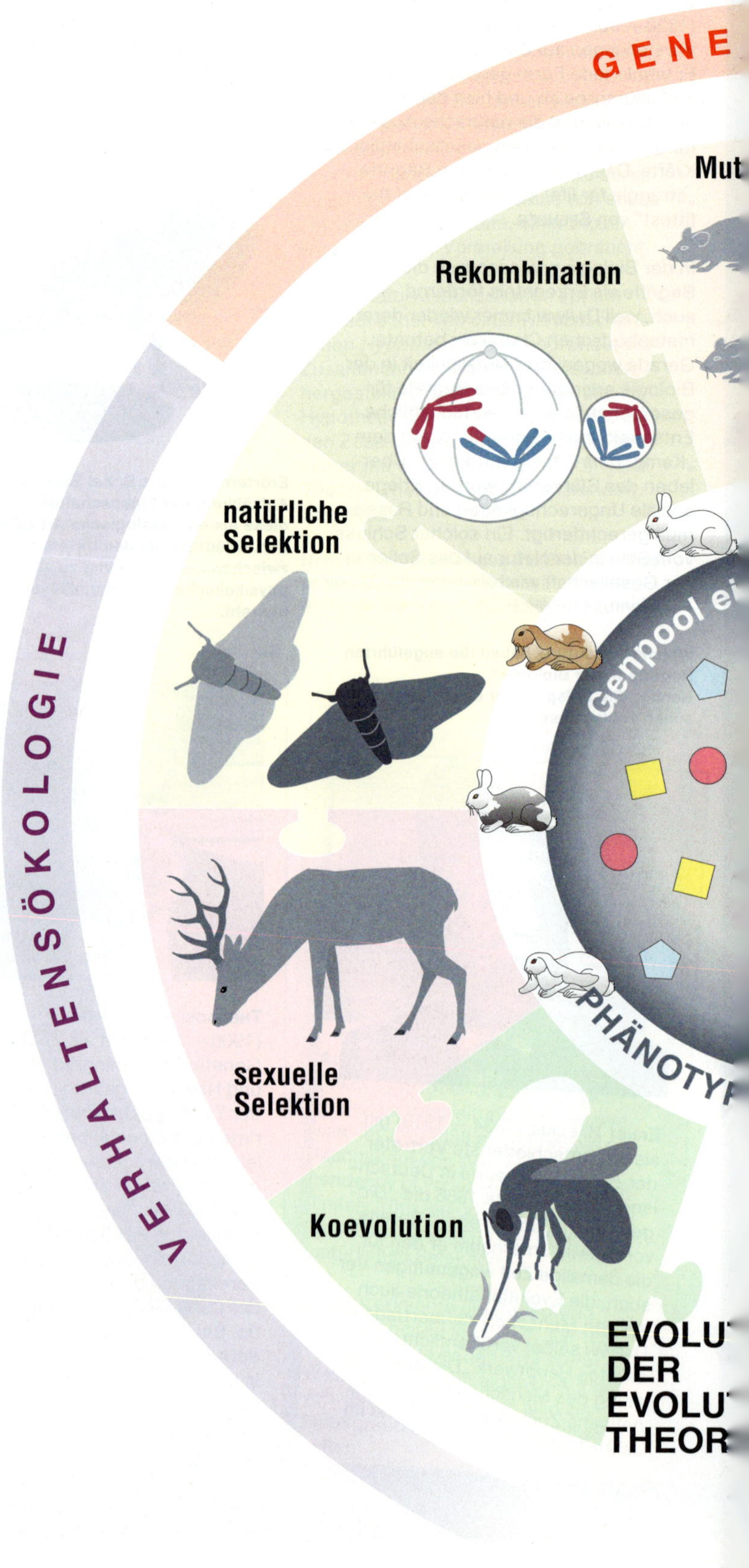

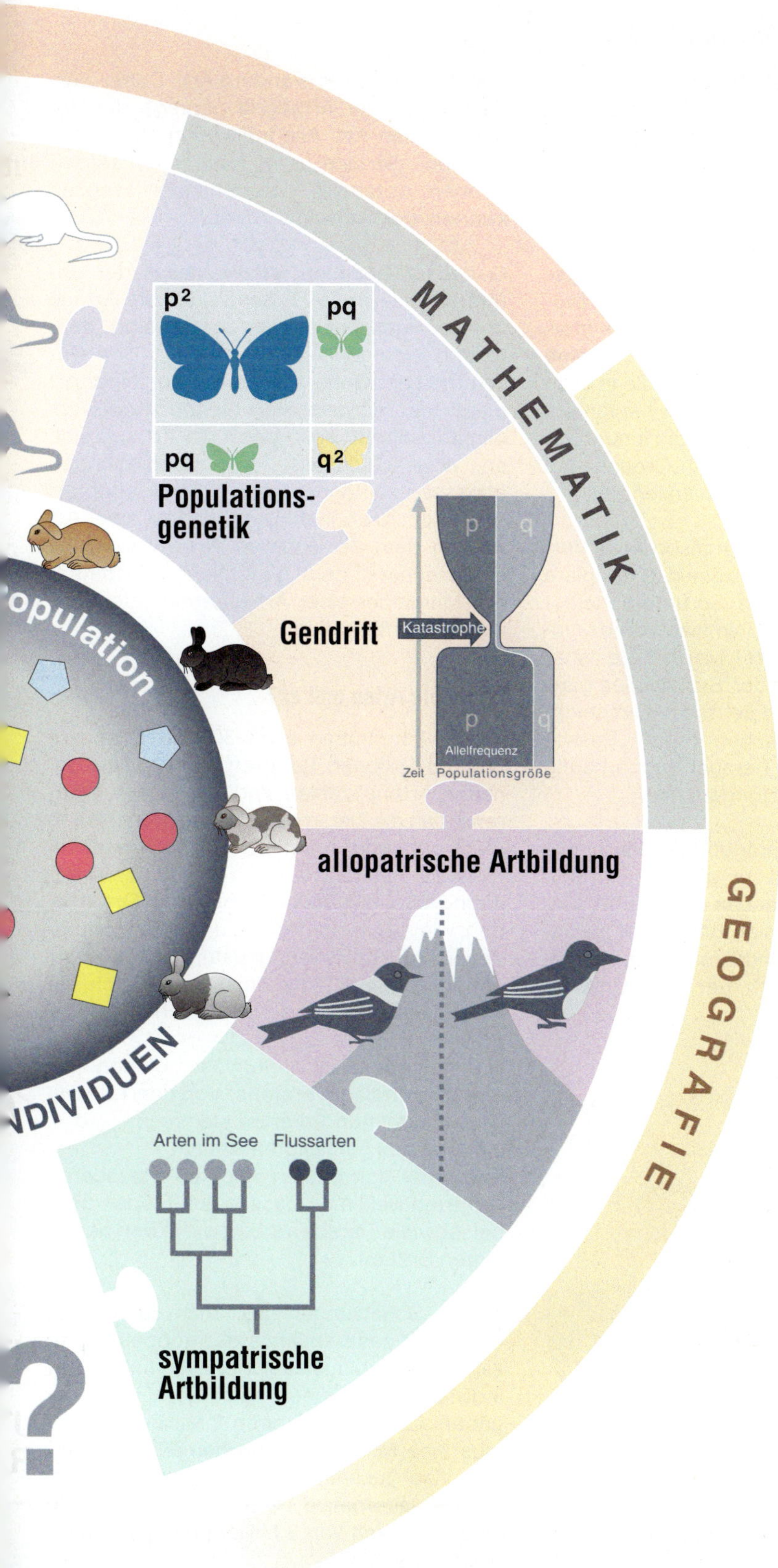

Natürliche Selektion

Populationen sind so fruchtbar, dass sie bei erfolgreichem Überleben aller Individuen exponentiell wüchsen. Dem steht die Beobachtung entgegen, dass die Populationsgröße meist über längere Zeit gleich bleibt. Ressourcen stehen nicht unbegrenzt zur Verfügung, sondern sind knapp. Daraus lässt sich schließen, dass die Individuen einer Population um die knappen Güter konkurrieren.

Die Individuen einer Art zeigen nun aber Variation und ein Teil der Variationen ist erblich bedingt. Das Überleben ist deshalb nicht allein zufällig, vielmehr hängen das Überleben und die Fähigkeit, sich fortzupflanzen, von vorteilhaften Merkmalen ab. Vorteilhaft sind jene Merkmale, die zu den jeweiligen Umweltbedingungen besser passen als die anderen. Es überleben bevorzugt die Geeigneteren *(survival of the fittest)*. Dieser Prozess der Selektion führt zu Organismen, deren Merkmale zu bestimmten Umweltverhältnissen passen *(Angepasstheit)*.

Isolation

Wenn es in einer Art zur geografischen oder ethologischen Isolierung kommt, findet kein genetischer Austausch mehr statt. Die Genpools der getrennten Populationen können sich nach einiger Zeit unterscheiden. Auf diese Weise können sich Arten aufspalten. Wenn Populationen sehr klein sind, können zufallsbedingte Änderungen des Genpools auftreten *(Gendrift)*.

Evolution

Die unterschiedlichen Überlebens- und Fortpflanzungschancen von verschiedenen Artgenossen können zu einer Änderung in der Häufigkeit von Allelen im Genpool führen. In einem solchen Fall liegt Evolution vor: Populationen und Arten verändern sich.

Gradualismus

Über längere Zeiträume können durch das Anhäufen vieler kleiner Veränderungen allmählich *(graduell)* große Unterschiede entstehen.

Gemeinsame Abstammung

Alle heutigen Lebewesen stammen von gemeinsamen Vorfahren ab. Neue Arten entstehen durch Verzweigungs- und Umwandlungsprozesse.

Europäische Kohlmeise

Japanische Kohlmeise

Genpool
Gesamtheit aller Allele in einer Population

Population
Gruppe von Individuen einer Art in einem bestimmten Gebiet

morphologische Art
Gruppe von Lebewesen, die in wesentlichen Merkmalen untereinander und mit ihren Nachkommen übereinstimmen

genetische Art
Gruppe von Individuen, die eine Fortpflanzungsgemeinschaft bilden und von anderen Gruppen genetisch isoliert sind.

Artenvielfalt und Variabilität

Artig sein, aus der Art schlagen, nicht nur in der Evolutionsbiologie beschäftigt man sich mit Arten. Was aber ist eine Art und müssen alle Artmitglieder gleich (artig) sein?

Was ist eine Art?

Die Begrifflichkeiten, wie sie allgemein gebraucht werden, haben tatsächlich eine biologische Entsprechung, nämlich den *morphologischen Artbegriff*. Demnach ist eine Art eine Gruppe von Lebewesen, die in allen wesentlichen Merkmalen übereinstimmen. Diese Definition ist für den alltäglichen Gebrauch von Nutzen, z. B. wenn Organismen im Gelände bestimmt werden sollen.

Hat aber eine Art eine geografisch weite Verbreitung, können die einzelnen Exemplare sehr unterschiedlich sein. So unterscheidet sich die europäische Kohlmeise von der japanischen (s. Randspalte). Man prägte daher den Begriff *Unterart* oder *Subspezies* bzw. den im Hinblick auf die deutsche Geschichte nicht unproblematischen Begriff „Rasse" (der allerdings in der Tierzucht noch häufig benutzt wird; z. B. für Hunderassen).

Die Vielfalt in der Ausprägung der Merkmale in den Unterarten macht die Bestimmung mit dem morphologischen Artbegriff zum Problem. Handelt es sich bei einem zu bestimmenden Organismus mit unterschiedlichen Merkmalen noch um eine Unterart oder bereits um eine andere Art? Daher wurde ein weiterer Artbegriff geprägt, der der genetischen Art: Alle Individuen aus Populationen, die sich unter natürlichen Bedingungen potenziell untereinander kreuzen können, gehören einer Art an.

Genetisch gesehen, ist die Vielfalt der Unterarten ein großes Potenzial für die Art. Je unterschiedlicher die Unterarten sind, desto anpassungsfähiger ist die Art. Die Gesamtheit der Gene aller Unterarten einer Art macht den sogenannten *Genpool* aus. Aus diesem schöpft sozusagen die Art, um sich an unterschiedliche Umweltbedingungen anpassen zu können oder neue Nischen erschließen zu können. Der Genpool einer Art ist von dem der anderen Art getrennt, da entsprechend dem genetischen Artbegriff nur Mitglieder einer Art untereinander fortpflanzungsfähig sind.

Wie viele Arten gibt es?

Bisher kennt man etwa 300 000 Pflanzen- und 1,5 Millionen Tierarten (Abb. 1). Die genauen Artenanzahlen sind unbekannt. Während man die Tierarten in gemäßigten Breiten recht gut kennt, kann man davon ausgehen, dass die meisten Tierarten mit kleiner Individuengröße, die an unzugänglichen Orten leben, wie z. B. in der Tiefsee und in den Baumriesen im tropischen Urwald, nach wie vor unbekannt sind. Trotzdem ist es möglich, die Anzahl der Tierarten seriös zu schätzen.

Die folgenden Erkenntnisse dienen als Schätzgrundlage: Erstens: Von den 1,5 Millionen bekannten Tierarten stammen $^2/_3$, d. h. 1 Million aus gemäßigten Breiten.
Zweitens: Von großen, leichter erfassbaren Tierarten weiß man, dass in den Tropen doppelt so viele Tierarten leben wie in den gemäßigten Breiten.

In den Schätzungen geht man davon aus, dass sich das Verhältnis der doppelten Anzahl der Arten auch auf Tierarten mit kleiner Individuengröße übertragen lässt, damit ergäben sich für die Tropen 2 Millionen Arten plus eine Million aus den gemäßigten Breiten, also zusammen 3 Millionen Tierarten, andere, alternative Schätzungen liegen in einem Bereich von 3 Millionen bis 100 Millionen Tierarten.

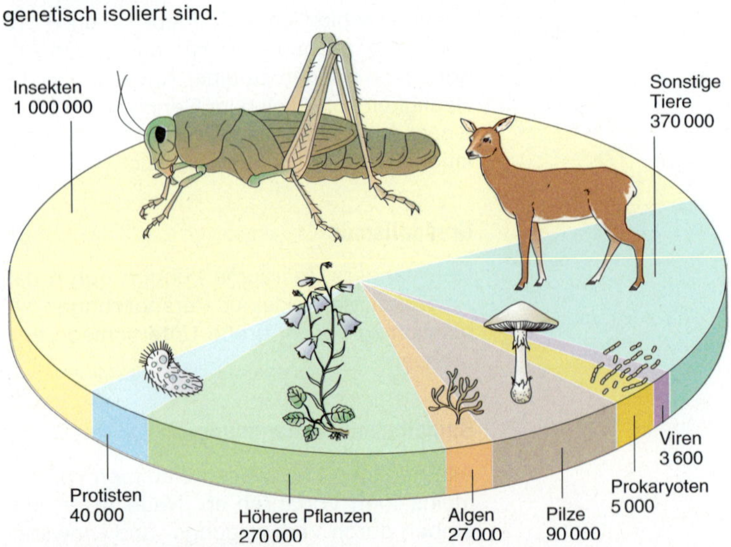

1 Anzahlen bekannter Arten

Kartoffelknollen

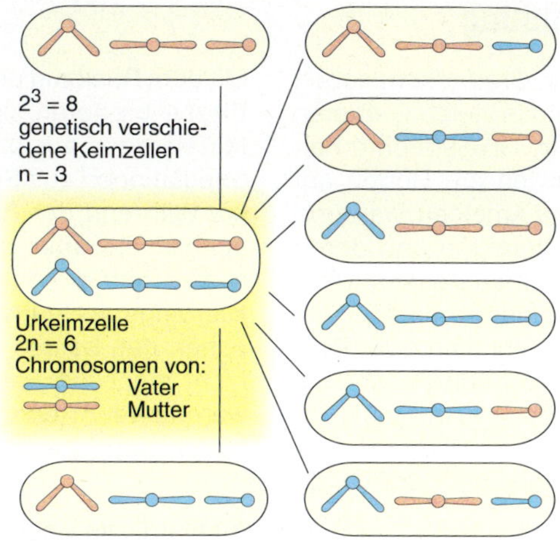

1 Genetische Vielfalt bei der Keimzellenbildung

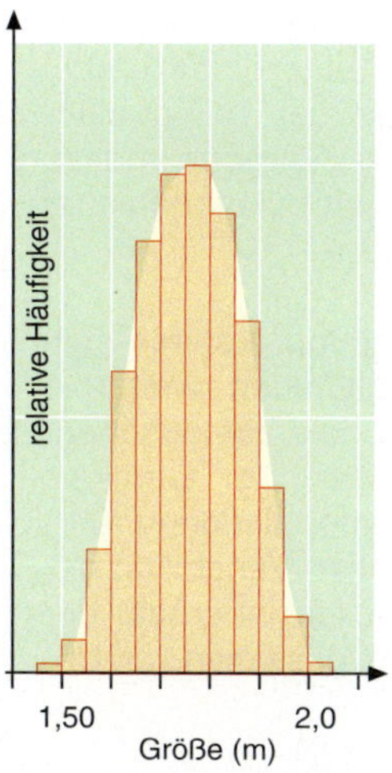

Körpergrößenhäufigkeit beim Menschen

Die Ursachen der Variabilität

Die Erklärung, wie so viele Arten entstehen konnten und warum es selbst innerhalb einer Art eine so große Variationsbreite hinsichtlich der Merkmalsausprägungen gibt, war lange Zeit eine ungeklärte Frage. Drei Mechanismen — Rekombination, Mutation und Modifikation — stellen heute die Erklärungsgrundlage für die Entstehung der Variabilität dar.

Rekombinationen

Diploide Organismen kombinieren ihre existierenden Allele während der Keimzellenbildung neu. Allein dieser Vorgang der Rekombination ergibt beim Menschen mehr als 8 Millionen unterschiedliche Keimzellen. Diese Anzahl errechnet sich aus dem diploiden Chromosomensatz (2) und als Exponentialfaktor die Anzahl der Chromosomen, beim Menschen 23, also 2^{23}.

Für die Bildung der befruchteten Eizelle, der *Zygote*, werden die Rekombinationsmöglichkeiten der weiblichen und männlichen Keimzellen multipliziert. Die Anzahl der möglichen unterschiedlichen Zygoten beträgt damit 2^{46}, das sind über 70 Billionen Möglichkeiten. Zusätzlich zu dem oben beschriebenen Prinzip entstehen noch weitere Variationsmöglichkeiten durch das *Crossingover* (s. Seite 115). Beim Crossingover werden einzelne Genabschnitte homologer Chromosomen ausgetauscht. Diese durch das Crossingover neu zusammengestellten Chromosomen werden dann wiederum nach dem Zufallsprinzip auf die vier Keimzellen verteilt. Damit liegt die Anzahl der möglichen Keimzellen noch weit höher. Diese Überlegungen zeigen, dass allein durch den Vorgang der Rekombination eine enorme Variabilität erreicht wird, die jeden Menschen zu einem einzigartigen Individuum macht.

Mutationen erweitern den Genpool

Der *Genpool* beinhaltet alle Allele einer Art. Neue Allele entstehen durch Mutationen. Hinsichtlich der Mutationen ist zu beachten, dass diese sowohl in den Körperzellen und sehr viel seltener auch in den Keimzellen auftreten. Da die Mutationen in den Körperzellen mit dem Tod des Individuums verloren gehen, erweitern nur Mutationen in den Keimzellen den Genpool und können an die Folgegenerationen weitergegeben werden. Die Wahrscheinlichkeit einer Mutation an einem Genort pro Generationszyklus (Mutationsrate) liegt bei 10^{-6}. Da ein Mensch etwa 30 000 Genorte hat, ist etwa jede 33. Keimzelle betroffen. Dabei ist zu beachten, dass sich nicht jede Mutation auswirkt, da es sich z. B. um stumme Mutationen (siehe Seite 150) oder rezessive Mutationen handeln kann.

Bei Arten mit sehr kurzen Generationszeiten, wie z. B. Bakterien, können Mutationen allerdings die genetische Variabilitätsbreite in relativ kurzer Zeit erheblich verändern. Diese Mutationen können z. B. bei pathogenen Bakterien dazu führen, dass sie Resistenzen gegen Antibiotika entwickeln und diese dann nur noch eingeschränkt wirksam sind.

Modifikationen

Selbst wenn das genetische Material komplett identisch ist, führen unterschiedliche Umweltbedingungen zu einer Variabilität. Ein Beispiel dafür sind Kartoffeln. Die Pflanzen einer Sorte werden vegetativ aus Knollen gezogen, d. h. genetisch gesehen, haben alle Kartoffeln dieser Sorte als Klone ein identisches Erbmaterial. Trotzdem ist jede einzelne Kartoffel hinsichtlich Größe und Form etwas unterschiedlich. Diese auf Umweltbedingungen beruhende Variabilität nennt man *modifikatorische Variabilität*.

In natürlichen Populationen höherer Organismen, z. B. beim Menschen, kommen Klone abgesehen von eineiigen Zwillingen selten vor. Daher kann man genetische und modifikatorische Ursachen der Variabilität nur selten trennen, d. h. bei einzelnen Individuum findet man Kombinationen von beiden.

Allopatrische Artbildung

Grünspecht

Grauspecht

Der *Grünspecht* und der *Grauspecht* sehen sich ähnlich und kommen in vielen Gebieten Europas gemeinsam vor. Grünspechte halten sich fast ausschließlich am Boden auf und fressen überwiegend Ameisen, während Grauspechte vor allem Insekten und deren Larven auf morschen Bäumen fressen. Morphologisch haben die beiden Ähnlichkeiten, allerdings kommt es nur sehr selten zur Paarung von Grün- und Grauspechten, sodass man gemäß des genetischen Artbegriffs von zwei getrennten Arten spricht. Wie kann man diese feinen Abstimmungen mit der Evolutionstheorie erklären?

Die Entwicklung der Spechtarten

Vor der Eiszeit lebte in den Wäldern Europas eine Urspechtart. In der Eiszeit zerstörte der Eispanzer die Wälder Mitteleuropas, sodass die Spechte auf die verbliebenen Waldbestände in Südwest- und Südosteuropa ausweichen mussten. Der Eispanzer stellte eine fast unüberwindliche Barriere dar, sodass es fast keinen Austausch zwischen den getrennten Populationen Südwest- und Südosteuropas gab. Man spricht von *geografischer Isolation*.

Eiszeit in Europa

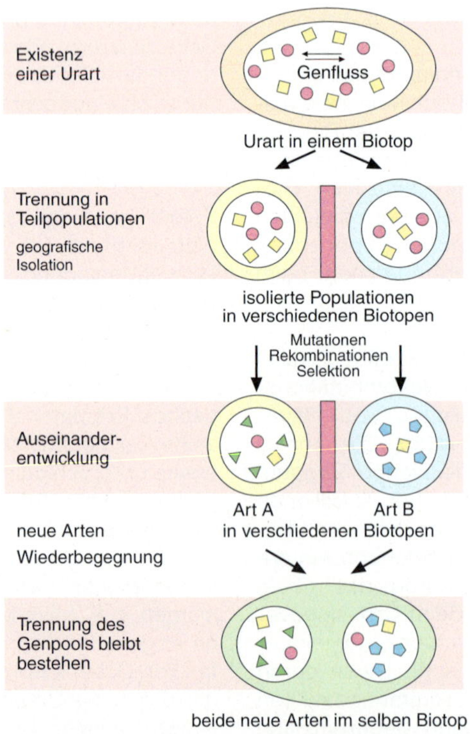

1 Schema der allopatrischen Artbildung

Mit dem Rückzug der Gletscher am Ende der Eiszeit breiteten sich die Wälder wieder in Mitteleuropa aus und mit ihnen die Spechtpopulationen aus Südwest und Südosteuropa. Während der Trennung und der Anpassung an die unterschiedlichen Lebensräume hatten sich die beiden Spechtpopulationen allerdings so stark verändert, dass es zwischen den beiden Spechtpopulationen fast nicht mehr zur Fortpflanzung kam, d.h. es waren zwei Arten entstanden, die des Grünspechts und die des Grauspechts (Abb. 1).

Allopatrische Artbildung

Das Beispiel der Grün- und Grauspechte beschreibt den wichtigsten Mechanismus der Artbildung im Tierreich. Die *geografische Isolation* ist hierbei ein wesentlicher Schritt im Ablauf, weshalb diese Weise der Artbildung *allopatrische Artbildung* genannt wird. Die räumliche Trennung unterbindet dabei den genetischen Kontakt der Teilpopulationen über einen längeren Zeitraum, sodass sich die Genpools der Teilpopulationen auseinanderentwickeln können.

Fehlt die räumliche Trennung, können sich Individuen der Teilpopulationen weiterhin paaren und so ihre Genpools austauschen; man spricht vom *Genfluss*. Der Genfluss zwischen den beiden Teilpopulationen führt zu einer großen genetischen Variabilität der Art und einer großen Vielfalt innerhalb der Art, die so groß sein kann, dass man von Unterarten spricht.

Sind die Genpools zweier Unterarten aber getrennt und es kommt zur allopatrischen Artbildung, führt dies zu unterschiedlichen Arten und so letztlich zur Artenvielfalt. Die Ähnlichkeit der Arten ist dabei ein indirekter Hinweis darauf, wann sich die Arten getrennt haben. Je näher die Trennung zurückliegt, desto ähnlicher sind die Arten und um so näher sind diese miteinander verwandt.

Aufgaben

① Warum kann es für eine Art von Vorteil sein, wenn es innerhalb der Art eine große Vielfalt gibt?

② In der Wirtschaft gilt: Unterschiedlichkeit der Mitarbeiter ist kein Hindernis, sondern eine Chance. Stützen Sie diese Hypothese dadurch, dass Sie erörtern, welche Vorteile Variabilität für eine Art und in Analogie für ein Unternehmen hat.

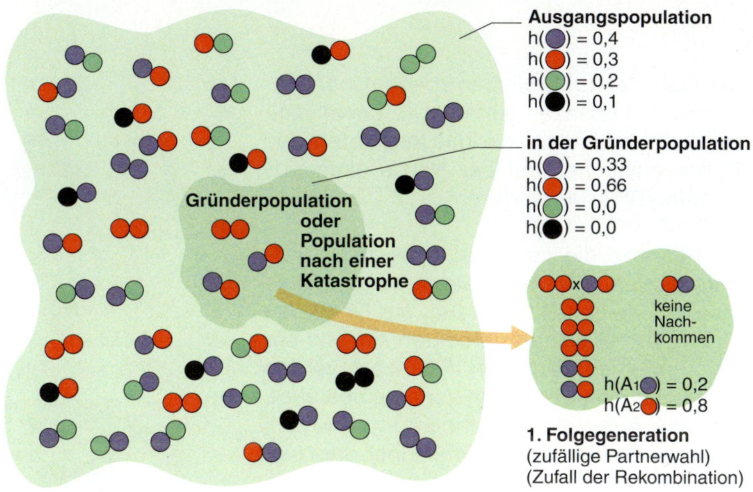

1 Analogie zum Flaschenhalseffekt

2 Seitenfleckenleguane

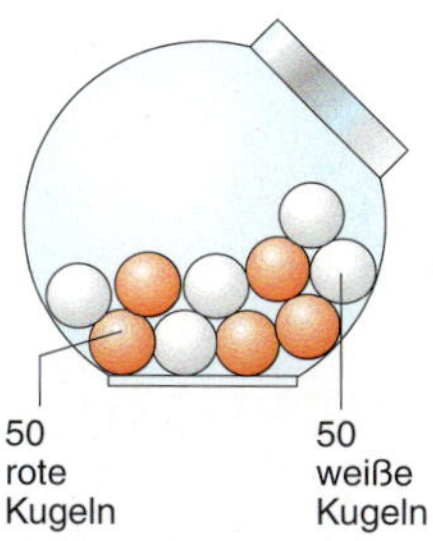

Durchführung:
Nach jeder Ziehung wird die Kugel wieder zurückgelegt und die Urne geschüttelt.

Versuch A:
1000 Ziehungen
Versuch B:
10 Ziehungen

mögliche Ergebnisse:

Vers.	A	B
A	502	498
B	7	3

Der Zufall begünstigt die Artbildung

Die *allopatrische Artbildung* erfolgt bei kleinen Populationsgrößen schneller als bei großen. Dies lässt sich modellhaft mit einem Urnenexperiment veranschaulichen (s. Randspalte). Zieht man 1000-mal eine Kugel aus der Urne, würde man ein Ergebnis von etwa 500-mal rot und 500-mal weiß erwarten, ein Ergebnis von 700 roten Kugeln und 300 weißen Kugeln würde sehr unwahrscheinlich erscheinen. Zieht man dagegen nur 10-mal, ist ein Ergebnis von 7 : 3 durchaus denkbar. Allgemein gilt, je kleiner die Anzahl der Ziehungen, desto stärker kann sich der Zufall auf das Versuchsergebnis auswirken. Entsprechend kann es bei der geografischen Trennung von sehr kleinen Populationen zufällig zur Isolation eher seltener Ausprägungen des Genpools kommen (Abb. 1).

Gendrift

Verändert sich der Genpool allein durch Zufall analog zu dem oben beschriebenen Experiment, also ohne Einfluss von Mutationen, spricht man von *Gendrift*. Diese spielt eine große Rolle bei der allopatrischen Artbildung. Ein eindrucksvolles Beispiel dafür sind die *Seitenfleckenleguane*, die überwiegend im Westen Nordamerikas vorkommen (Abb. 2). Auf einigen Inseln im Golf von Kalifornien leben kleine Populationen, die im Gegensatz zu den bräunlichen Individuen auf dem Festland dunkelgrün gefärbt sind. Die grüne Färbung scheint keine Vorteile zu haben, im Gegenteil die Leguane werden so einfacher von Fressfeinden erkannt. Man vermutet, dass es auf dem Festland schon immer grüne Seitenfleckenleguane gegeben hat, dass diese aber eine vergleichsweise geringe reproduktive Fitness besaßen. Einzelne Exemplare dieser nicht repräsentativen Teilpopulation von grünen Leguanen wurden nun auf die Inseln im Golf von Kalifornien verschlagen und vermehrten sich, da sie dort keine Fressfeinde vorfanden. Vergleicht man heute die Genpools der Festland- und Inselleguane, findet man deutliche Unterschiede. Diese besondere Form der Gendrift nennt man *Gründereffekt* (Abb. 1).

Kleine Populationen kommen nicht nur auf Inseln, in Bergtälern und in Oasen vor, sie entstehen auch nach drastischen Reduktionen der Populationsgröße nach Katastrophen, Seuchen, Waldbränden oder der Zunahme der Feinde. Wird durch solche Ereignisse die Populationsgröße innerhalb kurzer Zeit drastisch vermindert, kann sich die Zusammensetzung des Genpools durch Zufall verändern. Manche Allele nehmen so in ihrer Häufigkeit zu, andere ab, dritte gehen ganz verloren. Diese Form der Gendrift nennt man *Flaschenhalseffekt* (Abb. 1). Die Verringerung der Populationsgröße führt meist zu einer Abnahme der Variabilität, da einzelne Allele nicht mehr vertreten sind. Weiterhin wird diese genetische Verarmung durch Inzucht und Zufall weiter verstärkt.

Aufgabe

① Erklären Sie den Einfluss der Gendrift bei der Besiedelung einer weit vom Festland entfernten Insel durch eine Vogelart.

Isolationsmechanismen

Grünspecht und Grauspecht sind verschiedene Arten, denn sie paaren sich nicht miteinander. Ihre Genpools sind voneinander isoliert. Artdefinition und Isolation stehen in engem Zusammenhang.

Jeder Mechanismus, der die Geburt fruchtbarer Nachkommen über die Artgrenzen hinweg verhindert und die Genpooltrennung aufrecht erhält, stellt einen *Isolationsmechanismus* dar. Es gibt verschiedene Isolationsmechanismen, die an jedem Schritt der Nachkommenzeugung wirksam sein können (Abb. 1). Man unterscheidet prinzipiell die Isolation, die vor einer potenziellen Befruchtung einer Eizelle bzw. Zygotenbildung wirksam wird *(präzygote Isolation)* sowie die Isolation, die erst danach wirkt *(postzygote Isolation)*.

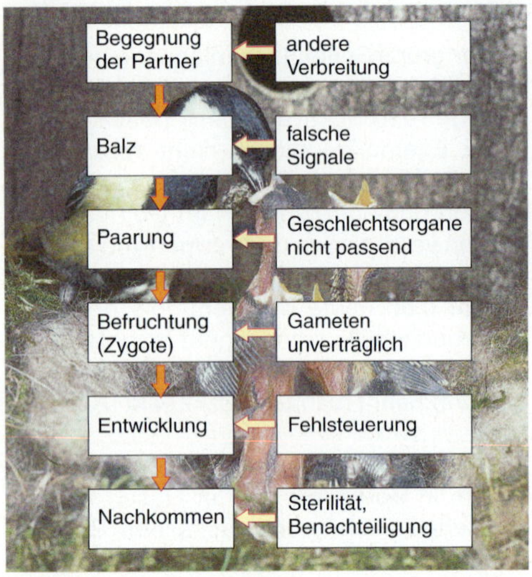

1 Isolationsmechanismen

Zu den präzygoten Isolationsmechanismen gehört z. B. die *geografische Isolation*. Sie verhindert die Begegnung potenzieller Partner. Eine *ökologische Isolation* liegt bei spezieller Einnischung vor, die tageszeitlich bzw. jahreszeitlich gegeben sein kann oder räumlich, wenn besondere Ansprüche nicht überall gegeben sind. Verhaltenselemente, v. a. zur Balz, enthalten besondere Signale, wie Lautäußerungen und Färbungen, auf die nur Artgenossen reagieren *(ethologische Isolation)*. Bei Insekten gibt es oft artspezifische Begattungsorgane. Die Übertragung des Spermas auf ein artfremdes Weibchen ist dann nicht möglich *(mechanische Isolation)*. Kommt es zu einer Paarung, so kann die Zygotenbildung wegen Unverträglichkeit der Gameten unterbleiben *(gametische Isolation)*. Bei Pflanzen gibt es z. B. chemische Unverträglichkeiten, die das Austreten des Pollenschlauches auf der Narbe einer artfremden Blüte verhindern.

Bei Pflanzen, die von Insekten bestäubt werden, gibt es weitere Isolationsformen. Viele Insekten zeigen Blütentreue, sie fliegen zu einer Zeit nur Blüten derselben Art und sogar derselben Farbe an. Pflanzen werden dann innerhalb derselben Variante bestäubt. Speziell geformte Blütenblätter bewirken, dass die Bestäubung nur von einer oder wenigen Tierarten vorgenommen werden kann. Beispielsweise besitzen Akelei-Arten verschiedene, mit Nektar gefüllte Blütensporne (Abb. Randspalte). Nur Falter mit passender Rüssellänge gelangen an den Nektar und bestäuben die Blüten. Unter Laborbedingungen kann man zum Teil fertile Nachkommen ziehen, die Bestäuber halten jedoch durch ihren gezielten Blütenbesuch die Isolation der Akelei-Arten aufrecht.

Akeleiformen

Postzygote Isolationsmechanismen wirken nach erfolgter Zygotenbildung. Je verschiedener die Genome der Elternindividuen sind, desto wirksamer ist diese Form genetischer Isolation. So kann sich z. B. der Embryo nicht entwickeln und stirbt ab. In anderen Fällen werden zwar gesunde Nachkommen geboren, diese sind aber vielfach steril oder benachteiligt. Das bekannteste Beispiel sind Maultier und Maulesel (Abb. 2), die aus Kreuzungen von Pferd und Esel hervorgehen, aber steril sind.

Maulesel (Eselstute und Pferdehengst)

2 Maultier (Pferdestute und Eselhengst)

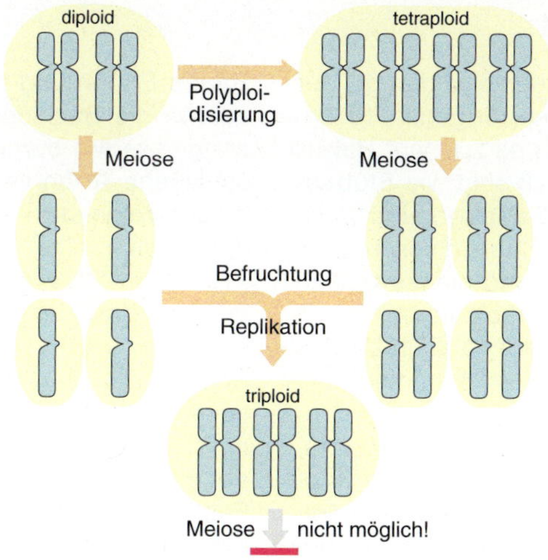

1 Artbildung durch Polyploidisierung

Sympatrische Artbildung

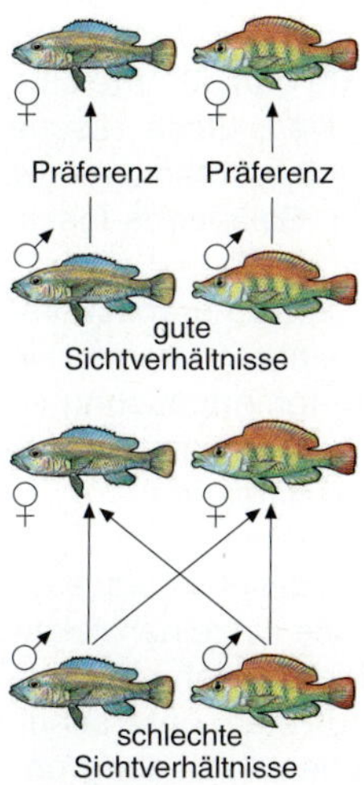

Schema zum Zusammenbrechen von Artgrenzen bei veränderten Umweltbedingungen

Neben der bereits besprochenen allopatrischen Artbildung (s. Seite 284), bei der eine räumliche Isolation notwendig ist, kennt man eine Möglichkeit der Artbildung im selben Lebensraum, die *sympatrische Artbildung.*

Die sympatrische Artbildung ist vor allem bei Pflanzen von Bedeutung. Der entscheidende Mechanismus bei Pflanzen sind Zellteilungsfehler, die dazu führen, dass ein Organismus einen zusätzlichen Chromosomensatz hat, eine Mutationsform, die man *Polyploidie* nennt. Polyploidie ist bei Pflanzen sehr häufig und ist bei etwa 50 % der Pflanzen zu finden. Bei den Tieren sind nur wenige polyploid, polyploide Gewebe sind aber zum Beispiel auch beim Menschen in der Leber anzutreffen.

Ist es zu einer Polyploidisierung eines Lebewesens gekommen, und diese ist lebensfähig, kann es häufig nicht mehr mit seinen ursprünglichen Artgenossen fortpflanzungsfähige Nachkommen zeugen. Der Grund dafür ist, dass bei den Nachkommen mit ungeradem Chromosomensatz keine Meiose möglich ist (Abb. 1).

Durch die Polyploidisierung kann es also innerhalb von nur einer Generation zu einer Fortpflanzungsbarriere zwischen dem polyploiden Mutanten und der Elterngeneration kommen. Der zusätzliche Chromosomensatz kann von der eigenen Art stammen, dann spricht man von *Autopolyploidie* oder von fremden Arten, der *Allopolyploidie.* Allopolyploide Lebewesen sind meist nicht fortpflanzungsfähig (s. Seite 286, Maulesel), weil für die Meiose keine homologen Chromosomen vorliegen. Bei diesen Allopolyploiden ist eine Fortpflanzung nur durch Ableger möglich. Kommt es allerdings in der Meiose zu einer Nondisjunction (s. Seite 118) und so zu einer Verdopplung des hybriden Chromosomensatzes, wird eine Keimzellenbildung und damit eine Fortpflanzung möglich. Obwohl dieser Mechanismus recht kompliziert ist, ist dieser für die Entstehung von über 25 % aller Pflanzenarten verantwortlich und bei Nutzpflanzen, wie z. B. dem Weizen, ist dies fast die Regel.

Neben der sympatrischen Artbildung durch Polyploidisierung wird insbesondere bei Tieren noch der Mechanismus der präzygotischen Isolation diskutiert. Man geht dabei davon aus, dass es bei der Partnerwahl einiger Weibchen zu veränderten Präferenzen kommt. Entsprechend kommen für diese Weibchen nur noch die Männchen infrage, die am ehesten der geänderten Präferenz nahe kommen. So kann sich zunächst eine Teilpopulation und ggf. auch eine neue Art bilden. Da die genetische Divergenz von sympatrisch gebildeten Arten oft gering ist, können bei veränderten Umweltbedingungen die Artgrenzen auch wieder zusammenbrechen (s. Randspalte).

Ein Paradebeispiel für die sympatrische Artbildung sind die vielen Buntbarscharten in den ostafrikanischen Seen. Diese Artenschwärme, die sich häufig nur durch die unterschiedliche Färbung unterscheiden, sind innerhalb nur weniger Jahrtausende entstanden. Diese hohe Artbildungsgeschwindigkeit kann nur durch die sympatrische Artbildung erklärt werden, genauso wie das zurzeit beobachtbare Zusammenbrechen vieler Artgrenzen. Da die Trübung z. B. im Viktoriasee immer stärker wird, können die artspezifischen Farbmerkmale immer schlechter erkannt werden, sodass es zunehmend wieder zu Vermischungen der genetisch nach wie vor verwandten Barscharten kommt.

Aufgabe

① Stellen Sie grafisch den Mechanismus dar, der dazu führt, dass Allopolyploide fruchtbar werden. Hybridisieren Sie dafür eine Art mit einem Chromosomensatz von 2 Chromosomen und eine mit einem Chromosomensatz von 3 Chromosomen. Führen Sie eine Nondisjunction durch und schließlich eine Selbstbefruchtung.

Adaptive Radiation

Kleiner Baumfink

Vampirfink

Spechtfink

Kleiner Grundfink

Manche Inseln beherbergen einzigartige, nur dort vorkommende Arten, sogenannte *endemische Arten*. So gibt es z. B. auf Hawaii Fruchtfliegen, die so groß sind wie Stubenfliegen. Es gibt auf den Galapagos-Inseln eine Finkenart, die auf die Rücken von Tölpeln einhacken bis Blut fließt und dieses trinken (daher werden sie auch oft als Vampirfinken bezeichnet). Auf Hawaii gibt es allein 22 Kleidervogelarten, die nur dort vorkommen.

Diese ungewöhnliche Artenvielfalt gab DARWIN entscheidende Hinweise für seine Evolutionstheorie. Als DARWIN 1835 auf die Galapagos-Inseln kam, beobachtete er die ungewöhnliche Vielzahl von finkenähnlichen Kleinvögeln, die sich trotz einiger Unterschiede in Bezug auf Körper- und Flügelform sowie Gefieder sehr ähnelten. Er stellte die Theorie auf, dass ein gemeinsamer Finkenvorfahr auf einer der Galapagos-Inseln gelandet war und sich die Stammart in neue Finkenarten aufgespalten hatte; er nannte diesen Vorgang *Radiation*. Warum fand diese Aufspaltung aber nur auf Hawaii und nicht anderswo statt?

Der Radiationsvorgang

Die Galapagos-Inseln weisen Besonderheiten auf. Sie liegen etwa 1000 Kilometer vor der Westküste Ecuadors und damit relativ weit entfernt vom Festland. Sie sind vulkanischen Ursprungs und waren nach ihrem Entstehen zunächst wüst und leer. Die Besiedlung der Inseln mit Fauna und Flora geschah nach und nach vom Festland aus.

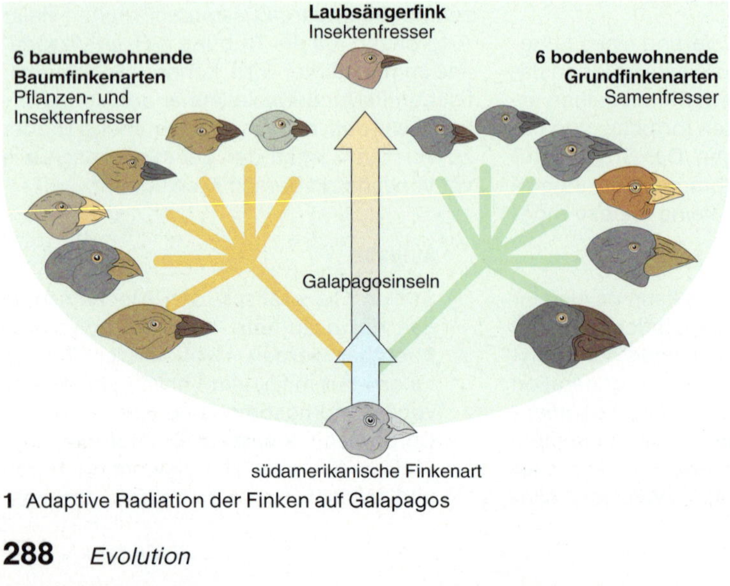

1 Adaptive Radiation der Finken auf Galapagos

Da die Entfernung allerdings sehr groß ist, konnte die Besiedelung nur durch Zufallsereignisse wie durch Stürme oder Drift verschlagene Arten erfolgen. Durch diese auf Zufallsereignissen beruhende Besiedelung ergibt sich eine sogenannte *lückenhafte Fauna* und *Flora*, denn viele Arten des Festlands sind auf den Inseln nicht vertreten.

Dies bedeutet umgekehrt, dass viele Nischen unbesetzt sind. Wird nun eine Art durch Zufall auf diese Insel verschlagen, findet diese Art hier Nischen, die sonst auf dem Festland von Konkurrenten besetzt wären. Eine Nische war, z. B. im Holz bohrende Larven als Nahrung zu nutzen, die auf dem Festland gewöhnlich von den Spechten genutzt wird. Spechte haben einen spitzen Schnabel und eine lange Zunge und können so perfekt die Larven jagen. Finken haben einen vergleichsweise stumpfen Schnabel und eine kurze Zunge. Da es aber auf den Galapagos-Inseln keine Spechte gibt, konnte eine Spechtart, die *Spechtfinken*, diese Nische trotzdem besetzen. Die Spechtfinken, die endemisch nur auf den Galapagos-Inseln vorkommen, nutzen Werkzeuge, u. a. Kaktusdornen, um an die Larven heranzukommen. Die Aufspaltung einer Stammart in zahlreiche neue Arten unter Anpassung an verschiedene ökologische Bedingungen bezeichnet man als *adaptive Radiation*.

Eine weitere Besonderheit der Galapagos-Inseln, nämlich, dass sich die einzelnen relativ weit entfernten Inseln hinsichtlich der geografischen Gegebenheiten stark unterscheiden, trug zur allopatrischen Artbildung bei. Moderne Untersuchungsmethoden, wie die Analyse der mitochondrialen DNA der einzelnen Finkenarten, haben DARWINS Theorie der adaptiven Radiation bestätigt, die nach heutigen Erkenntnissen mit dem Landen einer kleinen Gruppe von Finken vor mehr als einer Million Jahren begann.

Ein weiteres eindrucksvolles Beispiel für adaptive Radiation ist die Radiation der Beuteltiere in Australien, die viele Nischen einnehmen, die sonst auf der Welt durch Säugetiere besetzt sind. Eine Erklärung dafür ist, dass Australien in Urzeiten mit Südamerika über eine Landbrücke verbunden war, die vor der Verbreitung der Säugetiere zerbrach. In der übrigen Welt verdrängten die Säugetiere die Beuteltiere aus den meisten Nischen, in Australien blieben die Beuteltiere durch die geografische Lage konkurrenzlos.

Birkenspanner bei der Paarung

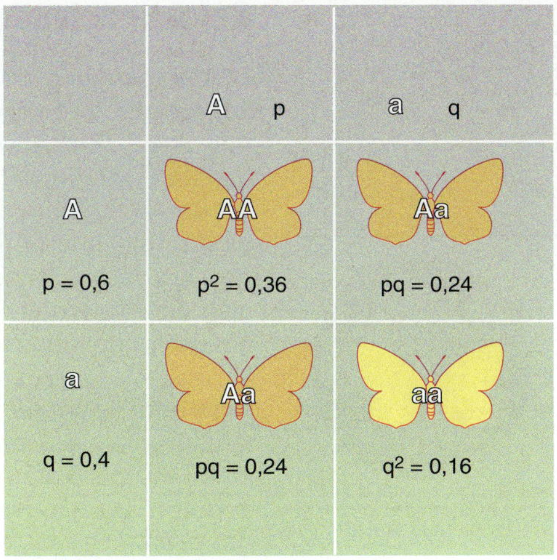

1 Genotypen-Häufigkeiten

Populationsgenetik

Evolution
Jede Veränderung der Allelhäufigkeiten im Genpool

Wie entwickeln sich Populationen normalerweise? Dies ist eine typische Frage der Populationsgenetik.

Ideale Populationen

Kennt man die Population genau, lässt sich einfacher damit arbeiten. Daher erstellte man das Konstrukt der idealen Population, die folgende Eigenschaften hat:

- Alle Partnerkombinationen sind gleich wahrscheinlich, d.h. es findet es keine Selektion statt (s. Seite 276).
- Es kommen keine Mutationen vor.
- Vollständige genetische Mischung in der Population *(Panmixie)*.
- Keine Zufallseffekte; die Population muss so groß sein, dass die Häufigkeiten den Wahrscheinlichkeiten entsprechen.
- Keine Zu- oder Abwanderung.

Häufigkeiten der Genotypen

Reale Populationen erfüllen diese Bedingungen nicht. Mithilfe der idealen Population konnten zwei Genetiker, HARDY und WEINBERG, aber ein Grundlagenmodell entwickeln, mit dem mithilfe der Allelhäufigkeiten in einem Genpool die Frequenz der Genotypen und umgekehrt berechnet werden kann. Man kann von der Phänotypenhäufigkeit, z.B. bei einer Krankheit mit bekanntem Erbgang, auf die Häufigkeit der Genotypen, bei rezessiven Erbgängen auch auf die der Überträger, schließen (s. Aufgabe 1). Außerdem kann man bei bekannter Frequenz der Genotypen die Allelhäufigkeiten berechnen.

In einer Population von 100 nachtaktiven Schmetterlingen, den Birkenspannern, (s. Randspalte), die bezüglich des Merkmals Färbung diploid sind, liegen entsprechend 200 Allele für das Merkmal Färbung vor. Es sollen 120 dominante Allele A für dunkel und 80 rezessive Allele a für hell vorliegen. Wie viele Birkenspanner werden den Phänotyp hell und wie viele den Phänotyp dunkel haben?

Die Häufigkeit des Allels A im Genpool wird **p** genannt und beträgt in diesem Fall 120 : 200 = 0,6 oder 60 %. Die Häufigkeit des Allels a, **q** genannt, beträgt 80 : 200 = 0,4 oder 40 %. Da dies alle im Beispiel vorkommenden Allele sind, ergibt sich $\mathbf{p+q=1}$ (bzw. 100 %).

Die Häufigkeiten der Genotypen ergeben sich dann aus den Wahrscheinlichkeiten der möglichen Kombinationen, wie man sie aus dem Kreuzungsquadrat (Abb. 1) ablesen kann:

- Die Häufigkeit von AA beträgt p^2, im Beispiel 0,36 oder 36 %.
- Der heterozygot dunkle Typ kann (je nachdem, welches Allel er von der mütterlichen bzw. väterlichen Seite geerbt hat, als Aa und aA auftreten. Entsprechend kann man aus dem Kreuzungsquadrat die Häufigkeit 2pq ablesen, im Beispiel 0,48 oder 48 %.
- Die Häufigkeit von aa beträgt q^2, im Beispiel 0,16 oder 16 %.

Im vorliegenden Beispiel wären 16 % der Falter hell und 84 % (36 % + 48 %) dunkel. Da dies alle im Beispiel vorkommenden Genotypen sind, ergibt sich die Summe von 100 %, d.h. $\mathbf{p^2+2pq+q^2=1}$. Diese Gleichung wurde von HARDY und WEINBERG beschrieben und wurde nach ihnen benannt.

Aufgaben

① Die sogenannte *Hardy-Weinberg-Regel* beschreibt, dass Kreuzungen die Allelhäufigkeiten einer idealen Population nicht ändern. Überprüfen Sie dies, indem Sie zwei Folgegenerationen für das Birkenspannerbeispiel erstellen und untersuchen.

② Die Milchzuckerunverträglichkeit *(Lactose-Intoleranz)* wird rezessiv vererbt, in Norddeutschland sind davon etwa 9 % aller Menschen betroffen. Berechnen Sie mithilfe der Hardy-Weinberg-Regel die Häufigkeit der gesunden Überträger.

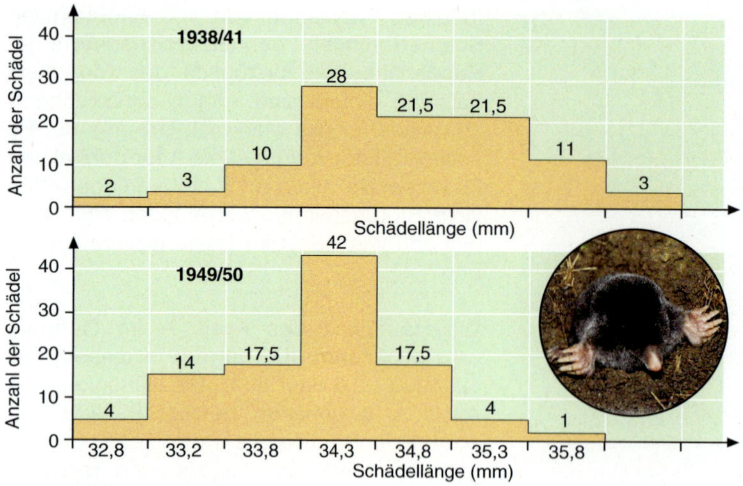

1 Variabilität der Maulwürfe

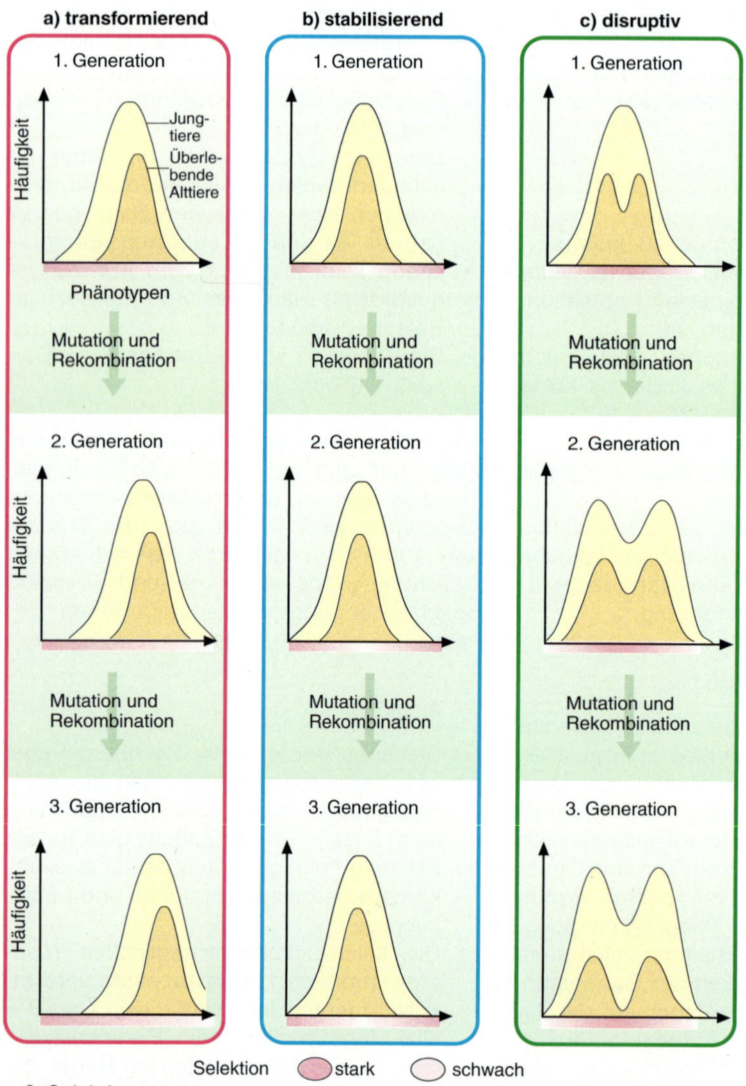

2 Selektionstypen

Selektionstypen

Birkenspanner sind entweder hell oder dunkel gefärbt. Ihre Körperfarbe ist ein Merkmal mit zwei alternativen Ausprägungen. Die meisten Merkmale haben ein kontinuierliches Ausprägungsmuster. Dies deutet auf einen polygenen Erbgang hin. Das Beispiel der Körpergröße der Maulwürfe zeigt, wie sich die Änderung von Umweltbedingungen auf derartige Merkmale auswirkt (Abb. 1).

Während die Winter 1938 – 1941 in Deutschland normal kalt waren, war der von 1946/47 einer der härtesten und längsten seit Jahrzehnten. Der Boden war über 100 Tage tief gefroren. Die Maulwürfe waren nur schwer in der Lage, zu ihren Hauptnahrungsquellen, den Regenwürmern und Insektenlarven, vorzudringen. Da größere Tiere absolut gesehen mehr Nahrung brauchen als kleinere, verhungerten hauptsächlich die großen Maulwürfe. Dementsprechend setzten sich die Populationen der Jahre 1949/50 vermehrt aus kleineren Individuen zusammen. Aufgrund der Nahrungsknappheit war ein Selektionsdruck zugunsten der „Verminderung der Körpergröße" entstanden. Eine solche Verschiebung der Häufigkeitskurve bezüglich eines Merkmals ist Folge einer *gerichteten Selektion* (Abb. 2a).

Allzu kleine Maulwürfe hatten jedoch ebenfalls einen Selektionsnachteil. Aufgrund ihrer größeren relativen Oberfläche verloren sie pro Flächeneinheit mehr Wärme an die Umgebung als größere Individuen. Es bestand also ein Selektionsdruck, der dem durch die Nahrungsknappheit erzeugten entgegenwirkte und verhinderte, dass die Körpergröße der Maulwürfe eine untere Grenze unterschritt. Sind die einander entgegenwirkenden Selektionsdrücke in ihrer Wirkung gleich stark, verschiebt sich die Häufigkeitskurve nicht. Die Selektion wirkt gegen die extremen Varianten und begünstigt alle dazwischenliegenden. Man spricht von *stabilisierender Selektion* (Abb. 2b).

In einer Population afrikanischer Finken treten Individuen mit zwei unterschiedlichen Schnabelgrößen auf. Die kleinschnäbligen Formen fressen bevorzugt weiche Samen, die großschnäbligen harte. Finken mit mittelgroßem Schnabel gibt es kaum, ihr Schnabel ist bei beiden Nahrungstypen weniger effizient. Bei diesem Selektionstyp werden die extremen Varianten gegenüber den mittleren begünstigt. Man spricht von *aufspaltender (disruptiver) Selektion* (Abb. 2c).

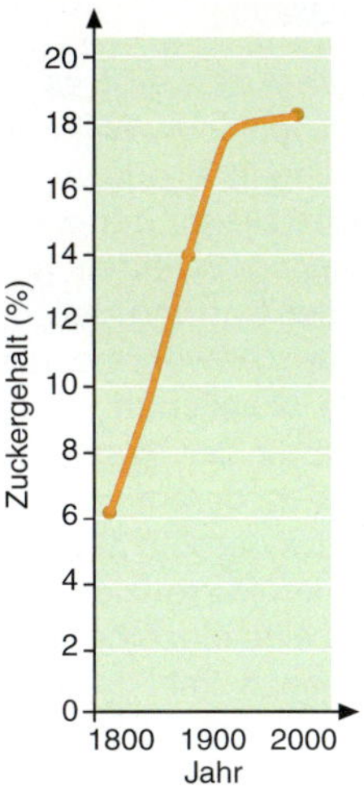

Zuckergehalt der Zuckerrübe

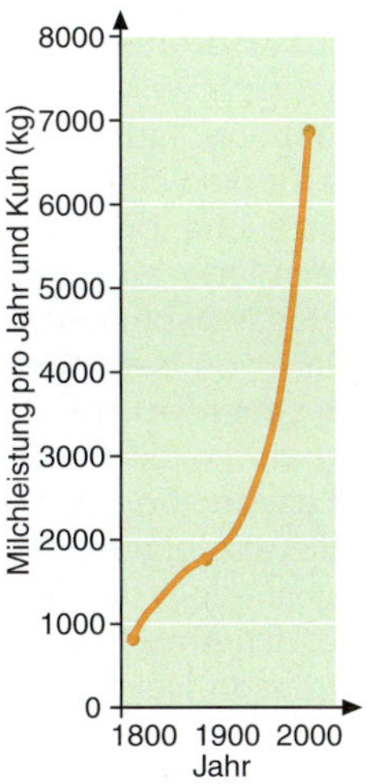

Milchleistung bei Kühen

1 Hunderassen und ihre Ursprungsart

Selektionsfaktoren

Umwelteinflüsse aus der unbelebten Natur oder anderen Lebewesen können selektionsrelevant werden und werden dann als *Selektionsfaktoren* wirken. Alle Selektionsfaktoren, die auf einen Organismus einwirken, bezeichnet man als *Selektionsdruck*. Dabei treten einzelne Selektionsfaktoren häufig in Wechselwirkungen mit anderen und bleiben zudem in ihrer Intensität selten konstant, sodass sich ein komplexes System ergibt. Welches sind die Faktoren, die eine Selektion bedingen?

Abiotische Selektionsfaktoren

Abiotische Selektionsfaktoren sind Umwelteinflüsse, die aus der unbelebten Natur auf eine Population einwirken. Sie sind physikalischen Ursprungs, wie Temperatur, Feuchtigkeit, Licht und Wind, oder chemischen Ursprungs, wie Salzgehalt im Wasser, Nährstoff- oder auch Giftstoffgehalt, und bestimmen ganz wesentlich die Lebensbedingungen einer Population.

2 Kampfläufermännchen

Biotische Selektionsfaktoren

Andere Lebewesen wirken ebenfalls auf eine Population ein. Bedingen diese Faktoren eine Selektion, nennt man sie *biotische Selektionsfaktoren*. Diese können z. B. Räuber oder Parasiten sein, Nahrungskonkurrenz oder Konkurrenz um Paarungspartner.

Da auf eine Population gleichzeitig viele abiotische und biotische Selektionsfaktoren in Form des Selektionsdrucks einwirken, finden sich bei vielen Organismen Teilanpassungen an unterschiedliche Selektionsfaktoren. Ein besonders eindrucksvolles Beispiel dafür ist der biotische Selektionsfaktor bezüglich der Sexualität *(sexuelle Selektion)*. Häufig finden sich bei Männchen im Vergleich zu den Weibchen sehr auffällige Erscheinungsbilder *(Sexual-* oder *Geschlechtsdimorphismus)* (s. Abb. 2). Die Unterschiede betreffen häufig die Größe, die Farbigkeit und den Körperschmuck, also die *sekundären Geschlechtsmerkmale*. Dimorphe Männchen haben durch ihre imposanten sekundären Geschlechtsmerkmale bei den Weibchen einen höheren Fortpflanzungserfolg. Gleichzeitig können extrem ausgeprägte Merkmale aber auch die Gefahr vergrößern, durch Räuber erkannt und getötet zu werden, was so zu extreme Formen begrenzt.

Künstliche Selektion

Eine besondere Form der Selektion stellt die Tier- und Pflanzenzucht des Menschen dar. In der Tierzucht war der erste Schritt die Zähmung wildlebender Tiere und die Übernahme in den Hausstand *(Domestikation)*. Diese Trennung der domestizierten Tiere von ihren Artgenossen hat viele Anteile von Mechanismen der allopatrischen Artbildung. Durch Züchtungsselektion, d. h. Auswahl nur der Organismen, die den Anforderungen des Menschen entsprachen, entstanden Rassen, die vom Aussehen der Ursprungsart zum Teil erheblich abweichen; eindrucksvolles Beispiel dafür sind die verschiedenen Hunderassen (Abb. 1).

Genauso eindrucksvoll sind die Ertragssteigerungen, die bei Nutztieren und -pflanzen in den letzten 200 Jahren durch Zuchterfolge und anschließende Inzucht realisiert werden konnten (s. Randspalte).

Aufgabe

① Erklären Sie, warum viele Zuchtrassen einer Art unter natürlichen Bedingungen nicht lebensfähig wären.

Manche Blätter tragen Flecken aus umgewandelten Nektardrüsen, die Heliconius-Eiern täuschend ähnlich sehen.

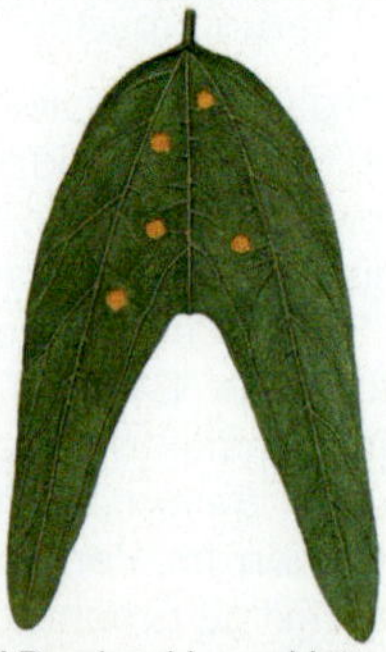

Eier auf Passionsblumenblatt

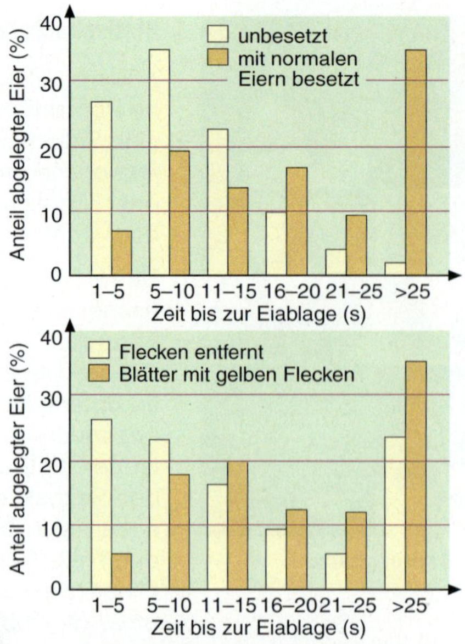

In Experimenten wurde beobachtet, wie lange es dauert, bis Weibchen auf bestimmten Blättern Eier ablegen, bei einer Art ohne Flecken.

Heliconius-Raupe

Heliconius-Falter

Die Blätter mancher Passionsblumenarten sehen in der Nähe vorkommenden anderen Arten sehr ähnlich. Ein Zufall?

1 Passionsblumen sind die Nahrung für Heliconius-Raupen

Koevolution

Schwertschnabel

Der Schwertschnabel führt seinen Namen zu Recht. Der spitze Schnabel dieser Kolibriart ist fast so lang wie sein Körper (siehe Randspalte). So können diese Vögel an den tief im Inneren der Röhrenblüten gebildeten Nektar verschiedener Nachtschattengewächse und Passionsblumen gelangen. Dabei streifen sie Pollen ab und nehmen ihn zur nächsten Blüte mit. Röhrenblüten und Kolibrischnabel sind in hohem Maße aufeinander abgestimmt. Ganz offensichtlich hat sich diese wechselseitige Angepasstheit im Laufe der Evolution gebildet. Am Beispiel von Heliconius-Schmetterlingen und Passionsblumen lässt sich dieser Prozess besonders gut nachvollziehen (Abb. 1).

Anpassung und Gegenanpassung

Über 500 Passionsblumen-Arten gibt es in den tropischen und subtropischen Wäldern Südamerikas. Viele von ihnen produzieren giftige Substanzen. So sind sie vor den zahlreichen Pflanzen fressenden Insekten geschützt. Schmetterlinge der Gattung Heliconius (Abb. 1) haben diesen Abwehrmechanismus überwunden. Die weiblichen Falter legen ihre Eier auf die Blätter der Passionsblumen. Die Raupen, die kurz darauf schlüpfen, besitzen ein Enzym, das das Gift abbaut. Sie können sich deshalb konkurrenzlos von den Blättern ernähren. Da eine einzelne Raupe ganze Teile einer Pflanze kahl fressen kann, fügt Heliconius den Passionsblumen großen Schaden zu.

Im Laufe der Evolution haben sich mehrere Abwehrstrategien entwickelt. Passionspflanzen bilden Blätter unterschiedlichster Form: spitze, zarte in Bodennähe und breite, festere im Kronenbereich, den Nicht-Wirtspflanzen der jeweiligen Umgebung täuschend ähnlich (Abb. 1). So ist es für die Falterweibchen, die sich auf Eiplatzsuche befinden, häufig schwer, die richtigen Blätter zu entdecken. Ferner bilden viele Passionsblumenarten Nektarien, die den Eiern von Heliconius zum Verwechseln ähnlich sehen (s. Abb. 1). Durch diese Nachahmung werden die Falterweibchen getäuscht und davon abgehalten, auf bereits „besetzten" Blättern eigene Eier abzulegen. Darüber hinaus sondern die Nektarien ein süßes Sekret ab, das Ameisen und Wespen anlockt. Diese fressen Heliconius-Eier.

Die Abfolge von Anpassung und Gegenanpassung zwischen Passionsblumen und Heliconius-Faltern erscheint wie ein evolutiver Wettlauf, bei dem mal die eine Seite, mal die andere Seite im Vorteil war. Durch genetisch bedingte Veränderungen der einen Art wurde ein Selektionsdruck auf die andere Art ausgeübt. Deren Gegenanpassung förderte die Abwandlung der ersten Art. Eine solche wechselseitige Beeinflussung in der Evolution zweier Arten bezeichnet man als *Koevolution*.

Das Anlocken der Ameisen und Wespen durch die Nektarien deutet an, dass sich Koevolution nur selten auf zwei Arten innerhalb einer Lebensgemeinschaft beschränkt. Aufgrund der zahlreichen Wechselwirkungen zwischen den Organismen in einer Biozönose ist Evolution stets Koevolution der miteinander in Beziehung stehenden Populationen.

Tarnung und Warnung

Zu fressen, ohne selbst gefressen zu werden, ist eine Voraussetzung für den eigenen Fortpflanzungserfolg. Merkmale, die vor Fressfeinden schützen, verschaffen demnach einen Selektionsvorteil. In der Natur lassen sich viele Tarn- und Warnmechanismen entdecken.

Tarnung durch Schutzfärbung

Zahlreiche Tierarten haben eine Körperfärbung, durch die sie gut getarnt sind. So haben die Schneehasen im Winter ein weißes Fell, während das Fell von Wüstentieren, wie Wüstenmaus oder Kojote, ganzjährig gelbbraun gefärbt ist.

Der **Gemeine Tintenfisch** hat in seiner Haut Pigmentzellen, die verschiedene Farbstoffe enthalten. Durch Ausdehnen und Zusammenziehen dieser Zellen passt er seine Körperfärbung der jeweiligen Umgebung an.

Es gibt auch Tarnmechanismen, die wir Menschen als solche nicht erkennen. Das Streifenmuster der **Zebras** fällt uns bereits von weitem auf. Vor dem Komplexauge der Tsetse-Fliegen verschwimmt es jedoch. Diese tropische Fliegengattung überträgt neben dem Erreger der Schlafkrankheit (s. u.) auch den Erreger der Nagana-Seuche, eine Krankheit, die bei afrikanischen Wildtieren meist tödlich ist. Der Tarneffekt ist so wirksam, dass Erreger der Nagana-Seuche im Blut der Zebras wesentlich seltener vorkommen als in dem anderer Wildtiere.

Molekulare Tarnmechanismen

Tarnung findet man bereits bei Einzellern, z. B. in der Gattung **Trypanosoma**. Diese Parasiten werden von der *Tsetse-Fliege* übertragen. Beim Menschen verursachen sie die Schlafkrankheit. Ihre Erreger entwickeln sich im Blut des Menschen. Sein Immunsystem bildet spezifisch wirkende Antikörper, die mit den körperfremden Oberflächenproteinen *(Antigenen)* der Krankheitserreger reagieren. Gegenüber Trypanosomen versagt die Abwehr aber, denn diese werfen nach kurzer Zeit ihre Oberflächenantigene ab und bilden neue. Noch bevor die Erreger mit den ursprünglichen Antigenen vernichtet worden sind, existieren neue Varianten mit einem neuen Antigenmuster, das von den Antikörpern nicht erkannt wird. Durch diese molekulare Tarnung sind die Trypanosomen dem Immunsystem des Menschen immer einen Schritt voraus.

Mimese

Ein indischer Blattschmetterling der Gattung **Callima** gleicht einem dürren Blatt, wenn er die Flügel über dem Hinterleib zusammenschlägt. Der Flügelumriss entspricht der Blattform. Schmale Ausläufer sehen aus wie ein Blattstiel. Die Flügelunterseiten tragen Zeichnungen, die Blattrippen und faulende Blattstellen vortäuschen. Eine Tarnung, bei der eine Tierart nicht nur in der Farbe, sondern auch in der Form einem Objekt seiner Umgebung, das für seine Fressfeinde ohne Bedeutung ist, ähnelt, bezeichnet man als *Mimese*.

Warntrachten

Wehrhafte, ungenießbare oder giftige Tiere sind häufig auffällig gefärbt. Damit signalisieren sie der Umgebung ihre Gefährlichkeit. Bei Gefahr kann der **Feuersalamander** aus Drüsen auf seinem Rücken ein Nervengift spritzen. Fressfeinde, die bereits schlechte Erfahrungen gemacht haben, erkennen vermutlich andere Vertreter an der Warntracht und meiden sie. Für auffällige wehrhafte Arten ist dies ein Selektionsvorteil.

Mimikry

Der **Hornissenschwärmer** ist ein harmloser Schmetterling, der auf den ersten Blick mit einer Hornisse verwechselt werden kann. Er zeigt die gleiche schwarzgelbe Färbung. Die Gemeinsamkeit geht so weit, dass der Schwärmer wie sein Vorbild durch-

sichtige Flügel ohne Schuppen besitzt und diese neben dem Hinterleib, statt über ihm, zusammenfaltet.
Die Nachahmung von Warnsignalen, die von wehrhaften Arten ausgehen und vor Fressfeinden schützen, bezeichnet man als *Scheinwarntracht (Mimikry)*. Allerdings hängt der Schutz der Nachahmer davon ab, dass das wehrhafte Vorbild in der Überzahl ist.

Divergenz und Konvergenz

Die gegenwärtige Wirkung der Evolutionsfaktoren lässt sich an vielen Beispielen zeigen, und die Bildung neuer Arten kann man mit ihrer Hilfe gut verstehen. Es gibt also Wege und Prinzipien, die die Entstehung der heutigen Organismenvielfalt erklärbar machen. Dies beantwortet die Frage nach den Mechanismen der Evolution. Es bleibt die zweite Frage zu beantworten, wie die Entwicklung historisch tatsächlich abgelaufen ist, ob sich also die Verwandtschaft von Organismen und damit ihre gemeinsame Abstammung einsichtig machen lässt. Dies erfordert weitere Methoden, die der historischen Sicht gerecht werden.

Vergleicht man zwei Organismen, so stellt man anfangs lediglich mehr oder weniger große Ähnlichkeiten fest. Das heißt, dass es z. B. Merkmale gibt, die bei beiden Organismen übereinstimmen, und andere, in denen sie sich unterscheiden. Diese Ähnlichkeit lässt sich auf zwei gegensätzliche Weisen interpretieren (Abb. 1).

Die beiden Arten können einerseits einen gemeinsamen Ursprung haben und verwandt sein, wie dies im Beispiel der Spechte der Fall ist (s. Seite 284). Dann sind die Übereinstimmungen älter und beruhen auf ähnlicher genetischer Information, die von der gemeinsamen Abstammung herrührt, während die Unterschiede im Laufe der Evolution neu entstanden sind.

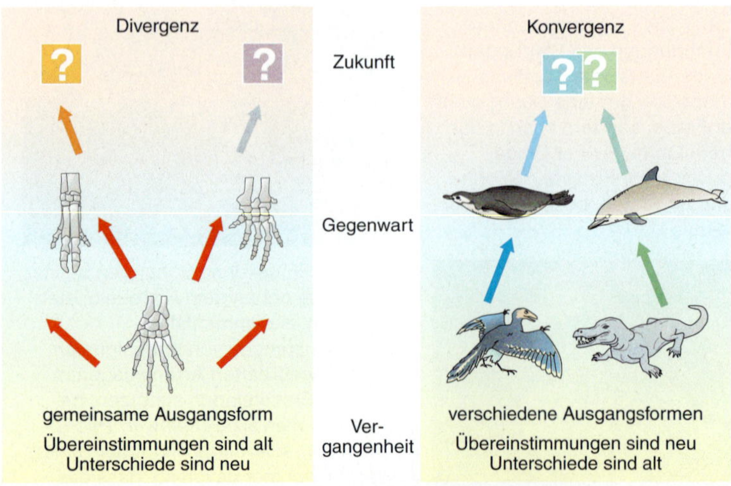

1 Divergente und konvergente Entwicklung

Ältere Merkmale nennt man auch *ursprünglich*, die neueren *abgeleitet*. Die Entwicklung läuft auseinander zu größeren Unterschieden hin bzw. zu geringerer Ähnlichkeit. Eine solche Entwicklung ist *divergent* und Merkmale, deren Ähnlichkeit auf Herkunftsgleichheit beruht, nennt man *homolog* bzw. bezeichnet sie als *Homologien*.

Andererseits kann eine bestimmte Form in einer speziellen Umwelt oder für eine Funktion besonders gut geeignet sein. Dies gilt z. B. für die Stromlinienform, die in Luft und Wasser vorteilhaft ist. Im Verlauf der Entwicklung haben sich dann jeweils die Individuen besser behauptet, die dieser Form ähnlicher waren. Die Unterschiede sind bei dieser Interpretation alt und auf die verschiedenen Ausgangsformen zurückzuführen, während die Übereinstimmungen neu sind. Die Entwicklung läuft aufeinander zu *(konvergent)* in Richtung besserer Übereinstimmung mit der gut geeigneten Form und damit zu größerer Ähnlichkeit (Abb. 1). Die Übereinstimmungen bezeichnet man in solchen Fällen als *analog* bzw. als *Analogien*. Analoge Ähnlichkeiten sind nicht auf einen gemeinsamen Ursprung zurückzuführen.

Für die Entscheidung, wie Ähnlichkeiten zu beurteilen sind, braucht man damit eine geeignete Methode, mit der man Verwandtschaft belegen und zwischen Homologie und Analogie unterscheiden kann.

Homologien

Bei homologen Strukturen wird vorausgesetzt, dass ihre Ähnlichkeit durch einen gemeinsamen Ursprung bedingt ist, dass also die entsprechenden Organismen verwandt sind. Zur Entscheidung, ob Verwandtschaft bzw. Homologie vorliegt, werden drei *Homologiekriterien* herangezogen:

Findet man einzelne Strukturen stets in gleicher Lage im komplexen Gefüge aller anderen Strukturen, so geht man von deren gemeinsamer Abstammung aus. Dies ist das *Kriterium der Lage*. Mithilfe dieses Kriteriums lassen sich die Knochen der Vorderextremitäten von Wirbeltieren als homolog kennzeichnen. Dies gilt auch dann, wenn ihre Funktionen sehr unterschiedlich sind, wie z. B. bei Vorderbeinen und Flügeln.

In machen Fällen ist die Lage von Strukturen schwer zu beurteilen, wenn im Evolutionsverlauf starke Veränderungen entstanden sind oder Teile fehlen. Vielfach lassen sich dann Zwischenformen finden, mit deren Hilfe ein stetiger Übergang erkennbar ist. Die Zwischenformen können sich bei anderen Organismen finden, bei Fossilien, bei Embryonalstadien u. a. Dies ist das *Kriterium der Stetigkeit*. Damit lässt sich z. B. der Pferdefuß als Mittelfinger auffassen.

In anderen Fällen findet man bei scheinbar wenig ähnlichen Strukturen einzigartige Merkmale. Das kann z. B. eine besondere chemische Zusammensetzung sein. Dies ist das *Kriterium der spezifischen Qualität*. Die Hautschuppen eines Hais und Zähne zeigen in diesem Sinn einen gleichartigen Bau aus spezifischen Substanzen.

Analogien

Vergleicht man beispielsweise die Schwanzflossen von Walen (*Fluke* genannt) und Fischen, so fällt die ähnliche Form auf. Wale und Fische stammen jedoch nicht direkt von einem gemeinsamen Vorfahren mit derartiger Flosse ab, denn durch Anwendung der Homologiekriterien lässt sich keine Verwandtschaft bzw. Herkunftsgleichheit nachweisen. Die ähnliche Form ist jedoch aus physikalischen Gründen im Wasser als Antriebsorgan besonders gut geeignet und entsprechend gebaute Tiere besaßen Selektionsvorteile gegenüber anderen. Die beiden Flossenformen sind unabhängig voneinander durch konvergente Entwicklung entstanden. Solche Ähnlichkeiten, die nicht als Zeichen von Verwandtschaft gedeutet werden dürfen, werden *Analogien* genannt.

Homologie
Ähnlichkeit infolge gemeinsamer Abstammung

Analogie
Ähnlichkeit infolge gleicher Funktion ohne gemeinsame Abstammung

Zettelkasten

Biogenetische Grundregel

Bereits Karl Ernst von Baer beobachtete, dass sich die Embryonen der Wirbeltiere in den anfänglichen Entwicklungsstadien sehr ähneln. Einige ihrer Strukturen erinnerten an Merkmale, die man bei stammesgeschichtlichen Vorfahren vermutete. Ernst Haeckel formulierte daraus im Jahre 1866 die *biogenetische Grundregel*:

„Die Keimesentwicklung *(Ontogenese)* ist eine kurze, unvollständige und schnelle Rekapitulation der Stammesentwicklung *(Phylogenese)*."

Diese Regel trifft nur auf bestimmte Organanlagen zu, wie z. B. die Anlage von Kiemenspalten und -bögen, nicht jedoch auf den ganzen Organismus.

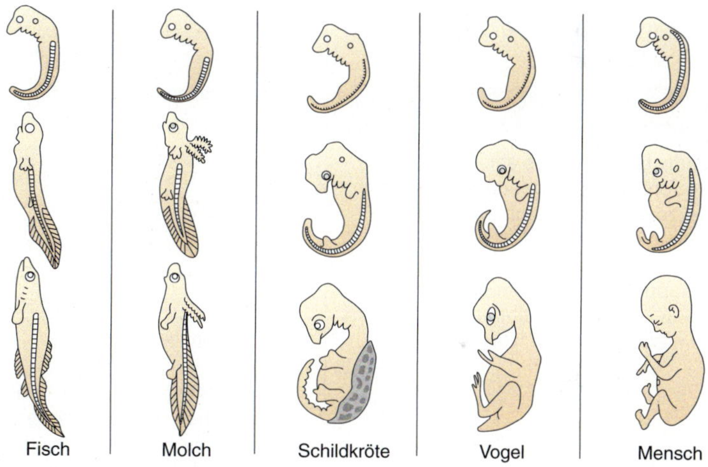

erwachsene Seepocken

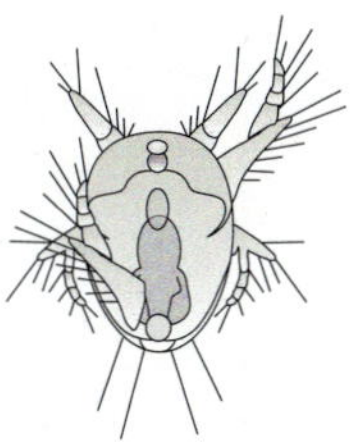

Naupliuslarve

Der Vergleich von Entwicklungsstadien ermöglicht auch die Aufklärung schwer erkennbarer Verwandtschaftsverhältnisse. Beispielsweise machen Seepocken einen Teil ihrer Entwicklung als frei schwimmende Naupliuslarve durch. Darin gleichen sie anderen Krebsarten, Seepocken sind also Krebse.

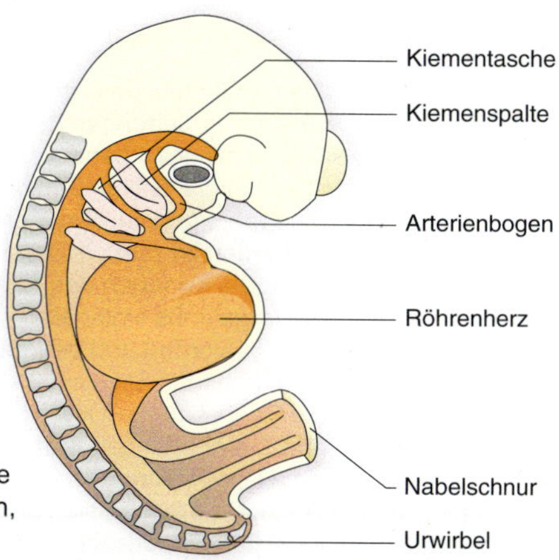

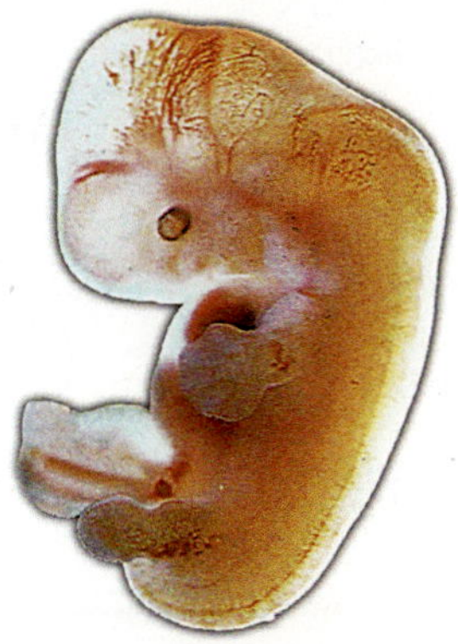

Homologien, Analogien

Vergleicht man Formen und Strukturen von ähnlichen Organismen, kann man viele offensichtliche Homologien finden. Daneben gibt es aber auch Homologien, die schwerer zu identifizieren sind.

Ähnlichkeiten zwischen Formen und Strukturen werden als *Analogien* angesehen, wenn der Versuch scheitert, sie mithilfe der Homologiekriterien als *Homologie* zu identifizieren.

Zähne und Hautschuppen

Zähne bestehen aus einer Zahnhöhle, die von Dentin umgeben ist, und einer Spitze aus hartem Schmelz. Diesen Aufbau weisen alle Wirbeltierzähne auf. Beim Hai zeigt der Bau der Hautschuppen *(Placoidschuppen)* eine Reihe von Übereinstimmungen mit dem Bau der Zähne. Hautschuppen

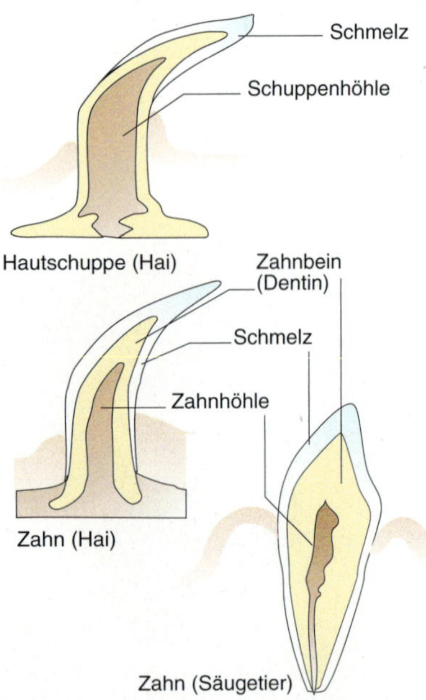

und Zähne des Hais sind demnach zueinander homolog. Letztlich gilt dies auch für die Hautschuppen des Hais und die menschlichen Zähne.

Kiefergelenk und Gehörknochen

An einem Schädel kann man einzelne Knochenbauteile aufgrund ihrer Lage zueinander als homolog identifizieren. Vergleiche zwischen den Schädeln von Reptilien und Säugern zeigen,

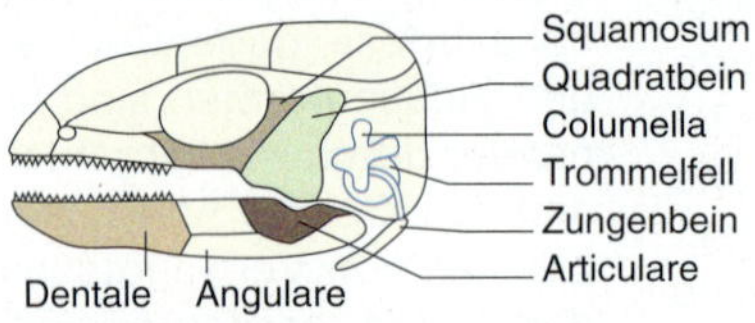

heutiges Reptil

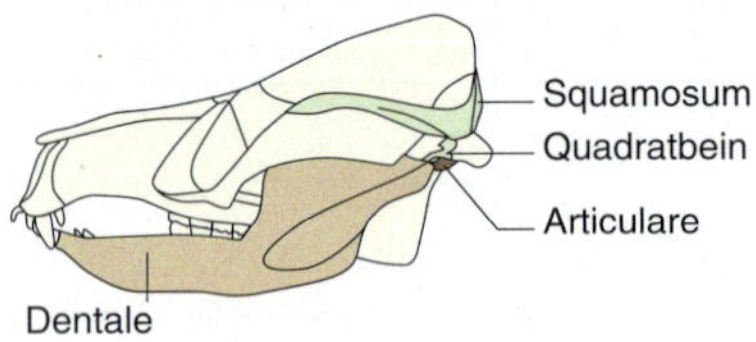

fossiles säugerartiges Reptil

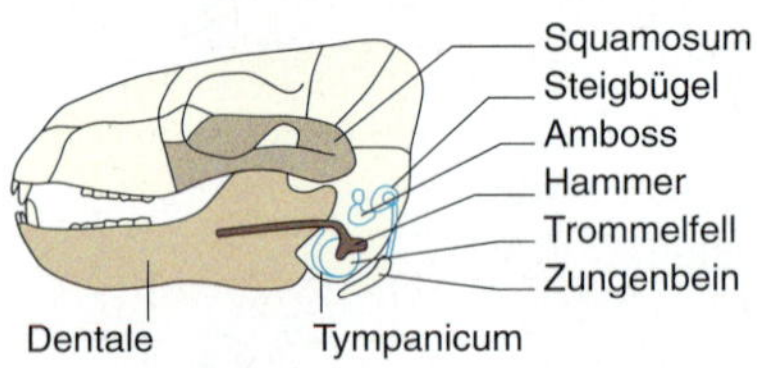

heutiger Säuger

dass ihre Kiefergelenke aus verschieden Knochen gebildet werden. Bei Reptilien befindet sich die Gelenkfläche zwischen Quadratum und Artikulare (primäres Kiefergelenk), bei Säugern zwischen Dentale und Squamosum.

Von Fossilien weiß man, dass im Laufe der Entwicklung landlebender Tiere zu den Säugern in zunehmendem Maße das Dentale die Gelenkfunktion übernommen hat und damit ein neues Gelenk entstanden ist *(sekundäres Kiefergelenk)*. Die Knochen des primären Kiefergelenks sind dabei immer kleiner geworden und befinden sich weiter im Schädel. Sie stellen bei Säugern die Gehörknochen Hammer, Amboss und Steigbügel dar. Kieferknochen der Reptilien und Gehörknochen der Säugetiere lassen sich also mithilfe des Kriteriums der Stetigkeit als homolog interpretieren.

Verhaltenshomologien

Einige Verhaltensweisen sind angeboren, sie besitzen zum Teil eine genetische Grundlage. Solche Verhaltensweisen stellen erbliche Merkmale dar, die ebenso wie andere der Evolution unterliegen. Vergleicht man das Verhalten verschiedener Entenarten, so stellt man erstaunliche Übereinstimmungen fest, selbst bei Arten, die sich in ihrem Vorkommen und in ihrer Lebensweise stark unterscheiden: Branderpel, Knäckerpel, Mandarinerpel und Stockerpel putzen bei der Einleitung der Balz scheinbar ihr Gefieder (s. Abb.). Stockerpel und Knäkerpel, nicht aber Branderpel und Mandarinerpel, zeigen bei der Balz ein als „Hochkurzwerden" bekanntes Verhalten. Diese und zahlreiche weitere Beispiele zeigen, dass im Bereich des tierischen Verhaltens viele Ähnlichkeiten vorkommen. Wie morphologische Merkmale lassen sich auch Körperhaltungen und Bewegungsabläufe als homolog nachweisen. Durch Auswertung zahlreicher ethologischer Merkmale konnten Verwandtschaftsbeziehungen zwischen verschiedenen Arten erforscht werden. Bei den besonders gut untersuchten Entenvögeln war es sogar möglich, auf der Basis abgestufter Ähnlichkeit im Verhalten einen Stammbaum der Arten zu erstellen.

Branderpel

Knäckerpel

Mandarinerpel

Stockerpel

Flügelformen

Einige Saurier der Kreidezeit hatten vordere Gliedmaßen, die einen Flügel darstellten, ähnlich wie bei heutigen Fledermäusen. Die Flügelhaut eines Flugsauriers wurde jedoch von nur einem Finger aufgespannt, während dazu bei Fledermäusen vier Finger dienen. Die einzelnen Knochen der Flügelkonstruktion liegen deswegen anders zueinander und sind nicht homolog. Die Flügel sind daher bei Flugsauriern und Fledermäusen unabhängig entstanden und haben aufgrund der physikalischen Bedingungen des Fliegens konvergent Ähnlichkeiten entwickelt. Sie sind also analog.

Pflanzliche Ranken

Kletternde Pflanzen besitzen zum Teil Ranken, mit denen sie sich festhalten. Vergleicht man die Ranken verschiedener Pflanzen, so kann man unterschiedliche Grundorgane nachweisen, aus denen die Ranken abgeleitet sind. Beim Kürbis findet man z. B. an derselben Pflanze Übergangsformen, die die Ranken als Abwandlungen von Blättern erkennen lassen *(Blattranken)*. Bei der Passionsblume dagegen entspringt die Ranke aus einer Knospe in einer Blattachsel, wie es für Seitensprosse typisch ist *(Sprossranke)*. Blattranken und Sprossranken sind demnach analoge Bildungen, deren Ähnlichkeit durch die gleiche Funktion bedingt ist.

Blattranke – Kürbis

Sprossranke – Passionsblume

Rudimentäre Organe

Pferde haben eine stark ausgebildete Mittelzehe. Dem dritten Mittelfußknochen liegen links und rechts dünne, schwache Knochen an *(Griffelbeine)*, die für die Fortbewegung offensichtlich keine Bedeutung mehr haben. Sie sind den zweiten und vierten Mittelfußknochen anderer Wirbeltiere homolog.

Derartige Organe bezeichnet man allgemein als *Rudimente* oder *rudimentäre Organe*. Rudimente haben manchmal keine erkennbare Funktion. Dazu gehören beispielsweise die Reste eines Schultergürtels bei unserer einheimischen Blindschleiche oder die Flügelreste bei flugunfähigen Vögeln. Rudimente haben häufig einen neuen Funktionsschwerpunkt, der vom ursprünglichen Hauptschwerpunkt verschieden ist. Viele Organe erfüllen mehrere Aufgaben, wie z. B. die Bauchspeicheldrüse, die der Verdauung dient, aber auch den Blutzucker reguliert. Die Bildung von Rudimenten erklärt man als Funktionsverlust oder Funktionsänderung von Organen, die in Verbindung mit Änderungen der Lebensweise entstanden. Der Wurmfortsatz des Menschen hat heute für die Verdauung keinerlei Bedeutung mehr, sondern dient stattdessen als lymphatisches Organ.

Atavismen

In seltenen Ausnahmefällen werden Pferde geboren, die eine zweite oder sogar eine dritte Zehe mit einem Huf aufweisen. Diese mehrzehigen Pferde weisen also ein Merkmal auf, das auf eine mehrstrahlige Wirbeltierextremität hinweist. Derartige urtümliche Merkmale, die bei heute lebenden Lebewesen nur ausnahmsweise auftreten, für deren Vorfahren aber typisch waren, nennt man *Atavismen* (lat. *atavus* = Großvater). Atavismen findet man bei zahlreichen Lebewesen: Rosen und Tulpen weisen gelegentlich grüne, blattförmig ausgebildete Staubblätter auf. Bei der Taufliege gibt es eine atavistische Form mit vier Flügeln.

Auch beim Menschen sind Atavismen immer wieder zu beobachten: z. B. starke Körperbehaarung, Ausbildung einer Schwanzwirbelsäule oder überzählige Brustwarzen.

Drosophila, vierflügelig

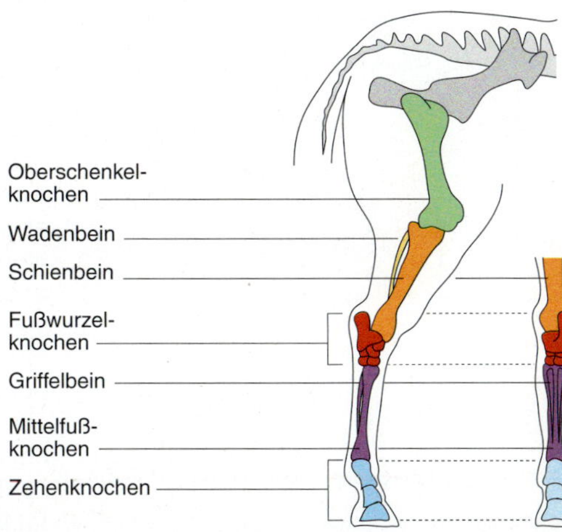

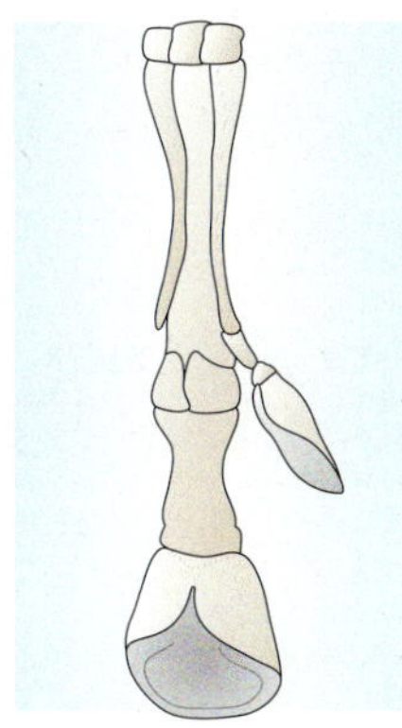

mehrzehiger Pferdefuß

Mensch CACGCCUUUGGCACA AUG AAG UGG GUA ACC UUU AUU UCC CUU CUU UUU CUC UUU AGC UCG GCU UAU UCC AGG GGU GUG UUU CGU CGA GAU
Met Lys Trp Val Thr Phe Ile Ser Leu Leu Phe Leu Phe Ser Ser Ala Tyr Ser Arg Gly Val Phe Arg Arg Asp
Schaf CAAACCUUUGGCACA AUG AAG UGG GUG ACU UUU AUU UCC CUU CUU CUC CUU UUC AGC UCU GCU UAU UCC AGG GGU GUG UUU CGU CGA GAU
Met Lys Trp Val Thr Phe Ile Ser Leu Leu Leu Leu Phe Ser Ser Ala Tyr Ser Arg Gly Val Phe Arg Arg Asp

Ala His Lys Ser Glu Val Ala His Arg Phe Lys Asp Leu Gly Glu Glu Asn Phe Lys Ala Leu Val
GCA CAC AAG AGU GAG GUU GCU CAU CGG UUU AAA GAU UUG GGA GAA GAA AAU UUC AAA GCC UUG GUG
ACA CAC AAG AGU GAG AUU GCU CAU CGG UUU AAU GAU UUG GGA GAA GAA AAU UUU CAA GGC CUG GUG
Thr His Lys Ser Glu Ile Ala His Arg Phe Asn Asp Leu Gly Glu Glu Asn Phe Gln Gly Leu Val

Molekulare Verwandtschaft

Zum Nachweis der Verwandtschaft dienten ursprünglich makroskopisch und mikroskopisch erfassbare Merkmale. Heute werden auch biochemische und genetische Merkmale herangezogen. Sie sind oft genauer und damit aussagekräftiger.

Protein-Vergleiche

Ein bekanntes Beispiel ist die Untersuchung der Ähnlichkeit von Serumproteinen mithilfe der Antikörper-Reaktion (Abb. 1). Dazu injiziert man einem Testtier (z. B. einem Kaninchen) menschliches Serum. Es bildet daraufhin Antikörper gegen die menschlichen Serumproteine. Diese Antikörper reagieren nun mit Serumproteinen verschiedener Wirbeltiere mit einer unterschiedlich heftigen Ausfällung. Dieses Verfahren nennt man *Präzipitintest.* Das Ausmaß der Ausfällung mit menschlichem Serum, gegen das die Antikörper gebildet werden, setzt man auf 100 %. Das unterschiedliche Ausmaß der Ausfällungen verdeutlicht hier die Passung der Oberflächen von Serumproteinen und Antikörpern.

Der Grad der Ausfällung ist ein Maß für die Übereinstimmung der getesteten Serumproteine mit menschlichen Serumproteinen. Man interpretiert dies als Hinweis auf eine entsprechende Ähnlichkeit der dahinter stehenden Gene und damit als verwandtschaftliche Nähe der getesteten Organismen, also auf deren gemeinsamen Ursprung. Diese Proteine sind damit Homologien auf biochemischer Ebene.

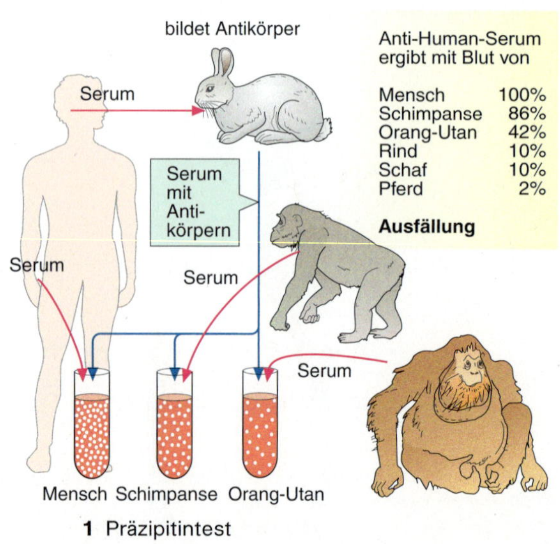

1 Präzipitintest

Allerdings besitzen Proteine keine zufällige Struktur, sondern erfüllen im Körper eine bestimmte Funktion, die durch eine bestimmte Form ermöglicht wird. Die Aminosäuresequenzen sind dafür optimiert und könnten durch eine konvergente Entwicklung ähnlich geworden sein. Die Proteine wären dann lediglich als Analogien anzusehen und nicht als Nachweis für die Verwandtschaft der Organismen geeignet.

DNA-Vergleiche

Erst der Vergleich der hinter den Proteinen stehenden Gene führt hier weiter. Viele Aminosäuren können von mehr als einem Triplett codiert sein (s. Seite 138). Nur das Protein (und damit die Aminosäuresequenz) stellt das phänotypische Merkmal dar, das mit seinem Träger der Selektion unterliegt. Welche Basensequenz bzw. Triplettsequenz dafür codiert, sollte dabei unwichtig sein. Für eine bestimmte Aminosäuresequenz gibt es daher eine Vielzahl möglicher Triplettsequenzen. Gene, die bei verschiedenen Organismen für das gleiche Protein codieren, sind jedoch sehr ähnlich, was auf einen gemeinsamen Ursprung hinweist.

Die Daten der Serumalbumine von Mensch und Schaf (s. Randspalte) sollen das verdeutlichen: Sie bestehen aus etwas mehr als 600 Aminosäuren. Gleiche Aminosäuren an gleicher Stelle werden vielfach auch durch dasselbe Triplett codiert (s. Seite 140). Die Auszählung für die ersten 100 Aminosäuren ergibt 84 gleiche Aminosäuren. Von diesen werden 64 von übereinstimmenden Tripletts codiert, d. h. 76 %. Für eine zufällige oder auch konvergent entstandene Übereinstimmung sind wegen der möglichen Mehrfachcodierung jedoch nur annähernd 33 % zu erwarten, d. h. etwa 30. Die Gene belegen daher die Verwandtschaft und erweisen sich nach dem Kriterium der spezifischen Qualität als Homologien auf genetischer Ebene.

50 55 60 65 70
Ile Ala Phe Ala Gln Tyr Leu Gln Gln Cys Pro Phe Glu Asp His Val Lys Leu Val Asn Glu Val
AUU GCC UUU GCU CAG UAU CUU CAG CAG UGU CCA UUU GAA GAU CAU GUA AAA UUA GUG AAU GAA GUA
AUU GCC UUU UCU CAG UAU CUC CAG CAG UGU CCA UUU GAC GAA CAU GUA AAA UUA GUG AAG GAG CUA
Ile Ala Phe Ser Gln Tyr Leu Gln Gln Cys Pro Phe Asp Glu His Val Lys Leu Val Lys Glu Leu

75 80 85 90 95 100
Thr Glu Phe Ala Lys Thr Cys Val Ala Asp Glu Ser Ala Glu Asn Cys Asp Lys Ser Leu His Thr Leu Phe Gly Asp Lys Leu Cys Thr
ACU GAA UUU GCA AAA ACA UGU GUA GCU GAU GAG UCA GCU GAA AAU UGU GAC AAA UCA CUU CAU ACC CUU UUU GGA GAC AAA UUA UGC ACA
ACU GAG UUU GCA AAA ACA UGU GUU GCU GAU GAG UCA CAU GCC GGU UGU GAU AAG UCA CUU CAC ACU CUC UUU GGA GAU GAA UUG UGU AAA
Thr Glu Phe Ala Lys Thr Cys Val Ala Asp Glu Ser His Ala Gly Cys Asp Lys Ser Leu His Thr Leu Phe Gly Asp Glu Leu Cys Lys

Vergleiche auf der Ebene der DNA werden heute weniger mit Genen durchgeführt, da sie bzw. die zugehörigen Proteine der Selektion unterliegen. Besser eignen sich DNA-Bereiche, die nicht für Proteine oder RNA codieren und darum selektionsneutral sind. Bei ihnen können sich Mutationen ansammeln und zu größeren Unterschieden führen. Das Ausmaß der Unterschiedlichkeit zweier Organismen ist gleichzeitig ein Hinweis darauf, wie weit der Zeitpunkt ihrer Arttrennung zurückliegt.

Auch beschränkt man die Vergleiche nicht mehr auf DNA aus dem Zellkern. Besonders interessant ist die DNA aus Mitochondrien, denn sie wird fast ausschließlich mütterlich vererbt und durchläuft auch keine Meiose oder Rekombination. Der Weg ihrer Vererbung ist daher leichter rekonstruierbar, und Verwandtschaftsbeziehungen können leichter aufgedeckt werden.

Eine weitere Methode stellt die *DNA-Hybridisierung* dar. Dabei werden entsprechende DNA-Abschnitte zweier Organismen zusammen erwärmt, sodass sich die Doppelstränge auftrennen. Beim Abkühlen lagern sich dann komplementäre DNA-Stränge verschiedener Organismen zusammen, allerdings weniger gut. Das Ausmaß der Hybridisierung sagt dann etwas über die Ähnlichkeit der DNA aus.

Aufgabe

① Vergleichen Sie den Stammbaum aus dem Cytochrom-c-Vergleich (Abb. 1) mit der Systematik des Tierreiches.

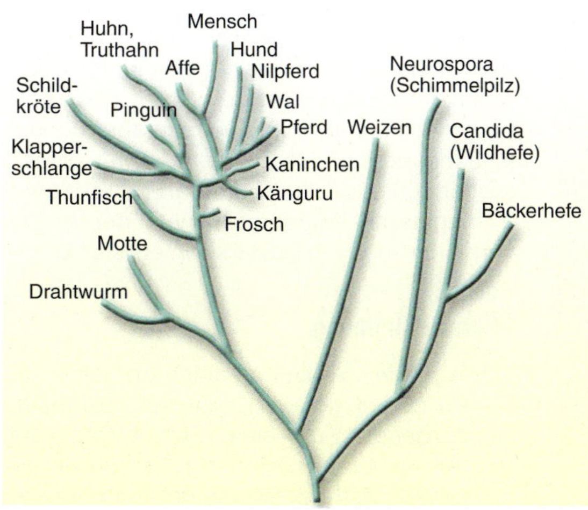

1 Stammbaum (Cytochrom-c-Vergleich)

Zettelkasten

Dendrogramme als Abbild der Ähnlichkeit

Der Vergleich mehrerer Basen- oder Aminosäuresequenzen führt zu einer großen Datenmenge, in der Ähnlichkeiten nur schwer zu entdecken sind. Dendrogramme sind eine verbreitete Darstellungsform, die das Maß der Ähnlichkeit bildlich wiedergeben kann. Grundlage ist eine Clusteranalyse von gegebenen Daten, wie im folgenden Beispiel gezeigt wird.

Der Vergleich eines kurzen DNA-Stücks der vier Organismen α, β, γ und δ könnte folgende Tabelle der Basenunterschiede ergeben haben:

	α	β	γ	δ
α	–	2	3	1
β	2	–	5	2
γ	3	5	–	3
δ	1	2	3	–

Im nächsten Schritt werden die Unterschiede für jede Sequenz zu einem Distanzwert D aufsummiert:
D (α) = 6, D (β) = 9, D (γ) = 11, D (δ) = 6

Die Sequenzen werden nun nach ihrem Distanzwert sortiert und wie folgt weiter behandelt:

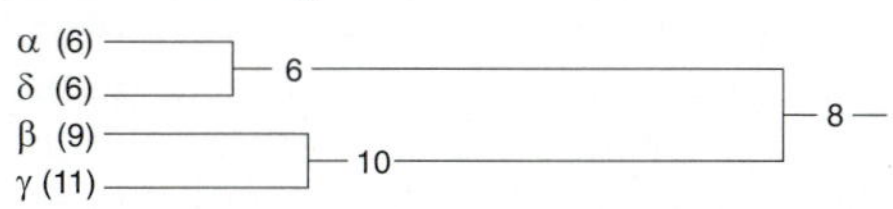

Die Sequenzen α und δ haben denselben Distanzwert (6). Sie werden als sehr ähnlich angesehen und zu einem gemeinsamen Cluster mit dem Wert 6 zusammen gezogen. Zwischen den Sequenzen β und γ besteht nun die geringste Differenz. Sie werden zu einem Cluster mit dem Mittelwert 10 zusammengefasst. Die nun verbliebenen Cluster ($\alpha\delta$) und ($\beta\gamma$) fasst man abschließend zum Gesamtcluster mit dem Wert 8 zusammen. Die baumartige Darstellung der einzelnen Schritte ergibt das *Dendrogramm*.

Methoden der Paläontologie

Wie lebten Dinosaurier, gibt es verwandtschaftliche Beziehungen zu noch lebenden Tieren, warum und wann genau starben sie aus? Diese und weitere Fragen stellt sich die *Paläontologie*. Dabei ist oft kriminalistischer Spürsinn gefordert, denn der Umgang mit den „Hauptbeweismitteln", den *Fossilien*, ist schwierig.

Fossilien

Geologische Ablagerungen von Überresten früherer Organismen werden Fossilien genannt. Obwohl wahrscheinlich jeder schon einmal ein Fossil gesehen hat, weiß man, dass die Umwandlung eines gestorbenen Lebewesens in ein Fossil sehr selten ist, denn organisches Material wird in der Regel rasch durch Destruenten (s. Seite 259) abgebaut. Wird das tote Lebewesen aber schnell in Sand oder Schlamm, bzw. unter Sauerstoffabschluss oder unter extrem trockenen Bedingungen eingebettet, wird der Abbau verhindert und ein Fossil kann entstehen.

Altersbestimmung

Tiefliegende Sedimentschichten sind älter als darauf gelagerte. Dieser Grundsatz wurde genutzt, um eine *relative Datierung* des Alters von Fossilien durchzuführen. Eine weitere Methode ist, zu untersuchen, ob man mit dem gefundenen Fossil noch weitere Fossilien identifizieren kann. Lebewesen, die während einer kurzen Zeitspanne mit großen Populationsgrößen weit verbreitet waren, sogenannte *Leitfossilien,* sind dazu besonders geeignet. Findet sich mit dem zu bestimmenden Fossil ein Leitfossil, kann damit die Zeitspanne angegeben werden, in der das zu bestimmende Fossil gelebt haben muss.

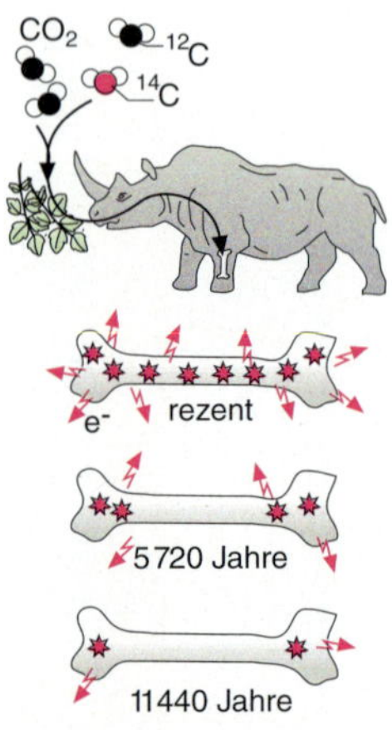

Datierung mithilfe der Radiokarbonmethode

Während die relative Datierung bestenfalls eine Zeitspanne angeben kann, bieten *absolute Datierungsmethoden* eine genauere Altersbestimmung. Man bedient sich dabei der Isotopenbestimmung. Liegt von einem Element ein *Isotop* vor, ist per Definition die Anzahl der Protonen im Atomkern gleich, die Anzahl der Neutronen kann aber variieren. Viele Isotope sind instabil und zerfallen in Kerne anderer Elemente. Die Zerfallsgeschwindigkeit, in der die Hälfte des vorhandenen Isotops zerfällt *(Halbwertzeit),* ist für viele Isotope bekannt. Dieses macht man sich zur absoluten Datierung eines Fossils zunutze. Man bestimmt im Fossil das Verhältnis des Isotops zu seinen Zerfallsprodukten. Mithilfe der Halbwertzeit kann man dann zurückrechnen, wie alt das Fossil sein muss.

Zwei Isotopenbestimmungen sind weit verbreitet. Zum einen die *Kalium-Argon-Methode*, zum anderen die *Radiokarbonmethode*. Bei der Kalium-Argon-Methode wird der Zerfall von ^{40}Kalium in ^{40}Argon gemessen. Die Halbwertzeit von ^{40}Kalium beträgt etwa 1,3 Milliarden Jahre. ^{40}Kalium kommt vor allem in vulkanischen Gestein vor und eignet sich daher zur Bestimmung von Sedimenten, die an vulkanischen Ablagerungen liegen.

Bei der Radiokarbonmethode wird der Zerfall von ^{14}Kohlenstoff bestimmt. Die Halbwertzeit von ^{14}Kohlenstoff beträgt 5600 Jahre. Solange ein Lebewesen lebt, nimmt es den radioaktiven ^{14}Kohlenstoff und den nicht radioaktiven ^{12}Kohlenstoff in einem bestimmten Verhältnis auf. Stirbt das Lebewesen, wird kein neuer ^{14}Kohlenstoff mehr aufgenommen. Über die Menge des ^{14}Kohlenstoffs und die bekannte Halbwertzeit kann so das Alter bestimmt werden. ^{14} Kohlenstoff ermöglicht eine sehr genaue Altersbestimmung, ist aber aufgrund der relativ kurzen Halbwertzeit nur für Proben geeignet, die weniger als 50 000 Jahre alt sind (s. Randspalte).

Lebende Fossilien

Einige heute lebende Lebensformen haben sich über Millionen von Jahren nur geringfügig weiterentwickelt. Sie gleichen Fossilien, weshalb man diese als *lebende Fossilien* bezeichnet. Ein Beispiel dafür ist der *Quastenflosser*. Die Lebensweise lebender Fossilien gibt Hinweise darauf, wie längst ausgestorbene Arten gelebt haben könnten. Der *Ginkgo-Baum*, der noch heute vor allem in Japan zu finden ist, ist ebenfalls ein bekanntes Beispiel für ein lebendes Fossil.

1 Quastenflosser-Fossil

Entwicklung der Vögel

1 Archaeopteryx lithographica (Berliner Exemplar)

2 Spitzhörnchen

Brückentiere

Vögel und Reptilien sind zwei Wirbeltierklassen, die aufgrund ihrer charakteristischen Merkmale leicht erkennbar und gegeneinander abgrenzbar sind. Reptilien sind wechselwarm und besitzen eine Haut aus übereinander liegenden Schuppen. Sie haben gleichartig gestaltete Zähne. Die Herzkammern sind, außer bei Krokodilen, nicht vollständig getrennt. Sie laufen auf vier Beinen. Die Vögel haben einen neuen Lebensraum erobert. Mit diesem Entwicklungsschritt gingen zahlreiche Fluganpassungen einher. So verfügen sie über ein effektives Kreislaufsystem, ihre Herzkammern sind vollständig getrennt; Federn schützen sie vor Wärmeverlust. Sie sind gleichwarm und besitzen einen Hornschnabel, kein Gebiss. Ihre Knochen sind hohl und leicht. Ihre typische Fortbewegungsweise ist der Flug bzw. das zweibeinige Gehen.

Anatomische, morphologische und embryonale Befunde ließen eine relativ enge Verwandtschaft zwischen Vögeln und Reptilien vermuten. Derartige Hinweise reichen jedoch nicht als Beleg für eine stammesgeschichtliche Verwandtschaft. Sie kann erst als gesichert gelten, wenn genau bestimmbare und datierbare Fossilien heute getrennte Gruppen miteinander verbinden. Derartige Fossilien nennt man *Brückentiere*.

Das weltweit bekannteste Beispiel eines Brückentieres ist der Urvogel *Archaeopteryx lithographica* (Abb. 1). Alle sieben bisher entdeckten Funde zeigen neben mehreren Reptilienmerkmalen detailgetreu die Abdrücke von Flugfedern. Trotzdem war Archaeopteryx vermutlich ein schlechter Flieger, eher ein Gleiter, der sich in einer Kombination aus Gleitflug und Luftsprüngen fortbewegte. Vor etwa 135 Mio. Jahren lebte *Sinornis santensis*, ein sperlingsgroßer Vogel, dessen Flugleistungen man als recht gut einstuft. Die Fossilien des *Iberomesornis romeralis* sind noch jünger, modernen Vögeln ähnelt er schon sehr stark (s. Randspalte).

Neben ausgestorbenen Brückentieren gibt es auch heute noch lebende (rezente) *Brückentiere*. Die Familie der *Spitzhörnchen* (Abb. 2) ist hierfür ein Beispiel: Ihre Zehen und Finger weisen Krallen auf, ihr Daumen ist nicht opponierbar, in ihrem Gebiss tragen sie 38 Zähne. Diese Merkmale legen eine enge Beziehung zu den Insektenfressern nahe. Einige andere Merkmale, zum Beispiel ein Knochenring um die Augen, lassen auf eine Verwandtschaft mit Halbaffen schließen. Spitzhörnchen zeigen modellartig einen Übergang zwischen der noch sehr urtümlichen Ordnung der *Insektenfresser* und den bereits zur Ordnung der *Primaten* gehörenden Halbaffen. Da auch der Mensch zu den Primaten gehört, geben uns die Spitzhörnchen Hinweise darauf, wie die frühesten Vorfahren der Primaten und damit des Menschen ausgesehen haben könnten.

Aufgaben

① Stellen Sie die Entwicklung der drei Pferdemerkmale Körpergröße, Fuß und Zähne einander tabellarisch gegenüber.

② Fassen Sie die evolutiven Trends zusammen, die beim Vergleich von Sinornis und Archaeopteryx erkennbar sind (s. Randspalte).

Mensch und Schimpanse – ein Vergleich

Mit den Erkenntnissen aus der modernen Evolutionstheorie wandelte sich das Bild vom Menschen grundlegend. Vergleichende Untersuchungen zeigten, dass Schimpansen näher mit dem Menschen verwandt sind als mit dem Gorilla. DNA-Sequenzierungen ergaben, dass sich die Gene des Menschen nur um ca. 1,5 % von denen des Schimpansen unterscheiden. Allerdings sind die Gene des Menschen besonders im Gehirn wesentlich aktiver als beim Schimpansen.

Die nahe Verwandtschaft zeigt sich bereits beim Vergleich der *Karyogramme*: Die Chromosomen von Mensch und Schimpanse gleichen sich in Form, Größe und Bandenmuster. Im Unterschied zum Schimpansen ($2n = 48$) besitzt der Mensch nur $2n = 46$ Chromosomen. Die verringerte Chromosomenanzahl ist auf eine Fusion von Chromosom 2 und 3 zurückzuführen. In der Reihung entspricht Chromosom 21 des Menschen daher Chromosom 22 des Schimpansen. Aus der nahen genetischen Verwandtschaft von Schimpanse und Mensch kann man schließen, dass beide gemeinsame Vorfahren haben. Der Vergleich kann verstehen helfen, wie die Entwicklung zum heutigen Menschen vom gemeinsamen Vorfahren aus abgelaufen sein könnte.

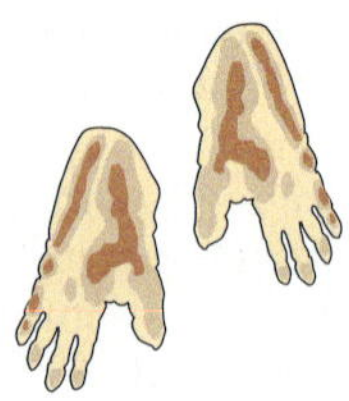

Fortbewegung und Skelettbau

Das Skelett des Menschen mit seinen im Vergleich zu den Armen längeren Beinen ist an den aufrechten, zweibeinigen Gang angepasst. Der Fuß ist gewölbeförmig, was stabilisierend bei Druckbelastung wirkt. Die Kniegelenke sind so gebaut, dass sie hohe Belastungen durch den ständigen aufrechten Gang abfedern. Das Becken des Menschen ist schüsselförmig, kurz und breit. Es trägt den größten Teil der Last des Rumpfes mit den inneren Organen. Die Wirbelsäule ist doppelt-S-förmig gekrümmt und kann Druck- und Scherbelastungen relativ gut aufnehmen. Der Brustkorb ist breit, hat dafür eine geringe Tiefe. Dadurch liegt sein Schwerpunkt auf der Körperachse. Das Hinterhauptsloch liegt in der Mitte der Schädelunterseite, sodass sich der Schädel bei aufrechter Körperhaltung in einer günstigen Schwerpunktlage befindet.

Schimpansen leben als Waldbewohner im tropischen Afrika. Beim Klettern stellen sie nicht nur den Daumen den anderen Fingern, sondern auch die große Zehe den anderen Zehen gegenüber. So können sie mit Händen und Füßen Äste umgreifen (*Greifhand* und *Greiffuß)*. Dadurch sind Schimpansen an das Leben auf Bäumen, in denen sie Nahrung (Früchte, Blätter) suchen und Schutz finden, angepasst. Am Boden gehen sie meist auf allen Vieren, wobei sie die längeren Arme mit den Fingerknöcheln abstützen *(Knöchelgang)*. Dabei wird der Kopf an der schräg gerichteten Wirbelsäule von der kräftigen Nackenmuskulatur gehalten. Die Wirbelsäule geht geradlinig in das längliche Becken über. Der Brustkorb ist tief und die Schulterblätter sind weit nach hinten verla-

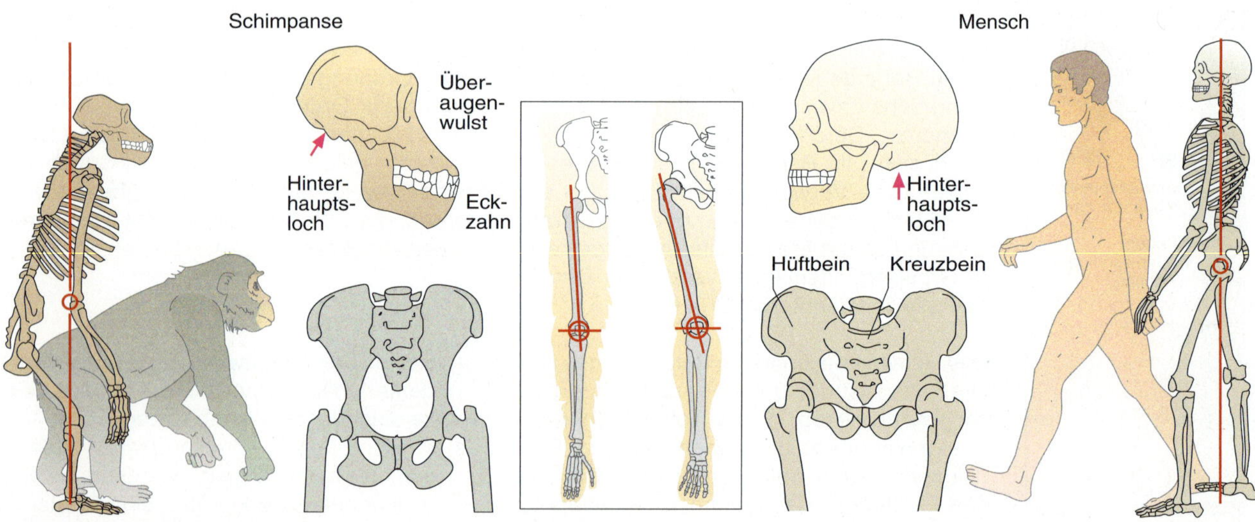

1 Vergleich von Skelettmerkmalen

gert. Dadurch können die Arme im Schultergelenk in alle Richtungen bewegt werden. Relativ selten erheben Schimpansen sich zum aufrechten, zweibeinigen Gehen *(Bipedie)*, wenn sie beispielsweise Früchte mit den Händen an einen anderen Ort bringen. Beim Laufen auf zwei Beinen bleibt der Körper gebeugt. Knie- und Hüftgelenk sind dabei abgeknickt. Nur so bleiben die Füße unterhalb des Körperschwerpunktes.

Gebrauch der Hand

Beim Menschen sind Arme und Hände universell einsetzbare Greifwerkzeuge, die einen vielseitigen Werkzeuggebrauch ermöglichen. Der Unterarm ist um seine Längsachse drehbar. Der Daumen kann jedem Finger der Hand gegenübergestellt werden. Auf diese Weise ist ein *Präzisionsgriff* möglich. Das Hautleistenmuster mit den darunter liegenden Sinneszellen ermöglicht eine sehr feine Dosierung der Kraft, mit der zum Beispiel ein Gegenstand oder Werkzeug gehalten wird. Kleinere Gegenstände werden von Schimpansen, wie von Menschen, zwischen Daumen und Zeige- und Mittelfinger gefasst. Im Unterschied zum Menschen halten Schimpansen den Gegenstand dabei nur seitlich am Daumen, nicht mit der Daumenkuppe. Die Hände eignen sich auch zum einfachen *Werkzeuggebrauch*. So angeln wild lebende Schimpansen mittels eines passenden Halmes Termiten aus deren Bau und bereichern so ihren Speisezettel.

Schädel und Gebiss

Schimpansenschädel besitzen eine deutlich ausgebildete Schnauze. Der Gehirnschädel hat ein Volumen von ca. 350 cm³. Die Stirn ist fliehend, die Augen sind durch Überaugenwülste vor Verletzungen geschützt. Beim heutigen Menschen dagegen ist keine ausgeprägte Schnauze erkennbar. Der Gesichtsschädel liegt weitgehend unter dem großen Gehirnschädel, dessen Volumen etwa 1450 cm³ groß ist. Die Stirn ragt fast senkrecht nach oben. Die Augen liegen geschützt in tiefen Augenhöhlen, Überaugenwülste fehlen. An der Unterseite des Gehirnschädels befindet sich ein fast kreisrundes Hinterhauptsloch, durch welches das Rückenmark in den Schädel eintritt. Bei Schimpansen liegt es sehr weit hinten, beim Menschen in der Mitte der Schädels.

Die Kiefer von Schimpansen sind in der Aufsicht U-förmig, die des Menschen parabelförmig. Den stark entwickelten Eckzähnen

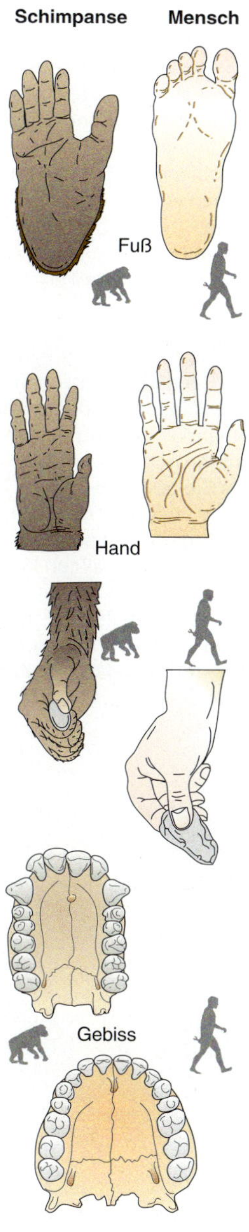

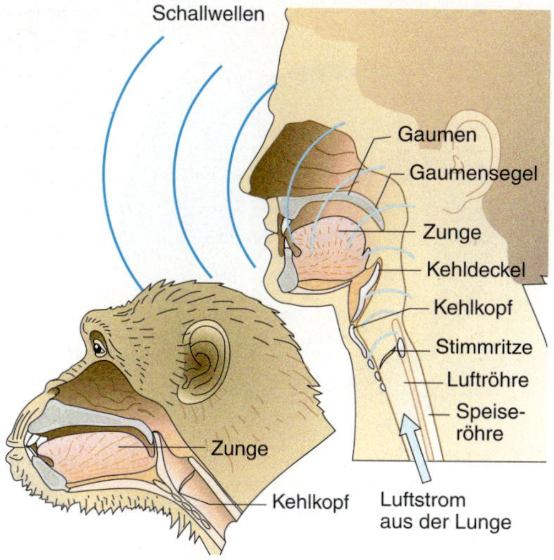

1 Lage des Kehlkopfes im Vergleich

der Schimpansen steht jeweils eine Lücke gegenüber. Beim Menschen sind die Eckzähne nicht größer als die übrigen Zähne, die gegenüberliegenden Zahnlücken fehlen.

Intelligenz, Sozialverhalten und Sprache

Der Mensch besitzt im Verhältnis zu seiner Körpermasse das größte Gehirn unter den Primaten. Es stellt die Voraussetzung dar für die typisch menschlichen Fähigkeiten, zum Beispiel die ausgeprägte Lernfähigkeit, das komplexe Sozialverhalten und die Kommunikation durch Sprache und die sich daraus ergebende enorme Flexibilität und Anpassungsfähigkeit. Auch Schimpansen zeigen herausragende Fähigkeiten: Sie kommunizieren intensiv über Mimik, Gestik und Laute. Sie besitzen zwar ein einfaches Sprachverstehen, für eine artikulierte Sprache fehlen ihnen durch die hohe Lage des Kehlkopfes jedoch die anatomischen Voraussetzungen. Schimpansenkinder haben eine lange Lernphase und erlernen z. B. den Gebrauch von teilweise selbst angefertigten Werkzeugen und die Rangordnungsbeziehungen innerhalb der Gruppe.

Aufgabe

① Vergleichen Sie Mensch und Schimpanse hinsichtlich Lebensraum, Fortbewegung, Nahrung sowie Verhalten und stellen Sie eine Beziehung zur Anatomie her. Inwieweit lassen solche Vergleiche auch Rückschlüsse auf das Verhalten ausgestorbener Hominiden zu?

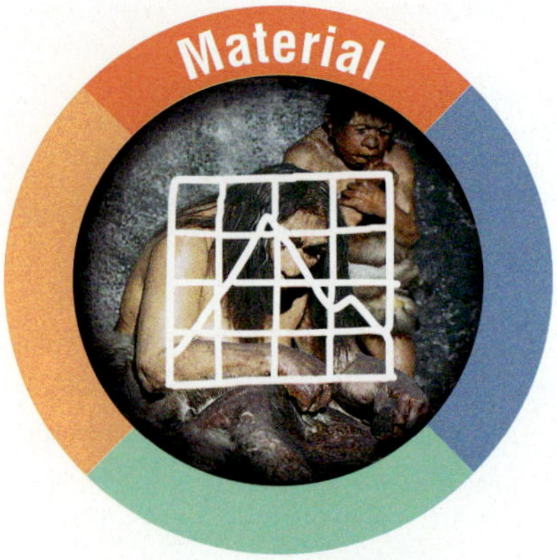

Vielfalt der Menschen

Neandertaler: Art oder Unterart?

Der Neandertaler ist der erste fossile Mensch, von dem Skelettteile gefunden wurden. Sie wurden bereits 1856 im Neandertal bei Düsseldorf entdeckt.

Der Neandertaler und der heutige Mensch zeigen charakteristische Unterschiede in ihrem Körperbau. Den heutigen Menschen bezeichnet man in der Evolutionsbiologie auch als „anatomisch modernen Menschen".

Neandertaler hatten einen gedrungenen Körperbau und waren durchschnittlich 1,60 m groß. Ihre Extremitäten waren relativ kurz. Die großen Muskelansatzstellen an ihren kräftigen Knochen weisen auf eine stark entwickelte Muskulatur hin. Ihr durchschnittliches Gehirnvolumen (1 200 bis 1 700 cm^3) war mindestens ebenso groß wie das des heutigen Menschen. Die zu ihrer Zeit lebenden Vertreter des anatomisch modernen Menschen dagegen maßen etwa 1,75 m und besaßen ein deutlich grazileres Skelett.

Die Neandertaler lebten vor ca. 200 000 bis 30 000 Jahren. Diese Zeit war gekennzeichnet durch das Auftreten von Eiszeiten. In ihrem Verbreitungsgebiet in Europa und dem Nahen Osten lebten sie in kleinen Gruppen und machten Jagd, v. a. auf Rentiere, aber auch auf Wollnashörner und Mammuts. Als Werkzeuge benutzten die Neandertaler u. a. Faustkeile und Schaber aus Feuerstein. Neandertaler fertigten offensichtlich aber auch Schmuckgegenstände an.

In Höhlen des Karmel-Gebirges (Israel) fand man eindeutige fossile Belege dafür, dass in diesem Gebiet bereits vor 100 000 Jahren Neandertaler und anatomisch moderne Menschen nebeneinander lebten. Sie benutzten offenbar die gleichen Werkzeuge. Man fand bei den Grabungen das Zungenbein eines Neandertalers, das von dem des heutigen Menschen praktisch nicht zu unterscheiden ist. Das Zungenbein ist ein Bestandteil des stimmbildenden Apparates. Neandertaler begruben ihre Toten. Das zeigt die Lage und Körperhaltung einiger der gefundenen Skelette. Ein Neandertalergrab im heutigen Irak enthielt zudem Blütenpollen, ein Indiz für mögliche Grabbeigaben. Vermutlich vor etwa 45 000 Jahren verschwand der Neandertaler im Nahen Osten.

1997 gelang es, aus dem Oberarmknochen des Fundes im Neandertal kurze Fragmente mitochondrialer DNA (379 BP) zu isolieren, durch die Polymerase-Kettenreaktion zu vervielfältigen und mit dem entsprechenden Abschnitt der mitochondrialen DNA heutiger Menschen verschiedener Erdteile und der von Schimpansen zu vergleichen (Abb. 2). Die Untersuchung eines zweiten Fundes aus dem Kaukasus erbrachte ein entsprechendes Ergebnis.

Aufgaben

① Stellen Sie die wesentlichen Merkmale im Schädel- und Skelettbau von Neandertaler und modernem Menschen gegenüber (Abb. 1).

② Stellen Sie begründet einen Zusammenhang zwischen dem Körperbau des Neandertalers, seiner Verbreitung und dem damaligen Klima her.

③ Stellen Sie die Befunde aus Molekularbiologie und Paläontologie zusammen, die für die Vermischung bzw. ein Aussterben des Neandertalers sprechen.

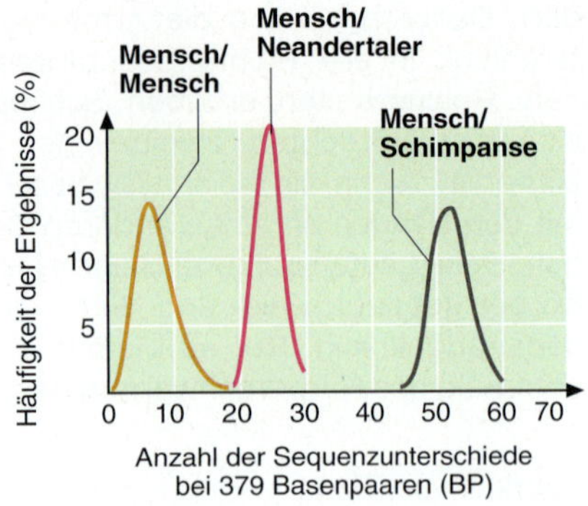

A	B	C
Neandertaler	1	0
Europäer	510	28,2
Afrikaner	478	27,1
Asiaten	498	27,7
Indianer	167	27,4
Australier, Ozeanier	20	28,3

A: Population
B: Anzahl der getesteten Personen
C: durchschnittliche Abweichungen von der Neandertalersequenz (BP)

2 Ergebnisse des mt-DNA-Vergleichs

Begründen Sie, warum viele Wissenschaftler heute eher von der Art Homo neanderthalensis als von der Unterart Homo sapiens neanderthalensis sprechen.

④ Erläutern Sie, weshalb die Befunde der vergleichenden DNA-Untersuchung das „Out of Africa"-Modell stützen (Abb. 2). Welches Ergebnis wäre nach der Hypothese der multiregionalen Entstehung des heutigen Menschen zu erwarten?

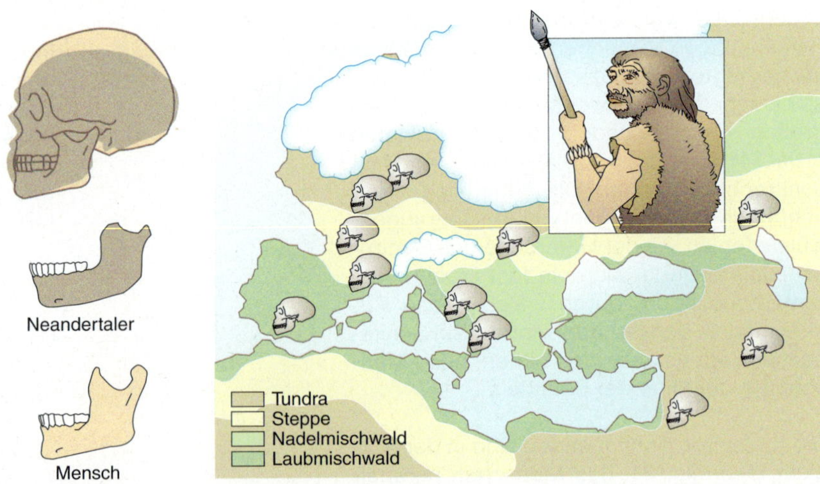

1 Verbreitung des Neandertalers nach Fossilfunden

Verwandtschaft heutiger Menschen

In der Einkaufsstraße einer Großstadt treffen wir auf Menschen mit Unterschieden in der Sprache, in der Kleidung, im Aussehen und Verhalten – wir leben in einer multikulturellen Gesellschaft. Viele der beobachteten Unterschiede lassen sich durch äußere Einflüsse, also durch Mode, Frisur oder Make-up erklären (Abb. 3). Außerdem tragen Tradition, Erziehung, Lebensweise und Ernährung zum vielfältigen Erscheinungsbild der Menschen bei. Inwieweit Variabilität und Ähnlichkeitsgruppen von Menschen erbliche Ursachen haben, lässt sich heute populationsgenetisch untersuchen und älteren Typisierungen gegenüberstellen.

Im 18. Jahrhundert teilte LINNÉ die Art Homo sapiens in die vier Rassen „Weiße", „Gelbe", „Rotbraune" und „Schwarze". Er orientierte sich dabei an dem äußeren Merkmal der Hautfarbe (Abb. 1).

Im späten 20. Jahrhundert erstellten Molekularbiologen ein Dendrogramm der heutigen Menschen. Sie verglichen Gen-Häufigkeiten in 42 Populationen aus 5 Kontinenten (Abb. 2). Zur Ermittlung genetischer Distanzen dienten Gene bzw. Proteine, die in menschlichen Populationen in verschiedenen Ausführungen *(Allelen)* vorkommen, also variabel sind. Menschen stimmen zu 99,9 % in ihrer DNA-Sequenz überein, nur 0,1 % sind variabel. Das gilt z. B. für die Allele A, B und 0 der Blutgruppen. Nur ein Bruchteil der variablen Gene beeinflusst äußerlich auffällige Merkmale wie die Hautfarbe des Menschen. Genetische Unterschiede betreffen lediglich die Häufigkeitsverteilung der variablen Gene. Dabei ist die genetische Variabilität innerhalb einer Menschenpopulation oft größer als zwischen Populationen verschiedener geografischer Regionen. Man geht davon aus, dass ein Allel in einer Population besonders häufig ist, wenn seine Entstehung weit zurückliegt und nicht der Selektion unterlag.

Aufgaben

⑤ Erläutern Sie, wie Personen durch ihr Äußeres die Zugehörigkeit zu einer bestimmten Gruppe unterstreichen und inwieweit das etwas über ihre verwandtschaftliche Beziehung untereinander aussagt.

⑥ Beschreiben Sie die Verteilung der Hautfarben auf der Erde und formulieren Sie eine evolutionsbiologischen Erklärung (Abb. 1).

⑦ Überprüfen Sie anhand des Dendrogramms und der Verteilung der Hautfarben (Abb. 2), ob LINNÉS Menschenrassen tatsächlich Verwandtschaftsgruppen darstellen.

⑧ Der Begriff „Rasse" wird heute nur noch in der Tierzucht verwendet (entsprechend dem Begriff Sorte bei Pflanzen). Rassen zeichnen sich durch die konstante Vererbung spezifischer Merkmale aus und entstehen durch von Züchterverbänden kontrollierte Inzucht. Erklären Sie, warum die Übertragung des Rassenbegriffs auf den Menschen biologisch nicht haltbar ist.

⑨ Die Einteilung der Menschen in Rassen war und ist zum Teil Vorwand für Diskriminierung und Verfolgung. „Der Rassismus ist besiegt, wenn wir eingesehen haben, dass wir unter der Haut alle Afrikaner sind." Nehmen Sie Stellung zu dieser Behauptung.

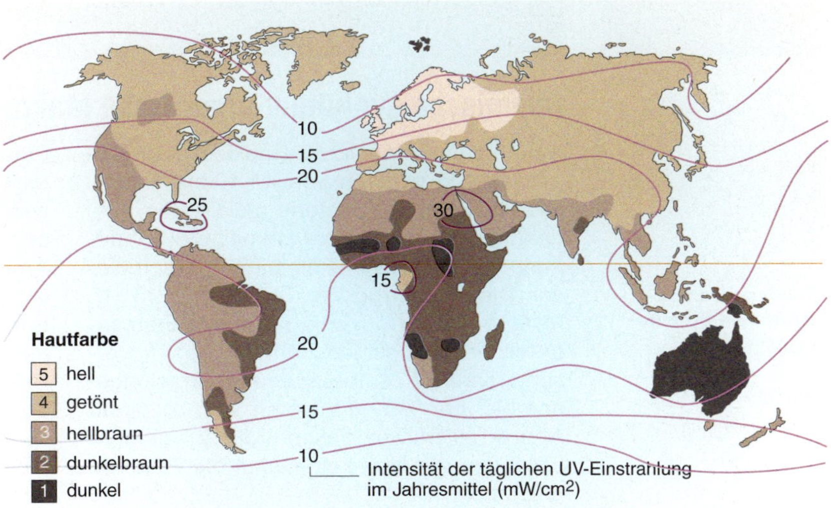

1 Geografische Verteilung der Hautfarbe des Menschen

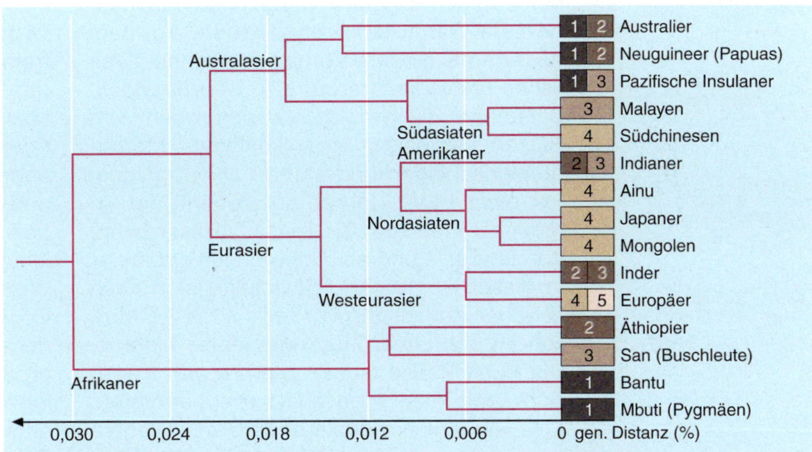

2 Dendrogramm mit genetischer Distanz (120 Allele) und Hautfarbe

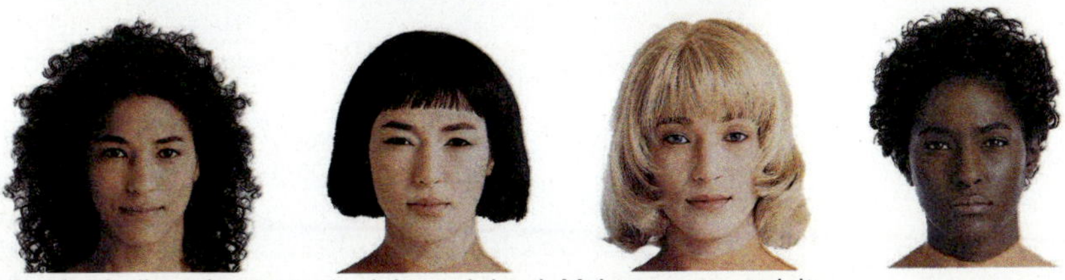

3 Afro-Indianerin ungeschminkt und durch Make-up verwandelt

Chemische Evolution: organische Makromoleküle entstehen

Absolute Temperaturskala (Kelvin-Skala)
0 K = −273,15 °C
100 °C = 373,15 K

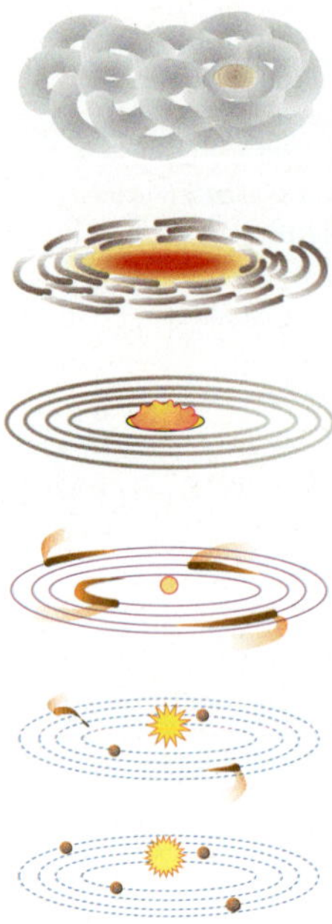

Am Anfang war ein Knall. Das besagt die *Urknalltheorie*, wonach sich vor 10 bis 20 Mrd. Jahren Raum und Materie gleichzeitig ausdehnten und mit einem Urknall die Entstehung des Universums einleiteten. Nach dieser Theorie betrug die Temperatur 10^{11} K, Materie existierte nur in Form von Elementarteilchen. Mit der Ausdehnung des Universums sanken Temperatur und Strahlungsenergie, bei 3000 K bildeten sich als erste Atome Helium und Wasserstoff. Zusammenballungen von Partikeln ließen die Planeten entstehen.

Vor etwa 4 bis 5 Mrd. Jahren war unsere Erde ein glutflüssiger Planet ohne Atmosphäre, der langsam abkühlte. Dabei bildete sich eine feste, Wärme isolierende Kruste. Aus dem flüssigen Erdinneren emporsteigende Gase ließen eine sauerstofffreie *Uratmosphäre* entstehen, die Umwelt war beherrscht von Blitzen, Radioaktivität, Vulkanismus, Meteoriteneinschlägen und starker UV-Strahlung. Vor etwa 4 Mrd. Jahren unterschritt die Atmosphäre die 100 °C-Grenze, Wasserdampf kondensierte und es bildeten sich *Urmeere*. In diesen Urmeeren entwickelte sich nach heutiger Auffassung vor etwa 4 bis 3,5 Mrd. Jahren das Leben aus unbelebter Materie. Die frühe Phase dieser *chemischen Evolution* kann man modellhaft rekonstruieren. Eine vermutlich reduzierende Uratmosphäre war der Ausgangspunkt für *Modellversuche* von HAROLD UREY und STANLEY MILLER (1953):

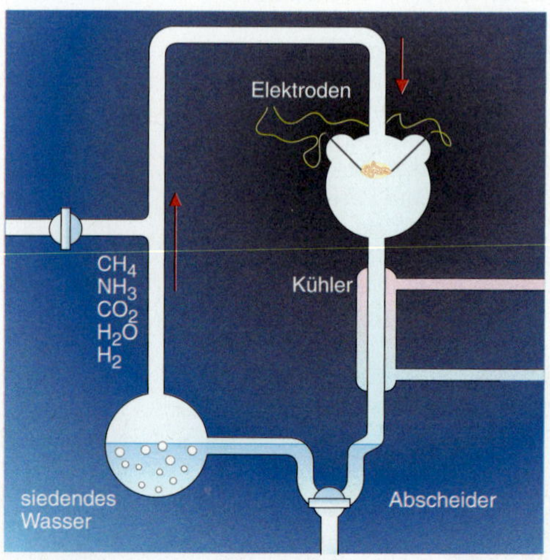

1 Urey-Miller-Versuch

Sie simulierten die Umweltbedingungen auf der frühen Erde in einem dicht verschlossenen Versuchsgefäß mit einem Gemisch aus Methan, Kohlenstoffdioxid, Stickstoff, Ammoniak, Wasserdampf und Wasserstoff (Abb. 1). Elektrische Entladungen simulierten Blitze, Erhitzen und Abkühlen die Temperaturschwankungen. Nach einigen Tagen ließen sich Aminosäuren und andere organische Moleküle nachweisen. Durch gezielte Variation der Versuchsbedingungen gelang auch die Synthese der in Nucleinsäuren vorkommenden Basen, von ATP und Kohlenhydraten. Grundbausteine des Lebens können also unter abiotischen Bedingungen entstehen – vermutlich auch in den Urmeeren.

Organische Moleküle werden in sauerstofffreier Umgebung nicht oxidiert, sie sammelten sich allmählich in einer *„Ursuppe"* an. Man vermutet, dass sich auf Ton, Gestein oder Lava organische Filme bildeten. Der enge Kontakt, das Verdampfen von Wasser und der katalysierende Untergrund begünstigen die Bildung von polymeren Makromolekülen. Im Versuch ließen sich auf diese Weise Polypeptide *(Proteinoide)* herstellen. Organisieren sich diese abiotisch entstandenen organischen Makromoleküle nun zu größeren Verbänden, können Vorläufer von lebenden Zellen, sogenannte *Protobionten*, entstehen. Laborexperimente zeigen, dass Proteinoide sich in kaltem Wasser von selbst zu winzigen Hohlkugeln zusammenlagern, diese Tröpfchen werden als *Mikrosphären* bezeichnet. Membranumschlossene Tröpfchen bezeichnet man als *Liposomen*, solche mit Polypeptiden, Nucleinsäuren und Polysacchariden als *Koazervate*. Koazervate können Substrate aus der Umgebung absorbieren und in veränderter Form wieder abgeben, sie weisen also bereits einen einfachen Stoffwechsel auf. In der Ursuppe entstand vermutlich ein Gemisch aus verschiedenen Protobionten, von denen einige schnell zerfielen, andere sich vergrößerten, indem sie weitere Stoffe absorbierten. Sie bildeten Ableger oder Tochterbläschen – sie wuchsen und vermehrten sich. Ihre chemische Identität konnten sie allerdings nur wahren, wenn sie Moleküle enthielten, die diese Informationen speichern und weitergeben konnten. Erst diese Fortpflanzungsfähigkeit machte aus den Protobionten Lebewesen und leitete die biologische Evolution ein.

Stromatolithen

Teppichsteine
gr. *stroma* = Lager
gr. *lithos* = Gestein

Frühe biologische Evolution: erste lebende Zellen

Schon die Protobionten in der Ursuppe besaßen biologische Eigenschaften. Sie wuchsen und vermehrten sich umso mehr, je besser sie sich für die Ur-Umwelt eigneten. Allerdings konnten die Protobionten-Ableger die günstigen Eigenschaften ihrer Erzeuger nur übernehmen, wenn eine Erbsubstanz diese Information speichern, verdoppeln und weitergeben konnte. Diese Aufgabe wird bei allen uns heute bekannten Lebewesen von Nucleinsäuren übernommen: DNA wird in RNA transkribiert und in Proteine translatiert, die letztlich wieder die DNA-Synthese *(Replikation)* katalysieren. Diese komplexe DNA-RNA-Proteinwelt muss sich aus einfacheren Vorläufern entwickelt haben.

Molekularbiologen vermuten, dass bei der Entstehung des Lebens RNA als erster Informationsträger auftrat, sie sprechen von einer „Welt der RNA". Für RNA als Ur-Erbinformationsträger sprechen verschiedene Befunde: Kurze Polymere aus Ribonucleotiden lassen sich unter Urweltbedingungen im Labor abiotisch herstellen. Die Ribonucleotidsequenz enthält die genetische Information und bestimmt den „Genotyp" der RNA. RNA stabilisiert sich selbst in einer dreidimensionalen Anordnung, wie man sie von der kleeblattförmigen t-RNA kennt. Damit ist eine charakteristische Gestalt, ein „Phänotyp", durch die Basensequenz vorgegeben. Außerdem gibt es RNA mit katalytischen Fähigkeiten, diese Moleküle wirken wie Enzyme. Solche *Ribozyme* entdeckte man 1982, sie entfernen zum Beispiel katalytisch die Introns aus der m-RNA oder synthetisieren RNA. RNA wirkt also autokatalytisch, sie kann sich selbst produzieren — dies nennt man einen *Hyperzyklus*. Kopierfehler bei der Autokatalyse bringen verschiedene RNA-Varianten hervor, die in einer RNA-Welt um Bausteine konkurrieren. Im Reagenzglas lässt sich eine Selektion von RNA-Molekülen tatsächlich beobachten. RNA kann später als einfache Matrize für Aminosäuren gedient haben und die Zusammenarbeit von Proteinen und Nucleinsäuren wurde schließlich in membranumhüllten Bläschen verbessert. So könnte es gewesen sein — letztlich bleibt die Entstehung des Lebens aber im Bereich wissenschaftlicher Spekulation.

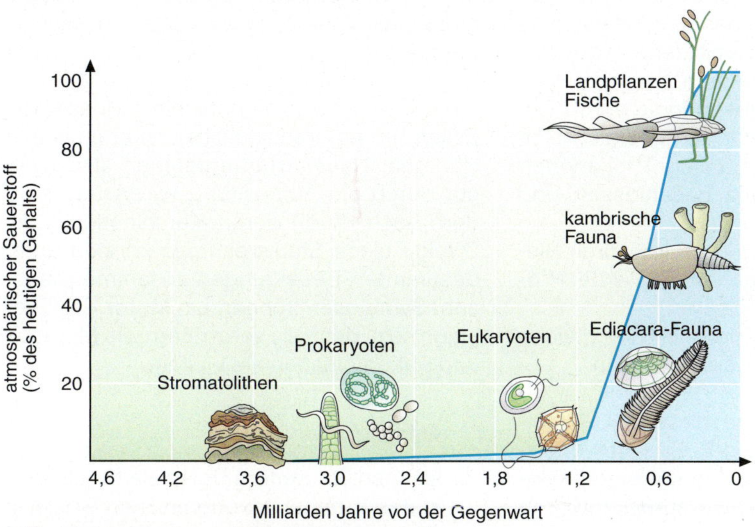

1 Zunahme des atmosphärischen Sauerstoffs

In der Ursuppe ernährten sich die ersten Urzellen anaerob von dort vorhandenen organischen Molekülen, vielleicht auch von weniger erfolgreichen Urzellen, es waren also *heterotrophe Protocyten*. Zwangsläufig verknappten die organischen Rohstoffe und begünstigten Zellen, die ihren Energiebedarf aus anorganischen Stoffen oder mit dem Licht der Sonne decken konnten.

Die „Erfindung" der Fotosynthese brachte die entscheidende Wende in der Geschichte des frühen Lebens. *Autotrophe Zellen*, die den noch heute existierenden Cyanobakterien ähnelten, sind die ältesten nachgewiesenen *fossilen Zellen*. Sie stammen aus 3,5 Mrd. alten Sedimentgesteinen, den sogenannten Teppichsteinen *(Stromatolithen)*. Diese bestehen aus teppichartigen Kolonien von Cyanobakterien und anderen Bakterien, zwischen denen sich Sedimente verfingen. Durch die Fotosynthese der Cyanobakterien entstand Sauerstoff als Abfallprodukt. Das war für viele anaerobe Urzellen eine Umweltkatastrophe, denn der oxidativen Wirkung hielten ihre organischen Bestandteile nicht stand. Allmählich entstand aus der anaeroben Uratmosphäre die Luft in ihrer heutigen Zusammensetzung (Abb. 1). Es entwickelten sich andere heterotrophe Prokaryoten, die den Sauerstoff für aerobe Stoffwechselwege mit hoher Energieausbeute nutzten.

Aufgaben

① Beschreiben Sie den Urey-Miller-Versuch (Abb. 306.1) und seinen Modellcharakter für die Entstehung organischer Verbindungen in der Uratmosphäre.

② Anaerobe Bakterien findet man heute beispielsweise im Faulschlamm. Begründen Sie das Vorkommen.

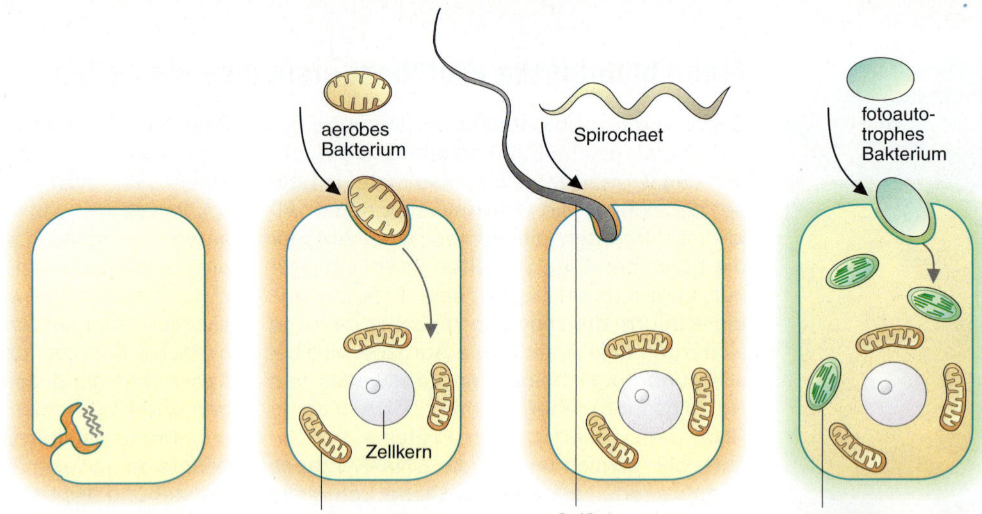

1 Endosymbionten-Hypothese

Endosymbionten-Hypothese: Eukaryoten entstehen

Endosymbiose
gr. *endo* = innen
gr. *symbiosis* = Zusammenleben

Form der Symbiose, bei der der Symbiont innerhalb des Wirtsorganismus lebt

Das Leben auf dem Planeten Erde war allein von Prokaryoten beherrscht, bis vor rund 2 Mrd. Jahren die ersten Eukaryoten auftraten. Wie der neue Zelltyp der Eucyte mit Zellkern, Plastiden und Mitochondrien aus dem ursprünglichen Zelltyp Protocyte entstand, ist weder fossil noch durch Übergangsformen belegt.

Daher ist man auf Hypothesen angewiesen, die sich auf cytologische Besonderheiten der Plastiden und Mitochondrien gründen:

- Plastiden und Mitochondrien haben zwei Biomembranen, dabei ähnelt die innere Membran der Protocyten-Membran, die äußere ist eine typische Eucyten-Membran.
- Sie verfügen über eigene Ribosomen, die sich deutlich von denen des Zellplasmas unterscheiden, aber mit denen von Prokaryoten übereinstimmen.
- Sie können sich selbstständig durch Teilung vermehren, denn sie besitzen eine eigene DNA, die wie die der Prokaryoten histonfrei, ringförmig geschlossen und haploid ist.
- Ihre Proteinbiosynthese wird durch dieselben Antibiotika gehemmt wie bei Prokaryoten.
- In Chloroplasten findet man das gleiche Chlorophyll wie in Cyanobakterien.

Die Vermutung liegt nahe, dass die Gemeinsamkeiten zwischen den Eukaryoten-Organellen und den Prokaryoten auf eine phylogenetische Verwandtschaft zurückzuführen sind.

Die *Endosymbionten-Hypothese* besagt: Vorläufer der Eukaryoten umschlossen Prokaryoten wie bei der Phagocytose mit einem Membranbläschen und nahmen sie in ihre Zelle auf. Aufgenommene Bakterien wurden nicht verdaut, sondern blieben intakt und entwickelten sich zu Mitochondrien, aufgenommene Cyanobakterien zu Plastiden. Die Eukaryoten profitieren von den Stoffwechselprodukten ihrer Endosymbionten, diese von der konkurrenzarmen, ressourcenreichen neuen Umwelt. Tatsächlich kennt man heute noch lebende Einzeller mit endosymbiontischen Cyanobakterien. Unklar bleibt die Entstehung des diploiden Zellkerns. Man vermutet, dass die ersten Eukaryoten doppelkernig waren und das genetische Material mit ER-Membranen umgaben. Noch heute gibt es einfache doppelkernige Einzeller (s. Randspalte).

Die Eucyte ist also eigentlich ein Mosaik von Zellen mit unterschiedlicher taxonomischer Herkunft. Neue Arten entstehen also nicht nur durch die Aufspaltung von Arten, sondern auch durch deren Kombination – die Zweige eines Stammbaumes können unter bestimmten Bedingungen zusammenwachsen. Symbiosen können ein Motor der Evolution sein, denn sie vergrößern wie Mutation und Rekombination die Vielfalt.

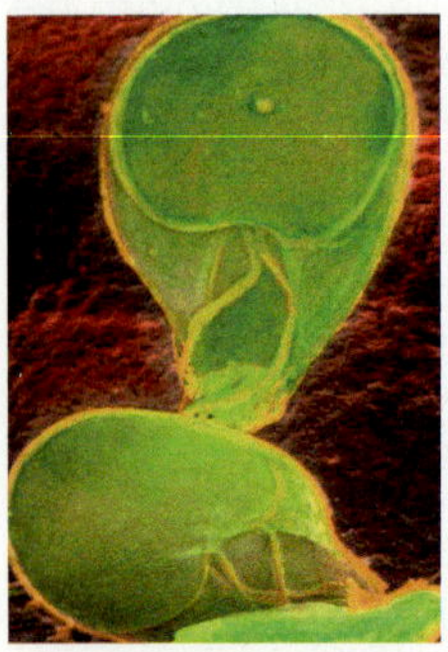
Diplomonaden

Aufgabe

① Nennen Sie weitere Beispiele für die Entstehung neuer taxonomischer Gruppen durch die Kombination von Arten.

Mehrzeller entstanden mehrmals in der Evolution

Die Evolution der Lebewesen liest sich wie eine Liste von Erfindungen eines Patentamtes. Nach der Entwicklung der Fotosynthese durch die Prokaryoten und der Bildung der Eucyte als zusammengesetzter Superzelle wird sie durch weitere *Kompartimentierung* komplexer und leistungsfähiger: Das Zellvolumen einer Eucyte ist etwa 40-mal so groß wie das einer Protocyte, die Zelloberfläche ist dagegen relativ klein. Der Stoffaustausch über die Zellmembran reicht nicht mehr aus, um das Cytoplasma zu versorgen. Innerhalb der Zelle werden die Transportwege für Diffusion zu lang. Eucyten vergrößern die innere Oberfläche auf das Fünfzigfache, indem sie aus Membranen Einstülpungen, Falten und Röhren bilden, die als neue Verteiler dienen. Außerdem wird der große Zellkörper durch ein Cytoskelett aus Proteinfilamenten gestützt.

Die eukaryotischen Einzeller *(Protista)* ernährten sich sehr unterschiedlich. Manche konnten die Ernährungsweise offenbar auch je nach Umweltbedingungen wechseln. In nährstoffreicher Umgebung gaben einige Zellen Enzyme ab und nahmen dann die gelösten Stoffe wieder auf, sie waren die Vorfahren der heutigen *Pilze*. Dies war aber nicht die einzige Form heterotropher Ernährung. Die Aufnahme fester Nahrungsbestandteile und Beweglichkeit führte zur Evolution der *Tiere*. Verschiedene autotrophe Formen entstanden möglicherweise allein schon durch die Aufnahme von verschiedenen autotrophen Zellen als Endosymbionten. Das könnte die vielfältigen Plastidentypen der heutigen Rotalgen, Braunalgen und Grünalgen erklären. Aus Grünalgen entwickelten sich letztlich die *Pflanzen*.

In allen Fällen sind der Größe von Einzellern Grenzen gesetzt, denn eine bestimmte Kern-Plasma-Relation (s. Seite 28) darf nicht unterschritten werden, damit der Zellkern den Zellstoffwechsel steuern kann. Die Entwicklung der *Mehrzelligkeit* erfolgte offenbar mehrmals konvergent bei Tieren, Pilzen, Algen und Pflanzen. Mehrzelligkeit entstand erst gegen Ende des Präkambriums, vor etwa 700 Mio. Jahren. Um diese Zeit gingen die Stromatolithen stark zurück und wurden von Mehrzellern am Meeresboden verdrängt *(Ediacara-Fauna*, Abb. 1).

Es gibt prinzipiell zwei Möglichkeiten für die Entstehung von Mehrzellern: Einzelne Zellen einer Art können gezielt zusammenkommen und nachträglich mit einer Matrix verkleben, es entstehen *Aggregationskolonien*. Schon Cyanobakterien, also prokaryotische Lebewesen, bilden so lange Fadenkolonien. Unter den Eukaryoten erreichen die Schleimpilze so Mehrzelligkeit. Die andere Möglichkeit besteht darin, dass Tochterzellen nach der Zellteilung zusammenbleiben und sogenannte *Zellteilungskolonien* bilden, wie sie von der kugelförmigen Grünalge Volvox bekannt sind (s. Seite 25). Diese zweite Variante erlaubt, dass eine Zellverbindung zwischen den Tochterzellen erhalten bleiben kann und sich übergeordnete Steuersysteme entwickeln können. Die Zellen übernehmen unterschiedliche Aufgaben, es ist also eine *Differenzierung* innerhalb des Mehrzellers möglich.

Eine für die Evolution besonders bedeutsame Entwicklung war die Entstehung der *sexuellen Fortpflanzung,* also die Differenzierung von Keimzellen und Körperzellen. Die Rekombination des genetischen Materials durch Meiose und Befruchtung ermöglichte in den folgenden Erdzeitaltern eine enorme Artenvielfalt (s. Seite 114).

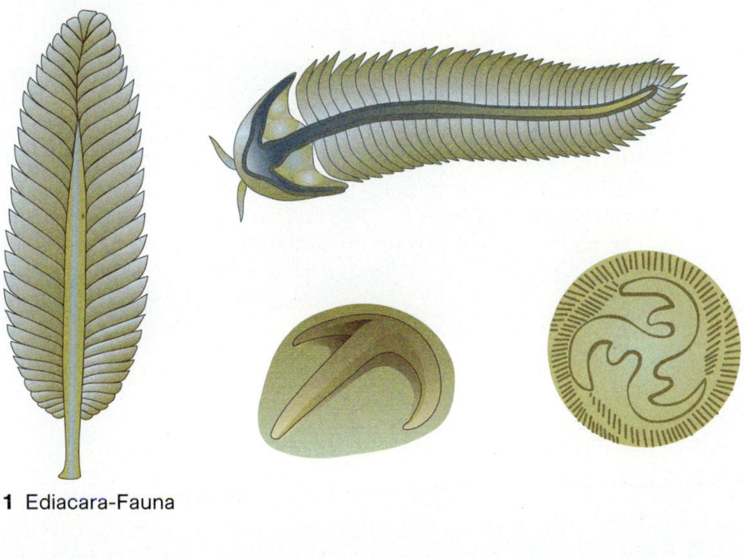

1 Ediacara-Fauna

Aufgaben

① Die Grünalge Volvox gilt als besonders einfacher Mehrzeller (s. Seite 25). Beschreiben Sie Bau und Organisation dieser kugelförmigen Alge.

② Gibt es nach phylogenetischen Gesichtspunkten eine systematische Gruppe der „Mehrzeller"? Begründen Sie.

Erdurzeit (Präkambrium)	Erdaltertum (Paläozoikum)				
3500 Millionen Jahre	570	510	435	410	35

Präkambrium

Im **Präkambrium** vor 3,5 Milliarden Jahren bilden Cyanobakterien *Stromatolithen*. 1,5 Milliarden Jahre später treten erste eukaryotische *Einzeller* auf; es handelt sich um Planktonalgen mit komplizierten Zellwänden. Fremd und skurril erscheinen uns die ersten *Vielzeller (Ediacara-Fauna)*. Manche sind offensichtlich Vorläufer der Tiere, andere scheinen weder Tier noch Pflanze zu sein, sondern erloschenen Gruppen anzugehören. Weder Maul noch After sind zu finden. Sie leben im Wasser schwebend oder als Matten auf dem Sediment, genährt durch symbiontische Mikroben oder durch im Wasser gelöste Nährstoffe.

Kambrium

Im **Kambrium** ist das Leben im Meer reich entwickelt, das Festland dagegen weitgehend unbesiedelt. Fossil überliefert sind *Wirbellose*, z. B. Trilobiten, Stachelhäuter, Weichtiere und Chordatiere, die vielleicht als Schutz vor räuberischen Arten Schalen und Skelette ausgebildet haben. Von ihnen wird viel Karbonat gebildet und abgelagert. Das Kambrium ist eine Phase besonders starker Artaufspaltung, viele der neuen Arten sterben noch im Kambrium wieder aus. Auf der Südhalbkugel liegt der Großkontinent *Gondwana*, im Norden kleinere Kontinente.

Ordovicium

Im **Ordovicium** sind alle noch heute bekannten Stämme der Meerestiere vorhanden. Besonders die *Weichtiere* (Schnecken, Muscheln und Tintenfische) entfalten sich arten- und individuenreich. Unter den Tintenfischen hat sich bis heute *Nautilus* als lebendes Fossil gehalten. Es bilden sich erste Korallenriffe an der Küste. Kalk bildende *Grünalgen* dringen bis in das Brackwasser vor. Das Ordovicium endet mit einem ersten Massenaussterben.

Silur

Im **Silur** besiedeln erste Pflanzen das Festland. Es sind einfach gebaute Nacktfarne *(Psilophyten)* mit einem Verdunstungsschutz gegen Austrocknung, Leitgeweben zum Wassertransport und Festigungsgeweben für eine aufrechte Gestalt. *Tausendfüßer* und *Skorpione* folgen den Pflanzen an Land. In den Meeren entfalten sich die Wirbeltiere in Form verschiedener Fischklassen.

Devon

Im **Devon** treten *Insekten* auf und die *Wirbeltiere* erobern Landlebensräume (mit Bärlappen und Farnen). Die Dachschädler *(Ichthyostega)* gelten als *Brückentier* zwischen Fischen und Amphibien. Sie bewegen sich auf vier Beinen, besitzen einen Verdunstungsschutz aus Knochenplatten und atmen mit Kiemen und Lungen.

Karbon

Im **Karbon** entstehen Sumpfwälder aus baumhohen *Farnen, Schachtelhalmen* und *Bärlappen*, deren Reste wir heute als *Steinkohle* kennen. *Rieseninsekten* erobern den Luftraum. Kollisionen der Großkontinente führen zur Gebirgsbildung, Gondwana vereist.

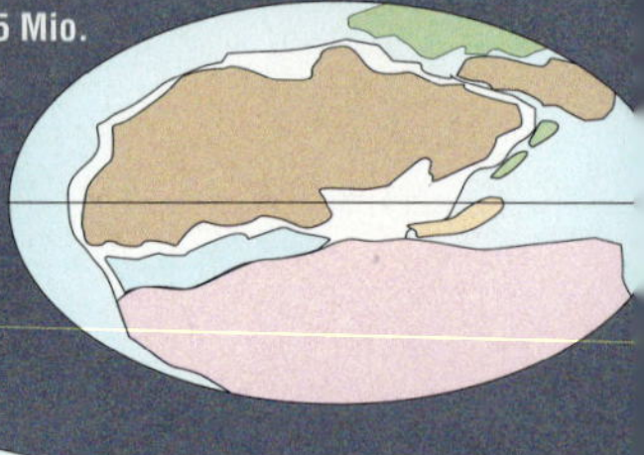

vor 335 Mio. Jahren

vor 550 Mio. Jahren

	Erdmittelalter (Mesozoikum)			Erdneuzeit (Neozoikum)	
290	250	205	135	65	1,6
Perm	**Trias**	**Jura**	**Kreide**	**Tertiär**	**Quartär**

Perm

Im **Perm** entfalten sich *Reptilien*; sie sind landlebenden Amphibien durch innere Besamung und beschalte Eier überlegen. *Samenpflanzen* verdrängen *Sporenpflanzen*, es gibt Käfer und Schmetterlinge. Der Superkontinent *Pangaea* entsteht. Das Perm endet mit einem Massenaussterben.

Trias

Im **Trias** beherrschen Reptilien Meer, Land und Lüfte, darunter sind sehr große Arten wie die *Dinosaurier*. Aus einer alten Reptiliengruppe entwickeln sich die ersten *Säugetiere*. Bei den Landpflanzen dominieren *Farne*, *Ginkgos* und *Nadelbäume*. Auch das Trias endet mit einem Massenaussterben.

Jura

Im **Jura** erscheinen die Vorfahren der Vögel *(Archaeopteryx)*, weiterhin sind *Reptilien* die vorherrschende Tiergruppe. Neben den Nadelbäumen gibt es erste *Laubbäume*. Im Meer entfalten sich Gehäuse-Tintenfische *(Ammoniten* und *Belemniten)*, außerdem leben dort *Knochenfische* und *Meeresreptilien*. Die Ozeane dehnen sich aus und überfluten große Teile des heutigen Eurasiens.

Kreide

In der **Kreide** leben viele kalkhaltige, riffbildende Meerestiere, die fossil als Schreibkreide erhalten bleiben. Vermutlich löst der Einschlag eines Meteoriten eine weltweite Umweltkatastrophe aus: Staub verdunkelt den Himmel und lässt die Erdtemperatur sinken. Ammoniten, Belemniten, Dinosaurier und viele Reptiliengruppen sterben aus. Das Tethys-Meer teilt *Pangaea* in den Südkontinent *Gondwana* und den Nordkontinent *Laurasia*.

Tertiär

Im **Tertiär** entwickeln sich bei warmem bis tropischem Klima vielfältige *Säugetier-* und *Vogelarten*. Die *Radiation der Säugetiere* führt relativ schnell zur Bildung neuer Ordnungen, wie Nagetiere, Primaten, Fledermäuse, Wale oder Robben. Pflanzliche Ablagerungen vertorfen und bilden *Braunkohle*. Blütenpflanzen entfalten sich in einer Koevolution mit den Insekten. Die Lage der Kontinente nähert sich der heutigen Verteilung, Meeresströmungen ändern sich und der Meeresspiegel schwankt stark. Es entstehen die heutigen Flusssysteme und Gebirge.

Quartär

Im **Quartär** breitet sich die Gattung *Homo* auf allen Kontinenten aus. Das Klima im Quartär ist geprägt durch den Wechsel von *Eis-* und *Warmzeiten*. Im Eiszeitalter verdrängen Inlandvereisungen besonders auf der Nordhalbkugel die subtropische Lebewelt. An Kälte angepasste Tiere wie das *Mammut* tauchen auf. In der Nacheiszeit kehren die durch die Kälte vertriebenen Arten teilweise in die eisfreien Gebiete zurück. Es entwickeln sich allmählich die heutigen Vegetationsverhältnisse. Durch wachsende Bevölkerungszahlen und technische Entwicklung greift der Mensch nachhaltig in die Biosphäre ein.

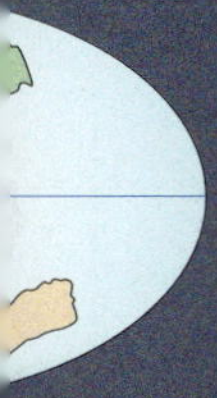

Perm
vor 290 Mio.
Jahren

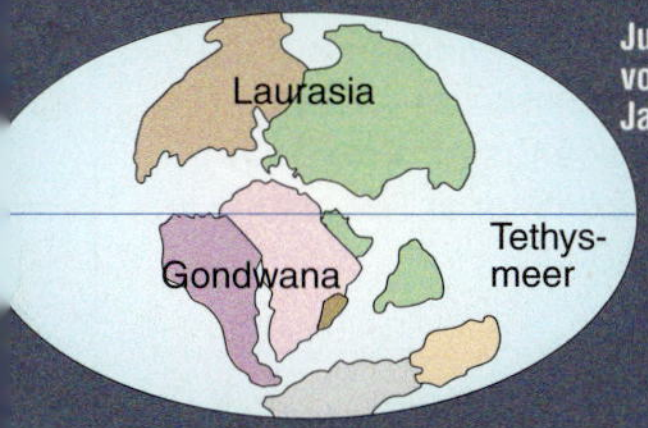

Jura
vor 205 Mio.
Jahren

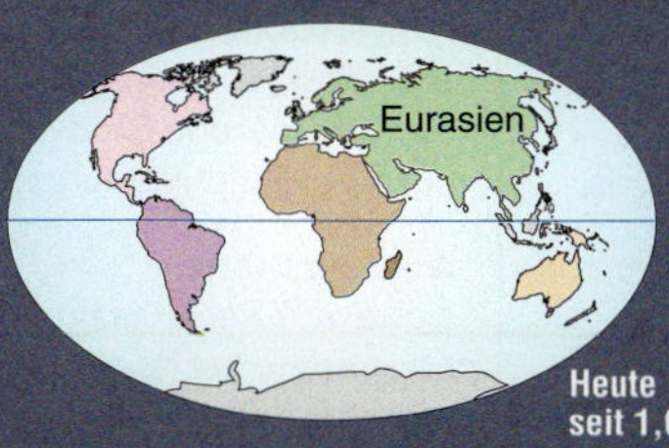

Heute
seit 1,6 Mio. Jahren

abiotisch
durch die unbelebte Natur bedingt (siehe *Umweltfaktor)*

adaptive Radiation
Aufspaltung einer Ursprungs- (Stamm-) Art in zahlreiche abgeleitete Arten durch evolutive Anpassung an verschiedene ökologische Bedingungen in meist unbesetzten Lebensräumen in einem geologisch kurzen Zeitraum

Adenosintriphosphat
siehe *ATP*

aerob
werden Stoffwechselprozesse genannt, die nur in Gegenwart von Sauerstoff ablaufen bzw. die Lebensweise in sauerstoffhaltiger Umgebung (vgl. *anaerob)*

afferent
bei Nerven: von Sinneszellen zum Zentralnervensystem hinleitend

Agglutination
Zusammenballung von Blutzellen oder Bakterien unter dem Einfluss von Brückenmolekülen (z. B. Antikörpern)

Aggression
Sammelbezeichnung für Angriffs-, Verteidigungs- und Drohverhalten innerhalb einer Art oder zwischen Arten

AIDS (Acquired Immune Deficiency Syndrom)
durch das menschliche Immunschwäche-Virus *(HIV)* ausgelöste Immunschwäche-Krankheit, die bis zum Jahr 2002 weltweit 20 Millionen Todesopfer forderte; eine Infektion erfolgt vor dem Ausbruch der Krankheit beim Infizierenden über den direkten Kontakt von Körperflüssigkeiten

Aktion, bedingte
durch Lernen gebildete Assoziation zwischen einem Verhaltenselement und einem aktivierten Antrieb

Aktionspotential
während der Erregung des Axons gemessener zeitlicher Verlauf des Membranpotentials; pflanzt sich über das Axon durch Veränderung der Ionenkanäle fort

Aktivierungsenergie
der Mehrbetrag an Energie, der zusätzlich zum durchschnittlichen Energiegehalt der kleinsten Teilchen eines Stoffes notwendig ist, um eine chemische Reaktion zwischen ihnen auszulösen; kann durch Katalysatoren herabgesetzt werden

Allel
eine von mehreren möglichen Ausführungen eines Gens, von dem diploide Körperzellen zwei enthalten, haploide Keimzellen eines

Allen-Regel
Abstehende Körperteile gleichwarmer Tiere sind bei Formen, die in kalten Gebieten leben, häufig kleiner entwickelt als bei nahe verwandten Formen in wärmeren Klimazonen.

Allergie
Überreaktion des Immunsystems auf bestimmte Substanzen, die als *Allergene* bezeichnet werden

Alles-oder-Nichts-Gesetz
Gesetzmäßigkeit für bestimmte Vorgänge, die entweder nur vollständig und in voller Intensität oder gar nicht ablaufen, z. B. beim *Aktionspotential* von Nervenzellen

allopatrische Artbildung
allos (gr.) „anders", *patria* (lat.) „Heimat" = „in verschiedenen Gebieten"; Entstehung von Arten aus geografisch isolierten Populationen einer Ursprungsart

Aminosäure
organische Säure, die neben der Carboxylgruppe eine Aminogruppe enthält; in freier Form und als Baustein von Peptiden und Proteinen in der Zelle allgemein verbreitet

anaerob
werden Stoffwechselprozesse genannt, die ohne Beteiligung von Sauerstoff ablaufen bzw. die Lebensweise von Organismen in sauerstofffreier Umgebung (vgl. *aerob)*

Analogie
Ähnlichkeit in Gestalt oder anderen Merkmalen, die aufgrund übereinstimmender Selektionsbedingungen unabhängig entstanden sind und die nicht auf gemeinsamer Herkunft beruht (vgl. *Homologie)*

Angepasstheit
Eigenschaft eines Lebewesens, die sein Überleben in einer bestimmten Umwelt fördert und im Verlauf der Evolution entstanden ist

Anpassung
Prozess, in dessen Verlauf Individuen Eigenschaften aufweisen, die für das Überleben förderlich sind

Antibiotikum
von Mikroorganismen hergestellter Stoff, der das Wachstum anderer Mikroorganismen hemmt, z. B. Penicillin, Chloramphenicol

Anticodon
Basentriplett eines t-RNA-Moleküls, das komplementär zu einem m-RNA-Codon ist

Antigen
Substanz, die eine Antikörperproduktion durch das Immunsystem auslöst

Antikörper
Moleküle in den Körperflüssigkeiten der Wirbeltiere, die spezifisch andere Moleküle *(Antigene)* binden können

Art
Man unterscheidet zwei verschiedene Sichtweisen, die beide je nach Zusammenhang sinnvoll sind:
morphologische Art: eine Gruppe von Lebewesen, die in wesentlichen Merkmalen übereinstimmen
genetische Art: alle Individuen, die unter natürlichen Bedingungen derselben Fortpflanzungsgemeinschaft angehören und von anderen getrennt sind

Artbildung
Prozess der Entstehung neuer Arten aus einer Ursprungsart; man unterscheidet *allopatrische Artbildung* bei räumlicher Trennung von Populationen und *sympatrische Artbildung* bei gemeinsamen Vorkommen

Assimilation
bei Stoffwechselvorgängen: Aufbau organischer Substanzen aus anorganischen Ausgangsstoffen; auch Umbau aufgenommener Nährstoffe in körpereigene Stoffe

Atmung
äußere Atmung: Sauerstoff- und Kohlenstoffdioxidaustausch mit der Umgebung; *innere Atmung bzw. Zellatmung:* aerobe Stoffwechselvorgänge zur Energiefreisetzung in Zellen

Atmungskette
Kette von Redoxreaktionen in Mitochondrien, bei der Elektronen von wasserstoffhaltigen Verbindungen

auf Sauerstoff übertragen werden; aufgrund des entstehenden H^+-Gradienten wird ATP gebildet (siehe *Endoxidation)*

ATP (Adenosintriphosphat)
wichtigster Energiespeicher und -überträger des Stoffwechsels, entsteht aus ADP und Phosphat unter Energieaufnahme; setzt beim Zerfall 30,5 kJ/mol frei und treibt dadurch endergonische Reaktionen an oder macht durch Übertragung von Phosphat andere Stoffe energiereicher und damit reaktionsfähiger

Autoimmunerkrankung
Erkrankung, die durch Immunreaktionen des Körpers gegen körpereigene Zellen ausgelöst wird; zu den Autoimmunerkrankungen gehört *Diabetes I*

Autökologie
Teilbereich der Ökologie, der sich mit den Beziehungen einer Art zu seiner Umwelt beschäftigt (siehe auch *Umweltfaktor, Ressource)*

Autosom
Chromosom, das im Gegensatz zum *Gonosom* keine geschlechtsbestimmenden Gene trägt; in Körperzellen sind bei diploiden Zellen von jedem Autosom zwei homologe Ausgaben vorhanden

Autotrophie
Ernährungsweise, bei der nur anorganische Stoffe benötigt werden *(Fotosynthese, Chemosynthese;* vgl. *Heterotrophie)*

Aversion, bedingte
erlerntes Verhaltenselement; durch schlechte Erfahrung (Bestrafung) wird ein ursprünglich neutraler oder positiv wirkender Reiz mit Abwehr oder Flucht verbunden

Axon
bis zu 100 cm langer Ausläufer einer Nervenzelle, über den die Erregungen vom Zellkörper zu den Synapsen geleitet werden

Bakteriophage (Phage)
Virus, das Bakterien befällt; es nutzt den Syntheseapparat der Bakterienzelle zur eigenen Vermehrung

Bakterium
Angehöriger einer systematischen Gruppe von einzelligen, zellkernlosen (prokaryotischen) Kleinstlebewesen

Baustoffwechsel
Aufbau zell- oder körpereigener Stoffe aus aufgenommenen oder vorher hergestellten Nährstoffen (vgl. *Betriebsstoffwechsel)*

Behaviorismus
Forschungsrichtung der Lernpsychologie (ursprünglich aus Amerika), die Verhalten auf einfache Reiz-Reaktions-Schemata zurückführt

Bergmann-Regel
Bei nahe verwandten, gleichwarmen Tierarten nimmt die Größe von warmen Zonen in Richtung kalter häufig zu.

Besamung
Eindringen der Spermazelle in die Eizelle; die Besamung geht der *Befruchtung* voraus

Betriebsstoffwechsel
Abbau organischer Substanzen in Zellen zur Energiebereitstellung (vgl. *Baustoffwechsel)*

Biogenetische Grundregel
Während der Keimesentwicklung eines Individuums zeigen einige Stadien Merkmale von Organismengruppen, die man als frühere Stufen der Stammesentwicklung ansieht. Die Keimesentwicklung scheint also die Stammesgeschichte sehr kurz zu wiederholen.

Biomasse
die gesamte Masse (bzw. Trockenmasse) aller Lebewesen in einem Lebensraum; wird oft nur auf bestimmte Teilbereiche (Populationen, Trophiestufen etc.) bezogen

Biomembran
Doppelmembran mit einer immer gleichen Grundstruktur, die jede Zelle umgibt bzw. in kleinere Räume aufteilt

Bionik
wissenschaftliche Disziplin, die sich mit der technischen Umsetzung und Anwendung von Strukturen nach dem Vorbild biologischer Systeme beschäftigt

Biosphäre
der vom Leben erfüllte Raum der Erde

Biotechnologie
Einsatz und Nutzung von biologischen Prozessen oder Lebewesen in technischen Verfahren bzw. industriellen Produktionen

biotisch
durch Lebewesen bedingt oder beeinflusst (siehe *Umweltfaktor)*

Biotop
Lebensraum einer Lebensgemeinschaft

Biozönose
Lebensgemeinschaft aller Organismen in einem Lebensraum

Brown'sche Molekularbewegung
durch Kollisionen und Schwingungen in Geschwindigkeit und Richtung ständig wechselnde Bewegungen kleinster Teilchen

Bruttoprimärproduktion
die gesamte durch *Fotosynthese* oder *Chemosynthese* gebildete Biomasse in einer bestimmten Zeit (siehe *Nettoprimärproduktion)*

Calvinzyklus
zyklische Reaktionsfolge, die der lichtabhängigen Reaktion der *Fotosynthese* nachgeschaltet ist, bei der CO_2 fixiert und durch Reduktion Glucose gebildet wird

Carrier
integrales Protein in der Biomembran, das einen Transport spezifischer Substanzen durch die Biomembran ermöglicht; Transportproteine, Translokatoren

Chemosynthese
Form der *autotrophen* Lebensweise, bei der anorganische Verbindungen für die Gewinnung von Reduktionsäquivalenten und ATP oxidiert werden

Chloroplast
fotosynthetisch aktives, Chlorophyll enthaltendes Zellorganell fotoautotropher Lebewesen, in dem aus aufgenommenem CO_2 Glucose hergestellt wird (siehe *Plastid)*

Chordatiere
Tierstamm, der durch einen primär rückseitig *(dorsal)* liegenden Stützstab gekennzeichnet ist; neben den Wirbeltieren gehören dazu die Manteltiere und die Schädellosen

Chromatographie
Verfahren zur Auftrennung von Stoffgemischen, das die unterschiedliche Beweglichkeit von Stoffen in einem Strom aus Trägersubstanz (Flüssigkeit oder Gas) ausnutzt

Gedächtnis
Speicher für erworbene Informationen im Gehirn, die als Erinnerung wieder abrufbar sind

Gedächtniszellen
spezielle Weiße Blutzellen, die nach erstmaligem Kontakt mit einem *Antigen* entstehen und über Jahre im Körper verbleiben können; sie sorgen bei weiteren Antigenkontakten für die schnelle Produktion spezifischer Antikörper

Gegenspielerprinzip
Prinzip, nach dem ein Zustand in einem Organismus durch mindestens zwei gegeneinander wirkende Steuermechanismen kontrolliert und geregelt wird

Gegenstromprinzip
optimierte Form des Wärme- oder Stoffaustausches zwischen unterschiedlichen Flüssigkeiten oder Gasen, die sich durch eine dünne Barriere getrennt in entgegengesetzter Richtung bewegen

Gen
Funktionseinheit der Erbinformation, die auf einem *Chromosom* liegt und aus *DNA* besteht; ein Gen ist nach heutiger Auffassung der DNA-Abschnitt, der für ein RNA-Molekül codiert

Gendrift
durch Zufallsereignisse bedingte, sprunghafte Veränderung von Gen- bzw. Allelhäufigkeiten, die besonders in kleinen Populationen von Bedeutung sind *(Gründereffekt, Flaschenhalseffekt)*

Generalisation
erlernte Verknüpfungen, durch die ursprüngliche Informationen oder Erfahrungen auch auf andere, ähnliche Situationen und Reizkombinationen übertragen werden

Generalist
Lebewesen, das unter sehr unterschiedlichen Lebensbedingungen existieren kann; ein Nahrungsgeneralist etwa zeigt ein breites Nahrungsspektrum (vgl. *Spezialist)*

genetisch bedingte Krankheit (Erbkrankheit)
Erkrankung, die sich auf die Vererbung veränderter *Gene* oder *Chromosomen* zurückführen lässt

genetisch bedingtes Verhalten
Verhaltensweisen, die nicht erlernt werden müssen; sie gehen nur auf genetisch weitergegebene, stammesgeschichtlich entstandene Informationen zurück

genetischer Fingerabdruck
Verfahren zur Analyse von DNA aus Haaren, Blutflecken und anderem Material zur Identifizierung von Personen, fachsprachlich auch *DNA-Typisierung* oder *DNA-Profiling* genannt

Genexpression
Vorgang der Merkmalsausbildung, in dem eine Zelle die Information eines Gens nutzt; alle Gene werden dabei zunächst transkribiert (m-RNA-Bildung), codieren sie für Proteine, findet auch Translation statt

Genkartierung
Bestimmung der Position verschiedener Gene auf einem DNA-Molekül im Genom eines Lebewesens

Genkopplung
Vorhandensein von Gruppen von Genen, die gemeinsam vererbt werden, weil sie auf demselben Chromosom liegen; durch Crossingover können solche Kopplungsgruppen durchbrochen werden

Genom
Gesamtheit des genetischen Materials (codierende und nicht codierende DNA-Abschnitte) eines Organismus im einfachen Chromosomensatz

Genommutation
Mutation, die zu einer Veränderung der Chromosomenanzahl in einer Zelle führt; es können entweder einzelne Chromosomen hinzukommen oder verloren gehen, oder der ganze Chromosomensatz kann vervielfacht oder halbiert werden

Genotyp
Beschreibung der Gesamtheit der Gene eines Organismus

Genpool
Gesamtheit aller Gene in einer *Population*, also einer Fortpflanzungsgemeinschaft, zu einem bestimmten Zeitpunkt

Genregulation
Regulation der Proteinsynthese in einer Zelle durch Genaktivierung bzw. -hemmung

Gensonde
kurzkettiges, markiertes DNA- oder RNA-Einzelstrang-Molekül zum Aufspüren komplementärer Basensequenzen

Gentechnik
Verfahren zur gezielten Veränderung des Genoms einer Zelle durch Übertragung oder Entfernung definierter DNA-Abschnitte zu Forschungs-, Heilungs- oder Produktionszwecken

Gentherapie
medizinische Behandlung von Patienten durch gentechnische Veränderung von Zellen: Bei der *somatischen Gentherapie* werden Gene von Körperzellen des Patienten ersetzt, ergänzt oder entfernt. Eine *Keimbahntherapie* beim Menschen, also die gentechnische Veränderung von Keimzellen, ist in Deutschland aus ethischen Gründen verboten.

Gentransfer
Methoden, mit denen man DNA (Gene) beliebigen Ursprungs in Zellen einbringen kann (siehe *Plasmid)*

Geschlechtsdimorphismus
Verschiedenheit der Geschlechter einer Art hinsichtlich Größe, Gestalt, Farbigkeit, Physiologie oder Verhalten, also der sekundären Geschlechtsmerkmale (= *Sexualdimorphismus)*

Gewebe
durch spezifische Leistungen gekennzeichneter Verband gleichartig differenzierter Zellen

Glykolyse
erster Teil des Glucoseabbaus bis zur Brenztraubensäure

Golgi-Apparat
Gesamtheit der *Dictyosomen* in einer Zelle; modifiziert und speichert Produkte des ER

Gonaden (Keimdrüsen)
Organe der Tiere, in denen Keimzellen gebildet werden; weibliche Keimdrüsen nennt man Eierstöcke (Ovarien), männliche Keimdrüsen Hoden

Gonosom (Geschlechtschromosom)
Chromosom, das im Gegensatz zum *Autosom* geschlechtsbestimmende Gene trägt; Gonosomen legen be-reits in der diploiden Zygote das Geschlecht fest und werden meist als X- oder Y-Chromosom bezeichnet

Gradualismus
Sichtweise der evolutionären Veränderungen von Lebewesen, die von gleitenden, allmählichen *(graduellen)*, nicht sprunghaften Übergängen bei der Bildung neuer Organe ausgeht

Gründereffekt
Form von *Gendrift*, die auf die Besiedlung eines neuen Lebensraumes durch eine kleine Anzahl von Individuen (Gründerpopulation) zurückzuführen ist, die sich von einer großen Ausgangspopulation abgespalten hat

Grundumsatz
minimaler Energieumsatz eines homoiothermen Tieres in Ruhe; setzt sich zusammen aus dem Erhaltungsumsatz für die Lebensvorgänge in Zellen und der Energie für die Tätigkeitsbereitschaft des Organismus

Habitat
von einer einzelnen Art bevorzugter Lebensraum

haploide Zelle
Zelle mit einem einfachen Chromosomensatz (n), z. B. Keimzelle

Hardy-Weinberg-Gesetz
mathematisches Modell zur Berechnung der Häufigkeiten von *Allelen* und *Genotypen* in einer *Population* (siehe *Populationsgenetik)*

hemizygot
trotz Diploidie mit nur einem Allel für ein bestimmtes Merkmal ausgestattet; dies gilt z. B. für viele Allele auf den Geschlechtschromosomen

Hemmung, allosterische
durch die Veränderung der räumlichen Struktur des Enzymmoleküls bedingte Hemmung der Enzymfunktion

Hemmung, bedingte
durch negative Erfahrungen hervorgerufene Hemmung eines Verhaltens (siehe *Lernen)*

Hemmung, kompetitive
Hemmung der Enzymfunktion durch mit dem Substrat konkurrierende, ähnlich strukturierte Substanzen an der Substratbindungsstelle

Hemmung, neuronale
Hemmung von Übertragungsvorgängen im Gehirn durch inhibitorische präsynaptische oder postsynaptische Potentiale

Heterotrophie
Ernährungsweise, bei der organische Nahrungsstoffe als Energie- und Kohlenstoffquellen aufgenommen und in körpereigene Verbindungen umgewandelt bzw. abgebaut werden

heterozygot (mischerbig)
mit zwei verschiedenen *Allelen* für ein bestimmtes Merkmal ausgestattet (vgl. *homozygot)*

HIV (Human Immunodeficiency Virus)
RNA-Virus, das durch die Infektion von Immunzellen die Immunschwächekrankheit *AIDS* beim Menschen auslöst

homoiotherm (gleichwarm)
Temperaturkonstanz von Organismen, die ihre Körpertemperatur stoffwechselphysiologisch unabhängig von den Außenbedingungen innerhalb enger Grenzen regeln; homoiotherm sind Säugetiere und Vögel

Homologie
Ähnlichkeit in Gestalt oder anderen Merkmalen, die sich auf Verwandtschaft bzw. gleiche Herkunft und damit ähnliche genetische Ausstattung gründet (vgl. *Analogie)*

homozygot (reinerbig)
mit zwei identischen Allelen für ein bestimmtes Merkmal ausgestattet (vgl. *heterozygot)*

Hormon
in Drüsen gebildeter Signalstoff, der physiologische Veränderungen hervorruft

Hybridisierung
molekularbiologisches Verfahren; komplementäre Einzelstränge von *Nucleinsäuren* unterschiedlicher Herkunft lagern sich nach gemeinsamer Erhitzung bei anschließender Abkühlung bei hinreichender Ähnlichkeit zusammen (siehe *Gensonde)*

hydrophil
Wasser liebend, in Wasser löslich; polare Substanzen, die Wassermoleküle anziehen und locker binden; Gegensatz zu *hydrophob, lipophil*

hydrophob
Wasser abweisend, wasserunlöslich; unpolare Substanzen, die Wassermoleküle nicht binden und daher von ihnen ausgegrenzt werden (siehe *lipophil*, Gegensatz zu *hydrophil)*

hypertonisch
Die Konzentration der gelösten Teilchen in der Lösung ist höher als in einer Vergleichslösung (siehe *Osmose)*.

hypotonisch
Die Konzentration der gelösten Teilchen in der Lösung ist geringer als in einer Vergleichslösung (siehe *Osmose)*.

Immission
Schadstoff in der Luft *(Emission)*, der auf Lebewesen und Bauwerke einwirkt

Immunität
Reaktionsfähigkeit eines Organismus gegenüber Antigenen von Infektionserregern; man unterscheidet *spezifische* und *unspezifische Immunität*

Indikatororganismus (Zeigerart)
Lebewesen, das besonders empfindlich *(stenopotent)* auf bestimmte Ökofaktoren reagiert und deshalb als Nachweisorganismus für eben diese Umweltbedingungen verwendet werden kann; Indikatororganismen spielen vor allem bei der Beurteilung bzw. Erfassung von Verschmutzungen von Wasser, Luft und Boden eine wichtige Rolle

Infektionskrankheit
durch Erreger (meist Viren, Bakterien oder Einzeller) verursachte übertragbare Krankheit

Inkubationszeit
Zeitspanne zwischen der Ansteckung und dem Ausbruch einer Infektionskrankheit

Instinkthandlung
von Konrad Lorenz eingeführter und heute umstrittener Begriff für ein „angeborenes", durch bestimmte *Schlüsselreize* über einen entsprechenden Auslösemechanismus ausgelöstes weitgehend formkonstantes Verhalten, das nur bei Vorliegen einer spezifischen Handlungsbereitschaft abläuft

intermediär
dazwischen befindlich (siehe *Erbgang)*; phänotypische Zwischenform bei heterozygoten Lebewesen

Intron
nicht codierender Abschnitt gestückelter eukaryotischer Gene; der entsprechende m-RNA-Abschnitt wird beim *Spleißen* entfernt (siehe *Exon)*

Isolation
trennender Mechanismus, der den Genaustausch von Individuen unterbindet; man unterscheidet *präzygote Mechanismen*, die vor der Befruchtung einer Eizelle wirken, und *postzygote Mechanismen*, die die Entwicklung der Zygote zu einem fruchtbaren Individuum verhindern. *Isolation* trennt verschiedene Genpools bzw. Arten und ermöglicht dadurch deren eigenständige Entwicklung.

isotonisch
Die Konzentration der gelösten Teilchen in der Lösung ist identisch mit der in einer Vergleichslösung (siehe *Osmose).*

Karyogramm
aufreihende Darstellung der gefärbten Metaphase-Chromosomen eines Organismus; ermöglicht eine Unterscheidung nach Größe, Gestalt und Muster

Keimbahn
Zellenfolge bei Tieren, die von der befruchteten Eizelle bis zu den Keimzellen führt

Klonen
Vervielfältigung genetisch identischer Zellen; nicht zu verwechseln mit „klonieren", der Vervielfältigung einzelner Gene (siehe *PCR)*

kodominant
gemeinsam vorherrschend; Eigenschaft zweier Allele, sich im diploiden Organismus beide phänotypisch voll auszuwirken bzw., wenn sie einzeln auftreten, ein weiteres rezessives zu dominieren (siehe *Erbgang)*

Koevolution
gegenseitige Beeinflussung der Evolution zweier oder mehrerer Arten, die miteinander in Wechselbeziehungen stehen und durch Anpassung bzw. Gegenanpassung ihre Existenz und Fortpflanzung zunehmend sichern

Kohlenhydrat
stickstofffreier, weit verbreiteter biologischer Bau-, Gerüst- und Reservestoff der allgemeinen chemischen Zusammensetzung $C_n(H_2O)_n$; Beispiele: Zucker, Stärke, Zellulose

Kompartimentierung
Unterteilung des Zellinhaltes in durch Membranen abgegrenzte Reaktionsräume

Konditionierung
einfacher Lernprozess durch Ausbildung einer bedingten Reaktion (Reflex oder Aktion) als Antwort auf einen spezifischen Reiz

Konjugation
Zusammenlagerung von Protozoen oder Bakterien mit nachfolgendem Austausch von Erbgut

Konkurrenz
gegenseitige Einschränkung von Lebewesen durch die Nutzung gleicher begrenzter Ressourcen, z. B. Nahrung, Brutplätze etc.

Konkurrenzausschlussprinzip
Verschiedene Arten in einem Lebensraum können auf Dauer nicht koexistieren, wenn sich ihre ökologischen Nischen bezüglich der genutzten knappen Ressourcen gleich bzw. zu ähnlich sind.

Konsument
Organismus, der bereits vorliegende Biomasse anderer lebender Organismen als Ressource nutzt (vgl. *Produzent)*

Konvergenz
beschreibt eine im Verlauf der Evolution zunehmende Ähnlichkeit von Individuen oder Organen bei verschiedenen Entwicklungslinien; Ursache ist meist ein ähnlicher Selektionsdruck (vgl. *Divergenz)*

Kopplungsbruch
Trennung von ehemals gekoppelten, also auf demselben Chromosom liegenden, Genen; ein Kopplungsbruch kann durch *Crossingover* während der *Meiose* oder durch eine *Chromosomenmutation* erfolgen

Kreationismus
Schöpfungslehre; religiöse Strömung, die die Evolution als Ursache der Artenvielfalt ablehnt und stattdessen von Schöpfung ausgeht

Krebs
Sammelbezeichnung für bösartige Geschwülste in Körpergeweben; im Gegensatz zu den gutartigen Tumoren können sich Krebsgeschwüre im Körper ausbreiten *(Metastasen)*

Krebszyklus
nach Sir HANS KREBS benannter Teil des oxidativen Nährstoffabbaus (siehe *Tricarbonsäurezyklus)*

K-Stratege
Lebewesen, das seine Biomasse und Energie vorwiegend in die Sicherung der eigenen Existenz investiert und dadurch konkurrenzstark und langlebig ist

Kutikula
von Epidermiszellen der Pflanze nach außen abgesonderte, meist wenig durchlässige Schutzschicht aus wachsartigen Substanzen

Lamarckismus
überholte Lehre von der allmählichen Veränderung der Lebewesen durch Gebrauch oder Nichtgebrauch von Organen sowie der Vererbung der dabei erworbenen Eigenschaften

Lernen
Verhaltens- oder Wissensveränderung infolge individueller Erfahrung auf der Grundlage veränderter neuronaler Strukturen

lichtabhängige Reaktion
erste Schrittfolge der *Fotosynthese*, in der unter Nutzung der Lichtenergie *ATP* und *NADPH* $+ H^+$ gebildet werden sowie Sauerstoff freigesetzt wird; Reaktionsorte sind die Thylakoidmembranen der *Chloroplasten*

lichtunabhängige Reaktion
Teil der *Fotosynthese*, in dem CO_2 fixiert und mithilfe der Produkte der *lichtabhängigen Reaktion* zu Glucose reduziert wird (= Dunkelreaktion, siehe *Calvinzyklus)*

Liebig'sches Minimumgesetz
Das Gedeihen von Pflanzen wird maßgeblich von dem Mineralstoff bestimmt bzw. eingeschränkt, der im Vergleich zum Bedarf in der geringsten Konzentration vorliegt.

Ligase
genetischer „Kleber"; Enzym, das DNA-Fragmente miteinander verknüpfen kann (Basiswerkzeug der Gentechnik, siehe *Restriktionsenzym)*

Lipid
unpolare chemische Verbindung, die sich schlecht in Wasser löst; Fette und fettähnliche Substanzen

lipophil
Fett liebend; unpolare Substanzen, die sich mit anderen unpolaren (z. B. *Lipiden)* mischen (siehe *hydrophob*, Gegensatz *hydrophil)*

Lymphe
Gewebsflüssigkeit ohne Rote Blutzellen; Gewebe umspülendes Druckfiltrat des Blutes von Tierarten mit geschlossenem Blutsystem

Makrophage
differenzierte Zelle des Immunsystems, die auf die *Phagocytose* spezialisiert ist, also den Abbau meist körperfremder Zellen und Stoffe

Marker
Substanz oder Struktur, die der Auffindung von Produkten, Stoffwechselreaktionen oder genetischen Veränderungen dient

Matrix
Grundstruktur, Grundsubstanz, z. B. der Chloroplasten

Meiose
zweischrittige Kern- und Zellteilung im Rahmen der geschlechtlichen Fortpflanzung; die Meiose führt zur Bildung von Keimzellen mit einem einfachen Chromosomensatz aus Urkeimzellen mit einem doppelten Chromosomensatz. Dabei wird die genetische Information neu kombiniert.

Membranpotential
elektrische Spannung über die Zellmembran, hervorgerufen durch eine unterschiedliche Verteilung von Ionen; wechselt am Axon zwischen *Ruhepotential* und *Aktionspotential*

Mendel`sche Regeln
drei von GREGOR MENDEL aufgestellte Vererbungsregeln (Uniformitätsregel, Spaltungsregel und Neukombinationsregel)

Metastase
Tochtergeschwulst eines bösartigen Tumors; sie entsteht, wenn Krebszellen sich über die Blutbahn ausbreiten und an anderer Stelle des Körpers vermehren (siehe *Krebs)*

Mikrotubulus
röhrenförmige Proteinstruktur, die an der Bildung des Cytoskeletts, der Mitosespindel und von Cilien beteiligt ist

Mimese
täuschende Nachahmung eines belebten oder unbelebten Objektes der Umgebung, das für die eigenen Fressfeinde ohne Bedeutung ist, durch ein Lebewesen, dessen Überlebenswahrscheinlichkeit dadurch steigt

Mimikry (Scheinwarntracht)
täuschende Nachahmung von Warnsignalen, die von wehrhaften oder giftigen Arten (Vorbild) ausgehen und so die Nachahmer vor Fressfeinden schützen, wenn hinreichend Vorbilder im Lebensraum vorkommen

Mineralstoffe (auch Mineralsalze)
anorganische Verbindungen, die vom pflanzlichen und tierischen Organismus für den Aufbau von Körpersubstanz und für einen geregelten Stoffwechsel aufgenommen werden müssen

Mitochondrium
in der Eucyte vielfach vorhandenes Organell mit einer Doppelmembran, in dem die *Zellatmung* abläuft

Mitose
Kernteilung, bei der die zwei Chromatiden eines Chromosoms auf die beiden neu entstehenden Tochterzellen verteilt werden; die Chromosomenzahl bleibt erhalten. Der Kernteilung folgt in der Regel die Zellteilung

Modifikation
umweltbedingte Veränderung im Erscheinungsbild *(Phänotyp)* eines Organismus, die nicht vererbt wird

Mutagene
Substanzen, die in einem DNA-Molekül Veränderungen der Erbinformation *(Mutationen)* auslösen können

Mutation
spontan oder durch *Mutagene* verursachte qualitative oder quantitative Veränderung des genetischen Materials; in Abhängigkeit vom Ausmaß unterscheidet man *Gen-, Chromosomen-* und *Genommutationen*

Nahrungskette
Abfolge von Organismen, die sich jeweils voneinander ernähren und damit Biomasse und Energie an das folgende Glied weitergeben; sie beginnt vielfach mit Pflanzen als *Produzenten* und führt weiter zu *Konsumenten* und *Destruenten*

Natrium-Kalium-Pumpe
ATP verbrauchender Transportmechanismus in der Zellmembran, der auch gegen einen hohen Konzentrationsgradienten Na^+- gegen K^+-Ionen austauschen kann; wichtig für das *Ruhepotential*, vor allem an Muskel- und Nervenzellen

Nerv
ein Bündel von Nervenfasern (Axone mit Hüllzellen), von Bindegewebe umgeben; er dient der Leitung elektrischer Erregungen (siehe *Aktionspotential)*

Nettoprimärproduktion
die durch Fotosynthese oder Chemosynthese gebildete Biomasse in einer bestimmten Zeit nach Abzug des von den Pflanzen selbst verbrauchten Anteils (siehe *Bruttoprimärproduktion)*

Neuron (Nervenzelle)
spezialisierter Zelltyp, der elektrische Erregungen bildet bzw. leitet

Nische, ökologische
Gesamtheit der Ansprüche, die eine Art an ihre Umwelt stellt; die Ansprüche werden durch den Einfluss von Umweltfaktoren und durch die Nutzung von lebensnotwendigen Ressourcen bestimmt. Die ökologische Nische kann auch als Gesamtheit der ökologischen Potenzen beschrieben werden.

Nucleinsäure
aus *Nucleotiden* aufgebautes Makromolekül, das als DNA oder RNA Erbinformation speichert bzw. überträgt

Nucleotid
aus Zucker, Phosphat und einer stickstoffhaltigen Base zusammengesetzter Baustein der *Nucleinsäuren* bzw. der Coenzyme ADP, NAD^+ und $NADP^+$

Nucleus (Zellkern)
enthält den größten Teil der Erbinformation; Steuerzentrum der Zelle; kommt nur in der *Eucyte* vor

Oberflächenvergrößerung
bei Lebewesen zu beobachtendes und von ihnen genutztes Strukturprinzip; eine möglichst große Oberfläche bei gegebenem Volumen verbessert die Funktion als Austausch- und Reaktionsfläche; auch die Minimierung von Oberflächen kommt vor

Ökofaktor
Faktor, der das Wachstum von Populationen beeinflusst; man unterscheidet *dichteabhängige Faktoren*, deren Wirkung davon abhängt, wie viele Individuen bereits vorhanden sind (z. B. bei der Konkurrenz um Ressourcen) und *dichteunabhängige Faktoren*, die generell wirken (z. B. Wetter, Katastrophen).

Ökosystem
dynamisches Beziehungsgefüge aus *Biozönose* (Lebensgemeinschaft) und *Biotop (* Lebensraum), das durch Stoffkreisläufe und Energiefluss gebildet wird

oligotroph
arm an Mineralstoffen (besonders Phosphat), was bei Stillgewässern meist mit hohem Sauerstoffgehalt einhergeht; im Gegensatz zu eutroph: hoher Gehalt an Mineralstoffen (siehe *Eutrophierung)*

Onkogene
Gene, die an der Auslösung von *Krebs* beteiligt sind; sie entstehen in Zellen aus Genen, die das Zellwachstum kontrollieren *(Proto-Onkogene)* und kommen in Viren vor

Ontogenese
Individualentwicklung; Entwicklung eines Lebewesens von der befruchteten Eizelle bis zum erwachsenen Lebewesen

Operon
Funktionseinheit von Genen des Bakteriengenoms, die eine bedarfsgerechte Synthese der darin codierten Enzyme bewirkt

Organell
abgrenzbare Bau- und Funktionseinheit im Cytoplasma der Zelle

Osmose
Diffusion zwischen zwei durch eine *semipermeable Membran* getrennten Lösungen, bei denen nur die Lösungsmittelteilchen, nicht aber die Teilchen des gelösten Stoffes die Membran passieren können

Oxidation
Elektronenabgabe einer Substanz; in biologischen Systemen meist einhergehend mit der Abgabe von Wasserstoff oder der Aufnahme von Sauerstoff (vgl. *Reduktion)*

Ozon
kurzlebiges und reaktionsfreudiges Sauerstoffmolekül aus drei Sauerstoffatomen

Paläontologie
Wissenschaft aus Teilen von Geologie und Biologie; beschäftigt sich mit Resten und Spuren von Lebewesen (siehe *Fossilien)* in Gesteinen früherer Perioden der Erdgeschichte

Panmixie
gleiche Paarungswahrscheinlichkeit für jedes Individuum einer Population mit jedem anderen des anderen Geschlechts; damit vollständige genetische Durchmischung der Population bzw. des *Genpools*

Parasitismus
Beziehung zwischen Lebewesen unterschiedlicher Arten, bei der das eine (der *Parasit)* auf Kosten des anderen (des Wirtes) lebt, indem er sich von diesem ernährt; im Gegensatz zum Räuber tötet der Parasit seinen Wirt, meist nicht vorher oder dabei

PCR (Polymerasekettenreaktion)
engl. *polymerase chain reaction*; Verfahren zur gezielten Vervielfältigung bestimmter DNA-Abschnitte (Basismethode der Molekularbiologie)

Peptidbindung
chemischer Bindungstyp zwischen zwei Aminosäuren in Peptiden und Proteinen, der die Primärstruktur erzeugt

Phage
Virus, das Mikroorganismen befällt, z. B. Bakteriophage

Phagocytose
Anlagerung, Einverleibung und Verdauung körperfremder Materialien, insbesondere durch Zellen des Immunsystems; alle Weißen Blutzellen phagocytieren (siehe *Makrophage)*

Phänotyp
Gesamtheit der Merkmale eines Organismus (vgl. *Genotyp)*

Phosphorylierung
Übertragung einer Phosphatgruppe auf ein Molekül; oft zur Aktivierung des Stoffes oder Steuerung der Enzymaktivität

Phylogenese
Evolutionsgeschichte einer Art oder Verwandtschaftsgruppe

Phylogenetik
Teilgebiet der Biologie, das sich mit der Klärung der Verwandtschaft von Lebewesen und der Aufstellung von Stammbäumen beschäftigt

Phytoplankton
pflanzliche Kleinstlebewesen in Gewässern im Gegensatz zum *Zooplankton* (siehe *Plankton)*

PID (Präimplantationsdiagnostik)
Verfahren, bei dem einzelne Zellen eines mehrzelligen Embryos entnommen und auf genetische Schäden untersucht werden, bevor der Embryo in den Mutterleib übertragen und ausgetragen wird; PID ist in Deutschland aus ethischen Gründen verboten, da es die Selektion von Embryonen nach nichtmedizinischen Kriterien ermöglicht

Plankton
im Wasser lebende, meist kleine Organismen, die sich nur in geringem Maße aktiv fortbewegen können und vorwiegend von Strömungen verdriftet werden; man unterscheidet pflanzliches *(Phytoplankton)* und tierisches Plankton *(Zooplankton)*

Planstelle, ökologische
Struktur eines Ökosystems, die für bestimmte Arten Lebensmöglichkeiten bietet; Arten mit gleichen *ökologischen Nischen* nutzen in verschiedenen Regionen gleiche ökologische Planstellen

Plasmid
ringförmiges DNA-Molekül, das unabhängig vom übrigen Genom einer Zelle ist; Plasmide kommen hauptsächlich in Bakterien vor, Bakterien können sie an andere weitergeben; sie werden zum Gentransfer genutzt (siehe *Vektor)*

Plasmodesmos
über offene Kanäle in der Pflanzenzellwand reichende Cytoplasmabrücke zwischen benachbarten Zellen

Plasmolyse
Abgabe von Wasser aus der Zellvakuole aufgrund osmotischer Vorgänge, bis sich der Protoplast von der Zellwand löst; Umkehrung: Deplasmolyse

Plastid
in Pflanzenzellen und verschiedenen Algen vorkommendes, von zwei Membranen umgebenes, formenreiches Zellorganell mit eigener *DNA* und 70 S-Ribosomen; wichtigster Typ sind die *Chloroplasten*; außerdem kommen Chromoplasten und Leukoplasten vor

poikilotherm (wechselwarm)
Organismen, deren Körpertemperatur weitgehend von der Umgebungstemperatur abhängt; Regulierung kann über den Aufenthaltsort erfolgen

Polymorphismus
genetisch bedingte Variabilität innerhalb einer Art, z. B. Gestalt- oder Farbvariationen

polyploid
Organismus mit mehr als zwei kompletten homologen Chromosomensätzen in den Zellen

Population
Gruppe von Individuen einer Art in einem bestimmten Gebiet, die eine Fortpflanzungsgemeinschaft bilden

Populationsgenetik
befasst sich mit den Häufigkeiten von Genen und Phänotypen in einer Population; auch die Gesetzmäßigkeiten möglicher Veränderungen der Häufigkeiten gehören dazu (siehe *Hardy-Weinberg-Gesetz)*

Potenz, ökologische
Reaktionsbreite einer Art gegenüber einem Umweltfaktor; sie wird quantitativ als Vitalität (Überlebensfähigkeit, etwa Biomassenzuwachs, Überlebensrate etc.) in Abhängigkeit von diesem Umweltfaktor beschrieben

Prädisposition
Merkmal, das unter veränderten Umweltbedingungen eine zusätzliche oder andere Funktion hat als vorher und dadurch einen Selektionsvorteil darstellt

Präferenz
Bevorzugung eines bestimmten Bereiches eines Umweltgradienten durch einen Organismus bzw. eine Art

Prägung
Lernvorgang, dessen Ablauf auf eine sensible Entwicklungsphase (meist in der frühen Jugend) beschränkt ist und der zu einem sehr stabilen Lernergebnis führt

Präzipitation
Zusammenballung von Molekülen unter dem Einfluss von Brückenmolekülen (z. B. Antikörper)

Primärproduktion
von *Produzenten* am Anfang einer *Nahrungskette* bzw. an der Basis von *Nahrungspyramiden* hergestellte organische Biomasse; bezieht sich auf einen bestimmten Zeitraum; man unterscheidet die gesamte durch Fotosynthese und Chemosynthese hergestellte Biomasse *(Bruttoprimärproduktion)* von jener Biomasse, die nach Abzug des Eigenverbrauchs übrig bleibt *(Nettoprimärproduktion)*

Primer
engl. Starter; kurze, einsträngige Nucleotidkette, die basenkomplementär zu einer Matrize (z. B. DNA) ist; dient als Ausgangspunkt für die Synthese des entsprechenden Komplementärstranges durch Polymerasen (siehe *PCR, Replikation)*

Produzent
Organismus, der benötigte organische Biomasse durch *Fotosynthese* oder *Chemosynthese* selbst erzeugen kann; größte Gruppe sind die autotrophen Pflanzen (vgl. *Konsument)*

Prokaryot (auch Prokaryont)
einzelliges, aus einer *Protocyte* (auch *Procyte)* bestehendes Lebewesen; zu den Prokaryoten gehören Eubakterien, und Archaebakterien (vgl. *Eukaryot)*

Promotor
DNA-Abschnitt am Anfang eines Gens, der als Startsequenz für die DNA-Polymerase dient, die m-RNA herstellt (siehe *Transkription)*

prosthetische Gruppe
Nichteiweißanteil eines Proteids (= *Protein* + prosthetische Gruppe), der wichtig für dessen Funktion ist, z. B. als metallhaltiger Molekülanteil eines Enzymkomplexes

Protocyte (Procyte)
Zelltyp der Prokaryoten, der keinen Zellkern besitzt (vgl. *Eucyte)*

Protein (Eiweiß)
hochmolekulare Kette aus verschiedenen Aminosäuren mit einer dreidimensionalen Struktur, die eine große Bedeutung in der Zelle als Gerüstsubstanz, Enzym bzw. kontraktiles Filament hat

Proteinbiosynthese
Herstellung von *Proteinen* nach den Informationen der *DNA* mit den beiden Teilschritten *Transkription* und *Translation*

Protisten
eukaryotische Einzeller bzw. einfache Mehrzeller, die nicht zu den Pilzen, Pflanzen und Tieren gehören; Reich der Lebewesen neben Prokaryoten, Tieren, Pflanzen und Pilzen; Beispiele: Kieselalgen, Grünalgen, Amöben

Protonengradient
Unterschied in der Protonenkonzentration zwischen zwei durch eine Membran abgegrenzten Räumen in Zellen oder Organellen, z. B. in *Mitochondrien* oder *Chloroplasten*; z. B. wichtig bei der ATP-Synthese

Punktmutation
Austausch oder Verlust einer einzelnen Base in einem DNA-Molekül (siehe *Mutation)*

Rasterelektronenmikroskopie (REM)
Variante der Elektronenmikroskopie, bei der das Präparat mit einem Elektronenstrahl abgetastet wird; für die Darstellung von Oberflächen besonders geeignet

Realnische
Ansprüche einer Art an ihre Umwelt unter Freilandbedingungen (vgl. *Nische, ökologische)*

Reduktion
Elektronenaufnahme durch eine Substanz; in biologischen Systemen meist verbunden mit der Anlagerung von Wasserstoff bzw. Abgabe von Sauerstoff (vgl. *Oxidation)*

Reflex
weitgehend erblich bestimmte, mehr oder weniger zwangsläufige Reaktion eines tierischen Organismus auf einen bestimmten Reiz

Reflex, bedingter
erlernter, konditionierter *Reflex*, der nicht mehr nur auf den angeborenen unbedingten Reiz, sondern auf einen bestimmten, erlernten Reiz hin erfolgt

Reflexbogen
Kette von Prozessen und Stationen *(Rezeptoren, afferenten* und *efferenten* Nervenbahnen, *Synapsen*, Reflexzentrum und *Effektoren)*, die für den Ablauf eines *Reflexes* verantwortlich sind

Refraktärzeit
Zeit, in der an einer erregbaren Membran (z. B. eines Axons) nach einer Erregung aufgrund der Inaktivität bestimmter Ionenkanäle trotz einer Depolarisierung keine neue Erregung ausgebildet werden kann

Regelkreis
kybernetisches Modell zur Darstellung einer *Regelung* in Form von Blockschaltbildern oder Pfeildiagrammen

Regelung
Aufrechterhalten eines bestimmten Zustandes gegenüber verändernd wirkenden Einflüssen; der Ausgleich von Störungen und die Einstellung eines Gleichgewichts erfolgen meist durch negative Rückkopplung

Reiz
Umwelteinfluss, der auf einen Organismus einwirkt und an spezifischen Zellen (Rezeptoren) Erregungen auslösen kann; Reizaufnahme und -verarbeitung sind ein Kennzeichen des Lebens

Rekombination
Um- und Neukombination des genetischen Materials, z. B. im Rahmen der *Meiose*; die *Rekombination* führt zur genetischen Variabilität einer Art und ist ein wichtiger Evolutionsfaktor

Replikation
identische Verdopplung der DNA, die vor jeder Zellteilung *(Mitose* und *Meiose)* stattfindet; der DNA-Doppelstrang wird getrennt und die elterlichen Einzelstränge dienen jeweils als Vorlage für einen Tochterstrang

Resistenz
erblich bedingte Widerstandsfähigkeit gegenüber Krankheiten, Klima, Giften, Medikamenten u. a.; *Resistenz* ist abzugrenzen von der erworbenen Widerstandsfähigkeit (siehe *Immunität)*

Resorption
Stoffaufnahme durch lebende Zellen, im Allgemeinen aktiver Transportprozess ins Zellinnere bzw. ins Blut

Ressource
Bestandteile der Umwelt, die ein Organismus braucht bzw. verbraucht und die dadurch anderen Organismen nicht mehr zur Verfügung stehen (Nahrung, Wasser, Raumbedarf); ist die Ressource knapp, führt das zu *Konkurrenz*

Restriktionsenzym
Enzym, das doppelsträngige DNA an einer spezifischen Basensequenz schneiden kann; Basiswerkzeug der Gentechnik (siehe *Ligase)*

Retrovirus
Vertreter einer Gruppe von Viren, der einsträngige *RNA* als genetische Information enthält; vor seiner Vermehrung wird die RNA in einer Wirtszelle durch das Enzym *Reverse Transkriptase* in DNA übersetzt (z. B. *HIV)*.

Reverse Transkriptase
Enzym, das nach der Vorlage eines RNA-Moleküls DNA aufbaut

Rezeptor
Sinnesphysiologie: Zone, an der durch spezifische Reize Erregungen ausgelöst werden; Molekularbiologie: meist membrangebundenes Molekül, das spezifische Moleküle bindet und damit Prozesse im Zellinneren auslöst

rezessiv
Eigenschaft eines Allels, bei heterozygoten Lebewesen nicht ausgeprägt zu werden (siehe *Erbgang)*

RGT-Regel
Zusammenhang zwischen Reaktionsgeschwindigkeit einer chemischen Reaktion und der Umgebungstemperatur; im Allgemeinen steigt die Reaktionsgeschwindigkeit bei einer Temperaturerhöhung um 10 °C auf das Doppelte bis Dreifache.

Rhesusfaktor
Merkmal von Blutzellen, das vor allem auf das Antigen D zurückzuführen ist; im Gegensatz zum AB0-System entstehen D-Antikörper bei einer rh-negativen Person erst nach einem Kontakt mit Rh-positivem Blut

Ribosom
aus RNA und Proteinen aufgebautes Organell, an dem die Proteinsynthese (Translation) stattfindet

RNA (Ribonucleinsäure)
im Vergleich zur *DNA* kurze Kette von *Nucleotiden*, bestehend aus dem Zucker Ribose, einem Phosphatrest und einer der vier Basen Adenin, Uracil, Guanin und Cytosin; man unterscheidet messenger-RNA, transfer-RNA und ribosomale RNA; m-RNA dient der Transkription, t-RNA der Translation und r-RNA ist Bestandteil der Ribosomen; außerdem Erbsubstanz der *Retroviren*

Rückkopplung
Ein Zustand oder Vorgang übt eine Wirkung aus, die ihn selbst wieder positiv (Aufschaukelungskreis) oder negativ (Regelkreis) beeinflusst.

Ruhepotential
elektrische Spannungsdifferenz zwischen Innen- und Außenseite einer erregbaren Membran im nicht erregten Zustand, z. B. an Nerven- oder Muskelzellen

Saprobiensystem
Indikatorsystem für Gewässerverschmutzung auf der Basis des Vorkommens von Indikatororganismen (siehe *Indikatororganismus)*

Schlüsselreiz
Reiz oder Reizkombination, die eine erbkoordinierte Handlung auslöst (siehe *Instinkthandlung)*

Schlüssel-Schloss-Prinzip
räumliches Passen zweier Moleküle zueinander, z. B. Enzym und Substrat

Sekundärproduktion
von *Konsumenten* mithilfe aufgenommener Nahrung produzierte Biomasse

Selektion (Auslese)
natürliche Selektion (natürliche Auslese): beruht auf dem unterschiedlichen Fortpflanzungserfolg verschiedener *Phänotypen*, der auf die Wechselbeziehungen zwischen den Organismen und ihrer Umwelt zurückzuführen ist
künstliche Selektion (künstliche Zuchtwahl): Auswahl von Haustieren und Kulturpflanzen entsprechend der menschlichen Zuchtziele
sexuelle Selektion (geschlechtliche Zuchtwahl): Auswahl durch den Geschlechtspartner; beruht auf der Variabilität der sekundären Geschlechtsmerkmale, verstärkt den Geschlechtsdimorphismus

Selektionsfaktoren
Faktoren, die den unterschiedlichen Fortpflanzungserfolg verschiedener *Phänotypen* bewirken; man unterscheidet *abiotische Selektionsfaktoren* (z. B. Kälte, Dunkelheit) und *biotische Selektionsfaktoren* (z. B. Räuber, Parasiten)

Selektionstheorie
Theorie über die Ursachen der Evolution, begründet von CHARLES DARWIN und ALFRED RUSSEL WALLACE

Selektionstypen
aufspaltende Selektion: Individuen am Rande des phänotypischen Spektrums werden gegenüber denen in der Mitte begünstigt. Folge: Im ursprünglichen Maximum der Häufigkeitskurve entsteht ein Minimum.
gerichtete Selektion: Individuen eines Teils des phänotypischen Spektrums werden begünstigt. Folge: Häufigkeitsverteilung verschiebt sich in die entsprechende Richtung

stabilisierende Selektion: Individuen in der Mitte des phänotypischen Spektrums werden gegenüber denen am Rande begünstigt. Folge: Häufigkeitsverteilung bleibt konstant.

semipermeabel
Membraneigenschaft: durchlässig für das Lösungsmittel und undurchlässig für gelöste Stoffe; führt bei Membrankontakt unterschiedlich konzentrierter Lösungen zu *Osmose*

Sexualdimorphismus
Verschiedenheit der Geschlechter (siehe *Geschlechtsdimorphismus)*

Sinneszelle
Zelle, an der spezifische Reize neuronale Erregungen auslösen

Sozialsystem
beschreibt, in welcher Konstellation Männchen und Weibchen zusammenleben

Soziobiologie
Wissenschaft, die biologische Angepasstheiten des sozialen Verhaltens von tierischen und menschlichen Populationen untersucht

Spezialist
Lebewesen mit enger *ökologischer Potenz*; an diese wenig schwankenden Umweltbedingungen ist es besonders gut angepasst (siehe auch *Generalist)*

Spleißen
Entfernen von Abschnitten aus der Prä-m-RNA, die dann als reife m-RNA den Zellkern einer Eukaryotenzelle verlässt; die entfernten Abschnitte entsprechen den *Introns*

Spore
Fortpflanzungszelle, aus der sich ohne eine Befruchtung ein mehrzelliger Organismus entwickeln kann. Sporen entstehen in spezialisiertem Gewebe durch Mitose *(Mitosporen)* oder Meiose *(Meiosporen)*. Sie können diploid oder haploid sein. Bei Bakterien werden Überdauerungsstadien Sporen (Endosporen) genannt.

Stammzelle
nicht ausdifferenzierte, teilungsfähige Zelle im Gewebe von Mehrzellern, die Wachstum und Erneuerung von Geweben ermöglicht; Objekt der Stammzellforschung, die u. a. mit ihrer Hilfe Heilverfahren entwickelt

stenopotent
Kennzeichen eines Lebewesens, das nur in einem engen Bereich eines Umweltfaktors überlebt (vgl. *eurypotent)*; wenig tolerant gegenüber einem Umwelteinfluss

Steuerung
im Unterschied zur *Regelung* die Beeinflussung der Richtung oder Intensität von Größen oder Vorgängen

Stoffkreislauf
Zirkulation von Stoffen bzw. chemischen Elementen, wie Kohlenstoff oder Stickstoff, in einem Ökosystem; ein Kreislauf besteht aus Speichern (z. B. Biomasse, Atmosphäre, Ozeane, Gesteine) und Flüssen (z. B. Assimilation, Zersetzung, Fossilisierung). *Produzenten* binden in ihrer Biomasse Elemente aus den Speichern Atmosphäre und Boden. *Konsumenten* bzw. *Destruenten* setzen sie meist in die gleichen Speicher wieder frei.

Strategie
genetisch bedingte Entscheidungsregel für den Einsatz verschiedener Verhaltensalternativen mit gleicher Funktion in unterschiedlichen Situationen

Stress
Summe der Reaktionen eines Organismus auf erhöhte Anforderungen aus der Umwelt

Sukkulenz
Fähigkeit von Pflanzen, Wasser in spezifischen Geweben zu speichern, z. B. im Spross und / oder in Blättern

Sukzession
natürliche Abfolge von Ökosystemen, z. B. bei der Wiederbewaldung einer Brachfläche oder der Verlandung eines Gewässers

Symbiose
Abhängigkeit zwischen zwei Arten mit gegenseitigem Nutzen

sympatrisch
syn (gr.) „zusammen", patria (lat.) „Heimat" = „zusammen vorkommend"; vergleicht das Vorkommen verschiedener Arten oder Populationen bzw. den Weg der *Artbildung* (vgl. *allopatrisch)*

Synapse
Kontaktstelle zur Erregungsübertragung zwischen Nervenzelle und Nerven-, Muskel- oder Drüsenzelle

Syndrom
Gruppe von Merkmalen und Anzeichen; im medizinischen Sprachgebrauch eine Gruppe von Merkmalen einer Krankheit

Taxis
Orientierungsbewegungen frei beweglicher Organismen, die von der Richtung des Reizes bestimmt werden; ist die Bewegung zur Reizquelle hin gerichtet, spricht man von positiver Taxis, bei entgegengesetzter Richtung von negativer Taxis

Totipotenz
Fähigkeit bestimmter Zellen, durch Teilung und Differenzierung einen vollständigen Organismus hervorzubringen

Transduktion
in der Genetik: Einschleusen von Fremd-DNA in eine Bakterienzelle mithilfe von *Phagen*;
in der Sinnesphysiologie: Auslösen von elektrischen Erregungen durch *Reize* in *Sinneszellen*

Transformation
Übertragung von DNA in eine beliebige lebende Zelle

transgene Lebewesen
Lebewesen, denen mit gentechnischen Methoden artfremde Gene übertragen wurden; auch über Art- und Gattungsgrenzen hinweg

Transkription
Synthese von m-RNA-Molekülen am codogenen DNA-Strang; Teil der *Proteinbiosynthese*

Translation
Polypeptid-Synthese anhand einer m-RNA an *Ribosomen*; Teil der *Proteinbiosynthese*

Transmitter
Überträgersubstanz, die an einer *Synapse* die Übertragung der Erregung von der prä- auf die postsynaptische Seite bewirkt

Transpiration
bei Pflanzen: regulierbare Wasserdampfabgabe über die Spaltöffnungen (stomatäre Transpiration) und die nicht regulierbare Wasserdampfabgabe über die Kutikula (kutikuläre Transpiration)
bei Tieren: Abgabe von Schweiß zur Thermoregulation

Treibhauseffekt
globale Temperaturerhöhung aufgrund einer höheren Konzentration bestimmter Gase, vor allem von CO_2, in der Erdatmosphäre

Tricarbonsäurezyklus
der auch als *Citronensäurezyklus* bezeichnete, in Mitochondrien ablaufende Abbauprozess der Brenztraubensäure im Anschluss an die *Glykolyse*; Teilprozess der *Zellatmung*

Triplett
aus drei *Nucleotiden* bestehende Informationseinheit der DNA bzw. RNA (siehe *Codon)*

Trisomie
Genommuation, die zum dreifachen (anstelle zweifachen) Vorkommen eines Chromosoms in Körperzellen führt

Trophiestufe
Ausmaß des Mineralstoffangebots in Gewässern und Böden: oligo-, meso-, poly- oder eutroph (siehe *Eutrophierung)*

Tumor (Geschwulst)
undifferenzierte Zellmasse, die sich durch die unkontrollierte Vermehrung einer Zelle im Gewebe bilden kann; gutartige Tumore wachsen nur langsam, bösartige Tumore *(Krebs)* können sich im Körper ausbreiten.

Turgor
osmotisch bedingter Innendruck von Zellen mit stabiler Zellwand

Umweltfaktor
Einfluss, der von außen auf ein Lebewesen wirkt; zu unterscheiden sind *abiotische Faktoren* der unbelebten Umwelt (physikalisch, chemisch) und *biotische Faktoren*, die von anderen Lebewesen ausgehen (etwa Beute, Räuber, Konkurrenten)

Vakuole
mit Flüssigkeit gefüllter, von einer einfachen Membran umgebener Raum in der Zelle; kann bei Pflanzenzellen den größten Raum einnehmen

Van-der-Waals-Kräfte
schwache, zwischenmolekulare Kräfte durch Schwankung der Ladungsverteilung innerhalb der Moleküle; kurzzeitig entstehende Dipole ziehen sich an

Variabilität
die Erscheinung, dass die Individuen einer Population ungleich sind; dies kann genetisch bedingt *(genetische Variabilität, Polymorphismus)* oder durch Umweltunterschiede hervorgerufen sein *(modifikatorische Variabilität)*

vegetativ
ungeschlechtlich; Vermehrungsform ohne sexuelle Fortpflanzung und entsprechende Rekombination

Vektor
„Genfähre“; DNA-Molekül, in das man eine Fremd-DNA einbauen kann (siehe *Restriktionsenzym, Ligase)* und das in einer Wirtszelle vervielfältigt werden kann (siehe *Plasmid)*

Verhaltenspolymorphismus
liegt vor, wenn Tiere mehrere unterschiedliche Verhaltensweisen mit derselben Funktion ausführen können (z. B. Taktiken)

Vermehrung
Kennzeichen des Lebens, bei dem die Anzahl der Individuen vergrößert wird; Vermehrung ist stets mit *Fortpflanzung* verbunden

Virus
nichtzelluläre genetische Einheit aus Nucleinsäuren und Proteinen, die sich nur mithilfe einer Wirtszelle vermehren kann

Wachstum
irreversible Volumenzunahme eines Organismus mit Zunahme körpereigener Substanz; bei Vielzellern durch Zellwachstum und Zellteilung

Wasserstoffbrückenbindung
Wechselwirkung zwischen Molekülgruppen mit einem partiell positiv geladenen Wasserstoffatom und Nachbarmolekülen mit einem freien Elektronenpaar

Zellatmung
Energiefreisetzung in der Zelle durch Oxidation von energiereichen chemischen Verbindungen (Nährstoffe) unter Sauerstoffaufnahme und Kohlenstoffdioxidabgabe

Zelle
kleinste, mit allen Merkmalen des Lebens ausgestattete Bau- und Funktionseinheit aller Lebewesen; Zellen entstehen aus Zellen. Die Zelle kommt als *Protocyte* (auch *Procyte)* und *Eucyte* vor. Aus Eucyten bestehende Lebewesen können ein-, mehr- oder vielzellig sein.

Zellzyklus
regelmäßige Abfolge von Zellteilung sowie Protein- und DNA-Synthese in einer Zelle; der Zellzyklus wird in Phasen untergliedert und sein Ablauf durch verschiedene Steuer- und Regelmechanismen kontrolliert

Zooplankton
tierische Kleinstlebewesen eines Gewässers, die im Wasser schweben und überwiegend passiv durch die Strömung fortbewegt werden (siehe *Plankton)*

Zygote
befruchtete Eizelle; Produkt der Verschmelzung von Eizelle und Spermium, das dadurch je 50 % des Genoms der Eltern enthält

Bildnachweis

Fotos: 8.1 ddp Deutscher Depeschendienst GmbH (Hübner), Berlin; 8.2 Getty Images Deutschland GmbH (Digital Vision), München; 8.3 Corbis (Bettmann), Düsseldorf; 9.1 Ingram Publishing, Tattenhall Chester; 9.2 ddp Deutscher Depeschendienst GmbH (Hübner), Berlin; 9.3 Mauritius (age), Mittenwald; 9.4 Lieder, Johannes, Ludwigsburg; 9.5 Kage Mikrofotografie, Lauterstein; 10.1 Reinhard-Tierfoto, Heiligkreuzsteinach; 10.2 Schmale, Ekkehard, Westerburg; 10.3 Klett-Archiv (Aribert Jung), Stuttgart; 11.1a; 11.1b Klett-Archiv (Dr. Horst Schneeweiß), Stuttgart; 11.2; 11.4 Lieder, Johannes, Ludwigsburg; 11.3 Okapia (D. M. Phillips/PR Science Sc), Frankfurt; 11.5 Okapia (Biophoto Ass./Science Source), Frankfurt; 12.S Klett-Archiv (Nature + Science AG), Stuttgart; 15.K Carl Zeiss Jena GmbH, Jena; 15.Rd.1 Klett-Archiv (Aribert Jung), Stuttgart; 15.Rd.2 Okapia (Roland Birke), Frankfurt; 16.1 Okapia (Biophoto Ass./ Science Source), Frankfurt; 16.3 Prof. Dr. Hans Kleinig, Freiburg; 16.Rd. FOCUS (Sinclair Stammers), Hamburg; 17.1 Okapia (Castano/Overseas), Frankfurt; 17.3 Okapia (NAS/Dr. D. W. Fawcett), Frankfurt; 18.1a; 18.1b Prof. Dr. Hartwig Wolburg, Tübingen; 18.Rd. Kage Mikrofotografie, Lauterstein; 19.1 Corbis (Chris Mattison/Frank Lane Picture Agency), Düsseldorf; 19.2 Picture-Alliance (ZB), Frankfurt; 19.Rd. Picture-Alliance (dpa), Frankfurt; 20.1; 20.3 Prof. Dr. Hartwig Wolburg, Tübingen; 20.2 FOCUS (SPL), Hamburg; 21.1 Prof. Dr. Werner Wehrmeyer, Kirchhain; 21.2 FOCUS (Murti/SPL), Hamburg; 21.3 Prof. Dr. Hartwig Wolburg, Tübingen; 24.1 Okapia (Biophoto Ass., Science Source), Frankfurt; 24.2 Prof. Dr. Manfred Keil, Neckargemünd; 25.1; 25.3; 25.6; 25.Rd. Wygasch, Dr. Joachim, Paderborn; 26.1 Okapia (Norbert Lange), Frankfurt; 26.2 Okapia (Ca. Biological/Phototake), Frankfurt; 27.1; 27.2; 27.3; 27.4; 27.5 Lieder, Johannes, Ludwigsburg; 28.S Lieder, Johannes, Ludwigsburg; 28.1 FOCUS (Microfield/SPL), Hamburg; 31.S Picture-Alliance (dpa), Frankfurt; 32.2 Imago Stock & People (Jochen Tack), Berlin; 34.1; 34.3 Klett-Archiv (Aribert Jung), Stuttgart; 34.2 Ullstein Bild GmbH (Shezad Noorani/Still Pictures), Berlin; 34.4 Argus (Raupach), Hamburg; 35.1; 35.3 Klett-Archiv (Aribert Jung), Stuttgart; 35.2 Corbis (Reuters), Düsseldorf; 35.4 Picture-Alliance (dpa), Frankfurt; 35.5 Jürgen Christ, Köln; 35.6 vario images GmbH & Co.KG (Mika Semann), Bonn; 35.7 Corbis (HEKIMIAN JULIEN/CORBIS SYGMA), Düsseldorf; 36.1 Klett-Archiv, Stuttgart; 36.Rd.1 Okapia (Gerard Lacz), Frankfurt; 36.Rd.2 Mauritius (Rosenfeld), Mittenwald; 37.2a; 37.2b Klett-Archiv (Nature + Science AG/Mangler), Stuttgart; 39.S Okapia (K. Eward/Science Source), Frankfurt; 39.1 Okapia (Herbert Schwind), Frankfurt; 39.2a Okapia (NAS/David M. Phillips), Frankfurt; 39.2b Okapia (D. M. Phillpis/PR Science Sc), Frankfurt; 39.2c Okapia (D. M. Phillips/PR Science Sc), Frankfurt; 39.3 Naturfotografie Frank Hecker, Panten-Hammer; 39.4 Günther Wichert, Dinslaken; 41.S Klett-Archiv (Nature + Science AG), Stuttgart; 42.1 W. Stockem, Bonn; 43.S Max-Planck-Institut für biophysikalische Chemie, Göttingen; 46.2 Max-Planck-Institut für biophysikalische Chemie, Göttingen; 48.1 Das Fotoarchiv (Stubbs/Black Star), Essen; 48.2 Keystone (Manfred Reitz), Hamburg; 48.Rd. Alamy Images RM (Mediscan), Abingdon, Oxon; 49.1 Still Pictures (SEAN SPRAGUE), Berlin; 50.1 Klett-Archiv (Aribert Jung), Stuttgart; 50.2 Lichtenscheidt, Eric A., Bonn; 50.3 Ullstein Bild GmbH (Welters), Berlin; 50.4 Mauritius (Ripp), Mittenwald; 51.1 Okapia (Norbert Lange), Frankfurt; 51.2 Klett-Archiv, Stuttgart; 51.3 Klett-Archiv (Aribert Jung), Stuttgart; 51.4 Corbis (Christian Charisius/Reuters), Düsseldorf; 51.5 Mauritius (Phototake), Mittenwald; 58.S Okapia (Manfred P. Kage), Frankfurt; 59.S FOCUS (Science Photo Library), Hamburg; 61.1 Mauritius (Ripp), Mittenwald; 61.2 Bilderberg (Stefan Enders), Hamburg; 62.S StockFood GmbH (S. & P. Eising), München; 62.1 Das Fotoarchiv (Thomas Mayer), Essen; 62.2 Ullstein Bild GmbH (Wodicka), Berlin; 62.3 Okapia (Hans Reinhard), Frankfurt; 62.4 FOCUS (Fraser/SPL), Hamburg; 63.1 Mauritius (Rosenfeld), Mittenwald; 63.2 Mauritius (Mitterer), Mittenwald; 63.3 Mauritius (AGE), Mittenwald; 63.4; 63.5 Prof. Jürgen Wirth, Dreieich; 64.1 Okapia (Colin Milkins), Frankfurt; 64.2 Keystone (Volkmar Schulz), Hamburg; 64.3 Ulrich Niehoff Fotoproduktionen und Bildarchiv, Bienenbüttel; 65.1 Okapia (Colin Milkins), Frankfurt; 65.2 Okapia (Hans Reinhard), Frankfurt; 65.3 plainpicture GmbH & Co. KG (Schneider, R.), Hamburg; 66.1 Okapia (Peter Weimann), Frankfurt; 67.1a; 67.1b Archiv K+S KALI GmbH, Kassel; 68.1 Okapia (W. Prinz), Frankfurt; 68.2 Okapia (C. Brown/PR Science Source), Frankfurt; 69.S Mauritius (J. Beck), Mittenwald; 70.1 Rainer Bergfeld, Freiburg; 71.1 Prof. Dr. Otto L. Lange, Universität Würzburg; 72.1 Dieter Schmidtke, Schorndorf; 72.2 MPI-Fotoservice, Stuttgart; 73.S Mauritius (J. Beck), Mittenwald; 75.1 TOPICMedia (Alfred Albinger), Ottobrunn; 80.1; 80.2 MINKUSIMAGES, Volker Minkus (Volker Minkus), Isernhagen; 80.3 Getty Images RF, München; 81.1 Corel Corporation Deutschland, Unterschleissheim; 81.2; 81.3 Sven Simon Fotoagentur GmbH & Co., Mülheim an der Ruhr; 81.4 Getty Images (Bongarts), München; 82.Rd. Okapia (Biophoto Ass./Science Source), Frankfurt; 87.Rd. Kage Mikrofotografie, Lauterstein; 88.1; 88.2 Prof. Dr. Wolrad Vogell, Erkrath (aus "Unterricht Biologie", April 1978, Heft 20); 89.S Okapia (NAS/Bill Longcore), Frankfurt; 93.S Okapia (Manfred P. Kage), Frankfurt; 94.1a; 94.1b Kage Mikrofotografie, Lauterstein; 95.S Corbis (Michael Kevin Daly), Düsseldorf; 97.Rd. Helga Lade (NDS), Frankfurt; 98.1 Corel Corporation Deutschland, Unterschleissheim; 98.2 iStockphoto (Stephen Walls), Calgary, Alberta; 98.3 Fotolia LLC, New York; 98.4 Alamy Images RF (Digital Vision), Abingdon, Oxon; 98.5 Argus (Mike Schroeder), Hamburg; 99.1 f1 online digitale Bildagentur (bilderlounge), Frankfurt; 99.2; 99.3 Corel Corporation Deutschland, Unterschleissheim; 99.4 Okapia (Sovereign/ISM), Frankfurt; 99.5; 99.6 Okapia (Jeffrey Telner), Frankfurt; 103.1 Okapia (Jürgen Lichtenberger), Frankfurt; 104.S TOPICMedia (Hans Heitmann), Ottobrunn; 106.S Picture-Alliance (dpa), Frankfurt; 106.1 Picture-Alliance (Signal Iduna/dpa/gms), Frankfurt; 106.2 Jochen Eckel Photojournalist, Berlin; 106.3 Süddeutsche Zeitung Photo (Scherl), München; 107.1 Picture-Alliance (akg-images/Erich Lessing), Frankfurt; 107.2 Picture-Alliance (dpa/epa afp Jean-Pierre Muller), Frankfurt; 108.1a; 108.1b Okapia (Jeffrey Telner), Frankfurt; 110.S Okapia (Jeffrey Telner), Frankfurt; 110.1 Bilderberg (Milan Horacek), Hamburg; 110.2 Mauritius (Hubatka), Mittenwald; 111.2 VISUM Foto GmbH (Laureen Greenfield), Hamburg; 112.1 Mauritius (age fotostock), Mittenwald; 112.2 FOCUS (SPL, L. Willat, East Anglian Regional Genetics Service), Hamburg; 112.3 A1PIX, Taufkirchen; 112.4 plainpicture GmbH & Co. KG (S. Kuttig), Hamburg; 113.1 FWU GmbH, Grünwald; 113.2 altrofoto.de, Regensburg; 113.3 Getty Images RF (Photodisc), München; 113.4 Giel, Oliver, Walsdorf; 113.5 FOCUS (Burgess/SPL), Hamburg; 114.Rd. Albert Bonniers Förlag AB (Lennart Nilsson), Stockholm; 116.1 FOCUS (SPL), Hamburg; 118.1 FOCUS (Lauren Shear/SPL), Hamburg; 118.2 FOCUS (Science Photo Library/L. Willatt), Hamburg; 120.Rd.1 Deutsches Museum, München; 120.Rd.2 Klett-Archiv (Dr. Horst Schneeweiß), Stuttgart; 123.1 Ruhr-Universität Bochum, Medizinische Fakultät, Prof. Dr. Klaus Hägele; 126.S Heiner Heine, Kastl; 127.S Kage Mikrofotografie, Lauterstein; 127.2 Helga Lade (NDS), Frankfurt; 128.Rd.1; 128.Rd.3 Albert Bonniers Förlag AB (Lennart Nilsson), Stockholm; 128.Rd.2 FOCUS (Science Pictures/SPL), Hamburg; 129.S Albert Bonniers Förlag AB (Lennart Nilsson), Stockholm; 130.1 creativ collection Verlag GmbH, Freiburg; 130.2; 130.3 FOCUS (SPL/David Parker), Hamburg; 130.4 Das Fotoarchiv (Markus Matzel), Essen; 130.5 FOCUS

(SPL), Hamburg; 131.1 FOCUS (SPL/David Parker), Hamburg; 131.2 creativ collection Verlag GmbH, Freiburg; 131.3 Das Fotoarchiv (Markus Matzel), Essen; 131.4 Klett-Archiv (Hartmut Fahrenhorst), Stuttgart; 131.5 Corel Corporation Deutschland, Unterschleissheim; 135.Rd. FOCUS (Dr. Gopal Murti/SPL), Hamburg; 137.K1 Okapia (Norbert Lange), Frankfurt; 137.K2 FOCUS (Professors P. Motta & T. Naguro/SPL), Hamburg; 139.S FWU GmbH, Grünwald; 142.2 FOCUS (SPL), Hamburg; 148.1a1; 148.1a2 MPI-Züchtungsforschung (Marc Jakoby), Köln; 148.1b MPI- Züchtungsforschung (Maret Kalda/Martin Sagasser), Köln; 148.2 Prof. Dr. Dorothea Bartels, Bonn; 148.Rd. WILDLIFE Bildagentur GmbH (D. Harms), Hamburg; 151.Rd.1 aus "Benjamin Lewin, Genes IV", S. 96 (Ray White); 151.Rd.2 Kage Mikrofotografie, Lauterstein; 151.Rd.3 Okapia (P. Harrington), Frankfurt; 154.S Albert Bonniers Förlag AB (Lennart Nilsson), Stockholm; 154.2a; 154.2b K. V. Hinrichsen (Hrsg.): Humanembryologie. Springer Verlag Berlin Heidelberg 1990; 155.S MEV Verlag GmbH, Augsburg; 156.Rd. Klett-Archiv (Dr. Horst Schneeweiß), Stuttgart; 158.2a MEV Verlag GmbH, Augsburg; 159.K1 FOCUS (Dept. of Clinical Cytogenetics), Hamburg; 164.Rd. Okapia (NAS/H. Morgan), Frankfurt; 166.S Tilman Wischuf Tier- und Naturfotografie, Brackenheim; 166.1 Mauritius (Rossenbach), Mittenwald; 166.2; 166.3 Prof. Jürgen Wirth, Dreieich; 167.2 Neth, Hansjörg, Berlin; 168.1 medicalpicture GmbH, Köln; 168.2 A1PIX (BIS), Taufkirchen; 168.3 MEV Verlag GmbH, Augsburg; 168.4 A1PIX, Taufkirchen; 168.5 Image Source, Köln; 169.1 VISUM Foto GmbH (Sven Doering), Hamburg; 169.2 vario images GmbH & Co.KG (Chromorange), Bonn; 169.3 medicalpicture GmbH, Köln; 169.4 Getty Images (Stone/ Camille Tokerud), München; 178.1 Okapia (Ulla Spiegel), Frankfurt; 178.2 Okapia (Biophoto Ass./Science Sou.), Frankfurt; 178.3 Argum (Falk Heller), München; 178.4 vario images GmbH & Co.KG (Chromorange), Bonn; 178.5 Ingo Wandmacher, Bad Schwartau; 179.1 Okapia (Biophoto Ass./Science Sou.), Frankfurt; 179.2 Okapia (Ulla Spiegel), Frankfurt; 179.3 JupiterImages photos.com (RF/photos.com), Tucson, AZ; 179.4 Okapia (NAS/ Scott Camazine), Frankfurt; 179.5 Okapia (Biophoto Ass./Science Source), Frankfurt; 180.2 FOCUS (Gschmeissner/SPL), Hamburg; 181.S Okapia (D. Kunkel), Frankfurt; 181.1; 181.4 Lieder, Johannes, Ludwigsburg; 181.3 Prof. Dr. Manfred Keil, Neckargemünd; 181.5 Ullstein Bild GmbH (Granger Collection), Berlin; 182.1 Stefan Goreau, Estate of Fritz Goro, Chappaqua, USA; 189.2 Okapia (Fawcett, Friend/Science Source), Frankfurt; 190.1a Okapia (John Mitchell/OSF), Frankfurt; 190.1b FOCUS (SPL), Hamburg; 190.1c Okapia (Ernst Schacke, Naturbild), Frankfurt; 191.S Okapia (Hans Reinhard), Frankfurt; 192.Rd. Kage Mikrofotografie, Lauterstein; 196.2 Lieder, Johannes, Ludwigsburg; 197.S Prof. Jürgen Wirth, Dreieich; 198.S Mauritius (K. Paysan), Mittenwald; 198.1 Mauritius (Zak), Mittenwald; 198.2 National Institute on Drug Abuse (Michael J. Kuhar), Baltimore, USA; 205.1; 205.4; 205.9; 205.12; 205.13 Prof. Jürgen Wirth, Dreieich; 205.2 MEV Verlag GmbH, Augsburg; 205.3 Reinhard-Tierfoto, Heiligkreuzsteinach; 205.5 Corbis (Digital Art), Düsseldorf; 205.6 Avenue Images GmbH (Thinkstock), Hamburg; 205.7; 205.10 Corbis (Tom & Dee Ann McCarthy), Düsseldorf; 205.8 Avenue Images GmbH (Brand X Pictures), Hamburg; 205.11 Photodisc; 206.S Okapia (D. Kunkel), Frankfurt; 206.1 FOCUS (Alexander Tsiaras, Science Photo Library), Hamburg; 206.2 Picture Press (Volker Hinz/STERN), Hamburg; 208.1 Okapia (NAS, Tim Davis), Frankfurt; 208.2 Ullstein Bild GmbH (rgb fotografie, Imagebroker.net), Berlin; 208.3 Okapia (Hans Reinhard), Frankfurt; 208.4 Keystone, Hamburg; 209.1 Okapia (NAS/Sidney Bahrt), Frankfurt; 209.2 Getty Images (The Image Bank/Duane Rieder), München; 209.3 Picture Press (Corbis/Kannan Ward), Hamburg; 209.4 shutterstock (Anna Dzondzua), New York, NY; 210.1 Picture-Alliance (dpa), Frankfurt; 211.S Okapia (Regis Cavignaux, BIOS), Frankfurt; 216.Rd. ARDEA London Limited (Brian Bevan), London; 218.1 Prof. Dr. Jürgen Lethmate, Ibbenbüren; 218.2 Photoshot (NHPA/ORION PRESS), Hamburg; 218.Rd. WILDLIFE Bildagentur GmbH (P. Ryan), Hamburg; 219.S Okapia (NAS, Tim Davis), Frankfurt; 219.1; 219.6 Prof. Dr. Jürgen Lethmate, Ibbenbüren; 220.1a; 220.1b Tierbildarchiv Angermayer (Rudolf Schmidt), Holzkirchen; 222.1 Okapia (Konrad Wothe), Frankfurt; 223.Rd. Manfred Pforr Naturbild-Archiv, Langenpreising; 224.1 Okapia (NAS, Tom McHugh), Frankfurt; 225.K Tierbildarchiv Angermayer (Günter Ziesler), Holzkirchen; 225.Rd. Arco Images GmbH (P. Wegner), Lünen; 226.1 Action Press GmbH (action press, Hamburg), Hamburg; 228.1 Okapia (Science Source), Frankfurt; 228.2 Klett-Archiv (Aribert Jung), Stuttgart; 228.3 Corbis (Gideon Mendel), Düsseldorf; 228.4 www.bilderbox.com (Erwin Wodicka), Thening; 229.1 Klett-Archiv (Aribert Jung), Stuttgart; 229.2 Okapia (Science Source), Frankfurt; 229.3 FOCUS (Samuel Ashfield/SPL), Hamburg; 229.4 Michael Timm, München; 231.1 aus "E. Passarge, Taschenatlas der Genetik", S. 81, Georg Thieme Verlag, Stuttgart 1994; 233.Rd. Okapia (D. Scharf/Peter Arnold, Inc.), Frankfurt; 234.1 FOCUS (EOS/Meckes), Hamburg; 235.S FOCUS (EOS/Meckes), Hamburg; 239.Rd. Bundeszentrale für gesundheitliche Aufklärung, Köln; 240.Rd. Okapia (D. Scharf, P. Arnold), Frankfurt; 242.1 Fotosearch Stock Photography (Digital Vision), Waukesha, WI; 242.2; 242.3; 242.4 Corel Corporation Deutschland, Unterschleissheim; 242.5 all images direct (Sonja Krebs), Deisenhofen; 243.1; 243.2; 243.4 Fotosearch Stock Photography (Digital Vision), Waukesha, WI; 243.3 Bernhard Knauer, Göttingen; 244.1 Tierbildarchiv Angermayer (Hans Reinhard), Holzkirchen; 244.2 Okapia (Barbara Rios/NAS), Frankfurt; 247.S Stockbyte, Tralee, County Kerry; 248.1 König, Dr. Rudolf, Preetz; 248.Rd. FOCUS (Steve Gschmeissner/SPL), Hamburg; 249.Rd. Bellmann, Dr. Heiko, Lonsee; 250.1 Okapia (Erich Thielscher), Frankfurt; 251.1 Reinhard-Tierfoto, Heiligkreuzsteinach; 254.1 Okapia (Stouffer), Frankfurt; 256.1 Naturfotografie Frank Hecker (F. Sauer), Panten-Hammer; 257.1 Naturfotografie Frank Hecker (F. Sauer), Panten-Hammer; 259.Rd.1; 259.Rd.2; 259.Rd.3 Dieter Schmidtke, Schorndorf; 262.1 Corbis (Francesc Muntada), Düsseldorf; 264.1 Thermografie W. Schlosser, Altenkirchen-Fluterschen; 264.Rd. Okapia (Kjell-Arne Larsson), Frankfurt; 265.1; 265.2 aus "Die Düngung von Waldbäumen" (Baule, Fricker), BLV, München; 265.3; 265.6; 265.9 Büro für Forstökologie/Hooge Horst, Gleichen-Benniehausen; 265.4; 265.5 ZELMI, TU Berlin (Prof. Hafner), Berlin; 265.7; 265.8 Prof. Dr. Ingrid Kottke, Tübingen; 268.1 Klett-Archiv (Bärbel Knabe), Stuttgart; 269.S Getty Images RF (Photodisc), München; 270.3 Bildarchiv Sammer, Neuenkirchen; 272.S SUPERBILD (Eric Bach), Taufkirchen/München; 272.3 TOPICMedia (Siegfried Kerscher), Ottobrunn; 272.4 Astrofoto (NASA), Sörth; 274.1 Bayerische Staatsammlung für Paläontologie, München; 274.2 Okapia (Nigel Cattlin/Holt Studios), Frankfurt; 274.3 all images direct (Sabine Lubenow), Deisenhofen; 274.4 Frank Rogner, Bochum; 275.1 Getty Images RF, München; 275.2 Okapia (J. Schauer/ Fricke), Frankfurt; 275.3 Getty Images (stone/Tim Davis), München; 275.4 Avenue Images GmbH (StockDisc), Hamburg; 276.1 AKG, Berlin; 277.1 Deutsches Museum, München; 278.S Okapia (Alan Root), Frankfurt; 278.1 PIXTAL, New York NY; 278.2; 278.4 Deutsches Museum, München; 278.3 AKG, Berlin; 279.1 Deutsches Museum, München; 279.2 Dr. Bruno P. Kremer, Wachtberg; 279.3 FOCUS, Hamburg; 279.4 Corbis (Rick Friedman), Düsseldorf; 282.Rd.1 Tierbildarchiv Angermayer (Rudolf Schmidt), Holzkirchen; 282.Rd.2 Klett-Archiv, Stuttgart; 283.Rd. Klett-Archiv, Stuttgart; 284.Rd.1; 284.Rd.2 Tierbildarchiv Angermayer (Rudolf Schmidt), Holzkirchen; 285.2a TOPICMedia (Lane), Ottobrunn; 285.2b Photoshot (NHPA), Hamburg; 286.1 IFA-BILDERTEAM GmbH (R. Maier), Ottobrunn; 286.2a Reinhard-Tierfoto, Heiligkreuzsteinach;

286.2b blickwinkel (H. Schmidbauer), Witten; 288.Rd.1 Pott, Dr. Eckart, Stuttgart; 288.Rd.2 blickwinkel (F. Pölking), Witten; 288.Rd.3; 288.Rd.4 Okapia (Alan Root), Frankfurt; 289.Rd. Prof. Dr. Ulrich Kattmann, Bad Zwischenahn; 290.1 Limbrunner, Alfred, Dachau; 291.1a Paul Rodach, Sachsenheim; 291.1b Okapia (J. L. Klein & M. L. Hubert), Frankfurt; 291.1c IFA-BILDERTEAM GmbH (F. Prenzel), Ottobrunn; 291.1d Okapia (Vedie, Cogis), Frankfurt; 291.1e Getty Images (Riser/Tim Davis), München; 291.1f Okapia (Hermeline/Cogis), Frankfurt; 291.1g Tierbildarchiv Angermayer, Holzkirchen; 291.1h Okapia (Bernd Brinkmann), Frankfurt; 291.1i Corel Corporation Deutschland, Unterschleissheim; 291.2 Okapia (U. Walz), Frankfurt; 292.1 Okapia (Darlyne A. Murawski/P. Arnold, Inc.), Frankfurt; 292.Rd. WILDLIFE Bildagentur GmbH (P. Oxford), Hamburg; 293.S Okapia (Robert Henno, Wildlife Pict.), Frankfurt; 293.1 Mauritius (Reinhard), Mittenwald; 293.2; 293.4 TOPICMedia (Volkmar Brockhaus), Ottobrunn; 293.3 Reinhard-Tierfoto, Heiligkreuzsteinach; 295.K Albert Bonniers Förlag AB (Lennart Nilsson), Stockholm; 296.S Reinhard-Tierfoto, Heiligkreuzsteinach; 297.1 Okapia (Joe McDonald), Frankfurt; 300.1 Bayerische Staatsammlung für Paläontologie, München; 300.Rd.1 Okapia (Breck P. Kent), Frankfurt; 300.Rd.2 Naturfotografie Frank Hecker (F. Sauer), Panten-Hammer; 300.Rd.3 Naturfotografie Frank Hecker (Frieder Sauer), Panten-Hammer; 300.Rd.4 Okapia (Frieder Sauer), Frankfurt; 301.1 Naturmuseum Senckenberg, Frankfurt/M. (Abguss. Das Original befindet sich im Museum für Naturkunde Berlin); 301.2 Okapia (NAS/T. McHugh), Frankfurt; 304.S Okapia (NAS/T. McHugh), Frankfurt; 305.3a; 305.3b; 305.3c; 305.3d FOCUS (Heiner Müller-Elsner), Hamburg; 307.Rd. Okapia (F. Gohler), Frankfurt; 308.Rd. FOCUS (SPL), Hamburg

Nicht in allen Fällen war es uns möglich, den Rechteinhaber der Abbildungen ausfindig zu machen. Berechtigte Ansprüche werden selbstverständlich im Rahmen der üblichen Vereinbarungen abgegolten.